Glenn Plaskin
Horowitz

D1849837

SERIE MUSIK
PIPER · SCHOTT
Band 8269

Über dieses Buch

Vladimir Horowitz gehört als einer der »großen Alten« unter den Pianisten dieses Jahrhunderts zu den schillerndsten Musiker-Persönlichkeiten. Wo immer er öffentlich auftrat, riß er das Publikum zu Begeisterungsstürmen hin; mit beinahe drastischer Deutlichkeit trat dies bei den Klavierabenden zutage, die ihn 1982 nach Europa führten. Mit dem »letzten Virtuosen« und »Pyrotechniker des Klaviers« jubelte man auch einer Legende zu, an deren Zustandekommen Horowitz selbst maßgeblich beteiligt war. Die Legendenbildung fand nicht zuletzt in den langjährigen Konzertpausen, die der Maestro über Jahre hinweg einlegte, idealen Nährboden.

Unter solchen Voraussetzungen eine Biographie zu schreiben, ist für jeden Autor eine Herausforderung. Glenn Plaskin nimmt sie jenseits jeglichen Voyeurismus und ohne Sensationslust an. Die wohl aufsehenerregendste Pianistenkarriere unserer Zeit möglichst objektiv zu schildern, ist Plaskins selbstgestellte Aufgabe; er schreibt *mit Diskretion, ist aber trotzdem ein ehrlicher Biograph*, wie die *Washington Post* befand.

Glenn Plaskin, geb. 1953, Ausbildung zum Konzertpianisten bei Leon Fleisher, lebt als Musikkritiker und freier Schriftsteller in New York.

Glenn Plaskin

Horowitz

Eine Biographie
Deutsch von Werner Pfister

Schott Mainz · Piper München

SERIE MUSIK
PIPER · SCHOTT

Die amerikanische Originalausgabe erschien 1983
unter dem Titel *Horowitz* bei William Morrow and
Company, Inc., New York

ISBN 3-7957-8269-4 (Schott)
ISBN 3-492-18269-0 (Piper)
© 1983 Glenn Plaskin
© 1988 der deutschsprachigen Ausgabe SV international/
Schweizer Verlagshaus AG, Zürich
© 1990 der genehmigten Taschenbuchausgabe
B. Schott's Söhne, Mainz · BSS 46911
Umschlaggestaltung: Federico Luci unter Verwendung
einer Fotographie von Lelli & Masotti / Teatro alla Scala
Satz: Typobauer Filmsatz GmbH, Ostfildern
Druck und Bindung: Clausen & Bosse, Leck
Printed in Germany

In Liebe und Dankbarkeit
meiner Großmutter Essie Feinberg und
meinen Eltern gewidmet.

Inhalt

VIERTER TEIL: 1953–1964

FÜNFTER TEIL: 1965–1982

ANHANG

Der letzte Romantiker kehrt zurück

Das beste Klavier von ganz Europa bedeutet mir nichts, wenn ich nicht vor einer Zuhörerschaft spielen kann, die mit mir empfindet, was ich spiele.[1]

Hamburg, 11. Mai 1986, nachmittags um vier Uhr. In der seit Wochen hoffnungslos ausverkauften Musikhalle herrscht Hochspannung. Bis zu 420 Mark haben die Fans hingeblättert, um auf einem der 2019 Plätze mit dabeisein zu können. Ein letztes Räuspern und Rutschen, überall macht sich Nervosität breit – und dann hebt tosender Beifall an: Mit zögernden Schritten betritt Vladimir Horowitz lächelnd das Konzertpodium. *Der letzte Romantiker kehrt zurück.* Nach 54 Jahren selbstverschriebener Abwesenheit steht er wiederum da, umbrandet vom frenetischen Jubel der Enthusiasten. Es reißt die abendgewandeten Damen und Herren von den Sitzen, minutenlange *standing ovations* und Bravo-Rufe dröhnen durch den Saal, bevor der legendäre Tastenlöwe, der göttliche Entertainer am Flügel auch nur einen einzigen Ton gespielt hat. Der Begeisterungstaumel nimmt orgiastische Dimensionen an, ein Lärm wie im Fußballstadion. Kein Zweifel: Im nieselregnerisch-nüchternen Hamburg, will sagen in Deutschland und überhaupt auf dem alten Kontinent, ist das legendäre Horowitz-Fieber ausgebrochen.

»Jubel für den letzten der großen Tasten-Titanen«, *»Das Phantom«*, *»In alter Herrlichkeit«*, *»Ein Meister kam, spielte, siegte und sagte adieu!«* Die *Headlines* in der Lokalpresse bestätigten es tags darauf: Glorreicher und superlativistischer hat kaum je ein Pianist in Hamburg Einzug gehalten. »Kein Konzert der letzten Jahre war von ähnlichen Erwartungen vorbelastet wie der Horowitz-Nachmittag am Sonntag in der Musikhalle«, resümierte das *Hamburger Abendblatt.* Spannung und sensationslüsterne Erwartungsgier müssen in der Tat enorm gewesen sein: Unverbesserliche Fans stellten sich schon vierundzwanzig Stunden vor Beginn des Kartenvorverkaufs an, trugen sich in eine Liste ein und kehrten dann in regelmäßigen Abständen zurück, um sich so ihren Warteplatz – und das heißt: ihr Anrecht – auf eine der begehrten Karten, zu sichern. Vladimir Horowitz – eine Legende sollte noch einmal Wirklichkeit werden. »Phantomen begegnet man ja selten leibhaftig – und die höchsten Idole sind ja oft der Wirklichkeit entrückt

oder vermögen ihr nicht oder nicht mehr standzuhalten. Dementsprechend lauerten die Fragen: Ist Horowitz tatsächlich der Größte? Ist er noch so gut wie früher?«[2] Wobei diese Fragen keineswegs rhetorisch gemeint waren. Und andere Fragen, kritischere zumeist, sich unbarmherzig anschlossen: »Ist er diesen Rummel wert und diese Preise?« Oder: »Sollte Horowitz der ›Gott‹ sein, nur weil er sich rar macht?«[3]

Rar macht er sich in der Tat. Seit Jahren, seit Jahrzehnten. Blenden wir kurz zurück: Viermal zog sich Horowitz vom Konzertpodium zurück – 1936–38, 1953–65, 1969–74 und zuletzt seit 1983 – und lebte über Jahre hinweg von der Öffentlichkeit abgeschieden in seinem New Yorker Haus an der Upper East Side. Zeitweilig vergaß er dabei sogar das Klavierspielen. An Konzerte, an Tourneen war absolut nicht zu denken, und die paar Schallplatten, die in jenen Jahren entstanden, mußten ihm die Produzenten mit einer schier übermenschlichen Geduld und Überredungskunst recht eigentlich abringen. Dennoch: Solche Pausen konnten dem Ruhm von Horowitz kaum etwas anhaben. Denn was damals auf dem Konzertpodium nicht mehr live mitzubekommen und nachzuprüfen war, lebte seither um so unangefochtener als Legende weiter. Daran änderte sich auch nach den spektakulären Comebacks nicht viel: Sie wurden selber ein Teil jener Legende, zumal Maestro Horowitz, wankelmütig wie eh und je, nun mit seinen Konzertterminen mehr zurückhaltend blieb und zudem die paar wenigen Auftritte auf die USA beschränkte.

Im Mai 1982 wagte er dann den epochalen Schritt nach Europa zurück und kam für zwei Konzerte nach London. Eigentlich sollte das der Ausgangspunkt für eine ausgedehnte Europa-Tournee sein: Weitere Auftritte in Paris, Amsterdam und Mailand waren jedenfalls geplant. Doch es wurde nichts daraus – der alte Mann wollte umgehend wieder nach Hause zurück. Erst drei Jahre später startete er zögernd einen weiteren Anlauf. Zum ersten Mal spielte er in Japan, zudem gab er im November 1985 Klavierabende in der Mailänder Scala sowie in Paris. Was die Öffentlichkeit damals noch kaum wußte: daß Horowitz das Programm für diese Klaiverabende, zumindest teilweise, schon zwei Monate vorher bestens eingeübt hatte – nämlich im New Yorker RCA-Studio A, wo er im September 1985 eine LP für die *Deutsche Grammophon* aufgenommen hatte. Horowitz zu neuem Leben erwacht? Horowitz zu neuen Aktivitäten bereit? Durfte seine weltweite Fan-Gemeinde damit rechnen?

Sie durfte, und selbst kühnste Hoffnungen wurden übertroffen durch die sich nun geradezu überschlagenden Ereignisse des Jahres 1986. Rapportieren wir der Reihe nach: Zum Jahresanfang bescherte die *Deutsche Grammophon* der Musikwelt unerwartet eine brandneue Horowitz-Schallplatte: Nicht die New Yorker *studio recordings* vom vergangenen September, sondern den Soundtrack eines Musikfilms: »Vladimir Horowitz – der letzte Romantiker«, der Anfang März im ZDF gezeigt wurde. Anderthalb Stunden lang faszinierende Bilder von einem unberechenbaren Greis, der so gar nichts Greisenhaftes an sich hat, sondern mit ungestümer Vitalität Anekdoten zum besten gab. Der sich und der Welt beweisen wollte, wie jung, wie jugendlich er noch sei. Der zwischendurch wie ein Pennäler herumalberte – zum sichtlichen Ärger von Wanda Horowitz, geborene Toscanini, die dann streng, ganz streng dreinschaute. Und der sich – die Fans dankten es ihm wohl auf den Knien – wiederholt an den Flügel setzte und spielte. In Großaufnahmen konnte man mitverfolgen, wie Horowitz, zum Entsetzen aller Klaviertanten, mit unorthodox gestreckten Fingern und einem reichlich unkonventionellen Fingersatz hantierte. Wie er die Tasten streichelte und karessierte, wie er aus simplen Noten wahre Klangfarbenwunder hervorzauberte und knifflige Oktavpassagen herunterdonnerte, als habe Franz Liszt höchstpersönlich einen Wutanfall. Eine ganze Stunde Horowitz, mit zum Teil echten Novitäten – mit Werken, die der Altmeister bis dahin noch nie für die Schallplatte eingespielt hatte.

Mitte Januar war die Überraschung dann perfekt: Horowitz ließ verlauten, daß er seiner russischen Heimat gerne noch einmal einen Besuch abstatten würde. »Bevor ich sterbe, möchte ich das Land sehen, in dem ich geboren wurde.« Ein Nostalgietrip des nunmehr Einundachtzigjährigen auf der Suche nach einer verlorenen Jugendzeit? Kaum. Horowitz hatte anderes im Sinn: »Ich möchte nicht als Tourist heimkehren, sondern dort spielen.«[4] Weit, sehr weit muß man das Rad der Zeit zurückdrehen: Man schrieb das Jahr 1925, als Horowitz die Sowjetunion verließ, mit amerikanischen Dollars in den Schuhen versteckt sowie mit einem Visum in der Tasche, das auf sechs Monate befristet war. Um volle sechs Jahrzehnte hat er es mittlerweile überzogen. Hat in verschiedenen Interviews immer wieder kategorisch erklärt, daß er keinesfalls in seine Heimat zurückkehren wolle, zumal er die Haltung der Russen gegenüber Musik und Kunst, ja gegenüber allem nicht möge. Woher nun dieser plötzliche Sinneswandel?

Nun, ganz so plötzlich scheint er nicht eingetreten zu sein, scheint im wesentlichen mit dem sowjetisch-amerikanischen Kulturabkommen zusammenzuhängen, welches KP-Chef Gorbatschow und US-Präsident Reagan 1985 anläßlich des Genfer Gipfels unterzeichnet haben. Als »Botschafter des Friedens« wolle er nun nach Rußland zurückkehren, beschloß Horowitz. Wolle Klavierabende in Leningrad und Moskau geben. Tatsächlich, im Frühjahr 1986 war es soweit – und das Fernsehen war live mit dabei: *Columbia Artists* filmte den Moskauer Klavierabend vom 20. April im Konzertsaal des Moskauer Tschaikowski-Konservatoriums, die *Deutsche Grammophon* war für den Ton zuständig (der Live-Mitschnitt wurde wenige Monate später als Schallplatte veröffentlicht). Wiederum ein Sonntagnachmittag, wiederum um vier Uhr nachmittags, der Konzertsaal bis auf den letzten Platz vollgepfercht: »Wie der schmächtige alte Herr im dunkelblauen Anzug samt Fliege das Podium betritt, bricht in den vorderen Reihen rechts im Saal donnernder Applaus los. Bald verwandelt sich der ganze Konzertsaal in ein einziges tosendes Meer von Beifall und Hochrufen, während er zur Bühnenmitte watschelt, mit den Achseln zuckt, dem Publikum mit einem nervösen Grinsen zuwinkt, anschließend seinem Flügel wie zum Zeichen gegenseitiger Versicherung einen Klaps gibt, schließlich Platz nimmt und auf Ruhe im Saal wartet. Dann plaziert er seine Finger auf den Tasten – bereit, um mit einer Scarlatti-Sonate zu beginnen. Allein in dieser Bewegung manifestiert sich die unheimliche Gewalt der Erinnerungen und Emotionen: Nach über sechzig Jahren ist Vladimir Horowitz als Einundachtzigjähriger zurückgekehrt, um hier, in seiner ursprünglichen Heimat, nochmals zu spielen.«[5]

Kabelzuschauer konnten dieses sensationelle Ereignis über 3SAT zeitverschoben live miterleben. Konnten in einem zusätzlich eingeschobenen Filmbericht sehen, wie Horowitz zum Haus des Komponisten Alexander Skrjabin pilgerte, der einst das Klavierspiel des pausbäckigen Wolodja gerühmt hate. Jetzt war es die 86jährige Skrjabin-Tochter Jelena, die den greisen Maestro mit scheuer Bewunderung anstaunte, während dieser ihr Skrjabins dis-moll-Etüde auf dem Flügel ihres Vaters vorspielte: zwei Welten, für kurze Zeit in unmittelbarer Fühlung zueinander stehend. Dem hat wohl keiner ohne innere Beklemmung zugeschaut. Derweil die deutsche Tagespresse schon wieder neue Horowitz-Schlagzeilen verbreitete: *»Demo für Horowitz«*, *»Verdienstkreuz für umjubelten Horowitz«*, *»Vladimir Horowitz stürmisch begrüßt«*. Klar, aus bundesdeutscher Perspektive wurde dieser Besuch in der Sowjetunion nicht zuletzt auch als Vorspiel für die beiden Deutschland-Auftritte gewertet, die dem greisen Maestro nun noch bevorstanden.

Man muß sich das vorstellen: Seit 1932 war Horowitz in Deutschland nicht mehr aufgetreten; der Traum vom Tausendjährigen Reich hatte ihm diesen Boden gründlich verleidet. Dabei hatte der kometenhafte Aufstieg von Horowitz einst in Deutschland seinen Anfang genommen. Und zwar vor genau sechzig Jahren. Nicht in Berlin, wo er als völlig unbekannter russischer Exil-Pianist am 2. Januar 1926 im Beethoven-Saal sein Westeuropa-Debüt gab und einen mäßigen Durchfall erlitt. Sondern in Hamburg, wo Horowitz nach einem ersten, nicht eben erfolgreichen Klavierabend im Ballsaal des Hotel Atlantic den sprichwörtlichen Zufall zu fassen bekam, für eine erkrankte Kollegin in Tschaikowskis b-moll-Konzert einspringen und sich den großen Erfolg und damit den endgültigen Durchbruch erspielen konnte. Und zwar mit Ovationen, wie man sie seit Carusos Hamburger Gastspielen nicht mehr erlebt hatte.

Kein Zweifel: Auch sechzig Jahre später, am 11. Mai 1986 in der Hamburger Musikhalle, blieben die Hanseaten ihrem Horowitz nichts schuldig – von dieser Sternstunde war ja bereits ausführlich die Rede. Doch damit nicht genug: Womöglich noch größere Resonanz fand der Maestro eine Woche später in Berlin. Und zwar gleich bei seiner Ankunft auf dem Flughafen Tegel, wo sich, neben offiziellen Größen, auch ein Heer von Autogrammjägern, Journalisten und Fotografen eingefunden hatte: »Der Aufmarsch«, so berichtete die *Morgenpost*, »galt nicht dem ankommenden Ex-Bundespräsidenten Walter Scheel, sondern Vladimir Horowitz, dem legendären 82jährigen Pianisten, der erstmals seit 58 Jahren wieder Berlin besuchte und Pfingstsonntag ein seit Wochen ausverkauftes Konzert in der Philharmonie gibt.« Und weiter: »Begleitet von seiner Frau Wanda, Tochter des unvergessenen Dirigenten Arturo Toscanini, verließ Horowitz als einer der ersten Passagiere das Flugzeug. Während seine Frau die Fotografen beschimpfte und mit den ihr überreichten Blumensträußen drohte, betrat Horowitz mit schalkhaftem Lächeln, den Gehstock fröhlich in der Luft schwenkend, als wollte er Charlie Chaplin imitieren, Berliner Boden.« Grund zur Freude hatte Horowitz in der Tat: Einen Tag nach seinem legendären Hamburger Comeback war er im festlichen Bürgermeistersaal des Hamburger Rathauses von Bürgermeister Klaus von Dohnanyi mit dem Großen Bundesverdienstkreuz mit Stern ausgezeichnet worden. »Auf die Frage, wie er sich denn nun mit dem neuen Orden am roten Band um den Hals fühle, gab er die knappe Antwort: ›Schwer.‹«[6]

Horowitz wurde zum Tagesgespräch Nummer eins; kaum einen Schritt konnte der Pianist machen, ohne daß solches von der Berliner Tagespresse nicht minutiös registriert worden wäre. Zum Beispiel von der *Morgenpost*: »Horowitz saß bis 4 Uhr früh vor dem Bildschirm.« Oder ein Bild vom königlichen Badezimmer: An den Wänden weiß-gelber Naturmarmor aus Carrara, samt einer bordeaux-roten Badewanne mit goldenen Wasserhähnen. »Ganz leise huscht das Hotel-Personal über die Gänge, jede Tür wird ganz vorsichtig zugemacht – Vladimir Horowitz (81), der weltberühmte Pianist, sitzt am geliehenen schwarzen Steinway-Flügel und spielt. ›Training‹ für das einmalige Konzert des Maestro morgen um 16 Uhr in der Philharmonie.«[7] Wieder ein Sonntag, wieder nachmittags um vier Uhr; der SFB III war live mit dabei. Alles war minutiös vorbereitet – bis hin zum Kleingedruckten im offiziellen Programmheft: »Erfahrungsgemäß mindert ein Taschentuch die unvermeidlichen Hustengeräusche. Wir bitten die Besitzer von elektronischen Uhren, etwaigen Geräuschbelästigungen vorzubeugen.« Wie gewohnt langanhaltende Voraus-Ovationen für den greisen Maestro, ein letztes Rascheln, Räuspern, Schnaufen und Rutschen im Publikum, und dann begann Horowitz. Mit Scarlatti, auch das wie gewohnt.

Dennoch: In Berlin passierte das Ungewöhnliche. »Sonntagabend nach dem Konzert hatte Kultursenator Dr. Hassemer den Maestro und dessen Frau Wanda (78) im KPM-Salon des Kempi zum Spargelessen eingeladen – noch ganz von den halbstündigen Ovationen der Berliner gerührt, entschloß sich Horowitz für eine Zugabe. Ungläubig schob ihm der Kultursenator die Menu-Karte über den Tisch und fragte scherzend: ›Machen wir einen Vertrag?‹ Frau Wanda stieß ihren Mann an: ›Na los!‹ Horowitz zückte seinen Füller und schrieb: *Next recital saturday 24th, half changed program.*« Und nun ging der Boom erst recht los: *»Berlin: Hurra! Horowitz gibt 2. Konzert«*, *»Berlin liegt im Horowitz-Fieber«*, *»Demo für Horowitz«*. Was nichts anderes besagt, als daß sich für dieses zweite Horowitz-Konzert eine über vierhundert Meter lange Schlange von Musikhungrigen vor dem Kartenvorverkaufsbüro der Berliner Festspiele ansammelte. 2400 Tickets standen zur Verfügung; bis 185 Mark kostete ein Platz. Regulär, versteht sich; auf dem schwarzen Markt wurden fünffache Preise geboten. Und auch bezahlt. »Berlin hat nicht verlernt, große künstlerische Ereignisse groß zu begehen.«[8]

Berlin und Hamburg, Moskau und Leningrad: Es hat mehr als ein halbes Jahrhundert gebraucht, bis Horowitz den Weg zurückfand. Eine Reise in die Vergangenheit, aber keine Suche nach der verlorenen Jugendzeit und auch kein sentimentales Abschiednehmen. Horowitz würde wiederkommen; das hat er versprochen. Und auch gehalten: Von Berlin ging es weiter nach London und dann in die USA zurück, wo ihn Präsident Reagan mit der amerikanischen Freiheitsmedaille auszeichnete. Schon im Herbst kehrte er wieder zurück: für zwei Klavierabende in Paris und einen dritten in der Frankfurter Alten Oper. Und im März 1987 sorgte er erneut für Schlagzeilen: Erstmals seit über dreißig Jahren ging er wieder in Begleitung eines Orchesters ins Aufnahmestudio. Vorgenommen hatte er sich Mozarts lichtes A-dur-Klavierkonzert KV 488; Carlo Maria Giulini, der Grandseigneur unter den italienischen Pult-Aristokraten, stand mit dem Mailänder Orchestra del Teatro alla Scala einfühlsam zur Seite. Horowitz und Mozart? Den fragenden Journalisten erklärte der Pianist: »Mozarts Musik ist ihrem Wesen nach reich, menschlich und tief empfunden. Mozarts Musik strahlt Humanität und Herzenswärme aus.« Und weiter: »In einem seiner Briefe schrieb der Komponist einmal, daß ihm das beste Klavier von ganz Europa nichts bedeute, wenn er nicht vor einer Zuhörerschaft spielen könne, die ›mit mir fühlt, was ich spiele‹.«[9]

Das Gefühl als Motor der Musik: Man spürt es, wenn Horowitz die Tasten liebkost, wenn er am Klavier singt. Ein Gefühl, das Grenzen mühelos überwindet, das vom Konzertpodium in den Saal hinunter und von den Zuhörern wiederum zurück zum Künstler fließt. Was wäre das letztlich anderes als die vielbeschworene Kommunikation? Bei Vladimir Horowitz findet sie statt, in jedem Konzert, mit jeder Interpretation: Musik, die Verbindung schafft.

Zürich, Dezember 1987 WERNER PFISTER

Erster Teil

1904–1925

In der Musik-Gasse

Ich war nie ein Wunderkind. Ich hatte sehr intelligente Eltern – Vater und Mutter beide überaus kultiviert –, und obwohl ich schon hätte auftreten können, sagte mein Vater stets nein: »Bevor er nicht reif genug ist, werde ich ihn nicht spielen lassen.«[1]

Im Jahre 1911 ließ Zar Nikolaus II. dem legendären Pianisten Josef Hofmann einen Schlüssel für das gesamte russische Eisenbahnnetz überreichen. Eine symbolische Geste: Nun konnte der berühmte Künstler gleichsam als Gast des Herrschers kreuz und quer durch das ganze Reich reisen. Diese zweifellos seltene Ehrung zeigt, wie populär Hofmann damals bei den Russen war. Besonders deutlich wurde das ein Jahr später, anläßlich einer in St. Petersburg gestarteten Konzerttournee. Nach den ersten der hier vorgesehenen fünf Konzerte bildete sich außerhalb der *Salle Noblesse* jeweils eine lange Menschenschlange, die bei Minustemperaturen eine ganze Nacht lang wartete in der Hoffnung, vielleicht noch eine Karte für eines der folgenden Konzerte zu ergattern. Um sich diesem Publikumsandrang gewachsen zu zeigen, verdoppelte Hofmann dann seine fünf Konzerte auf zehn und gab schließlich einundzwanzig aufeinanderfolgende Klavierabende – eine Marathonleistung, die später als »die ungewöhnlichsten je veranstalteten Konzerte« in die Geschichte einging. Hofmanns Durchhaltevermögen und Repertoirebeherrschung waren legendär; insgesamt spielte er in St. Petersburg 255 Werke vor zusammengerechnet 67000 Zuhörern. Und zwar jedesmal ein neues Programm; kein einziges Stück wurde wiederholt. Anschließend führte die Tournee den sechsunddreißigjährigen Pianisten weiter nach Moskau, Charkow, Odessa und Tiflis. Anfang Dezember kam er nach Kiew, um hier zwei Klavierabende im Konservatorium zu geben. Der Direktor Vladimir Putschalski holte ihn persönlich am Bahnhof ab und begleitete ihn in die Musikschule, wo der Künstler, umringt von jungen Klavierschülern und Reportern, den wunderbaren Blütner-Flügel im Konzertsaal inspizierte und dann ins Hotel ging, um sich vor dem Auftritt noch etwas auszuruhen.

Das Konzert war seit Wochen ausverkauft, und Sophie Gorovitz[2], eine eifrige Konzertbesucherin und frühere Schülerin am Konservatorium, hatte es auch nicht geschafft, Karten für diesen Höhepunkt der musikalischen Saison zu bekommen. Ihr jüngster Sohn Vladimir ließ sich deswegen jedoch nicht entmutigen;

sicher würde er einen Weg finden, um zumindest eines der beiden Konzerte hören zu können. Am Abend stellte sich der pausbäckige achtjährige Knabe am Eingang zum Konservatorium auf und wartete, bis ein hochgewachsener Mann daherkam. Dem erstbesten folgte er dicht auf den Fersen und schlüpfte ihm, als dieser seine Karte vorzeigte, zwischen den langen Beinen durch. Ohne von den Saaldienern verfolgt zu werden, rannte er in den Konzertsaal und versteckte sich dort in einer dunklen Ecke auf jener Seite, wo der Flügel stand. In den folgenden zwei Stunden erlebte er staunend seinen ersten Klavierabend – und er war von Hofmanns verblüffender Fingerakrobatik ebenso fasziniert wie vom samtweichen Ton, den der Pianist in Werken von Bach, Beethoven, Chopin und Moszkowski dem Instrument zu entlocken verstand.

Vollgestopft mit neuen Eindrücken ging Vladimir heim und setzte sich, von Hofmanns Spiel inspiriert, mit neuem Enthusiasmus ans Klavier. Seine Eltern Sophie und Simeon freuten sich zweifellos über den Fleiß ihres Sohnes, aber sie hüteten sich, dessen Talent überzubewerten. Denn Hofmann hatte bekanntlich ja schon als Sechsjähriger mit Erfolg konzertiert, und als Zehnjähriger konnte er bereits auf eine internationale Karriere zurückblicken – ein Wunderkind, das erbarmungslos ausgenützt wurde, bis sich eine Gesellschaft zur Verhinderung von Kindesmißhandlungen einschaltete und Hofmanns Vater dazu bewegen konnte, seinen Sohn wenigstens bis zum dreizehnten Lebensjahr von den öffentlichen Konzertpodien fernzuhalten. In dieser Zeit studierte der Kleine in Berlin beim legendären Anton Rubinstein, der ihn als einen Jungen rühmte, »wie ihn die Musikwelt zuvor noch nie hervorgebracht hat«.[3]

Mit Vladimir Gorovitz stand es da ganz anders, zumal er noch als Sechsjähriger das Klavier kaum je angerührt hatte und sicher kein Wunderkind war. In der Tat betrachteten ihn die Eltern in den ersten beiden Jahren seines Klavierunterrichts als bestenfalls etwas über dem Durchschnitt stehend. Dennoch unterstützten sie ihn stets und achteten vor allem darauf, daß ihr Sohn seine Interessen frei entfalten konnte – ohne ihn dabei mit ihren eigenen Ambitionen oder mit einem besonderen Übungsdruck zu belasten. Schon in den ersten Unterrichtsjahren zeigte Vladimir ein ausgesprochenes Sensorium für alles, was er spielte; zudem lernte er auffallend leicht und mit Bereitwilligkeit. Zweifellos war er für das Klavier recht begabt, aber es gab vorläufig nicht die leisesten Anzeichen dafür, daß daraus Außerordentliches entstehen könnte oder daß der Sohn eines Tages gar als König der Klaviervirtuosen umjubelt würde – als der begnadetste Künstler seit Franz Liszt.

Obwohl es in der Familie keine namhaften Pianisten gab, spielte fast jeder Gorovitz ein Instrument. Vladimirs Mutter Sophie war zwar keine Profi-Musikerin, hatte aber an der Kaiserlichen Musikschule in Kiew studiert und war weit mehr als nur eine versierte Technikerin. Jedem ihrer vier Kinder gab sie den ersten Klavierunterricht. Vladimir (der mit dem russischen Diminutiv Wolodja genannt wurde) war nicht der einzige musikalische Sprößling in der Familie:

Auch seine ältere Schwester Regina (Genja genannt) zeigte früh schon bemerkenswertes Talent fürs Klavier. Wolodjas ältere Brüder Jakob und Georg spielten ebenfalls Klavier oder Violine, wenn auch mit weniger Begabung. Vater Simeon unterstützte diese musikalischen Aktivitäten; im Gegensatz zu seiner Frau verfügte er selber aber nur über eine recht beschränkte, für die damalige bürgerliche Oberschicht typische musikalische Bildung. Dafür war Wolodjas Großmutter väterlicherseits eine ausgezeichnete, angeblich gar von Anton Rubinstein geförderte Pianistin gewesen. Ihre Hoffnungen auf eine große Karriere hatten sich allerdings nicht erfüllt – die blieb Simeons Bruder Alexander vorbehalten, dem ersten professionellen Musiker in der Familie. Alexander studierte Klavier und Komposition bei Alexander Skrjabin am Moskauer Konservatorium und konnte sich als Pianist, Musikpädagoge und Kritiker in Charkow einen Namen machen. Als Vladimir geboren wurde, amtierte Alexander bereits als Direktor der Charkower Musikschule; und er beanspruchte für die kommenden Jahre dann auch das Vorrecht, den talentiertesten unter seinen Neffen zu unterrichten.

Die Familie Gorovitz wohnte in der *Musikalnyi Pereulok* – in der Musik-Gasse, die in einem hügligen, sogenannt besseren Stadtteil lag, nur einige Häuserblocks von der Kaiserlichen Musikschule (dem späteren Konservatorium) entfernt. Da war die geräumige, sonnige Wohnung, dominiert vom Musikzimmer mit dem großen Klavier und den randvoll gefüllten Notenschränken. Hier lehrte Mutter Sophie ihre Tochter Genja Noten lesen, während der Dreikäsehoch Wolodja im Zimmer herumtapste. Dabei hörte er der Mutter aufmerksam zu und imitierte sogar ihr Klavierspiel, indem er mit seinen Fingerchen auf die Fensterscheiben trommelte. Einmal kam er dabei derart in Erregung, daß er – seiner Kräfte noch nicht bewußt – mit seinen imaginären Fingerübungen das Glas zerbrach und sich dabei die Hände verletzte. Normalerweise ging es im Musikzimmer aber friedlich zu. Stundenlang konnte Wolodja hier sitzen und verzaubert dem Spiel seiner Mutter lauschen. Sie war sehr schön: mit kastanienbraunem Haar, dunkel leuchtendem Teint und ausdrucksvollen braunen Augen, die sie allen vier Kindern vererbte. Als eine einfühlsame, gütige und freundliche Frau blieb sie Wolodja stets in Erinnerung, und die Stunden im Musikzimmer zählen zu seinen frühesten und glücklichsten Kindheitserinnerungen.

Wenn das Musizieren zu Ende war und andere Aufgaben erledigt sein wollten, gingen Mutter und Sohn Hand in Hand einem langen Eßtisch entlang, wo Schwarzbrot, Süßigkeiten und ein mit brodelndheißem Tee gefüllter Samowar standen. In der Küche begegneten sie Sophies alter Mutter Jefrosina, die entweder die Mägde beaufsichtigte oder aber mit großem Vergnügen selber Hand anlegte und beispielsweise *Zakuski* zubereitete – eine Art Hors d'œuvre aus eingelegten Heringen, Gebäck oder Fleisch, welches dann zur Vorspeise gereicht wurde. Jefrosina war eine mollige, gütige Frau, die mit Leidenschaft Patience spielte und ebenso leidenschaftlich an ihren vier Enkeln hing. Mit Vorliebe erzählte sie von der Heirat ihrer Tochter und wie alle ihre Freunde und Verwandten sie zu dem prächtigen Brautpaar beglückwünscht hätten: »Mein Gott, dieses Paar, wie die beiden ausschauen! Wie werden erst die Kinder sein!« Später sinnierte Jefrosina oft darüber nach, daß Sophie und Simeon etwas viel Wertvolleres als nur Schönheit hervorgebracht hätten: nämlich den außergewöhnlich talentierten Sohn Wolodja. Dieser wurde von französischen und englischen Gouvernanten umsorgt und von Tante Evelyn, der ledigen Schwester Simeons, verhätschelt. Die Tante lebte mit der Gorovitz-Familie in der Musik-Gasse und war die erste im ganzen Haushalt, die darauf bestand, daß ihr Neffe ein Genie sei.

Simeon war stolz, seiner Familie ein Leben im Wohlstand bieten zu können. In der ukrainischen Hauptstadt zu wohnen – und dies erst noch in jenem imposanten Mietshaus an der Ecke *Musikalnyi Pereulok/Groriesnaya* – war für eine jüdische Familie mehr als außergewöhnlich. Einem Erlaß des Zaren zufolge hatten die Juden in Rußland normalerweise in speziell abgegrenzten Siedlungszonen zu leben und zu arbeiten, und sie durften die Großstädte nur an Markttagen betreten. In einem dieser Judenbezirke, in der schmutzigen Industriestadt Berditschew nämlich, etwa sechzig Meilen südwestlich von Kiew, wurden alle vier Kinder Simeons geboren. Verständlicherweise hatte der junge Vater keinerlei Ambitionen, in Berditschew zu bleiben. Während der Regierungszeit Alexanders II. wurden diese Niederlassungsgesetze allmählich etwas freizügiger gehandhabt. 1897 lebten schon 32000 Juden in Kiew, und 1910 waren es über 50000. Obwohl es immer wieder Zwangsumsiedlungen gab und man sogar mit Pogromen rechnen mußte (1881 und 1905 wurde die jüdische Bevölkerung in der Stadt entsprechend dezimiert), wollten Familien wie die von Simeon Gorovitz von den besseren Bedingungen profitieren, wie sie das Leben in Kiew bot. Kurz nach der Geburt von Vladimir am 1. Oktober 1904[4] schloß sich Simeon den zahlreichen Auswanderern an und zog mit seiner Familie nach Kiew.

Kiew galt als Königin unter den Städten Rußlands. An den Ufern des Dnjepr gelegen breitete sich die ukrainische Metropole zwischen üppig-grünen Wiesen und Wäldern aus, über fünfzehn Meilen hin umsäumt von Parks und Gärten. Über der Stadt schwebte im Frühjahr ein üppiger Duft von Veilchen, von Kastanien- und Akazienbäumen. Von den waldigen Perchersk-Höhen sah man ostwärts meilenweit über fruchtbare Ebenen und südwärts auf den Fluß, der in weiten Bogen dem Schwarzen Meer zufloß. In den schwülen Sommermonaten lud der Dnjepr zum Schwimmen und Bootfahren ein. Er war die Lebensader der Stadt; das umliegende fruchtbare Ackerland und diese Wasserstraße machten Kiew zum landwirtschaftlichen und industriellen Zentrum der Ukraine und zum kulturellen Mittelpunkt: mit einer großen Universität, mit Orchester, Oper und Ballett sowie dem renommierten Konservatorium. Aufgrund der Autonomie und des Wohlstandes der Ukrainer sowie der unmittelbaren Nachbarschaft Kiews zum Osten Europas wurde die Stadt zur Heimat jener Juden, die – wie die Familie Gorovitz – das Glück hatten, ihren Ghettos entrinnen zu können. Kiew war eine Schatzkammer mittelalterlicher Kunst und Architektur: Überreste des

Goldenen Stadttors aus dem 11. Jahrhundert fanden sich auf der rechten Flußseite; dazu die der Istanbuler Hagia Sophia nachempfundene St.-Sophien-Kathedrale mit ihren exquisiten Ikonen, Mosaiken und Fresken. Über die Hügel hinweg setzten die Zwiebeltürme der Kathedralen und Klöster wunderbare Akzente im Stadtbild mit seinen Sandsteingebäuden und Landhäusern, welche alljährlich zweimal frisch getüncht wurden. Auf der Hauptstraße, dem Boulevard Kreschatik, sowie auf den Querstraßen pulsierte reges Leben, als wäre die Stadt selbst seine schillernde Ikone.

Simeon gehörte zu den Emporkömmlingen unter den bürgerlichen Juden, die vom steten Anwachsen des Privathandels, aber auch von ihrer vorzüglichen Ausbildung profitierten. Er war Elektroingenieur, in Rußland und an der Universität in Liège (Belgien) ausgebildet: ein großgewachsener, eleganter Mann, der fließend Französisch und Deutsch sprach. Seinen Einstand im Geschäftsleben von Kiew gab er als Partner seiner beiden Schwäger, Alexander und Michael Bodick. Ihre Firma Gorovitz & Bodick vertrat in Kiew die Westinghouse Corporation sowie einige deutsche Elektrounternehmen. Das Geschäft blühte; hier konnte man jeden Haushaltsartikel kaufen, von der Glühbirne bis zu Motoren und Transformatoren, die für den Antrieb der regionalen Zuckermühlen gebraucht wurden.

Simeons finanzielle Erfolge ermöglichten der Familie den unbekümmerten Lebensstil der gehobenen Mittelklasse. Den Haushalt überließ Sophie den Mägden und ging dafür auf lange Spaziergänge und, im Verein mit den *grandes dames* aus der besseren Gesellschaft, zum Shopping an den Kreschatik. Simeon dagegen baute seine Bibliothek zu einer imposanten Sammlung aus und hielt die Familie stets an, sich in diese Bücher zu vertiefen. Seine Ziele waren hochgesteckt – auch, was seine Kinder anbelangte. Zuweilen arteten solche Ambitionen in sozialen Dünkel aus. Er war stolz auf die angeblich polnisch-christliche Herkunft seiner Mutter und konnte sich durchaus auch snobistisch, launisch-distanziert und hochnäsig geben, dann wiederum gesellig und freizügig. Übertriebene Eleganz sollte ihn gegen die Verwundbarkeit schützen, die jeden Juden in Rußland kennzeichnete: Polizeispitzeleien, Deportationen und Verfolgungen waren in lebendigster Erinnerung. Wie andere erfolgreiche jüdische Kaufleute wußte auch Simeon, daß eine Wohnung an Kiews erster Adresse noch keine Garantie für Sicherheit bot. Also hatte er seine guten Gründe, die jüdische Herkunft seiner Familie herunterzuspielen (religiöse Bräuche wurden zu Hause keine gefeiert) und sich mit den wohlhabenden und einflußreichen Christen gutzustellen.

Simeons schlimmste Befürchtungen wurden 1905 bestätigt, als Kanonendonner die häusliche Ruhe aufschreckte. Die reaktionäre »Union des russischen Volkes« inszenierte einen Pogrom mit dem Ziel, sämtliche jüdischen Kaufleute in Kiew auszumerzen. Wobei diese Ausschreitungen nur ein kleiner Teil der sogenannten »Ersten Revolution« waren, die in diesem Jahr über Rußland hereinbrach und mit einer Serie von verheerenden Streiks den Zar schließlich zwang, allen Bürgern volle Bürgerrechte zuzubilligen. Wolodja war noch zu klein, als daß er sich selber an den Pogrom oder die allgemeinen Tumulte von 1905 hätte erinnern können. Aber man erzählte ihm später oft von diesen Vorfällen – auch daß er beinahe getötet worden wäre, als die Fensterscheiben der Wohnung von Kugeln zertrümmert wurden. Diese schrecklichen Ereignisse von 1905 sollten die Juden künftig stets an ihre prekäre Stellung in Rußland mahnen.

Nach 1905 expandierte die Firma Gorovitz & Bodick, und Simeon unternahm alles, um – den politischen Wirren zum Trotz – der Musik in seinem Heim einen vorrangigen Platz einzuräumen. Als Wolodja mit sechs Jahren den ersten Klavierunterricht erhielt, zeigte er ein gutes Gedächtnis und ein feines Gehör, war aber vom Instrument weder besonders begeistert noch speziell gelangweilt. Doch bereits nach einigen Unterrichtsjahren war Sophie verblüfft über die Begeisterung und die Leichtigkeit, mit welcher ihr Sohn Klavier spielte. Seine kleinen Hände schienen in natürlicher Weise für das Instrument disponiert, so daß er mit Leichtigkeit die ersten Tonleitern und Arpeggien üben konnte. Dennoch, die größte Gabe war zweifellos seine angeborene, tiefe Musikalität – das Vermögen, sich voll den von der Musik ausgelösten Emotionen hinzugeben, sowie die Neigung, sich derart vollkommen mit diesen Gefühlen zu identifizieren, daß er selbst dann, wenn er nicht am Klavier saß, stets von ihnen umfangen schien. Eine Kusine Vladimirs, Natascha (Bodick) Saitzoff, erinnerte sich, wie er »am Klavier saß, wobei seine Füße kaum die Pedale erreichten, und uns erklärte, was er spielte: ›Seht, jetzt scheint die Sonne, und die Vögel singen, und alles ist herrlich.‹ Dabei war sein Spiel weich und zart. Dann konnte er plötzlich sehr aufgeregt werden und schreien: ›Bumm, bumm, bumm! Jetzt stürmt und regnet es.‹ Und in seinen großen, braunen Augen spiegelte sich die Leidenschaftlichkeit seines Klavierspiels.«[5]

Ein Foto zeigt den Achtjährigen als kleinen, robusten Jungen mit abstehenden Ohren, einer gewichtigen Nase, verschämt und beherrscht im Ausdruck. Als jüngstes Kind in der Familie wurde er von allen maßlos verwöhnt. Wenn er schlief, mußten die anderen speziell weiche Pantoffeln tragen, um ihn ja nicht zu wecken. Obwohl er introvertiert war, zurückhaltend und zuweilen auch launisch, ließ man ihm zu Hause solche Launen durchgehen, und niemand wagte es, ihn wegen seines kapriziösen und oft auch unangenehm aggressiven Betragens zu maßregeln. Dafür trug er dann – in einem schwarzen Matrosenkleidchen mit weißen Streifen – der gebannt lauschenden Familie, zuweilen auch Gästen und Verwandten, mit Feierlichkeit kleine Klavierimprovisationen vor.

Neugier war es, die den Neunjährigen in den großen Mahagoni-Musiksaal lockte, wo er in den vielen Musiknoten herumstöberte. Werke von Chopin und Liszt, die so unheimlich kompliziert aussahen, ließ er beiseite und wandte sich dafür zwei anderen Komponisten zu – Edvard Grieg und Sergej Rachmaninow, seinen »zwei Lieblingen«, wie er später zu sagen pflegte. Griegs *Lyrische Stücke* waren darunter, und die konnte er sich durchaus schon aneignen. Sophie entdeckte, daß die einfache Struktur dieser Charakterpiècen perfekt auf die Fähigkeiten ihres Sohnes zugeschnitten waren, und sie ermunterte ihn, die volksliedhaften Melodien beim Spielen auch mitzusingen. Nachdem er das *Matrosenlied* und den *Norwegischen Bauernmarsch* durchgespielt hatte, nahm er sich begierig Rachmaninow vor: Stücke aus op. 3 oder op. 10 und einige Preludes aus op. 23, welche überaus verlockend, doch technisch natürlich zu anspruchsvoll waren. Aber Mutter Sophie legte Wert darauf, daß ihr Sohn nicht nur ein einziges Werk – und dieses dafür mustergültig – spielte, sondern möglichst viel verschiedene Musik kennenlernte und sich jetzt schon mit den Melodien, Harmonien und den verschiedenen Stilen auseinandersetzte, wie er das später (und gründlicher) dann am Konservatorium wiederum tun mußte. Durch die stete Ermunterung der Mutter erarbeitete sich der Junge ein breites Repertoire – nicht nur Klavierwerke, sondern auch Orchester- und Kammermusik, Lieder, Ballett- und Opernpartituren. Damals waren Schallplatten noch nicht ein alltäglicher Bedarfsartikel, und Wolodja konnte neue Musik nur kennenlernen, indem er sie selber spielte. Was auch Vorteile mit sich brachte: Während er so stundenlang Musik sichtete, wurde er allmählich zu einem außerordentlich begabten Ab-Blatt-Spieler. Sophie war viel daran gelegen, ihn mit vierhändig gesetzten Klavierauszügen von Haydn- und Mozart-Sinfonien bekannt zu machen. Sie wollte auch, daß er zuhörte, wenn sie jene russischen Kompositionen spielte, die damals gerade *en vogue* waren – Impromptus von Arensky, Liadow, Glasunow, Glière und Gretschaninow. Nicht selten endete dieses vierhändige Mutter-Sohn-Spiel mit einer inspirierten Aufführung von Rachmaninows sechs Duetten op. 11.

Leicht lernte Wolodja viele seiner Lieblingsstücke auswendig und veranstaltete weiterhin Mini-Klavierabende für jedes beliebige Familienmitglied, welches gerade zuhören mochte. Oft spielte er Musik, die er irgendwo außerhalb des Hauses aufgeschnappt hatte. Denn im kulturell regsamen Kiew gab es abends vielfach Konzerte, und Sophie besuchte sie wenn immer möglich mit all ihren vier Kindern. Selbst wenn die beiden ältesten Söhne nicht mitwollten, bestand sie darauf und schleppte die ganze Familie in Sinfoniekonzerte und zu Kammermusikabenden – oder zu ihren französischen, italienischen und russischen Lieblingsopern, die sie, noch vor der Geburt ihrer Kinder, in Westeuropa gehört hatte. Nach solchen Abenden bestand sie besonders darauf, daß Wolodja langsam und sorgfältig übe; da aber der Junge ungeduldig jede neue Musik verschlang, bevor er die alte auch nur halbwegs spielen konnte, war das natürlich ein aussichtsloser Kampf. Technische Gewandtheit schien der Junge leicht zu erringen; dennoch meinte er später: »Ich wüßte darüber, wie ich die Technik gelernt habe, nicht mehr zu sagen als über das Erlernen von Sprachen. Ich weiß einzig, daß ich bei der Musik jeweils von selbst herausfand, was die Finger zu tun hatten, und sie es dann auch taten. Alles ging von der Musik aus.«

Um 1912 wagte sich Wolodja an schwierige Opern-Klavierauszüge, darunter auch Wagners *Ring des Nibelungen*, und er summte die Lieblingsmelodien vor sich hin, ohne in die Noten zu schauen. Der Junge hatte zwar kein bildlich genaues Notengedächtnis; dennoch verblüffte er Mutter und Vater, wenn er beispielsweise eine Passage aus Rimski-Korsakows Oper *Schneeflöckchen* auswendig spielte und dann (ohne einen Takt lang auszusetzen) nahtlos in eine *Lohengrin*-Arie hinüberwechselte. Es dauerte nicht lange, bis die Eltern beschlossen, daß ihr begabter Sohn einen systematischen Unterricht am Konservatorium bekommen müsse. So bezahlten sie im September 1912 die 125 Rubel Schulgeld und ließen Wolodja im Kiewer Konservatorium einschreiben.

Lehrjahre

In mir war ein Teufel und auch ein Engel. Ich konnte beides sein. Und mein ganzes Leben lang ist es so geblieben.[1]

Sophie wollte den perfekten Lehrer für ihren Sohn, und so dachte sie ursprünglich daran, ihn für die Klasse von Wladimir Putschalski einschreiben zu lassen. Putschalski, der Konservatoriumsdirektor, war vor Jahren ihr eigener Lehrer gewesen und galt als bester Klavierprofessor in der ganzen Ukraine. Nachdem er am St. Petersburger Konservatorium beim legendären österreichischen Pädagogen Theodor Leschetitzky studiert hatte, wechselte er 1876 an die Kiewer Musikschule über. Als Wolodja Gorovitz ins Konservatorium eintrat, war Putschalski bereits 65 Jahre alt. Zudem hörte er schlecht, war mürrisch und unerbittlich, was seine Unterrichtsmethode betraf. Sophie kam zur Überzeugung, daß er der falsche Lehrer sei, und entschied, Wolodja zu Professor Marian Dombrowski zu schicken, dem zweitältesten Klavierlehrer am Konservatorium; er galt als ein begabter und angenehmer Pädagoge. Wie Sophies ehemaliger Lehrer merkte, daß er übergangen worden war, wurde er wütend: »Sie waren einst meine Schülerin!« rief er. »Jetzt haben Sie einen talentierten Sohn und wagen es, ihn für eine andere Klasse einschreiben zu lassen.«[2] Verlegen bat Sophie um Verzeihung und ließ ihren Sohn widerwillig für Putschalskis Klasse registrieren.

Jetzt war die Reihe an Dombrowski, den Gekränkten zu spielen, und er weigerte sich fortan, dem Spiel des jungen Gorovitz zuzuhören. Wolodja galt am Konservatorium als einer der vielversprechendsten Schüler, und Putschalski ließ ihn bei Vortragsübungen stets erst am Schluß spielen. Wenn Wolodja dann endlich auf die Bühne kam, stand Dombrowski seinerseits auf, stürmte an den verdutzten Schülern und ihren Verwandten vorbei und verließ den Saal. Klar, daß der temperamentvolle Professor dennoch neugierig war und den Jungen hören wollte. Zum Amüsement spionierender Schüler pflegte er dann vor der geschlossenen Türe zu lauschen. Erst viel später, in den zwanziger Jahren, als Horowitz schon die westeuropäischen Musikzentren erobert hatte, steckte Dombrowski seinen Stolz endlich beiseite, besuchte ein Horowitz-Konzert in Warschau und ging nachher ins Künstlerzimmer, um den jungen Star zu beglückwünschen.

Mühelos konnte sich Wolodja an den Lehrbetrieb im Kiewer Konservatorium gewöhnen. Im Gegensatz zu den öffentlichen Gymnasien gab es hier keine geschlechts- oder religionsspezifischen Restriktionen; und man brauchte auch keine öden Uniformen zu tragen. Wer am Konservatorium studierte, gehörte zur Elite; gewöhnlich kamen die Schüler aus der gehobenen Mittelklasse, hatten guten Kontakt untereinander und widmeten sich zu gleichen Teilen ihren musikalischen und akademischen Studien. Jeden Morgen um 9 Uhr, nach dem Frühstück, gingen Wolodja und seine Schwester Regina zu Fuß ans Konservatorium – ein imposantes und elegant wirkendes sandfarbenes Gebäude mit ovalen Gewölben, darüber zwei Stockwerken und zuoberst klassischen Säulen. Vor dem Gebäude erstreckte sich ein kleiner Park mit einer Statue von Michael Glinka, dem »Vater der russischen Musik«, der hier seine musikalische Nachkommenschaft zur Größe anzuspornen schien.

Im ersten Stockwerk befanden sich die großen Unterrichtsräume der Hauptlehrer wie Putschalski und Dombrowski. Marmortreppen führten in die oberen Etagen, wo am Morgen Harmonielehre, Musikgeschichte, Ästhetik und Theorie unterrichtet wurden. Mittags gingen Wolodja und Regina durch die Garderobe in die lärmige Cafeteria, wo sie den Lunch einnahmen: Butterbrote, Würstchen, Patisserie und Tee. Am Donnerstag und Freitag traf sich Putschalskis kleine Klavierklasse nach dem Mittagessen jeweils im großen Raum des Lehrers: die beiden Gorovitz-Kinder, Alexander Eydelmann, Ariel Rubstein und einige andere.

Donnerstag war »Technik-Tag«. Jeder Schüler erhielt individuellen Unterricht; die Kollegen hörten und schauten dabei zu. Diese Lektionen dauerten eine halbe oder eine ganze Stunde und waren für Wolodja ein einziger Alptraum. Viel später, anläßlich seines Wiener Auftritts im Februar 1929, erzählte er: »Mein erster Lehrer, dessen pädagogische Künste seiner Virtuosität nicht gleichwertig waren, vermochte mir kaum die notwendige Liebe zum Klavierspiel beizubringen, und nur widerwillig oblag ich meinen täglichen Pflichtübungen.«[3]

Jeder kam mit grimmiger Miene zum Unterricht, um nun die pflichtschuldigst vorbereiteten Tonleitern, Arpeggien sowie die verhaßten Czerny- und Clementi-Etüden vorzutragen. Rubstein erinnerte sich noch klar an eine von Wolodjas Lektionen: »An diesem Tag waren seine Tonleitern absolut erstklassig – sauber, schnell und perfekt in der Artikulation –, doch Putschalski schrie ihn wie jeden anderen an von wegen unkorrektem Fingersatz oder anderen kleinen Fehlern.«[4] Putschalskis vernichtende Rügen und sein konstant ausgeübter Druck machten aus jeder Lektion eine Nervenprobe. Stets war Wolodja verkrampft, spielte auch vor der kleinsten Gruppe nur ungern und ärgerte sich maßlos über das von Putschalski aufgezwungene Pensum. Ein Introvertierter, der sich noch mehr in sich selbst zurückzuziehen schien: »Er war ein komischer Typ – ziemlich schüchtern«, erinnerte sich Rubstein. »Seine persönliche Erscheinung und sein Spiel waren von peinlichster Sorgfalt. Lange, bevor der Unterricht überhaupt erst begann, stand er schon vor der Tür Putschalskis herum und beschäftigte sich ausgiebig mit seinen Haaren. Die waren steckengerade, und so war es nicht einfach, einen Scheitel hinzukriegen. Deshalb stand er endlos vor dem Spiegel, überprüfte sein Äußeres und ordnete seine Haare.«

Weil der ekelhaft dogmatische Putschalski seine Schüler ständig einschüchterte, wurden viele von ihnen gegen jede Art von Kritik abgehärtet und verloren ihre Hemmungen dann auch bei den Vortragsübungen. In der Tat wurde ihr Spiel stets besser – trotz der sturen Übungsroutine. Putschalskis Methode ging auf die Prinzipien seines eigenen Lehrers Leschetitzky zurück, der Größen wie Ignaz Paderewski und Artur Schnabel unterrichtet hatte. Wie Leschetitzky bevorzugte auch Putschalski das romantische Repertoire und konzentrierte sich auf Beethoven, Schumann, Chopin, Liszt und die Russen; hinzu kam noch einiges wenige von Brahms. Die »Leschetitzky-Schule« zeichnete sich durch einen unbarmherzig harten technischen Drill aus – mit gewölbter Handstellung, flexiblem Handgelenk und total lockeren Unterarm- und Schultermuskeln. Einige von Putschalskis Schülern fanden diese ewig gleiche, monotone Überei derartig langweilig, daß sie eine Zeitung aufs Notenbrett plazierten, während ihrer Tonleiter-Übungen Bücher lasen oder still ihren Tagträumereien nachhingen.

Wohlweislich achtete Putschalski speziell auf die individuellen anatomischen Voraussetzungen bei seinen Schülern. So erklärte er, daß Pianisten mit klobigen, fleischigen Fingern – Anton Rubinstein zum Beispiel – normalerweise lieblichsamtene Töne produzieren würden, die dünn-langfingrigen Pianisten dagegen (Liszt und andere) einen zwar lyrischen, aber doch recht metallischen Klang hervorbrächten. Klar, daß Wolodja aufgrund dieser Verallgemeinerung der zweiten Gruppe angehörte, und entsprechend fiel nun auch sein Unterricht aus. So empfahl Puschalski, er solle eher auf den Fingerpolstern spielen als auf den Spitzen. Damit berücksichtigte der Lehrer bewußt die spezifischen anatomischen Voraussetzungen von Wolodjas Hand. Ebenso großes Verdienst erwarb sich Putschalski zweifellos im Vermitteln eines wundervoll singenden Tons – einer *Cantabile*-Melodie, die allein aus dem Gewicht des Armes erzeugt wurde, die sich klar gegen den Baß abhob und irgendwie der menschlichen Stimme ähnelte. Wenn man das einmal beherrschte, meinte Putschalski, dann würde der Klang im *forte* nie perkussiv und im *pianissimo* bis in die hinterste Reihe des Konzertsaals zu hören sein. Insgesamt widerspiegelte das die Essenz der traditionellen russischen Klavierschule.

Freitag war »Repertoire-Tag« – da hatten die Schüler die Standardwerke von Bach, Mozart, Beethoven, Chopin und Liszt vorzutragen. Hinzu kamen Stücke von heute nur noch selten aufgeführten Komponisten wie Sgambati, Strobel, Moscheles, Graf und Medtner. Von den Zeitgenossen waren Rachmaninow und Skrjabin die populärsten. Ungewöhnlich viel hielt Putschalski auch von Glinkas *Capriccio sur des thèmes russes*, und viele Schüler mußten sich folglich damit befassen. Neben dem konventionellen Repertoire – darunter Chopins *Berceuse* und das *Italienische Konzert* von Bach – ließ Putschalski auch Kompositionen von Hummel und Moszkowski einstudieren. Gleichsam nebenbei verlangte er noch, daß sich seine Schüler mit den Präludien und Fugen aus Bachs *Wohltemperiertem Klavier* auseinandersetzten – wobei er wußte, daß kaum einer diese Musik besonders liebte und die Resultate dementsprechend nicht besonders eindrücklich ausfielen. Andere Professoren waren da nachsichtiger: Als ihre Schüler nämlich behaupteten, daß man diese »schrecklichen Fugen« gar nicht auswendig lernen könne, erlaubten sie es, daß man ab Noten spielte. Aber Putschalski blieb in Sachen Bach stur und sparte nicht mit lautstarken Verweisen, wenn eine Interpretation seinen Erwartungen nicht entsprach. Wie andere Kommilitonen haßte auch Wolodja diesen Bach, und er konzentrierte sich mehr und mehr auf seine zwei Lieblingskomponisten Grieg und Rachmaninow. Als er Jahre später über seine frühe Vorliebe zu dieser unverhohlen romantischen Musik gefragt wurde, sagte er: »Ich brauchte lange, um einen Komponisten wie Beethoven verstehen zu lernen. Wichtig ist, daß man sich in seiner eigenen Art und Weise entwickelt – ohne sich deswegen rechtfertigen zu müssen, aber auch ohne eine künstliche Position einzunehmen und zu behaupten, man bewundere etwas, das man ja nicht einmal versteht.«[5] Was auch immer geübt wurde, Putschalski erlaubte keine Unterbrechung, nicht einmal während der Sommerferien.

1914, nach zwei Jahren Unterricht beim unnachgiebigen Zuchtmeister Putschalski, hatte Wolodja – trotz seines Ressentiments dem Lehrer gegenüber – eindrückliche Fortschritte gemacht. Alexander Gorovitz war von den Fähigkeiten seines Neffen derart beeindruckt, daß er seinen Freund und Mentor Alexander Skrjabin bat, wenn er das nächstemal nach Kiew komme, solle er sich doch Wolodja anhören. Denn seit jenen Tagen, als Alexander Gorovitz am St. Petersburger Konservatorium studiert hatte, war er mit Skrjabin eng befreundet. Als Alexander damals nur mit der Silber- statt mit der Goldmedaille ausgezeichnet worden war, trat Skrjabin protestierend von der Fakultät zurück; er war überzeugt, daß eine antisemitistische Jury Alexander diese höchste Auszeichnung verweigert hatte.

Noch im selben Jahr fand die Begegnung mit Skrjabin statt (der ein Jahr später starb). Obwohl sie nur kurz war, machte sie auf Wolodja einen mächtigen Eindruck. Später erinnerte er sich: »Skrjabin besuchte uns nur wenige Stunden vor seinem Klavierabend, wo er seine achte und neunte Sonate spielte. Er benahm sich wie ein Verrückter, saß übernervös in seinem Fauteuil und haßte mich womöglich. Stellen Sie sich das vor: Papa und Mama kommen mit dem Wunderkind zur Tür herein! Da muß er sich doch gedacht haben: ›Mein Gott! Wie kann ich den bloß wieder loswerden!‹ Und so saß er da, und ich spielte einige kleine Stücke – zehn Minuten Musik: eine Nocturne und einen Walzer von Chopin, eine kleine Pièce von Ernst von Dohnanyi, ein Stück von Paderewski und etwas von Borodin. Als ich zu Ende war, fragte mein Vater Skrjabin, was er von mir halte und wie er sich meine weitere Ausbildung etwa vorstelle. Skrjabin sagte:

›Ihr Sohn wird womöglich ein ausgezeichneter Pianist. Ich weiß nicht, wozu er es letztlich bringen wird, aber er hat enorm viel Talent. Achten sie aber darauf, daß er eine gute Allgemeinbildung erhält, daß er möglichst viel verschiedene Musik spielt, viel liest, Gemäldeausstellungen besucht und die literarischen Klassiker kennenlernt. Er soll nicht nur Tonleitern üben – man muß vieles kennen, um wirklich ein Künstler zu sein.‹ Meine Eltern befolgten seinen Rat und gaben mir eine gut fundierte Ausbildung.«[6]

Im Rahmen des zaristischen Zuteilungssystems, wonach Juden nur in beschränktem Maß in den Gymnasien Aufnahme fanden, ließen Sophie und Simeon ihren jüngsten Sohn einschreiben, und fortan besuchte Wolodja das lokale Gymnasium und das Konservatorium gleichzeitig. Doch er zeigte nur wenig Interesse für die akademischen Fächer – was die Prüfungsnoten denn auch deutlich dokumentierten. Ein gewisses Verständnis entwickelte er am ehesten noch für das Theater, und er las die großen Russen: Tolstoi, Dostojewski, Puschkin und Gogol, sowie Dickens, Proust und Victor Hugo. Viel lieber aber hörte er sich Schallplatten von Opern an. Oder er ließ die Musik überhaupt beiseite, wanderte mit seinen Brüdern durch die Wälder in der Umgebung von Kiew und ging im Dnjepr oder in Sviatosino schwimmen – einem Badeort außerhalb der Stadt, wo die Familie Gorovitz oft ihre Sommerferien verbrachte.

Die Mutter machte sich oft Sorgen, weil Wolodja keine akademischen Interessen zeigte; der Vater war da nachsichtiger. Ihn interessierte vor allem das musikalische Talent seines Sohnes. Doch dachte er nie daran, ihn auszunützen, und schwor sich, daß Wolodja erst öffentlich konzertieren solle, wenn er die übliche Schulbildung hinter sich habe und reif sei für öffentliche Auftritte. Nicht, daß ihn der Vater vor der Musikwelt verborgen oder sich gegen Kontakte gesträubt hätte, die der späteren Karriere seines Sohnes womöglich förderlich sein konnten. »Mein Vater war nie schüchtern, ganz und gar nicht«, sagte Horowitz später. »Beispielsweise ließ er über einen Freund Rachmaninow bitten, er möge mich – damals zwölf Jahre alt – beim Spielen doch einmal anhören. Wobei Rachmaninow seinerseits nun wirklich ein scheuer Mensch war und sich nicht getraute, diese Anfrage abzulehnen. Er ließ sich zu einem Treffen mit mir und meiner Mutter in einem Kiewer Hotel überreden; aber als wir dann wie abgemacht um 4 Uhr nachmittags eintrafen, teilte uns der Concierge mit, daß Rachmaninow Kiew mit dem Drei-Uhr-Zug verlassen habe. Als ich ihn viele Jahre später dann in Amerika kennenlernte, fragte ich ihn, weshalb er damals so plötzlich Reißaus genommen habe. Er mußte lachen: Er hasse eben Wunderkinder. Zudem habe er echt Angst gehabt. Denn hätte ich nicht wirklich gut gespielt, so hätte er meine Mutter anlügen und ihr sagen müssen, wie gut ich doch sei – und das hätte er sicher nicht hingekriegt.«

Trotz seiner pianistischen Frühreife wurde Wolodja nie als Wunderkind gehandelt, und kein einziger bedeutender russischer Musiker wurde damals auf ihn aufmerksam. Um 1914 gab es zudem erste Probleme mit seinem Musikunterricht.

Putschalski war alt, erschöpft und müde; stets war er in schlechter Laune, hatte unberechenbare Temperamentsausbrüche und schrie dann seinen jungen Protégé völlig grundlos an. Ein Glück, daß Putschalski bald darauf als Konservatoriumsdirektor demissionieren mußte. Rußland wurde damals – angesichts eines drohenden Krieges – von einer nationalistischen Welle erfaßt, die sich auch gegen Putschalski wandte, zumal dieser zahlreiche Stellen am Konservatorium an seine polnischen Landsleute vergeben hatte. Im Jahr 1914 amtierte Rachmaninow als Generalinspektor der russischen Konservatorien; in dieser Funktion erwirkte er die Entlassung Putschalskis und wollte den Posten nun mit einem russischen Musikologen besetzen. Seine Wahl fiel schließlich auf Reinhold Glière – als Komponist ein Vielschreiber, aber immerhin ein veritabler Nachfolger der sogenannten nationalen russischen Schule. Der energische Glière war damals vierzig Jahre alt, stammte aus Kiew und war am hiesigen Konservatorium bis anhin als Professor für Komposition tätig gewesen. Als Direktor amtierte er dann bis 1920 – dem Jahr von Wolodjas Studienabschluß.

Als Glière im September 1915 die Schulleitung übernahm, versuchten Wolodja und Genja sofort, in eine andere Klavierklasse hinüberzuwechseln. Genjas Wahl fiel auf Sergej Tarnowski: ein neuer Professor an der Musikschule, der seine Ausbildung am St. Petersburger Konservatorium im Jahr 1907 mit der Goldmedaille und dem berühmten Rubinstein-Preis abgeschlossen hatte. Er war ein ausgezeichneter Pianist, hatte bei der legendären Anna Essipowa studiert, der zweiten von Leschetitzkys drei Gattinnen und einer der begehrtesten Klavierlehrerinnen in ganz St. Petersburg. Bei der Essipowa lernte Tarnowski, wie man einen klangvoll singenden Ton und ein atemberaubendes *legato* erzeugt. In technischer Hinsicht spielte er glänzend, aber es fehlte ihm eine gewisse Leidenschaftlichkeit; viele seiner ehemaligen Schüler meinten später, daß Tarnowskis musikalische Fähigkeiten recht begrenzt gewesen seien. Hinzu kam sein Lampenfieber, welches ihn derart beeinträchtigte, daß er es während seiner drei Europa-Tourneen dann als Pianist auch zu keinem nennenswerten Erfolg brachte. Um so dankbarer war er folglich, als ihm Glière eine Professur am Kiewer Konservatorium anbot, und er sagte mit Begeisterung zu. Da er noch jung war und kaum Lehrerfahrung hatte, gehörte er wohl nicht zu den Top-Klavierprofessoren; dennoch zog sein Amtsantritt einige Aufmerksamkeit auf sich. Ganze Horden von Klavierschülern warteten, um ihm vorzuspielen und in seine Klasse aufgenommen zu werden. Putschalski sah voraus, daß er seine besten Schüler – darunter die Gorovitz-Kinder – verlieren würde. Darüber ärgerte sich der abgesetzte Direktor maßlos, und er zwang seinen Nachfolger zu einem Kompromiß: Wolodja und Genja sollten fortan von *beiden* Lehrern unterrichtet werden! Tarnowski sollte ihre Fortschritte Woche für Woche überwachen, und Putschalski ließ die beiden dann alle paar Wochen einmal vorspielen, um solche Fortschritte zu beurteilen. Dieses Arrangement dauerte volle neun Monate; dann übernahm Tarnowski die volle Verantwortung für die Ausbildung.

Der junge Professor war vom brillanten und tief musikalischen Spiel seines neuen Schülers höchst begeistert; daß dieser nicht als Wunderkind gegolten hatte, wollte Tarnowski kaum glauben: »Wenn Horowitz kein Wunderkind gewesen ist«, so meinte er später, »dann hat es überhaupt nie Wunderkinder gegeben.«[7] Bald merkte Tarnowski, daß Wolodja über ein außergewöhnliches Gehör und ein einwandfreies Gedächtnis verfügte, daß er deshalb spielend neue Werke lernte, mit Leichtigkeit vom Blatt spielte und sogar aus Opernpartituren zu improvisieren verstand – aus Rimski-Korsakows *Der goldene Hahn*, Mussorgskis *Boris Godunow*, Tschaikowskis *Pique Dame* und Puccinis *Bohème*. Obwohl deutsche Opern in Rußland nicht allzu beliebt waren, machte sich Wolodja mit Eifer hinter die Wagner-Klavierauszüge und konnte bereits nach wenigen Jahren große Teile aus dem *Tannhäuser, Lohengrin* und *Rheingold* spielen. Tarnowski war beeindruckt von der Leidenschaftlichkeit, mit der sich sein Schüler an die Opernliteratur heranmachte. Und eines Tages fiel er fast vom Stuhl – als ihm Horowitz Teile aus Straussens *Salome*, die er zuvor nur ein einziges Mal gehört hatte, aus dem Gedächtnis vorspielte.

Für die Entwicklung von Wolodjas Pianistik war Tarnowskis Einfluß wohl am entscheidendsten. Er unterrichtete ihn zwischen dem zwölften und sechzehnten Lebensjahr, der wahrscheinlich wichtigsten Phase in der Entwicklung eines Pianisten. Unverwandt achtete er darauf, daß der junge Gorovitz mehr farbliche und dynamische Differenzierungen in sein Spiel bringe. Und daß er mehr Sorgfalt im Umgang mit dem Pedal zeige. Wie Putschalski ging es auch ihm um einen ausdrucksvollen, »singenden« Ton. Wolodja folgte diesen Anweisungen; allerdings experimentierte er eher mit solchen Klangdifferenzierungen, als daß er wirklich fleißig übte. Denn im Gegensatz zu Liszt oder Paderewski, die in ihren jungen Jahren intensiv gearbeitet hatten, übte Wolodja nie mehr als vier Stunden pro Tag, ja meistens eher weniger. Und so richtig bei der Sache war er eigentlich nur, wenn es darum ging, etwas Neues zu lernen. Er übte wesentlich weniger als seine Schwester Genja, und wenn er auch oft fast den ganzen Tag am Klavier verbrachte, so kümmerte er sich kaum um das ihm aufgetragene Pensum, sondern spielte viel lieber aus Opern- und Orchesterpartituren.

Tarnowski hatte es bald heraus: Wenn er Wolodja zu einem wirklich konsequenten Arbeiten bringen wollte, dann mußte er ihm interessante und technisch anspruchsvolle Musik vorsetzen. So stellte er listig ein anspruchsvoll-verlockendes Programm mit Werken zusammen, die der Junge nicht kannte und die ihn deshalb interessierten: beispielsweise *Ten Woodland Sketches* von Edward MacDowell oder die *Kinderszenen* von Schumann. Besonders liebte er die *Träumerei*, das siebente Stück aus dem Schumann-Zyklus, welches Jahrzehnte später eines seiner beliebtesten Zugabe-Stücke wurde. Einige Wochen nach dem Schumann kamen *Giga con Variazioni* von Joachim Raff dran sowie *Six Etudes de Virtuosité* von Camille Saint-Saëns – beides recht anspruchsvolle Werke, die Wolodja fast ein ganzes Semester lang beschäftigten. Wie viele andere seiner Lehrerkollegen legte auch Tarnowski großen Wert auf die Chopin-Etüden. Die *Revolutions-* und die *Schwarze-Tasten-Etüde* gaben dem Jungen kaum Probleme auf; hingegen schien ihn die *Sturm-Etüde* vor nicht zu bewältigende Anforderungen zu stellen. Noch Jahrzehnte später bekannte der Pianist, daß die allzu große Spannung in Arm und Handgelenk seine Ausdauer beeinträchtige und er schon in der Mitte der Etüde ein Gefühl habe, als würde ihm der rechte Arm abfallen.

Tarnowski war fest davon überzeugt, daß technische Probleme aus der Musik heraus angegangen werden müßten und nicht anhand pedantischer Clementi- oder Czerny-Etüden. Obwohl Wolodja Tonleitern, Arpeggien und all die anderen Übungen, die von einem Konservatoriumsschüler verlangt wurden, bald einmal beherrschte, scheint er – nach seinen eigenen Worten – dennoch »schreckliche technische Schwierigkeiten« gehabt zu haben. Jahre später vertrat er dann dieselbe Philosophie wie sein Lehrer: »Ich wollte die technischen Probleme stets im Zusammenhang mit jener Musik lernen, die ich gerade spielte, und nicht anhand spezieller Übungen. Nie ging ich das Klavier auf eine derart mechanische Weise an. Sondern ich schaute in die Noten und sagte mir: ›Okay, das muß sehr schnell sein, also muß ich das üben. Und diese Stimme muß betont werden, also versuche ich es – und sie wird hervortreten.‹«[8] Tarnowski zeigte ihm auch, wie man am effizientesten schnelle und akkurate Oktaven hinkriegt – indem das Auge die Bewegung der Hand gleichsam vorwegnimmt und jede Oktave allein aus der Bewegung des Handgelenks gespielt wird, während der Vorderarm quasi bewegungslos und die Schultern entspannt bleiben. Schnell lernte Wolodja, daß man mit der Hand nur gerade soviel zurückschnellen soll, daß die Tasten vor der nächsten Tonrepetition wieder heraufkommen.

Gerade weil Tarnowski Wolodja in Sachen Repertoire entgegenkam, entstand daraus ein ernsthaftes Problem zwischen Schüler und Lehrer. Denn Sophie Gorovitz war überzeugt, daß Bach, Beethoven und Brahms, zusammen mit all den geistlosen Etüden, die sie als Mädchen selbst noch hatte lernen müssen, das A und O jedes Klavierunterrichts seien. Als sie dann hörte, wie ihr Sohn Moszkowski-Etüden spielte, Klavierauszüge aus Wagner-Opern oder soeben veröffentlichte neue Werke von russischen Komponisten, begann sie an Tarnowskis Kompetenz zu zweifeln. Wolodja merkte bald, welche Verwirrung er zu Hause stiftete: »Haha, ich war ein kleiner Teufel. Eigentlich übte ich nie, als ich jung war. Meine Mutter konnte mich anschreien: ›Du übst gar nicht!‹ Tatsächlich übte ich nie Chopin-Etüden, Bach, Mozart oder Schubert. Dafür schlief ich mit der *Götterdämmerung* unter meinem Kopfkissen. So ärgerte sich meine Mutter, weil ich Tarnowski jene Musik brachte, die ich liebte, statt daß ich spielte, was sie für richtig hielt. Eines Tages ging sie zu meinem Professor und stellte ihn zur Rede: ›Was haben Sie im Sinn? Statt Bach spielt mein Sohn Rachmaninow!‹«

Zweifellos war Tarnowski weitsichtiger als die meisten seiner Kollegen am Konservatorium, und er gab sich alle erdenkliche Mühe, um Wolodja in seiner jugendlichen Begeisterung zu unterstützen. Wie er dann die Familie Gorovitz, vor allem das Verhalten der Eltern, näher kennenlernte, merkte er bald, daß sich die beiden allzu intensiv mit dem Unterricht ihres Sohnes befaßten. So mußte er Sophie ernsthaft ins Gebet nehmen: »Verlangen Sie nicht, daß der Kleine etwas spielt, nur weil es gespielt werden *muß*. Lassen Sie ihn spielen, was er will und was er liebt. Wenn er älter wird, entdeckt er die Klassiker von selbst.«

Zwar blieb Sophie skeptisch; aber sie erlaubte ihrem Sohn dennoch, unbeschränkt auf ihre eigene Rechnung alle Musiknoten zu kaufen, die ihn irgendwie interessierten. Statt seinen Schüler auf irgendein bestimmtes Repertoire festzulegen, hielt es Tarnowski für wichtiger, Wolodjas eitle Begeisterung für seine schnell sich entwickelnde Virtuosität zu zügeln. So legte er im Unterricht das Hauptgewicht auf die geistige Bedeutung und auf die stilistischen Anforderungen der Musik. Mehr und mehr hörte sich Wolodja auch Klavierabende an; damals waren Salonpiècen von Komponisten wie Moszkowski *en vogue*, und er fühlte sich instinktiv zu dieser oberflächlich glitzernden Musik hingezogen. Tarnowski rügte ihn wegen solcher Oberflächlichkeit und hielt ihn an, sich das kultivierte Spiel von Josef Hofmann zum Vorbild zu nehmen.

Zwar tat Tarnowski alles Erdenkliche, um Wolodja für den Unterricht zu interessieren und lähmende Disziplin zu vermeiden. Dennoch gab es am Konservatorium Bedingungen, denen auch er sich fügen mußte – darunter die halbjährlichen Vortragsübungen, welche die besten Schüler zu geben hatten: eine Last, die Wolodja stets quälte. Schon Wochen vorher war er dann äußerst nervös und gereizt; manchmal zerbrach er Geschirr oder was immer ihm in die Hände kam. Natürlich maßregelte ihn die Familie deswegen nicht – er blieb stets der gehätschelte Liebling. Vielmehr mußte Sophie in dieser kritischen Zeit jeweils alles, was wertvoll war, aus dem Weg räumen oder verstecken, derweil Genja unbeteiligt zusah, wie ihr Bruder sein Klavier im Musikzimmer von einem Ort zum andern verschob. Sie war drei Jahre älter als ihr Bruder und benahm sich viel selbstsicherer. Sicher wußte sie, daß sie nie jene verschwenderische Aufmerksamkeit bekommen würde, die man ihrem kleinen Bruder schenkte. Sie schien das auch zu akzeptieren und sich, gutmütig, wie sie war, sogar am Erfolg ihres Bruders zu freuen.

Am Tag der Vortragsübung konnte der übernervöse Wolodja zu Hause jeweils stundenlang vor dem Spiegel stehen und seine störrischen Haare immer wieder aufs neue ordnen. Sobald er aber an einem der beiden superben Blütner-Flügel des Konservatoriums saß, strahlte er Selbstvertrauen aus und füllte mit seinem leidenschaftlich empfundenen Spiel den Konzertsaal. Sophie und Simeon verhielten sich im Publikum ganz unterschiedlich. Simeon, mit kurzgeschnittenem Bart schön herausgeputzt, war überdies stolz auf das Talent seines Sohnes und saß mit nervöser Aufmerksamkeit in der ersten Reihe. Sophie hingegen saß in der hintersten Reihe, elegant gekleidet und frisiert, und überprüfte mit einer Lorgnette Wolodjas Spiel und Erscheinung. Sie zeigte sich reservierter und offensichtlich auch kritischer als ihr Gatte. Einmal waren sie beide besonders stolz: als ihr

Junge Anton Arenskis populäres f-moll-Konzert spielte und Genja ihn am zweiten Flügel begleitete. Ein anderes Mal spielte Wolodja Tschaikowskis *Dumka* und Moszkowskis *Etincelles* – eine Staccato-Etüde so recht nach Wolodjas Geschmack und Temperament. Und was immer er auch vorspielte, Etüden und Préludes von Rachmaninow oder Walzer und Mazurken von Chopin, stets hatte er Erfolg (und der verärgerte Dombrowski war entsprechend konsterniert); am Schluß konnten Sophie und Simeon immer Gratulationen von anderen neiderfüllten Eltern entgegennehmen.

Auch in Tarnowskis Klasse führte sich Wolodja recht kindisch auf. Obwohl es nur eine kleine Gruppe war, bestehend aus Wolodja und Genja, ihrem Freund Anatole Kitain sowie drei weiteren Schülern, ärgerte sich Wolodja über die andern, weil sie minderbegabt seien. Tarnowski erkannte die Situation bald und hielt den neueintretenden Kitain an, »sich etwas mit Horowitz anzulegen; dieser meine nämlich, er sei der Beste«.[9]

Wolodja nahm kaum Anteil am Spiel seiner Klassenkameraden. Einmal trug ein Mädchen Tschaikowskis *Dumka* vor. Als Tarnowski eine konstruktive Kritik verlangte, meinte Wolodja: »Sie spielte gut, aber ich kann es besser.« Natürlich wurde Tarnowski wütend und wies dem Eingebildeten barsch die Türe: Wenn er meine, daß er schon ein großer Pianist sei, so solle er gehen – von ihm oder von den Kameraden könne er in diesem Fall nichts mehr lernen. Ein andermal nahm Wolodja, zusammen mit hundert anderen Studenten, an einer Meisterklasse teil, wo es um Beethovens fünftes Klavierkonzert ging. Stets hatte er Werke, die ihn nicht interessierten, viel zu wenig geübt; auch diesmal kam er völlig unvorbereitet zum Vorspiel. Die Exposition des ersten Satzes wurde ein Desaster, und wiederum wurde er zur Tür hinausgewiesen. Diesmal rannte er nach Hause und schwor sich, nie mehr ans Konservatorium zu gehen. Statt daß Sophie ihn nun anhielt, sich zu entschuldigen, bat sie Tarnowski, ihrem Sohn gegenüber eine entgegenkommende Geste zu machen. Aber Tarnowski war keineswegs geneigt, sich bei diesem verwöhnten Jungen zu entschuldigen. So kam es unvermeidlich zu Zusammenstößen zwischen Lehrer und Schüler. Nach einer Vortragsübung konnte Wolodja über Monate hinweg schmollen, weil es Tadel gegeben hatte für seine (nach Tarnowskis Meinung rücksichtslose) Interpretation von Chopins *g-moll-Ballade*. Solange nicht Zeichen der Entschuldigung kamen, blieb Wolodja gekränkt zu Hause, war verzweifelt und entnervt und hatte weder für das Klavier noch für andere Studien Lust. Wie immer in solchen Krisenzeiten amtierte Sophie als friedensstiftende Vermittlerin.

Solche Adoleszenzkrisen wirkten sich nachhaltig auf die Persönlichkeit des jungen Künstlers aus; bald war er berüchtigt für seine Launenhaftigkeit und für seine übersensiblen Reaktionen jeder Kritik gegenüber, zudem war er enorm selbstgerecht und hatte von sich eine recht hohe Meinung. Das führte nicht nur zu Zwiespältigkeiten mit dem Lehrer, sondern auch zu einer Entfremdung der Familie und den Freunden gegenüber. »Er kannte zwar jeden«, erinnerte sich jemand aus dem Freundeskreis, »aber einen richtigen Freund hatte er keinen. Schwierig zu sagen, ob er es so haben wollte: Er war etwas eigenbrötlerisch und konnte sich nicht gut einfügen. Es schien, als sei da Unsicherheit vorhanden, ein steter Pessimismus, der ihn vor irgendwelcher Traurigkeit schützen sollte. Seine Einsamkeit vertrieb er sich mit Klavierspielen; das war sein Weg, sich auszudrükken. Und wenn dann jemand sein Spiel kritisierte, so war seine ganze Identität davon betroffen.«[10]

Eine eigentliche Bedrohung für Wolodjas Seelenfrieden war das unstete Verhalten seines Bruders Georg. Er war ein schöner Junge, der seinem jüngeren Bruder glich, spielte eher wahllos auf der Violine herum und stand meistens im Schatten der beiden Lieblinge Genja und Wolodja. Das sprunghaft-unberechenbare Verhalten von Georg genierte Wolodja, und so lud er nur selten Klassenkameraden nach Hause ein. »Georg war nicht ein Junge, mit dem man sich leicht verstand«, erinnerte sich einer aus dem Konservatorium. »Er hatte viele Probleme und, wie Wolodja, nur wenige Freunde. Von den Gorovitz-Kindern war allein Regina unkompliziert und freundlich zu jedermann.« Später verschlechterte sich dann Georgs geistiger Zustand, aber während seiner Schuljahre konnte er noch im Gorovitz-Haushalt leben und dort Liebe und Geborgenheit finden. Natürlich gab es Probleme und Sorgen wegen Georg, aber sie wurden stets durch die Freude an Wolodjas sich schnell entwickelndem Talent aufgewogen. Wenn Sophie auf den Straßen Kiews spazierte, eilten ihr oft Mütter anderer Klavierschüler entgegen und riefen: »Ihr Sohn ist ein Genie!«

Die Revolution

Die Russische Revolution war kein Zuckerlecken. Was sie war: ein Ansporn, herauszukommen, sich zu befreien. Alle zwei Monate hatten wir eine neue Regierung, und zuletzt verloren wir innerhalb von vierundzwanzig Stunden alles und verstanden nicht einmal, was geschehen war. Ich bin ein Produkt der Revolution; das Produkt einer generellen, nicht einer persönlichen Not.[1]

Im Herbst 1919 waren es fünf Jahre, seit Wolodja bei Tarnowski studierte. Der Junge wurde immer ungehaltener, wenn jemand seine Virtuosität zu zügeln versuchte, und hielt verzweifelt Ausschau nach einem neuen Lehrer. Seine Eltern sahen freilich keine Möglichkeit, um diese Situation auf diplomatische Weise zu ändern, zumal Tarnowski ein Hausfreund und regelmäßiger Gast am Familientisch geworden war. Außerdem war es offensichtlich, daß ihr Sohn unter Tarnowskis Obhut außergewöhnliche Fortschritte gemacht hatte. Die akademischen Studien am Gymnasium langweilten Wolodja zwar, und so blieb er dem Theorie- und Geschichtsunterricht, wo er oft versagte, fern. Dafür aber nahm sein Fleiß am Klavier mächtig zu. Erst kürzlich hatte er Rachmaninows 3. Klavierkonzert entdeckt und war nun mit dem Memorieren dieser schwierigen Partitur beschäftigt – einem Werk, das als absoluter Höhepunkt der russischen Romantik gilt. Tarnowski erarbeitete mit seinem Schüler Phrase für Phrase und legte damit den Grundstock für ein Interpretationskonzept, mit dem Wolodja später einmal die Musikwelt in Erstaunen versetzen sollte.

Das Rachmaninow-Konzert war nachweislich das letzte Werk, welches Wolodja mit Tarnowski einstudierte. Denn zu seiner Unzufriedenheit mit dem Lehrer kamen im November 1919 noch ganz unerwartete Umstände hinzu, die eine Änderung der Studiensituation herbeiführten. Während eines kurzes Urlaubs erhielt Tarnowski nämlich die Nachricht vom Tod seines Vaters, und er reiste unverzüglich Richtung Krim. Aber er kam nicht über Rostow am Don hinaus: Hier erkrankte er an Typhus, der in weiten Teilen der Ukraine wütete. In Kiew wurden bald Gerüchte laut, Tarnowski sei gestorben. Nach einigen Wochen sah sich Konservatoriumsdirektor Glière somit gezwungenermaßen nach einem neuen Lehrer für die Gorovitz-Kinder und die anderen Schüler von Tarnowski um.

Kiew blieb vom Ersten Weltkrieg und der 1917er Revolution relativ verschont, und bis 1920 war die Stadt ein Mekka für Intellektuelle und Künstler, die den

Kämpfen und der Hungersnot in anderen Städten Rußlands zu entkommen suchten. Obwohl große Teile der Ukraine seit 1915 von deutschen Soldaten besetzt waren, gab es in Kiew genügend Nahrungsmittel zu kaufen. Trotz der Regierungskrisen und der fortschreitenden Invasion durch Deutsche, Weißrussen, Bolschewiken und unabhängige ukrainische Sozialisten mußte Kiew nicht unter der Gewalttätigkeit und Hungersnot leiden, wie sie St. Petersburg und Moskau heimsuchten. Unter den Flüchtlingen, die aus St. Petersburg kamen, befand sich Felix Blumenfeld – ein Komponist, Dirigent und Pianist, der Wolodjas dritter und letzter Klavierlehrer wurde.

Blumenfeld war Mitte Fünfzig – ein in allen europäischen Metropolen berühmter Pianist, den der Kiewer Konservatoriumsdirektor wesentlich höher einschätzte als seinen Kollegen Tarnowski. Er hatte bei Rimski-Korsakow Komposition studiert und bekannte sich zum »Mächtigen Häuflein« oder zur »Gruppe der Fünf« (bestehend aus Cui, Balakirew, Borodin, Mussorgski und Rimski-Korsakow), deren Kompositionen alle einem russisch-nationalistischen Geist verpflichtet waren. Blumenfeld brachte zahlreiche Werke dieser Komponisten zur Uraufführung, und seine eigene Sinfonie C-dur op. 39 widerspiegelt deren Einflüsse. Als Pianist verfügte er über ein außergewöhnliches Gedächtnis: So hatte er den berühmten Bassisten Fedor Schaljapin in allen Liederzyklen von Schumann und Schubert begleitet, ohne dabei die Noten zu gebrauchen. Neben seiner Konzerttätigkeit wurde er Fakultätsmitglied am St. Petersburger Konservatorium; zudem übernahm er den Posten des Chefdirigenten am Marjinski-Theater und amtierte zugleich als Gastdirigent an der Kaiserlichen Oper. Seine musikalischen Aktivitäten reichten weit über die Grenzen Rußlands hinaus – zum einen als Pianist, dann aber auch als Gastdirigent für das russische Repertoire während der Pariser »Russischen Saison« von 1908.

Daß Blumenfeld ein versierter Opernkenner war und im Musikleben Rußlands eine respektable Stellung einnahm, begeisterte den jungen Gorovitz. Noch aufregender war der Klavierstil des neuen Lehrers; dieser hatte bei Anton Rubinstein studiert, dem verehrten Vater aller russischen Pianisten. Als Student am St. Petersburger Konservatorium erhielt er von Rubinstein, dem Gründer des Konservatoriums, die höchsten Auszeichnungen. Aus Blumenfelds Klavierspiel hörte man viel von Rubinsteins brillant-sinnlicher Lyrik heraus, und die Virilität seines Stils wurde in frühen Jahren sehr gelobt. Endlich sah Vladimir eine Gelegenheit, diesen heroischen Stil (den Putschalski zum Dogma erhoben, Tarnowski dagegen unterdrückt hatte) nun gleichsam aus erster Hand zu lernen – jene große russische Klaviertradition, die ihn seit der Kindheit gefesselt hatte.

Verständlicherweise war Vladimir recht geschockt, als im April 1920 sein früherer Lehrer Tarnowski plötzlich wieder im Konservatorium auftauchte. Nach fünf Monaten auf der Krim war er vollständig vom Typhus genesen, und wie er nun nach Kiew zurückkehrte, mußte er sehen, wie ihn jedermann für tot hielt und seine Schüler Blumenfeld übergeben worden waren. Natürlich gab ihm

Glière neue Schüler, doch Tarnowski ärgerte sich, weil er die besten – unter ihnen Vladimir und Genja – verloren hatte. Dennoch konnte Wolodja bei Blumenfeld bleiben, der schnell zum Lieblingslehrer, ja zum Idol avancierte; und bald wurde gar ein Großteil von dem, was Wolodja früher schon gelernt hatte, dem Einfluß Blumenfelds zugeschrieben. Verständlich, daß Tarnowski noch viele Jahre darüber verbittert war. »Blumenfeld war primär ein Dirigent und Komponist«, behauptete er. »Er schien ein guter Musiker zu sein, war aber am Klavier – jedenfalls am Unterrichten – nicht sonderlich interessiert. Wirkliche Bedeutung erreichte er weder als Dirigent noch als Komponist oder Pianist. Und sein Unterricht bestand in nicht viel anderem als einer *carte blanche* für Wolodja. Dieser hatte stets eine starke Tendenz zur Brillanz, und da ihm Blumenfeld in dieser Hinsicht völlige Freiheit ließ, wurde das rein Virtuose für den jungen Pianisten zum dominanten Element.«[2]

Musiker aber, die um die Hintergründe wußten, assoziierten vieles von Wolodjas singulärer Technik mit dem Einfluß Tarnowskis. »Wolodja war ein Ekel«, sagte sein Klassenkamerad Rubstein. »Er bezog sich später auf Blumenfeld, weil diesen in Amerika kein Mensch kannte und deshalb keine Gefahr oder irgendwelche beruflichen Komplikationen zu befürchten waren – zumal Blumenfeld bis zu seinem Tod in Rußland blieb. Tarnowski dagegen kam nach Chicago und lebte später dann in Los Angeles, und sicher hätte er gerne vom Ruf Horowitz' mitprofitiert. Doch Horowitz wollte, sehr zum Kummer Tarnowskis, nichts mit diesem zu tun haben.«[3] Oft ging Tarnowski, als er in den USA lebte, nach einem Horowitz-Rezital noch ins Künstlerzimmer. Da er sich stets für den eigentlichen Lehrer hielt, las er seinem ehemaligen Schüler selbst dann noch die Leviten, als der Name Horowitz längst zur Legende geworden war. Horowitz würdigte solche Ratschläge keineswegs, und einem Freund gegenüber sagte er: »Ich brauchte Tarnowski nicht mehr!« Einmal noch ließ ihm Horowitz flüchtige Anerkennung zuteil werden. In einem Pressetext des Arthur Judson Concert Bureau von 1930 heißt es: »In der Zeit von meinem zwölften bis sechzehnten Lebensjahr war Sergej Tarnowski mein Lehrer. Immer werde ich dankbar sein für alles, was ich in musikalischer und technischer Hinsicht von Professor Tarnowski lernte.«

Für Wolodja war zweifellos Blumenfeld das Bindeglied zu den großen russischen Komponisten und zu Anton Rubinstein; deshalb verehrte er ihn und tat alles, um dem Lehrer zu gefallen. »Blumenfeld hatte damals Stunden, ja Tage und Wochen neben Rubinstein gesessen und ihm beim Spielen zugehört«, erzählte Wolodja später. »Oft spielten sie zusammen vierhändig, so daß ich Rubinstein ein wenig als meinen Großvater betrachten kann. Denn vieles, was ich von Blumenfeld lernte, kam eigentlich von Rubinstein.« Hätte Horowitz seinen »Klavier-Stammbaum« noch etwas weiter zurück verfolgt, so wäre er auf Franz Liszt als seinen Urgroßvater gestoßen, dessen Einfluß auf Rubinstein bekanntlich enorm war.

Am Kiewer Konservatorium ging es drunter und drüber, als Blumenfeld 1919 hinzukam. Er war ein eigensinniger und ebenso kritischer Lehrer, der keine Zeit für gesellige Oberflächlichkeiten hatte. Oft machte er einen schroffen Eindruck; trotzdem waren seine Kammermusik- und Klavier-Meisterklassen stets übervoll von neugierigen, wissensdurstigen Studenten. Im Gegensatz zu Putschalski oder Dombrowski, die zeitweise bis zu fünfzig Klavierschüler betreuten, akzeptierte Blumenfeld nur sehr wenig Privatschüler – ausschließlich solche, die er für technisch fortgeschritten und überdurchschnittlich begabt hielt. In Blumenfelds Klavierklasse waren neben Wolodja und Genja noch Vera Resnikow, Anatole Kitain, Simon Bareres sowie Alexander Dubianski; übrigens hielt Blumenfeld Dubianski und nicht Wolodja für den talentiertesten Schüler. Doch Dubianski, ein impulsiver Junge, wurde in eine tragische Liebesbeziehung verstrickt, und er nahm sich mit einundzwanzig Jahren das Leben.

Wenn die Heizung und Warmwasserversorgung am Konservatorium ausfielen, wenn deutsche Truppen oder ukrainische Nationalgarden den Unterricht störten, so wurde dieser ins Wohnzimmer von Blumenfeld verlegt. Wolodja, der weder die Schulatmosphäre noch den Unterricht in Meisterklassen liebte, freute sich über diese Privatstunden im Heim seines Professors. Zweifellos war Blumenfeld ein ausgefallener Pädagoge – zumal er zur Zeit, als er ans Kiewer Konservatorium kam, nicht mehr imstande war, seinen Schülern am Klavier vorzuspielen. Denn als Folge einer Syphilis-Erkrankung war seine rechte Seite teilweise gelähmt.

Dieser gutaussehende Mann, mittelgroß, mit einem dicken, breitgezogenen Schnurrbart, ein gefährlicher Frauenheld, Spieler und Trinker, ging nun am Stock und hatte oft mit Sprechstörungen zu kämpfen. Zwar versuchte er, wenigstens noch mit seiner linken Hand vorzuspielen, doch fiel das Ergebnis recht unbeholfen aus – selbst in den paar Werken für die linke Hand, die er als Demonstrations-Pièçen komponiert hatte. Aber solche Unfähigkeit hatte wiederum ihre Vorteile: Wolodja war gezwungen, bei problematischen Stellen eigene technische Lösungen zu suchen, ohne jede Hilfe des Lehrers. In jedem Fall brachte Blumenfelds Erfahrung als Komponist und Dirigent einen ungewöhnlich breiten Horizont in Wolodjas Unterricht und auch eine Schwergewichtsverlagerung weg von der Technik. Obwohl Blumenfeld hie und da riet, Wolodja und die andern sollten von Brahms' *51 Etüden* profitieren, war er keineswegs ein kleinlicher Pädagoge. Zum Glück waren seine Studenten ja fortgeschritten genug, um keine Detailüberwachung mehr zu benötigen. »Solange ihr das richtige Gefühl hinkriegt, stört es mich nicht, wenn ihr mit der Nase spielt«, pflegte er zu sagen. Auch was das Üben anbelangt, war er recht freizügig: Als Minimum genügten ihm vier Stunden pro Tag. Falls seine Schüler Interesse hätten, etwas aus sich zu machen, so sei es an ihnen, auch mehr zu üben.

Während des Unterrichts stieß Blumenfeld Wolodja oft ungeduldig beiseite und spielte mit seiner flachen Krüppelfinger-Technik eine Passage, wobei er die Innenstimmen in einer Weise hervorbrachte, wie sie Wolodja nie zuvor gehört hatte. Obwohl der Junge anfänglich skeptisch war, ließ er sich bald von dieser Flachfinger-Technik beeinflussen und versuchte, mit ausgestreckten Fingern und einem tiefliegenden Handgelenk zu spielen. Das war das genaue Gegenteil von Leschetitzkys Technik, die auch Putschalski und Tarnowski weitergegeben hatten: ein betont gehobenes Handgelenk und gekrümmte Finger. Doch Blumenfeld ermutigte Wolodja in seinen unorthodoxen Experimenten, und bald verfügte der Junge über eine Halb-Staccato-Fingertechnik, die seinem Spiel ungeheure Brillanz und Klarheit verlieh. Jede Note war gestochen scharf. Im Zeitlupentempo betrachtet, näherte sich der ausgestreckte Finger praktisch flach einer Taste. Es sah aus, als würde der Finger die Oberfläche der Taste ankratzen, doch schnellte er plötzlich in Richtung Handfläche zurück, drückte gleichzeitig die Taste nach unten und bereitete sich sofort für den nächsten Ton vor. Für schnelle Läufe verlangte diese Bewegungsabfolge eine ungeheure Kraft. »Bei schnellen Passagen spielte ich meistens mit dieser Halb-Staccato-Technik – und zwar *portamento* –, so daß jeder Ton ganz klar zu hören war. Später merkte ich, daß dies besonders in großen Sälen nicht nur effektvoll, sondern sogar nötig war. Hätte ich eine derartige Passage *legato* gespielt, so hätte alles verschwommen getönt.«

In seinen Lektionen war Blumenfeld flexibel, auch was die Zeit anbelangt; stets hatten Schüler und Lehrer ausreichend Gelegenheit, nicht nur Klaviermusik, sondern auch Orchesterpartituren und Vokalmusik durchzunehmen. Immer noch kam es Wolodja sehr darauf an, was er spielte, und Blumenfeld bedauerte es sehr, daß sein Schüler sich viel intensiver mit der Technik beschäftigte als mit dem Erlernen des Standard-Repertoires. Für Blumenfeld war es klar, daß man sich mit ein paar konventionellen Show-Piecen und Opern-Transkriptionen (z.B. *Otello* oder *La Bohème*) nicht ausreichend auf eine Konzertkarriere vorbereiten konnte. Deshalb lenkte er Wolodjas Aufmerksamkeit auf diejenigen Wagner-Opern, die damals noch relativ unbekannt waren, sowie auf eine Menge Orchestermusik. Das war für Horowitz entscheidend – wie er es später auch bezeugte: »Wir spielten stets beide zusammen – Klavierauszüge aus Sinfonien von Haydn, Mozart, Bruckner, Mahler, Brahms und Tschaikowski. Er führte mich, wie ein Dirigent das Orchester führt. Die Idee, sich beim Spielen verschiedene Orchesterinstrumente vorzustellen, hatte schon Anton Rubinstein verfochten, und Blumenfeld war da gleicher Meinung. ›Wie würde das eine Violine, ein Cello oder eine Oboe spielen?‹ pflegte er zu fragen. ›Versuch nicht, die Instrumente zu imitieren, aber denk an ihre Klangfarben.‹ Welchen Effekt er dabei auch suchen mochte – stets mußte ich selber herausfinden, wie das zu realisieren sei. So kam es, daß unsere Gespräche sich immer um Musik und nie ums Klavier drehten.«[4]

Unter den Werken, die Wolodja mit Blumenfeld durchnahm, waren Tschaikowskis b-moll-Klavierkonzert, das 2. Konzert von Rachmaninow sowie die beiden Konzerte von Liszt. Weniger wichtig für seine spätere Karriere, aber interessant im Hinblick auf den jungen Horowitz war seine Beschäftigung mit den Konzerten von Arenski, Saint-Saëns und Glasunow. Den größten Teil seiner Zeit verwendete er allerdings für Solowerke von Chopin und Liszt und für Kompositionen des Polen Karol Szymanowski, damals einer seiner Lieblingskomponisten. Blumenstein liebte vor allem Wolodjas klaren, unkompliziert-direkten Umgang mit Chopin – ohne überschwengliche Romantismen oder übertriebene Rubati. »Als junger Mensch wurde ich immer kritisiert, weil ich speziell mit Chopin so unorthodox verfuhr. Warum? Weil ich überzeugt war, daß die spätviktorianische Art, Chopin zu spielen, völlig übertrieben sei – wie übrigens auch die Möbel und die Literatur dieser Epoche – und daß Chopin seine Musik ganz anders gespielt haben müsse, als es seine Jünger taten.«[5]

Was Wolodja auch spielte, stets hielt ihn Blumenfeld davon ab, die dem Klavier innewohnenden perkussiven Qualitäten auszunützen, und insistierte auf einem mehr gesanglichen Spiel. Wie Putschalski und Tarnowski legte auch er das Hauptgewicht auf eine für die russische Schule typische – nämlich expressive – Behandlung der Technik und verlangte singende Tonleitern statt metronomisch monotone. Verständlicherweise war er begeistert, daß Wolodja sich begierig Vokalmusik anhörte und diese auch transkribierte. Manchmal verbarrikadierte sich der Junge mit seiner Lieblings-Cousine Natascha stundenlang in ihrem Schlafzimmer; dann hockten sie um das Grammophon und hörten sich die berühmtesten Belcanto-Sänger jener Zeit an: Luisa Tetrazini, Enrico Caruso, Tita Ruffo oder Mattia Battistini. Wenn immer es möglich war, kauften sie sich auch Theaterkarten für ihre Lieblingsopern: für Verdis *Rigoletto*, Rossinis *Barbiere di Siviglia*, Gounods *Faust* und Puccinis *Bohème*. »Ich wollte auch auf dem Klavier singen«, meinte Horowitz später, »und so hörte ich diesen Belcanto-Sängern vom Morgen bis am Abend zu. Das war einer der wichtigsten und nachhaltigsten Einflüsse.«

In den beiden letzten Konservatoriumsjahren erhielt Wolodja zu Hause noch zusätzlichen Unterricht von Blumenfeld. Zudem wurden hier regelmäßig auch Informationsabende veranstaltet, an denen die Professoren Putschalski, Tarnowski und Blumenfeld sowie der hochangesehene Pianist Heinrich Neuhaus, ein Neffe Blumenfelds und Cousin von Szymanowski, teilnahmen. Der gutaussehende dreißigjährige Neuhaus war ein geborener Lehrer – zurückhaltend, witzig und geistreich, und er trug extravagante Halsbinden, die wie exotische Schmetterlinge aussahen. Wolodja faßte zu ihm bald ein großes Zutrauen und betonte später immer wieder, daß Neuhaus neben Blumenfeld den größten Einfluß auf seine frühe Entwicklung ausgeübt habe. 1919 machte Neuhaus den Jungen mit dem polnischen Geiger Paul Kochanski bekannt, einem neuen Lehrer am Kiewer Konservatorium, der später dann oft mit Genja und Wolodja zusammen Kammermusik spielte. Natürlich waren Kochanski und Neuhaus begeistert von Wolodjas pianistischen Fähigkeiten; sie ließen sich aber auch von seinen Opern-Transkriptionen beeindrucken und bestens unterhalten. Dennoch waren sie bestürzt, weil Wolodja leichtfertig über all jene Musik hinwegging, die er nicht liebte. »Mit großem Nachdruck erzählte mir Wolodja, wie sehr er Mozart und

Schumann liebe«, erinnerte sich Neuhaus später, »und wie fremd ihm dagegen Beethoven war. Beethoven berührte ihn nicht im geringsten: Das sei weder Mozart noch Schumann, sondern irgend etwas dazwischen.«[6] Doch Neuhaus sah ihm das nach und erklärte sich einverstanden, mit ihm ein Rezital an zwei Klavieren am Konservatorium zu geben. Daneben ermutigte er ihn, mit seinen Kompositionsversuchen fortzufahren.

Als Teenager gefiel sich Wolodja in der Vorstellung, Pianist *und* Komponist zu sein und damit in der Tradition Liszts und Rachmaninows zu stehen. Immerhin kam da eine bescheidene Anzahl eigener Werke zusammen – angefangen bei seinen Operntranskriptionen, dazu Balladen und Klaviersonaten, Lieder, Violin- und Cellosonaten. Seine Zeit widmete er nun je zur Hälfte dem Einstudieren des Standard-Repertoires (wie das Blumenfeld verlangte) und dem Improvisieren; hier skizzierte er Kompositionen und schuf sich so ein eigenes Repertoire. Seine Ambitionen als Komponist erhielten 1919 Unterstützung, als eine berühmte Sopranistin am Konservatorium gastierte und in ihr Programm einige von Wolodjas Liedern aufnahm, die dieser auf Gedichte von Anna Achmantova und Alexander Blok, ja sogar auf eigene Verse geschrieben hatte. Obwohl er Interesse und auch Talent fürs Komponieren zeigte, besuchte er weder Harmonielehrkurse noch solche in Kontrapunktik. Daß er diese Fächer damals vernachläßigt hat, sei im Zusammenhang mit seiner Entwicklung zu sehen, meinte Horowitz später. Seine frühen kompositorischen Versuche, die alle deutlich den Einfluß Griegs und Rachmaninows zeigten, gefielen ihm nie. Auch in späteren Jahren weigerte er sich, seine Kammermusik oder Lieder zu spielen. Immerhin ließ er zwei Werke gelten, die er mit siebzehn Jahren komponiert hatte: ein Walzer in f-moll und eine *Danse Excentrique* im Stil von *Golliwogg's Cake-Walk* aus Debussys *Children's Corner*. Vor allem liebte er die *Danse Excentrique*; er hat sie in den ersten Jahren seiner großen Karriere nicht nur hie und da gespielt, sondern auch auf Schallplatte aufgenommen.

Mit dem Segen Blumenfelds frönte Vladimir weiterhin seiner Neigung, als Pianist auch Komponist zu sein. Im Jahre 1920, als er seine Abschlußprüfung absolvierte, war es damit plötzlich aus; materielle Umstände verunmöglichten es ihm, weiterzustudieren. »Als Komponist habe ich den Zug verpaßt«, resümierte er später. Und trotz aller Erfolge, die ihm seine singuläre Konzertkarriere dann einbrachte, hielt er doch unerschütterlich daran fest, daß er eigentlich Komponist habe werden wollen und daß er diese Absicht nur aufgegeben habe, weil er im Gefolge der Russischen Revolution zum Konzertieren gezwungen worden sei.

In den tumultuarischen Jahren nach dem Zusammenbruch des Zarenreiches 1917 wurde die Ukraine von schier endlosen, chaotischen Regierungskrisen heimgesucht, welche die gesamte Landwirtschaft und Industrie langsam, aber sicher lahmzulegen schienen. Im Januar 1918 wurde die Ukraine zur unabhängigen Republik erklärt, und schon im folgenden Monat wurde Kiew von bolschewistischen Truppen besetzt. Rußland wollte sich nun aus dem Ersten Weltkrieg zurückziehen und wurde deshalb gezwungen, den verheerenden Vertrag von Brest-Litowsk zu unterzeichnen. Dadurch fiel die Ukraine an Deutschland; aber schon im darauffolgenden November kam es, im Zusammenhang mit der Kapitulation Deutschlands, zu einem erneuten Machtwechsel. Ein Bürgerkrieg zwischen den weißrussischen Armeen und bolschewistischen Truppen brach aus. Die Weißrussen konnten fürs erste beachtliche Siege verzeichnen. Aber die waren nur von kurzer Dauer: Im Frühjahr 1920 erklärte Polen den Sowjets den Krieg, und die Bolschewiken konnten sich in ihrem Kampf gegen die Invasoren nun auf ihre Vaterlandsliebe berufen. Für kurze Zeit besetzten im Mai 1920 polnische Truppen Kiew, aber eine Gegenoffensive der Roten Armee schlug sie zurück, und gleichzeitig brachen bolschewistische Verbände den letzten Widerstand der Weißrussen. Der Bürgerkrieg endete mit der Besetzung der Ukraine durch die Bolschewiken.

Im Winter 1919, als der Bürgerkrieg am ärgsten wütete, wurde Wolodja auf dem Heimweg von der Schule beinahe von einer Bombe getötet, die nur wenige Meter neben ihm einschlug. Im Konservatorium verschlimmerten sich die Zustände derart, daß an einen geordneten Betrieb kaum mehr zu denken war. Gruppenaktivitäten wurden eingestellt. Eltern nahmen ihre Kinder aus der Schule, um Geld zu sparen, und die Gehälter der Professoren blieben unbezahlt. Durch die im Niedergang begriffene Industrie und die mangelhafte Transportorganisation wurde die ukrainische Wirtschaft praktisch zum Erliegen gebracht. Hergestellte Waren und Nahrungsmittel für den Alltagsgebrauch wie Zucker, Sirup und Mehl waren kaum mehr zu kriegen, und die Not nahm 1920 und 1921 katastrophale Ausmaße an. Laut Schätzungen verhungerten fünf Millionen Menschen.

Als die Bolschewiken Kiew besetzten, wurde Simeons Elektrounternehmen verstaatlicht, und die Familie war gezwungen, von ihrem komfortablen Appartement in ein kleines Haus in der Bolschaja Schitomizkaja, ein ärmliches Stadtviertel, zu ziehen. Dichtgedrängt wohnten die Familie Gorovitz, Sophies Bruder Alexander mit seiner Familie sowie Simeons beide Schwestern Pauline und Evelyn in drei kleinen Wohnungen. Für Simeons jüngsten Sohn wurden diese Tage zu einem schrecklichen Trauma, und er schwor sich, sein Leben lang nicht mehr nach Rußland zurückzukehren. »In vierundzwanzig Stunden verlor meine Familie alles. Mit eigenen Augen sah ich, wie unser Klavier zum Fenster hinausgeworfen wurde, hinunter auf die Straße! Die Kommunisten gingen nach dem Motto vor: ›Stehlt, was gestohlen worden ist.‹ Und sie stahlen wirklich alles: die Kleider aus den Schränken, die Bücher, meine Musiknoten, Möbel, alles. Hunderte von Menschen wurden getötet; die Straßen waren voll von Blut und Kugeln. Auch ich hätte getötet werden können. Nach neun Uhr abends durften wir nicht mehr auf die Straße. Oft, wenn ich mit Freunden nach Hause kam, wurden wir verhört.«[7]

Nachdem Simeons Geschäft und Heim zerstört worden war und er sein Vermögen verloren hatte, wurde die Nahrungsbeschaffung zur vordringlichsten Aufgabe. Alle Lebensmittelvorräte wurden beschlagnahmt und nur gegen Rationierungskarten abgegeben. Da aber die durchschnittliche Tagesration auf ein halbes Pfund Brot beschränkt war, litt jedermann Hunger. Die Bauern mißtrauten den Bolschewiken: Diese seien weder imstande, Nahrungsmittel herzustellen, noch, die Bauern mit harter Währung zu bezahlen. Und so ließen sie ihre Felder unbestellt. In seiner Verzweiflung schrieb Blumenfeld an Rachmaninow in Amerika und bat um Mehl, Reis und Kondensmilch, während Simeon Gorovitz stundenlang mit seinen Rationierungskarten anstehen mußte und das wenige, das ihm noch verblieben war, gegen Zucker und Getreide eintauschte. Oft gab man Diamanten für einen einzigen Laib Brot her, und bald wurden die Bürger mit großen Plakaten aufgefordert, all ihr Geld auszuhändigen sowie ihr Silber und ihren Schmuck ins Hauptquartier zu bringen, welches sich zufälligerweise im ehemaligen Gorovitz-Wohnhaus in der Musik-Gasse befand.

Eigentlich hatten Wolodjas Eltern vorgesehen, den Jungen ans Konservatorium zu schicken, bis er zwanzig sei. Jetzt aber beschlossen sie, daß der Sechzehnjährige sofort seine Abschlußprüfung machen solle – obwohl dieser betonte, daß er dazu noch nicht reif sei. Drei Konzerte mußte er für sein Diplom einstudieren: ein Klavierkonzert, zusammen mit dem Studentenorchester, ein Kammermusik- sowie ein Solorezital. Jedes dieser Prüfungskonzerte versetzte den Jungen »mit den traurigen Augen und dem langen Gesicht« (so ein Klassenkamerad) in wachsenden Schrecken. Aber es gab keine andere Wahl, als sich diesen Anforderungen zu stellen, die von Anton Rubinstein erlassen worden und obligatorisch waren.

Zuerst spielte Wolodja Rachmaninows drittes Klavierkonzert; Blumenfeld war von der Interpretation derart begeistert, daß er an Rachmaninow in Amerika schrieb: »Vom August 1918 bis im vergangenen Frühjahr hatte ich einen außergewöhnlich talentierten siebzehnjährigen Schüler: Vladimir Gorowitz, ein leidenschaftlicher Bewunderer Ihrer und Medtners Werke. Für das Schlußdiplom spielte er, nebenbei gesagt, Ihr drittes Klavierkonzert und später, in einem Solorezital, Ihre b-moll-Sonate ausgezeichnet. Wie Sie sehen, sind Sie hier sehr beliebt.«[8] Mit dieser Berichterstattung legte Blumenfeld den Grundstock für die enge Freundschaft, die Rachmaninow später, in Westeuropa sowie in Amerika, mit Horowitz verbinden sollte. Als Sophie hörte, daß Blumenfeld an Rachmaninow geschrieben und von Wolodja berichtet habe, erzählte sie dem Professor, wie Simeon einst Rachmaninow dazu habe bringen wollen, sich den kleinen Wolodja anzuhören, daß Rachmaninow das Treffen aber nicht eingehalten habe. Doch Blumenfeld versicherte Wolodja, daß er Rachmaninow zweifellos eines Tages kennenlernen werde.

Nachdem er den Kammermusikteil der Prüfung bestanden hatte (mit dem Schumann-Klavierquintett sowie Schuberts *Winterreise* auf dem Programm), kam Wolodjas Soloabend an die Reihe. Neben der teuflisch schweren Rachmaninow-Sonate spielte er Bach-Busonis Toccata, Adagio und Fuge C-dur, Beethovens Sonate op. 110 sowie die f-moll-Fantasie von Chopin. Als Abschluß wählte er Liszts Tour-de-force-Stück *Réminiscences de Don Juan*. Nach dem Schlußakkord brach im Saal geradezu infernalischer Applaus aus. Normalerweise hörten die rund hundert geladenen Gäste, Professoren und Schüler diesen Abschlußkonzerten wie mürrisch-zurückhaltende Richter zu, aber diesmal sprangen alle von ihren Sitzen auf und applaudierten begeistert. »Noch nie war das am Konservatorium vorgekommen, und jedermann sagte mir, daß ich allen Pianisten überlegen sei. Ich hatte das nicht gewußt, da ich stets bescheiden von mir dachte.«[9] Jurymitglieder gratulierten Sophie, die wie gewöhnlich ganz hinten saß, und beteuerten, sie hätten seit Josef Hofmanns letztem Klavierabend in Kiew niemanden mehr so brillant spielen hören.

Schon vor den Abschlußkonzerten hatte Blumenfeld die Gorovitz-Eltern davon zu überzeugen versucht, daß ihr Sohn für eine Konzertkarriere reif sei. Doch sie blieben beide hart: Ihr Sohn sollte erst als Volljähriger mit einer Karriere beginnen. Nach dem Konzerterfolg insistierten Blumenfeld und einige andere Musiker und Freunde um so unnachgiebiger, und schließlich willigten Simeon und Onkel Alexander ein. Bald ließ sich auch Sophie erweichen, und am 30. Mai 1920 trat Wolodja probeweise erstmals außerhalb des Konservatoriums auf – ein Debüt in Kiew vor etwa zweihundert Zuhörern, welches einige Tage später gleich wiederholt werden mußte. Als Geste gegenüber seinem Lehrer Blumenfeld spielte er sechs von dessen Préludes op. 17, dann einige von Rachmaninows Etudes-Tableaux op. 39, die Bach-Busoni-Chaconne und Werke von Chopin: darunter die g-moll-Ballade, eine Nocturne, einige Mazurken sowie zwei Etüden. Als Wolodja die Chopin-Gruppe mit der *Militär-Polonaise* beschloß, hörte man aus den Straßen Kanonen- und Bombendonner – die Bolschewiken hatten Kiew endgültig besetzt.

Auf dem Podium beeindruckte der junge Pianist; nicht zuletzt deshalb, weil er auffällig dem Chopin-Portrait von Delacroix ähnelte: bleich, mit mandelförmigen Augen und kastanienbraunem, langem Haar, welches über einer hohen Stirn seitwärts herunterfiel, dazu das Gesicht mit der hervorspringenden Nase, die er – wie die Familie behauptete – von seinem Onkel Alexander geerbt hatte. Kommilitonen meinten, die Ähnlichkeit mit Chopin sei keine zufällige, sondern werde von Wolodja bewußt kultiviert.

Unglücklicherweise blieb das Kiewer Debüt von Wolodja beinahe unbemerkt. Für die nächsten anderthalb Jahre wurde er wiederum Klavierschüler, nahm Stunden und übte – ohne öffentlich aufzutreten. 1921 versuchte Simeon vergeblich, eine Stelle zu finden; die finanzielle Situation der Familie wurde immer prekärer, und so lag es gleichsam auf der Hand, daß Vladimir eine Konzertkarriere beginnen müsse, um seine Familie zu unterstützen. »Mein Vater verlor alles, und so mußte ich ihm helfen. Stets hatten mir meine Eltern alles gegeben; nun war es an mir, ihnen etwas zurückzugeben.« Aber das war keine leichte Aufgabe – besonders nicht für einen introvertierten, total verwöhnten Achtzehnjährigen, der nichts als den Alltag im Konservatorium kennengelernt hatte und der es nur schon haßte, seinen Schulkameraden vorspielen zu müssen. Er war hin- und hergerissen, träumte bald davon, als Komponist zu brillieren wie sein Idol Rachmaninow, bald von einer glamourösen Konzertkarriere. Aber die rauhe Wirklichkeit in Kiew 1921 zerstörte solch romantische Luftschlösser nur zu bald; und später resümierte Horowitz: »Ich bin das Produkt der Revolution mit all ihren Entbehrungen. Wer das mitgemacht hat, der hat zweifellos auch einigen Dynamismus mitbekommen. Wichtig war nun, etwas zu tun und jemand zu sein – nicht einfach weiterzustudieren. So sagte ich mir: Okay, jetzt beginnst du halt mit deiner Karriere. Vielleicht bringt sie Erfolg. Und so begann ich.«[10]

»Dieser Pianist schlägt wie ein Blitz ein«

Gott war großzügig und gab mir viel Talent, so daß ich nicht allzuviel arbeiten mußte und sofort Erfolg hatte. Das hatte ich nicht erwartet. Ja, ich wollte es nicht einmal. Denn noch immer wollte ich Komponist sein.[1]

Als Horowitz mit seiner Konzertkarriere begann, war er noch »nicht ausgereift«, wie Vera Resnikow, eine seiner Kameradinnen aus der Blumenfeld-Klasse, meinte. »Hätte die Revolution seiner Familie nicht so hart mitgespielt und ihn damals zum Konzertieren gezwungen, so hätte die Welt später wohl einen anderen Horowitz kennengelernt. In Rußland ließ die Anerkennung nicht auf sich warten, da das Publikum fingerakrobatische Geschicklichkeit über jede Musikalität stellte. Das machte sich Horowitz zunutze und spielte virtuos-brillante Werke, um sich die Gunst des Publikums zu erringen.« Horowitz war gezwungen, für seine Familie Geld zu verdienen; und so setzte er auf die unsinnige Devise »Erfolg um jeden Preis«. Darin wurde er nicht nur von Sophie und Simeon unterstützt, sondern auch von seinem unermüdlichen Onkel Alexander, der rücksichtslos jeden umwarb und ausnützte, der für die Familie hilfreich sein konnte. Und es war auch Alexander, der ehrgeizige und schlaue Geschäftsmann, der im Herbst 1921 Vladimirs offizielles Debüt in der öffentlichen Bibliothek von Charkow veranstaltete.

Von Kiew kamen Vladimir und sein Onkel in einer Pferdekutsche angereist, beide in einfachen schwarzen Hosen und einem weißen Hemd, wie es als Konzertkleidung im nachrevolutionären Rußland nun vorgeschrieben war. Als sie in die Bibliothek kamen, mußten sie zu ihrer Bestürzung feststellen, daß der etwa tausend Zuhörer fassende Saal zu vier Fünfteln leer war. Zudem sagte ihnen der Saaldiener, daß die meisten der Anwesenden Freikarten hätten und froh seien, nun einige Stunden in einem warmen Raum verbringen zu können. Dennoch ging Wolodja unerschrocken aufs Podium und riß das Publikum mit seinem Spiel zu Ovationen hin. Was Alexander ermutigte, ein zweites Rezital zu arrangieren – »auf vielseitigen Wunsch«, wie er ankündigen ließ. Diesmal kamen mehr Zuhörer, und zwar zahlende, und nachher war die Nachricht vom sensationellen Gorovitz-Jungen in aller Leute Mund. Die Einnahmen von diesem zweiten Rezital wurden sogleich in ein drittes investiert, und diesmal war der Bibliothekssaal randvoll. Nachdem Alexander die Saalmiete und die Kosten für die Reklame beglichen hatte, blieb immer noch Geld übrig – Geld, das die Familie nur zu gut brauchen konnte: für Mehl, Zucker, Fisch und Fleisch.

Vladimirs Karriere begann also buchstäblich im Dienst an seiner Familie, und es war für ihn eine große Befriedigung, die Seinen unterstützen und sich dabei als Künstler bestätigen zu können. Der Beifall des Publikums wirkte bald wie eine Droge, und anstelle seiner früheren Podiumsängste verspürte er nun eine eigentliche Begierde nach immer neuen Konzerten. Als intelligenter und sensibler junger Mann, der von der Revolution mit all ihrer zerstörerischen Macht überwältigt worden war, verstand er sein Spiel als Ausdruck der erschreckenden sozialen Tragödie, die im ganzen Land umhergriff: »Ich spürte diese Atmosphäre genau. Intellektuell und physisch spürte ich den Pessimismus des enteigneten russischen Volkes. Und ich identifizierte mich mit ihm und versuchte, all das in mein Spiel einfließen zu lassen.«[2]

Bis zum Juni 1922 gab Vladimir mehr als ein Dutzend Klavierabende, die Alexander in Moskau, Tiflis, Odessa, Kiew und Charkow organisiert hatte. Er war bereits recht erfolgreich und strebte nun nach besseren Kritiken und nach mehr Geld. Alexander mahnte ihn aber zur Geduld: »Spiel erst mal das eine Konzert, und befaß dich erst nachher mit dem nächsten; so wirst du weiterkommen, und deine Reputation wird dann schon größer werden.«

Einen Vorteil zumindest brachten das Reisen und das stets anwachsende Publikumsinteresse mit sich: Vladimir konnte seinen Bekanntenkreis erweitern. Er lernte in anderen Städten zahlreiche Musiker kennen, gleichaltrige und auch ältere. Zu einem der engsten Freunde wurde Nathan Milstein, ein junger Geiger aus Odessa. Dieser hatte bei Professor Peter Stoliarski an der Musikschule in Odessa studiert und war anschließend nach St. Petersburg gegangen, wo er Schüler von Leopold Auer wurde, dem damals begehrtesten Lehrer in ganz Rußland. Im Winter 1921 kam Milstein nach Kiew, wo er – mit Tarnowski als Begleiter – am Konservatorium vier Konzerte gab. »Musikerkollegen aus Charkow hatten mir schon erzählt, wie wundervoll Horowitz spiele«, erinnerte sich Milstein später. »Tarnowski muß Wolodja und Genja auf meine Konzerte aufmerksam gemacht haben – jedenfalls saßen beide drin und kamen nachher sogar zu mir ins Künstlerzimmer. Vladimir sah gut aus – schlank und elegant wie ein Windhund.«

Vladimir und Genja luden Milstein zum Tee zu sich nach Hause ein. Nach einer Stunde *small talk* mit Sophie, Simeon, Tante Evelyn sowie den Professoren Tarnowski und Neuhaus wurden die drei Halbwüchsigen ungeduldig. »Wir hatten endgültig genug von den Gesprächen der Erwachsenen«, erinnerte sich Milstein. «Jeder Dreißigjährige kam uns damals schon alt vor. Regina sagte: ›Kommt in mein Zimmer, ich habe dort ein Klavier.‹« Zuerst spielte Genja einiges von Chopin und Schumann; dann setzte sich Vladimir ans Klavier. »Er sah außergewöhnlich revolutionär aus; schön wie ein präraffaelitisches Portrait.«[3] Statt wie üblich Liszt oder Rachmaninow zu spielen, wartete Vladimir mit eigenen Opern- und Sinfonien-Transkriptionen auf. »Es läßt sich kaum vorstellen, wie Milstein überrascht war«, kommentierte Horowitz später. In der Tat war Milstein schockiert und zugleich hocherfreut über soviel ungezügelte Begeisterung für Puccini und Wagner. »Er konnte die *Götterdämmerung* auswendig spielen! Ein siebzehnjähriger Pianist, der wie ein Vulkan spielte! Mein Gott, wenn er in Fahrt kam, rissen beinahe die Saiten! Die Zeit verging wie im Flug.« Glücklicherweise blieb Professor Neuhaus im Wohnzimmer – in einer Distanz, die er »Hau- oder Hämmerdistanz« nannte. »Denn Horowitz«, so erinnerte sich Neuhaus später , »haute immer so rücksichtslos auf dem Klavier herum, daß es unmöglich war, ihm im selben Zimmer zuzuhören.«[4] Milstein dagegen war verblüfft von Vladimirs Technik und von seiner Gewandtheit im Umgang mit Opern-, Kammer- und Klaviermusik. Sophie unterbrach die Jungen und rief zum Abendessen; aber sofort nach dem Essen kehrten Milstein und Vladimir in Genjas Zimmer zurück. »Wir spielten zusammen Sonaten und Konzerte von Prokofjew, Grieg, Szymanowski, Glasunow und Beethoven. Es wurde so spät, daß man mich aufforderte, über Nacht zu bleiben. Zu viert schliefen wir in einem Zimmer: Papa, Wolodja, dessen Bruder Georg und ich. Am nächsten Morgen wurde ich gebeten, doch noch zu bleiben.«

Wie Horowitz sich später erinnerte, »kam Milstein damals zum Tee zu uns und blieb meinetwegen ganze drei Jahre«. Bald wurde er von Sophie und Simeon wie ein Sohn behandelt, und die beiden Jungen wurden unzertrennlich. Sie aßen zusammen, besuchten miteinander Konzerte, spielten Kammermusik und traten schließlich zusammen auf. Und stets beratschlagten sie, wie man aus Rußland herauskommen und in Westeuropa Karriere machen könnte. »Horowitz und ich wurden ›Kinder der Sowjetischen Revolution‹ genannt«, erinnerte sich Milstein, »und wir wurden zu sowjetischen Künstlern emporstilisiert, obwohl wir selbstverständlich aus einem ganz anderen Lager kamen. Wo immer damals eine Kommunistenversammlung stattfand, bat man uns, zu spielen. Wir gehörten zu einer Elite. Es gab keine Konkurrenz – das war, wie wenn man gegen sich selber Tennis spielt.«

Bald stieß auch Genja zu diesem Duo. Sie begleitete nun Nathan in der ersten Programmhälfte; dann, nach der Pause, trat Vladimir, der Star, auf. Im Jahr 1921 konzertierten die drei zusammen mit einer etwas jüngeren, aber großartigen Cellistin – mit Raja Garbousowa aus Tiflis. »Wir spielten miteinander die Klaviertrios von Franck und Beethoven«, erinnerte sie sich. »Milstein und Horowitz waren phänomenale Talente; ihre Interpretationen von romantischer Musik waren schlicht überwältigend. Anstelle von Geld erhielten wir nach den Konzerten jeweils Schokolade. Bedauerlich, denn viel lieber hätten wir Salamibrote gehabt!«[5] Aber es war üblich, junge Künstler mit Süßigkeiten zu entlöhnen, und so wurden die vier bald als »Schokoladen-Babys« gehänselt. Lebensmittel waren knapp, und nur wenige konnten es sich leisten, beim Essen wählerisch zu sein.

Oft wurden sie nach Konzerten in Kiew, Tiflis und Odessa von Privaten zum Essen eingeladen, doch sonderbarerweise gab es da stets so etwas wie Kaninchenragout. Immerhin schmeckte es gut, und so beklagte sich niemand über die Monotonie des Speisezettels. Als ihnen später dann auffiel, daß es auf den Straßen kaum mehr streunende Hunde oder Katzen gab, fragten sie sich, wie viele dieser Tiere ihnen wohl vorgesetzt worden waren.

1922 wurde Onkel Alexanders Rolle als Konzertmanager vom staatlichen Konzertbüro usurpiert – einer Einrichtung des Sowjetregimes, um Kunst unter die Proletarier zu bringen. Anatoli Lunatscharski, Lenins Kommissar für Volkserziehung, unterstellte die Theater- und Konzertagenturen, die Konservatorien, Ballettkompagnien und Sinfonieorchester dem Staat und koordinierte deren Aktivitäten. In der Ukraine wurden alle Solorezitals und Sinfoniekonzerte von Paul Kogan gebucht; er hatte den Auftrag, eine »mobile Künstlerbrigade« zu formieren, um Musik in die Fabriken, auf Kolchosen und in die Klubhäuser der Arbeiter zu bringen. Vladimir, Genja, Milstein und Garbousowa unterstanden nun direkt Kogan; und dieser schickte sie kreuz und quer durch die Ukraine, wo sie Konzerte zu geben hatten – für Bauern und Fabrikarbeiter, Soldaten und Matrosen. Mochte das sowjetische Konzertbüro auch hochfliegende Pläne haben in bezug auf die Kultivierung und Bildung der Volksmassen – für Horowitz, Milstein und die andern waren diese Konzerte ein Horror. Zugverspätungen und schlechte Hotels machten das Reisen mühsam, und die Auftrittsbedingungen waren zum Teil unsäglich: improvisierte Podien, klapprige Klaviere und ungeheizte Säle, so daß die Musiker oftmals in Mänteln und Handschuhen auftreten mußten. Dazu zeigte das Publikum häufig nur mäßiges Interesse und benahm sich rücksichtslos; gezwungenermaßen saß es da, weil nach jedem Konzert eine obligatorische Parteiversammlung stattfand. Viele kamen zu spät, unterhielten sich, rauchten, aßen Nüsse und warfen die Schalen achtlos aufs Podium. Unter Künstlern wurden diese Massenveranstaltungen geringschätzig *Chaltura* oder Flickerei genannt. Aber die physische Elastizität Vladimirs und sein auffallender Erfolg beim Publikum machten es ihm möglich, selbst solche unzumutbaren Bedingungen zu akzeptieren, und der Manager Kogan erinnerte sich später, daß beide – Horowitz und Milstein – beim neuen sowjetischen Musikestablishment beliebt waren wegen ihrer »anspruchslosen, warmherzigen Freundlichkeit«.

Kogan bemerkte auch den auffälligen Kontrast zwischen den beiden »Buben«, wie er sie liebevoll nannte. »Horowitz war großgewachsen, gutaussehend, ernst, ruhig und zurückgezogen, während Milstein breitschultrig daherkam, mit schwarzem Haar, klein, aber sehr männlich war, ein Temperamentbündel, das keinen Pessimismus kannte.« Wenn Kogan in Kiew war, logierte er bei der Familie Gorovitz, wo ihm die Sonderstellung Vladimirs innerhalb der Familienmitglieder auffiel. »Er fand diese Sonderstellung durchaus angebracht«, erinnerte sich Kogan, »und sein Betragen erweckte in den andern ein Gefühl von Stolz, aber auch einen gewissen unvermeidlichen Neid.« Obwohl er über Wolodjas herrisches Wesen und sein exzentrisches Betragen innerhalb der Familie zuweilen entsetzt war, schätzte er ihn als Künstler sehr. Er wunderte sich über seine Neugier und Bereitwilligkeit zum Risiko, über seine Selbstdisziplin, über die totale Konzentration und Hingabe am Instrument. »Er war völlig verliebt in die Musik, hing pflichtgetreu am Klavier wie ein mittelalterlicher Ritter an seiner Frouwe.«[6]

Kogan verpflichtete Vladimir möglichst für Klavierabende und Konzerte; fallweise aber mußte er auch Sänger begleiten. Einmal führte er mit Zoja Lodaja Schuberts *Winterreise* auf, wobei er – zu jedermanns Erstaunen – den ganzen Liederzyklus auswendig spielte. Die Kiewer Tageszeitung, die sonst kaum über Konzerte berichtete, pries dieses Zusammenwirken als »beinahe perfekt«. Trotzdem hatte sich Vladimir noch keinen wirklich bedeutenden Namen zu schaffen vermocht, und zumindest eine Diva hielt mit geringschätzigen Bemerkungen nicht zurück. Bevor sie ihn gehört hatte, wandte sie sich vorwurfsvoll an Kogan: »Was, Sie können mir keinen besseren Begleiter organisieren?«[7] Entrüstet erwiderte Kogan, Vladimir habe sogar schon den berühmten Tenor Leonid Sobinow begleitet, und *dieser* habe sich nicht beklagt. Als die beiden dann mit den Proben begannen, schmolzen alle Vorbehalte wie von selbst.

Vladimirs kurze Kammermusik-Karriere in Rußland erreichte 1922 ihren Höhepunkt, als er mit der bekannten Sopranistin Nina Koschetz eine Serie von Konzerten im Moskauer Winter-Theater gab. Kogan hatte die Tournee arrangiert, und zu seinem Erstaunen erregte nicht die berühmte Koschetz, sondern Horowitz am meisten Aufmerksamkeit. »In den Liedern von Rachmaninow setzte er Maßstäbe für den ganzen Abend«, erinnerte er sich. Normalerweise steht in einem Liederabend die Sängerin im Zentrum. Aber hier war es anders. Horowitz war unvergleichlich. Seine Begleitung war nicht einfach eine Zutat zum Singen – vielmehr sah es aus, als wäre er die treibende Kraft und die Sängerin würde ihm folgen. Dennoch achtete er stets auf Ausgewogenheit und drängte sich nie auf Kosten der Koschetz in den Vordergrund.«[8]

Auch seine Klavierabende hatten nun Erfolg und erhielten gute Kritiken; zudem favorisierte er zunehmend das bewährte, beim Publikum beliebte Repertoire. Neben der h-moll-Sonate von Liszt und Rachmaninows zweiter Klaviersonate spielte er die *Danse macabre* von Sainte-Saëns (in einer Bearbeitung von Liszt), dazu Liszts *Fantasie über zwei Motive aus Mozarts »Figaro«* sowie *Pastourelle, Presto* und *Toccata* von Poulenc, Rimski-Korsakows *Hummelflug* und Tschaikowskis *Dumka*. Die meisten seiner Klavierabende fanden in kleinen Sälen statt, und abgesehen von den Zugaben stellte Vladimir häufig Programme mit Werken eines einzigen Komponisten zusammen – Chopin, Schumann oder Bach-Busoni. »Ich hätte in Rußland einen ganzen Abend lang Werke von Medtner spielen können, und zwar vor ausverkauftem Saal«, erinnerte sich Horowitz. »Aber später im Westen war das nicht mehr möglich. In Rußland ging es; das waren eben noch andere Zeiten.«

In jeder Stadt wurde Vladimir gleich nach seinem ersten Auftreten als »Wunder« bejubelt und mit Superlativen überhäuft. Kogan freute sich selbstverständlich über den Erfolg und buchte fortan fast für jeden zweiten Abend ein Konzert. 1922 saß der Pianist und Musikwissenschaftler David Rabinovitsch erstmals in einem Horowitz-Konzert. »Immer mehr hörte man von diesem Horowitz. Die Erfolge, die er bei seinen Tourneen überall hatte, übertrafen alles, was sich normalerweise ein debütierender Künstler erhoffen konnte. Ich war begierig, ihn zu hören. Seine Interpretation der *Réminiscences de Don Juan* von Liszt war verblüffend. Er spielte mit einer für sein Alter unvorstellbaren Kraft und Gelassenheit. Seine Pianistik war sensationell und schien ihm wie eine zweite Natur anzugehören: eine unvergleichliche technische Gewandtheit, ein hell leuchtender Ton, ein unbezähmbarer Schwung, Temperament und ein alles mitreißender Drive. Wie die meisten Genies schien auch Horowitz plötzlich und unvermittelt dazusein, um sofort seinen Platz unter den größten Künstlern einzunehmen.«[9]

Kein Geringerer als Arthur Schnabel zeigte sich »sehr beeindruckt«, als er Horowitz 1923 in Leningrad zum ersten Mal hörte. »Horowitz wollte Stunden bei mir nehmen, aber ich sah, daß er die nicht mehr brauchte. Ich fragte ihn, ob er auch komponiere, und er sagte ganz schüchtern: ›Ja.‹ Er hatte riesigen Erfolg, schien ausgelaugt und jedenfalls müde zu sein. Zweifellos war er der Held des Tages. Und ich merkte, wie wichtig es für ihn in geistiger und physischer Hinsicht war, aus Rußland herauszukommen.«[10]

Obwohl sich Wolodja im Rampenlicht wohlzufühlen schien, hatte er schon damals gegen arge Ängste und Unsicherheiten anzukämpfen. »Vor jedem Klavierabend wurde er noch bleicher als gewöhnlich«, erinnerte sich Kogan. »Er wollte niemanden sehen und mit keinem sprechen, ging im Künstlerzimmer fast verzweifelt und mutlos auf und ab.« Sobald er aber auf dem Podium erschien, war er wie verwandelt. »Ich fragte mich oft, ob ich diesen poetischen Jüngling, der da in einem langen Jackett so problemlos am Flügel saß und vor dem Spielen die Tasten mit seinem weißen Taschentuch sorgfältig abwischte, wirklich kannte. Wenn er dann spielte, war es im Saal so still, daß man meinte, das eigene Herz klopfen zu hören.« Nach Voltaire muß man bekanntlich einen kleinen Teufel im Herzen haben, um als Künstler erfolgreich zu sein. »Wenn man Horowitz zuhörte«, berichtete Kogan, »konnte man diesen Dämon spüren – so, wie man ihn bei Liszt und Paganini auch gespürt haben muß.« Allerdings inszenierte Vladimir solche dämonischen Kräfte, zumindest teilweise, ganz bewußt, um im Publikum enthusiastische Raserei auszulösen. »Als ich jung war, wollte ich *épater la bourgeoisie*. Ich hatte es unheimlich leicht; der liebe Gott war da sehr großzügig. Er gab mir die Technik, so daß ich nicht allzuviel üben mußte. Ich konnte die Zuhörer soweit bringen, daß sie die Hüte in die Luft warfen. Das war eigentlich mein Ziel ... Ich wollte, daß sie mich anerkannten; ich wollte im Handumdrehen Erfolg haben. Also wählte ich diesen einfachen Weg.«

Dennoch: In Sachen Repertoire war Horowitz nicht gleichgültig, und gerade in jenen entbehrungsreichen Jahren nach der Revolution übte er sehr fleißig. »Stets fror ich, und immer hatte ich Hunger. Mir blieb nichts anderes übrig, als vom Morgen bis zum Abend am Klavier zu sitzen«, sagte er später. Dank seines riesigen Repertoires konnte er dann in Leningrad eine in der Tat spektakuläre Serie von Konzerten bestreiten – was zum einen das unvergleichliche Ausmaß seiner künstlerischen Fähigkeiten widerspiegelte, zum andern auch seine Zugkraft beim Publikum dokumentierte. Ehrgeizig plante er nämlich eine Konzertreihe, die selbst den rekordträchtigen einundzwanzig Klavierabenden Josef Hofmanns Konkurrenz machen würde. Entsprechende Dokumente von diesen Leningrader Konzerten verbrannten leider alle in den sowjetischen Archiven; Horowitz selber sagte, daß er im Winter 1922/23 in Leningrad dreiundzwanzig Konzerte gegeben habe: elf verschiedene Programme mit über einhundert verschiedenen Werken. Und nie habe er ein Werk zweimal gespielt. »Das steht im Goldenen Buch von Leningrad drin«, vermerkte er stolz, »dort liebte man mich.«

In der Tat war Horowitz in Leningrad derart populär, daß ihm zu Ehren ein offizieller Fanclub gegründet wurde – von acht Verehrerinnen, die wegen ihrer grünen Fanclub-Jacken »Grüne Mädels« genannt wurden. »Warum es gerade grün sein mußte?« lache Lydia Schukowa sechzig Jahre später in einem Interview. »Ich weiß es nicht mehr. Wie wir Horowitz zu ›unserem‹ Pianisten erkoren hatten, beschlossen wir, daß wir irgendein Zeichen der Verehrung tragen müßten – ihm und unserem Club zu Ehren. Der russische Dichter Wladimir Majakowski [1984–1930] hatte einen Fanclub, wo jedermann einen gelben Pullover trug, und so kamen wir auf grün als unser Signet. Wir waren in Musik verliebt und wohl auch etwas überspannt. Und wir waren auch arm. Unsere Jacken konnten wir uns nicht kaufen, sondern schneiderten sie aus alten Kleidern unserer Großmütter zusammen. In jedes Konzert kamen wir grün gekleidet, jede in einem etwas anderen Grünton. Alle sollten wissen, wer wir waren – und sie wußten es zweifellos.«[11]

Diese acht Mädchen stammten aus Familien, die während der Revolution alles verloren hatten. So hatten sie natürlich kein Geld, um Karten für die Horowitz-Konzerte zu kaufen. Die einen reinigten jeweils den Konzertsaal und durften sich dafür die Konzerte anhören; andere stahlen verwegen Karten von Zuhörern, die schon in der Pause weggingen oder die ihre Karten achtlos weggeworfen hatten. »Wir waren wie die Diebe hinter den Karten her«, erinnerte sich Schukowa, »und wir gingen, wenn immer wir Karten ›besorgen‹ konnten, in möglichst jedes Horowitz-Konzert. So hörten wir ihn über Jahre hinweg spielen, ohne einen Pfennig zu bezahlen. Ich fand jedesmal einen Platz in der hintersten Reihe und konnte mich dort ganz in mich selber versenken. Weder sah ich ihn spielen, noch bemerkte ich die großen Leuchter oder den roten Samt im Konzertsaal der Philharmonie, und auch um das Publikum scherte ich mich nicht. Ich hörte nur die silbernen Töne; und sie eröffneten mir eine andere Welt – eine Welt, die mit der nachrevolutionären Realität kaum etwas gemein hatte.«

Schukowa erzählte, wie die »Grünen Mädels« fasziniert waren, wenn Vladimir ihre Lieblingswerke von Liszt spielte: die zweite und sechste Ungarische Rhapsodie, den *Mephisto-Walzer* oder die *Feux follets* aus den *Etudes d'exécution transcendante*; dazu kamen die Chopin-Abende mit der b-moll-Sonate, den Balladen und Scherzi sowie einigen Etüden, Walzern und Mazurken. Wie komisch muß das gewesen sein: diese acht kichernden achtzehnjährigen Mädchen, die in ihren grünen Clubjacken durch die Straßen des nachrevolutionär-nüchternen Leningrad zogen, und dies vor und nach jedem Horowitz-Konzert. Wobei sie stets einen simplen Vers sangen:

Wolodja Gorovitz
Macht die Mädchen spitz.
Alle sind ganz wild,
Wenn er auf seinem Piano spielt.

Als die »Grünen Mädels« vernahmen, ihr Idol wolle Rußland verlassen, um in Westeuropa und Amerika Karriere zu machen, gerieten sie in Panik. Bis anhin hatten sie den Pianisten nur aus der Distanz verehrt und sich nie getraut, ihn aufzusuchen; nun war es klar, daß sie ein Souvenir haben mußten. Nach einem der letzten Leningrader Konzerte trieben sie den entsetzten jungen Pianisten in die Enge: Sie kreuzten mit Scheren in der Künstlergarderobe auf, kriegten einen der Frackschöße zu fassen und begannen zu schneiden. »Gierig griffen wir nach dem Frack, und Horowitz wurde so böse, daß er uns schlug – mit seinen schönen langen Fingern. Er wurde rot vor Wut und Verzweiflung. Es schien, als wollte er bis auf den Tod um seinen Frack kämpfen, aber wir gaben nicht nach und kriegten schließlich, was wir wollten.« Ihre Beute zerschnitten die Mädchen in acht schmale Streifen und machten daraus schwarze Rosen, die sie auf ihre grünen Jacken nähten – in den folgenden Konzertwintern ein Zeichen der Trauer um ihr verlorenes Idol.

In dieser Leningrader Saison wurde Horowitz als ein Pianist bezeichnet, »der wie ein Blitz einschlägt«. Manchmal gerieten seine Zuhörer derart in Erregung, daß sie sich still schon von ihren Sitzen erhoben, *bevor* ein Stück zu Ende war, und verblüfft auf die schlanke Person auf dem Podium starrten. Ein Zeitgenosse berichtete: »Die Musik sprach direkt zum Herzen der Zuhörer; sie sehnten sich alle nach einer Erholung vom öden Alltag mit seiner Armut, und so wurden sie wie rasend und konnten gar nicht still dasitzen.«[12] Vladimirs Klassenkamerad Rubstein erzählte, daß »nach manchem Leningrader Konzert Leute, die sich gar nicht kannten, plötzlich einander zulächelten und voller Rührung miteinander sprachen«. Einmal wurde Horowitz von einer Fan-Gruppe nach Hause getragen. »Das war sehr unangenehm«, meinte er später. In einer Zeit, wo die Leute nicht einmal genug Geld fürs Essen hatten, gelang es ihm, dreitausend Menschen in den großen Saal der Philharmonie zu locken – Enthusiasten, die es irgendwie schafften, Geld zusammenzukratzen für die Karten, die zwischen 10 Kopeken und $1\frac{1}{2}$ Rubel kosteten. Und wenn die Leute auch schlecht gekleidet waren und sich unpassend benahmen: Von der Musik schienen sie sichtlich bewegt zu sein.

Dieser Enthusiasmus stärkte Vladimirs Selbstvertrauen, und die überschwenglichen Kritiken, die er nach jedem Konzert in einer größeren Stadt erhielt, machten ihm zusätzlich Mut. Musikberichterstattung gab es in jener Zeit nur spärlich; gewöhnlich waren das winzige Artikel. Doch wenn es um ein Horowitz-Konzert ging, machte die sowjetische Presse oft eine Ausnahme. Nach einem Liszt-Abend in Leningrad schrieb ein enthusiasmierter Kritiker: »Seine Fingerfertigkeit war unglaublich ... Die schnellen Läufe schienen schwerelos und wie in Luft gehüllt zu sein; jeder Ton leuchtete und funkelte wie ein kleiner Diamant in der Sonne. Ein musikalischer Zauberkünstler! Seine Interpretation der Chopin-Mazurken hinterließ einen bleibenden Eindruck, der mit reiner Bravoura nichts zu tun hatte. Das waren echte Schmuckstücke: delikat gespielt mit einer wunderbaren Klangfarben-Palette. Viel Phantasie und dennoch soviel Geschmack.«[13]

Vladimir hatte zwar stets vorzügliche Kritiken; dennoch hielt seine künstlerische Entwicklung nicht Schritt mit seinen virtuosen Fähigkeiten. Als er 1923 Liszts erstes Klavierkonzert spielte – zusammen mit der Leningrader Staatlichen Philharmonie unter der Leitung Alexander Glasunows –, hörte sich sein früherer Lehrer Blumenfeld das Konzert an und war dann sehr enttäuscht von der Interpretation. »Sehr schlecht, viel zu schnell und zu oberflächlich«, soll er zu Anatole Kitain gesagt haben.[14] Sicher, in einem gewissen Grad kam Vladimir seinem Publikum entgegen, indem er sein technisches Können in schwierigen Werken voll ausspielte. Später merkte er, daß die meisten Zuhörer recht ungebildet waren und nur ein pianistisches Feuerwerk sie von den Sitzen reißen würde. »Er machte Fehler«, erinnerte sich Kogan, »verrechnete sich beispielsweise in der dynamischen Balance. Doch waren diese Fehler stets seinem Enthusiasmus zuzuschreiben und seinem Temperament – und so konnte man sie leicht entschuldigen.«[15]

Im Oktober 1924 spielte Vladimir das dritte Klavierkonzert von Rachmaninow sowie das erste Liszt-Konzert unter der Leitung von Valeria Berdiajewa, einer der wenigen Dirigentinnen an der Staatlichen Philharmonie. Anschließend gab er zwei Konzerte mit Nathan Milstein, der vorläufig noch nicht so großen Erfolg hatte wie sein Pianistenfreund. Am 12. Dezember spielten sie beide mit dem Staatlichen Sinfonieorchester unter der Leitung von Glasunow, der damals auch Direktor des Leningrader Konservatoriums war. Glasunow dirigierte sein eigenes Violinkonzert mit Milstein als Solist, und Vladimir spielte einmal mehr das Rachmaninow- sowie das Liszt-Konzert. Die Einnahmen aus diesem Konzert waren für das Konservatorium bestimmt, das dringend Geld brauchte – und es, wie Glasunow befriedigt registrierte, an diesem Abend auch reichlich bekam.

Im Jahr 1925 spielte der zwanzigjährige Vladimir das dritte Rachmaninow-Konzert in fast jeder größeren Stadt Rußlands, so daß man ihn gleichsam mit diesem Konzert assoziierte. Die wohl ungewöhnlichste Aufführung fand im Herbst dieses Jahres statt – in Moskau, und zwar mit den *Persimfans* (*Pervei*

*Simf*onicheskij *Ans*ambl = »Erstes Sinfonisches Ensemble«). Das Orchester war ganz dem sowjetischen Kollektivdenken verpflichtet und spielte von 1922 bis 1932 ohne Dirigient. Unter der künstlerischen Obhut von Lev Zetilin, dem früheren Konzertmeister des Staatlichen Sinfonieorchesters der UdSSR, erlangten die Persimfans weltweites Ansehen für ihre dirigentenlosen Interpretationen, und zahlreiche renommierte Künstler wie Darius Milhaud und Sergej Prokofjew konzertierten sehr gerne mit diesem Orchester. Für einen jungen Künstler war es förderlich, mit diesem Ensemble auftreten zu können, und so reiste Simeon Gorovitz extra nach Moskau, um ein Engagement für seinen Sohn zu erwirken. Bei der ersten Probe war Vladimir völlig platt: Da saßen die Orchestermusiker in einem großen Kreis; jeder konnte jeden sehen, was auch heißt, daß einige dem Publikum den Rücken zukehrten. Über Tempowechsel wurde in Sitzungen gemeinsam befunden; zudem entwickelten die Musiker ein elaboriertes Zeichensystem (mit Blicken, hochgezogenen Augenbrauen, Kopfnicken und Schulterzukken), um beim Spielen ja zusammenzubleiben. Weit mehr ins Gewicht fiel für den Solisten die Probezeit: Für das Rachmaninow-Konzert brauchten die Musiker innerhalb einer Periode von zwei Monaten ganze neun Proben. Es war schwierig, mit den Persimfans Rubato-Nuancen zu koordinieren, und Vladimir fand, daß er schlechter als sonst spiele. Als das Konzert aber schließlich stattfand, war er dennoch stolz auf diese recht ungewöhnliche Leistung.

In diesen zehn Jahren der Persimfans nahm Rußland vermehrt Kontakte mit dem Westen auf; zahlreiche ausländische Solisten wurden erstmals seit der Revolution wieder für Konzerte eingeladen. In dieser liberalisierten Zeit hörte Vladimir zahlreiche westeuropäische Komponisten ihre eigenen Werke dirigieren: Darius Milhaud, Paul Hindemith, Franz Schreker und Alfredo Casella; daneben konnte er Opern von Verdi, Bizet, Wagner, Gounod, Rossini und Saint-Saëns sehen. Weit wichtiger aber war, daß er sein Klavierspiel endlich mit den Interpretationen der älteren, international berühmten Pianistengarde vergleichen konnte – darunter Alfred Cortot, Artur Schnabel, Edwin Fischer, Wilhelm Backhaus, Eduard Erdmann und Egon Petri. Zwar war Horowitz unheimlich neugierig auf diese Künstler, doch eine echte Konkurrenz hatte er wohl kaum zu fürchten, und er meinte viel später, daß es »nur wenige wirklich gute Pianisten« gegeben habe; zudem beeinflußten sie seine eigenen Interpretationen nicht, wohl aber sein Repertoire. »Zum erstenmal hörte ich die Schubert-Sonaten, und zwar von Artur Schnabel«, erinnerte er sich, »und die waren gut. Egon Petri dagegen war zwar ein versierter Techniker, aber sein Spiel wirkte kalt und akademisch.«[16]

Angesichts der scheinbar grenzenlosen Begeisterung, welche die russische Musikwelt Vladimir entgegenbrachte, hatte Kogan leichte Arbeit. Für Horowitz-Klavierabende mußte er nicht mehr speziell Reklame machen; es genügte, den Namen des Pianisten zu erwähnen, und schon konnte er mit vollen Sälen rechnen. Solche Berühmtheit beeinflußte aber auch die Persönlichkeit des Pianisten, was Kogan, der seit fünf Jahren seine Tourneen arrangierte, bald auffiel. »Für gewöhnlich war Horowitz offen und unbekümmert im Umgang mit Menschen. Manchmal aber konnte er plötzlich ohne erkennbaren Grund unverträglich ernst werden und seine Berühmtheit ausspielen. Er schwang dann sein Monokel mit den langen, ringgeschmückten Fingern, konnte wie ein Kurzsichtiger dreinschauen, um dann plötzlich das Monokel vor das halb geschlossene Auge zu halten. Dabei sah er doch ganz normal.«[17] Kogan jedenfalls konnte diesem Betragen nichts Originelles oder Interessantes abgewinnen. Nach wie vor hielt er ihn für einen gewöhnlichen Durchschnittsmenschen mit den herkömmlich-alltäglichen Interessen – und einem Sparwahn, der an Geiz grenzte. Wie ein Eichhörnchen versteckte er sein Geld in der Hoffnung, Rußland bald einmal verlassen zu können. Nachts schlief er mit seinen Schwarzmarktdollars unter dem Kopfkissen; während des Tages versteckte er sie in seinen Schuhen. Trotz seiner ausgesprochenen Vorliebe für teure Anzüge, für modische Seidenhemden oder üppige Diners wurde er knickerig.

Weil Vladimir berühmt war, konnte er sich auch das Gebaren eines exzentrischen Künstlers leisten. Zudem gab sich das Großstadtleben im nachrevolutionären Rußland recht aufgeschlossen – was mit Lenins Forderung nach einer bei aller sozialen Vielfalt stets toleranten Gesellschaft zusammenhing. Die bolschewistische Regierung leitete weitreichende Reformen in Richtung sexueller Freiheit ein. Einer kurz zuvor veröffentlichten Studie zufolge ging es darum, »daß der Staat oder die Gesellschaft das individuelle Sexualleben in keiner Weise beeinträchtigen dürfe, insofern niemand Schaden erleide oder die Interessen anderer beeinträchtigt werden«.[18] Solche Reformbestrebungen in Richtung sexueller Freiheit waren ein wesentlicher Teil der sozialistischen Revolution, und die großen Städte wurden zum Eldorado für die intellektuell verfeinerte Musiker- und Künstler-Bohème. Auch Vladimir ließ sich auf diese neue Freiheit ein – erregte beispielsweise Aufsehen, wenn er in einem monströsen Pelzmantel und mit Make-up im Gesicht durch die Straßen Moskaus ging. Zudem erzählte man sich, daß er in Leningrad ein Verhältnis mit einem älteren Schauspieler habe und daß er oft mit einer Gruppe effeminierter Schriftsteller und Künstler zusammen sei, die Drogen nähmen. Es hieß auch, daß die Familie seines Freundes Simon Barere ihn in Odessa mehrmals aus Matrosen-Bars herausholen mußte.

Mochte sich Horowitz im persönlichen Leben auch Affektiertheiten erlauben: Was seine Karriere anbelangte, zeigte er sich durchaus ernsthaft und besonnen. Er war fast davon überzeugt, daß er aufgrund der Rußland-Erfolge des Jahres 1924 nun auch vor dem wesentlich kritischeren westeuropäischen Publikum bestehen würde; zudem hatte der Einfluß westeuropäischer Musiker seine Lust auf eine solche Konfrontation verstärkt. Während eines Besuchs in Leningrad riet ihm Artur Schnabel nicht nur, Rußland möglichst schnell zu verlassen, sondern schlug ihm sofort auch eine Tournee durch Deutschland und Frankreich vor. »In Rußland waren wir alle berühmt«, sagte Horowitz später, »aber als wir dann nach Berlin kamen, kannte uns kein Mensch.«

Seit 1923 beschäftigte ihn die Frage, wie er aus Rußland herauskommen und in Westeuropa eine Karriere aufbauen könne. Damals lernte er einen professionellen Manager kennen, der einen enormen Einfluß auf seine spätere Karriere haben sollte: Alexander Merowitsch, genannt »Sascha«. Er hörte Horowitz zum erstenmal im Winter 1923/24 in Leningrad. Eben war er von einer Reise nach Westeuropa und Amerika zurückgekehrt, wo er sich als Impresario eingeführt hatte, und er war nun auf der Suche nach jungen russischen Künstlern, die er dem westlichen Publikum vorstellen wollte. Merowitsch hörte von Vladimirs großen Erfolgen in Leningrad; als er ihn aber im ersten Klavierkonzert von Liszt erlebte, war er nicht sonderlich begeistert. Dann hörte er Vladimirs Interpretation des dritten Rachmaninow-Konzerts, und sofort änderte er seine Meinung: Der junge Mann habe durchaus das Zeug für eine internationale Karriere. Er lud ihn zu einer Besprechung zu sich ins Hotel. Es war am frühen Nachmittag; Vladimir kam in kühn-dreisten schwarzen Lacklederschuhen und hellen, puderblauen Sokken, mit recht langen Haaren, die er zur Künstlermähne emporstilisiert hatte. Sein Gesicht war entsetzlich bleich, ja beinahe farblos. Später erzählte er, daß er eben möglichst viel Eindruck habe machen wollen – und das tat er zweifellos. Klar, daß Merowitsch mehr von Vladimirs pianistischen Fähigkeiten hielt als von seinem dandyhaften Aussehen. Nachdem er ihn noch ein oder zweimal gehört hatte, war er von ihm restlos überzeugt. Er habe alles: »technische Meisterschaft, Musikalität und eine angeborene Bühnenpräsenz«.[19]

Merowitsch, in St. Petersburg geboren, hatte Nationalökonomie und Staatswissenschaft studiert, bevor er seine kleine Konzertagentur Kamerat im Jahr 1912 eröffnete. Er wurde während des Ersten Weltkrieges zur Armee eingezogen, und nach der Revolution arbeitete er von 1918 bis 1921 in der Musikabteilung des Erziehungsministeriums. 1923, zur Zeit von Lenins »Neuer ökonomischer Politik«, war Merowitsch mit einem großen Projekt beschäftigt: Er wollte die russische Oper und das Ballett nach Amerika bringen. Zwei Jahre arbeitete er daran und versuchte, keine Geringeren als Feodor Schaljapin und Anna Pawlowa als Leiter der Opern- beziehungsweise der Ballett-Truppe zu gewinnen. Letztlich fiel dann alles ins Wasser, und ab 1924 suchte Merowitsch nach einer Möglichkeit, die Sowjetunion zu verlassen, sowie nach einem oder zwei Künstlern, die ihm eine Existenz als selbständiger Konzertagent sichern würden.

Horowitz und Milstein sollten diese beiden Künstler sein; Merowitsch war überzeugt, daß sie ihm Geld und Glück bringen würden. Also umwarb er sie unnachgiebig und begann, mit Simeon, der von Kiew nach Leningrad gekommen war, zu verhandeln. Merowitschs Angebot lautete: Europa-Debüts für beide Künstler, wobei er zwanzig Prozent aller Einnahmen aus den ersten drei Jahren beanspruche; später begnüge er sich mit fünfzehn Prozent, dies aber für ihr ganzes Leben lang. Kein Künstler ist gerne »lebenslänglich« gebunden; doch Merowitsch ließ nicht nach. Da dieser Vertrag die Möglichkeit einschloß, aus Rußland herauszukommen, kamen die Parteien im April 1925 zu einem mündlichen Vertragsabschluß. Laut Milstein wurde Merowitsch von der Sowjetregierung unterstützt: »Trotzki wollte, daß wir im Ausland studierten und auftraten; damit sollten wir demonstrieren, daß die Russen nicht nur Materialisten, sondern auch junge Talente produzieren würden.«[20]

Im Mai 1925 arrangierte Merowitsch eine Abschiedstournee in Rußland: Neun Konzerte sollte Vladimir geben, je drei in Kiew, Leningrad und Moskau. Im ersten Programm spielte er Bach-Busoni, Rachmaninow-Etüden und -Préludes, Chopins b-moll-Sonate sowie eine Sonate von Medtner und drei Moszkowski-Etüden, das zweite war nur Chopin gewidmet, und am dritten Abend stand ausschließlich Liszt auf dem Programm. Vladimir dachte nur noch an die Zukunft, an Westeuropa und Amerika, an große Konzertsäle und hervorragende Instrumente – und daß er der steten Unordnung in der UdSSR den Rücken kehren würde. Er hatte Geld in der Höhe von fünftausend US-Dollars gespart und war also in der Lage, seine ersten Auftritte in den westeuropäischen Musikzentren zu finanzieren: in Berlin, Paris und London und möglicherweise auch in New York. Merowitsch nahm Kontakt mit westeuropäischen Agenten auf, um Säle zu buchen und Konzertdaten festzulegen; die Konzertprogramme wurden wohlweislich auf die stupende Virtuosität Milsteins und Vladimirs ausgerichtet. Dieser fühlte zwar, daß es jetzt an der Zeit sei, sich einem internationalen Publikum zu präsentieren; dennoch würde der Abschied von der Heimat wehtun. Menschen waren Teil seines Lebens geworden: Kogan vor allem, der staatliche Konzertagent und längst schon ein vertrauter Freund. »Wir waren praktisch unzertrennlich«, berichtete Kogan, »in Konzerten, bei Proben, im Hotel und auf Bahnreisen. Es waren schwierige Jahre mit diesen ›Buben‹ (Horowitz und Milstein), aber dennoch wunderbare.« In einem seiner letzten Briefe an Kogan schrieb Vladimir: »Wie lieb wäre es mir, wenn Du mich nie verlassen und mir stets beistehen würdest.«[21] Doch die beiden sollten sich nie mehr sehen.

Am schwersten fiel Vladimir der Abschied von seiner Familie. Nachdem Simeon im Gefolge der Revolution sein Elektro-Unternehmen verloren hatte, erhielt er irgendeinen Bürojob in einem Staatsdepartement zugewiesen. Hier konnte er weder seine technische Ausbildung noch seine sprachlichen Fähigkeiten einsetzen. Er beklagte sich, man hätte aus ihm »eine Maschine gemacht«. Sein Heil suchte er in der Karriere seines Sohnes, und er grübelte über die kleinsten Details im Vertrag mit Merowitsch nach. Sophie ihrerseits meinte, sie wisse am besten, wie es mit Vladimirs Karriere weitergehen solle. Stets lagen sich die beiden in den Haaren, so daß das Familienleben mehr und mehr von Tragik überschattet wurde und Bitternis und Verdruß herrschten. Vladimirs älterer Bruder Jakob, in frühen Jahren ein vielversprechender Pianist, war zum Heeresdienst eingezogen und während der Revolution getötet worden. Georg lebte während der Jahre von Vladimirs Konzerttätigkeit in Leningrad; er war ein armer Kerl, emotional unstabil, übernervös und zudem ein neurotischer Spieler. Als der Dirigent Nikolai Malko, ein enger Freund der Familie Gorovitz, nach

Leningrad fuhr, bat ihn Sophie, doch nach Georg zu sehen. Doch Georgs Zustand wurde zusehends unberechenbarer, und schließlich sah sich die Familie gezwungen, ihn in ein Sanatorium zu geben. War Vladimir in Leningrad, so besuchte er seinen Bruder täglich. Schließlich wurde Georgs Zustand derart bedenklich, daß die Ärzte jeden Besuch – auch von Familienangehörigen – verboten. Trotzdem erschien Vladimir Tag für Tag vor dem Sanatorium – stets in der Hoffnung, gute Nachrichten zu bekommen und vielleicht Georg besuchen zu dürfen. Eines Tages – so wurde von verschiedener Seite berichtet – sei ein Wärter von der Beharrlichkeit Vladimirs irritiert gewesen und er habe ihn angeschrien: Er brauche nicht mehr zu kommen; sein Bruder habe sich vor einer Woche erhängt.[22]

Nach dem Tode von Jakob und Georg war Simeon ein gebrochener Mann; er begann nun, seinen Jüngsten in krankhaftem Ausmaß zu beschützen und damit zu unterdrücken. In sich gekehrt, ein Grübler, brach er plötzlich in ein unzusammenhängendes Geschwafel über Vladimirs Konzertpläne aus. Sophie versuchte, die Ruhe des Hauses aufrechtzuerhalten, aber sie war überfordert und auch zu schwach. Milstein, der weiterhin in der Gorovitz-Familie lebte, wenn er nicht auf Tournee war, sagte später, daß außer Genja die ganze Familie unausgeglichen und unbeständig gewirkt habe. »Auch bei Horowitz muß man sich im klaren sein, daß seine Kunst eng mit seiner neurotisch-hysterischen Natur zusammenhing.«[23]

Obwohl die dreiundzwanzigjährige Genja zweifellos das robusteste Glied der Familie war, führte auch sie ein tristes Leben, zumal sie ihren Eltern und dem verbliebenen Bruder vieles opfern mußte. Auch als sie verheiratet war, konzertierte sie weiterhin mit Milstein und Vladimir. Doch ihre Ehe war nicht glücklich, und bald verließ sie ihr Mann, und sie mußte sich allein um ihre kleine Tochter kümmern. Wie ihr Bruder und Milstein wollte auch sie Rußland um jeden Preis verlassen und im Westen eine eigene Karriere aufbauen. Aber sie wußte, daß das unmöglich war. Auch sie setzte alles auf Vladimirs Karriere und hoffte, er würde ihr Geld schicken, damit sie dann zu ihm ins Ausland fahren konnte. Aber Reginas Europa-Träume wurden nie Wirklichkeit, und nachdem Vladimir Rußland verlassen hatte, sahen sich die beiden Geschwister nie wieder.

Ein einziges Mal, im Jahre 1930, traf sich Vladimir nochmals mit seinem Vater in Westeuropa; sonst aber sah er seine Familie nach 1925 nie mehr. Und er weigerte sich später auch, in Interviews detailliert über sein früheres Familienleben in Rußland zu sprechen. Freunde meinten, daß er fast gewaltsam versucht habe, diese frühen Eindrücke aus seinem Gedächtnis zu verbannen. »Erwähnen Sie meine Familie nie!« schrie er einmal zu Anatole Kitain. Als aufgrund seiner Erfolge und der Neugierde des Publikums dann doch über solche Hintergründe gesprochen werden mußte, begann Horowitz Dinge zu erfinden und seine Familie zu idealisieren. So behauptete er, sein Bruder Jakob sei vierzehn Jahre älter gewesen und sie hätten einander nie gekannt. Und Georg soll »als Geiger im

Moskauer Sinfonieorchester« gespielt oder »am Taganrog-Konservatorium Violine unterrichtet« haben.[24] Nie erwähnte Vladimir den tragischen Tod seines Bruders. Als er sich in Europa dann mehr und mehr in aristokratischen Kreisen bewegte, war er stets bemüht, einen »respektablen« Eindruck zu machen und Sachen, die ihn in Verlegenheit brachten oder ihn schmerzten, zu kaschieren. So hielt man weiterhin an der Version von der »musikalischen« Familie fest, während die weniger glamourösen Tatsachen schlicht ignoriert wurden. Kein Zweifel: Rußland hatte ihn gezeichnet, hatte ihn verletzt. »Ich habe keine Lust, zurückkehren. Mir gefällt es nicht, wie die Russen mit der Musik umgehen und mit der Kunst, ja mit allem. Ich verlor dort meine Familie. Ich will nie zurückgehen. Und ich werde auch nicht.«

Im Herbst 1925 konzentrierte sich Vladimir jedenfalls auf das, was bevorstehen würde, und nicht auf das, was er hinter sich zurückließ. Seine Karriere wurde wichtiger als alles andere, und es gab keine Frage mehr, ob er doch in Rußland bleiben würde. Aber weggehen wollen und ausreisen können waren zwei verschiedene Dinge. Es war überaus schwierig, ein Visum zu kriegen, zumal er altersmäßig jetzt seinen Militärdienst hätte absolvieren müssen. Simeon löste das Problem, indem er falsche Angaben über Vladimirs Alter machte und behauptete, dieser wolle bei Schnabel in Deutschland studieren. Die Story wurde akzeptiert und ein Sechs-Monate-Visum ausgestellt; doch hielten die Behörden an der Vorschrift fest, daß niemand das Land mit mehr russischem Geld verlassen dürfe als mit dem Gegenwert von 500 US-Dollar. Merowitsch riet seinem jungen Protégé, er solle Geld in seinen Schuhen verstecken, wie er das immer getan habe, und das Beste hoffen.

Viele Jahre später noch erinnerte sich Vladimir lebhaft an den Abend seiner Flucht. »An der Grenze war ich nervös und ganz weiß im Gesicht. Ich dachte, sie würden mich wegen des Geldes in den Schuhen festnehmen. Als ein Grenzsoldat meinen Paß prüfte, begann ich zu zittern. Er schaute mich lange an. In diesem Moment glaubte ich, mein Herz würde stillstehen. Dann blickte mir der Soldat in die Augen und sagte: ›Vergessen Sie nie Ihr Vaterland.‹ Das hat mich stark berührt.«

Zweiter Teil

1926–1939

Der entfesselte Tornado der Steppe

Meine Erfolge in Rußland brachten mir in Westeuropa absolut nichts. Deutschland war die musikalische Hochburg; jedermann war dort – bis zur Machtergreifung Hitlers. Klar, ich konnte rasend Klavier spielen – Sie wissen: so schnell und laut –, so daß das Publikum sicher fast vom Sessel fallen würde. Und unbewußt war ich auch entschlossen, so zu spielen; ich wollte Erfolg, um nicht mehr in die Heimat zurückkehren zu müssen.[1]

In keiner europäischen Stadt war das ungezügelt-bunte Leben der zwanziger Jahre stärker spürbar als in Berlin, und einem jungen Russen wie Vladimir mußte die Berliner Kulturszene ebenso hektisch und betriebsam vorkommen wie die politischen Verhältnisse zu Hause in der Sowjetunion. Vladimir kam 1925, auf dem Höhepunkt der Weimarer Republik, nach Berlin. »Alles, was künstlerisch bedeutsam war, schien noch einmal in aller Buntheit aufzublühen – bevor die Nacht der Barbarei hereinbrach«, schrieb Peter Gay in seinem Buch »Weimarer Kultur«[2]. Berühmtheiten wie Albert Einstein, Thomas Mann, Bertolt Brecht, Wassily Kandinsky, Max Reinhardt und Arnold Schönberg prägten die Kunst und Wissenschaft der zwanziger Jahre. Berlin war unbestritten das kulturelle Zentrum, ein Magnet für strebende Komponisten, Schriftsteller, Schauspieler und Musiker. »Diese Stadt fraß Talente und menschliche Energien mit beispiellosem Heißhunger«, schrieb Carl Zuckmayer[3]. »Man sprach von Berlin [...] wie von einer sehr begehrenswerten Frau, deren Kälte und Koketterie allgemein bekannt ist ... Wir nannten sie arrogant, versnobt, parvenuhaft, kulturlos, ordinär. Insgeheim aber sah sie jeder als das Ziel seiner Wünsche ...« Zehn oder fünfzehn Jahre zuvor war Paris unzweifelhaft das Zentrum von Europa gewesen, die *mise en scène* aller Hoffnungen von jungen debütierenden Pianisten. Aber nach dem Ersten Weltkrieg begann das hektisch betriebsame Berlin mit seinem untrüglichen Sinn für Qualität mit der Seine-Stadt zu rivalisieren, und um 1926 bedeutete Berlin für jeden Unerschrockenen eine unwiderstehliche Herausforderung.

Gebildet und weltoffen, wie die Berliner waren, präsentierte sich auch ihre Stadt: mit gegen 120 Tageszeitungen und 40 Theatern, dazu etwa 200 Kammermusik- und über 600 Chorvereinigungen, die in über 20 Konzertsälen und unzähligen Kirchen Konzerte veranstalteten. Vladimir sah sich von Hunderten von zielstrebigen jungen Pianisten umgeben, wobei die meisten weder genug Talent noch ausreichend Geld für eine große Karriere hatten. Er würde sich noch einmal von Grund auf neu profilieren müssen – ohne daß ihm dabei die Riesenerfolge, die er in Moskau und Leningrad errungen hatte, etwas nützen konnten. Doch seine Strategie, das Publikum mit Virtuosität für sich einzunehmen, war kein sicheres Rezept bei den Berlinern. Zumal seine musikalische Philosophie, will sagen: sein persönlicher Klavierstil so ziemlich das Gegenteil war von der alteingesessenen deutschen Klaviertradition. Das deutsche Ideal ging mehr in Richtung »Kraft statt Charme, Solidität statt Sinnlichkeit, Intellekt statt Instinkt, Nüchternheit statt Brillanz«[4]; und Werktreue war das oberste Gebot. Ein exemplarischer Vertreter dieser Schule war der in Österreich geborene Pianist, Pädagoge und Komponist Arthur Schnabel. In seinen Konzerten sowie in seiner Unterrichtstätigkeit an der Berliner Hochschule für Musik konzentrierte sich der Analytiker Schnabel hauptsächlich auf das deutsche Repertoire: auf Bach, Mozart und Beethoven, Schubert und Brahms. Vladimirs Ideal einer großflächig inszenierten Virtuosität war da ausgesprochen konträr, und zeit seines Leben hatte er für die antiromantische und antivirtuose Haltung der deutschen Pianisten nur Verachtung und Spott übrig. Und stellt man zu allem noch Vladimirs ausgesprochene Prädestination für romantische Klaviermusik (für Liszt!) in Rechnung, so muß es im nachhinein erstaunen, daß Merowitsch ausgerechnet Berlin als »Schlachtfeld« im Kampfe um die Eroberung der westlichen Welt ausgewählt hat.

Berlin nahm jeden gefangen, »begeisterte die meisten, erschreckte einige, ließ aber niemanden gleichgültig«[5], und Vladimir machte da keine Ausnahme. Da war Schönberg mit seiner Meisterklasse an der Preußischen Akademie der Künste: Hier beschäftigten sich junge Komponisten mit der Atonalität und der von Schönberg eben erst entwickelten Zwölftontechnik. Zusammen mit seinen beiden Schülern Alban Berg und Anton von Webern bildete Schönberg eine neue »Schule«, die sich gegen die regelkonforme Verwendung von Tonalität, Rhythmus und anderen herkömmlich-musikalischen Formen wandte. Aber Schönbergs Jünger machten nur einen kleinen Teil der heterogenen zeitgenössischen Musikszene aus. Ebenso neu war das weitverbreitete Interesse an Volksmusik, an Jazz-Idiomen und neoklassischen Tendenzen. Der konservative Vladimir war echt schockiert: »Ich schrieb meiner Mutter, daß dies die *Götterdämmerung* Deutschlands sei. Daß hier alles in die Brüche gehe.« Zwei Jahre später bekannte er sich in einem Interview mit der *Chicago Tribune* offen zu »seiner« Musik: »Welche Musik ich liebe? Die Romantiker: Schubert, Brahms, Liszt, Chopin und die Wagner-Opern. Von den zeitgenössischen Komponisten die Franzosen Debussy und Ravel. Deutsche? Nein!«[6]

So oft wie möglich besuchte Vladimir die Oper, und schon nach wenigen Wochen merkte er, wie dürftig sich dagegen die paar Erstklaß-Truppen in Rußland ausnahmen. Die Berliner Staatsoper Unter den Linden, abwechselnd von Wilhelm Furtwängler und Erich Kleiber geleitet, galt als eines der ersten Häuser in Europa. Oft gastierte hier Richard Strauss, seit der Jahrhundertwende wohl der erfolgreichste deutsche Komponist, und dirigierte seine eigenen Opern. Das vielfältige Repertoire widerspiegelte die Aufgeschlossenheit Berlins gegenüber der zeitgenössischen Musik: Unter den sechsundsechzig Opern, die in Vladimirs erster Saison 1925/26 auf dem Spielplan standen, befand sich auch Alban Bergs *Wozzeck*, uraufgeführt am 14. Dezember 1925. Daneben gab es in Berlin noch zwei weitere Opernhäuser: die Städtische Oper Charlottenburg unter Bruno Walter sowie die Kroll-Oper unter Otto Klemperer; und beide Häuser brachten in diesen Jahren zahlreiche neue Opern zur Uraufführung – darunter Strawinskys *Ödipus Rex*, Paul Hindemiths *Cardillac*, Brecht/Weills *Dreigroschenoper* sowie *Die Glückliche Hand* von Schönberg.

Am stärksten interessierten Vladimir selbstverständlich andere Pianisten. Josef Hofmann, Sergej Rachmaninow und Ignaz Jan Paderewski galten als die drei namhaftesten (und Horowitz lernte sie einige Jahre später, nach seinem Amerika-Debüt, alle drei kennen). Doch neben diesen drei gab es noch eine Vielzahl anderer Pianisten; die Konkurrenz war groß. Unter den Gleichaltrigen war der Pole Moritz Rosenthal wohl am ehesten mit Vladimir zu vergleichen – der »kleine Riese des Klaviers«, wie man ihn scherzhaft nannte, weil er kleingewachsen, aber ungeheuer kräftig war. Er galt als großer Techniker, der am Klavier wüten und toben konnte. Sein heftiges Ungestüm, seine schiere Kraft, Geläufigkeit und Ausdauer waren – vor allem im Es-dur-Konzert von Liszt – legendär, und er galt tatsächlich um 1926 für viele als der bedeutendste lebende Liszt-Schüler. Zeitgenossen berichteten aber auch, daß in rein technischer Hinsicht keiner dieser Pianisten Rosenthal das Wasser reichen konnte – bis Horowitz kam.

Bald lernte Vladimir noch einen anderen polnischen Pianisten bewundern: Ignaz Friedman, einer der begabtesten Schüler von Leschetitzky und ein namhafter Chopin-Interpret. »Unvergleichlich war Friedmans Interpretation der F-dur-Etüde« (op. 10, Nr. 7), erinnerte sich Horowitz. »Und eine Schallplatten-Aufnahme der Nocturne Es-dur (op. 55, Nr. 2) beeindruckte mich ebenfalls.« Einige hielten diese Aufnahme gar für die beste, die je gemacht worden war. Friedmans Chopin-Stil konnte zuweilen fast etwas anarchisch anmuten und sich ins Exzentrische steigern: mit dynamischen Extremen, schroffen Akzenten und unregelmäßigen Rhythmen, was die Puristen arg verunsicherte. Aber wie bei allen andern Pianisten, die Vladimir damals hörte, schien ihm auch bei Friedman vieles zu unattraktiv oder zu beiläufig auszufallen, als daß es als Vorbild hätte gelten können.

Obwohl Horowitz Pianisten wie Rosenthal, Friedman, Schnabel und Wanda Landowska bewunderte, wenn auch mit Vorbehalten (er nannte sie »schöne Schmuckstücke«), so hatte er letztlich doch eine generelle Abneigung gegen alle diese Kollegen, die er in seinen ersten drei Berliner Monaten hörte. Oft ging er an einem einzigen Tag in drei Klavierabende, um die populären deutschen Pianisten wie Wilhelm Kempff, Edwin Fischer, Wilhelm Backhaus, Carl Friedberg oder Egon Petri zu hören. Doch er fand sie unerträglich: »Ich haßte sie alle! Da ging ich in einen Klavierabend, und was wurde gespielt? Fünf Haydn-Sonaten und dann noch eine von Mozart! Ich war wahnsinnig enttäuscht. Hatte ich doch viel mehr Wärme und Sinnlichkeit erwartet, viel mehr Lebendigkeit im Spiel. Was ich auch immer in Berlin hörte (und ich liebte doch das ganze Repertoire): Stets wurde es viel zu pedantisch gespielt, betulich und langweilig.«[7]

Vladimir war überzeugt davon, daß deutsche Musiker nie so bedeutend seien wie deutsche Komponisten. Und vorbehaltlos bewunderte er eigentlich nur zwei Exponenten der Berliner Pianistenwelt: Arthur Schnabel und, ganz besonders, Walter Gieseking. Mit seiner deutsch-französischen Abstammung galt Gieseking als bedeutendster Debussy- und Ravel-Interpret. Er war enorm musikalisch und ebenso vielseitig, beherrschte nicht nur ein großes französisches Repertoire, sondern auch alle 32 Beethoven-Sonaten. Schon als Fünfzehnjähriger hatte er diesen Sonaten-Zyklus erstmals ganz vorgetragen – um im nachhinein scherzweise zu sagen: »Das Schwierigste war das Auswendiglernen. Und das war eigentlich nicht schwer.« Sah er eine Partitur zum erstenmal, so konnte er das Werk schon am nächsten Tag im Konzert spielen. Er hatte ein außerordentliches Gedächtnis und eine großartige Technik, so daß er mit wenig Üben auskam. Gierig verschlang er die großen Brocken des deutschen Repertoires und wandte sich dann Prokofjew und Rachmaninow zu – wobei er nebenher immer noch Zeit hatte, um Johann Strauss-Melodien zu transkribieren. Neiderfüllt bestaunten die Berliner Pianistenkollegen seinen exquisiten Umgang mit dem Pedal: Keiner konnte Debussy mit solchen Dreifach-Pianissimi spielen wie Gieseking. Vladimir war platt und fand am damals einunddreißigjährigen Gieseking denn auch nichts herumzumäkeln. »Als ich Gieseking in Berlin zum erstenmal hörte«, erinnerte er sich später, »spielte er die 24 Chopin-Préludes und Werke von Debussy. Als Künstler – nicht als Mensch – machte er mir einen gewaltigen Eindruck. Er war mir ein Rätsel, eine Sphinx – weil er auch merkwürdige Dinge tat. So hüllte er alles, was er spielte, in sein berühmtes Pianissimo – ob das nun paßte oder nicht. Aber als Musiker war er großartig.«[8]

Schnabel dagegen galt in Berlin als »der Mann, der Beethoven erfand«, und er konnte einem womöglich noch mehr bange machen. Was sein Aussehen und auch vieles andere betraf, so war er ziemlich das Gegenteil von Vladimir: ein stämmiger, Zigarren rauchender Preuße mit großem Kopf und kurzen, dicken Fingern – alles andere als ein eleganter oder gar romantischer Künstler. Vladimir spielte Schnabel oft vor, doch nie erlag er der Versuchung, bei ihm zu studieren. »Die meisten jungen Pianisten versuchten, Schnabel in den Beethoven-Konzerten und überhaupt in allem, was sie spielten, zu imitieren«, meinte Horowitz, »spielten wie kleine Schreibmaschinen – und es tönte auch danach. Nur Noten, nur was geschrieben stand; keine spontane Phrasierung.« Klar, daß Vladimir an einer solchen Imitation überhaupt nichts lag – obwohl er vieles an Schnabel sehr bewunderte. »Die beiden Brahms-Konzerte hörte ich zum erstenmal in Berlin; Schnabel spielte das B-dur-Konzert mit den Berliner Philharmonikern, und Furtwängler dirigierte. Ich war derart hingerissen, daß ich das Werk in einem einzigen Sommer sogleich lernte. Aber ich spielte nie wie Schnabel; er war ein sehr intellektueller Pianist. Einmal hörte ich ihn mit fünf Etüden von Chopin sowie der b-moll-Sonate, beides wunderbar. Der letzte Satz der Sonate war technisch meisterhaft. Aber dann sagte er mir, diese Chopin-Stücke seien recht oberflächlich, virtuos und unbedeutend.«[9] Gewöhnlich spielte Schnabel in der ersten Konzerthälfte zwei Beethoven-Sonaten und nach der Pause dann kleinere Kompositionen, zum Teil romantische und mehr virtuose. »Übrigens konnte Schnabel äußerst witzig und amüsant sein«, erinnerte sich Vladimir noch Jahre später. »Einmal fragte er mich: ›Kennen Sie den Unterschied zwischen mir und meinen Kollegen? Wenn ich ein Programm zusammenstelle, ist der zweite Teil ebenso langweilig wie der erste!‹ Und so war es. Manchmal spielte er nach der Konzertpause eine Schubert-Sonate, und die sind ja fürs Publikum allesamt anstrengend. Ich hätte so was nie getan.«[10]

Immer darauf erpicht, seine Individualität zu bewahren, behauptete Horowitz später wiederholt, daß er von keinem der in Berlin gastierenden Pianisten wirklich beeinflußt worden sei. Unentwegt hielt er an der Vorstellung von seiner einmaligen Begabung fest, die über jeden Vergleich erhaben sei. »Ich bin ein Individualist, wie das jeder Künstler sein sollte. Ich hörte und kannte alle Pianisten, und alle hinterließen einen negativen Eindruck. Stets kritisierte ich sie; und sie hatten überhaupt keinen Einfluß auf mich. Ich hütete meine Persönlichkeit wie ein Stück Eisen, und niemand wagte, daran zu rühren.«[11]

In dieser Zeit war Wolodja völlig auf Merowitsch ausgerichtet, der sich als Experte im Vorbereiten einer Musikerpersönlichkeit für die Bühne betrachtete. Er war Beichtvater und Manager-Ratgeber und zudem ein ständiger Begleiter. Im Gegensatz zum vorherrschenden Trend der späten zwanziger Jahre, wonach die Musik möglichst ohne Emphase oder Virtuosität dargeboten werden sollte, glaubte Merowitsch gerade an diese Virtuosität: daß sie das höchste Gut eines Künstlers sei. Folglich war er entschlossen, Vladimirs virtuose Fähigkeiten auszunützen und damit (wie der berühmte Friedman) Furore zu machen, was das Publikum dann fast gewaltsam in enthusiastische Begeisterung versetzen müsse. Im Dezember 1925 stieß Nathan Milstein in Berlin zu Horowitz und Merowitsch, und dieser riet seinen beiden Schützlingen dringend, sich vom akademisch trockenen Umgang der Deutschen mit Musik nicht einschüchtern zu lassen. Er erinnerte sie daran, daß das Wort *Virtuose* völlig mißbraucht worden sei; im ursprünglichen Latein werde damit Tugend und unvergleichliche Qualität bezeichnet. Handwerkliches Können und eine absolute Beherrschung des Instruments waren für Merowitsch die primären Dinge, und er hielt seine »Buben« stets an, ihre Technik zu verbessern und ein Repertoire zu spielen, wo solche Technik am effektvollsten vorgezeigt werden könne. Weiter hielt Merowitsch Vorträge über die Wichtigkeit eines gut ausgewogenen Programms: die physische Ausdauer müsse da miteinbezogen werden, und die Wahl der Werke und mehr noch die Beziehung des Publikums zum Repertoire spiele ebenfalls eine Rolle. »Der Künstler muß sein Publikum vor der Konzertpause ›gewonnen‹ haben«, belehrte er Vladimir und ermunterte ihn, Werke zu spielen, die jeder Konzertbesucher leicht verdauen würde – mit Vorteil virtuose Stücke von Chopin und Liszt.

Das Programm für Vladimirs europäische Debüt-Konzerte enthielt im wesentlichen also jene romantischen Werke, die schon beim russischen Publikum so erfolgreich gewesen waren. Die h-moll-Sonate von Liszt mit ihren starken Kontrasten und horrenden technischen Anforderungen war das Hauptstück; hier konnte der Pianist zeigen, was für Fähigkeiten er hatte. Dazu kamen drei Busoni-Transkription: Begonnen wurde entweder mit Bachs Toccata und Fuge in d-moll oder in der großen C-dur-Toccata, und nach dem Willen von Merowitsch sollte Liszts *Fantasie über zwei Motive aus »Figaros Hochzeit«* die Programme jeweils beenden.

Als einziges großes Werk aus der Literatur des 19. Jahrhunderts wurde – neben Liszts h-moll-Sonate – oft noch Schumanns C-dur-Fantasie aufs Programm gesetzt. Der Rest aber setzte sich hauptsächlich aus Miniaturen zusammen: Rachmaninow-Préludes, von Chopin Etüden, Mazurken, Polonaisen, Nocturnes und die *Barcarolle*, von Schumann die *Noveletten* und Stücke aus den *Kinderszenen*, hie und da eine Scarlatti-Sonate oder das *Capriccio* von Scarlatti. Als Schlußstücke kamen auch Liszts *Rhapsodie espagnole* und *Réminiscences de Don Juan* in Frage sowie die *Danse macabre* von Saint-Saëns/Liszt. Als Zugabe spielte Vladimir mit Vorliebe die *Liebesbotschaft* von Schubert/Liszt, Tschaikowskis *Dumka*, Debussys *Serenade for the Doll* aus *Children's Corner* sowie Brahms- und Chopin-Walzer. Für Orchesterkonzerte hatte er vier Werke vorbereitet: Tschaikowskis erstes Klavierkonzert, das dritte von Rachmaninow sowie beide Liszt-Konzerte.

Merowitsch war entschlossen, Vladimirs Karriere nicht nur im Hinblick auf Repertoire-Fragen zu lenken, denn er billigte seiner Manager-Rolle sowohl »produktive« wie »distributive« Aspekte zu. Unter die »produktiven« reihte er seine Bemühungen, den jungen Künstler zur reifen Persönlichkeit zu formen, Programme auf die unterschiedlichen Bedürfnisse der Zuhörer zurechtzuschneidern und die Wirkung des Pianisten in großen Sälen zu überprüfen. Klar, daß das ein profundes Wissen über die Psychologie des Künstlers voraussetzte sowie über die unterschiedlichen Publikumserwartungen in den verschiedenen Ländern. Kein Detail war zu klein, um nicht diskutiert zu werden. So war Merowitsch beispielsweise bestürzt darüber, daß Horowitz, der noch keinen Monat in Berlin lebte, hier mit seinen langen Haaren Aufsehen erregte – daß ihm die Jungen auf der Straße nachliefen und ihn als »verrückten Russen« foppten. Nach langem Hin und Her und wiederholtem Zögern von seiten Vladimirs fielen dessen lange Locken schließlich der Schere zum Opfer.

Die »distributiven« Aspekte von Merowitschs Manager-Rolle gründeten in der Überzeugung, daß eine Karriere hinzukriegen etwa dasselbe sei, wie eine militärische Offensive zu leiten. Zuerst wurden die »strategisch« wichtigen Städte festgelegt; die galt es dann schnellstmöglich zu erobern. Gleichzeitig plante man Städte für den »Rückzug« – für den Fall, daß die »Frontalattacken« erfolglos sein könnten und sich dann eine »Umkreisungstechnik« aufdrängen würde. In seinem Tagebuch notierte Merowitsch: »Entweder erobert man die Hauptstadt eines Landes; dann fallen einem die umliegenden Provinzorte gleichsam von selbst in den Schoß. Oder dann erobert man zuerst die Provinz, und die Hauptstadt wird sich anschließend von selbst ergeben.«[12]

Während dieser Berliner Planungszeit wohnten Vladimir und Merowitsch in einer einfachen Pension in der Nähe der Beethovenhalle; damit konnten sie Geld für die Debüt-Konzerte in Deutschland und Frankreich sparen. Nachdem sich Vladimir während drei Monaten an das Musikleben in Berlin gewöhnt hatte, konzentrierte er sich nun während der Weihnachts- und Neujahrsfeiertage 1925/26 ausschließlich aufs Üben. Und Merowitsch war mit seinen »distributiven« Manövern beschäftigt. In Verhandlungen mit Musikverlegern, Kritikern und Konzertveranstaltern nahm er zu jeder erdenklichen Taktik Zuflucht, die Sympathie und Begeisterung für Vladimir, seinen fesselnden »russischen Feuerkopf«, zu erwecken vermochte. Stämmig, resolut und mit breit-offenem Gesicht klopfte er Büro für Büro ab und gestikulierte stets mit Vladimirs Kritiken aus Rußland in der Luft herum. Umgekehrt konnte er aber auch höflich und zuvorkommend sein, schmeichlerisch, ja sogar unterwürfig.

Einige Wochen vor dem Debüt mußte sich Vladimir entscheiden, auf welchem Instrument er spielen wollte. Plötzlich sah er sich von Vertretern zahlreicher Klavierbaufirmen umschwärmt, die alle hofften, daß er sich ein Instrument aus ihrem Haus aussuchen würde. Zahlreiche dieser Firmen kannte Vladimir nicht einmal. »Ich hatte keine Ahnung, welches Instrument ich wählen sollte, und niemand gab mir einen Rat«, sagte er später. »Die einen sagten: ›Geh zu Weber‹, und andere schickten mich wieder zu einem andern. So ging ich zu Blütner, Bechstein, Bösendorfer und Steinway.« Paul Schmidt, Vizedirektor der europäischen Steinway-Niederlassung in Hamburg und ein Cousin der Steinway-Familie, tat alles, um Vladimir von den unvergleichlichen Qualitäten des großen Konzertflügels zu überzeugen – von den klaren, hellen Höhen und den obertonreichen, virilen Bässen, gegen die Vladimirs Blütner-Flügel in Rußland gleichsam ein Nichts war. Schmidt strich besonders die Tragfähigkeit des Steinway-Tones in großen Konzertsälen heraus, wo man jedenfalls mehr hören würde als von einem Bechstein oder Bösendorfer, die beide doch besser für Kammermusik oder für Haydn, Mozart und frühe Beethoven-Sonaten geeignet seien als für das große romantische Repertoire. Tatsächlich war Vladimir vom Steinway-Flügel am ehesten überzeugt – »und so entschloß ich mich: ›Dies ist mein Instrument‹, und spielte fortan nie mehr auf einem anderen.«

In Berlin entschied Vladimir auch, daß sein Künstlername »Vladimir Horowitz« heißen sollte, und er wachte darüber, daß die Setzer den Namen mit genau diesen Buchstaben aufs Programm brachten. Denn noch in Rußland hatte ihn sein Vater darauf aufmerksam gemacht, daß deutsche Elektrofirmen ihre Korrespondenz an ihn immer so adressiert hätten – obwohl er in seinen Antwortschreiben seinen Namen »Gorovitz« stets klar und deutlich schrieb.

Das Instrument war gewählt und der Künstlername ebenfalls; nun setzte Horowitz sein Berliner Debüt auf den 2. Januar 1926 an, und zwar in der Beethovenhalle. Vor lauter erwartungsvoller Spannung schliefen in der Nacht zuvor weder der Pianist noch sein Manager. Merowitsch argwöhnte, Horowitz könnte zwar beim Publikum Erfolg haben, aber nicht bei den Kritikern. Oder umgekehrt. Von Unbekannten ließ sich Berlin nicht eben leicht erobern, und Merowitsch meinte, daß ohnehin schon viel zu viele Pianisten in der deutschen Hauptstadt aufträten. Hinzu kamen die professionellen Eifersüchtler sowie notorisch antisemitisch eingestellte Musikfreunde und Kritiker, die alle zusammen einen Künstler mit russisch-jüdischer Herkunft wohl ohne Probleme boykottieren konnten. Letztlich aber war der riesige Erwartungsdruck, den Merowitsch mit seinen diversen Machenschaften aufgebaut hatte, noch nichts im Vergleich zur Angst, im Falle eines durchgreifenden Mißerfolgs wieder in die verschmähte Heimat zurückkehren zu müssen.

Das Konzert fiel recht enttäuschend aus und war angesichts der riesigen Propaganda zweifellos eine Niederlage, wenn auch keine verheerende. Der Saal war etwa halbvoll: mit russischen Emigranten, einigen jüdischen Musikern, mit Freunden und Freunden von Freunden, die der unermüdliche Merowitsch alle zusammengetrommelt hatte. Aber der Anteil zahlender Zuhörer war nicht groß genug, als daß man ohne Verluste ausgekommen wäre. Zudem war kein einziger Musikkritiker anwesend – letztlich ein Segen, denn das Spiel von Horowitz war so enttäuschend wie der kärgliche Zuschaueraufmarsch. »Ich war wahnsinnig nervös«, erinnerte er sich, »deshalb spielte ich nicht gut.« Merowitsch versuchte Haltung zu bewahren und bezeichnete das Konzert als »gut, aber nicht überragend«. Er beschloß, mit einem Arzt über Horowitz' Nervosität zu sprechen; zudem versuchte er, das Selbstbewußtsein des Pianisten zu stärken und ihn – im Hinblick auf eine Wiederholung des Konzerts zwei Tage später – von einer gewissen lähmenden Steifheit zu befreien.

Für die Nacht vor dem zweiten Konzert wurde Horowitz eine Injektion verabreicht, damit er ruhig und entspannt schlafen konnte. Das Konzert fiel dann ermutigender aus, mit mehr (und mit begeisterteren) Zuhörern; dennoch konnte man schwerlich von einem »historischen Ereignis« sprechen, wie das Merowitsch in einer für ihn typischen Übertreibung tat.

Tatsächlich gab es auch rein praktische Pannen. Unter der wuchtigen Attacke von Horowitz riß kurz vor der Konzertpause eine Klaviersaite. Da das in Rußland oft passiert war, engagierte Merowitsch stets einen Klavierstimmer, der hinter der Bühne bereitzustehen hatte. Wie der Manager meinte, war es Horowitz zum Glück gelungen, »das Publikum schon vor der Konzertpause zu erobern«. Denn es stellte sich heraus, daß die Pause viel länger dauern würde als vorgesehen – der Klavierstimmer war offensichtlich auf einen Drink weggegangen. Merowitsch stürmte in Panik aus der Beethovenhalle, fand aber zufälligerweise den Klavierstimmer in einem benachbarten Biergarten.

Laut Horowitz kam Arthur Schnabel nach dem Konzert als erster ins Künstlerzimmer. »Ich spielte Liszts *Fantasie über »Figaros Hochzeit«*, und Schnabel sagte: ›Doch, doch, sehr gut!‹ Ich fragte ihn: ›Maestro, spielen Sie nie solche Stücke?‹ Und er sagte: ›Ich brauche soviel Zeit, um Bach zu lernen, und sie reicht nicht einmal für alles, was er komponiert hat. Wo soll ich dann Zeit hernehmen für diese Art von Musik?‹ Ich schaute weg und sagte dann: ›Maestro, ich tue genau das Gegenteil. Zuerst spiele ich solche Musik, und für Bach habe ich dann später noch Zeit.‹«[13]

Begreiflicherweise war Horowitz enttäuscht über den nur halbvollen Saal. Immerhin aber war diesmal ein Kritiker von der berühmten Berliner *Allgemeinen Musikzeitung* anwesend, und Horowitz bekam somit seine erste Kritik in einer westeuropäischen Zeitung: keine unqualifizierte Schwärmerei, sondern eine Kritik mit Hand und Fuß.

»Schon nach den ersten paar Takten der Bach-Busoni-Toccata spürte man es klar – Vladimir Horowitz ist einer der wenigen Auserwählten, ein Künstler, der über einen völlig eigenen Klavierklang verfügt ... Die musikalische Intelligenz und tief emotionale Intensität, die in seinem Spiel gleichermaßen zum Ausdruck kommt, werden dem jungen Mann künftig zweifellos Erfolg sichern.«[14]

Aufgrund dieser Rezension erhielt Horowitz umgehend eine Einladung, mit dem Berliner Sinfonieorchester unter der Leitung von Oskar Fried, das erste Tschaikowski-Konzert zu spielen. Das Konzert fand am 8. Januar 1926 statt, und die Kritiken fielen jetzt so enthusiastisch aus wie früher in Rußland, was Merowitsch über alles freute.

Vier Tage später gab Horowitz sein letztes Konzert in Berlin, und es war derart erfolgreich, daß mit den Einnahmen die Verluste aus den beiden anderen Klavierabenden gedeckt werden konnten. Diesmal war die Beethovenhalle praktisch ausverkauft – wiederum kamen fast ausschließlich jüdische Musikfreunde, die damals noch in großer Zahl in Berlin lebten.

Nach den Enttäuschungen beim Horowitz-Debüt entschloß sich Merowitsch, bei Milstein eine andere Strategie anzuwenden. Dieser sollte zuerst in kleineren Städten auftreten, um sich so an die neue Umgebung zu gewöhnen und sich Schritt für Schritt ein Publikum zu gewinnen. Denn weder Horowitz noch Milstein waren genügend auf den musikalischen Geschmack der Deutschen vorbereitet, und beide mußten in kürzester Frist ein entsprechend passendes Programm einüben. »Die Deutschen waren *schrecklich* chauvinistisch«, meinte Horowitz später. »Man wurde gezwungen, deutsche Musik zu spielen; ich konnte das förmlich aus dem Publikum spüren. Klar versuchte ich es mit russischer Musik, die niemand spielte, aber die Deutschen liebten sie nicht. So mußte ich nachgeben. In Rußland konnte ich damals einen ganzen Abend lang Werke von Nikolai Medtner spielen. Aber in Deutschland waren schon zwei Stücke zuviel, und in Frankreich war damit gar nichts anzufangen. So mußte ich mich einerseits einschränken und andererseits meinen Horizont erweitern. Doch das Tschaikowski-Konzert spielte ich weiterhin – so oft, bis mir schlecht wurde davon.«[15]

Daß es für Horowitz und Merowitsch durchaus an der Zeit war, eine Pause des Nachdenkens einzuschalten, zeigt beispielsweise die Rezension, die man am 28. Januar 1926 in der *Deutschen Zeitung* lesen konnte: »Wir hören dutzendweise Pianisten, und doch wird es nur den ausgeprägten Künstler-Persönlichkeiten (und ausnahmsweise vielleicht auch einmal einem hervorragenden Techniker) gelingen, ihren Weg zu machen. Hätte ich nur ein einziges Mal Liszt persönlich spielen gehört – ich bin sicher, daß der Eindruck unvergleichlich und unauslöschlich gewesen wäre. Und heute? Innerhalb einer einzigen Woche habe ich Mieczyslaw Horszowski und Vladimir Horowitz gehört. Und schon kommen mir die beiden durcheinander; ich kann sie kaum mehr voneinander unterscheiden. Und seither habe ich noch sechs weitere Pianisten kennengelernt. Hätte ich mir in den Konzerten jeweils nicht einige Notizen gemacht, so könnte ich mich jetzt kaum mehr an etwas Spezifisches erinnern. Übrigens geht es meinen Kollegen auch so. Es braucht eben eine starke Künstlerpersönlichkeit; die behält man in Erinnerung. Und wenn die einem Pianisten oder einer Pianistin fehlt, dann ist das jedenfalls nicht mein Fehler.«[16]

Mochten das auch nur schnell hingeworfene Sätze eines überarbeiteten Kritikers sein – sie zeigten dennoch die Intoleranz der Berliner gegenüber unbekannten Künstlern, vor allem gegenüber jüdischen. Solche negativen Kommentare wurden glücklicherweise durch objektivere und symphatische Berichterstattungen wettgemacht. Dennoch schienen sich die deutschen Kritiker grundsätzlich einig zu sein, daß Horowitz nur dann in seinem Element sei, wenn er Liszt oder andere Virtuosenstücke spielte.

In Sachen Kritik reagierte Horowitz stets überempfindlich; das war schon in den Meisterklassen Tarnowskis und Putschalskis so gewesen. Wie nun die Zeitungen über Horowitz zu berichten begannen, hielt ihn Merowitsch dringend an, sich seinen eigenen Standpunkt zu bewahren. »Am Anfang meiner Karriere«, so erinnerte sich Vladimir, »las ich die Kritiken stets, aber nur von einem materialistischen Standpunkt aus. Denn mein Manager meinte, gute Kritiken seien äußerst wichtig, weil ich dann Engagements bekomme. Aber in künstlerischer Hinsicht haben mich solche Kritiken nie zu beeinflussen vermocht. Und zwar vom ersten Tag in Berlin an.«

Während Horowitz von Merowitsch beschwichtigt wurde, erhielt Milstein von ihm Verweise: Er nähme sein Deutschland-Debüt nicht ernst genug. Darüber hinaus schaute sich Merowitsch nach weiteren jungen Künstlern um, die noch keinen professionellen Manager hatten. Zwar verdienten seine beiden Russen genug, um die Unkosten zu decken; darüber hinaus aber brachten sie keinen

Profit ein – weder für ihn noch für sich selber. Alle drei mußten stets wieder auf ihre schnell schwindenden Ersparnisse zurückgreifen, um Hotel, Essen und Reisen zu bezahlen. Merowitsch meinte, wenn er ein weiteres »Weltklasse-Talent« (wie er sich ausdrückte) unter Vertrag nähme, dann würde das seine prekäre finanzielle Lage verbessern. Rein zufällig entdeckte er daraufhin Gregor Piatigorsky, einen begabten jungen Cellisten, der 1921 aus Rußland emigriert war. Als dritter und letzter Künstler, den Merowitsch damals betreute, sollte Piatigorsky bald einmal (und für viele Jahre) eine wichtige Rolle im persönlichen und beruflichen Leben Vladimirs spielen.

Zum erstenmal hörte Merowitsch Piatigorsky – oder »Grischa«, wie man ihn nannte – in einem Konzert der Berliner Philharmoniker; Schnabel spielte das B-dur-Klavierkonzert von Brahms. Im zarten Alter von einundzwanzig Jahren war Piatigorsky schon erster Cellist im Orchester; und er spielte sein Solo im langsamen Satz des Brahms-Konzerts derart klangschön, daß Merowitsch nachher sofort ins Künstlerzimmer eilte, sich dem Cellisten vorstellte und ihm sogleich eine Solokarriere vorschlug.

Piatigorsky war gleich alt wie Horowitz, hatte aber nicht dieselbe sorglose Kindheit gehabt und auch keine gemächliche Studienzeit am Konservatorium. Er war in Ekaterinoslav, einem Städtchen im Südwesten der Ukraine, geboren. Die kleine Familie litt unter einem Vater, der ständig »Karriere machen wollte« – sei es als Musiker, Theologe, Philosoph, Sportler oder Biologe. Grischa war kaum acht Jahre alt, als Papa Piatigorsky die Familie verließ, um bei Leopold Auer in St. Petersburg Violinunterricht zu nehmen. Sein Sohn fand einen Job in einem lokalen Nachtklub, wo er auf seinem billigen kleinen Cello Zigeunermusik spielte, um seiner Mutter und den Schwestern zu helfen. Das funktionierte nur, weil Grischa für sein Alter recht groß war. Als der Barbesitzer herausfand, wie alt er in Wirklichkeit war, entließ er ihn, und Grischa spielte fortan in einem lokalen Kino-Orchester.

Im Jahre 1912 zog die Familie, nun wieder zusammen mit dem Vater Piatigorsky, nach Moskau. Hier begann Grischa mit dem eigentlichen Cellounterricht. Als Elfjähriger hatte er zwei Jahre später einen bitteren Disput mit seinem Vater, der ihn dann aus dem Haus jagte und ihm verbot, je wieder zurückzukehren. Die folgenden Jahre verbrachte Grischa in Pensionen, aus denen er wegen überfälliger Mieten immer mal wieder herausgeworfen wurde und dann nicht wußte, wo er nun schlafen sollte. Doch ließ er sich nicht unterkriegen, und als die Revolution 1917 ausbrach, war er bereits erster Cellist am Bolschoi-Theater. 1920 wurde er von der staatlichen Konzertagentur »eingezogen«. Auch er war angewidert von schlechten Konzertbedingungen und der Armut in Rußland, und schließlich bat er um Erlaubnis, in Deutschland und Frankreich zu studieren. Als seine Bitte abgelehnt wurde, flüchtete er über die polnische Grenze und watete – groß, wie er war, und mit dem Cello auf dem Kopf – unbeirrt durch den Grenzfluß. Innerhalb der nächsten drei Jahre errang er mit eisernem Willen, mit

Talent und Zielstrebigkeit den höchsten Posten, den es in deutschen Orchestern überhaupt gab. Klar, daß er vorerst nicht willens war, seine lukrative Stellung und Sicherheit bei den Berliner Philharmonikern aufzugeben, um eine Solokarriere aufzubauen. Merowitschs Vorschlag wirkte wie ein Schock.

In seinen Memoiren schrieb Piatigorsky: »Merowitsch war in den Dreißigern, mit peinlicher Sorgfalt gekleidet, und er hatte das Auftreten eines russischen Kavaliers der alten Schule. Während er sich vorstellte, gab er mir sogleich einen kleinen autobiografischen Überblick: daß er Musikstudent gewesen sei, dann Staatswissenschaftler, Nationalökonom und Kulturorganisator. Anschließend sprach er des langen und breiten von seiner Philosophie über die Aufgaben der Kunst.«[17] Diese ästhetischen Ergüsse beeindruckten Piatigorsky allerdings weit weniger als Merowitschs Erfolge mit den Horowitz- und Milstein-Engagements.

Laut Piatigorsky trug Merowitsch seine Rede im Künstlerzimmer in einem recht aufgeblasenen, melodramatischen Ton vor: »Ich habe die Verantwortung auf mich genommen, die Karrieren von zwei großartigen Musikern und Exponenten ihres Instruments aufzubauen«, soll er erklärt haben. »Und ich möchte, daß Sie der dritte sind. Ich kann Ihnen mein Engagement sowie meine Erfahrung offerieren – überhaupt mein ganzes Leben.« Klar, daß Piatigorsky überrascht war: »Nun ja, das ist sehr nett von Ihnen, sicher, aber ...« Hier wurde er von Merowitsch unterbrochen: »Ich weiß, ich bin Ihnen eine Erklärung schuldig. Horowitz und Milstein vertrauten mir in Rußland beide ihre Karrieren an; ohne Vorbehalte sollte ich ihr persönlicher Vertreter sein. Wir glaubten aneinander und kamen nun hier an – mit ihrem Genius und meinen Manager-Fähigkeiten als einzigem Vertrag und Versprechen. Meine Verpflichtung ist es, sie und ihre einzigartigen Gaben vor den Tücken des Berufes zu schützen und ihre Kunst der ganzen Welt zu offenbaren.« Hier nahm Merowitsch einen tiefen Atemzug, dann stand er auf und ging in großen Schritten im Zimmer auf und ab. »Die ganze Welt«, rief er plötzlich, »wird meinen fanatischen Glauben an sie teilen. Und es wird nicht lange dauern, und sie werden große Künstler sein und wunderbare Menschen. Und beide sind, wie Sie, in den Zwanzigern. Ich weiß, daß das Leben von uns zusammengehören wird.«

Der von Natur aus scharfsinnige und pragmatische Piatigorsky war verblüfft über den verlockenden, wenn auch an den Haaren herbeigezogenen Plan Merowitschs. Unter dem Druck von Merowitsch, der eine Entscheidung herbeiführen wollte, wurde er am folgenden Tag Horowitz vorgestellt. Dieser war nervös wegen der bevorstehenden Konzerte, die in Hamburg – als Ort des »Rückzugs« gewählt – stattfinden sollten. Und so biß er während der Ausführungen von Merowitsch an seinen Fingernägeln herum. »Horowitz sah zart und recht poetisch aus«, erinnerte sich Piatigorsky, »er glich dem jungen Chopin – einer Gravur, die in meinem Zimmer hing.« Endlich sagte Horowitz: »Ich war noch nie in Deutschland. Zu Hause erschreckten sie uns mit der sprichwörtlichen deutschen Gründlichkeit.« Und mit leichtem Sarkasmus fügte er bei: »Wir nannten sie Tiefseetaucher!« Er kam auch auf Milstein zu sprechen, den er sehr vermisse, und erzählte neiderfüllt von »Nathanchiks« neulichem Erfolg in Spanien. »Ich wette, dieser Tausendsassa kann schon spanisch!« Beiläufig ging er zum Klavier hinüber und fragte kleinlaut: »Darf ich, Grischa?« Piatigorsky reagierte auf das Spiel von Horowitz genau so wie alle anderen, die ihn zum erstenmal hörten. »Das ist ein sonderbares Phänomen: Es gibt Künstler, von denen man schon Wunder erwartet, bevor sie überhaupt zu spielen angefangen haben. Horowitz war so einer. Anfänglich spielte er nur recht zögernd, doch ich hörte ihm noch Stunden später zu – einem Spiel von unerreichter Kraft und Poesie.«[18]

Während der folgenden Tage kam Horowitz jeden Nachmittag in die Wohnung Piatigorskys, um mit ihm über Musik und Interpretationen zu diskutieren. Sie waren sich einig, daß Worte, ja überhaupt Theorien nicht ausreichten, um praktisch-spezifische Probleme zu lösen. Hier sei nur die eigene Erfahrung von Nutzen. Dann reiste Horowitz nach Hamburg, während Milstein von seiner Spanien-Tournee glücklich und ausgelassen nach Berlin zurückkehrte.

Kaum hatten sich Grischa und Nathanchik kennengelernt, so waren sie schon Freunde. Piatigorsky war beeindruckt von Milsteins »wachem Blick, seinen glänzend schwarzen Haaren und seiner kräftigen Gestalt – eine jugendliche Erscheinung, die scheinbar nie altern würde.« Im Gegensatz zu Horowitz, der stets mit Merowitsch zusammen war, wollte Milstein unabhängig sein und sogar seine Tourneen allein bestreiten. »Bald merkte ich, daß Milstein mit beiden Füßen auf dem Boden stand und jeder Situation gewachsen war.«

Als Streicher-Kollege zeigte Piatigorsky dem talentierten Milstein gegenüber großen Respekt. »Nathans Geige schien zu seinem Körper zu gehören wie seine Augen und Beine. Bekanntlich gibt es ja Geiger, die ebensogut Flötisten sein könnten oder Cellisten, und es gibt Pianisten, die man sich problemlos als Musikwissenschaftler oder Dirigenten vorstellen kann. Nathan aber konnte nur sein, was er war: ein wunderbarer Geiger.« In den Stunden, die sie zusammen in der Wohnung von Piatigorsky verbrachten, spielte sich Nathan kreuz und quer durch das neue Violinrepertoire hindurch, und er konnte für jedes technische Problem eine einleuchtende Lösung vorweisen.

Während Milstein und Piatigorsky in Berlin viel zusammen waren, mußte Horowitz in Hamburg zwei Klavierabende bestreiten – und zwar im Tanzsaal des Atlantis-Hotels. Noch deutete nichts darauf hin, daß Hamburg zum Wendepunkt in seiner Karriere werden würde: Der Saal war beim ersten Rezital nur halbvoll; von Horowitz' Erfolgen in Berlin hatte man in Hamburg noch nichts vernommen. Das Konzert war laut Horowitz »ein künstlerischer Erfolg, brachte aber, wie üblich, kein Geld ein«. Daß Merowitsch den Mut hatte, gleich mehrere Horowitz-Konzerte anzusetzen, wurde sogar im *Hamburger Fremdenblatt* vom 20. Januar 1926 vermerkt: »Alexander Merowitsch ... hatte den Mut, gleich zwei Klavierabende anzukündigen, und Vladimir Horowitz enttäuschte nicht die

Erwartungen, die der gut besetzte Saal auf ihn gesetzt hatte. Herr Horowitz ist ein glänzender und temperamentvoller Spieler, dem ein Anschlag von ebenso poesievoll durchtränkter Glätte und Weichheit im Piano wie stählerne Kraft im Forte und eine virtuose Kraft von tadelloser Politur und Sicherheit zu Gebote stehen ... Das Schwergewicht neigt sich einstweilen stärker zur Virtuosität; Chopins große Barcarolle, mehr ein Stück für menschlich und seelisch sehr gereifte Spieler, lag geistig noch an der Oberfläche, dagegen waren einige Etüden und Mazurkas mit locker sitzender Brillanz und Eleganz des Wurfes auch in ihrem immanenten poetischen Wert glücklich erfaßt; erstaunlich die Oktaventechnik in der mit atemberaubendem Tempo hingeschleuderten h-moll-Etüde. Daß in dem jungen Mann auch größere Ansätze zu geistiger Vertiefung und Bedeutsamkeit der Gestaltung stecken, bewies der vom Puls starker Affektentladung befeuerte, dramatisch zugespitzte Vortrag der h-moll-Sonate Liszts ...«[19] Ein anderer Kritiker lobte Horowitz' dynamische Kontrolle, sein »slawisches Rubato« sowie die notengetreue Wiedergabe der *Figaro-Fantasie* von Liszt.

Am Tag nach dem ersten Konzert schlenderten Horowitz und Merowitsch in aller Ruhe durch den berühmten Hamburger Zoo. Als es zu schneien begann, gingen die beiden fröstelnd und müde ins Hotel zurück. In der Empfangshalle wartete ein Hamburger Impresario. Wie er die beiden erblickte, überfiel er sie mit einem deutschen Redeschwall, von dem Vladimir kein einziges Wort verstand. Mit wilden Gesten deutete er an, daß sich der Pianist beeilen solle. Als Merowitsch das hörte, wuchs plötzlich seine Erregung. Offensichtlich hatte der Impresario schon den ganzen Tag nach ihnen gesucht, denn eine Pianistin, die an diesem Abend mit den Hamburger Philharmonikern ein Konzert hätte geben sollen, erlitt während der Generalprobe eine Ohnmacht und konnte folglich nicht auftreten. Horowitz sollte für sie einspringen. »Das ist die Chance deines Lebens!« rief Merowitsch. »Was sagst du?« antwortete Horowitz kühl und erschöpft; das Angebot schien ihn zu zermürben, und er zögerte. Zudem hatte er noch nichts gegessen und sich nicht einmal rasiert. Und auch nur wenig geübt. »Wann beginnt das Konzert?« fragte er nervös. Das Konzert beginne eben, antwortete der Impresario, und er müsse innerhalb von fünfundvierzig Minuten im Konzertsaal bereit sein, um dann nach der Pause zu spielen. »Okay! Das Tschaikowski-Konzert!« bestimmte Horowitz. »Hat das Orchester die Partitur und die Stimmen? Gib mir ein Glas Milch.« Nachdem er sich rasiert und angekleidet hatte, ging er in Gedanken schnell das Konzert durch. Es war ihm nur zu klar, daß er an diesem Konzert keinen Ton mehr geübt hatte, seit er es zwei Wochen zuvor mit den Berliner Sinfonikern gespielt hatte.

Atemlos kamen Merowitsch und Horowitz im Konzertgebäude an; der Dirigent Eugen Pabst war gerade mit Beethovens Sechster zu Ende, die den ersten Teil des Programms beschloß. Ob es überhaupt einen zweiten geben würde – ja, das wußte Pabst in diesem Moment noch nicht. Und erst recht nicht, was er dann etwa zu dirigieren habe. Doch der Orchester-Bibliothekar hatte Weisung erhalten, die Noten für das Tschaikowski-Konzert bereitzustellen. Als Pabst in seine Garderobe kam, sagte man ihm, daß nun ein gewisser Vladimir Horowitz Solist des Abends sein würde. Pabst hatte den Namen noch nie gehört; er nickte ungeduldig und warf Horowitz, ohne ihn zu grüßen, einen kalten Blick zu. Dann öffnete er die Partitur und begann, Anweisungen zu geben – und zwar auf französisch, welches beide verstanden. »Schauen Sie, ich dirigiere das so. Das ist mein erstes Tempo. Hier mache ich es so. Hier haben wir dann ein kleines *Ritardando* ...« »*Oui, monsieur – oui, monsieur*«, antwortete Horowitz entgegenkommend und verneigte sich leicht. Bevor sie dann aufs Podium gingen, meinte Pabst noch: »Schauen Sie nur auf meinen Taktstock, dann kann nichts Schlimmes passieren.«

Als Horowitz nach der kurzen Orchestereinleitung mit seinen wuchtig-donnernden Akkorden einsetzte, drehte sich Pabst wie elektrisiert um und starrte den schmächtigen, bleichen Mann am Flügel mit höchster Verwunderung an. Nach ein paar Takten verließ Pabst gar sein Dirigentenpodium und ging zum Flügel, von wo aus er zerstreut weiterdirigierte und dabei ungläubig die Hände von Horowitz betrachtete. Nach der ersten Solokadenz soll Pabst wie die personifizierte Ungläubigkeit dagestanden haben. Mechanisch schlug er den Takt weiter, wobei er den Tempi von Horowitz folgte. Dieser ließ die Flut der Klänge unvermindert weiterströmen, und am Schluß des Konzerts gerieten Dirigent und Orchester in eine veritable Euphorie; das Publikum war ganz außer sich, und der Flügel lag »wie ein erstochener Drache auf dem Podium«, flankiert von einem schweißtriefenden Horowitz, der bescheiden lächelte. Zwei Takte vor dem Schlußakkord waren sämtliche Zuhörer unter donnerndem Applaus von ihren Sitzen aufgeschnellt. Bravos hallten durch den Saal, Programmhefte flatterten in der Luft. Pabst stürzte auf Horowitz zu, packte ihn bei den Schultern und umarmte ihn mehrmals. Ein Kritiker schrieb: »Seit Hamburg den Caruso entdeckt hat, ist nichts Vergleichbares mehr geschehen.«[20]

»Das war mein eigentlicher Durchbruch«, sagte Horowitz Jahre später. »Wäre dieses Konzert nicht gewesen – wer weiß, vielleicht wäre dann aus meiner Karriere nichts Besonderes geworden. Gut spielen genügt eben nicht immer. Aber in Hamburg liebten sie mich vom ersten Ton an.« Der zweite Klavierabend, der ja im eher kleinen Tanzsaal des Atlantis-Hotels stattfinden sollte, wurde nun umgehend in einen großen Konzertsaal verlegt, wo dreitausend Zuhörer Platz fanden. Zwei Stunden nach der Ankündigung war das Konzert schon ausverkauft. Merowitsch war hingerissen; ihm schien das alles wie ein Wunder, zumal es nur einen einzigen Monat her war seit dem unspektakulären Berliner Debüt. Später sagte er, auch der zweite Klavierabend sei »ein ähnlich außergewöhnlicher Triumph für Horowitz« gewesen. »Seine Interpretationen machten Schlagzeilen; damit hatte er einen soliden Grundstein für seine Deutschlandkarriere gelegt.« Aufgrund des Hamburger Erfolgs konnte Horowitz umgehend einen Vertrag unterzeichnen, der ihm für die kommende Saison zehn Konzerte in Deutschland garantierte, wobei ihn die beiden renommiertesten Konzertveranstalter – Wolff & Sachs in Berlin sowie J.H. Bohme in Hamburg – unterstützen würden. Geschickt handelte Merowitsch ein Abkommen der beiden Firmen über eine Zusammenarbeit aus – auf daß sie bei zukünftigen Engagements nicht konkurrieren würden.

Als Merowitsch nach Berlin gekommen war, hatte er sogleich Kontakt zur Firma Welte-Mignon aufgenommen. Sie war 1904 von Edwin Welte gegründet worden; er baute als erster elektrische Klaviere, die mit einem Wiedergabe-Mechanismus ausgerüstet waren. Zu Weltes hervorragenden Instrumenten gab es eine Serie von Klavierrollen, die das Spiel von so berühmten Pianisten wie Rachmaninow oder Paderewski festhielten. Das Klavier tönte bemerkenswert genau, was Artikulation, Dynamik und Tempo anbelangte, so daß diese Klavierrollen sich durchaus mit den damals noch recht primitiven Schallplatten messen konnten. Als Merowitsch mit Welte ins Geschäft kam, war das Welte-Mignon-System gerade auf dem Höhepunkt seiner Beliebtheit: In zwei Jahren wurde eine halbe Million elektrischer Klaviere gebaut. Daß diese einen zentralen Platz im häuslichen Musikleben einnehmen würden, war Merowitsch klar, und um seinen Vorteil daran zu nutzen, schloß er im Winter 1926 einen Vertrag mit Welte ab. Die erste Aufnahme soll, obwohl das Horowitz nie bestätigt hat, in einem Schloß am Rhein stattgefunden haben, und eine der bespielten Rollen enthielt Horowitz' *Danse excentrique*, womit er zugleich sein Debüt als Komponist gab.[21] In späteren Jahren sprach Horowitz nur noch verächtlich von diesen Klavierrollen; vor allem beanstandete er ihre schlechte Wiedergabequalität, die eine verzerrte Vorstellung von seinen Interpretationen gegeben habe. Dennoch: Kommerzielle Musikaufnahmen zu machen, kaum daß man in Westeuropa angekommen war, wollte schon etwas heißen.

Viele dieser frühen Klavierrollen erwiesen sich später als wertvolle Dokumente. Denn einige der hier eingespielten Werke wurden nie auf Langspielplatten übertragen. Und auch unter den Plattenaufnahmen, die der Pianist später für RCA und HMV machte, finden sie sich nicht mehr. Tatsächlich hat Horowitz einiges von diesem Klavierrollen-Repertoire später nie mehr gespielt – weder im Aufnahmestudio noch im Konzertsaal. Dazu gehören die Toccata und Fuge d-moll von Bach/Busoni sowie Liszt/Busonis *Fantasie über zwei Motive aus Mozarts »Figaro«*. Für Welte nahm Horowitz auch zwei Rachmaninow-Préludes auf: op. 32 Nr. 5 und 12 sowie die Mazurka cis-moll op. 30 Nr. 4 von Chopin.

Milstein merkte bald, daß Horowitz eine besondere Begabung für die Chopin-Mazurken hatte, und er ermunterte ihn, diese besonders häufig aufs Programm zu setzen. »Seine ersten Kritiken in Deutschland waren nicht gerade gut«, erzählte er später. »Dann riet ich ihm, er solle eine Chopin-Mazurka spielen – die in cis-moll –, und das brachte einen sensationellen Erfolg. Was ich mir als Verdienst anrechnete. Weissman, ein Kritiker, schrieb dann irgend etwas unter einer Überschrift wie *Chopin-Horowitz: Wiedererwachende Kultur des Klavierspiels*.«[22]

Indirekt war Milstein auch für ein anderes Horowitz-Markenzeichen verantwortlich – für seine Transkription der *Carmen*-Variationen, basierend auf dem *Chanson bohémienne* sowie auf dem Tanz im zweiten Akt von Bizets Oper. Anfänglich wollte Horowitz eigene Variationen über Bizets Musik schreiben, nachdem er Pablo Sarasates *Carmen*-Bearbeitung für Violine und Klavier mit Milstein oft auf ihren Rußland-Tourneen gespielt hatte. Die simple *Habañera*-Begleitung langweilte ihn derart, daß er beschloß, eigene Variationen zu komponieren, inspiriert von Moritz Moszkowskis Klavierbearbeitung. Das Resultat war ein blendender Verschnitt von Bizet, Moszkowski, Sarasate und Horowitz – aber von einer virtuosen Prägung und einem Elan, wie er nur von Horowitz kommen konnte. Die langwierige Arbeit an seiner *Carmen* dokumentierte Horowitz insgesamt dreimal (und in drei verschiedenen Fassungen) auf Schallplatte: 1928, 1948 und 1968. Jede fiel wieder etwas anders aus, doch jedesmal wurden die entsprechenden Themen mit größter Leichtigkeit variiert, wobei Horowitz größte Aufmerksamkeit auf die orchestralen und vokalen Qualitäten des Klaviers legte.

Dennoch: Welte-Aufnahmen machen und Transkriptionen schreiben war im Jahre 1926 nur eine Nebenbeschäftigung; zur Hauptsache ging es Horowitz doch darum, im westeuropäischen Konzertbetrieb Fuß zu fassen. Schon vor dem ersten Berliner Klavierabend sondierte Merowitsch vorsichtig wegen eines allfälligen Pariser Debüts. Über die ehrwürdige Zerbason-Konzertagentur legte er zwei Daten fest; weitere Konzerte würden folgen, um Horowitz' Namen in ganz Frankreich bekannt zu machen. Der erste Pariser Klavierabend sollte in der Salle Gaveau stattfinden, einem atmosphärischen Konzertsaal, den immer wieder junge Künstler auswählten, die nicht auf ein riesiges Publikum rechnen konnten. Sollte diesem Konzert Erfolg beschieden sein – was Merowitsch nach dem Hamburger Triumph durchaus für möglich hielt –, dann würde sofort ein zweiter Klavierabend in der viel geräumigeren Salle Pleyel anberaumt.

Bevor Merowitsch mit Horowitz nach Paris fuhr, erhielt er noch eine gute Nachricht: Piatigorsky hatte das Angebot für eine Solokarriere angenommen. Der Cellist hielt Merowitsch für fähig, »aus der Unbestimmtheit und Unsicherheit einer Solokarriere ein gewagtes und aufregendes Abenteuer« zu machen. Merowitsch warnte ihn: Es würde keine Fixpunkte geben, vielleicht auch kein Honorar, keine Garantie und jedenfalls keine Konzentration auf eine bestimmte Stadt oder ein Land. Piatigorsky müsse, wie Horowitz und Milstein, überall für Konzerte zur Verfügung stehen und zu Tourneen bereit sein. »In den langen Gesprächen mit Sascha [Merowitsch] wurde mir klar, was für einschneidende Änderungen meinem Berufsleben bevorstanden. Ich sollte nun wiederum Bäume ausreißen (was ich schon fast verlernt hatte) und die weite Welt zu meinem Heim machen.«[23] Glücklich über dieses Resultat verließ Merowitsch Berlin zusammen mit Horowitz, dem ersten seiner »drei Musketiere«. Und er war überzeugt, daß er die drei vielversprechendsten Künstler ihrer Zeit unter seinen Fittichen habe.

Rue Kléber

Mit meinen frühen Erfolgen war es stets dasselbe: Prestige in Hülle und Fülle, dafür nur gerade soviel Geld, um die Kosten für die Saalmiete, für Hotel, Essen und Reisen zu bezahlen.[1]

Anfang März 1926 kam Horowitz nach Paris, und er merkte bald, daß das kulturelle Leben der Stadt eng mit der privat-intimen Welt des Salons verknüpft war. Hier, in diesen Salons, lernte er schließlich die Exponenten der Pariser Musikszene kennen: Olivier Messiaen, Bohuslav Martinů, Louis Durey, Darius Milhaud sowie Maurice Ravel. Hier hatte er auch Gelegenheit, Werke zeitgenössischer Komponisten kennenzulernen: von Erik Satie, Arthur Honegger, Francis Poulenc und anderen Mitgliedern der berühmten Gruppe »Les Six« sowie von Paul Hindemith, Igor Strawinsky und Sergej Prokofjew. Merowitsch wußte um die Wichtigkeit dieser Salons und sicherte sich eine entsprechende Gastgeberin – Madame Jeanne Dubost, eine intelligente und charmante Dame mit guten Beziehungen, die sich leidenschaftlich für Kunst und Musik begeisterte und ebenso gerne vornehme Einladungen gab. Merowitsch hatte Madame Dubost schon 1923, bei seinem ersten Aufenthalt in Paris, kennengelernt – und zwar auf einer jener Partys, die er damals haufenweise besuchte, um sich als Impresario einzuführen. Seither hatte er ihr beharrlich den Hof gemacht; nicht ohne Erfolg, wie sich herausstellte. Denn sie erklärte sich einverstanden, Horowitz eine Woche vor seinem Pariser Debüt in ihrem Salon zu empfangen und ihn vierzig oder fünfzig musikalisch versierten Gästen vorzustellen.

Horowitz sprach beinahe fließend französisch, und er fühlte sich in der Pariser Gesellschaft sofort zu Hause. Der junge Russe schien mit seinem Klavierspiel und seinem zurückhaltenden Charme jedermann für sich einzunehmen. »Bei Madame Dubost trug ich einige Werke von Chopin und Liszt vor und endete dann mit Ravels *Oiseaux tristes* aus den *Miroirs* und mit seinem *Jeux d'eau*«, erinnerte er sich später. »Dann kam ein kleingewachsener Mann auf mich zu und sagte: ›Bravo! Sie spielen sehr gut. Aber *wir* spielen hier impressionistischer; *Sie* dagegen spielen wie Liszt.‹ Dann blickte er lange zur Decke hinauf, und schließlich sagte er: ›Ich glaube, Sie haben doch recht. Übrigens, darf ich mich vorstellen? Mein Name ist Ravel.‹«[2]

Madame Dubosts Gäste waren begeistert, was nicht ohne Folgen blieb: Im Handumdrehen waren die beiden in der Salle Gaveau vorgesehenen Klavierabende ausverkauft, und Merowitsch legte gleich drei weitere Abende fest – die beiden ersten in der Salle Pleyel (für ein mehrheitlich russisches Publikum) und den letzten in der Opéra. Die Erfolge in Paris übertrafen alles, was Horowitz in Berlin erreicht hatte. Besonders ins Gewicht fiel die zustimmende Begeisterung von Henry Prunières, dem berühmten Musikwissenschaftler und Kritiker, der 1920 die *Revue Musicale* gegründet hatte. Prunières Enthusiasmus für Horowitz schien unbegrenzt: »Es gibt Künstler, die als Genie geboren zu sein scheinen – wie Liszt, Rubinstein, Paderewski, Kreisler, Pablo Casals, Cortot ... Vladimir Horowitz gehört in diese Kategorie der Königskünstler.«[3] Und ein Jahr später meinte er, daß sich in bezug auf Horowitz alle Kritiker in Frankreich einig seien. Dennoch falle ihm das Verdienst zu, »als erster auf die überragende Bedeutung dieses großen Künstlers hingewiesen zu haben, kaum daß dieser in Frankreich angekommen sei«.

In weniger als drei Monaten war Horowitz' Ruhm perfekt und von der Presse untermauert. Klar, daß Merowitsch und Vladimir beschlossen, in Paris zu bleiben. Sofort suchten sie nach einer Wohnung, denn das Hotelleben war zu kostspielig. Schließlich wurden sie in der Rue Kléber fündig: eine kleine, aber attraktive Wohnung, bestehend aus einem Wohnraum und zwei kleinen Schlafzimmern. Im vierten und kleinsten Zimmer wohnte die Hausbesitzerin, eine großzügige, ältere Französin, die von ihren neuen Mietern begeistert war. Dank den erfolgreichen Berliner und Hamburger Konzerten hatte Merowitsch genügend Geld, um die erste Monatsmiete gleich im voraus zu bezahlen. Doch der Rest des Geldes ging voll für die Kosten der Pariser Klavierabende drauf, so daß Merowitsch die Vermieterin wegen der nächsten Monatsmiete um Geduld bitten mußte. Das wiederholte sich an jedem Monatsletzten, immer nach demselben Schema: Zuerst stritten sich die beiden, dann gab die Vermieterin jeweils nach und zeigte Verständnis für Merowitschs Ambitionen, dem jungen Genie zu einer Karriere zu verhelfen. Sie nahm es fortan nicht mehr so genau mit der Wohnungsmiete, und ab und zu steckte sie Merowitsch sogar Geld zu, damit dieser seine Absichten verwirklichen könne.

Merowitsch sah, daß er, trotz der Popularität von Horowitz, bald vor dem finanziellen Ruin stehen würde, und er machte sich stets Sorgen, ob Miete und Lebenskosten noch bezahlt werden könnten. Um so begeisterter war er über das Interesse, das ein gewisser Graf San-Martino nach einem Konzert von Horowitz im Salon von Madame Dubost zeigte. Der Graf stellte sich als Direktor der Römer Augusteo-Konzertgesellschaft vor und zeigte sich gewillt, Horowitz zu fördern und zumindest ein Konzert in Rom zu arrangieren. Merowitsch widmete dem Grafen San-Martino alle Aufmerksamkeit und überredete ihn schließlich, bald einmal in die Rue Kléber zum Tee zu kommen, um Horowitz ein zweites Mal zu hören. Von seiner Vermieterin erbat sich Merowitsch dann einige Francs, kaufte Petits fours und andere Leckereien, von denen er hoffte, daß sie beim aristokratischen Gast entsprechenden Eindruck machen würden. Dann galt es, die Wohnung aufzuräumen und den Tisch zu decken, und nach getaner Arbeit saßen Merowitsch, Horowitz und die Hausbesitzerin in Erwartung ihres Gastes da. Dieser kam, und zwar in Begleitung von Madame Dubost. Nach einiger angeregter Konversation kündigte Merowitsch an, daß Horowitz jetzt spielen würde, und lud den Grafen ein, im einzigen Lehnstuhl – einem antiken – Platz zu nehmen. Wie sich der Graf setzen wollte, brach der Stuhl entzwei. In peinlichem Entsetzen bat Merowitsch mit glühenden Worten um Entschuldigung – überzeugt, daß es jetzt natürlich nichts sei mit dem erhofften Förderer. Nach einigem Hin und Her erklärte sich der Graf dann doch bereit, Horowitz anzuhören – aber von einem andern Ort aus. Länger als eine Stunde dauerte der Vortrag: Graf San-Martino war tief beeindruckt und hatte die unglückliche Stuhlgeschichte wohl auch vergessen; jedenfalls versprach er, im späten Frühjahr einige Horowitz-Konzerte in Rom zu arrangieren.

Der Graf hielt Wort. Allerdings mußte Merowitsch mehrere Wochen warten, doch dann kam der ersehnte Brief aus Rom: Zwei Konzerte seien vorgesehen mit je einer Gage von 2000 Lire. Horowitz war überglücklich; Merowitsch jedoch schaute verdrießlicher drein als je. Denn es hatte sich erwiesen, daß sie nicht einmal genug Geld für die Reise nach Rom hatten. Tagelang bemühte sich Merowitsch vergeblich, Geld für die Fahrkarten und die Unterkunft in Rom zusammenzukriegen. Eines Morgens klagte er beim Rasieren sein Leid dem Friseur. Wie er mit seiner Rührstory zu Ende war, zog der Friseur, den Tränen nahe, seine Brieftasche hervor und blätterte Merowitsch 1000 Francs auf den Tisch. Unmittelbar nach seinem letzten Konzert in der Opéra eilte Horowitz auf den Nachtzug nach Rom. Die Reaktionen des Publikums waren an diesem Abend ebenso unbändig, wie es Horowitz' Spiel gewesen war. Eine besonders enthusiastische Fan-Gruppe weigerte sich nach Schluß des Klavierabends sogar, das Opernhaus zu verlassen, und begann, alles kurz und klein zu schlagen, worauf Dutzende von Gendarmen einschreiten mußten. Wie nun Horowitz in seinem Drittklaß-Abteil saß und ein Käsesandwich verschlang, wurde ihm schlagartig bewußt, daß ihm das Konzert zwar einen überwältigenden Erfolg gebracht, aber zugleich den letzten Sou verschlungen hatte. Sicher, Ravel hatte ihn gelobt, und auch der einflußreichste Musikkritiker Frankreichs war ein begeisterter Horowitz-Anhänger. Aber dieser Ruhm hatte auch seine Schattenseite.

In der Tat hatten Horowitz und sein Manager stets mit finanziellen Problemen zu kämpfen; das sollte sich erst nach dem New Yorker Debüt 1928 ändern. In Sachen Geld blieb dem findigen und beharrlichen Merowitsch vorläufig nichts anderes übrig, als auf die Freizügigkeit anderer zu bauen. Eine wichtige Gönnerin fand er in Madame Panowsky, einer russischen Emigrantin; sie hatte sich für ihre Flucht aus dem revolutionären Rußland Diamanten in die Zähne einbauen lassen. »Madame P.«, wie sie genannt wurde, schwärmte für den Impresario und seine »drei Jungen«; und jedesmal, wenn diesen das Geld knapp wurde, ging sie zum Zahnarzt und ließ sich einen Diamanten herausnehmen.

Stets sorgte sich Merowitsch um das Wohlergehen Vladimirs – auch wenn ihm das Unannehmlichkeiten brachte. So war das Drittklass-Abteil im Zug nach Rom alles andere als luxuriös; dennoch entschied Merowitsch, daß sich Horowitz vor den bevorstehenden Konzerten ausruhen solle, und so überließ er ihm seinen Sitzplatz, damit dieser auf den beiden Sitzen schlafen könne. Gleich nach der Ankunft waren sie bei Graf San-Martino zum Essen eingeladen; er hatte auch ein Sightseeing-Programm vorbereitet, doch die beiden hatten kein Geld, um sich ins Römer Stadtleben zu stürzen. Die Konzerte wurden in der Presse zwar gut besprochen, erwiesen sich aber als finanzielles Debakel. Zudem kamen die zwei Wochen in Rom wesentlich teurer zu stehen, als Merowitsch geplant hatte. Mit dem Honorar konnten gerade die Hotelkosten bezahlt werden, aber nicht mehr die Rückfahrt nach Paris. In zwei schlaflosen Nächten heckte Merowitsch einen Plan aus und wurde am folgenden Morgen beim Grafen vorstellig. Diesem erzählte er, daß Horowitz, obwohl er normalerweise nie allein in einer Stadt ausgehe, in Rom nun doch einen Spaziergang gemacht habe – und dabei habe er all sein Geld verloren. War der Graf leichtgläubig oder ganz einfach wohlwollend? Jedenfalls lieh er das nötige Geld für die Rückkehr nach Paris.

Wiederum in Paris machte sich Merowitsch an einen anderen und im Vergleich zum Grafen San-Martino weit einflußreicheren Gönner heran: an Arthur Judson, den wichtigsten Konzertagenten Nordamerikas. Dieser leitete die Geschäfte des Philadelphia Orchestra (1915–1939) sowie der New Yorker Philharmonic (1915–1954) und war zudem Direktor seiner eigenen Firma »Concert Management Arthur Judson«, die über Jahre hinweg Künstler wie John Barbirolli, Josef Szigeti, Jascha Heifetz, Robert Casadesus, Rudolf Serkin, Eugene Ormandy, Alfred Cortot, Wanda Landowska und Béla Bartók in Amerika vertrat. Als Agent der beiden bedeutendsten amerikanischen Orchester war Judson in der beneidenswerten Lage, Künstler zu vermitteln und zu engagieren – indem er nämlich für seine beiden Orchester jeweils Dirigenten und Solisten aus der eigenen Konzertagentur verpflichtete. Dadurch erlangte er im amerikanischen Musikleben beinahe eine Monopolstellung. Judson war ein scharfsinniger Unternehmer, »der letzte Handlungsreisende in Sachen guter Musik«, wie er sich nannte. Er wollte ursprünglich Konzertgeiger werden, verfügte über eine profunde musikalische Ausbildung und ein entsprechendes künstlerisches Einfühlungsvermögen; zudem hatte er einen gewichtigen politischen Einfluß. Er galt als Pionier in Sachen Radioübertragungen, erkannte als einer der ersten die immense Bedeutung dieses Mediums für die Musik und gehörte mit zu den Gründern von Columbia Broadcasting System. Kein Zweifel: Wenn dieser 45jährige Musikmagnat wollte, so konnte er einen jungen, unbekannten Künstler innerhalb von sechs Monaten zu Ansehen und Ruhm bringen.

Verglichen mit Judson war Merowitsch ein unbedeutender Konzertagent.

Auch ihre äußerliche Erscheinung schien das zu dokumentieren: Jedenfalls wirkte der Russe recht zwergwüchsig neben dem aristokratischen, über einen Meter achtzig großen Judson. »Er war ein Riese, mit massivem Kopf und einem rechteckigen, geröteten Gesicht, dazu Riesenhände mit der Kraft eines Holzfällers und der Empfindlichkeit eines Geigers.«[4] In Paris war Merowitsch unentwegt hinter diesem gebieterischen Menschen her, bis dieser einwilligte, sich einen Klavierabend von Horowitz in der Opéra anzuhören. Mit Interesse hatte er Henry Prunières' Überseekabel von Vladimirs triumphalen Erfolgen gelesen. Doch eigentlich war er nach Paris gekommen, um den spanischen Pianisten José Iturbi für ein Amerika-Debüt unter Vertrag zu nehmen. Wie sich später herausstellte, kamen die beiden damals gar nicht ins Gespräch. Dennoch brachte Judson weit mehr von Paris nach New York zurück, als er sich erhofft hatte – einen Exklusivvertrag mit Piatigorsky, Milstein und Horowitz, wobei Merowitsch seine Stellung als »persönlicher Vertreter« behalten durfte.

Bis zum Ende von Horowitz' erster Europa-Saison konnte Merowitsch insgesamt 97 Konzerte für die folgende Saison 1926/27 buchen: in Deutschland, Frankreich, Italien, Belgien, Ungarn, Österreich, Spanien und England. Zur Hauptsache ging es darum, daß Horowitz mit möglichst vielen europäischen Erstklaß-Orchestern auftreten konnte, und zwar als Vorbereitung für den entscheidenden Auftritt mit den New Yorker Philharmonikern Anfang Januar 1928. Im Hinblick auf weitere Tourneen nahm Merowitsch nebenbei auch Kontakt auf zu Konzertagenturen in Südamerika, Indonesien, Indien, Japan, Südafrika und Australien. Kein Zweifel: Die ganze Welt sollte erobert werden. (Anzumerken ist, daß Horowitz in keinem dieser Länder je aufgetreten ist. Für Südamerika plante Merowitsch zwei aufeinanderfolgende Sommertourneen; sie mußten jedoch abgesagt werden, da Horowitz erschöpft war und für die bevorstehenden Konzerte im Herbst Erholung brauchte.)

Über die nächsten anderthalb Jahre bestanden die Tourneen von Horowitz hauptsächlich aus nervenaufreibenden, wenn auch überaus erfolgreichen Debüts sowie aus abenteuerlichen Pannen, die von eher komischen Zwischenfällen bis zum mittleren Desaster reichten. Ein eher seltsamer Vorfall ereignete sich während der zweiten Italientournee in der Saison 1926/27. Im Gegensatz zu den zwei Konzerten, die er im Vorjahr gegeben hatte, wurde diesmal eine große Tournee zusammengestellt mit Konzerten in Rom, Mailand und Neapel. Am 3. Oktober gab Horowitz am Nachmittag einen Klavierabend in Neapel; nachher eilte er mit Merowitsch auf den Zug nach Rom. Immer noch trug er seine Konzertkleidung: einen einfachen schwarzen Anzug, der um diese Zeit schon etwas zerknittert und auch nicht mehr restlos sauber war. Wie sie am folgenden Tag in ihrem Römer Hotel ankamen, meldete sich sogleich Graf San-Martino per Telefon und verkündete atemlos, daß der König und die Königin von Italien Horowitz zum Tee in den Quirinal eingeladen hätten; natürlich sollte Horowitz dort auch spielen. Er sei müde, brummte Horowitz, und er habe keinerlei Lust, für irgend jemand zu spielen. Aber Merowitsch belehrte ihn, daß in Italien eine königliche Einladung eigentlich ein Befehl sei. Überdies müsse er allein gehen, da weder er noch der Graf miteingeladen seien. Widerstrebend willigte Horowitz schließlich ein.

Es blieben nur noch drei Stunden, bis Horowitz gehen mußte. Merowitsch sah, daß es der zerknitterte Anzug nicht mehr tun würde, und nach langem Hin und Her am Telefon fand er schließlich einen Hotelangestellten, der sich bereit erklärte, den Anzug sofort zu reinigen. Doch die Zeit verstrich, und selbst als es nur noch eine Viertelstunde dauerte, bis die königliche Karosse vorfahren sollte, war der Anzug noch nicht zurück, und beide Männer gerieten in Panik. Endlich, fünf Minuten bevor Horowitz gehen mußte, kam der Hotelangestellte mit einer Schachtel. Als Merowitsch sie öffnete, erfüllte sofort ein schrecklicher Gestank das Zimmer. Offenbar hatte der Mann besonders gute Arbeit leisten wollen und deshalb eine ganze Flasche Petroleum zum Reinigen verwendet. Merowitsch überlegte schnell und besprengte dann den Anzug mit allem Kölnischwasser, das sich im Zimmer auftreiben ließ.

Während Horowitz im Palast war, wartete Merowitsch besorgt im Schlafzimmer. Als Vladimir später am Abend zurückkehrte, erzählte er mit einem sarkastischen Unterton, daß alles bestens gegangen sei. Nachdem er für die königliche Familie gespielt habe, sei er noch zum Tee eingeladen worden. Ein Diener sei mit einem Silbertablett gekommen, um ihm Gebäck zu servieren. »Ich sehe den Butler noch, wie er sich dabei über mich beugte, schnüffelte und dann beinahe in Ohnmacht fiel. Ob Königin Elena von diesem Aroma auch etwas mitbekommen hat, werde ich leider nie wissen.« Doch die Reaktion des Dieners war klar genug, drückte gleichzeitig Bestürzung und Verachtung für einen Gast aus, der es wagte, derart parfumgetränkt in den Palast zu kommen. »Die Königin aber ging ohne Aufhebens darüber hinweg; dennoch war ich in meinem ganzen Leben nie so verlegen.«

Königin Elena überreichte Horowitz einen Photographie mit einer persönlichen Widmung, was sich für die kommenden Tourneen in Europa als hilfreich erweisen sollte. Horowitz reiste mit behelfsmäßigen Visa, und er fühlte sich an der Grenze stets gehindert. Nun wurden solche Grenzübergänge einfacher. Er legte jedesmal das Bild der Königin zuoberst in seinen Koffer, so daß es die Zöllner sofort sehen mußten. Ein einziger Blick auf die königliche Unterschrift genügte meistens; dann schlossen sie den Koffer wieder und ließen Horowitz ohne weitere Durchsuchung einreisen.

Da sich Horowitz und Milstein nicht an die mit den Sowjetbehörden vereinbarte Abmachung hielten, innert sechs Monaten wieder nach Rußland zurückzukehren, waren sie jetzt auf den vom Völkerbund ausgestellten Nansen-Paß angewiesen, einen nach Fridtjof Nansen benannten Paß für Staatenlose. Etwa zwei Jahre nach ihrer Ausreise aus der Sowjetunion erwogen die beiden eine Rückkehr; doch ein sowjetischer Vertreter überredete sie, in Paris zu bleiben – vielleicht sollten sie dem Westen die Überlegenheit sowjetischer Künstler vor Augen führen. »Aber 1929, als sie uns dann wieder zurückhaben wollten, hatten wir schon zuviel von den westlichen Annehmlichkeiten gekostet, als daß wir noch eine Rückkehr in Betracht gezogen hätten«, meinte Milstein später. »Jedenfalls war das Stalin-Regime zunehmend despotischer geworden, und der neue Botschafter gab uns zu verstehen, daß wir Militärdienst leisten müßten. Das gab letztlich dann den Ausschlag, nicht mehr zurückzukehren.«

Da Horowitz und Milstein nicht mehr sowjetische Bürger waren, mußte Merowitsch den Zöllnern ständig erklären, daß die beiden wirklich harmlose Typen seien und das Land sofort nach Beendigung ihrer Konzerte wieder verlassen würden. Oft mußte er das gar mit seiner Unterschrift bezeugen. Inhaber von Nansen-Pässen wurden als Risiko betrachtet, denn es gab ja kein Heimatland mehr, wohin man sie allenfalls hätte abschieben können. Dennoch umgab den Nansen-Paß eine gewisse Aura: »Ich hielt viel von diesem Dokument mit seinen unzähligen Visa, Stempeln, Klauseln und Warnungen«, schrieb Piatigorsky. »In der Tat war ich recht stolz auf meinen Nansen – ein Symbol der Ehrlichkeit und Wahrheit. Wer mit einem Nansen reiste, mußte viel Geduld haben und tolerant sein. Auch ein gewisser Humor war von Vorteil. Am Morgen als Flüchtling behandelt zu werden und abends nach dem Konzert dann Ehrengast der Regierung zu sein – das machte die ganze Sache amüsant.«[5]

Dennoch gab es wegen dieser Nansen-Pässe viel Ärger für Merowitsch, so daß er schließlich beschloß, die Sache müsse ein Ende haben. Er arrangierte mit Horowitz, Milstein und Piatigorsky eine Wohltätigkeitsveranstaltung zugunsten von Haiti, und postwendend wurde den drei Künstlern das Ehrenbürgerrecht dieses weit entfernten karibischen Inselstaats verliehen. In der Folge gab es keine Visa-Probleme mehr – obwohl ungehaltene Zollbeamte immer wieder verwundert auf die Diskrepanz zwischen ihrer haitianischen Staatsbürgerschaft und ihrer weißen Hautfarbe samt ihrem russischen Akzent hinwiesen.

Der erste Klavierabend von Horowitz in Budapest im Jahr 1926 wurde zum Trauma – vergleichbar mit dem verunglückten Auftritt bei der italienischen Königsfamilie. Am Tag des Konzerts war Vladimirs Koffer noch nicht da, und eine Stunde vor Konzertbeginn gelang es Merowitsch schließlich, einen Schneider aufzustöbern, der ihm aus der Patsche zu helfen versprach. In seinem Laden hing jedoch nur ein einziger Anzug, und der war für einen großgewachsenen, 150 Kilo schweren Mann geschnitten. Dennoch schaffte es der Schneider mit seiner Familie in weniger als einer Stunde, den Anzug auf die Maße des Pianisten zurechtzukürzen. Zehn Minuten später saß Horowitz bereits am Flügel – und am nächsten Tag konnte man in einer Kritik von einem »elegant gekleideten jungen Mann« lesen. Einige Wochen später – Horowitz trug längst wieder seinen eigenen Frack – passierte ein anderes Kleider-Debakel. Es war während der ersten Spanien-Tournee im Dezember 1926. »Ich gab einen Klavierabend in Pamplona. Als ich nach der ersten Werkgruppe aufstand, merkte ich, daß der Klavierstuhl mitkam; irgendwie hatten sich meine Frackschöße verfangen. Es gab donnernden Applaus und lautstarkes Gelächter. Als ich herausgefunden hatte, was passiert war, setzte ich mich nochmals hin und löste meinen Frack los. Dann stand ich wieder auf, aber zu meiner Enttäuschung war der Applaus schon zu Ende.«

Solche Mißgeschicke passierten in den ersten Jahren regelmäßig, zumal Horowitz oft auf improvisierten Konzertpodien aufzutreten und mit unzureichenden Instrumenten Vorlieb zu nehmen hatte. Im übrigen verließ er sich ganz auf Merowitsch, dieser sollte alle Unannehmlichkeiten ausbügeln, die beim Reisen und im Zusammenhang mit den Konzerten entstanden. Das ging natürlich auf Kosten von Milstein und Piatigorsky, die der Manager mehr oder weniger sich selbst überlassen mußte, um alle seine Aufmerksamkeit auf Horowitz zu konzentrieren: »Merowitsch war nur an Horowitz interessiert, seinem wertvollsten Besitz«, meinte später eine Bekannte.[6] Auch Anatole Kitain bestätigte das: »Mit den Karrieren von Milstein und Piatigorsky ging es langsamer aufwärts – zum Teil, weil sich Merowitsch nur um Horowitz bemühte.«[7] Doch nach einem Jahr in Westeuropa schien Horowitz nun selbständig genug, um auch mal ohne seinen Manager auszukommen.

Ab und zu gab er recht indiskrete Presseinterviews. Zum Beispiel erzählte er gerne von einem Evènement, das in Dortmund stattgefunden haben soll. Es war während der Proben zum B-dur-Klavierkonzert von Brahms; plötzlich kam der Konzertmeister, nahm Horowitz beiseite und sagte ihm: Was er nun dringend brauche, sei eine Nacht in einem Superbordell. Also suchten die beiden ein entsprechendes Etablissement auf, »wo uns die Madame«, wie Horowitz kichernd erzählte, »sieben nackte Mädchen präsentierte. ›Du hältst dich besser zurück‹, sagte ich mir, da ich ja am Tag darauf ein Konzert hatte. Und während der Konzertmeister also mit einem Mädchen abschob, setzte ich mich an ein Klavier und begann zu üben. Als ich einmal aufblickte, fand ich mich von diesen nackten Mädchen umringt ... Als ich am nächsten Tag dann im Konzert aufs Podium kam, sah ich in der ersten Loge die Madame samt ihren sieben Mädchen.«

Die Freizügigkeit, die Horowitz in Westeuropa und ganz besonders in Berlin fand, hatte für den Pianisten ihren speziellen Reiz. Verglichen mit Rußlands Nüchternheit nahmen sich die Berliner Bars, Kabaretts und Musikrevuen wie ein Karneval dekadenter Lustbarkeit aus. In seinem Buch *Weimarer Kultur* beschrieb Peter Gay dieses Treiben mit einer anschaulichen Detailgenauigkeit:

»Die Deutschen schienen ihre Leidenschaftlichkeit und Vorliebe für eine geordnete Systematik gleichsam zu pervertieren. Am Kurfürstendamm promenierten junge Herren mit Make-up und künstlicher Taille – und zwar nicht nur die »berufsmäßigen«. Jeder Student wollte etwas Geld verdienen; und in schummrigen Bars konnte man ranghohe Beamte und einflußreiche Financiers antreffen, die sich ohne jede Hemmung an angetrunkene Matrosen heranmachten. Selbst die berüchtigten Orgien in Suetons Rom waren nichts im Vergleich zu den Transvestiten-Bällen in Berlin, wo Hunderte von Männern in Frauenkleidern und Frauen in Männerkleidern tanzten – ohne daß die Polizei eingeschritten wäre. Zudem fand das alles mitten in der Währungskrise statt, und zwar ausgerechnet in jenen Mittelklaß-Kreisen, die bis anhin unerschütterlich auf eine geordnete Systematik hielten. Junge Mädchen prahlten voller Stolz mit ihren Perversionen; und wenn einer Sechzehnjährigen noch Jungfräulichkeit nachgesagt werden konnte, so galt das in jeder Schule Berlins als Schmach.«[8]

Klar, daß Merowitsch unter solchen Umständen (die Horowitz als nur »leicht dekadent« einstufte)[9], alle Mühe hatte, seine Zöglinge beisammen zu halten. Auf den Tourneen verlangte er eine disziplinierte Lebensführung: Sie sollten nie die spezifischen Anforderungen des Konzertierens vergessen – das sei ein ganz spezieller Beruf und mit anderen Berufen nicht zu vergleichen; nicht zuletzt deshalb, weil der Künstler erst abends von 8 Uhr 30 bis 11 Uhr in Höchstform sein müsse. Trotz solcher Ermahnungen scherte Horowitz mehr und mehr aus, um das Nachtleben in Berlin und Paris zu genießen. Zudem engagierte er sich auch einen eigenen Diener – einen jungen Deutschen, hübsch, blond und breitschultrig, der ihn auf allen Reisen begleitete und, wie man allgemein annahm, für die folgenden sechs Jahre Horowitz' Geliebter war. Daß sich Horowitz diesen deutschen Diener leistete, mochte eine Art Unabhängigkeitserklärung in bezug auf Merowitsch sein, zumindest was das Privatleben des Pianisten betraf. In allen künstlerischen und beruflichen Dingen jedoch blieb er vom Älteren voll abhängig. Effektvoll pries ihn Merowitsch jeweils als den glänzendsten Pianisten seit Liszt an und ermunterte ihn auch, das Publikum mit allen herkömmlichen pianistischen Tricks zu erobern. Milstein meinte später, daß dies schädlich gewesen sei: »Merowitsch hat Horowitz schlecht beeinflußt. Er setzte nur auf die virtuosen Aspekte und ließ alle anderen Möglichkeiten in Horowitz' Persönlichkeit unbeachtet. Horowitz hätte ein bedeutenderer Pianist werden können, und er weiß das auch. Aber damals wollte er keinesfalls sagen wir Mozart oder Beethoven spielen – vielleicht aus Angst, Kritik einstecken zu müssen; vielleicht auch, weil er meinte, das Publikum würde ihn mit einem solchen Repertoire nicht akzeptieren.«[10]

Obwohl Horowitz ungemeinen Erfolg beim Publikum hatte, hielten andere, die des Pianisten Grenzen wahrgenommen hatten, mit Kritik nicht zurück. So zum Beispiel das *Hamburger Fremdenblatt* 1926: »Ohne daß man seiner musikalischen Gestaltung ... Gediegenheit der Auffassung und einen diskret abwägenden Kunstverstand absprechen kann, hat man doch den Eindruck, daß er sich erst dann in seinem Element befindet, wenn er die Gebiete der großen virtuosen Form betritt, das hieß in diesem Falle die Werke Franz Liszts, in denen er erst eigentlich anregt und zu bezaubern weiß. Das ist im Grunde schade, denn wer die h-moll-Sonate Liszts in Einzelheiten mit so dämonisch umwitterter Größe und grandios geballten Temperamentsentladungen oder die als Zugabe gespendete »Liebesbotschaft« Schuberts so seelenvoll phrasiert und poetisch durchströmt zu spielen vermag, der hat es schließlich gar nicht nötig, sich der Vorspanndienste der Virtuosität zu bedienen und ihr in der Vortragsfärbung gelegentlich egoistische Rechte einzuräumen. Der Erfolg blieb Herrn Horowitz auch am vorgestrigen Abend wieder treu und steigerte sich nach den Stücken von Liszt – man wird die *Rhapsodie espagnole*, dieses enorm schwierige, inhaltlich ziemlich leergehende Effektstück kaum schwungvoller und technisch elastischer hören können – zu stürmischen Ovationen.«[11] Im Lauf der zweiten und dritten Europa-Saison lernte Horowitz auch die musikalischen Vorlieben kennen, wie sie von Land zu Land verschieden waren; und entsprechend stellte er seine Konzertprogramme zusammen. Er gewann den Eindruck, daß die Franzosen – was ihre Vorlieben anbelangte – ebenso chauvinistisch seien wie die Deutschen. »In Paris mußte ich französische Musik spielen«, sagte er später. Und so erweiterte er sein Repertoire mit Werken von Ravel und Debussy und einigen Stücken von Poulenc und Dukas. Debussys *Serenade of the Doll* spielte er oft als Zugabe, auch einzelne Sätze aus Werken von Ravel: *Scarbo* aus *Gaspard de la nuit* oder *Oiseaux tristes* aus *Miroirs*. Während seine Interpretationen von Ravels *Sonatine* und *Jeux d'eaux* in Paris auf große Begeisterung stießen, »hatten die Wiener nur ein Lachen übrig für diese Musik, obwohl sie heute gang und gäbe ist wie eine Mozart-Sonate«. Und da kein europäisches Publikum einen ganzen Abend lang Medtner hören wollte (in Leningrad war das einst problemlos gegangen), schied Horowitz, der geschäftstüchtige Künstler, diese Werke aus seinem Repertoire aus.

Nirgends war Horowitz so beliebt wie in Paris, und seine Rückkehr anläßlich der zweiten Europa-Saison wurde zu einem außergewöhnlichen Triumph. Zu den Programmschwerpunkten zählten Liszts h-moll-Sonate, die *Variations sérieuses* von Mendelssohn sowie Schumanns *Sinfonische Etüden*, dazu viel Chopin: Mazurken, Walzer, Etüden, die Balladen und das b-moll-Scherzo. Wenn er jeweils Liszts zweite Paganini-Etüde in Es-dur spielte, pflegte das gebannte Publikum am Schluß nicht eigentlich in Beifall auszubrechen, sondern vielmehr in ein staunend-befreiendes Lachen; dazu stampften alle, um eine weitere Zugabe zu erzwingen. Und Horowitz tat ihnen den Gefallen und spielte noch Liszts *Campanella* oder die *Danse macabre* von Saint-Saëns/Liszt. Liest man die Kritiken von Henry Prunières aus jenen Tagen, so könnte man meinen, Horowitz habe sich schon vor Jahren in Paris etabliert und nicht erst vor knapp zwölf Monaten. »König des Konzertpodiums« wurde er genannt und als Nachfolger Anton Rubinsteins und Ferruccio Busonis bezeichnet.

Auf dem Podium wirkte Horowitz stets unmanieriert, ja bescheiden. Beinahe unbeweglich saß er am Flügel; um so erstaunlicher wirkte dann »seine schier unübertreffliche Technik«, wie ein Kritiker in Breslau schrieb. »Die vertracktesten Probleme wurden mit überraschender Leichtigkeit gelöst.«[12] In Deutschland hingegen – von Hamburg und den kleinen Städten einmal abgesehen – reagierte die Presse recht kritisch; hier beurteilte man interpretatorische Spitzfindigkeiten im Spiel von Horowitz viel dogmatischer als in Frankreich oder in Holland. Mit technischer Brillanz allein war da noch nichts gewonnen. Allerdings waren die deutschen Kritiker berüchtigt wegen ihrer Härte, Erbarmungslosigkeit, Aggressivität und ihrer tödlichen Ironie. Ein Beispiel: Mit dem Tschaikowski-Klavierkonzert hatte Horowitz in Paris und auch in Hamburg riesigen Erfolg gehabt; aber grundsätzlich wollten die deutschen Kritiker lieber Bach, Beethoven und Brahms hören. Als Horowitz nun in Berlin das Tschaikowski-Konzert spielte, wurden die »scheußlichen Themen« bemängelt, »die eigentlich nur in ein Kasino passen oder sonstwie in ein ›elegantes Etablissement‹«.[13] Nur widerwillig kamen die Kritiker auf die superbe Interpretation zu sprechen: »Horowitz spielte, ohne einen Ton zu verfehlen, mit maschineller Perfektion. Ob er auch ein großer Interpret sei, kann bei einer derartig oberflächlichen Aufführung, wo alles dem billigen Effekt geopfert wurde, nicht entschieden werden.«[14]

Kam Horowitz aber den Deutschen entgegen und spielte Klassiker, so wurde er herablassend wegen seiner hemdsärmligen, zwar korrekten, aber doch unreifen Interpretationen gerügt; diesen gehe jene »Farbe und Tiefe« ab, die er im romantischen Repertoire doch stets hinkriege. Als er beispielsweise Mozarts Es-dur-Sonate KV 282 spielte, lobte das *Berliner Tagblatt* Klarheit und Energie in den Baßfiguren sowie die Schlichtheit im melodischen Ablauf. Dann aber holte der Kritiker aus: »Einmal mehr wurde evident, wie schwer Mozart eben ist. Der Künstler ging die Sonate mit ernsthafter Zurückhaltung an, aber er konnte ihr nicht voll gerecht werden.«[15] Wohlweislich distanzierte sich Horowitz von Beethoven – mit Ausnahme der c-moll-Variationen –, was ein Kritiker folgendermaßen kommentierte: »Wahrscheinlich weiß Horowitz genau, daß er Beethoven zwar technisch bewältigen kann, daß er aber den Geist dieser Musik noch nicht zu verlebendigen versteht. Gleichsam eine Bestätigung dafür lieferte er mit Bach/Busonis d-moll-Präludium samt Fuge. Dynamik und Farbenreichtum waren bemerkenswert, aber reiner Bach war das keineswegs. Viel zu lyrisch, zu romantisch; nicht nüchtern genug.«[16]

Es war offensichtlich, daß Horowitz am liebsten extrem schwierige Werke spielte wie die Liszt-Sonate oder dann Miniaturen: Scarlatti-Sonaten, Chopin-Mazurken, Stücke von Ravel oder relativ unbekannte Kostbarkeiten wie Schubert/Liszts *Liebesbotschaft*, Scarlattis *Capriccio* (in der Bearbeitung von Tausig) oder (ebenfalls von Tausig arrangiert) Schuberts *Militärmarsch*. Gerade diesen *Militärmarsch*, wo es ja keine nennenswerten technischen Schwierigkeiten zu überwinden galt, ging Horowitz gleichsam improvisatorisch an – was in Deutschland stets auf eiskalte Kritik stieß. Aber mit seinem unheimlich differenzierten Anschlag und einer Pedaltechnik, die als »ein Wunder in sich selbst« bezeichnet wurde, evozierte Horowitz letztlich eine Klangfarbenpalette, die beim Publikum und bei der Kritik gleichermaßen Erstaunen und Bewunderung auslöste – auch wenn man sie als unorthodox einstufen mochte. Zum Pedal meinte Horowitz übrigens: »Es ist das A und O; es ist die Lunge, und wir atmen durch das Pedal. Damit kann man zwei Harmonien, die völlig dissonant sind, für eine Millionstelssekunde miteinander verbinden; so kann man unendlich viele Farbnuancen hervorbringen. [...] Wenn ich mit den Klangfarben jeweils zurechtkam, wußte ich, daß ich Erfolg haben würde. Das ist wie beim Malen. Hier plant man etwas Rot, dort etwas Blau, und an anderen Stellen weiß man noch nicht, welche Farben hinzukommen sollen.« Wenn Horowitz eigene Kompositionen spielte – den f-moll-Walzer, die *Danse exzentrique* und die *Carmen*-Variationen –, konnte er sich natürlich jede Freiheit erlauben. Und was schließlich das russische Repertoire anbelangte, so zweifelte kaum jemand an Horowitz' besonderer Affinität.

Da Horowitz beim Spielen noch immer auf Bestätigung aus war, ging er oft ins Extrem. So wurde er – selbstverständlich zu seinem Nachteil – mehrmals mit »gemäßigteren«, etablierten Kollegen verglichen: mit Friedman, Rachmaninow, Hofmann und Rubinstein. Dennoch (und trotz seines Ehrgeizes) zeigte er sich Kollegen gegenüber stets offen. Besonders deutlich wurde das, als er Rudolf Serkin zum erstenmal begegnete. Francesco Mendelssohn, der Sohn eines deutschen Millionärs und ein enger Freund von Horowitz seit dessen Berliner Tagen, führte das Zusammentreffen herbei. Und zwar in Basel, wo Mendelssohn mit Horowitz einige Ferientage verbrachte. Er sagte Serkin, daß er ihm Horowitz sowie einige andere Freunde vorstellen werde. »Mendelssohn«, so erinnerte sich Serkin, »forderte mich dann auf, Horowitz zu fragen, ob er nicht etwas vorspielen würde. Horowitz war überaus schüchtern und still. Damals war ich mit dem Studium von Schubert-Sonaten beschäftigt, und Horowitz zeigte großes Interesse dafür, da er noch keine einzige kannte. Er fragte mich das eine und andere, und ich spielte ihm auch einiges vor. Dann setzte sich dieser junge, schlanke und zierliche Mann ans Klavier und spielte Chopins g-moll-Ballade. Ich fiel fast vom Stuhl – es war derart überwältigend. Diese Energie, dieses leidenschaftliche Feuer! Das war unglaublich, und mir standen die Haare zu Berge. Mein ganzes Leben habe ich nie so Klavier spielen gehört, und ich werde das nie vergessen.«[17] Von diesem Tage an waren Serkin und Horowitz enge Freunde, und sie sahen sich oft in Deutschland und in der Schweiz und später dann in Amerika.

Aber für solche Geselligkeiten gab es während Horowitz' betriebsamer Konzertsaison kaum viel Gelegenheit. Nachdem er im Winter 1927 eine Tournee durch Spanien, Südfrankreich, Holland und Italien abgeschlossen hatte, mußte er sich für sein Londoner Debüt vorbereiten. Die beiden Konzerte in der Aeolian und der Albert Hall waren laut Merowitsch leider ein »totales Desaster«, so daß dessen Devise des »schnellen Rückzugs« angebracht schien. »Diese Konzerte brachten nichts, auch keine Zuhörer«, meinte Horowitz. Die Schuld schob Merowitsch dem englischen Impresario Harold Holt zu, der ein Horowitz-Konzert in der immensen Albert Hall mit über zehntausend Sitzplätzen gebucht hatte und wo auch die Akustik einiges zu wünschen übrigließ. Umgekehrt war die Aeolian Hall zu klein für Horowitz' großflächiges Spiel. »Es war stets schwierig, in einem kleinen Saal zu spielen«, meinte Horowitz. »Meine ganze Technik, mein Anschlag und meine Klangvorstellungen sind auf einen großen Saal zugeschnitten.«

Obwohl die *London Times* zwar schrieb, er sei »ein außergewöhnlich begabter Pianist«, wurde Horowitz von der Kritik unbarmherzig zerzaust. »Abscheulich« nannte die nämliche *London Times* Horowitz' Interpretation der Chopin-Etüde op. 25 Nr. 3, während die c-moll-Etüde op. 25 Nr. 12 als »schrecklich lärmig« qualifiziert wurde. Fazit der *Times*: »Horowitz bestätigte seinen Anspruch auf eine außergewöhnliche Virtuosität in allem, was er spielte. Aber der harte Glanz seines Tones war für das Ohr bald einmal sehr ermüdend.«[18]

Tatsache war, daß die Feinheiten von Horowitz' Spiel in den beiden Londoner Konzertsälen gar nicht richtig zum Tragen kamen. Deshalb stufte man ihn ausschließlich als einen simplen Virtuosen ein. Ein vorgesehener dritter Klavierabend wurde abgesagt. Horowitz, der von den glänzenden Kritiken, die er sonst in Europa erhielt, verwöhnt war, schwor sich, nie mehr nach England zu kommen – dabei zitierte er den angeblichen Ausspruch Napoleons, die Briten hätten Krämerseelen. Übrigens sah dann alles ganz anders aus, nachdem Horowitz 1930 in der Londoner Queen's Hall mit dem London Symphony Orchestra unter Willem Mengelberg das dritte Rachmaninow-Konzert gespielt hatte ... Vorläufig jedoch hielt es Merowitsch für ratsam, Horowitz nicht mehr in England auftreten zu lassen, auf daß das eben erlebte Debakel bald in Vergessenheit gerate. Alles zusammengerechnet waren die beiden sicher froh, nun wieder nach Paris zurückkehren zu können.

Im Frühsommer war Horowitz total erschöpft, immerhin hatte er in einer Saison, quer durch ganz Westeuropa, neunundsechzig Konzerte gegeben. Da in der kommenden Saison gar achtundachtzig Klavierabende und Orchesterabende bevorstanden, darunter sein Amerika-Debüt, brauchte der Pianist nun dringend Urlaub. Mit dem Geld stand es trotz aller Konzerte in der vergangenen Saison nicht eben gut; fast alles war für Hotelrechnungen und Reisespesen draufgegangen. Merowitsch, der stets Rat wußte, heckte auch diesmal einen Plan aus, um zu Geld – und zu Sommerferien – zu kommen. Als er in Paris einen freundlichen und wohlhabenden Mann kennenlernte, der mit Perlen handelte, schilderte er diesem ihre große Not – und wie dringend doch sein kleiner Genius Urlaub haben müsse. Als er seinen langatmigen Vortrag beendet hatte, fragte ihn der Perlenmagnat, wieviel Geld er denn brauche, und kurze Zeit später kehrte Merowitsch wieder in die Rue Kléber zurück – mit 10000 Francs im Sack und mit der Ankündigung, sie würden den Sommer nun in Südfrankreich verbringen. Horowitz hatte seit je eine Neigung zum Kleidermuffel und jedenfalls auch zuwenig Geld gehabt, um sich diesbezüglich wirklich zu verwöhnen. Also kaufte ihm Merowitsch nun Anzüge und ein Konzertgewand, überwachte ihn beim Schneider und gab auch seiner Vorliebe für rote und rosafarbene Hemden nach. Dann ging es an die Riviera, wo die Sommermonate mit Schwimmen, Velofahren und Pläneschmieden verbracht wurden, bevor sie dann wiederum nach Paris zurückkehrten.

Vor dem Amerika-Debüt mit den New Yorker Philharmonikern im Januar

1928 sollte Horowitz in einigen Orchesterkonzerten auftreten, und zwar unter so berühmten Dirigenten wie Bruno Walter, Wilhelm Furtwängler, Otto Klemperer, Pierre Monteux und Bernardino Molinari. Merowitsch war überzeugt, daß das dem Pianisten die nötige Anerkennung bringen würde für Arthur Judsons Publicity-Maschine; zudem sollte dabei auch einiges Geld herausspringen. Obwohl Horowitz' Orchesterauftritte beim Publikum überaus beliebt und erfolgreich waren, bekamen sie oft nur mittelmäßige Kritiken. Vom Tschaikowski-Konzert hatte Horowitz vorläufig genug, und er nahm sich deshalb das Es-dur-Konzert von Liszt sowie das dritte Rachmaninow-Konzert vor. Zu seiner Bestürzung mußte er dann feststellen, daß die Deutschen Rachmaninow ebenso verabscheuten wie Tschaikowski; nachdem er es in Deutschland einige Male gespielt hatte, setzte er es auch bei einem Konzert in der Mailänder Scala und einem weiteren in Paris aufs Programm. »Da wie dort stieß Rachmaninow aber kaum auf Gegenliebe. Vielleicht war das einfach zu modern für sie – ich meine ›modern‹ als Konzert-Konzeption, nicht als Musik. Als es Rachmaninow uraufführte, spielten seine Kollegen lieber Konzerte von Anton Rubinstein, Tschaikowski, Chopin und Liszt. Wahrscheinlich dachten sie, das Rachmaninow-Konzert sei zu lang und zu diffus, natürlich auch zu kompliziert und zu ›dick‹. Jedenfalls ist der Klaviersatz irgendwie überfrachtet.«[19]

1927 setzte Horowitz vermehrt auch das B-dur-Konzert von Brahms aufs Programm. Über eine Aufführung mit den Hamburger Philharmonikern unter der Leitung von Karl Muck im Oktober las man später in den *Hamburger Nachrichten*, »daß die Grenzen von Horowitz' Talent klar sichtbar geworden« seien. Wobei zugleich vermerkt wurde, daß Horowitz Edwin Fischer als Hamburgs Lieblingspianisten entthront habe. Die Aufführung wurde als »in technischer Hinsicht tadellos« bezeichnet; hingegen habe Horowitz »seine Aufmerksamkeit mehr auf die virtuosen Aspekte als auf den musikalischen Gehalt« gelegt.[20] Sonderbarerweise wurde Horowitz selbst beim zweiten Liszt-Konzert kritisiert, wo technische Bravour doch als ein wesentliches Ingrediens miteinkomponiert ist. Die Technik habe »mehr im Vordergrund gestanden als die poetischen Aspekte«, hieß es dann. Zum Glück scherten sich die Fans nicht um solche Dinge.

Der erste Berliner Chopin-Klavierabend am 26. November 1927 wurde zu einem riesigen Erfolg. Schon zwei Stunden vorher kreisten die Autos scharenweise um die Beethovenhalle. Aber auch hier fiel die Kritik negativ aus: »Ihm fehlt noch das, was man gemeinhin und schlechtweg ›Poesie‹ nennt; ihm fehlt noch das rechte Maß an Gefühlsseligkeit, fast möchte man sagen an Sentimentalität, das erst den idealen Chopinspieler ausmacht.« Weiter hieß es in der *Vossischen Zeitung*: »Überhaupt gerieten die vier Balladen besser als die b-moll-Sonate, deren Stimmungsgehalt sich ihm nicht so recht erschlossen hat, die ihm mehr ein Bravourstück ist als ein mit Mystik beladenes Poem ... Wir sind dessen gewiß, daß das, was keimhaft und verheißungsvoll in ihm wuchert, zur Blüte, zur

Frucht, zur Reife gedeihen wird.«[21] Später räumte Horowitz ein, daß er »wie ein Verrückter« gespielt habe; und er sollte für diese in den frühen Jahren inszenierte akrobatische Zurschaustellung dann auch seinen Preis zahlen. Schon 1927 schrieb ein Kritiker, wie notwendig es sei, daß sich Horowitz mehr Zeit nehme: »Wir wünschten dem Künstler eine Phase der Ruhe und des Nachdenkens, damit er sich jeweils nicht nur mit der Partitur vertraut mache, sondern auch mit dem Geist der Musik. Daß man von Horowitz einen geteilten Eindruck hat, hängt nicht mit einem Mangel an Können zusammen, sondern mit seinem noch nicht zur vollen Reife entwickelten emotionalen Ausdrucksvermögen.«[22] Noch beunruhigender das Fazit eines anderen deutschen Kritikers: »Die Angst, vorbehaltlos seine Gefühle mitzuteilen, ist eine Krankheit, und Horowitz scheint an ihr zu leiden.«[23] Immer wieder gab die Frage nach den Gefühlen, will sagen nach der Gewichtverteilung von geistig-musikalischen Aspekten und technischen, Anlaß zu Kritik. Wobei Merowitsch solche Kritiken jeweils als oberflächliche ausschied und sie irgendwo zuunterst in seiner Pressedokumentation verwahrte. Sicher: Für Horowitz waren es die Jahre der großen Ambitionen und der uneingeschränkten Virtuosität. Selbstprüfung und innere Einkehr würden folgen.

Das Amerika-Debüt

Eigentlich war ich nur ein verrückter Russe. Ich spielte lauter, schneller und auch mehr Noten, als Tschaikowski geschrieben hatte – wobei in seinem Konzert viele Noten stehen. Aber als mein größter musikalischer Triumph in New York erwies sich nicht das Tschaikowski-Konzert, sondern meine Begegnung mit Rachmaninow. In jener Zeit war er für mich ein Gott. Wir waren von Anfang an Freunde. Und wir blieben Freunde, bis er starb.[1]

Bevor ich Horowitz gehört hatte, wußte ich gar nicht, was man auf dem Klavier alles machen kann! SERGEI RACHMANINOW[2]

Horowitz und Merowitsch waren beide abergläubisch. Sie hielten es für ein gutes Omen, daß das Schiff, welches sie am 24. Dezember in Richtung Vereinigte Staaten bestiegen hatten, den Namen *S.S. Hamburg* trug. Hamburg war ja die erste europäische Stadt gewesen, die den damals noch völlig unbekannten Russen enthusiastisch gefeiert hatte – eine erste Erfolgsstation auf dem mühevollen Weg zum so überaus wichtigen Amerika-Debüt. Aber Horowitz hatte Angst vor dieser Reise; Freunde hatten ihn beim Abschied nachdrücklich gewarnt – in den Staaten sei für ihn kein Platz. Dort würden andere herrschen: Rachmaninow, Paderewski und Hofmann, dann auch Josef Lhévinne und Walter Gieseking. Warum sollte sich das amerikanische Publikum um einen neuen Pianisten kümmern! Jedenfalls, so meinten seine Freunde, würde Horowitz nicht jene Ovationen bekommen, wie er sie von Paris gewohnt war.

Nach zwölf gemütlichen Tagen auf dem Meer fuhren Merowitsch und Horowitz am 6. Januar 1928 in New York City ein. Beide waren ängstlich und besorgt, vor allem was die vorangegangene Publicity anbelangte. Denn Judsons Public-Relations-Abteilung hatte Horowitz als eine »übermenschliche Kombination von Rubinstein, Rosenthal, Paderewski, Busoni, Rachmaninow und Hofmann« angekündigt.[3] Das mußte unerfüllbare Erwartungen wecken, was Horowitz selbstverständlich bedrückte. Als wenn es nicht schon genug wäre, seinem Übernamen »Der entfesselte Tornado der Steppe« gerecht zu werden, mußte Horowitz bei seinem Amerika-Debüt zudem das Rampenlicht mit Sir Thomas Beecham teilen. Beecham galt zumindest in seiner englischen Heimat als bedeutender Dirigent; gleichzeitig mit Horowitz sollte er nun zum ersten Mal in Amerika auftreten. Während der Überfahrt hatte Merowitsch seinem Pianisten stets gut zugeredet und geduldig all die Fragen beantwortet, die Horowitz bezüglich der Fähigkeiten Rachmaninows und Hofmanns hatte. Doch er konnte die

Selbstzweifel von Horowitz nicht wegräumen. Und wenn er jeweils noch sagte: »Keiner hat je so gut gespielt wie du, und keiner wird je besser spielen«, so schien er die Angst seines Pianisten eher noch zu vergrößern.

Wie sie das Schiff verließen, wurden sie von Dorle Jarmel begrüßt, einer Beauftragten von Judson; sie war dafür besorgt, daß die beiden komfortabel in einer Zwei-Zimmer-Suite im Majestic Hotel an Manhattans Central Park West einquartiert wurden. Bei der Ankunft war Horowitz ein einziges Nervenbündel. Nachdem er Miss Jarmel begrüßt hatte, ließ er verlauten, er sei um die Sicherheit seines Gepäcks besorgt. Seine Koffer seien neu, eben in Paris gekauft; zudem hatte er jeden Quadratzentimeter mit farbigen Bildchen, Etikettchen und Zettelchen überklebt. »Glauben Sie, daß man das abwaschen kann?« fragte er ängstlich. Nachdem sie die Zollformalitäten erledigt hatten, bestand Horowitz darauf, daß Merowitsch ihm für die Fahrt in die Stadt die Augen verbinde; er wolle sich nicht von New Yorks Wolkenkratzern oder vom Verkehr überwältigen lassen. »Die ersten zwei, drei Tage verbrachte ich wie ein Schlafwandler und sah überhaupt nichts«, erzählte Horowitz später. »Dann war es okay, und jetzt sehe und höre ich alles.«

Mehr und mehr fiel es auf, wie die meist kindischen Bedürfnisse von Horowitz unvoraussehbar waren und gleichzeitig mit Nachdruck angebracht wurden. Dennoch entsprach es nicht der Taktik von Judson, sich persönlich um seine Künstler zu bemühen. Eher würde er sich auf Verbindlichkeiten beschränken: indem er für eine luxuriöse Hotel-Unterkunft aufkam und Merowitsch Anweisungen gab über die bevorstehende zwölfeinhalbwöchige Tournee. Zudem sorgte er dafür, daß sich Steinway & Sons um Horowitz kümmerten und ihm die nötige Aufmerksamkeit entgegenbrachten.

Bei Steinway & Sons fand Horowitz einen Freund – Alexander (»Sascha«) Greiner, den künstlerischen Beauftragten der Firma, zuständig für die großen Konzertflügel. Greiner, ein russischer Emigrant, arbeitete während dreiunddreißig Jahren (1925–1958) bei Steinway. Dank seines diplomatischen Geschicks, seiner Sprachenkenntnis und musikalischen Bildung sowie seines unbekümmerten Temperaments wurde er zu einem wichtigen Mitarbeiter und Förderer des internationalen Ansehens von Steinway. Horowitz und Greiner verstanden sich auf Anhieb hervorragend und blieben für die kommenden dreißig Jahre Freunde. Horowitz verdankte ihm nicht nur hervorragende Instrumente, sondern Rat in jeder Hinsicht, was Leben und Karriere anbelangte. Da im Jahre 1928 weder Horowitz noch Merowitsch gut englisch sprechen konnten, waren sie noch so froh, sich bei der Entdeckung des labyrinthischen New York auf die Hilfe eines russischen Freundes verlassen zu können.

Gleich zu Beginn sagte Horowitz Greiner auch, daß er – mehr als alles andere – wünsche, Rachmaninow kennenzulernen, »den Musik-Gott meiner Jugendjahre«, wie er aufgeregt hinzufügte. In Europa hatte er sein Idol nie getroffen, und er würde ihn erst 1931 spielen hören. Aber er konnte beinahe alle Klavierkompositionen von Rachmaninow auswendig; zudem fand er, daß seine eigene pianistische Technik sowie seine frühen Kompositionen in stilistischer und geistiger Hinsicht auf Rachmaninow zurückgingen. Schon achtundvierzig Stunden nach Horowitz' Ankunft in New York ging der Traum in Erfüllung – dank Sascha Greiner. Für ihn war es ein leichtes gewesen, die Begegnung herbeizuführen, denn Rachmaninow hatte ihn am Tag von Horowitz' Ankunft angerufen. Von Kreisler habe er gehört, daß Horowitz in Paris sein drittes Klavierkonzert gespielt habe und daß er es Anfang Februar nun mit den New Yorker Sinfonikern unter Walter Damrosch aufführen solle. »Ich habe gehört, Herr Gorovitz soll mein Konzert sehr gut gespielt haben«, sagte Rachmaninow. »Ich möchte ihn gerne begleiten.« So trafen sich die beiden Russen am 8. Januar bei Steinway & Sons in der 57th Street, und zwar im berühmten Untergeschoß, wo die großen Konzertflügel standen. Horowitz wurde gebeten, fünf Minuten vor vier Uhr dazusein. »Ob ich nervös war? Ich dachte, ich würde *sterben*! Denken Sie: Dieser bedeutende Mensch wollte *mich* begleiten, in seinem dritten Klavierkonzert. Mich, einen jungen Pianisten. Das war der wohl unvergeßlichste Augenblick meines Lebens! Mein eigentliches Debüt!«

Typisch, daß der wortkarge Rachmaninow nur wenig sagte, nachdem die beiden das Konzert durchgegangen waren (Horowitz hatte den Solopart gespielt und Rachmaninow den Klavierauszug der Orchesterbegleitung). Er verwies lediglich auf einige Stellen, die man besonders beachten solle, und gab ein paar Vorschläge wegen der Dynamik und möglichen kleinen Kürzungen. Eigentlich aber war Rachmaninow tief beeindruckt von dem, was er eben erlebt hatte. Später erzählte er Freunden, daß er mit offenem Mund zugehört habe, als Horowitz sich »mit der Wildheit und Gier eines Tigers in die Musik« stürzte. »Er verschlang sie ganz«, erzählte er Abraham Chasins. »Er hatte den nötigen Mut, die Intensität und die Kühnheit.«[4] In den kommenden fünfundzwanzig Jahren hatte Horowitz mit Rachmaninows drittem Klavierkonzert sogar mehr Erfolg als der Komponist selber. In der Tat wurde dieses Werk zu einem Horowitz-Markenzeichen. »Rachmaninow übergab mir dieses Konzert«, sagte Horowitz, »und stets sagte er: ›Gorovitz spielt das besser als ich.‹ Er bemerkte einmal, er hätte es ›für Elefanten‹ geschrieben, was hieß, daß ich möglicherweise auch einer war.«

Nach diesem Treffen mit Rachmaninow war es Horowitz, als würde er schlafwandeln. Es blieben ihm nur noch vier Tage bis zum Debüt in der Carnegie Hall mit dem Tschaikowski-Konzert; und er hatte keine Zeit, sich mit einem Klavierabend an das Publikum in New York oder sonstwo in den Staaten zu gewöhnen. Am 11. Januar wurde er im Majestic Hotel Sir Thomas Beecham vorgestellt – kurz vor einer Durchlaufprobe. Klar dachte keiner, daß Beecham ein idealer Dirigent für Horowitz' Debüt-Konzert sei; Merowitsch, Greiner und Judson waren in Sorge wegen Beechams pompösem und selbstbewußtem Auftreten, welches vom Solisten ablenken würde. Sir Thomas war kein Meister in Sachen Schlagtechnik. (»Wenn er in vollem dirigentischen Flug ist, wirken seine Arme wie die Schwingen eines riesigen Vogels«, schrieb einst ein Kritiker.[5] Zweifellos war er eine überragende Erscheinung und machte als Dirigent auf dem Podium seine volle Autorität geltend. Seine Ungeduld gegenüber Solisten war legendär. Einmal, im Schlußsatz eines Beethovenkonzertes, verlor Alfred Cortot für einige Sekunden den Faden (was öfter mal passierte); Beecham reagierte mit einer Bemerkung, die typisch war für seinen ätzenden Witz: »Wir begannen zusammen mit Beethoven; dann folgte ich Cortot durch Grieg, Schumann, Bach und Tschaikowski; dann wechselte er zu einem, den ich nicht kannte, so daß ich sofort abbrach.«[6]

Selbst in England war die Reputation des arroganten Beecham nicht unumstritten. Er war Erbe eines immensen Vermögens aus der pharmazeutischen Industrie (»Beechams kleine Leber-Pillen«) und hatte also die Mittel, sich ein eigenes Sinfonie-Orchester zu leisten, mit dem er das Dirigieren übte. Sein Debüt verlief glanzlos, und in der Tat gründete Beechams Bekanntheit – von seiner Unflexibilität und autoritativen Haltung als Dirigent einmal abgesehen – primär auf einem patriotischen Verdienst während des Ersten Weltkrieges. Er weigerte sich damals, deutsche Musik aufzuführen, und organisierte in der Albert Hall eine Serie von Proms-Konzerten zur Unterstützung der englischen Kriegsführung. Seither wurde er als Berühmtheit gehandelt, was nicht zuletzt dazu führte, daß ihn König George V. 1916 adelte.

Als Beecham mit Horowitz zum erstenmal zusammentraf, wies er ihn darauf hin, daß er (der stets stolz auf sein Gedächtnis war) auswendig dirigieren würde. Natürlich argwöhnte Horowitz, daß Sir Thomas nicht nur während der Orchesterstücke, die er dirigierte, im Rampenlicht stehen wollte, sondern überhaupt den ganzen Abend über. Sofort erwachte seine Lust zum Konkurrenzieren: »Mein Engländer, mein Lord«, so sagte sich Horowitz, »ich stamme aus Kiew, und ich werde die oberen Oktaven derart schnell spielen, wie Sie es sich gar nicht vorstellen können!« Unterschiedlicher hätten die Vorstellungen zweier Musiker über Fragen des Tempos und der Schattierungen gar nicht sein können. Der Dirigent war auf klangdunkle Pracht und Würde erpicht; der Solist entschied, daß er in einem teuflischen Tempo drauflosspielen werde. Selbst nach zwei langen Proben für das Donnerstagabend- und das Freitagnachmittag-Konzert war kein Kompromiß in Sicht. »Es kann keinen Erfolg geben«, entschied Horowitz, »und so werde ich wieder nach Europa zurückkehren und dort spielen.«

Am Abend des 21. Januar eilte Horowitz ziemlich besorgt die Hintertreppen zur Carnegie Hall hinauf. Merowitsch stürmte ihm nach, und er stellte fest, daß der Pianist weit nervöser war als sonst. Diesmal allerdings hatte er guten Grund dazu. »Jedermann sitzt drin!« rief Horowitz. Rachmaninow war gekommen und zahlreiche andere wichtige Persönlichkeiten aus der Musikwelt: Josef Lhévinne, Benno Moiseiwitsch, Mischa Levitzki, Moritz Rosenthal sowie die Frau von Josef Hofmann – »eine Versammlung osteuropäischer Juden mit Rachmaninow als ihrem Ehrenmitglied«, meinte Merowitsch zynisch. Auch wichtige Persönlichkeiten von Steinway & Sons waren anwesend sowie Geschäftsführer der RCA Victor-Schallplattengesellschaft, selbstverständlich auch Arthur Judson sowie all die anderen New Yorker Manager. Und nicht zu vergessen die Chefkritiker aller Tageszeitungen. Die Carnegie Hall war randvoll, nur einige Stehplätze blieben leer.

In der Künstlergarderobe nahm Horowitz Hut und Mantel ab, zog dann eine Fotografie von Liszt aus der Tasche und schaute sie lang und ernsthaft an. Dann begann er nervös auf und ab zu schreiten; dabei rieb er seine Hände, um sie warm zu halten. Endlich war es soweit: Er ging aufs Podium, hinter ihm schritt Beecham; flüchtig verneigte er sich vor dem Publikum, setzte sich dann an den Flügel und richtete den Klavierstuhl.

Vom ersten Takt an war das Konzert ein eigentliches Tauziehen zwischen Klavier und Orchester. Beecham nahm die Orchestereinleitung noch langsamer als versprochen, und als Horowitz mit seinen Akkorden einsetzte, zeigte er sich entschlossen, das Tempo zu beschleunigen. Aber Beecham reagierte nicht darauf, und als die Streicher dann das berühmte Thema über den Akkord-Kaskaden des Klaviers intonierten, hielten sie immer noch das anfängliche Beecham-Tempo bei, »welches man, höflich gesagt, als Demonstration sturer britischer Selbständigkeit bezeichnen konnte«. Wie Horowitz dann zu den paar fast improvisatorischen Takten des Soloklaviers kam, welche zur Wiederholung des Eröffnungsthemas überleiten, zog er das Tempo noch einmal an – und noch einmal weigerte sich Beecham, solchen Wünschen des Solisten nachzugeben. Irritiert spielte Horowitz weiter: So hatte sich ihm gegenüber noch kein Dirigent je benommen, weder in Rußland noch in Westeuropa. Beecham dirigierte auswendig und selbstverständlich mit großem Aplomb, inszenierte eine eigentliche Show, indem er auf dem Podium herumschritt, als würde er Siebenmeilenstiefel tragen. Ungläubig schaute ihm Horowitz zu. Aber es kam noch schlimmer: Als würde dieses theatralische Gehabe nicht schon genug verwirren, mußte der Pianist zudem feststellen, daß es auch um des Dirigenten Gedächtnis nicht zum besten bestellt war und dieser sowohl Orchestereinsätze wie Soloübergänge des Klaviers verpaßte.

»Es war, wie wenn zwei Musiker ganz unabhängig voneinander zwei völlig verschiedene Konzeptionen einstudiert hätten«, schrieb Olin Downes von der *New York Times*.[7] Nach dem ersten Satz ging ein Murmeln durch den Saal, und die Stifte der Kritiker flogen nur so übers Papier. Dann begann Horowitz mit dem langsamen Satz, und der Tempo-Krieg ging weiter. Im walzerähnlichen Prestissimo-Mittelteil gab Beecham bei einem lauten Akkord des Blechs und der Pauke gar einen falschen Einsatz, doch der Paukist Saul Goodman war mit dem Werk glücklicherweise vertraut, so daß ein Desaster vermieden werden konnte. Horowitz erschrak, dann grinste er, spielte aber weiter. Selbst Beecham mußte lächeln und den Kopf schütteln. Beim dritten Satz war es dann mit der Geduld des Pianisten zu Ende. »Ich wußte, daß meine Karriere auf dem Spiel stand, und von diesem Moment an waren wir nicht mehr zusammen. Geh du deinen Weg, dachte ich, und ich gehe meinen. Vielleicht sehen wir uns nach dem Konzert wieder im Restaurant, aber sicher nicht mehr während der Aufführung.« Und in der Tat: Mit seinen gewaltigen Schluß-Oktaven kam Horowitz einen ganzen Takt früher zum Ende als das Orchester – wie ein durchgegangenes Pferd. Beecham war verärgert, das Publikum in einem taumelnden Jubel: Es klatschte, stampfte und schrie, während sich Horowitz entzückt verbeugte. Bei der Wiederholung des Konzerts am folgenden Tag ließ es Beecham allerdings nicht mehr soweit kommen. Kaum hatte sich Horowitz zweimal beim Publikum bedankt, so stoppte der Dirigent den Applaus und hielt einen kleinen Speech – selbstverständlich zu seinen und des Orchesters Gunsten, wobei der Pianist völlig verloren herumstand. Dennoch gab es keinen Zweifel: Horowitz war der Star des Abends.

Horowitz' ungestüm-explosives Spiel, die gleichsam elektrisierende Bühnenpräsenz und angespannt-nervige Energie schienen überhaupt nicht zu seiner schmächtigen Figur zu passen. Zweifellos hatte er das Publikum in einen ekstatischen Taumel versetzt; dennoch waren die Kritiker geteilter Meinung. In der *New York Times* las man, sein Spiel sei »uneben, oberflächlich und oft unkünstlerisch«[8] gewesen, während es *The Nation* als einen »stürmischen, verrückten Flug« bezeichnete, »ohne Rhythmus und ohne Sinn. Und am Schluß dann ein erschütterndes Oktaven-Getöse, welches das Publikum zwar hinriß und den Solisten groß herausstellte, das Werk aber nicht rettete.«[9] Natürlich gab es auch begeisterte Stimmen. »Ein Klavier-Vulkan«, schrieb W. J. Henderson von *Evening Sun*, während Pitts Sanborn in *New York Telegram* Horowitz als »ein atemberaubendes Talent« bezeichnete, dann aber auch Vorbehalte anbrachte. »Selten, ja wohl noch nie habe ich jemand so unbarmherzig aufs Klavier hauen hören wie Horowitz in der grandiosen Einleitung des Konzerts.«[10]

Aber selbst die unbarmherzigsten Kritiker – zum Beispiel jener, der schrieb, daß Horowitz »eine Exhibition des Klavierspiels in seiner heruntergekommensten Form«[11] geboten habe – vergaßen nicht, auf Beechams Rolle bei diesem Fiasko hinzuweisen, zumal ein Dirigent üblicherweise ja vorbehaltlos seinem Solisten folgen sollte. Beecham wurde arg ins Gebet genommen – vor allem, weil er sich nicht einmal die Mühe genommen hatte, die Partitur wirklich auswendig zu lernen, und seine diesbezüglichen stümperhaften Bemühungen »nicht nur überflüssig, sondern geradezu schädlich« gewesen seien. Einige rügten die »ungehörigen Tempo-Ausbrüche« des Pianisten sowie dessen allzu große Gefallsucht beim amerikanischen Publikum. Andere wiederum orakelten, daß Beecham aus Eifersucht lethargische Tempi gewählt habe – weil er sein New Yorker Debüt mit diesem russischen Emporkömmling habe teilen müssen. Letztlich aber war man sich doch mehr oder weniger einig darüber, daß es sich hier mehr um eine Zirkusvorstellung als um ein seriöses Konzert gehandelt habe.

Während alle Kritiker dem Pianisten Virtuosität bescheinigten, schien nicht ein einziger davon überzeugt zu sein, daß er auch ein versierter Musiker sei. »Einige Tempi weckten die Neugier auf einen Klavierabend mit Horowitz«, meinte Olin

Downes gönnerhaft in *The Times*; »dann wird man sehen, inwiefern es sich um einen ernst zu nehmenden Musiker oder bloß um einen Virtuosen handelt und ob er mehr als nur Technik und herkömmliche Tricks ins Feld führen kann.«[12] Neben den unangemessenen Tempi und Unausgewogenheiten im Spiel wurde auch Horowitz' unnötig greller und markanter Ton gerügt. Für die nächsten paar Jahrzehnte würde das ein konstantes Thema für die Kritiker bleiben. »Seine Technik ist Segen und Fluch zugleich«, hieß es in *The Nation*. »Sein Spiel basiert auf einem lauten, klaren Ton, aus dem Vorderarm erzeugt; und er zeichnet sich durch eine ungewöhnliche Brillanz und Reinheit aus, wie der Ton eines Pianolas. Leider wirkt sich diese Tonerzeugung wie ein Fluch aus auf die Obertöne, aufs Legato und die Klangvariierungen. Statt solcher Differenzierungen gibt es nur schwarz und weiß, statt Intention nur Technik. Zweifellos liegt neben dieser Virtuosität auch ein bedeutendes musikalisches Talent verborgen; dennoch besteht Anlaß zur Befürchtung, daß Horowitz hier in eine Sackgasse geraten ist.«[13]

Plötzlich war Horowitz nun weltbekannt. Merowitsch war begeistert: Tatsächlich erwies sich das Debüt als ein ungeschmälerter Erfolg. Es spielte absolut keine Rolle, daß einige Kritiker fanden, Horowitz' Klavierspiel sei »heruntergekommen«. Er hatte Schlagzeilen gemacht; das genügte. »Seit Jahren«, so hieß es bezeichnenderweise in einer Zeitung, »hatte kein Pianist ähnliche Begeisterungsstürme im Publikum entfacht.«

Rückblickend gab Horowitz zu, daß sein Amerika-Debüt wohl etwas »stürmisch« gewesen sei und daß er die Tempi im Tschaikowski-Konzert »nach Belieben einmal angezogen und dann wieder verlangsamt« habe. Aber er ließ sich nicht von Merowitschs Devise vom theatralischen Konzertieren abbringen. »Das gehörte mit zum *épater la bourgeoisie*«, verteidigte sich Horowitz später. Sicher, er hatte das sonst eher zurückhaltende Carnegie-Hall-Publikum zu Begeisterungsstürmen hingerissen, und eigentlich konnte ihm deswegen niemand Vorwürfe machen. Zumal er noch genügend Gelegenheit haben würde, in zukünftigen Soloabenden und Orchesterkonzerten vermehrt auch seine musikalischen Fähigkeiten zu demonstrieren. Er war zufrieden und optimistisch, und es kam gar zu einer – wenn auch etwas kühlen – Freundschaft mit Sir Thomas Beecham. Fünf Jahre später nämlich konzertierten die beiden wiederum zusammen, diesmal in London, wobei Beecham trocken bemerkte: »Mr. Horowitz, dieses Mal habe ich die Partitur mit dabei.«

Weitaus am wichtigsten und in persönlicher Hinsicht am bedeutendsten war es für Horowitz, daß sein erfolgreiches Debüt zu einem zweiten Treffen mit Rachmaninow führte. Der Pianist war überrascht und begeistert, als er schon am Tag nach seinem Konzert eine Karte von Rachmaninow erhielt; dieser lobte ihn, fügte aber auch die Warnung bei, er solle das nächste Mal nicht mehr derart schnell spielen, vor allem nicht in der Kadenz. »Kommen Sie zu mir zum Essen, so können wir darüber sprechen.« Horowitz' Kommentar: »Selbst wenn er gesagt hätte, ich hätte miserabel gespielt, so wäre ich dennoch glücklich gewesen.«

Das Treffen wurde wiederum von Greiner arrangiert und fand bei Rachmaninow zu Hause statt. Wie sich dann herausstellte, ging es an diesem Abend weniger um musikalische als um persönliche Dinge. »Rachmaninow sagte zu mir: ›Möglich, daß Sie der Schnellste und Lauteste sind. Ich aber sage Ihnen, daß das nicht musikalisch und überhaupt auch nicht nötig war.‹ Darauf erklärte ich ihm, weshalb ich so gespielt habe. Er lachte.« Mitten in der Diskussion über Horowitz' bevorstehenden Auftritt mit Rachmaninows drittem Klavierkonzert in New York warnte ihn der Komponist: Es sei nicht leicht, mit diesem Werk Erfolg zu haben. »Er erzählte mir, daß er selber damit nur ein einziges Mal wirklich Erfolg gehabt habe, als er es 1909 zusammen mit Gustav Mahler aufführte. Die Musiker hätten das Werk geliebt, die Kritiker und das Publikum hingegen nicht. ›Die dachten, das sei zu kompliziert.‹« Zum Schluß spielte Rachmaninow für Horowitz noch einige Stücke aus Medtners *Märchenerzählungen*, und es kam Horowitz vor, als würden sie sich schon lange kennen. Dennoch: Die Beziehung, die sich zwischen den beiden in den folgenden Jahren entwickelte, war klar von einem Mentor-Schüler-Gefälle geprägt. Rachmaninow war fünfundzwanzig Jahre älter als Horowitz und behandelte ihn oft eher wie einen zwar talentierten, aber doch noch sehr jungen Schulbuben. »Zwanzig Jahre später waren wir einander dann ebenbürtig«, erinnerte sich Horowitz, »aber damals noch nicht. Damals war er wie ein Vater zu mir – vom ersten Tag an.«

Leider blieb Horowitz während seiner ersten Amerika-Saison nur wenig Zeit übrig, um diese neue Freundschaft zu pflegen. Sein Tourneeplan sah sechsunddreißig Konzerte in zwölfeinhalb Wochen vor – sechzehn davon mit renommierten Orchestern und Dirigenten: mit dem Philadelphia Orchestra unter Leopold Stokowski, dem Boston Symphony Orchestra unter Serge Kussewitzky sowie dem Chicago Symphony Orchestra unter Frederick Stock. Nach triumphalen Auftritten mit dem dritten Rachmaninow-Konzert in Philadelphia, Cincinnati, Chicago und St. Louis kehrte Horowitz nach New York zurück, um dasselbe Werk unter Walter Damrosch mit dem New York Symphony Orchestra zu spielen. Obwohl Damrosch irritiert war, weil Horowitz das Konzert anders spielte als der Komponist selbst, war Rachmaninow dennoch begeistert. Und diesmal übrigens auch die Kritiker. Überhaupt schien sich Horowitz an diesem Abend mit den Kritikern versöhnt und die Erinnerung an seinen chaotischen Tschaikowski gleichsam ausgelöscht zu haben. »Er bewies, daß er Feingefühl hat, daß sein Spiel über exquisite Farben verfügt, daß er überlegen phrasiert und einen untrüglichen Sinn für Proportionen hat«, schrieb Olin Downes über den ersten Soloabend von Horowitz vom 20. Februar in der Carnegie Hall. »Es ist etwas anderes, ob man zusammen mit einem Orchester auftritt oder ob man allein am Flügel sitzt und auch allein das bei Klavierabenden bekanntlich besonders kritische Publikum überzeugen muß.«[14]

Die Kritiken von diesem ersten Horowitz-Klavierabend fielen unterschiedlich aus. Eine Woche nach dem Konzert konnte man im *Musical America* eine Art

Negativ-Bilanz lesen: »Horowitz ist für unseren Geschmack auf eine zu unangenehme Art brillant und auch zu nervös, um wirklich zu fesseln. Seine Finger erlauben ihm keine Ruhe. Sie sind wie junge Hunde, wollen überall herumrennen und interessante Dinge vollführen – will sagen: das vollführen, was ihr Besitzer für interessant hält. Und so, wie seine endlosen Hunde-Mätzchen uns langweilten, so nahm er das alles tödlich ernst ... Der Geist war stark, aber das Fleisch und die Knochen von Horowitz' Fingern waren noch stärker.«[15]

Die meisten Kritiker waren sich einig, daß man in der Chopin-Gruppe – bestehend aus drei Etüden (Ges-dur op. 10 Nr. 5, cis-moll op. 25 Nr. 7 und F-dur op. 10 Nr. 8) sowie der As-dur-Polonaise und zwei Mazurken in c-moll – Lieblichkeit und auch eine gewisse Opulenz des Klanges »in ärgerlicher Weise vermißt« habe. »Von den Mazurken einmal abgesehen«, schrieb Downes, »kam es bei diesem Chopin nur darauf an, das Publikum zu beeindrucken.«[16] Die rhythmische Elastizität, von der Horowitz bei den Mazurken meisterhaft Gebrauch zu machen verstand, erwies sich bei den Etüden als nachteilig. Er spielte diese Etüden mit freizügigsten Rubati – und dies selbstverständlich auf Kosten ihrer formalen Struktur. Selbst der wohlwollendste Kritiker reagierte hier negativ und schrieb, daß es Horowitz vorläufig ganz einfach an der künstlerischen Reife für solche Musik fehle.

Selbstverständlich stießen andere Werke bei der Kritik auf eine bessere Resonanz. Wie er das in Europa mehrmals getan hatte, eröffnete Horowitz auch seinen New Yorker Klavierabend mit Bach/Busonis C-dur-Toccata. Aber wie so oft, wenn er nervös war, wirkte sein Spiel oberflächlich und schulmeisterlich – und tönte zudem gläsern, weil Horowitz mit jener bei Blumenfeld gelernten non legato-Technik spielte. Der Kontrast zu den nachfolgenden Scarlatti-Sonaten hätte größer dann nicht sein können – überzeugend und, wie ein Kritiker meinte, mit »Geläufigkeit, Brillanz und Charme« gespielt. Das Scarlatti/Tausig-*Capriccio* sowie eine unbekannte c-moll-Sonate von Scarlatti wirkten als herrliche Überraschung, wobei Horowitz in diesen Miniaturen einmal mehr durch seine magistrale Pedalkunst auffiel.

Vor allem bei Liszts h-moll-Sonate waren sich die Kritiker uneinig. Downes reagierte begeistert und sprach von einer »vornehmen, gewaltigen Konzeption, von einer Interpretation, die alles andere turmhoch übertraf ... wobei Horowitz viele, wenn nicht gar alle Qualitäten eines bedeutenden Interpreten offenbarte«.[17] Zwar hegte Downes Zweifel bezüglich der Tendenz von Horowitz, das Werk zu überdramatisieren und die Klangkapazitäten des Klaviers zu stark zu beanspruchen. Aber er fühlte, daß die Kunst des Pianisten noch »wachsen und reifen« würde.

Pitts Sanborn schrieb, daß Horowitz mit ungeheuer kräftigen Händen »das Klavier terrorisiert und ihm eine höchst verblüffende Klangfülle«[18] abgewonnen habe. Was Merowitsch natürlich nur zu gerne las und es als einen neuen Triumph seines Schützlings wertete. Obwohl Horowitz eher den Ruf eines Sensationspianisten als den eines mehr poetischen Musikers hatte, blieb Merowitsch seiner Devise treu: Das einzige, was zähle, sei, daß das Publikum zu *standing ovations* animiert würde. Und was im *Musical America* als Fazit zu lesen war, hatte Merowitsch längst schon verfochten: »Man mag seinen Ton als wunderbar rein empfinden oder als farblos und spröd – wie auch immer: Man lauscht mit gebannter Aufmerksamkeit, wenn Horowitz spielt ... Dieser Pianist ist ein ganz außergewöhnliches Ereignis. Und eine charakteristische Persönlichkeit dazu.«[19]

Zweifellos war Horowitz nun ein Erfolgspianist. Das wurde am 21. Februar, einen Tag nach dem Carnegie-Hall-Klavierabend, evident, als sich Vertreter von Schallplattenfirmen meldeten, die solche Sensationserfolge nun kommerziell auszuwerten gedachten. In wenigen Tagen schloß Merowitsch gleich mit zwei Firmen Verträge ab: mit Duo Art, New York (spezialisiert auf Papierrollen-Aufnahmen), und mit RCA Victor in Camden, New Jersey. Bereits am 28. März saß Horowitz zum ersten Mal vor Mikrofonen, wobei das neuartige elektronische Aufnahmesystem zum Zuge kam, welches Victor für 78tourige Schellack-Platten entwickelt hatte. In drei Takes wurden seine *Carmen*-Variationen aufgenommen; er hatte sie als Encore in seinem New Yorker Klavierabend gespielt und dafür donnernden Beifall geerntet. Was Merowitsch, Horowitz und RCA Victor zur Überzeugung brachte, daß derartige Paraphrasen genau das seien, was das Publikum von ihm erwarte. Obwohl solche Werke in einem »seriösen« Klavierabend normalerweise nicht vorkamen, sagte sich Horowitz, er könne damit die Improvisier-Tradition des 19. Jahrhunderts wieder neu beleben. Eine sinnvolle Überlegung, zumal man ihn immer wieder als »zweiten Liszt« apostrophierte.

Innerhalb von fünf Tagen nahm Horowitz noch weitere Lieblingswerke auf: die Chopin-Mazurka cis-moll op. 30 Nr. 4, das *Capriccio* von Scarlatti/Tausig sowie Debussys *Serenade of the Doll* – alles kleine Stücke, die bestens je auf eine 78tourige Platte paßten und auch dem Publikumsgeschmack entsprachen. Horowitz' *Carmen*-Variationen erwiesen sich als ein echter Verkaufsschlager, so daß Duo Art nachfragen ließ, ob Horowitz dieses Werk auch für sie aufnehmen würde. Und zwar zusammen mit Tschaikowskis *Dumka*, der *Liebesbotschaft* von Schubert/Liszt sowie Horowitz' eigenem f-moll-Walzer. Und im nächstfolgenden Jahr machte Horowitz schon für drei Firmen Aufnahmen: für die beiden amerikanischen Gesellschaften sowie für Welte-Mignon in Deutschland. Im Herbst 1928 waren in der Tat drei verschiedene *Carmen*-Versionen auf dem Markt; doch mit solcher Mehrspurigkeit war es schon 1929 aus, als Horowitz einen Exklusivvertrag mit RCA Victor und ihrer Londoner Zweigfirma His Masters Voice abschloß. Damit zog er die Konsequenz aus der merklich abnehmenden Popularität des elektronischen Klaviers und der damit verbundenen Reduktion von Papierrollen-Aufnahmen. Grammophon-Schallplatten, mochten sie auch noch in ihren Anfängen stecken, waren klar der Tonträger der Zukunft.

Nun aber hieß es, sich auf das mörderische Programm der Amerika-Tournee zu konzentrieren, die am 3. Februar in Baltimore begann. Was Horowitz in

Europa erlebt hatte, schien sich hier zu wiederholen: So wie er in Hamburg mit offenen Armen empfangen wurde, nachdem er in Berlin eher auf zwiespältige Resonanz gestoßen war, so erging es ihm jetzt in Amerika, wo er außerhalb von New York mehr Anerkennung fand. Chicago, Boston und Philadelphia erwiesen sich sogleich als eigentliche »Horowitz-Städte«; der Druck hier war nicht so heftig, und Horowitz schien besser zu spielen und erhielt auch bessere Kritiken. Ein einschlägiges Beispiel dafür war Boston, wo Horowitz am 16. März erstmals auftrat – und zwar mit Rachmaninows drittem Klavierkonzert, zusammen mit dem Boston Symphony Orchestra unter Serge Kussewitzky. Das sonst eher zurückhaltende Freitagabend-Publikum fiel nach dem Rachmaninow in eine eigentliche Raserei, schrie, tobte und hämmerte wie toll auf die Sitze. Philip Hale zog im *Herald American* folgendes Fazit: »Da wogte ein Enthusiasmus, wie ihn seit der Eröffnung der Boston Symphony Hall noch kein Pianist je hervorgebracht hatte.«[20] Und im *Boston Globe* las man: »Was immer man von den frenetischen Publikumsreaktionen bei Liszt und Rubinstein erzählt haben mochte: Hier wurden sie glaubhafte Wirklichkeit. Horowitz scheint etwas von jener dämonischen Kraft zu besitzen, die man Paganini nachsagt. Jedenfalls hat seit den Debüts von Heifetz und der Galli-Curzi kein Künstler soviel Erfolg beim amerikanischen Konzertpublikum gehabt.«[21]

Horowitz war im siebten Himmel und schrieb seinen Freunden in Europa, daß sie sich, was Amerika anbelangt, getäuscht hätten. In weniger als drei Monaten hatte Horowitz in der Tat bewiesen, daß es im amerikanischen Konzertleben tatsächlich Platz habe für ihn. Merowitsch wies stolz darauf hin, daß der Charmeur Horowitz beim Publikum bald mehr Erfolg habe als Startenöre und daß er jetzt auch seine erste Fan-Post bekomme. Horowitz meinte in seiner bescheidenen Art, daß an seinem Bostoner Erfolg auch das Orchester wesentlich mitbeteiligt gewesen sei: »Das Bostoner Orchester ist großartig. Zusammen mit dem Philadelphia und dem New York Philharmonic ergibt das die drei besten Orchester der Welt.« Für ihn, der noch vor zwei Jahren als damals unbekannter Pianist mit Drittklaß-Orchestern aufzutreten gezwungen war, bedeutete dieses gemeinsame Konzertieren Auszeichnung und Erfolg.

Die Presse fand, im persönlichen Umgang sei Horowitz unwiderstehlich: liebenswürdig, zurückhaltend und stets humorvoll, was in einem auffälligen Gegensatz stand zu seiner ungestüm-energischen Ausstrahlung auf dem Konzertpodium. »Keine uneinnehmbare Künstlerfestung, kein Anflug von Stolz oder Hochmut, kein erhabenes Genie, das die Welt von oben herab behandelt«, schrieb der *Boston Globe* am 25. März 1928. »Ganz im Gegenteil: Horowitz ist ein charmantes, nachdenkliches Kind, das sich manchmal naiv über die Welt wundert.« Sein Auftreten wirkte beeindruckend – mit dichtem, dunkelbraunem Haar, fein säuberlich zu einem Mittelscheitel gekämmt, was die Wirkung seiner großen, ausdrucksvollen Augen noch betonte. Eine nachdenkliche Wehmut kam zum Vorschein, sobald er über seine Kindheit oder seine Lehrjahre in Rußland sprach.

Um so überschwenglicher aber reagierte er, wenn er nach seinen Eindrücken von Amerika befragt wurde. »Hier sind die Leute so unerwartet und vorbehaltlos begeistert«, antwortete er. »In Europa ist das Publikum viel konservativer. Für einen Neuling ist es dort sehr schwierig. Hier aber liebt man die Russen – mir scheint es, daß die Amerikaner neue und junge Gesichter gern haben. In Frankreich und in Deutschland hängen sie so stark an ihren altbewährten Lieblingskünstlern, daß ein junger Musiker dort fünfundzwanzig Jahre braucht, bis er bekannt ist.«

Die etwas naive Leidenschaftlichkeit der Amerikaner war ja auch eine Eigenschaft von Horowitz, und liebend gerne beantwortete er Fragen wie die folgende: »Tauchen Sie Ihre Hände eine Stunde vor dem Konzert in warmes Wasser, wie es Paderewski getan haben soll?«

»Nein, ich wärme meine Hände mit Musik auf.«

Oder: »Wie lange würden Sie brauchen, um ein Werk auswendig zu lernen, das so schwierig ist wie das dritte Rachmanikow-Konzert?«

»Nun, ein Monat würde genügen – wobei Sie nicht vergessen dürfen, daß ich den Orchesterpart so gut kennen muß wie meinen Solopart.«

»Üben Sie im Sommer?«

»Im Prinzip übe ich jeden Tag zwei Stunden, aber manchmal bin ich eben kein folgsamer Junge und haue dann ab«[22] – wobei Horowitz kichernd auf Merowitsch blickte.

Bei solchen Interviews waren stets Merowitsch oder der Sekretär zugegen, den Horowitz kürzlich engagiert hatte. Beide standen dem Künstler jeweils bei und, was noch wichtiger war, dienten ihm als Übersetzer. Horowitz konnte nur sehr schlecht englisch, und so antwortete er oft auf russisch, französisch oder deutsch – damit er genau antworten konnte und entsprechend genau auch zitiert würde. Wenn eindringlich nach seiner russischen Vergangenheit gefragt wurde, so war Horowitz stets mit irgendeiner ausweichenden Antwort zur Stelle. Als man beispielsweise wissen wollte, weshalb ihn sein Vater nie in Europa oder Amerika besucht habe, antwortete er: »Es ist eben schwierig, ihn aus Rußland herauszubekommen, weil er ein sehr berühmter Ingenieur ist und das sowjetische Regime ihn zur Zeit dringend braucht.« Nie ging er auf die Nöte seiner Familie ein oder auf die Tatsache, daß er nicht mehr nach Rußland zurückkehren konnte. Eher versuchte er, ein intaktes Bild von seiner Heimat zu entwerfen. Merowitsch wies dann seinerseits auf Horowitz' Kompositionsunterricht hin, wobei auch er recht übertrieb: daß Horowitz ein »profilierter Komponist sei, der zahlreiche Sonaten, Quartette, Balladen, Etüden, Walzer und Lieder« geschrieben habe. Wenn die Reporter dann nachdrücklich nach diesen Komponisten fragten, sagte Horowitz stets, daß er im Moment noch keine eigenen Werke zu veröffentlichen imstande sei.

Obwohl sich Horowitz der Presse gegenüber oft zurückhaltend, zuweilen gar spröde benahm, war er andererseits stolz auf seine Publicity-Erfolge und ließ in

Interviews hie und da sogar Bemerkungen über hochgestellte Persönlichkeiten fallen. Zum Beispiel über das belgische Königspaar oder die italienische Königsfamilie, die er »seine nahen Bekannten« nannte, wogegen der Fürst von Monaco und der Duke of Connaught zu seinen »liebsten Freunden« zählten. Überdies hatten seine Erfolge in Amerika nun auch finanzielle Folgen. Nachdem er im nachrevolutionären Rußland unter kärglichen Bedingungen gelebt hatte, freute er sich nun um so mehr über den Luxus: über ein Auto, über farbenprächtige Kleider, wobei hier seine Liebe zum Detail manchmal die Grenze zum Bizarren streifte. Oftmals amüsierten sich die Leute über seinen Geschmack und über seine Kleidung – vor allem über seine roten und rosafarbenen Hemden, die er über alles liebte. Manchmal sah er wie ein übergroßes Kind aus, das sich unheimlich gern »schön« machte, auch wenn dazu gar kein Anlaß bestand. Wen wundert es, daß das amerikanische Publikum bald für ihn schwärmte.

1 Der dreiundzwanzigjährige Vladimir Horowitz im Januar 1926, zur Zeit seines Debüts in Berlin. Sein Manager bestand darauf, daß er sich seine Haare nach der damaligen Mode kurz schneiden ließ.

2 Horowitz posiert vor seinem ersten Auto, einem Studebaker. Die Aufnahme stammt aus dem Jahre 1928, kurz nach dem Ende seiner ersten Amerika-Tournee.

3 Horowitz mit seinem deutschen Chauffeur (1928).

4 Ein Monokel tragend und gekleidet wie ein Dandy, steht Horowitz neben Paul Schmidt in Cannes, wo er im Sommer 1928 nach seiner erfolgreichen USA-Tournee in den Ferien weilte.

5 Nach seiner aufsehenerregenden Interpretation von Tschaikowskis Klavierkonzert im Januar 1928 wurde Horowitz über Nacht zu einer Berühmtheit. Fotos und Porträtzeichnungen von ihm erschienen in allen wichtigen Zeitungen und Magazinen.

6 Alexander Merowitsch (links), Horowitz' Manager von 1924 bis 1934, auf dem Balkon seiner Pariser Wohnung, mit Horowitz (Mitte) und Paul Schmidt (rechts). Die Aufnahme stammt aus dem Jahre 1930.

7 Horowitz mit Artur Schnabel 1930 in Berlin. Der große deutsche Pianist hatte Horowitz schon 1923 in der Sowjetunion kennengelernt und ihn ermutigt, im Westen zu spielen.

8 In Paris bereits als »König der Konzertbühne« gefeiert, schifft sich Horowitz auf der *Europa* für seine fünfte Amerika-Tournee ein, die im Oktober 1931 beginnt.

9 Horowitz als Bergsteiger im Engadin, wo er sich von den Strapazen seiner Konzertsaison 1929/30 erholte.

10 Nathan Milstein (links), Horowitz, eine unbekannte Frau und Alexander Merowitsch (rechts) am Strand von Antibes, Sommer 1930.

11 Bei einem Picknick in Kopenhagen im Oktober 1933 gibt Horowitz seinen Freunden seine Verlobung mit Wanda Toscanini bekannt. Von links: Berthe Malko, Horowitz, der angehende Dirigent Hans Schröder, der Dirigent Nikolai Malko. Malko zeigt auf Horowitz' Sekretär, einen jungen Deutschen, der während fast sechs Jahren sozusagen der ständige Begleiter des Pianisten war.

12 Das Trio Piatigorsky-Horowitz-Milstein bei der Probe für den ersten gemeinsamen Auftritt in der Carnegie Hall am 30. März 1932.

13 Arturo Toscanini schlug Horowitz vor, seine England-Tournee in Begleitung von Wanda zu absolvieren, gewissermaßen als Vorbereitung für ihre Ehe. Von Wandas Schwester Wally, der Gräfin Castelbarco (links), als »Anstandsdame« begleitet, treffen die Verlobten im November 1933 in London ein.

14 Alexander Merowitsch und seine »Jungs« auf der *S. S. Leviathan* vor der Ankunft in New York, wo ihre Amerika-Tournee 1932/33 ihren Anfang nahm.

15 Porträt einer problematischen Verbindung: Ankunft von Mr. und Mrs. Vladimir Horowitz in New York im Januar 1934, zwei Wochen nach ihrer Hochzeit.

16 Vor der Abreise aus Italien auf der *S. S. Rex*, am 28. Dezember 1933. Von links nach rechts: Der frischgebackene Ehemann Vladimir Horowitz, Nathan Milstein, Gregor Piatigorsky, Arturo Toscanini und Bernardo Molinari.

Steinert, Rubinstein und Cortot

In den späten zwanziger Jahren schrieb mir Horowitz wunderbare Briefe, und ich schätzte ihn über alles. Später wollte er mit solchen alten Freunden nichts mehr zu tun haben, und so mußte ich mich halt fügen.

ALEXANDER STEINERT[1]

Steinert hatte ein schönes Haus und darin zwei Klaviere. Horowitz und ich gingen jeden Abend hin und spielten vierhändig. Er war wahnsinnig eingebildet und wollte nichts als Eindruck schinden. Er tat so, als hätten Mozart, Beethoven, Schumann und Schubert nur gelebt, um ihn mit ein paar Show-Piecen für seine Zugaben zu beliefern. ARTHUR RUBINSTEIN[2]

In ungefähr sechsunddreißig Sekunden war ich mir über Horowitz' Intelligenz im klaren, und ich hatte kein Interesse, ja im Gegenteil eigentlich nur Verachtung für jemand, der mit seinem Talent spielt, statt es verantwortungsvoll zu nutzen. ALFRED CORTOT[3]

Innerhalb von nur zweieinhalb Monaten hatte Horowitz in den Vereinigten Staaten mehr Furore gemacht, als sich Merowitsch in seinen kühnsten Träumen erhofft hatte. Am 7. April verließen die beiden New York, um wiederum nach Paris zurückzukehren – wobei ihnen Judson insgesamt fünfundvierzig Konzerte für die kommende Herbst-Saison in Amerika zugesichert hatte. Ein Monat blieb dem Pianisten nun noch frei bis zum letzten Konzert in dieser Saison (am 5. Juni in der Pariser Opéra) – einer letztlich ungemein erfolgreichen Saison. In Paris würde nichts schiefgehen; hier überschlugen sich die Kritiker und Musikfreunde beinahe vor Begeisterung. Horowitz sei »ein arabisches Vollblut von allerhöchster Qualität«[4], konnte man in der Zeitung lesen. Seine Technik wurde zu einem beliebten Gesprächsstoff unter Konservatoriumsschülern: Die Ökonomie in seinen Bewegungen wurde verhandelt und die Sitzposition von Horowitz, dann natürlich die ausgestreckten, beinahe flachen Finger und die hochgehaltenen Handgelenke. Horowitz gab die Einwilligung, daß sein Klavierabend in der Opéra gefilmt werden dürfe; so ist ein wertvolles Dokument aus dieser Epoche entstanden. Es handelt sich um einen Stummfilm, den Michel Hirvy in Zusammenarbeit mit Louta Nouneburg drehte, und zwar gleichzeitig in zwei Fassungen – eine in normaler Geschwindigkeit und die andere im Zeitlupentempo: mit Nahaufnahmen von Horowitz' Händen bei der *Oktaven*-Etüde von Chopin. Diese Interpretation bildete dann einen Teil einer größeren Film-Serie, wo Aufnahmen mit anderen Pianisten wie Alfred Cortot und Wilhelm Backhaus vertreten waren.

Horowitz hatte in der Saison 1927/28 mehr Konzerte und Interviews gegeben als je zuvor; nun war er erschöpft. Die nächsten paar Monate sollten ausschließlich der Erholung dienen: Einige Wochen wollte er am Strand von Antibes an der Côte d'Azur verbringen, dann wollte er im Engadin auf Bergtouren gehen und – nicht zu vergessen – mit seinem neugekauften Auto, das er per Schiff von Amerika hinüberbringen ließ, Ausfahrten machen.

Das Auto sollte klar zeigen, daß er nun Geld hatte. Obwohl Merowitsch in Paris ein Appartement gekauft hatte, welches als Basis für ihn und seine Künstler gedacht war, leistete sich Horowitz dennoch eine eigene Bleibe im Majestic Hotel. Da er auf seiner Amerika-Tournee stets vor ausverkauften Häusern gespielt und entsprechende Einnahmen gemacht hatte, war das Leben nun einfacher geworden.

Dennoch forderte der Erfolg auch seinen Tribut. Horowitz spürte, daß er Zeit für sich selber brauchte und Distanz von allen Verpflichtungen. Aus Vichy schrieb er in diesen Sommermonaten an Sascha Greiner: »Sei mir bitte nicht böse, daß ich nie etwas von mir hören lasse. Glaub mir, dies ist der dritte oder vielleicht vierte Brief, den ich in den vergangenen fünf Monaten geschrieben habe. Das vergangene Jahr war unheimlich anstrengend, und eine Reaktion blieb dann auch nicht aus; sie verschwindet nur langsam, und es wird noch einige Zeit dauern, bis ich wieder auf dem Damm bin.«[5] Zwar ist es nicht ganz klar, was für eine »Reaktion« Horowitz meinte; jedenfalls war er stets anfällig für Erkältungen oder für eine Bronchitis, und auch mit seinen Nerven war er oft am Ende. So begann er diesen Sommer mit einer Gewohnheit, die er über Jahre beibehalten würde: Er ging in luxuriösen europäischen Gesundheitszentren und Sanatorien, vor allem in ländlichen Gegenden Deutschlands, Frankreichs und der Schweiz, »zur Kur«.

Horowitz fühlte sich in den dreißiger Jahren immer noch sehr wohl in Europa. Den größten Teil seiner freien Zeit pflegte er in Frankreich und in der Schweiz zu verbringen. Während dieser Jahre des aufreibenden Hin und Her zwischen Europa und Amerika hielten ihm die europäischen Freunde – die meisten lebten in Paris – stets die Treue und gaben ihm auch Gelegenheit zum Ausspannen. Im Sommer 1928 hatte Horowitz zudem einen wichtigen neuen Freund in Amerika kennengelernt: Alexander Steinert, ein amerikanischer Komponist und Dirigent; er hatte in Harvard studiert und zog dann nach Paris, wo er 1927 den Rom-Preis gewann. Alex war ein liebenswerter, gesprächiger, manchmal etwas lauter Typ, der sehnlichst wünschte, mit zur Pariser Topmusikwelt zu gehören. Man traf ihn oft in Konzerten und in der Oper, wo er mit seinem dickblonden Haarschopf und seiner Brille jeweils leicht zu erkennen war. Horowitz traf Steinert zum ersten Mal im Juli, und zwar auf dem Versailler Schloß des italienischen Komponisten Prinz Rofredo Bassiano. »Wohin Horowitz auch ging, stets fielen die Leute vor ihm auf die Knie wegen seiner immensen Erfolge in Paris, Berlin und New York«, erinnerte sich Steinert. Auch er war vom jungenhaften Humor Horowitz' sofort begeistert.

Bald darauf begleitete Steinert Horowitz, Francesco Mendelssohn und einige andere Freunde auf eine kurze Reise nach Belgien, wo Horowitz seine Schwester Regina zu treffen hoffte. Es stellte sich jedoch heraus, daß man ihr die Ausreise nicht erlaubt hatte – wohl aus Angst, sie würde dann im Westen bleiben. Steinert tröstete Horowitz, und nach ihrer Rückkehr war der Pianist häufig bei Steinert in der Rue Raymond Nr. 69 zu Gast. Dank des Reichtums seines Vaters, eines Klavierbauers in New England, konnten Steinert und seine Frau Sylvia Curtis ein sorgenfreies Leben führen, und ihre Wohnung war stets ein belebtes musikalisches Zentrum. Zwei große Konzertflügel standen da; ganze Heerscharen von Künstlern und Komponisten kamen hier vorbei – um zu üben, um gemeinsam Kammermusik zu machen, um über neue Kompositionen zu diskutieren oder in Steinerts riesigen Partitursammlung herumzustöbern. »Vladimir war damals stets bei mir«, erinnerte sich Steinert. »Er war auf sonderbare Art elegant, hatte hervorragende Umgangsformen, war stets makellos gekleidet und recht selbständig. Stets zeigte er jenen wachen Sinn für Humor, der mir schon damals bei Bassiano aufgefallen war. Er kannte die Werke von Skrjabin noch nicht sehr gut, und immer wieder probierte er neue Stücke von Poulenc, Rachmaninow und Prokofjew aus. Zudem war er Wagner-süchtig, und wir spielten viel aus der *Walküre* und den anderen Teilen der *Ring*-Tetralogie. Er vergötterte Liszt, stellte stets dessen Bildnis auf meinen Flügel und brachte einmal sogar Liszts Enkelin Blandine Ollivier mit. Diese wiederum war entzückt, daß sie in Paris einen ›modernen Liszt‹ gefunden hatte.«[6]

Im Salon von Steinert fand Horowitz zahlreiche neue Bewunderer – unter ihnen auch Sergej Prokofjew, der sich schon 1920, als es mit Diaghilew und den Ballets Russes zu einer Zusammenarbeit kam, in Paris niedergelassen hatte. Horowitz erinnerte sich noch genau an ihr erstes Zusammentreffen in Paris im Jahre 1927: »Ich war damals noch ein richtiges Kind; er brachte fünf oder sechs Kompositionen zu mir ins Zimmer und sagte: ›Ich möchte Ihnen zwei davon widmen. Wählen Sie bitte.‹ Ich sagte: ›Also, ich will diese Etüde und jenes Scherzo ...‹ Prokofjew hörte sich alle meine Klavierabende an und wollte, daß ich sein drittes Klavierkonzert spiele. Wobei er sagte: ›Spielen Sie nicht das zweite; es hat zu viele Noten, und ich habe es selber nicht gern.‹« Wie sich später herausstellen sollte, hat Horowitz nie ein Prokofjew-Konzert öffentlich gespielt, obwohl er das dritte als »ein gutes Konzert« bezeichnete.

Jenseits der Glasportieren zum Musikzimmer fand man Prokofjew oft beim Bridge-Spiel auf der Terrasse; Germaine Tailleferre führte Diskussionen über die neuesten Kompositionen von »Les Six«, während Milstein und Piatigorsky (die damals ihr Amerika-Debüt noch nicht hinter sich hatten) eifrig über amerikanische Jazzbands sprachen, die zu jener Zeit in den europäischen Hauptstädten Furore machten. Aber auch Persönlichkeiten aus der europäischen Aristokratie konnte man an solchen Abenden begegnen: Baron de Rothschild und seiner schönen Frau Nellie oder dem Prinzen Pierre von Monaco. Und natürlich war man auch an anderen Orten zu Gast – zum Beispiel im Salon der Prinzessin de Polignac (oder Prinzessin »Winny«, wie sie genannt wurde), im Salon der Vicomtesse de Noailles oder bei Jeanne Dubost; natürlich auch bei den Rothschilds oder im Appartement von Samuel Dushkin, wo Horowitz zum erstenmal George und Ira Gershwin kennenlernte. Dennoch: Am liebsten war Horowitz bei Alexander Steinert.

Nicht, daß sich Horowitz nur in dieser Glitzerwelt der Salons bewegt hätte. Es gab auch eine große, wenn auch kaum glamouröse russische Emigrantengemeinde in Paris, und Horowitz besuchte dort oft seine Landsleute. Steinert erinnerte sich an einen Vorfall, der Horowitz' Mitleid und Interesse für seine Flüchtlingsgenossen zeigt. »Es gab da einen kleinen Diamantenhändler, der die Familie Horowitz noch in Rußland gekannt hatte; er war Jude, hieß Gourian und wohnte in einer winzigen Dachwohnung oben auf dem Montmartre. Zu dieser Zeit war Horowitz in Frankreich bereits ein regelrechtes Zugpferd, und auch in Amerika hatte er schon glänzende Erfolge gehabt – und immer noch nahm er sich dieses kleinen Händlers an. Gourian war sehr dankbar und lud Horowitz dann einmal zu sich zum Tee – was mit viel Arbeit verbunden war. Denn Horowitz lud alle seine neuen Freunde mit ein, und wie wir in die Dachwohnung hinaufkamen, fanden wir den Tisch herrlich gedeckt. Es gab da auch ein altes, schäbiges Klavier und einige blecherne Kerzenständer. Zu meinem Entsetzen fragte Gourian, ob Vladimir nicht etwas für ihn spielen würde. Das Klavier war völlig verstimmt, einigen Tasten fehlte gar das Elfenbein – dennoch: Horowitz, der Wagner bekanntlich über alles liebte, spielte seine eigene Transkription des *Walkürenritts*, und er versenkte sich dabei in sein Spiel, als würde er in einem Konzertsaal auf einem Steinway spielen. Er liebte diesen Diamantenhändler; das war ein unheimlich ergreifendes Ereignis.«[7]

Im Salon von Steinert waren Pianisten die Stars – nicht nur Horowitz, sondern auch José Iturbi, Jacques Février und vor allem Arthur Rubinstein, der oft als Gast kam und ein wichtiger neuer Freund von Horowitz wurde. Viele Jahre später, nachdem Rachmaninow, Paderewski und Hofmann längst gestorben waren, wurden Horowitz und Rubinstein allgemein als die letzten Romantiker bezeichnet, wobei das Publikum die beiden interessanterweise als ungefähr gleichaltrig einstufte. Aber da gab es doch einen Altersunterschied von siebzehn Jahren – ein entscheidender Punkt; er mag einiges zum Verständnis jener starken Rivalität beitragen, die bald einmal in professioneller wie persönlicher Hinsicht zwischen den beiden aufloderte.

Der in Polen geborene Rubinstein debütierte bereits 1906 in Amerika: Horowitz war damals zwei Jahre alt. Obwohl er in New York nicht besonders großen Erfolg hatte, war Rubinstein in Frankreich, Polen, Italien, Spanien und Südamerika um so beliebter – lange bevor Horowitz überhaupt nach Berlin kam. Rubinsteins ebenso temperamentvolles wie poetisch-lyrisches Spiel machten ihn zu einem perfekten Chopin-Interpreten; und auch die Werke spanischer Komponisten spielte er mit einem besonderen Flair – »mit einer kraftvollen Männlichkeit und Athletik, die sich in einem prachtvollen, rundum gesunden Ton von direkter und ebenso einfühlsamer Klarheit manifestierte«.[8] Rubinsteins Repertoire – von der spanischen Musik, die Horowitz nie gespielt hat, einmal abgesehen – schloß zahlreiche Beethoven-Sonaten bis und mit op. 81a ein, dazu die meisten romantischen Klavierkonzerte sowie einige von Mozart, Kammermusik von Beethoven bis Fauré und letztlich ein bemerkenswerter Teil von Brahms' Solowerken. Rubinstein verfügte über ein außergewöhnliches Gedächtnis, so daß er einen gleichsam enzyklopädischen Zugriff auf unterschiedlichste Arten von Musik hatte; jedenfalls war sein Repertoire wesentlich größer als das von Horowitz.

Abgesehen vom Repertoire hätte man sich die beiden Pianisten kaum gegensätzlicher denken können. Rubinstein war kleingewachsen und relativ stark gebaut, mit einer auffälligen Nase wie Horowitz; er sah sich als ein *grand seigneur par excellence*. Ihn konnte nichts erschrecken, er war extravertiert, belesen und gebildet, und er hatte stets einen gargantuesken Appetit auf »gutes Essen, gute Zigarren, teure Weine und Frauen«.[9] In den zwanziger und dreißiger Jahren gab sich Rubinstein am Klavier völlig seinem Temperament und seiner Vitalität hin, wobei manche Note unter den Tisch fiel. Aus diesem Grund war er beim amerikanischen, deutschen und englischen Publikum auch nicht sonderlich beliebt; die dachten, sie hätten für ihr Eintrittsgeld das Recht, alle Noten zu hören. Rubinstein gab zu, daß er faul sei und üben ihm nichts bedeute; aber er sagte auch: »Zum Teufel mit den deutschen Pianisten und ihren exakten Fingern.«[10]

In Paris war Rubinstein der beliebteste Pianist – bis Horowitz kam. Er galt als einer der begnadetsten Chopin-Interpreten, spielte aber auch Werke von Zeitgenossen wie Villa-Lobos, Dukas, Strawinsky, Prokofjew, Ravel und Debussy. In den Salons war er ein gerngesehener Gast, der mit aristokratischem Benehmen und artigen Verbindlichkeiten nicht zurückhielt. Später meinte Rubinstein: »Ich gebe offen zu, daß das Getue, das man um Horowitz machte, mich eifersüchtig stimmte, bevor ich ihn überhaupt gehört hatte. Meine standhaftesten Freunde und Bewunderer redeten von nichts als von Horowitz. Ich konnte es nicht glauben, daß ein seriöser Pianist an einem Klavierabend aus der *Carmen* spielen würde. Aber ich war schon beeindruckt von dem, was mir die Freunde begeistert erzählten, und so beschloß ich, ihn so bald wie möglich zu hören.«[11]

Der Klavierabend von Horowitz fand am 29. Mai 1931 im Théâtre des Champs-Élysées statt; vorher aber bekam Rubinstein noch Gelegenheit, sich einige Horowitz-Schallplatten anzuhören. Er reagierte mit Erstaunen und schaute recht unglücklich drein. Er fand das Spiel seines Rivalen fantastisch, und Freunde versicherten ihm, daß dieser live noch besser spiele. »Kein Pianist sollte sich das Konzert eines anderen anhören«, schrieb Rubinstein später – vielleicht, daß er dabei an den ersten Konzerteindruck dachte, den er von Horowitz empfangen hatte. »Spielt der andere nämlich schlecht, so ist es unangenehm; und spielt er gut, so ärgert man sich.«[12]

Der Klavierabend von Horowitz wurde mehr als nur ein ärgerliches Erlebnis für Rubinstein. »Die beiden Paganini-Etüden in Es-dur und E-dur von Liszt werde ich nie vergessen. Horowitz besaß nicht nur Brillanz und Technik, er spielte mit einer lässigen Eleganz, einem Zauber, der unbeschreiblich ist. Auf dem Programm standen auch zwei bekannte Werke von Chopin, die *Polonaise Fantaisie* und die *Barcarolle*; beide spielte er meisterlich, wenn auch ganz konträr zu meiner Chopin-Auffassung. Den größten Erfolg hatte eine Zugabe: sein Arrangement des Tanzes aus dem ersten *Carmen*-Akt. Er brachte die drei Wiederholungen zu einer gewaltigen Steigerung, die uns von den Sitzen riß. Wir waren völlig platt. Nach seiner letzten Zugabe eilten wir alle in höchster Erregung ins Künstlerzimmer. Während sich Horowitz umkleidete, überboten sich seine Bewunderer (und die meisten auch meine Freunde) in Lobsprüchen, und ich pries ihn am lautesten. Immer noch schwitzend und bleich kam Horowitz dann aus der Künstlergarderobe und nahm diese Beglückwünschungen mit einem wahrhaftig königlichen Gleichmut entgegen. Wie ich dann zu ihm trat, sagte er: ›Ach ja, in der *Polonaise Fantaisie* habe ich eine falsche Note gespielt.‹ Zehn Jahre meines Lebens hätte ich darum gegeben, hätte ich behaupten können, in einem Konzert nur eine einzige falsche Note gespielt zu haben! Als wir dann hinausgingen, sagte mir eine schöne, sehr musikalische Dame und eine gute Freundin: ›*Arthur, pour la Barcarolle, il n'y a que vous.*‹ Das blieb mir lange im Gedächtnis haften.«[13]

Horowitz' phänomenale Technik und sein Anspruch, jede Note, die in der Partitur stand, auch zu spielen, bewog Rubinstein, seine eigene künstlerische Entwicklung kritisch zu hinterfragen. Er war nun vierzig Jahre alt und irgendwie an einem Wendepunkt seiner »romantischen Pianistik« angelangt. Früher hatte man ihm falsche oder ausgelassene Noten großzügig verziehen und sich mehr an die emotionale Wirkung seines Spiels gehalten. Doch mit solchen Freiheiten schien es nun aus zu sein; jetzt ging es um technische Perfektion, und das Publikum bemängelte kleinlich jede minimale Ungenauigkeit. Es sah so aus, als würden alte Pianisten und solche, die sich nicht auf diesen neuen Trend einstellen konnten, mehr und mehr beiseite gedrängt.

Rubinstein erinnerte sich gut an sein Trauma von damals: »In künstlerischer Hinsicht war ich zutiefst deprimiert. Ich fühlte im Innersten, daß ich der bessere Musiker sei. Um ganz ehrlich zu sein: Ich hatte stets das Gefühl, Horowitz spiele hauptsächlich um des Applauses willen und daß man ihn als den Techniker Nummer eins bezeichne. Meine Auffassung vom Sinn und Gehalt der Musik war reifer, und doch war ich mir gleichzeitig auch meiner schrecklichen Mängel bewußt – meiner Nachlässigkeit im Detail oder daß ich in manchem Konzert nurmehr einen vergnüglichen Zeitvertreib sah. Alles hing letztlich damit zusammen, daß ich mit teuflischer Leichtigkeit jede neue Musik aufnahm und lernte und sie alsdann keck im Konzert spielte. Obschon ich überzeugt war, daß ich der bessere Musiker sei, mußte ich dennoch zugeben, daß Horowitz der bessere

Pianist war. Mein Selbstwertgefühl war auf dem Nullpunkt angelangt. Der pianistische Überschwang und die technische Fertigkeit von Vladimir bewirkten, daß ich mich jener fortdauernden Nachlässigkeit wegen schämte, die eine volle Entfaltung meiner angeborenen musikalischen Gaben verhindert hatte. Ich wußte genau, daß es mir möglich gewesen wäre, jene Werke, die ich im Konzert zwar mit Liebe, aber eben doch auch mit Nachsicht für meine eigene Flüchtigkeit spielte, sehr viel besser zur Darstellung zu bringen. Ich begann ernstlich zu erwägen, ob es nicht besser sei, die Solistenlaufbahn aufzugeben, mich als Klavierlehrer zu etablieren und nur noch gelegentlich Konzerte zu geben – vor allem in Spanien und Südamerika, wo mich das Publikum gut mochte und mich vorbehaltslos als den akzeptierte, der ich war. Ich wußte, ich war zum Musiker geboren, doch anstatt mein Talent zu entwickeln, zehrte ich von meinem Kapital.«[14] Aus purer Eifersucht traf Rubinstein letztlich die Entscheidung, ein besserer Pianist zu werden. Er zog sich für längere Zeit zum ernsthaften Arbeiten zurück und hatte dann im November 1937 in New York eine Art Comeback. Jetzt überzeugte er die musikalische Fachwelt, in Amerika wie in England; jetzt bekam er jene begeisterten Kritiken, die ihm bis anhin stets vorenthalten geblieben waren.

Rubinstein ließ sich weiterhin vom Beispiel Horowitz' beeinflussen; was jedoch ihre persönliche Beziehung anging, fühlte er sich stets etwas von oben herab behandelt und verletzt. Bei Steinert freundeten sich die beiden bald an und duzten sich. An zwei Flügeln unterhielten sie die anwesenden Gäste oft mit improvisierten Einlagen: mit Wagner-Bearbeitungen, mit Rimski-Korsakows *Capriccio Espagnol*, Chabriers *Espagna* oder Debussys *Fêtes* aus den *Nocturnes*. Hie und da ging Horowitz am nächsten Tag dann zu Rubinstein, und dieser empfing ihn mit einer herzlichen Umarmung. Irritierend war es für Rubinstein, wenn sich Horowitz dann ans Klavier setzte und stückweise aus Haydn-Sonaten oder Moszkowski-Etüden vorspielte – er brauchte für seinen nächsten Klavierabend dringend noch ein wirkungsvolles Encore. »Ich brauche eines, das wirklich äußerst effektvoll ist«, sagte er, und Rubinstein war dann entsetzt über den »ungemeinen Dünkel« seines Kollegen. »Er betrachtete Mozart, Beethoven, Schumann oder Schubert ausschließlich als ein Vehikel für Herrn Horowitz – als Material, mit dem sich beim Publikum Eindruck schinden ließ. Dabei sollte jeder Pianist sich demütig vor diesen Genien verneigen, bevor er nur das Klavier anrührt, und sollte ihnen dankbar sein für alles, was sie ihm an Lebensglück und Begeisterung schenken.«[15]

Rubinstein ärgerte sich auch über die lässige Gleichgültigkeit, mit der Horowitz ihre Freundschaft behandelte. Oberflächlich sah zwar alles sehr herzlich aus, aber bald entdeckte Rubinstein einen »subtilen Unterschied« zwischen ihnen. »Horowitz behandelte mich, wie ein König seine Untertanen behandelt. Kurzum, er akzeptierte mich nicht als ebenbürtig.« Oft erhielt Rubinstein am Morgen einen Anruf von Horowitz: »Was machst du heute?« »Natürlich verstand ich den

Wink«, erinnerte sich Rubinstein. »Will sagen: Horowitz sah unsere Freundschaft vor allem darin, daß er meine Gastfreundschaft vorbehaltlos ausnützte.« So sollte ihn Rubinstein beispielsweise bei Fouquet zum Mittagessen einladen. Am Nachmittag war Horowitz dann wieder weg – um rechtzeitig zum Abendessen wiederum bei Rubinstein vorstellig zu werden. Und spät am Abend sollte dieser seinen Kollegen gar noch in einige Nachtklubs mitnehmen. Eine Gegenleistung erbrachte Horowitz offenbar kaum, und so fühlte sich Rubinstein bald einmal doppelt unglücklich – als Pianist von Horowitz in den Schatten gestellt und als Freund ausgenützt. Er erinnerte sich zudem, daß ihn Horowitz wie auch Jascha Heifetz später »von den Höhen ihrer amerikanischen Dollar-Überlegenheit wie einen Minderwertigen behandelten«. Dennoch neidete er keinem seinen großen Erfolg, und stets bestätigte er, »daß Heifetz zweifellos der bedeutendste Geiger ist; nur daß dessen Spiel mir in keiner Weise ans Herz geht. Und Horowitz ist der größte Pianist, aber kein bedeutender Musiker. Unter dieser Prämisse funktionierte unser Trio gar nicht schlecht.«[16]

Eine in künstlerischer wie in persönlicher Hinsicht ebenso bedeutsame Freundschaft entwickelte sich damals auch zwischen Horowitz und Alfred Cortot, dem prominentesten französischen Pianisten. In der Schweiz als Sohn französischer Eltern geboren, war Cortot ein eminenter Musiker, der nicht viel übrig hatte für pompöses Virtuosengehabe. In der Tat hatte der damals fünfzigjährige Cortot kaum großes Interesse an technischen Dingen oder an einem bis aufs Blut geführten Konkurrenzkampf unter den Pianistenkollegen. Cortot konzertierte viel und machte auch Schallplatten-Aufnahmen, daneben gründete er seine eigene Musikschule (die Ecole normale de Musique) und spielte ebenfalls in einem bedeutenden Trio: zusammen mit dem Geiger Jacques Thibaut und dem Cellisten Pablo Casals. Cortots großer künstlerischer Rang wurde durch seine rein pianistischen Fähigkeiten etwas begrenzt; jedenfalls litten seine Konzerte unter Patzern und Gedächtnislücken. Dennoch bewunderte man sein singuläres geistiges Durchdringungsvermögen, und wenn er einen guten Tag hatte, so konnte er auch in technischer Hinsicht voll überzeugen. In seinem Spiel ergänzten sich Eleganz und Gefühlsintensität der romantischen Schule perfekt mit der Nüchternheit und mehr distanziert-logischen Spielweise eines Schnabel oder Friedberg. Klar, daß Horowitz bestrebt war, diesen hochkultivierten Künstler näher kennenzulernen. In der Tat zog es ihn ja stets zu solchen fast gebieterischen Vollblut-Künstlern: zuerst zu Rachmaninow, dann zu Cortot – und schließlich zu Toscanini.

Wie muß Horowitz erstaunt gewesen sein, als er Cortot zum erstenmal traf – denn dieser war ganz und gar nicht so imposant und tief ernst, wie man hätte erwarten können. Im Gegenteil: Er war elegant gekleidet, an der Grenze zum Geckenhaften – ein schmächtiger, recht kleingewachsener, bleichwangiger Mann mit einem spitzen Mund, der fast etwas mädchenhaften Haltung und enorm großen Händen. Seine Freunde wußten jedoch, daß sich unter dieser fast effeminierten Oberfläche männliche Entschlossenheit verbarg. Bekannt waren seine plötzlichen Temperamentsausbrüche während des Unterrichtens am Pariser Konservatorium; aber schon fünf Minuten nach einem solchen Ausbruch konnten seine großen braunen Augen wiederum gütig dreinblicken.

Man kann Horowitz zwar nicht eigentlich als Cortot-Schüler bezeichnen, obwohl ihm der französische Pianist ab 1928 über mehrere Jahre hinweg hie und da Unterricht gab und auch Ratschläge. Cortot war sofort begeistert von Horowitz' klarem und markantem Ton, aber er war klar gegen eine Karriere, die sich nur auf technische Brillanz und Temperament beschränkte. *»Horowitz a un grand génie«*, pflegte er seinen Schülern jeweils zu sagen, *»pour la mise au point.«* Aber er machte auch kein Geheimnis daraus, daß er vom Intellekt Vladimirs nicht eben viel hielt, zumal dieser als ausübender Künstler sich nicht nachschöpferisch in den Dienst am Komponisten stellte.

Vom ersten Moment ihrer Bekanntschaft an gab es sogleich auch Spannungen. Thomas Manshardt, ein Cortot-Schüler, erinnerte sich, wie Cortot damals geglaubt habe, Horowitz wolle bei ihm »Stunden nehmen, um herauszufinden, wie der Franzose die Doppeloktaven in Saint-Saëns' *Etude en Forme d'une Valse* hinkriege. Denn Horowitz hielt das Tempo und die unvergleichliche Brillanz von Cortots Interpretation schlicht für ein Wunder. Cortot seinerseits meinte, das sei kein ausreichender Grund, um mit ihm zu studieren. Noch Jahre später habe er frohlockend gesagt: ›Ich hab's ihm auch nie gezeigt, wie man so was hinkriegt!‹«[17]

Das Fazit der ersten paar Lektionen im Sommer 1928? Daß sich Horowitz kaum von seiner virtuosen Besessenheit abbringen ließ. Ein erster Teil dieser *travail de vacances* bestand darin, einige Beethoven-Streichquartette für Klavier vierhändig einzurichten. Das war ein Pensum, welches man normalerweise Kompositionsschülern zudachte. Aber Cortot war eben ein weitsichtiger Klavierpädagoge; ihm waren solche Transkriptionen wichtig als Vorbereitung für den zweiten Teil seines Unterrichts: das Studium aller zweiunddreißig Beethoven-Sonaten. Cortot war recht beeindruckt von Horowitz' kompositorischen Fähigkeiten, und die Beethoven-Quartett-Transkriptionen gefielen dem Lehrer außerordentlich, zumal Horowitz hier ein ungewöhnliches Flair für Stimmfarben und -führung zeigte sowie auch für die Technik des Orchestrierens. Der zweite Teil des Unterrichts fiel aber weit weniger befriedigend aus. Nachdem sie alle Sonaten durchgenommen hatten, meinte Horowitz stolz: »Nun kann ich alles – bis auf diesen Triller da«, und er zeigte dabei auf eine Passage in der *Hammerklaviersonate*. Cortot war empört. Klar: Horowitz betrachtete die Beethoven-Sonaten nur als eine technische Herausforderung. Nicht mehr und nicht weniger.

Am nachhaltigsten wirkte sich Cortots Einfluß wohl auf das Repertoire aus, welches Horowitz für die Saison 1928/29 zusammenstellte. Da er Beethoven nun »in den Fingern« hatte, entschloß er sich, die romantisch ausladende und technisch anspruchsvolle *Appassionata* aufs Programm zu setzen. In Deutschland erhielt er für seine Interpretation dann schlechte Kritiken – wer hätte es anders erwartet. Horowitz fragte sich ernsthaft, ob er von Cortot überhaupt etwas gelernt habe. Später setzte er die *Appassionata* noch zweimal für ein Carnegie-Hall-Konzert an – und beide Male entschloß er sich zu einer Programmänderung und griff auf zwei seiner »Schlachtrosse« zurück: auf die b-moll-Sonate sowie die g-moll-Ballade von Chopin.

Leider schien Horowitz recht gehemmt, als er die *Appassionata* in Hamburg vortrug; jedenfalls fehlte jene Leidenschaft, mit der er sonst Liszt oder Rachmaninow anging. Im *Hamburger Fremdenblatt* konnte man am 27. September 1928 dann lesen: »Die Konzeption war die eines Intellektuellen, mehr gewalttätig als wirklich gemeistert, schroffer als üblich und unnatürlich in der Wirkung.«[18] In den *Breslauer Nachrichten* entschuldigte man sich beinahe für die Kritik an der *Appassionata*, weil Horowitz hier so beliebt war: »Als Virtuose zählt er zu den allerersten, aber was Gefühlstiefe anbelangt, dort wirkt er nach wie vor bemüht.«[19]

Bekam Horowitz in Deutschland für seine Beethoven- und Brahms-Interpretationen meistens auch schlechte Kritiken, so gab es immerhin eine Ausnahme: die großartige Aufführung des zweiten Brahms-Klavierkonzerts mit den Berliner Philharmonikern unter der Leitung Wilhelm Furtwänglers, die unmittelbar vor Horowitz' Abreise nach den Vereinigten Staaten Anfang Oktober stattfand. (Das Brahms-Konzert wurde zu einem der erfolgreichsten Werke der 1928/29er-Tournee, und Horowitz brachte mit seiner Interpretation manchen seiner härtesten amerikanischen Kritiker zum Verstummen.) Übrigens war es nicht ganz einfach gewesen, dieses Engagement unter Dach zu kriegen. Denn vor zwei Jahren hatte Horowitz unter Furtwängler das A-dur-Konzert von Liszt gespielt, wobei der Dirigent gesagt haben soll, daß dieser Pianist »absolut nicht sein Typ« sei. Merowitsch mußte lange bei Furtwängler anhalten, bis dieser Horowitz ein zweites Mal akzeptierte – und zwar, weil er diesmal Brahms und nicht Liszt oder Tschaikowski spielte. Die beiden Künstler traten später nie mehr gemeinsam auf – wohl wegen einer blöden Bemerkung des Dirigenten gleich bei der ersten Brahms-Probe: »Wir sind hier nicht in Amerika; hier spielt man nicht derart virtuos.« Horowitz faßte das als Spott auf – weil er in den Staaten so schnell zu Erfolg gekommen war. »Stets fühlte ich von seiner Seite eine gewisse Animosität und Streitsucht«, meinte Horowitz später.

Auch über die Programmzusammenstellung ärgerte sich Horowitz maßlos. Vor der Konzertpause dirigierte Furtwängler nämlich Bruckners monströse achte Sinfonie – »mit Kürzungen«, wie Horowitz ungläubig feststellte. Dem Pianisten war es klar: Wenn man die Bruckner-Sinfonie vor dem Brahms-Konzert spielte, dann würde sein Auftritt quasi bedeutungslos. In der Tat begann das Publikum, das bis anhin aufmerksam zugehört hatte, im zweiten Satz den Saal zu verlassen. Am Schluß blieben nur noch wenige zurück, die hinten im Saal an einem Sandwich-Buffet herumstanden. Verärgert und gedemütigt schwor sich Horowitz, nie wieder unter diesem »Ignoranten« zu spielen.

Der größte Pianist aller Zeiten

Als ich nach Amerika kam, war ich sehr glücklich. Stellen Sie sich das mal vor: Ich bin jung, genau fünfundzwanzig Jahre alt. Und ich habe beides: Erfolg und riesig viel Geld. Ich habe einen Studebaker gekauft und einen eigenen Chauffeur angeheuert. Dann kommt der Börsenkrach. Ich verliere fast alles Geld, etwa siebzig Prozent. Aber in wenigen Jahren habe ich wieder Geld und kaufe mir einen Rolls-Royce.[1]

Am 10. Oktober 1928 kam Horowitz wieder in New York an, frisch und voller Tatendrang für seine zweite Amerika-Tournee. Nun war er kein Neuling mehr; jetzt galt es, seine letztjährigen Erfolge zu bestätigen sowie die Gunst des Publikums und vielleicht auch den Respekt einiger bis anhin unbarmherziger Kritiker zu gewinnen. Unglücklicherweise passierte dasselbe wie in Hamburg: Einige der ehemals vorurteilslosen Bewunderer reagierten nun objektiver und kritischer. Zum Beispiel nach dem Carnegie-Hall-Rezital am 2. November, das auf unerwartet schlechte Kritiken stieß. Man war sich, selbst unter Bewunderern, darüber einig, daß »das zahlreich erschienene Publikum immer dann stürmischen Applaus spendete, wenn Horowitz am unerbittlichsten draufloshämmerte«, wobei die Unausgeglichenheit in seinem Spiel keinem verborgen blieb. »Alles in allem war die auffällige Diskrepanz zwischen den Möglichkeiten des Künstlers und dem erreichten Resultat wohl das eigentliche Ereignis des Abends«, schrieb Pitts Sanborn im *New York Telegram*. »Schon seine ersten Auftritte hier hatten Zweifel ausgelöst über die Musikalität des Pianisten, und der vergangene Abend bot solchen Zweiflern einmal mehr Anlaß für ihre Befürchtungen.«[2]

Ein Problem betraf das Repertoire von Horowitz. Was auch heißt, daß es mit dem Programmiertalent von Merowitsch nicht gerade weit her war. Seine Fehlkalkulationen wurden noch verstärkt durch Horowitz' nachdrückliches (wenn auch etwas verfrühtes) Begehren, Brahms, Beethoven und Schumann zu spielen. »Von welchem Standpunkt man es immer betrachtete, es war und blieb ein schlechtes Programm«, schrieb Sanborn. »Horowitz begann mit einer Schumann-*Novelette*, der letzten des achtteiligen Zyklus, den Schumann selbst als etwas ›langfädige Abenteuergeschichte‹ bezeichnet hatte.« Die Interpretation sei »kalt und analytisch« ausgefallen, meinte Olin Downes, in Virtuosenmanier hingeworfen »mit dynamischen Abstufungen, die nicht immer denjenigen von Schumann entsprachen, sondern mehr der Absicht zu dienen schienen, in der Carnegie Hall Wirkung zu erzielen.«[3] Wenn sich Horowitz mit einem Werk identifizierte (beispielsweise mit Liszts h-moll-Sonate oder mit dem dritten Rachmaninow-Konzert), so konnte er sich der Musik mit rücksichtsloser, atemberaubender Hingabe widmen. War er aber mit einem Werk nicht voll verwachsen, so konnte das Gegenteil passieren.

Horowitz war es wohl längst müde geworden, immer von seinen rücksichtslosen Interpretationen oder seinem metallischen Ton zu lesen. Selbst seine Interpretation der Brahms-Rhapsodie wurde kritisiert: » Der Lärm am Schluß war in der Tat grotesk «, schrieb die *New York Times*. »Mit dröhnendem Gehämmer und unvermittelten Temporückungen« habe er die Höhepunkte angestrebt. Kritisches las man auch im *New York American*: »Die für Brahms typische, innerlich strömende Wärme fehlte weitgehend. Daß sein Spiel über feinste Anschlagsnuancen und Farbtöne verfügt, hat Horowitz immer und immer wieder bewiesen. Aber obwohl er ein Meister solcher Schattierungen ist, weiß er damit nicht sonderlich überzeugend umzugehen.«[4]

Selbst Merowitsch war der Meinung, der Klavierabend in der Carnegie Hall sei ein völliges Desaster gewesen; und Horowitz mochte also glücklich gewesen sein, daß er am 3. November aus New York fliehen und für zwei Monate auf Tournee gehen konnte. Für die kommenden einundachtzig Tage hatte Judson zweiundvierzig Konzerte gebucht: in großen Städten wie Chicago, Philadelphia und Boston, aber auch in Provinzstädten wie Winnetka (Illinois), Sioux City (Iowa), Utica (New York) oder Hamilton (Ontario). Diese Auftritte in der Provinz hatten aber nichts mit Merowitschs »Rückzugsstrategien« zu tun, sondern waren ein wichtiger Teil in Judsons großumfänglicher Veranstaltungsreihe der sogenannten *Community Concerts*, die so richtig eigentlich erst in der Saison 1929/30 anliefen. Die Idee war, Hunderte von amerikanischen Kleinstädten, die über keinen eigenen Manager verfügten, mit klassischer Musik zu versorgen. Mit der Zeit erstreckten sich die *Community Concerts* auf über tausend Städte, von Küste zu Küste. Jeder Judson-Künstler war verpflichtet, eine bestimmte Anzahl dieser weniger attraktiven Engagements anzunehmen – nur so kam er zu einem Auftritt mit dem New York Philharmonic oder dem Philadelphia Orchestra.

Arthur Judsons Firma wuchs rasch, und bereits im Oktober 1928 übernahm *Columbia* das *Wolfsohn Musical Bureau*, die älteste Konzertagentur in den Vereinigten Staaten. Zwei Jahre später schloß sich Judson mit den vier gewichtigsten Konkurrenten zusammen – mit Hansel und Jones, mit dem *Metropolitan Musical Bureau*, mit Evans und Salter sowie mit der *American Opera Company* – und gründete die *Columbia Concerts Corporation*. Die *Columbia Broadcasting System* beteiligte sich zur Hälfte an *Columbia Concerts*; Judson wurde Präsident dieser neuen Organisation und dadurch zur einflußreichsten Persönlichkeit in der amerikanischen Klassik-Szene. Keine andere Konzertagentur konnte sich mit *Columbia Concerts* messen – einem riesigen Unternehmen mit diversen Einzelabteilungen für Künstlervermittlung, Transportangelegenheiten, Außendienstmitarbeiter, Konzertprogrammierung, Publicity sowie für die *Community Con-*

certs. Selbst die Büroräumlichkeiten waren luxuriös ausgestattet – ganz anders als die öden, nüchtern-zweckmäßig eingerichteten europäischen Agenturen. Dafür machte das Ganze einen recht unpersönlichen Eindruck. Bezeichnenderweise haßte es Merowitsch, hier seine Zeit zu vertrödeln; viel lieber begleitete er seine Künstler auf ihren Tourneen. Als 1928 der Vertrag zwischen Judson und Horowitz zustandekam, wurde Merowitsch bekanntlich als persönlicher Repräsentant von Horowitz, Milstein und Piatigorsky verpflichtet. In der Folge ärgerte man sich bei der *Columbia* immer wieder über das Primadonnengehabe von Merowitsch, und es kam wiederholt auch zu Auseinandersetzungen zwischen Judson und dem temperamentvollen Slawen. »Merowitsch war ein sentimentaler Russe mit extremen Gefühlsschwankungen«, erinnerte sich Kurt Weinhold, der frühere Präsident von *Columbia Artists*. Merowitsch war unglaublich eigensinnig, und wenn ihm jemand widersprach, konnte er mit argen Wutausbrüchen reagieren. Verständlich, daß ihn Judson bald einmal aus seinem Vertrag entließ – was zur Folge hatte, daß Merowitschs Gehalt nun wieder von den Gagen Horowitz' bezahlt werden mußte. Die Probleme waren eigentlich vorprogrammiert: Jedenfalls wurde die Situation untragbar, weil Horowitz nun zweimal Prozente abzuliefern hatte – einmal an *Columbia*, dann an Merowitsch.

Ein strittiger Punkt waren die *Community Concerts*. Horowitz war nicht abgeneigt, auch in kleinen Städten aufzutreten, zumal hier der Erwartungsdruck nicht so groß war. Merowitsch aber war anderer Ansicht: Diese Provinzauftritte würden zum Ruin des Künstlers und der Musikkultur führen. Seiner Meinung nach war Horowitz auf solche Engagements absolut nicht angewiesen; zudem waren die Gagen hier kleiner, so daß Merowitsch keinen Grund sah, weshalb sich Horowitz in der Provinz abrackern sollte. Aber weder Merowitsch noch Horowitz kamen gegen die *Columbia* auf; diese hatte einen Tourneeplan zusammengestellt, der dem Pianisten kaum Zeit zur Erholung oder zum Üben ließ. Oft mußte sich Horowitz gar im Zug fürs bevorstehende Konzert umziehen, weil die Zeit nicht mehr reichte, um vor dem Konzert noch ins Hotel zu gehen. Mochte Judsons Agentur auch an alles gedacht haben: Die menschlichen Bedürfnisse kamen jedenfalls zu kurz.

Was die Engagements anbelangte, hatte Horowitz nur wenig mitzureden, und die Verträge bekam er gar nicht zu sehen. Merowitsch unterzeichnete sie in seinem und in Horowitz' Namen – obwohl er von Gesetzes wegen dazu gar nicht berechtigt war. Aus diesen frühen Jahren, wo Horowitz von Judson recht eigentlich ausgebeutet wurde, stammt auch des Pianisten Mißtrauen gegenüber Managern sowie seine Abneigung, Verträge im voraus zu unterschreiben. Wobei sich Horowitz damals um so pragmatische Dinge wie Verträge scheinbar kaum gekümmert hat. Nur selten protestierte er gegen Engagements, selbst wenn sie sein physisches Durchstehvermögen zu übersteigen drohten. Stets wollte er sich vor seinem Publikum und vor sich selbst unter Beweis stellen – und natürlich auch Geld verdienen.

Schnell avancierte Horowitz zu einer eigentlichen Berühmtheit, und Fanpost begann die *Columbia*-Büros zu überschwemmen. Alles wollten die Fans wissen. Als Horowitz in Chicago gefragt wurde, was er außer der Musik noch für Interessen habe, gab er – typisch Show – zur Antwort: »Sport.« Dann lachte er und sagte, er habe eigentlich kein großes Interesse an Sport. Aber die Antwort passe eben gut zu einem jungen Mann ... »Nein, im Ernst, im Moment lese ich viel, denn ich werde in den kommenden paar Jahren rundum in der ganzen Welt auftreten.« Horowitz hatte eine vage Vorstellung, daß er, bis er vierzig Jahre alt sei, auf Tournee gehen und sich dann zurückziehen würde – was ihm dann hoffentlich Zufriedenheit bringe. »Bald bin ich fünfundzwanzig Jahre alt. Sagen Sie nicht, ich sehe wie fünfunddreißig aus; das ist kein Kompliment. Wie ich meine Zeit verbringe? Nun, im Zug, dann vom Zug zu einem Hotel, dann in einen Konzertsaal, dann wieder zurück ins Hotel, dann wieder in einen Zug. Ich trete ja fast jeden Tag auf, und im Zug lese ich meistens.« Selbst wenn Horowitz völlig ermattet war von den Anforderungen der Tournee, so sah er dennoch stets frisch und fast jünglingshaft aus. Ja, manchmal schien ihn seine jugendliche Erscheinung etwas zu ärgern; er dachte, es würde vornehmer und eindrucksvoller wirken, wenn er reifer aussähe. Als er einmal einen Termin hatte bei einem Fotografen, riet ihm ein Freund, er solle den Termin verschieben, weil er dunkle Augenringe habe. »Um so besser!« meinte er, »dann sehe ich älter aus.«

Daß sich Horowitz so intensiv mit seinem Alter und Aussehen beschäftigte, hatte seinen guten Grund: Immer wieder gab es Journalisten, die sich etwas verwundert äußerten über die Diskrepanz zwischen Horowitz' persönlichkeitsstarker Ausstrahlung auf dem Konzertpodium und seinem sonst manchmal doch recht kindischen Benehmen. Anläßlich seines Klavierabends vom 3. Dezember 1928 in der Carnegie Hall (dem zweiten in dieser Saison) fand in der Steinway Hall eine Pressekonferenz statt, wobei den Reporter einmal mehr die Unvereinbarkeit vom »öffentlichen« und »privaten« Horowitz auffiel. »Horowitz der Virtuose und Horowitz der Privatmensch sind zwei völlig verschiedene Persönlichkeiten«, schrieb der *Musical Courier* am 20. Dezember 1928: »Seit wir ihn im vergangenen Jahr in einem Orchesterkonzert gehört hatten, trugen wir stets den Eindruck einer dominanten, überstarken Persönlichkeit mit uns, einer Persönlichkeit, die sich furchtlos allen Schwierigkeiten gegenüber behauptet und mit energischer Zielstrebigkeit zu unendlichem Ruhm kommt. Man stelle sich nun unsere Überraschung und Verunsicherung vor, als wir einem ganz anmutigen, zurückhaltend-bescheidenen und unprätentiösen jungen Mann begegneten.«

Wie immer gab sich Horowitz auch an dieser Pressekonferenz den Journalisten gegenüber recht nonchalant. Eine große Gruppe von Bekannten und Freunden war dabei: Merowitsch, Steinway-Vertreter (unter ihnen auch Sascha Greiner) und Mitglieder der Steinway-Familie, Calvin Franklin von der Columbia Artists sowie ein Vertreter von RCA Victor. Meistens waren es Französisch-, Deutsch- und Russischsprachige, deren Englisch sich zuweilen recht komisch anhörte.

Horowitz schien sich gut zu amüsieren, sprach über Musik und sagte, wie gerne er doch Komponist geworden wäre. Gefragt, ob er lieber komponieren oder lieber konzertieren würde, holte er zu einer großen Geste aus und meinte dann: »Fiiti-fiiti.« (Fifty-fifty.) Er erzählte, wie fasziniert er kürzlich gewesen sei von Richard Strauss' Tondichtungen und Opern; in Berlin habe er einige davon unter der Leitung des Komponisten gehört. Gegen Ende des letzten Sommers, als er mit Cortot zusammenarbeitete, habe er sogar mit einer Klaviertranskription von Strauss' *Salome* begonnen, und er meinte, er würde sie bald fertig haben. Zudem sagte er in seiner spontanen Art: »Ich halte Richard Strauss für den bedeutendsten lebenden Komponisten, auch wenn seine jüngsten Werke nicht mehr so gut sind wie die früheren.« Für den amerikanischen Jazz hatte er nur geringes Interesse; »das ist doch etwas ganz anderes als die eigentliche Musik, aber es macht zweifellos viel Spaß«.

Horowitz bezeichnete sich stets als einen erfahrenen und vielseitigen Musiker. Als er nach seinem »Geheimnis« gefragt wurde, meinte er: »Möglich, daß ich einen anderen Zugang zum Instrument habe als andere Pianisten. Musik hat mich eben stets grundsätzlich interessiert, zum Beispiel das Komponieren oder die Kammermusik; erst später habe ich mich aufs Klavier spezialisiert. Ich versuchte, Musik ganzheitlich kennenzulernen und zu verstehen.«

Ende Dezember 1929 war die zweite Amerika-Tournee zu Ende, und am 2. und 4. Januar ging Horowitz für Schallplatten-Aufnahmen in die Victor-Studios in New Jersey. Auf dem Programm stand Liszt: die *Valse oubliée* Nr. 1, die *Liebesbotschaft* nach Schubert sowie die Paganini-Etüde in Es-dur. Doch war er mit den Aufnahmen nicht zufrieden und verweigerte eine Veröffentlichung; weitere Aufnahmesitzungen verschob er um ein ganzes Jahr. Als er Mitte Januar nach Paris zurückkehrte, war er derart erschöpft und überreizt, daß ihm die Ärzte Ruhe verordneten. Da Milstein mit Konzertieren beschäftigt war und Francesco Mendelssohn sich eben erst von einer Krankheit zu erholen begann, bat Horowitz Steinert, mit ihm in ein Sanatorium nach Dresden zu fahren. Steinert willigte ein; am 4. Februar kamen die beiden im Dresdner Badehotel an, wonach Steinert sofort nach Rom weiterfuhr. Horowitz fühlte sich total ermattet, zudem litt er an einer Grippe, und die Ärzte befürchteten, daß sie sich zu einer Lungenentzündung auswachsen könnte. Nach einigen Wochen aber fühlte er sich wieder kräftig genug, um am 23. Februar einen Klavierabend in Wien zu geben, wo er während der ersten vier Europa-Saisons kaum je gespielt hatte. »Jetzt erst, nachdem ich mich in Wien durchgesetzt habe, in jener Stadt, die für Pianisten als die schwerst zu erobernde gilt, glaube ich an mich selbst«, sagte Horowitz zu einem Journalisten der *Neuen Freien Presse*.

Später im Frühjahr entschied sich Merowitsch, daß es nun Zeit sei für Piatigorskys Pariser Debüt, und er schlug vor, daß ihn Horowitz, der ja längst eine Pariser Berühmtheit war, begleiten solle. Das Programm bestand aus Brahms- und Beethoven-Cellosonaten, einer Solosuite von Bach sowie einer Klaviersonate von Mozart. Daß die Wahl auf Mozart fiel, war sicher ungewöhnlich, doch Horowitz wollte damit der klassischen Dimension des Programms Rechnung tragen. Jahre später erzählte Piatigorsky, Horowitz sei zwar ein prächtiger Kammermusikpartner gewesen, doch sei das von seinem Ruhm als Virtuose überschattet worden. »Obwohl er Kammermusik auf vollendete Weise spielte, war es doch nicht das, was das lärmende Publikum erwartete. Nach der wunderbar einfühlsamen Mozart-Sonate rief man im Publikum nach einer Zugabe. ›Was soll ich machen? Was soll ich tun? Es ist doch ein Kammermusikabend!‹ sagte er mir, bevor er wieder hinausging, um sich zu verbeugen. ›Nun, gib ihnen halt, was sie wollen‹, antwortete ich und klopfte ihm auf die Schulter.«[5] Genau das tat Horowitz dann – spielte seine vielerprobten Virtuosenpiecen von Chopin, Liszt und Dohnányi und degradierte dadurch die vorangegangenen klassischen Sonaten zu völlig nichtigen Einleitungsstücken.

Ein prominenter Zuhörer, nämlich Arthur Rubinstein, meinte nach dem Konzert, Piatigorsky sei »zweifellos der beste Cellist seit Casals«. Rubinstein freundete sich bald mit Piatigorsky an, und später formierten sie sich, zusammen mit dem Geiger Jascha Heifetz, zu einem Trio, das den Übernamen »Millionen-Dollar-Trio« bekam. Was Rubinstein übrigens wahnsinnig ärgerte. Vorläufig aber spielte Piatigorsky im Trio mit Milstein und Horowitz; zwar gaben sie nicht allzu viele Konzerte, und Schallplatten nahmen sie keine auf. Denn alle drei waren viel mehr an einer attraktiven Solokarriere als an Kammermusikkonzerten interessiert.

Einige Wochen vor dem Konzert mit Piatigorsky fuhr Horowitz nach Berlin zu seinem ersten Auftritt mit dem Concertgebouw-Orchester Amsterdam unter der Leitung seines Chefdirigenten Willem Mengelberg. Ein Engagement mit diesem bedeutenden holländischen Orchester, wo regelmäßig berühmte Gastdirigenten wie Pierre Monteux, Richard Strauss, Erich Kleiber, Adrian Boult oder Igor Strawinsky wirkten, galt ebensoviel wie ein Konzert zusammen mit den Berliner Philharmonikern. Lange hatte Horowitz auf diese Gelegenheit gewartet, und nachdem er mit dem Concertgebouw-Orchester am 3. Mai das dritte Rachmaninow-Konzert gespielt hatte, wurde er vom Orchester alljährlich wieder eingeladen. Meistens fanden diese Konzerte in Paris statt, wo das Concertgebouw jeweils Anfang Mai gastierte. Anschließend gab Horowitz gewöhnlich noch einige erfolgreiche Klavierabende in der Pariser Opéra und beschloß so seine Saison vor ausverkauften Sälen. »Horowitz kehrte in besserer Verfassung als je nach Paris zurück«, schrieb *Lyrica Paris* im Juni 1929 begeistert und bezeichnete seine Brahms- und Liszt-Interpretationen als »etwas vom interessantesten, was wir die ganze Saison über hörten«. Es muß um diese Zeit gewesen sein, als Horowitz zum erstenmal die f-moll-Sonate von Brahms spielte – ein Werk, das er nur kurze Zeit über im Repertoire behielt. »Poesie, Glut und stürmische Leidenschaft wirkten eher gekünstelt als erfühlt«, schrieb am 23. Oktober die *Neue Freie Presse* in Wien. Kurze Zeit später begann sich Horowitz erneut auf kleinere

Stücke zu konzentrieren: auf Szymanowski-Mazurken aus op. 50, auf die E-dur-Polonaise von Liszt sowie auf ein Rondo und eine Gavotte von Hummel. Auch Balakirews *Islamey*-Fantasie studierte er damals ein.

Nach dem Klavierabend in der Opéra blieb Horowitz noch einige Zeit in Paris im Majestic Hotel, war viel mit Milstein und Piatigorsky zusammen sowie mit seinen zahlreichen Freunden, die er über die Jahre in den Salons der Prinzessin Winny und der Vicomtesse de Noailles kennengelernt hatte. Nachdem er monatelang nur Konzerte gegeben hatte, war es jetzt Zeit für gesellige Gesprächsrunden und fürs Amüsement. Als Horowitz eines Abends zusammen mit Piatigorsky im Hotel herumsaß, kam plötzlich Poulenc vorbei. Es war seine Art, unerwartet hereinzustürmen, »Allo, allo, allo« zu rufen, sich dann ans Klavier zu setzen, um irgendeines seiner kurzen, witzigen Stücke zu spielen – und dann wieder zur Tür hinaus zu verschwinden und im Zurückblicken Handküsse zu verteilen.

Später im Sommer verließ Merowitsch Horowitz, um einige Stunden mit Piatigorsky in Berlin zu verbringen. Viel freie Zeit hatte er ja nicht; eben hatte er Horowitz noch quer durch ganz Europa begleiten müssen, zudem mußte er für neue Engagements sorgen und auf seine schwache Gesundheit Rücksicht nehmen. Es gab gute Neuigkeiten für Piatigorsky: Merowitsch hatte mit Judson Verträge über Milsteins und Piatigorskys Amerika-Debüt abgeschlossen; diese sollten in der Saison 1929/30 stattfinden. Wie schon in Paris sollten sie auch in den Staaten als »Freunde von Vladimir Horowitz« angekündigt werden; schließlich wollte man vom erfolgreichen Namen des Pianisten profitieren. »Die Nachfrage nach euch dreien ist fantastisch«, berichtete Merowitsch dem Cellisten begeistert. »Einige Trottel meinten, wir hätten schön Glück gehabt – als hättest du kein Talent und wären deine Konzerterfolge nicht mit Arbeit, Blut und Schweiß erkauft.«[6]

Im Herbst fuhren alle vier mit der *Mauretania* über den Atlantik – die erste von zahlreichen Überfahrten, die sie zusammen nach New York machen würden. So verschieden die vier waren, so unterschiedlich benahmen sie sich auch auf dem Schiff. Milstein, mißtrauisch und ängstlich bei jeder Art des Reisens, war oft Tag und Nacht auf dem Deck anzutreffen, wo er stets Ausschau hielt und die Schifffahrt überwachte – »stets bereit, sein Leben zu retten, wenn es nötig wird«, witzelte Piatigorsky. Dennoch war es Milstein, der Pragmatiker, der mit seinem trockenen Humor dem Musiker-Trio Stabilität gab. Kaum je ließ er sich bei Streitfragen hinreißen, und er war stets direkt und offen. Horowitz hingegen verbrachte die Zeit meistens in seiner Kabine, las, ruhte sich aus und sammelte Energien für die allabendlichen Gespräche beim Dîner. Piatigorsky war launisch und temperamentvoll wie Horowitz, aber er hielt sich viel an Milstein und spielte mit ihm eine Partie Bridge. Zudem sah man ihn oft in Damenbegleitung. Mit wem er aber auch immer zusammen war – plötzlich konnte es ihm einfallen, zu seiner Kabine zu eilen, um dort zu üben. Selbst wenn er dabei eine schöne Dame im Stich lassen mußte.

Die Amerika-Tournee von 1929/30 wurde zur längsten und anstrengendsten: Nicht weniger als siebenundsiebzig Konzerte sollte Horowitz innerhalb von sechs Monaten geben. Wie es in den Judson-Büros hieß, war Horowitz das erste Jahr »eine Neuheit« gewesen und das zweite »eine Sensation«. Für die dritte Tournee wurde er nun als »Löwe des Klaviers« angekündigt, und seine Konzerte waren trotz Börsenkrach und wirtschaftlichem Zusammenbruch von 1929 alle ausverkauft. In der Tat hatte die Wirtschaftskrise weder einen Einfluß auf die Anzahl der Konzerte noch auf das Honorar des Pianisten. So erhielt er 1929 stolze $ 1000 für einen Klavierabend, und ein Jahr später gar $ 1500. Damit rangierte er auf Platz fünf in der Reihe der weltbestbezahlten Pianisten; mehr verdienten nur noch Rachmaninow, Paderewski, Hofmann (er erhielt pro Konzert $ 25 000) und Ruth Slenczynska. (Fünf Jahre später hatte Horowitz selbst diese vier überrundet, trotz der Inflation; und er wurde zum bestbezahlten klassischen Musiker überhaupt.)

Die Honorarpolitik wurde von Merowitsch gemeinsam mit Calvin Franklin, dem Generalmanager bei *Columbia Concerts*, festgelegt. Franklin meinte später, es habe sich gelohnt, in den Krisenzeiten auf einige Konzerte zu verzichten, wenn man dafür das Honorar stets auf gleicher Höhe halten konnte. Denn es blieb auch in den Jahren 1930–35 bei $ 1500 pro Auftritt. Selbst als die *Community Concerts*, die ja eigentlich die Grundlage von Horowitz' ausgedehnten Tourneen bildeten, ihre Aktivitäten einzuschränken begannen, weigerten sich Merowitsch und Franklin, niedrigere Honorare zu akzeptieren. Was zur Folge hatte, daß Horowitz – stets stolz wegen seines übervollen Konzertkalenders – sich nach 1931 bei den Freunden beklagen mußte: Seine Engagements hätten sehr abgenommen, er könne sie bald einmal an seinen Fingern abzählen und er verdiene nicht einmal genügend Geld, um seine Spesen zu decken.

Was Horowitz als Spesen bezeichnete, waren natürlich längst nicht mehr nur die Auslagen für Unterkunft und Essen wie damals, während der ersten Europa-Tourneen, in Paris und Berlin. Sobald es das Budget erlaubte, entwickelte Horowitz einen ausgesprochen luxuriösen Geschmack. Es schien, als wolle er sich nun alles leisten – vielleicht als Kompensation für all die entbehrungsreichen Jahre in der Sowjetunion. Bekanntlich besaß er einen Studebaker samt Chauffeur, und obwohl er später dann sagte, er habe während der Wirtschaftskrise ungefähr siebzig Prozent seines Geldes verloren, hinderte ihn das vorläufig nicht, auch noch einen Rolls-Royce zu erstehen. Autos waren für ihn eine eigentliche Obsession. »Ein teures Auto«, so sagte er jeweils, »ist eine schöne Sache. Und zwar fürs ganze Leben.«

Horowitz insistierte auf einem Chauffeur. Als er in London einmal einen per Inserat suchte, meldeten sich derart viele Anwärter, daß es beinahe einen Skandal gegeben hätte. »Die Hotelhalle sah wie ein Militärhauptquartier aus«, schrieb die *Times*, »Hunderte von uniformierten Männern standen in Reih und Glied; eine eigentliche Armee von arbeitslosen Chauffeuren.« Auf seinen liebsten Pressefotos sieht man Horowitz auf dem Trittbrett seines Rolls-Royce, piekfein gekleidet nach der Pariser Mode von Knize (ein Modezeichner, »der viel verlangte«, wie Horowitz dem *Esquire* erzählte). Merowitsch versuchte, selbstverständlich ohne Erfolg, seinem Schützling etwas Vernunft beizubringen. Oft ärgerte er sich über die krankhafte Naivität, die der kauflustige Horowitz auf seinen Einkaufsbummeln jeweils entwickelte; und einmal meinte er einem Freund gegenüber: »Wenn eine Schachtel Zündhölzer hundert Dollar kosten würde, so würde sie Horowitz sicher kaufen.«

Im Moment aber hatte Horowitz kaum Zeit, sich zu verwöhnen, und für seine kleinen Vergnügen mußte er härter denn je arbeiten. In der dritten USA-Tournee standen drei Klavierabende in der Carnegie Hall bevor sowie der erste Auftritt an der Westküste. Die Anstrengungen, die mit endlosen Bahnfahrten und anonymen Hotelzimmern verbunden waren, konnte man ihm an den schwarzen Ringen unter den Augen ablesen. Obwohl er russisches Essen bevorzugte, wenn es erhältlich war, schlang er jetzt wahllos alles hinunter, nur um seinen nervösen Hunger zu stillen. In der Bahn starrte er stundenlang zum Fenster hinaus, biß aus Nervosität über das bevorstehende Konzert an seinen Fingernägeln herum, las wenig und redete wenig. Um sich die Langeweile dieser endlosen Reisen zu vertreiben, spielte er mit Merowitsch oder seinem Sekretär eine Pokerrunde nach der anderen. »Ich lebe im Pullman«, sagte Horowitz zu Reportern. »Und wenn ich einen Freund zum Essen einladen will, so muß ich ihm sagen: ›Komm in den Speisewagen.‹«

Während Horowitz und Merowitsch mit der *Los Angeles Limited* der Union-Pacific-Linie von Chicago westwärts nach Denver fuhren, debütierten Milstein und Piatigorsky an der Ostküste. Beide bekamen gute Kritiken, wenn sie auch nicht soviel Furore machten, wie Merowitsch gehofft hatte. Im Gegensatz zu Horowitz, der bewußt alle technischen Kniffe ins Feld führte, um das Publikum von den Sitzen zu reißen, wirkte Piatigorsky auf dem Podium recht bemessen, und er setzte seine Technik – wie die *New York Times* schrieb – nur »als Vehikel für seine musikalischen Vorstellungen ein und war mit ihr auch völlig verschmolzen«.[7] Milstein war da ähnlich, und er wurde für seine tiefempfundene Musikalität sehr gelobt. Dennoch: Merowitsch war von dieser doch eher gemäßigten Berichterstattung enttäuscht, und es war ihm nun klar, daß die Sensation, die Horowitz in New York ausgelöst hatte, einmalig bleiben würde.

Horowitz hatte unterdessen einen ersten, begeisterten Blick auf die Rocky Mountains geworfen. Kaum zehn Minuten, nachdem sie im Palace Hotel in Denver angekommen waren, stürmten Horowitz und Merowitsch zum Lookout Mountain – ohne vorher mit dem lokalen Manager Einzelheiten des Konzerts zu besprechen. »Diese Berge, ich liebe sie«, sagte Horowitz den Reportern in Denver. »Wie gerne würde ich sechs Monate hierbleiben. Ich weiß, einige Leute haben in der Höhe Mühe mit ihren Ohren und der Nase. Ich fühle mich aber unheimlich gut.« Dann sprach er über sein Vorhaben, in den Schweizer Alpen in der Nähe von Montreux ein Chalet zu kaufen; zudem machte er Andeutungen, daß er sich in zwei Jahren zurückziehen und sich ganz dem Komponieren widmen wolle. Als er auf seine bevorstehenden Konzerte in Los Angeles und San Francisco angesprochen wurde, strahlte Horowitz beim Gedanken daran, daß er Hollywood besuchen werde – Filme waren sein liebster Zeitvertreib geworden. Oft ging er irgendwo ins Kino, ohne daß er sich zuvor informiert hatte, was für ein Film denn gezeigt werde. (In späteren Jahren entwickelte sich daraus ein regelrechter Fluchtmechanismus; wenn ihn das Lampenfieber übermannte oder er aus Erschöpfung ein Konzert absagte, pflegte er oft Milstein anzurufen und ihn zu fragen, ob er nicht mit ihm ins Kino komme.)

Die Reporter im Westen brannten natürlich darauf, Horowitz endlich in Fleisch und Blut zu sehen, nachdem sie zwei Jahre lang ausschließlich Zeitungsberichte ihrer Kollegen von der Ostküste zu Gesicht bekommen hatten. Wie immer war Horowitz richtig publicity-süchtig. Daß er stets mit drei großen Konzertflügeln reiste, löste in der Presse eine kleine Sensation aus. »Ein ganz großer ist für Auftritte mit Orchester«, erklärte der Pianist vorsichtig. »Ein etwas kleinerer ist für Soloabende in großen Konzertsälen, und der dritte, noch etwas kleiner, ist für kleinere Säle.«

Oft war Horowitz verärgert über den Mangel an Kultur, den er im amerikanischen Westen beim Publikum feststellte. Vor längerer Zeit schon hatte er sich zwar daran gewöhnt, sein Repertoire den unterschiedlichen Publikumserwartungen in Berlin, Wien oder Paris anzupassen. Aber er war nicht willens, auf das Telegramm eines Provinzmanagers in Lincoln einzugehen, der ihn bat, er solle seine so geliebte (und stets erfolgreiche) g-moll-Ballade von Chopin gegen ein anderes Werk austauschen. »Diese Ballade war viel zu anspruchsvoll für das Publikum hier, und so verlangten sie von mir etwas Leichteres.« Spielte Horowitz aber das dritte Klavierkonzert von Rachmaninow, so war das Publikum überall gleichermaßen begeistert. Sechsmal spielte er das Werk in der Saison 1929/30: mit Kussewitzky in Boston, mit Stock in Chicago, mit Reiner in Cincinnati, mit Damrosch in New York, mit Monteux in Philadelphia sowie mit Molinari in St. Louis. Es schien, als sei das Konzert speziell für ihn geschrieben worden – dabei war Horowitz ganze fünf Jahre alt, als es Rachmaninow uraufführte. In diesem Werk konnte Horowitz seine singuläre Pianistik vollumfänglich demonstrieren, und wer immer wissen wollte, warum denn Horowitz ein so außergewöhnlicher Pianist sei, der mußte nur die Kritiken seiner Rachmaninow-Interpretationen lesen.

In Chicago saß der damals siebzigjährige Ignaz Jan Paderewski im Publikum. »Ich muß gestehen«, sagte er, »daß mir Horowitz sehr gefiel. Seine Art gefiel mir, und selbstverständlich auch sein Spiel. Es war diszipliniert, hatte Rhythmus und Klang. Ich hörte ihn nur mit dem dritten Rachmaninow-Konzert, aber das war superb. Zweifellos ist er unter den jüngeren Pianisten der überzeugendste.«[8]

HMV (His Master's Voice), die englische Tochtergesellschaft von RCA Victor, wollte denn auch keine Zeit verlieren und spielte sofort das dritte Rachmaninow-Konzert ein. Es handelte sich um die erste Konzertaufnahme von Horowitz – am 29. und 30. Dezember in der Londoner Kingsway Hall, zusammen mit dem London Symphony Orchestra unter Albert Coates. Das Werk füllte neun Seiten einer Fünf-Schallplatten-Kassette; die zehnte Seite enthält noch Rachmaninows g-moll-Prélude op. 23 Nr. 5 (in einer farblosen, fast etwas schlampigen Interpretation). Obwohl es hinsichtlich der Balance zwischen Klavier und Orchester einiges zu beanstanden gibt und Horowitz im dritten Satz beim ersten Einsatz des zweiten Themas offensichtlich eine kleine Gedächtnislücke hatte, handelt es sich um eine ganz außergewöhnliche, ja maßstabsetzende Aufnahme. Sie wurde auch mit Begeisterung aufgenommen: »Zumindest in diesem Werk ist Horowitz zur Zeit der Größte«, schrieb Glenn Dillard Gunn.[9] Und die englische Schallplatten-Zeitschrift *Gramophone* lobte den Mut des Pianisten, ein relativ unbekanntes Werk, das beim Publikum nicht sonderlich populär sei, aufs Programm zu setzen. Mit dieser Schallplattenaufnahme und mit einem Klavierabend, den Horowitz im April 1932 in der Quenn's Hall gab, etablierte sich der Künstler definitiv auch in London. Und hier, in der Kingsway Hall, machte er bis 1936 alle seine Schallplattenaufnahmen.

Nach den Rachmaninow-Sitzungen kehrte Horowitz zwar für siebzehn Monate dem Aufnahmestudio den Rücken: Es galt, sich auf die Amerika-Tournee 1930/31 zu konzentrieren. Die Saison begann – wie übrigens früher auch schon – auf Ellis Island, wo er wegen Paß-Schwierigkeiten zurückgehalten wurde. Die Zollbeamten waren mehr als verdutzt, als ihnen Horowitz erklärte, daß er auf dem Weg nach Washington D.C. sei, um im Weißen Haus für Präsident Hoover und seine Gattin zu spielen. Das Konzert war von Henry Junge (Steinway & Sons) für den 8. Januar 1931 arrangiert worden. Nach wie vor war das Englisch von Horowitz, nach seinen eigenen Worten, immer noch ziemlich »groggy«, und die Aussicht, nach dem Konzert mit dem Präsidenten und den Gästen Konversation machen zu müssen, beunruhigte ihn sehr. Im Zug nach Washington gab ihm Junge Nachhilfeunterricht: Wenn Horowitz beim Empfang einfach sage: »I am delighted« (»sehr erfreut«) und kein Wort mehr, dann gebe es keine Probleme. Als das Konzert zu Ende war, seufzte Präsident Hoover erleichtert auf – ihm waren populäre Weisen viel lieber als das, was er eben gehört hatte. Horowitz mußte sich nun für den Empfang einreihen, wobei Junge direkt hinter ihm postiert wurde. Horowitz stand also mit feierlicher Haltung im East Room, und wie ihm nun die anwesenden fünfundsiebzig Diplomaten der Reihe nach ihre Aufwartung machten, antwortete er jedesmal: »I am delightful, I am delightful!« (»Ich bin wunderbar! Ich bin herrlich!«) Vielleicht war sogar jedermann mit ihm einverstanden; jedenfalls wurde er von keinem korrigiert.

Bevor sie mit der *Bremen* Anfang April in Richtung Paris fuhren, gaben Horowitz und Merowitsch noch eine Pressekonferenz. Mit Begeisterung erzählte der Manager von den übervollen Terminkalendern, die Horowitz, Milstein und Piatigorsky in Europa zu erfüllen hatten. Der Geiger war unterwegs auf einer Frühjahrs-Tournee nach Wien, Bukarest und Budapest, während der Cellist in Italien konzertierte. Bevor Horowitz im kommenden Herbst für eine fünfmonatige Tournee wieder in die Staaten zurückkehren würde, mußte er noch Konzerte in Berlin, Hamburg, Köln, Wien, Budapest und Prag geben; dann stand sein erster Soloabend in England seit 1927 bevor; anschließend sollte er für drei Konzerte mit dem Concertgebouw-Orchester unter Mengelberg nach Amsterdam und schließlich auf eine Tournee nach Südamerika gehen. Mit Stolz kündete Merowitsch zudem an, daß seine drei »Jungen« im kommenden März zum erstenmal ein Kammermusikrezital in der Carnegie Hall geben werden.

Eigentlich plante Merowitsch mit Horowitz, Milstein und Piatigorsky regelmäßige Kammermusikkonzerte. »Wir werden in allen musikalischen Zentren der Welt unsere eigenen Abonnementsserien haben«, erklärte er den dreien großspurig. »Denn das Leben eines Solisten sollte ebenso gleichmäßig und ertragreich verlaufen wie das einer Philharmonischen Gesellschaft – immerfort im Dienst an der Musik. Wir werden nur beste Musik bieten, und zwar in allen möglichen Formen; wir werden nach unserem eigenen Gutdünken auch andere Künstler einladen, die später mal unsere Nachfolger werden können.«[10] Gewöhnlich war es dann Milstein, der solche Reden mit seinem trockenen Humor abrupt unterbrach: »Laß uns vorerst noch essen gehen!«

Für die Sommerpause seiner drei »Jungen« wählte Merowitsch Crans-sur-Sierre aus, ein kleines Walliser Dorf mit gemütlichen Chalets und Hotels, hoch über der Talsohle gelegen und rundum von schönen Bergen eingerahmt. Alle drei freuten sich aufs Zusammenarbeiten in diesen Ferien und auf die Ausflüge ins Engadin, wo besonders Horowitz dem Bergsteigen frönte. Piatigorsky und Milstein ließen sich in einem Hotel in Crans nieder, doch verbrachten sie ihre Zeit hauptsächlich im Haus, welches Merowitsch und Horowitz zusammen gemietet hatten. Gelegentlich verließ Horowitz seine Kollegen, um mit seinem Sekretär, mit Steinert und anderen Freunden ein paar Ferientage in Südfrankreich zu verbringen. Denn im Frühsommer hatte der Pianist in Paris den amerikanischen Komponisten Sam Barlow kennengelernt, und dieser hatte ihm dann sein Schloß oberhalb von Nizza und Monte Carlo angeboten. Horowitz liebte die Sonne und das Meer, und so blieb er zwei Wochen im Château d'Eze. »Horowitz und sein blonder Freund benahmen sich wie Irre und waren zu jedem Spaß aufgelegt«, erinnerte sich Steinert, der auch ein paar Filme von diesen Ferien heimbrachte. »Damals war Horowitz kein Einsiedler; stets war er mit Leuten zusammen – ja, er bat sogar, mit Leuten zusammenzusein.«

Für Merowitsch war es einer der schönsten Sommer. »Ich lebe bei Wolodja wie ein ›Gast‹, und ich bin völlig glücklich«, schrieb er Sascha Greiner aus der Schweiz. »Denn nach sechs Jahren Wanderleben in Hotels habe ich Heimweh bekommen, und hier ist es wunderbar. Wir kümmern uns selber um den Haushalt und haben zudem eine bemerkenswerte Köchin. Ich brachte ihr sogar bei, wie man echte russische *Piroschki* zubereitet.«[11] Aber nach einigen Sommerferienwochen mußte er mit den Vorbereitungen für die kommende Saison beginnen. Er wollte eben in jeder Beziehung eine dominante Rolle spielen – vor allem in bezug auf Fragen, die das künstlerische Repertoire betrafen. So hielt er seine drei Protégés an, alle »undankbaren Werke« zu meiden und sich auf »effektvolle« kürzere Kompositionen zu konzentrieren, um gute Einnahmen zu erzielen. »Schnelle Werke, die noch schneller wirken sollten«, wollte Merowitsch, »und alle möglichen Transkriptionen als Zugaben.« Im Geheimen ärgerten sich die drei über Merowitschs Direktiven; letztlich hielten sie sich aber dann doch daran, insbesondere Horowitz. »Wenn Herr Franz Liszt jeweils ein Konzert gab, dann hielt er mit jeder Zurschaustellung zurück; genau das tat ich auch«, soll der Pianist Jahre später gesagt haben. »Aber das Publikum identifizierte mich nun einmal mit meinen Transkriptionen, und darum spielte ich sie auch. Das war der einzige Grund. Damit machte ich einen Haufen Geld, und ich bin sehr froh darüber!«[12] Milstein kümmerte sich nicht besonders um solche Fragen; ihm war es gleichgültig, was man von ihm wollte. Piatigorsky hingegen konnte sich nur schwer damit anfreunden, aus seiner Technik Kapital zu schlagen – er habe sich, wie er meinte, einfach noch nicht »an seine neue Solistenrolle« gewöhnt. Und er hatte auch Vorbehalte gegen zu viele Showpiecen, worüber sich Milstein und Horowitz ihrerseits dann wunderten. Piatigorsky faßte es folgendermaßen zusammen: »Was meinen Beruf anbelangt, lebte ich mehr als nur ein Leben. Sicher: Seit meiner Kindheit strebte ich einzig und allein eine Solokarriere an. Wer aber nie in einem Orchester war wie ich, nie Opern, Operetten und Kammermusik spielte, wer nicht wie ich unterrichtete, in Restaurants, Kinos und an Hochzeiten auftrat, der konnte auch meine Bedenken nicht verstehen, die ich beim Umsatteln auf eine Solistenkarriere hatte. In dieser Hinsicht war ich eben der jüngste.«[13]

Dennoch: Als Zugaben hatte der Cellist einige »Insekten« einstudiert: *Biene* von Schubert, *Moskitos* von Fairchild, *Hummelflug* von Rimski-Korsakow und *Schmetterling* von Fauré. Alle drei lernten je »ihre« Version des *Hummelflugs*, und alle drei spielten sie ein Jahr später in Wien, und zwar im Abstand von nur wenigen Wochen. »Ich war recht perplex, als ich drei verschiedene Hummelflüge miteinander vergleichen mußte«, gestand ein Wiener Kritiker. »Milsteins Geigen-Hummel glich eher einem Moskito; Piatigorskys Cello-Hummel hatte drohend-gefährliche Drohnen-Qualität, während Horowitz' Hummel ein elegantes, verspieltes Kind war und diejenigen, die die Geschichte vom Zar Sultan kennen, daran erinnerte, daß dort die Biene eigentlich ein verzauberter Prinz ist.«[14]

Horowitz hatte bereits eine eindrückliche Liste von knalligen Zugaben vorzuweisen, und so konnte er diesen Sommer über seriösere Musik einüben: Die *Paganini-Etüden* von Brahms, Prokofjews dritte Sonate, Strawinskys *Petruschka*-Suite, ein Präludium samt Fuge aus dem *Wohltemperierten Klavier* sowie einige Mazurken von Szymanowski. Horowitz übte besonders fleißig; Arthur Judson hatte ihm nämlich für den Winter 1932 eine Mini-Abonnements-Reihe angeboten. Sie bestand aus drei Konzerten, die als »die bedeutendsten Klavierabende der Saison« angekündigt wurden. Der erste Abend war den »drei großen B's« vorbehalten: Bach, Beethoven und Brahms; der zweite slawischen Kompositionen (von Rachmaninow, Prokofjew, Szymanowski, Strawinsky und Chopin), und der letzte Abend war Liszt gewidmet. Judsons Agentur tat alles, um mit dieser Konzertserie Aufsehen zu erregen. Es wurde sogar ein opulentes, rotes Programm entworfen mit einer Fotografie von Horowitz' Händen auf dem Deckblatt. Solche enorme Publicity setzte Horowitz dann selbstverständlich unter einen riesigen Erwartungsdruck.

Piatigorsky erinnerte sich, wie Horowitz diesen Sommer über »mit zäher Hartnäckigkeit übte, auf jede Note und jede Phrase peinlichst genau achtete, bis alles zusammenstimmte«. Im Gegensatz zu Milstein, der immer mal wieder eine Pause machte und seine beiden Freunde beim Üben besuchte, arbeitete Horowitz in völliger Abgeschiedenheit. »Nathan stand mir immer vor den Augen, Wolodja dagegen mußte man stets suchen«, meinte Piatigorsky. »Mir war das recht: auf den einen aufpassen und den andern suchen. Wolodja war nur schwer zu ergründen, und dieses stete Suchen und Abwägen, ob man ihn wohl sehen dürfe oder er gesehen werden wolle, machte die Sache nicht einfacher.« Vom lebhaften Milstein hatte man dagegen den Eindruck, als würde er überhaupt nicht üben; stets war er zur Stelle, wenn Besuch nach Crans-sur-Sierre kam, und für Steinert oder den Pianisten Alexander Brailowski opferte er ohne weiteres das Übungspensum eines ganzen Tages. Milstein war es, der mit seinem beißenden Sarkasmus Horowitz zum Lachen brachte und Piatigorsky beruhigte, wenn dieser von Ängsten übermannt wurde oder zu ernsten Ansprachen ansetzte: »Bitte, Grischa, etwas mehr Pfiff!« Milstein war auch der ungeduldigste, wenn Merowitsch jeweils zu seinen Vorträgen über Selbstdisziplin und Repertoirefragen ausholte. Als sich der Manager wieder einmal über den »Niedergang der menschlichen Moral und die labyrinthischen Weiten der russischen Seele« ausließ, konterte Milstein mit Glückwünschen »zu seiner leichtfaßlichen und kurzen Rede«.

Milstein war zweifellos der entspannteste von den dreien. »Seine Freunde, seine Umgebung, seine Violine, seine exquisiten Kaschmir-Pullover – alles schien nur da zu sein, um ihm Freude zu machen«, erinnerte sich Piatigorsky. Horowitz hingegen war der nervöseste, der gequält an seinen Fingernägeln herumbiß und oft allein sein wollte. Obwohl Horowitz und Milstein einander wesentlich länger kannten als Piatigorsky, verbrachte der Geiger doch die meiste Zeit mit dem Cellisten. Manchmal schien sich Horowitz selbst von seinen engsten Freunden abzuwenden, doch wenn er Hilfe und Unterstützung brauchte, so waren Milstein, Piatigorsky und auch Merowitsch jederzeit da.

Obwohl die drei so unterschiedliche Temperamente hatten, waren sie doch gewillt, miteinander zu musizieren; und so bereiteten sie im Sommer 1931 ihr erstes gemeinsames Carnegie-Hall-Konzert vom kommenden März vor. Piatigorsky brachte als Kammermusiker die reichhaltigsten Erfahrungen mit, und er war bei den Proben oft tonangebend. Das Programm bestand aus Brahms' C-dur-Trio op. 87, Beethovens B-dur-Trio op. 97 (dem »Erzherzog-Trio«) sowie dem *Trio Elégiaque* op. 9 von Rachmaninow, welches sie besonders liebten, da sie alle drei den russischen Musikerkollegen bewunderten. Nicht selten endeten die Proben damit, daß Horowitz seinen beiden Freunden Manuskripte von seinen Kompositionen aus der Konservatoriumszeit zeigte – »Klaviermusik, eine Violinsonate, ein unvollendetes Cellostück ... alle verrieten eine echte Begabung als Komponist«, wie Piatigorsky meinte.

Wenn es nach ihnen gegangen wäre, hätte dieser ertragreiche Sommer noch länger andauern können. Nachdem sie am 1. Oktober in Wien zusammen den 27. Geburtstag von Vladimir gefeiert hatten, gingen Milstein und Piatigorsky wiederum ihre eigenen Wege; Tourneen durch Deutschland, Holland, England und Südamerika standen bevor, und sie sahen Vladimir erst wieder im kommenden März bei ihrem gemeinsamen Kammermusik-Konzert. Wie sich herausstellte, wurde dieses Debüt in der Carnegie Hall teilweise zu einem Mißerfolg. Das *Trio Elégiaque* von Rachmaninow gefiel am besten und war sicher auch am besten gespielt, während man beim Beethoven- und Brahms-Trio unglücklicherweise immer wieder bemerkte, daß die drei Solisten noch wenig Ensemble-Erfahrung hatten. Dem *Musical Courier* gegenüber behauptete Merowitsch zwar, die drei hätten »dieselben künstlerischen Ansichten und würden in völliger Übereinstimmung miteinander musizieren«.[15] Zudem hätten sie schon oft zu ihrem eigenen Vergnügen zusammen musiziert und seien also keineswegs Neulinge. Dennoch glaubte Olin Downes in der *New York Times* betonen zu müssen, daß »ein Ganzes oft weniger sein kann als die Summe der einzelnen Teile«.[16]

Obwohl die Kritiken insgesamt relativ schlecht ausfielen, machten Horowitz, Milstein und Piatigorsky während ihres Aufenthalts in New York weiterhin Kammermusik. Einmal zum Beispiel im palastähnlichen Haus von Heifetz an der Park Avenue, wo die drei bis in die frühen Morgenstunden miteinander musizierten. Dann brauchten sie Stärkung – und zwar kleine russische Poulet-Schnitzel, wie sich Piatigorsky erinnerte, »von denen der schmächtige Horowitz sechsundfünfzig hinunterschlang«. Ein andermal wurde Horowitz mit seinen beiden Freunden im Hause von Rachmaninow vorstellig, wo sie ihr ganzes Programm vorzuspielen gedachten. Aus Befangenheit gegenüber dem großen Meister bat ihn Horowitz, er möge den Klavierpart doch selber spielen. »Nathan sagte, es seien ja keine Kritiker anwesend«, erinnerte sich Piatigorsky, »somit könne er ohne Risiko selber spielen.« Rachmaninow lachte, aber er weigerte sich, und so setzte sich schließlich doch Horowitz an den Flügel. Wie sie mit dem *Trio Elégiaque* zu Ende waren, riefen Rachmaninows Frau und Tochter: »Was für wunderschöne Musik! Von wem ist sie?« »Von mir«, sagte Rachmaninow, fast etwas schuldbewußt. »Sergej Wassileiwitsch«, schrie darauf Milstein, »warum komponieren Sie nicht endlich etwas für die Violine?« »Warum sollte ich, wenn es doch das Cello gibt!« antwortete Rachmaninow zum großen Vergnügen von Piatigorsky.

Bevor es wieder nach Europa zurückging, gab Horowitz noch einen Klavierabend in Havanna. Und dann mußte er sich auf den Höhepunkt seiner Frühjahrs-Saison vorbereiten: sein Wiederauftreten in London, das Merowitsch mit dem wohl bekanntesten Manager von London, mit Harold Holt, vereinbart hatte. Aufgrund der Schallplatten-Einspielung des dritten Rachmaninow-Konzerts war das Ansehen von Horowitz in England wiederum im Steigen begriffen, weshalb Holt versuchte, die Exklusivrechte für das Horowitz-Management in England zu erhalten. Doch Merowitsch fürchtete um seinen Status als persönlicher Manager von Horowitz; deshalb wollte er diese Exklusivrechte nur für die Dauer von zwei Jahren an Holt abtreten. »Zwei Jahre?« meinte dieser, »das ist gerade jene Zeitspanne, die ich für meine Investitionen brauche, um aus Horowitz eine Erstklaß-Attraktion zu machen.« Da sich Merowitsch kein zweites Horowitz-Fiasko in England erlauben konnte, willigte er schließlich ein.

Beim Klavierabend in der Queen's Hall vom 10. April stand wiederum die Virtuosität des Pianisten im Vordergrund – ein Eindruck, der bei der britischen Presse fünf Jahre zuvor kaum auf positive Resonanz gestoßen war. »Bekanntlich neigt das englische Publikum zum Konservatismus (andere sagen gar zur Stumpfheit)«, schrieb die *London Times*, »weshalb es denn die außergewöhnlichen Qualitäten des Pianisten auch kaum erkannte. Diesmal hatte er einen Bombenerfolg.«[17] Und im darauffolgenden Herbst, als Horowitz mit Sir Thomas Beecham (einer Art britischer Nemesis) und dessen Royal Philharmonic Society das Tschaikowski-Konzert spielte, gestand selbst der Dirigent, daß Horowitz umwerfend gewesen sei. Die Oktav-Parallelen im ersten Satz seien viel schneller gewesen, als er sie je gehört habe. Der Dirigent zog den Pianisten deswegen auch auf: »Hören Sie, Mr. Horowitz, so schnell dürfen Sie nicht spielen. Damit stellen Sie das Orchester bloß!« Noch hatte er Horowitz' Feuereifer beim New Yorker Tschaikowski-Debakel von 1928 in Erinnerung; jetzt aber war der Dirigent von der Überlegenheit und Kultiviertheit in Horowitz' Interpretation begeistert. In der Presse konnte man lesen, Horowitz habe die beiden Ecksätze »derart ruhig genommen, daß zahlreiche Zuhörer enttäuscht schienen und dachten, sie hätten für ihr Geld zuwenig bekommen«. Aber die Presse reagierte rundum begeistert und lobte Horowitz, weil es ihm gelungen war, die »Lärmigkeiten« im Tschaikowski-Konzert »zu großartiger Majestät und die Sentimentalitäten zu echten Gefühlen aufzuwerten«.[18]

Großbritannien und Irland waren die wichtigsten Stationen auf der Herbst-Tournee. Horowitz gab Konzerte in Glasgow, Sheffield, Manchester, Birmingham, Liverpool, Belfast, Nottingham und Leicester; nebenbei machte er in London Schallplattenaufnahmen. Tagsüber war er im Studio beschäftigt, und abends gab er Konzerte, was ihn verständlicherweise bald erschöpfte. Jedenfalls meinte er, daß die Arbeit vor den Mikrofonen »zweifellos die anspruchsvollste und zermürbendste« sei. Noch nie hatte er so viele Aufnahmen nacheinander gemacht. »Ich begann mit einer Haydn-Sonate [Nr. 52 Es-dur], dann kam die h-moll-Sonate von Liszt, die allein acht Schallplattenseiten füllte. Dann nahm ich zahlreiche kleinere Werke von Chopin, Schumann, Strawinsky, Poulenc und Rimski-Korsakow auf. Alles in allem fünfundzwanzig Schallplatten. Das hat dann wohl gereicht.« Sicher waren es die ausgedehntesten Aufnahmesitzungen – und entstanden sind die wohl besten Horowitz-Platten. Vor allem, was die Liszt-Sonate anbelangt, die damals wie heute als unübertroffen gilt.

Neben der Haydn-Sonate nahm Horowitz diesen Herbst auch noch Beethovens A-dur-Sonate op. 101 ins Repertoire auf. Wenn Horowitz Beethoven interpretierte, hieß es meistens, daß er Stil und Struktur vernachlässige und Farbnuancen ins Spiel bringe, die besser zu Chopin als zu Beethoven gepaßt hätten. Doch Horowitz hielt nicht viel von solchen Kommentaren – zumal er auch der Ansicht war, manche der Beethoven-Sonaten »seien gar nicht so hörenswert und für Konzerte vor einem großen Publikum jedenfalls nicht zu empfehlen«. Und sicher waren sie nicht so effektvoll wie Ravel, Debussy, Poulenc oder Saint-Saëns-Piecen, die in den Konzertprogrammen von 1932/33 häufig auftauchten.

Was die Klavierkonzerte anbelangte (Horowitz spielte die beiden Liszt-Konzerte, das dritte von Rachmaninow, das erste von Tschaikowski sowie das zweite von Brahms), schien es keine Repertoireerweiterung zu geben. So hätte er möglicherweise Beethovens Es-dur-Konzert nie gespielt, wenn er im Herbst 1932 nicht eine entsprechende Einladung erhalten hätte. Am 10. November spielte Horowitz in London zusammen mit Beecham das Tschaikowski-Konzert. Nur eine Woche später erhielt er ein Telegramm von Toscanini, der ihn einlud, im kommenden April mit den New Yorker Philharmonikern unter seiner Leitung das fünfte Beethoven-Klavierkonzert zu spielen – und zwar als Schlußveranstaltung in Toscaninis Beethoven-Zyklus. Wenn Toscanini einlud, so war das eigentlich ein Befehl. Dennoch: Wie Horowitz einem Freund anvertraute, hatte er bis anhin von diesem Beethoven-Konzert noch kaum eine Ahnung. Also kaufte er sich eine Schallplatte. »Es mag unglaublich klingen«, erzählte er dann der Presse, »aber ich werde dieses Konzert unter Toscanini zum erstenmal öffentlich spielen. Nicht, daß ich mich nur mit russischer Musik befassen würde. Aber die Leute verlangen es eben überall.«

Das Toscanini-Konzert war auf den 23. April angesetzt. Zehn Tage vorher probierte er das Werk in Chicago aus. Hier hatte er vor einigen Tagen mit dem dritten Rachmaninow-Konzert Triumphe gefeiert; sein Beethoven wurde aber – zumindest nach den Presseurteilen – ein Desaster. Es sei »weder Horowitz noch Beethoven gewesen, so wie wir beide nun einmal kennen«, schrieb die *Chicago Daily News* am 12. April 1933. Dagegen hätte man eine rührig-gewissenhafte, ja gezierte Interpretation gehört, »pedantisch, schwerfällig und in technischer Hinsicht recht wacklig. Die großen Melodielinien waren in ihrer Zerstückeltheit kaum mehr zu erkennen; eine geistige Durchdringung schien ganz zu fehlen, und das Ganze kam einem vor wie kindliche Fingerübungen.« Normalerweise ging Horowitz mit seinen Bewegungen am Flügel höchst sparsam um; diesmal aber

»lehnte und beugte er sich ausladend über die Tastatur, zerrte nervös am Klavierstuhl, fingerte an Schlips und Kragen herum und wischte sich ausgiebig die vor Schweiß über und über triefende Stirn. Das alles mochte insgesamt ja verblüffend wirken, doch war es evident, daß der junge Künstler absolut kein Verhältnis zu den Klassikern hat.«[19]

Klar, daß Horowitz aufgewühlt und beunruhigt war, als er Chicago verließ; wie würde das erst werden mit dem überall gefürchteten Toscanini? Um es vorwegzunehmen: Horowitz kam in New York wesentlich besser an; trotzdem spielte er Beethovens fünftes Klavierkonzert nach 1933 nur noch äußerst selten. Dennoch führte ihn gerade dieses Werk mit einem Menschen zusammen, der auf seine künstlerische Entwicklung und sein persönliches Leben einen immensen Einfluß ausüben sollte.

ZEHNTES KAPITEL

Die Toscaninis

Toscanini war wie ein Priester der Musik ... wie eine Flamme. Er konnte jedes Orchester dirigieren, aber es gab beim Arbeiten stets Probleme. Wir sprachen unendlich viel über Musik. Wie war dieser Mensch stur! Nie hätte er seine Meinung geändert. Er hatte sein Konzept, und wenn ich mit ihm zusammen musizierte, folgte ich diesem Konzept. Selbst wenn es mir zuwider war.[1]

Daß ich Toscaninis Tochter bin, ist absolut nicht mein Verdienst – ich könnte ja jedermanns Tochter sein. Aber daß ich die Frau von Horowitz bin – nun ja, da bin ich schon etwas stolz darauf.

WANDA TOSCANINI HOROWITZ[2]

Nach Konzerten in Chicago und Philadelphia im Februar 1933 kehrte Horowitz nach New York zurück, wo er zu einer großen Party ins Hotel Astor am Times Square geladen war. Toscanini, der stets hier wohnte, wenn er in New York war, war auch anwesend, und so hatte Horowitz Gelegenheit, den berühmten Dirigenten schon Wochen vor ihrem gemeinsamen Konzert aus nächster Nähe zu beobachten. Toscanini war wahrscheinlich der berühmteste und mächtigste Musiker der Welt und bekannt für sein heißblütiges, furchterregendes Temperament. Als Horowitz den Italiener zum erstenmal sah, reagierte er völlig ungewohnt: Anstatt sich auf der Party wie üblich sogleich in Szene zu setzen, zog er sich still in eine Ecke zurück. Später bemerkte Horowitz gegenüber Freunden, daß er damals »Ehrfurcht verspürt habe, weil er nun zumindest in der Nähe des Maestros sein durfte, den er doch seit langem aufs höchste verehrte«. Im nachhinein mochte diese Erklärung einigen ominös vorkommen, zumal Horowitz in den folgenden Jahren in Gegenwart des Maestro immer wieder zu solchen Rückzügen und nach innen gekehrten Reaktionen ansetzte.

Horowitz hatte Toscanini zum erstenmal an den Salzburger Festspielen und an der Scala gehört und dabei realisiert, daß das apollinische Temperament des Maestro und dessen fanatische Partiturtreue seiner eigenen Auffassung von Musik diametral entgegengesetzt war. Um so verständlicher war es, daß die bevorstehenden Proben schwer auf ihm lasteten. Zumal Toscanini den Ruf eines unbarmherzigen Tyrannen hatte, der absolute Perfektion verlangte und sich zu temperamentvollen Wutausbrüchen hinreißen ließ, wenn ihm Musiker den Respekt versagten. Wie Beecham stand auch Toscanini im Ruf, mit Solisten besonders ungeduldig zu sein – stets dominierte er sie, und wenn diesen auch nur kleinste Fehler unterliefen, hielt er mit seiner Wut und Abscheu nicht zurück. Virtuoses Gehabe tolerierte er schon gar nicht, sondern verlangte zwischen Solist und Orchester stets eine ausgeglichene Balance. »Toscanini hat nie Stars engagiert; zudem verabscheute er sie«, sagte Horowitz.

Bekanntlich verspürte Horowitz ständig den Drang, sich selbst unter Beweis zu stellen, was – zusammen mit seiner Faszination fürs Erlesene und Berühmte – erklären mag, weshalb er bereit war, sich auf dieses Experiment einzulassen. Zudem mochte es seine Begeisterung für die Oper sein, die seinen Respekt vor Toscanini zu bedingungsloser Verehrung anwachsen ließ. Toscanini hatte unter andrem als künstlerischer Direktor an der Mailänder Scala und als Chefdirigent an der Metropolitan Opera amtiert, hatte die Uraufführungen von Leoncavallos *Pagliacci* und Puccinis *La Bohème* dirigiert sowie die italienischen Erstaufführungen von Wagners *Siegfried* und *Götterdämmerung*. Er war zweifellos ein Genie – der absolute Musiker, der zudem ein immenses klassisches und romantisches Konzertrepertoire auswendig dirigierte.

Einige Tage nach seinem Klavierabend in der Carnegie Hall vom 29. März (dem zweiten in dieser Saison) erhielt Horowitz eine Nachricht von Bruno Zirato, dem Assistant Manager des New York Philharmonic Orchestra: Er möge zu Toscanini ins Hotel Astor kommen, um mit dem Maestro gemeinsam den Klavierpart des fünften Beethoven-Konzerts durchzugehen. Horowitz erschrak zutiefst, zumal seine letzten paar Aufführungen des Werks stets auf schlechte Kritik gestoßen waren. Freunde warnten ihn, daß es der Maestro nicht leide, wenn man auch nur eine einzige Minute zu spät komme. Und so war Horowitz schon eine halbe Stunde vorher vor dem Hotel und ging ungeduldig den Broadway auf und ab, bis es endlich Zeit sein würde. Dabei gingen ihm all die andern Ratschläge durch den Kopf, die man ihm mitgegeben hatte: »Wenn Toscanini zu schreien beginnt, nimm es mit Ruhe hin; wenn er dich beleidigt, so gib keine Antwort.« Endlich war es Zeit. Wie er vor Toscaninis Suite stand, schienen seine Hände wie gelähmt und zitterten, und als ihm Zirato aufmunternd auf die Schultern klopfte, konnte der Pianist nur noch ein mühsames *Njet, njet* stöhnen: »Ich kann keinen einzigen Ton spielen!« Sie wurden hineingeführt; dann schaffte es Horowitz immerhin, sich vorzustellen. Für einige Minuten sprach er mit dem Dirigenten über seinen früheren Lehrer Felix Blumenfeld, den Toscanini vor Jahren in Paris kennengelernt hatte, als Blumenfeld dort eine Opernaufführung mit Fjodor Schaljapin dirigierte. Toscanini meinte, Blumenfeld sei ein exzellenter Musiker; jedenfalls sei er glücklich, daß er ihn kennengelernt und mit ihm gearbeitet habe. Aha, Toscanini war also gar nicht jenes schroffe Ungeheuer, das Horowitz erwartet hatte. Dann zeigte der Maestro aufs Klavier; Horowitz setzte sich ans Instrument und spielte das ganze Konzert ohne eine Unterbrechung. »Sehr gut ist das«, meinte Toscanini; das war alles, das Vorspiel war beendet. »Nun muß ich Sie bitten zu gehen, denn ich habe noch viel Arbeit. Ich sehe Sie dann bei der ersten Orchesterprobe wieder.«

An den Proben, so erinnerte sich Horowitz, »gab es keinen Krieg«; Toscanini forderte ihn gar auf, frei zu spielen. »Ich hatte Spannungen erwartet, stürmische Szenen und Gebrüll. Zudem hatte ich Angst, daß er mich auslachen würde. Dabei kamen wir miteinander prima zu Rande.« Am Konzertabend saß Horowitz dann in der Garderobe – zusammen mit Picciu, dem Hund Toscaninis, der stets knurrte und zu schnappen versuchte. Horowitz mußte erst nach der Konzertpause auftreten; und da Toscanini seinen Hund nie allein zu Hause ließ, fiel dem Pianisten die Aufgabe zu, während der ersten Konzerthälfte den Hund zu hüten, will sagen: sich vor dem Hund, seinem Zähnefletschen und Gekläffe zu hüten.

Unter Toscaninis Leitung entstand eine wesentlich ausgefeiltere und entspanntere Aufführung des Beethoven-Konzerts als vorher in Chicago. Während der Proben schon hatte der Dirigent sorgfältig auf »die Ausgewogenheit zwischen Orchester und Solist« geachtet, wie die *New York Times* nach dem Konzert rapportierte; allerdings soll die Schönheit des Orchesterspiels vom Klavier ziemlich abgelenkt haben. Im gebetähnlichen Mittelsatz entfaltete Toscanini eine magisch-zauberhafte Stimmung; zudem hielt er seinen Solisten strikte zurück, so daß die *Times* »Schönheit und eine ständig anwachsende Lieblichkeit« im Spiel von Horowitz rühmte. Zwar äußerten viele Kritiker immer noch Vorbehalte gegen dieses »zu impetuose« Beethoven-Spiel; Toscanini hingegen war begeistert und rief: »Mit diesem Jungen spiele ich gerne zusammen!« Obwohl das Konzert schließlich vor allem für Toscanini ein Erfolg wurde, schloß die *Times* doch mit der Bemerkung, daß es auch Horowitz »mit Beethoven und Toscanini schaffen könne«.

Anschließend traf man sich auf einer Party zum Nachtessen; bei dieser Gelegenheit wurde Horowitz Toscaninis jüngster Tochter vorgestellt. Wanda war sechsundzwanzig Jahre alt, begleitete ihren Vater während seiner Frühjahrs-Saison in Amerika und wohnte mit ihm zusammen im Hotel Astor. Schon einige Jahre zuvor hatte sie Horowitz auf einer New Yorker Party kurz getroffen – an einem jener Anlässe, wo sich Horowitz in seiner Berühmtheit sonnte, Scharen von Freunden und Bewunderern um sich versammelte und gleichzeitig mit Milstein Violinsonaten und mit seinem Chauffeur Pingpong spielte. Diesmal nun war es anders; Horowitz' ganze Aufmerksamkeit war auf Toscanini und seine Tochter gerichtet.

Vor zwei Jahren hatte Wanda einen Klavierabend von Horowitz in der Mailänder Scala gehört; seither verfolgte sie die Karriere des Pianisten aufmerksam, zumal sie in sein Spiel und seine Erscheinung vernarrt war. »Er war der Beste.« Vor der Aufführung des Beethoven-Konzertes wagte sie es nicht, seinen Namen auch nur zu erwähnen – aus Angst, »dann auch die Verantwortung übernehmen zu müssen« für das, was immer bei der Aufführung herauskommen würde. Auf der Party nach dem Konzert war sie von Horowitz fasziniert, während dieser wiederum von ihrem Vater gefesselt war. Stets hielt er sich in Toscaninis Nähe auf, spielte Chopin-Mazurken und versuchte, mit ungewohnten Harmonien und Modulationen Aufsehen zu erregen und dem Maestro zu imponieren. Dieser war in der Tat beeindruckt, lächelte nachsichtig und hörte ihm aufmerksam zu, wie wenn er diese Musik noch nie zuvor gehört hätte.

Gegen Ende der Party, als Toscanini anderweitig in Beschlag genommen wurde, zog sich Horowitz mit Wanda in eine Ecke zurück. Sofort unterhielten sich die beiden angeregt auf französisch, und da Horowitz kein Italienisch und Wanda ebensowenig Russisch verstand, blieb französisch von diesem ersten Moment an ihre Sprache. Am folgenden Tag übersandte Horowitz eine Fotografie an Wanda mit der Widmung: »Für Dich«. Damit begann ein achtmonatiges Werben, welches schließlich zur Ehe zwischen dem weltberühmtesten jungen Pianisten und der Tochter des weltberühmtesten Dirigenten führte – einer Ehe, die dramatische und unerwartete Auswirkungen auf Horowitz' persönliches und berufliches Leben haben würde.

Wer die verschiedenen Veränderungen im Spiel von Horowitz verstehen will sowie die emotionalen Probleme, die in den folgenden Jahren seine Karriere immer wieder beeinflußten, der tut gut daran, sie alle in einem Zusammenhang mit der Toscanini-Familie zu sehen. Seit Horowitz Rußland – und das heißt auch: seine Familie – verlassen hatte, war er persönlich und beruflich total von Merowitsch abhängig; hinzuzurechnen sind noch sein Diener-Sekretär sowie einige Freunde wie Milstein, Piatigorsky und Steinert. Obwohl er sich hie und da recht lebhaft gab, war er von Natur aus eher ein einsamer, isolierter Mensch mit nur vereinzelten engeren Beziehungen. So kam es, daß 1933 Wanda, der Maestro und mit ihnen der gesamte Toscanini-Clan ein riesiges emotionelles Vakuum aufzufüllen begannen, was auf eine vollständige Loslösung vom Kreis um Merowitsch hinzielte.

Nicht, daß es leicht gewesen wäre, in den Toscanini-Clan hineinzukommen. Carla Toscanini, die Gattin des Maestro, und ihre vier Kinder hatten es verstanden, ihr Leben trotz der übermächtigen Größe und der verblüffenden Widersprüchlichkeit ihres »Papa« irgendwie einzurichten, wobei der Maestro alle mit absoluter Autorität regierte. Zwar liebte Toscanini zumindest theoretisch seine Familie, aber praktisch unterhöhlte er deren Stabilität mit seinen diversen Seitensprüngen und Schürzenjägereien. Grundsätzlich war er zwar stolz auf seine Kinder; dennoch behandelte er sie zuweilen wie Orchestermusiker. Er wollte, daß sie Erfolg hatten; aber er maß solchen Erfolg stets an seinem eigenen, für andere unerreichbaren Genie und schränkte sie dadurch in ihrer Unabhängigkeit und Selbstsicherheit in fataler Weise ein. »Als Kind hatte ich nicht Angst vor dem, was er sagte, sondern wenn er überhaupt nichts sagte«, erzählte Wanda einmal. »Natürlich gab es auch Krach zu Hause, aber eigentlich nicht sehr viel. Wenn er wütend war, sprach er gar nicht mit uns. Er war dann wie stumm, und ich glaube, daß solches Schweigen schädlich ist für ein Kind. Nie wußte man, was er dachte. So fühlte ich mich als Kind immer schuldig. Wir Toscaninis waren eine recht sonderbare Familie. Wir redeten nie miteinander. Wir folgten dem Beispiel unseres Vaters, aber er lobte uns nie. Immer nur sagte er es uns, wenn wir unrecht hatten; nie kam eine Anerkennung, wenn wir recht hatten.«[3]

Bevor Toscanini 1908 das Amt des Chefdirigenten an der Metropolitan Opera bekleidete, hatte er oft noch Zeit gehabt, um zu Hause in Mailand mit seinen beiden Söhnen Walter und Giorgio sowie mit der Tochter Wally zusammenzusein. Er war sehr auf ein solides Familienleben bedacht, kümmerte sich manchmal selber um die Babys und verbrachte viel Zeit mit dem Lesen von Büchern über Kinderpflege. Aber als künstlerischer Direktor der Scala war er oft achtzehn Stunden pro Tag an der Arbeit, beispielsweise bei einer Opern-Neueinstudierung; er beschränkte sich da nicht nur aufs Dirigieren, sondern kümmerte sich auch um die Bühne, ums Licht und um die Kostüme. Obwohl er nie an eine Scheidung dachte und überhaupt gegen alles war, was die Familie hätte gefährden können, hatte er dennoch seine Liebesaffären – oft sogar mit seinen eigenen Sopranistinnen. (»Er konnte sich diese nie verzeihen, aber er konnte den sexuellen Bereich seines Lebens auch nie unter Kontrolle bringen«, schrieb Harvey Sachs in seiner Toscanini-Biografie. »Er aß und trank nur sehr mäßig, schlief wenig, arbeitete wie ein Verrückter, mied die Gesellschaft und verlangte von sich stets das Äußerste. Aber Frauen konnte er nicht widerstehen, und sie ihm auch nicht.«[4]) So blieb es Carla Toscanini überlassen, die Kinder zu erziehen und ihnen jeweils Grüße und Mitteilungen von Papa zukommen zu lassen. »Es gab ein Gesetz bei uns, das jedermann zu beachten hatte«, erinnerte sich Wally. »Papa sagte Mama jeweils, was er wollte und wie er es wollte. Und sie gab es an uns weiter. Und immer gehorchten wir. Wir wußten genau, was wir durften und was nicht.« Nach 1908 widmete sich Toscanini fast ausschließlich seinen künstlerischen Aufgaben; für die Familie blieb kaum mehr Zeit übrig.

Anderthalb Jahre, bevor Wanda zur Welt kam, erkrankte der viereinhalbjährige Giorgio an Diphterie und starb in Buenos Aires, wo Toscanini gerade dirigierte. Der Tod seines kleinen Sohnes erschütterte ihn, und er wertete ihn als Strafe Gottes für seine eheliche Untreue. Carla, die ihren Mann stets liebte und auf Reisen immer an seiner Seite weilte, um ihm möglichst alle Schwierigkeiten aus dem Weg zu räumen, war außer sich vor Schmerz und Kummer. Sie beschloß nun, ihn zu verlassen. Doch irgendwie ließ sich die Sache wieder einrenken – jedenfalls wurde in Mailand am 7. Dezember 1907 das vierte und letzte Toscanini-Kind geboren. Getauft wurde es auf die Namen Wanda Giorgina; der Maestro hatte sie selber bestimmt.

Toscanini war tief abergläubisch, und er nahm es mit der Namenwahl für das neugeborene Kind sehr ernst. Beispielsweise trat er stets für die Werke des italienischen Komponisten Alfredo Catalani ein, und die enge Freundschaft zwischen dem Komponisten und Dirigenten blieb bis zum Tode Catalanis erhalten, der neununddreißigjährig an Tuberkulose starb. So erhielt Walter Toscanini seinen Namen nach dem Protagonisten in Catalanis Oper *Loreley*, wogegen Wally klar

Bezug nimmt auf Catalanis letzte und erfolgreichste Oper *La Wally*. Da Wally wie Walter gesunde Kinder waren, kam Toscanini zum Schluß, daß *W* ein guter Buchstabe sei (obwohl er im italienischen Alphabet gar nicht existiert) und der neugeborenen Tochter Glück bringen werde. Mochte dieser polnische Name (er kommt in Umberto Giordanos Oper *Fedora* vor) auch nicht den Effekt eines Talismans haben, so wirkte er zumindest exotisch und irgendwie anziehend.

Ein Jahr nach Wandas Geburt begann Toscanini mit seinen alljährlichen New York-Reisen; klar, daß er seiner jüngsten Tochter nicht mehr soviel Aufmerksamkeit schenken konnte wie den übrigen Kindern zuvor. Meistens wurde Wanda von einem Kindermädchen beaufsichtigt – von Nena Rama, die wie alle anderen, welche anstelle der Eltern die Kinder umsorgen, zu einer Art Ersatzmutter wurde.

Alle Toscanini-Kinder fürchteten und liebten ihren Vater von ferne; viel lieber aber waren sie bei der Mutter. Carla war eine ruhige, willensstarke und häusliche Frau und kam mit der Unterdrückung von seiten ihres Gatten sowie mit dessen Skandalen ehrenvoll zu Rande. »Meine Mutter war eine wunderbare Frau«, sagte Wanda. »Sehr musikalisch und meinem Vater gegenüber sehr kritisch; zudem sehr praktisch. Sie begleitete ihn stets auf seinen Reisen, packte die Koffer, und sie sorgte stets, daß alles dort war, wo es sein sollte; sie unterschrieb auch die Verträge und kümmerte sich um die Gagen. Sie war überaus menschenfreundlich und tat sehr viel für Leute; wenn jemand etwas brauchte, war sie stets hilfsbereit. Sie hatte einen guten musikalischen Instinkt und ebensoviel Verstand. So konnte sie Papa sagen: ›Möglich, daß ich blöd bin. Aber so, wie die das singt, wird es nicht gehen.‹ Und sie behielt stets recht.«[5]

Wanda wurde hauptsächlich unter Carlas Obhut erzogen und in Italien zur Schule geschickt, wo sie mit achtzehn Jahren im *Liceo* abschloß. Ziemlich früh schon beschloß sie, auf eine weitere Ausbildung oder eine unabhängige Karriere zu verzichten und statt dessen mit ihrem Vater zu reisen, um Musik aus dessen Aufführungen kennenzulernen. »Ich wurde zum Hören erzogen«, meinte Wanda, »meine Mutter ebenfalls.« Früher, mit vielleicht fünfzehn Jahren, hatte Wanda im Geheimen an eine eigene musikalische Karriere gedacht – eine Idee, die der Vater mit seinem eigenen Standard und seiner Intoleranz gegenüber allem, was nicht genial-ebenbürtig war, dann bald zerstörte. Bis sie fünfzehn Jahre alt war, spielte Wanda Klavier. Toscanini war damit einverstanden, denn Wanda war das musikalischste Glied in der Familie. Dennoch konnte er es nicht lassen, sie wegen jedem falschen Ton heftig zu schelten. »Ein Fehler war für ihn wie ein Stich in den Magen«, erzählte Wanda, wobei sie nicht erwähnte, wie sich ihr eigener Magen in solchen Situationen fühlte. Wenn sie übte, schrie Toscanini sofort drauflos – was soweit ging, daß ihre Hände nur schon bebten, wenn sie zu spielen versuchte. *»Ah! Impossibile!«* rief sie schließlich und ließ das Klavier.

Dann begann Wanda zu singen; oft hatte man ihr gesagt, sie habe »eine Naturstimme«. Ohne Wissen ihres Vaters nahm sie Gesangsunterricht, und

Freunde erzählten, daß sie das *»Ah, fors' è lui«* aus der *Traviata* durchaus achtenswert und professionell hingekriegt habe. Mit einer Chorvereinigung sang sie in Mailand auch das Verdi-Requiem, wobei sie wohlweislich unter einem anderen Namen auftrat, um eventuellen Ausfälligkeiten des Vaters zu entgehen, falls dieser davon hören sollte. Als Toscanini eines Tages doch dahinterkam, wurde er böse und schrie ihr zu, er dulde in seiner Familie keine zweitrangigen Musiker. Wanda war demoralisiert und gab schließlich die Musik total auf; mit ihrem Vater konnte man keinen Kompromiß schließen.

Alle Aussichten auf eine eigene musikalische Karriere waren nun zerstört. In den folgenden Jahren, von 1927 bis 1933, begleitete Wanda ihren Vater sporadisch auf seinen Reisen. Ähnlich wie zuvor ihre Mutter umsorgte sie nun den Maestro, wurde ihm mit der Zeit eine enge Vertraute und lebte jeweils zwei oder drei Monate lang, je nach Toscaninis Verpflichtungen, mit ihm in den Vereinigten Staaten. Sie merkte, daß sie offen und frei mit ihm sprechen konnte und wurde zu einer wichtigen kritischen Instanz. »Ich war nicht blind wegen seiner immensen Berühmtheit«, meinte sie. »Ich konnte stets sagen, ob ein Konzert besser gewesen sei als das andere.« Somit erhielt Wanda ihre musikalische Ausbildung zur Hauptsache in der Scala und in der Carnegie Hall.

Als sie 1933 Horowitz zum zweiten Mal traf, hatte sich Wanda damit abgefunden, daß sie an Toscaninis Seite in Zukunft eine Art Mutterrolle einnehmen würde: als Reisebegleiterin, als Mädchen für alles und als Kritikerin. Diese Lehrjahre mit ihrem Vater hatten sie in verschiedener Hinsicht vorbereitet für das Leben, das sie nun mit Horowitz führen würde. Sowohl Toscanini wie Horowitz gegenüber erfüllte sie ihre Pflicht mit Begeisterung und Hingabe: eine stolze, bestimmte Frau, die den Mann, den sie liebte, beschützen und den Erfolg mit ihm teilen wollte. »Daß ich Toscaninis Tochter bin, ist absolut nicht mein Verdienst – ich könnte ja jedermanns Tochter sein. Aber daß ich die Frau von Horowitz bin – nun ja, da bin ich schon etwas stolz darauf.« Stolz durfte sie sein, sicher. Zumal sie, wie sie später erzählen würde, auch »ein schweres Kreuz zu tragen« hatte.

Im April 1933 fuhr Horowitz mit den Toscaninis nach Europa zurück – kurz nach der gemeinsamen Aufführung des fünften Beethoven-Klavierkonzerts, dem Schlußpunkt von Toscaninis New Yorker Saison. Anfang Mai gab Horowitz einen Klavierabend in der Londoner Queen's Hall. Es wurde eines der erfolgreichsten Konzerte in seiner ganzen Karriere und brachte den gefürchteten Kritiker des *Manchester Guardian*, nämlich Neville Cardus, dazu, Horowitz im Titel zu seiner Kritik als »den größten Pianisten aller Zeiten« zu bezeichnen. Vor allem Horowitz' Interpretation der *Paganini*-Variationen von Brahms begeisterte Cardus: »Es schien, daß in seinen Fingern Gehirne waren, so subtil ausgewogen war jeder Ton. Man hätte durchaus meinen können, die Hexenmeistereien in dieser Interpretation seien aufgrund eines Bündnisses mit dem Teufel zuwege gekommen. Das war Brahms-plus!«[6] Dieses grenzenlose Lob brachte dem Kritiker dann eine wahre Flut von Leserbriefen ein, worin sich die Fans von Wilhelm Backhaus,

Egon Petri, Moritz Rosenthal, Alfred Cortot und Sergej Rachmaninow empört zu Wort meldeten. Einer, der es besonders wörtlich aufgefaßt hatte, wollte gar wissen, ob der Kritiker je Franz Liszt spielen gehört habe. In späteren Jahren meinte Cardus dann, dieser unheilschwangere Titel sei ironisch gemeint gewesen (Neville Cardus war damals ein allseits bekannter Schnabel-Anhänger), zumal die Horowitz-Publicity den Künstler als »den größten unter den lebenden Pianisten« angekündigt habe.

Auch in Mailand und in Paris gab Horowitz erfolgreiche Konzerte, doch war es besonders die Kritik im *Manchester Guardian*, die Wandas Interesse für den Pianisten steigerte. »Ich weiß nicht, vielleicht habe ich ihn dank Mr. Cardus geheiratet«, witzelte sie Jahre später. »Nicht, daß ich ihn nur deshalb geheiratet hätte, aber er war eben mein Lieblingspianist und zweifellos auch sehr attraktiv. Und ich richtig verliebt in seine Pedalkünste – nicht auf dem Fahrrad, sondern am Flügel. Zudem war ich eine der wenigen, die mit Mr. Cardus einer Meinung waren.«[7] Zweifellos hatte Wanda einiges von ihrem Vater geerbt; und wenn sie auch keine Musikerin werden konnte, so würde sie solches Erbe schon anderweitig sinnvoll einbringen.

Horowitz beendete seine siebte Europa-Saison am 2. Juni 1933 mit einem Klavierabend im Théâtre des Champs-Elysées. Dann brauchte er dringend Erholung und verbrachte viel Zeit mit Wanda und ihrer Familie, besuchte ein Toscanini-Konzert in Wien und reiste anschließend mit Wanda nach Rom. Der Geiger Yehudi Menuhin meinte später trocken, Horowitz sei »damals recht vernarrt gewesen – vernarrt in Wanda Toscanini, um die der Pianist damals warb, und vernarrt in einen zweitürigen Rolls-Royce, den er kürzlich erst gekauft hatte«.[8]

Im Sommer wurde die Lage dann ernst – Wanda hatte sich offensichtlich entschieden. Man konnte ihr das vom Gesicht ablesen. Hatte sie doch ihres Vaters kobaltblaue Augen geerbt, seine buschigen Augenbrauen – und auch seine Launenhaftigkeit. Freunde betonten stets, daß sie das komplette Gegenteil zu ihrer damenhaften, wohlanständigen Schwester Wally gewesen sei; schon als Kind sei Wanda oft übellaunig gewesen, stets bereit, eine Szene heraufzubeschwören. »Ich erbte nicht das musikalische Talent meines Vaters, sondern dessen gute Gesundheit!« meinte sie dazu. Und ausgerechnet auf Horowitz hatte diese robuste Italienerin mit ihrem dicken schwarzen Haar und dem olivrunden Gesicht ihr Auge geworfen! Klar, daß ihr das ruhig-gesetzte Leben in Mailand verleidet war. Und da sie leidenschaftlich gerne reiste, mochte sie in der Heirat mit Horowitz einen Ausweg sehen – einen Weg in die Freiheit, in die Unabhängigkeit und Selbstachtung.

Nicht, daß es einfach sein würde, die Zustimmung ihres Vaters zu erhalten! Selbst dann nicht, wenn Horowitz um die Tochter anhalten sollte. Wie Papa Toscanini in einer solchen Situation reagieren konnte, zeigt das Beispiel ihrer Schwester Wally. Im Jahr 1924 verliebte sich diese in den Grafen Emanuele Castelbarco – ein Abkömmling einer stolz-aristokratischen Familie aus der Piedemonte-Rezzonico-Linie. Doch der Graf war schon verheiratet und hatte auch Kinder; somit unterhielten die beiden über die nächsten sieben Jahre eine heimliche Beziehung, zumal sie um die schroffe Mißbilligung von Papa Toscanini wußten. Dann erlangte Castelbarco die Scheidung, und 1931 heiratete er Wally in Budapest. Toscanini weigerte sich kategorisch, mit dem neuen Schwiegersohn auch nur ein Wort zu sprechen; mit seiner Tochter söhnte er sich erst aus, als sie ihm eine Enkelin gebar. Im Sommer 1933, als Toscanini in Wien dirigierte, hatte Wanda endgültig genug: »Papa«, sagte sie, »es ist Zeit, daß du damit aufhörst!« Jetzt erst wurde der Graf in die Familie aufgenommen. Aber Wanda vergaß nie, wie Toscanini völlig außer sich geraten war, als er von der Liebesaffäre seiner Tochter mit einem verheirateten Mann erfahren hatte. Was er immer zu fassen kriegte – Gläser, Geschirr –, flog durch die Luft und ging in Brüche; und zum erstenmal schlug Toscanini eines seiner Kinder.

Horowitz verbrachte den Sommer in der Schweiz, in Sils-Maria im Engadin. Dennoch gelang es Wanda, ihn zu sehen – indem sie ihre Eltern dazu brachte, den Pianisten auf ihren Insel-Sitz im Lago Maggiore in Norditalien einzuladen. »L'Isolino«, wie es Toscanini nannte, war in wenigen Minuten per Boot von Pallanza aus zu erreichen: eine urtümliche, kleine Insel mit Bäumen und Blumen, die zu einem Hügel anstieg, wo die Toscanini-Villa stand. Toscanini liebte die Ruhe und Abgeschiedenheit dieses Fleckchens ganz besonders. Hier verbrachte der Maestro jeden Sommer – bis er dann aus Protest gegen die italienische Politik und wegen des drohenden Krieges nach Amerika ging. Aber nach dem Zweiten Weltkrieg kam er wieder auf sein »Isolino« zurück.

Während seiner Anwesenheit diskutierten Horowitz und Wanda ihre Heirat – stets in großer Angst, da ja alles von der Einwilligung Papa Toscaninis abhing. Vorläufig nämlich war Toscanini noch dagegen; und obwohl Horowitz Jude war und Wanda römisch-katholisch, waren es nicht primär religiöse Überlegungen, die Toscaninis Widerstand hervorriefen. Dieser war ja nicht eigentlich religiös, und auch die übrigen Familienmitglieder kamen nur formell den religiösen Pflichten nach. »Halb wurde ich religiös aufgezogen und halb nicht«, meinte Wanda, die sich so oder so keiner Konvention zu fügen gedachte. Nein, Toscaninis Einwände waren anderer Art. Obwohl er Horowitz recht gutgesinnt war und ihn als Pianist sehr schätzte, warnte er seine Tochter: Es sei schwierig, mit einem überempfindlichen, reizbaren Künstler zu leben. »Du weißt es genau, wie schwierig das Leben mit einem Künstler ist«, mahnte er. Ja, er wurde gar renitent und meinte: *»Moglie e buoi dei paesi tuoi.«* (Frau und Vieh von deinem eigenen Landstrich.) Andere aus der Toscanini-Familie meinten jedoch, der Maestro sei beunruhigt gewesen wegen Horowitz' engen Beziehungen zu Männern: Wer solche Freundschaften pflege, tauge weder zu einem guten Ehemann noch zu einem guten Schwiegersohn. Letztlich aber gab er doch seinen Segen zu dieser Verbindung.

Nicht, daß Horowitz von allen Zweifeln frei gewesen wäre. So hatte er ein paar Jahre zuvor in einem Interview erklärt, daß »Heirat und eine erfolgreiche Karriere unvereinbar sind. Um ein bedeutender Künstler sein zu können, muß man alleine leben.«[9] Nun machte er sich Sorgen über die Verpflichtungen und Verantwortung, welche ein Familienleben mit sich bringt. Freunden gegenüber meinte er gar: »Frauen sind wie unnötiges Gepäck. Meine Verlobte kann überhaupt nichts – außer, daß sie mir sagt, ob ich gut oder schlecht gespielt habe.«[10] Horowitz räumte auch ein, daß er keine Ahnung habe, ob er vierundzwanzig Stunden pro Tag mit jemand zusammensein könne; und als ihm die Frau eines Kollegen erzählte, sie helfe ihrem Gatten bei der Korrespondenz, antwortete Horowitz: Das sei keine schlechte Idee, Wanda könnte für ihn Briefe schreiben. »In jener Zeit war der Druck zum Heiraten schrecklich«, erinnerte sich ein enger Bekannter, »sicher brauchte Horowitz jemand, der ihn umsorgte und seine verlorene Familie ersetzen würde. Wanda und die Toscaninis brachten zweifellos Stabilität in sein Leben, das vordem hoffnungslos chaotisch und einsam gewesen war. Sie gab ihm ein Heim und übte jene eiserne Kontrolle aus, die er brauchte.«[11] Zweifellos war Horowitz von jenen Ängsten erfüllt, die jeder junge Mann in dieser Situation hat – daß er seine Freiheit verlieren würde und seine Unabhängigkeit und daß er in emotionaler Hinsicht noch nicht reif genug war, um sich etwas anderem als nur seiner Karriere zu verpflichten.

Vor allem aber war Horowitz begeistert von der Aussicht, Toscaninis Schwiegersohn zu werden. Zu Hause hatte er stets eine Fotografie des Maestro auf seinem Flügel, und später beteuerte er immer wieder: »Ich bin ein Schüler von Toscanini.« Damals hatte Horowitz auch die Tendenz, Toscaninis Ansichten von Musik und Interpretationen unreflektiert nachzuplappern. Zum Beispiel bestand er darauf, daß sich »Künstler nicht zu stark profilieren sollten. Wir müssen im Gegenteil versuchen, so viel als möglich von den Intentionen des Komponisten zu verstehen und nicht irgend etwas Selbsterfundenes hinzutun.«[12] Doch wenn er am Flügel saß, demonstrierte er genau das Gegenteil – seine eigene Technik sowie sein meisterliches Sensorium für Klangfarbenvaleurs. »Wie ein Maler«, pflegte er zu sagen. Einem Dirigenten gegenüber behauptete er einmal, er könne in Debussys *Serenade* sechzehn verschiedene Klangfarben hervorbringen; dazu trieb er auf den Tasten ein Possenspiel mit rekordverdächtig schnellen Läufen und beinahe orchestral-lautem Tastengedonner. »Beispielsweise konnte Horowitz eine sehr schnelle Passage wunderbar vorspielen«, erinnerte sich ein Freund. »Dann aber unterbrach er sein Spiel mehrmals und sagte: ›Oh, mein Gott, was habe ich für wunderbare kleine Finger!‹ Dann kicherte er jeweils und küßte seine ›wunderbaren kleinen Finger‹.«[13]

Es gab noch ein anderes Lieblingsthema: Immer wieder erzählte Horowitz, wie er mit dem Maestro das Beethoven-Konzert in New York gespielt habe. »Toscanini sagte zu mir, er könne nicht verstehen, weshalb das Stück normalerweise so dumpf klinge, und er entschied, daß man es eben viel schneller als sonst spielen müsse. Und wie wir dann dieses Konzert spielten ...« Ohne Zweifel war

Horowitz stolz auf sich und mehr noch auf seinen neuen Toscanini-Status. Die Kritiker in Europa jedoch meinten, er spiele das Beethoven-Konzert nicht besser als die Beethoven-Sonate. Horowitz gastierte mit diesem Konzert im Verlauf dieses Herbstes in Wien, Brüssel, Amsterdam und Paris, und zwar ohne Toscanini. Im Amsterdamer *Telegraaf* konnte man anschließend von einer »zum Teil wunderbaren« Aufführung lesen, die aber »leer, kalt, gefühllos« und immer noch befangen gewirkt habe.

Immer noch war er stark mit Wanda beschäftigt; zudem brachte der Herbst 1933 einmal mehr einen überfüllten Terminplan mit Konzerten in Ungarn, Italien, Dänemark, Schweden und in der Schweiz, zudem in Belgien, Holland, England und Österreich. Besonders freute er sich auf ein Konzert mit dem Staatlichen Radio-Orchester in Kopenhagen, wo er unter der Leitung von Nikolai Malko das dritte Rachmaninow-Konzert spielen sollte. Malko war ein Kollege aus der russischen Jugendzeit; er hatte als Dirigent die ersten Orchesterauftritte von Horowitz in Kiew, Charkow und Odessa betreut. Zusammen mit seiner Frau war er damals in Kiew oft Gast bei der Familie Horowitz gewesen. Zudem hatten sich die Malkows um Vladimirs Bruder Georg gekümmert, bevor dieser in eine Heilanstalt eingewiesen wurde. Gerne scherzte Horowitz mit Malkos Gattin Berthe, und er schätzte die beiden als ein wichtiges Bindeglied zu seiner russischen Vergangenheit.

Am 3. Oktober, dem ersten Probentag in Kopenhagen, eröffnete Horowitz den Malkos, daß er sich nun doch zum Heiraten entschlossen habe. Er zeigte ihnen eine Fotografie seiner Braut, hielt ihren Namen jedoch noch einige Tage geheim.

Die Malkos waren überrascht von diesem Entschluß, doch freuten sie sich für Horowitz. Dennoch blieb ihnen eine gewisse Ambivalenz und Angst im Wesen von Horowitz nicht verborgen; er hatte einige Schwierigkeiten, sich auf die bevorstehende Heirat einzustellen. Denn an seine Männerfreundschaften hatte er sich gewöhnt, und er war zufrieden damit. Einmal fragte er schüchtern seine engsten Freunde, ob Gerüchte im Umlauf seien, weil er »Männer möge«. Doch sofort gab er sich wiederum den Anschein, als würde ihn das alles überhaupt nicht kümmern: »Laß die doch reden!« rief er und zeigte dabei auf seinen Sekretär, der ihn in den vergangenen sechs Jahren stets begleitet hatte. Der Sekretär war derselben Meinung – zumal auch er vor der Heirat stand. Waren sie miteinander unterwegs, so machten die beiden Ehemänner in spe Fotos von ihren jeweiligen Bräuten und wunderten sich kopfschüttelnd und selbstironisch, daß sie in so was hineingeschlittert waren.

Es scheint, daß in jener frühen Epoche das Interesse von Horowitz für Männer zumindest unter Freunden und Kollegen bekannt war. Serge Kussewitzky vertraute einst dem Komponisten David Diamond an, daß solches Interesse zurückreiche bis in die frühen Jahre von Horowitz als Pianist in Rußland und daß es damals recht offenkundig gewesen sei.[14] Im Brief vom 3. April 1928 schrieb Josef Hofmann seiner Frau, daß Horowitz »Temperament habe, aber wohl kein Interesse an Frauen ...« Milstein scheint Horowitz' Vorliebe gutmütig respektiert zu haben. Ein Freund erzählte: »Ich traf Milstein in Prag. Es war ihm unmöglich, Horowitz an seinem Geburtstag am 1. Oktober zu treffen, er wollte Wolodja aber etwas schenken. Also gab er mir etwas Geld und bat mich, mit Wolodja in einen Homosexuellen-Club zu gehen, wenn ich ihn in Kopenhagen treffen würde. Milstein war überzeugt, daß er das schätzen würde.«[15] Arthur Rubinstein erinnerte sich: »Horowitz liebte und verehrte seine Freunde sowie seine Junggesellenfreiheit. Er sagte mir, er wüßte nicht, was mit einer Frau anfangen. Jeder kannte und akzeptierte ihn als Homosexuellen, und deshalb war jedermann so überrascht, als er Wanda Toscanini heiratete.«[16]

Trotzdem sprach Horowitz zuweilen recht angeregt von seinen Hochzeitsplänen. Bald sickerten diese Neuigkeiten an die Öffentlichkeit, und am 6. Oktober verbreitete der Presseservice der *Chicago Tribune* in Paris folgende Mitteilung: »Wanda Toscanini hofft, die Frau von Vladimir Horowitz zu werden. Der junge Mann wartet auf Toscanini, der voraussichtlich am 12. Oktober in Paris ankommt, um hier einige Konzerte zu dirigieren; dann wird er in aller Form um Wandas Hand anhalten. Derweil kauft Wanda bei den weltbekannten Pariser Couturiers ausgiebig ein.«[17]

Am 8. Oktober ließen die Toscaninis offiziell die Verlobung verkünden, und der Maestro riet Horowitz ganz im Privaten, er solle Wanda mit auf seine England-Tournee nehmen – so quasi als ein Versuch. Diese Idee erschien Horowitz durchaus vernünftig, denn er war sich über seine Heirat und seine Gefühle gegenüber Wanda immer noch nicht im klaren und zögerte nach wie vor, den entscheidenden Schritt zu wagen. »Vielleicht sollte ich gar nie heiraten«, pflegte er Freunden gegenüber zu sagen. »Andererseits weiß Wanda, daß ich ein wenig pervers bin, und sie will es auf jeden Fall versuchen. Sie liebt mich seit vier Jahren.« Über seine eigenen Gefühle befragt, meinte er: »Ich? Nein, ich bin nicht verliebt. Ich kann gar nicht verliebt sein. Ich liebe das Klavier.«[18] Ein Zyniker hätte sich fragen können, ob seine Heiratsabsichten mehr mit seiner Karriere als mit seinen Gefühlen zu tun hatten, zumal Horowitz zugab, daß der Name Toscanini für ihn recht attraktiv sei. »Toscanini ist wie eine Ikone für mich, und Wanda ist ein Teil dieser Ikone. Dennoch liebe ich sie als Frau«, meinte er, »und wenn wir uns küssen, fühle ich mich als Mann.« Unter seinen Freunden hielt die Diskussion über diese Heirat an. Ihnen war es klar, daß dieser Wechsel vom Junggesellenleben zum Ehestand nicht leicht werde. Einmal, weil Toscanini »sich einfach nicht mit der Vorstellung anfreunden konnte, daß Wanda Horowitz heiraten will«, wie es ein Freund formulierte. »Er dachte stets, sie würde sich in ein Wespennest setzen. Und genau dies tat sie. Aber sie heiratete ihn, weil sie ihn wirklich liebte. Darüber gibt es keinen Zweifel. Und er liebte sie so, wie er halt konnte.«[19]

Am 2. November kamen Wanda und Horowitz in London an – bereit für die »Star-Tournee« durch England und Schottland, die Harold Holt organisiert hatte. Junge unverheiratete Damen pflegten damals nicht allein mit einem Mann zu reisen, und so hatte es Wandas Schwester Wally übernommen, als Anstandsdame von London nach Manchester, Glasgow, Liverpool, Edinburgh und Dundee mitzukommen. Die Londoner Queen's Hall, die später im Krieg zerstört wurde, verfügte über eine wunderbare Akustik, und Horowitz wußte sie in seinen zwei Klavierabenden bestens zu nutzen. Die beiden Hauptwerke des Programms – Liszts *Dante*-Sonate und Beethovens Sonate Es-dur op. 81 – wurden als athletische Großtaten gewürdigt, aber wegen Horowitz' Klang kritisiert, den ein Journalist »ziemlich dumpf« fand, »zudem eintönig, wenn er über einem *mezzoforte* lag, und dünn, wenn er sehr laut wurde«.[20] Dennoch, Horowitz profitierte immer noch von der berühmten *Headline* von Neville Cardus, und er wurde umworben, wo er auch hinkam. Die Tournee wurde nicht nur zu einem künstlerischen Erfolg. Vielmehr hatten Horowitz und Wanda, allen Ängsten und Zweifeln zum Trotz, gute Tage miteinander verbracht und waren nun entschlossen, die Hochzeit zu wagen. Als Horowitz England verließ, um in Belgien, Frankreich und Ungarn Konzerte zu geben, reiste Wanda ihrerseits nach Mailand, um das Hochzeitsfest für den 21. Dezember vorzubereiten.

Viele Freunde von Horowitz glaubten, er werde die Hochzeit im letzten Moment platzen lassen. Einige Kollegen – vielleicht waren sie eifersüchtig auf Horowitz' Erfolg bei Toscaninis Tochter – begannen, über seine Motive zu spekulieren. So erinnerte sich die Pianistin Vera Resnikow, eine alte Freundin aus Rußland, daß »wir Russen immer dachten, er heirate Toscaninis Tochter in der Hoffnung, endlich zu lernen, wie man klassische Musik spielt. Er hatte ja ein großartiges Talent für russische Komponisten und für Liszt, aber wenn es um die eigentlichen Klassiker ging, so war sein Spiel eher langweilig.« Die Resnikow war zudem überzeugt, daß Horowitz »nicht zum Heiraten geboren sei«, und sie blieb skeptisch. Andre Freunde, die um die ganz spezifische Situation wußten, meinten (so erzählte Wanda), »daß die Ehe keine drei Wochen halten würde«. Aber Wanda war entschlossen, ihnen das Gegenteil zu beweisen. Sicher war es wahr: *Sie* wollte *ihn* heiraten; dennoch meinte sie, daß sein wenig aktives Verhalten während der Verlobungszeit in keiner Weise jene Ausfälligkeiten rechtfertige, mit denen sie nun überschüttet werde.

Freundlicher Gesinnte verwiesen auf die praktischen Vorteile dieser Verbindung: »Wanda und ihr Vater erkannten von allem Anfang an Vladimirs außergewöhnlich kreatives Genie, und alle drei respektierten einander problemlos. Zudem wußten sie alle sehr gut, wie es im musikalischen Business zu- und hergeht, und jeder sah im andern einen wichtigen Teil einer letztlich unglaublich effizient funktionierenden Familienmaschine.« Nie hat Horowitz bestritten, daß er vom Maestro viel zu lernen hoffte. Jahre später, in einer seiner seltenen nachdenklichen Phasen, meinte er: »Wanda hat aus mir einen Mann gemacht – und ihr Vater einen Musiker. Er war stets kompromißlos, und so begann ich, gebändigter, irgendwie ›klassischer‹ zu spielen.«

Arthur Rubinstein meinte gar, es sei völlig überflüssig, daß Horowitz heirate; wahrscheinlich wolle er es nur ihm nachtun. Denn er selbst hatte erst vor drei Monaten geheiratet. Zwischen den beiden Pianisten muß, nach den Kommentaren Rubinsteins zu urteilen, ein riesiges Konkurrenzgefühl bestanden haben. »Horowitz sah, daß Heiraten für mich gut war. Denn ich konnte mich nun auf meine Arbeit konzentrieren und war sehr glücklich. Aber daß er ausgerechnet Wanda Toscanini heiratete, ja, das war schon typisch für ihn. Denn er war auf eine Karriere aus, wollte möglichst viel Geld machen und dachte überhaupt mehr an sich selbst als an irgend jemand anderen. Er sagte mir einmal, wenn er heiraten würde, dann nur eine Berühmtheit. Somit ist es klar, daß er nur Wanda heiraten konnte; jedenfalls leuchtet das mehr ein, als wenn er die Tochter Beechams oder Barbirollis geheiratet hätte.«[21]

Nun war Horowitz' Herbstsaison zu Ende, und der 21. Dezember, der Schicksalstag, rückte heran. »Es war keine konventionelle Hochzeit. Ich liebe solche Dinge überhaupt nicht«, erzählte Wanda Jahre später. In der Tat entsprach die einfache Zeremonie in Mailand ganz der »instinktiven Abneigung«, die Toscanini »gegen alles Zelebrierte und gegen alle offiziellen Förmlichkeiten« hegte. Dem Maestro war es nicht nach sozialen Rücksichtnahmen zumute; er haßte Publizität, gab nie ein Interview und verachtete alles, was nicht spontan und ernsthaft gemeint war. Wandas Pariser Couturier Lucien Lelong hatte ein schwarzes Kleid mit Silberfuchs-Kragen entworfen. Zwar hätte er Wanda lieber in einem mattblauen Kleid gesehen. Doch Wanda wollte nicht; sie wußte, daß ihr Vater eine einfache Ausstattung vorziehen würde. Es gab auch keine großtuerischen Eheringe, sondern nur den Verlobungsring mit zwei kleinen Diamanten, den Horowitz im Sommer jenes Jahres seiner Braut geschenkt hatte.

Aus Horowitz' Verwandtschaft nahm niemand am Fest teil. Von den Toscaninis waren neben dem Maestro seine Gattin Carla anwesend sowie die Tochter Wally mit dem Grafen Castelbarco, dazu Walter Toscanini, Milstein, Piatigorsky und ein paar andere nahe Freunde. Weil Horowitz nur wenig italienisch konnte, wurde das Fest recht »spontan«. Der Maestro hatte einen relativ berühmten Mailänder Musiker engagiert, der während der Ziviltrauung übersetzen sollte. Doch dieser erwies sich im entscheidenden Moment dann als völlig zungenlahm: Die Kombination Vladimir Horowitz und Arturo Toscanini war schlichtweg zuviel für ihn, und er starrte hilflos auf Horowitz, derweil dieser die Abläufe zu verstehen und seine Antworten richtig zu plazieren versuchte. Auch die anschließende Feier wurde einfach und kurz gehalten, und selbst für Flitterwochen gab es kaum Zeit, denn Horowitz mußte sich für die nächste Amerika-Tournee vorbereiten. Schon am 28. Dezember, genau eine Woche nach der Vermählung, schiffte sich das Paar auf dem italienischen Dampfer *Rex* ein, begleitet von Toscanini, Molinari, Milstein, Piatigorsky und Yehudi Menuhin. Es dürfte sich um eine der hochkarätigsten Gruppen von Musikern handeln, die je zusammen den Atlantik überquert haben. »Was für Flitterwochen«, maulte Horowitz.

Als sie am 5. Januar in New York ankamen, wurden sie sogleich von zahlreichen Journalisten belagert; natürlich konzentrierte sich das Interesse vor allem auf die Neuvermählten. Auf einer Fotografie sieht man Wanda in einer für sie charakteristischen Haltung: imposant, mit starrem Blick und dick bemalten Lippen, die nicht einmal den Anflug eines Lächelns verraten. Horowitz dagegen zeigt ein breites Grinsen und sieht heiter drein: eine Hand lässig in der Tasche seines zweireihigen Pelzmantels, dazu die glatt nach hinten gekämmten Haare - alles in allem ein recht unwahrscheinliches Paar.

Kaum waren sie mit Toscanini im Hotel Astor angekommen, drängten schon wieder die Journalisten heran und baten um ein Interview. In einem von diesen Interviews erzählte Horowitz begeistert von seiner Herbst-Tournee durch England und seinem auf den 30. Januar angesetzten Auftritt in der Carnegie Hall. Wie immer äußerte er sich auch über die Vorzüge des amerikanischen Musiklebens. »London ist nun so, wie New York vor einigen Jahren war, aber viel zu viele Konzerte. Deutschland kann man selbstverständlich vergessen. Und Paris war ja nie eine eigentliche Musikstadt. Ich habe festgestellt, daß es jetzt wesentlich weniger Konzerte in New York geben wird, und ich glaube, daß dies von Vorteil ist.« Anschließend, so konnte man dann in den Zeitungen lesen, habe sich Horowitz in einem langen Monolog über die Wechselkurse und Reiseprobleme ausgelassen. Dann schellte das Telefon; Wanda, in ein braunes Samtkleid gehüllt, nahm den Anruf entgegen. Es war Jascha Heifetz, der den Neuvermählten gratulieren wollte. In den Zeitungen hieß es dann, die beiden seien »freudestrahlend glücklich« – für die Amerikaner ein Märchen, das Wirklichkeit geworden ist.

Zwei Wochen später in Chicago wurde Horowitz zu Ehren eine Party gegeben – »eine der interessantesten in diesem Winter«, wie die *Chicago Tribune* am 6. Januar 1934 rapportierte –, und zwar von der Pianistin Gitta Gradova und ihrem Gatten Dr. Maurice Cottle, beide enge Freunde von Horowitz. Vladimir hatte Gitta anläßlich seines Pariser Debüts kennengelernt, und er war fasziniert von ihren Interpretationen russischer Musik, insbesondere von ihrem Skrjabin-Spiel. Die beiden blieben über die Jahrzehnte gute Freunde und standen einander in beruflichen und persönlichen Krisen bedingungslos bei. Die aus Chicago gebürtige Gitta war wie eine Schwester zu Horowitz, aber auch zu Milstein und Piatigorsky, und sie verbrachte mit den drei Musikern jeden Sommer einige Tage in Luzern oder in St. Moritz. Ihr großzügiges Heim in Chicago wurde zu einem beliebten Treffpunkt, wo sich jeder berühmte Musiker einzustellen pflegte – vor allem die russischen Kollegen Prokofjew und Rachmaninow, die neben Horowitz und Milstein zu den häufigsten Gästen zählten.

Auch Wanda freundete sich mit Gitta Gradova an, und beide Frauen amüsierten sich, wenn in den Chicagoer Zeitungen von Horowitz die Rede war – vom »Emporkömmling, der des Kaisers jüngste Tochter geheiratet hat«. Die Öffentlichkeit fand, daß Wanda zwar attraktiv sei, aber nicht eigentlich schön oder sehr interessant – »gesellschaftlich nicht besonders bemerkenswert«, wie die Associated Press meinte. Von ihrer Vorliebe für Schmuck und teure Kleider einmal abgesehen widmete sie sich vollständig der Karriere ihres Mannes. In ein Kreppkleid samt Diamantbrosche und eine Nerzstola gehüllt, verbrachte sie stets die letzten bangen Minuten vor einem Konzert in der Garderobe von Horowitz, machte viel Aufhebens um seine Halsschlaufe, strich seinen Frack gerade, sorgte sich, ob der Klavierstuhl wohl richtig stehe; anschließend wartete sie nervös auf ihrem Sitz, bis Horowitz sich schließlich sicher auf dem Podium installiert hatte.

Sie reisten kreuz und quer durch Amerika, besuchten auch einige Staaten im Westen und konnten in Colorado Springs gar einige freie Tage einschalten: »die zweiten Flitterwochen«. Was die künstlerische Seite anbelangte, schien Horowitz die Heirat gut zu bekommen, denn einige der unerbittlichsten Kritiker waren erstaunt über Horowitz' Entwicklung. Über seinen Klavierabend vom 30. Januar in der Carnegie Hall äußerten sich Olin Downes und Pitts Sanborn beide begeistert: Horowitz habe gezeigt, »daß er primär ein Musiker ist und seine Technik ausschließlich in den Dienst am Komponisten stellt«. Vor allem Sanborn war von den Veränderungen in Horowitz' Spiel überrascht: »Jedermann, der in Horowitz ein Synonym für Kraft- und Geschwindigkeitsexzesse vermutet hatte, konnte kaum glauben, was er gestern abend in der Carnegie Hall gehört hatte. Seine ungeheure Technik war diesmal Dienerin, nicht die Herrin seiner künstlerischen Absichten.«[22]

Zwei Wochen später wurde die Einstudierung des zweiten Brahms-Klavierkonzertes unter dem Dirigenten Hans Lange gar persönlich von Toscanini überwacht. Während der Proben saß der Maestro im Saal, »den Kopf mit der gerunzelten Stirn aufmerksam nach vorne gerichtet«, wie Charles Cooke im *Esquire* schrieb. »Dann erhob er sich, ging auf und ab, blieb plötzlich direkt unter Langes Dirigentenpodium stehen, um zuzuhören. Nachher verließ er zusammen mit Horowitz den Saal, wobei der ehrwürdige Italiener ernsthafte Erwägungen anbrachte und der junge Russe mit ehrerbietig geneigtem Kopf zuhörte.« Horowitz' Hoffnungen waren in Erfüllung gegangen: Der Maestro interessierte sich nun für alle seine wichtigen Konzerte. Klar, daß Horowitz nun völlig im Banne Toscaninis war. Und da sein Klavierspiel an Tiefe gewonnen hatte, schien es, als sei für Horowitz ein Stück von Toscaninis Meisterschaft abgefallen, indem er dessen Tochter heiratete.

Die erste Pause: Abgeschiedenheit

Seit ich aus Rußland heraus bin, habe ich nicht eine Sekunde lang abschalten können. Ich hatte nur die drei Monate im Sommer, wenn ich nicht spielte. Und oft mußte ich selbst dann spielen. Routine, Routine, Routine – ich kam mir vor wie ein Fließbandpianist. Aber ich war keiner.[1]

Das Jahr 1934 wurde zu einem Wendepunkt für Horowitz. Viel geschah innerhalb dieser zwölf Monate: Er wurde Vater, er sah seinen eigenen Vater zum ersten Mal wieder, seit er Rußland verlassen hatte, er zog von Paris nach Mailand, er ging mit Wanda auf ausgedehnte Tourneen, und – nicht weniger wichtig – er brach seine geschäftliche Beziehung mit Merowitsch ab. Der Name Merowitsch, der bis dahin als »persönlicher Bevollmächtigter« auf jedem Horowitz-Konzertprogramm genannt worden war, verschwand nun. Die Öffentlichkeit reagierte erst 1935 auf diese Veränderung: »Vor zwei Jahren«, schrieb damals der *Esquire*, »trennten sich die Wege der beiden, wie das schon immer zwischen Künstlern und ihren Managern Brauch war.«[2] Was hier als zurückhaltende Bemerkung formuliert wurde, war in Wirklichkeit eine ebenso komplizierte wie schmerzliche Geschichte.

Sicher gab es eine Tradition, daß Künstler sich von ihren Managern trennten. Nur wollte Merowitsch von dieser Tradition nichts wissen. Im Gegenteil: Er hatte 1932 versucht, seine Stellung als »lebenslänglicher« persönlicher Manager schriftlich in einem Vertrag festzulegen. Denn aus ihrer gemeinsamen Zeit in der Sowjetunion bestand nur eine mündliche Abmachung. Horowitz war klar dagegen: Da er nicht denke, noch mehr als fünfzehn Jahre aufzutreten, sei ein Vertrag »auf Lebenszeit« kaum nötig.

Eigentlich war es Horowitz' Vater gewesen, der einst in das »lebenslänglich« eingewilligt hatte. Damals aber, im Jahr 1925, als Horowitz noch völlig unbekannt war und vor einer ebenso ungewissen Zukunft stand, war Merowitsch unentbehrlich. Er brachte Horowitz aus Rußland heraus und sorgte für ihn, als kaum Geld da war und noch weniger die große Karriere winkte. Mit bemerkenswertem Geschick organisierte er die Europa-Debüts und setzte die Publicity-Maschine in Bewegung. Dann brachte er Horowitz zu Arthur Judson, dem renommiertesten Konzertveranstalter in den Vereinigten Staaten; damit war die große Karriere eigentlich perfekt. Merowitsch ertrug die Launenhaftigkeit von

Horowitz und seine Temperamentsausbrüche sowie all die zahlreichen Schnörkel in seinem Privatleben. Zudem schützte er den Pianisten vor seiner eigenen Naivität, wenn es um Geschäfte und Verträge mit anderen Managern und Schallplattengesellschaften ging. Er beriet ihn in Repertoirefragen und stand ihm in frühen Jahren auch als Diener zur Verfügung. Und das Wichtigste von allem: Er sorgte dafür, daß Horowitz' Minderwertigkeitsgefühle nicht die ganze Karriere sabotierten, bevor diese nur richtig begonnen hatte.

Als Horowitz nun verheiratet war, übernahm Wanda viele dieser Aufgaben, und Merowitsch wurde mehr und mehr zu einer Randfigur – obwohl dieser seine ganze emotionale Energie in Horowitz' Karriere investiert hatte, und dies selbst dann, als es nicht mehr nötig war. Gitta Gradova meinte Jahre später: »Sascha war ausschließlich an Horowitz interessiert; Vladimir war seine große Leidenschaft.«

Nachdem Merowitsch auch Milstein und Piatigorsky zu einer Karriere verholfen hatte, gedachte er, sein weiteres Leben nun mit diesem Trio zu verbringen, sie auf Tourneen zu begleiten und Konzertreisen in der ganzen Welt zu arrangieren. Aber 1933 verloren Milstein wie Horowitz die Geduld. »Er nahm uns nie unter seine Fittiche«, meinte Milstein. »Und 1925 *hatte* er gar keine Fittiche. Dafür erging er sich in großsprecherischen Exkursen. Wir Musiker waren recht naiv, und so folgten wir seinen Ratschlägen. Schließlich brauchten wir fürs erste jemand, der zu uns hielt. Er adoptierte uns gleichsam und behandelte uns wie das Kindermädchen vom Dienst. Auch wenn er sich als Vater von uns sah: Wir fühlten uns nie als seine Söhne.«[3]

Von 1933 an beanspruchte Horowitz nur noch einen kleinen Teil von Merowitschs immenser Energie. Und es entsprach nicht dem Naturell des Pianisten, für etwas zu zahlen, was er gar nicht brauchte. Seine außergewöhnliche Heirat hatte selbstverständlich auch Auswirkungen auf seine Karriere und seine Finanzen, und das schwächte Merowitschs Position beträchtlich. Was das Privatleben von Horowitz anbelangte, glichen Merowitschs Bemühungen denjenigen einer lästigen Henne. Und in beruflicher Hinsicht sorgten Judson und die Columbia ausreichend. Zudem erhielt Horowitz in Amerika infolge der Wirtschaftskrise wesentlich weniger Engagements, und so hieße es, Geld zum Fenster hinauswerfen, wenn er Merowitsch weiterhin zwanzig Prozent Kommission auszahlen würde.

Zwar blieb Merowitsch über die nächsten paar Jahre noch Manager von Piatigorsky (mit Milstein war es bereits zum Bruch gekommen), und er wurde von Horowitz gelegentlich noch als Berater beigezogen. Aber grundsätzlich war es 1933 mit seiner Rolle als persönlicher Bevollmächtigter zu Ende. »Bis Sascha starb, konnte er Horowitz nicht vergessen«, erinnerte sich Merowitschs Schwägerin Maria. Natürlich verlor er nun einen beträchtlichen Teil seines Einkommens, und so entschloß er sich, seine eigene Agentur, die *Musical Art Management*, in New York zu eröffnen. Das war allerdings nur von kurzer Dauer: Von

1933 bis 1936 vermittelte er junge Künstler, die erstmals in Amerika auftreten sollten, aber nie stellte sich ein ähnlicher Erfolg ein wie bei »seinem« Trio. Obwohl er ab und zu bedeutende Künstler engagierte – Schaljapin oder Strawinsky –, blieb er stets an der Vergangenheit haften und belästigte seine »Buben« samt ihren Gattinnen über Jahre hinweg. »Er wurde ein richtiger Psychopath«, meinte die Gattin eines Künstlers, der damals von Merowitsch betreut wurde. »Er konnte unvermittelt und völlig grundlos Wutanfälle kriegen und in Schreikrämpfe ausbrechen, und so wurde es absolut unmöglich, mit ihm zusammenzuarbeiten.«[4]

Im Verlauf der Jahre kam Merowitschs Agentur immer mehr in finanzielle Schwierigkeiten; ungünstig wirkten sich zudem die Depressionen aus, unter denen Merowitsch als Folge von zwei Nervenzusammenbrüchen litt. Seine zweite Gattin Rosamond sowie der Rest der Familie machten Horowitz, Milstein und Piatigorsky bittere Vorwürfe; vor allem Horowitz verzieh man sein unloyales Verhalten nie. »Horowitz zeigte sich völlig gleichgültig gegenüber den Problemen von Sascha; keinen anderen Menschen hatte er gleichgültiger behandeln können«, meinte Maria Merowitsch. »Er kümmerte sich einen Dreck um ihn. Die drei unterstützten ihn in keiner Weise. Dabei hatte ihnen Sascha während der ersten Jahre in Europa doch alles bezahlt und ihnen auch alles geopfert.«[5]

Auch andere Kollegen hatten mit Horowitz in den ersten Jahren nach seiner Heirat ihre Schwierigkeiten. Zum Beispiel Arthur Rubinstein: Längst hatte er sich zwar mit gewissen Sonderlichkeiten bei Horowitz abgefunden, doch zwei Vorkommnisse im Frühjahr und im Herbst 1934 setzten ihrer Freundschaft arg zu. Am 5. Mai 1934 kam Horowitz mit Wanda nach Paris zurück, und der ganze Toscanini-Clan ließ sich für einen Monat in der Seine-Stadt nieder. Am 25. und 27. Mai dirigierte Toscanini je ein Konzert, während Horowitz am 9. und 10. Mai mit dem Pariser Sinfonieorchester unter Cortot auftrat und am 15. Mai einen Klavierabend zu geben hatte. Die beiden Orchesterkonzerte – Horowitz spielte Beethovens fünftes Klavierkonzert sowie das zweite Liszt-Konzert – wurden zu außergewöhnlichen Erfolgen. Einige Tage später besuchte dann der gesamte Toscanini-Clan die Oper. Auch Rubinstein war unter den Zuschauern, und er erinnerte sich, wie er in der Pause »durch denselben Korridor hinausging wie Horowitz; dieser wurde von den Toscaninis eskortiert. Doch ging mir Vladimir aus dem Wege; wahrscheinlich wollte er mich nicht den Toscaninis vorstellen. Ich legte darauf zwar nicht besonderen Wert; immerhin aber war es doch eine Sache des Anstands, und jedermann hätte sich entsprechend verhalten. In der zweiten Pause dann gingen meine Gattin Nela und ich an die Bar und genehmigten uns ein Glas Champagner. Plötzlich erschien Horowitz, diesmal allein. Begierig kam er auf uns zu und fragte: ›Kann ich auch ein Glas Champagner haben?‹ In unserer Sprache nennen wir das *chutzpah*, ein schreckliches *chutzpah* – ein völlig ungezogenes Benehmen. Das hatte er in der Tat, und ich hatte von solchen Dingen langsam, aber sicher die Nase voll.«[6]

Einige Tage später gab es für die Rubinsteins wiederum eine Überraschung: Horowitz lud die beiden für den Tag nach seinem Klavierabend ein! In seinen Erinnerungen »Mein glückliches Leben« erzählte Rubinstein:

»Horowitz verbrachte oft den ganzen Tag bei uns. Als wir ihn eines Abends in sein Hotel begleitet hatten, sagte er beim Abschied: ›Möchtet ihr nächsten Sonntag zu mir zum Essen kommen?‹ Ich war völlig überrascht, denn noch nie hatte ich gehört, daß er jemanden einlud. Ich sagte: ›Nun, das ist wirklich eine große Ehre, Wolodja, nur muß ich Samstag abend in Amsterdam mit Mengelberg das Tschaikowski-Konzert spielen, und weil es anschließend immer noch ein Souper gibt, könnte ich vor Sonntag nachmittag nicht zurück sein.‹

Doch Nela ergriff Partei für Horowitz. ›Wir können Wolodjas erste Einladung unmöglich ausschlagen. Wir könnten doch problemlos auf das Souper verzichten; dann wären wir schon am Sonntagmorgen da.‹ Genau das taten wir dann auch, eilten nach dem Konzert auf den Nachtzug, erreichten um sieben Uhr morgens Paris, nahmen noch ein leichtes Frühstück zu uns und gingen dann zu Bett. Horowitz würde sich ja schon telefonisch melden. Aber es kam kein Anruf. So rief Nela um halb elf ungeduldig im Hotel Prince of Wales an. ›Hallo, Wolodja, wohin gehen wir zum Essen?‹ fragte sie. ›Ich, ich, ja, nun – ich möchte heute zu einem Pferderennen gehen. Aber wenn ihr wollt, könnt ihr zu mir ins Hotelzimmer kommen. Bevor ich gehe, kann ich euch einige Sandwichs offerieren.‹ Horowitz hatte die Einladung völlig vergessen und schlug uns statt dessen nun einen Imbiß in seinem Hotelzimmer vor. Das war nun ja wohl allerhand. Wir waren von der Nacht im Zug todmüde, und am liebsten wäre ich zu ihm gegangen und hätte ihm ins Gesicht geschlagen. Statt dessen zogen wir uns an und fuhren zu seinem Hotel. In der Halle kritzelte ich ein kleines Briefchen an ihn, an dessen Inhalt ich mich noch genau erinnere: ›Lieber Wolodja, ich möchte Dir Dein Pferderennen nicht verderben; also habe ich statt dessen meine schöne Nela in ein gutes Lokal zum Essen eingeladen, und sie hat dankbar angenommen.‹ Wir speisten dann im Bois, gingen anschließend ins Kino und waren am späten Nachmittag wiederum im Montmartre. Im Hotel angekommen, sagte ich zu Nela, hier würde sicher eine Entschuldigung Wolodjas auf uns warten, Blumen oder so was.

Statt dessen erreichte uns ein Anruf von meinem deutschen Manager, Dr. Paul Schiff. Er sagte, er sei von Horowitz angerufen worden; dieser habe ihm erzählt, daß er von Rubinstein ein Briefchen bekommen und sich darüber sehr geärgert habe.‹ Nun wurde ich allerdings wütend. ›Bestellen Sie dem Manager von Horowitz, der Teufel soll Horowitz holen! Ich will ihn jedenfalls nicht mehr sehen, bevor er sich nicht in einem Brief entschuldigt hat.‹ Beinahe zwanzig Jahre lang haben wir dann nicht mehr miteinander gesprochen. Hin und wieder begegnete ich seiner Frau; dann wechselten wir höflich einige Worte, ohne dabei den Namen Horowitz zu erwähnen.«[7]

Mit Merowitsch und Rubinstein verschwanden zwei der wichtigsten Figuren ungefähr gleichzeitig aus Horowitz' Leben. Doch der Pianist fand, das würde durch seine neuen verwandtschaftlichen Beziehungen zur Familie Toscanini mehr als nur kompensiert. Im Sommer hielt man sich abwechslungsweise in Paris, Mailand und am Lago Maggiore auf; dazwischen fuhren Wanda und Vladimir nach St. Moritz, wo sie mit Gitta Gradova, Milstein und Piatigorsky zusammen waren. Ende August reiste Horowitz zu den Salzburger Festspielen, wo Toscanini ein Wagner-Konzert dirigierte. Doch die wichtigsten Ereignisse passierten diesen Sommer nicht auf musikalischer Ebene, sondern auf privater. Wanda war im sechsten Monat schwanger; ihre Niederkunft wurde Anfang Oktober erwartet, und Horowitz war schon ganz nervös wegen seiner zukünftigen Vaterrolle. Zudem erhielt Simeon Horowitz diesen Sommer von den sowjetischen Behörden endlich die Erlaubnis, seinen Sohn im Westen zu besuchen. Horowitz war außer sich vor Freude.

Doch es war ein unglücklicher Mann, der da im Herbst 1934 seinen Sohn und seine Schwiegertochter besuchte. Der ehemals erfolgreiche, bekannte Ingenieur war jetzt Staatsangestellter, mußte – wie er sagte – unter seinem Niveau arbeiten und führte ein recht ärmliches Leben. Er erzählte seinem Sohn in allen Details, wie die Mutter nach einer Blinddarmentzündung vor vier Jahren an einer Bauchfellentzündung gestorben sei. Als Vladimir von ihrem Tod hörte, wurde er wütend: Er war überzeugt, daß sie nicht die richtige Pflege bekommen hatte. Er war völlig verzweifelt, denn er hatte seine Mutter über alles geliebt, und er schob die Schuld an ihrem Tod der sowjetischen Regierung zu. Den Verlust konnte er noch Jahre später nicht verschmerzen.

Nach dem Tod von Sophie zog Simeon nach Moskau, und seine größte Befriedigung war es nun, die meteorenhafte Karriere seines Sohnes zu verfolgen. Zudem war er überaus stolz auf seine Tochter Regina, die in Rußland eine bemerkenswerte Karriere als Pianistin und Kammermusikerin machte. Jahrelang hatte sich Simeon um ein Auslandvisum bemüht, aber es wurde ihm erst erteilt, als er sich zum zweiten Mal verheiratete (mit einer wesentlich jüngeren Frau), und zwar unter der Bedingung, daß seine neue Frau in Rußland zurückbleibe. Die Regierung dachte wohl, daß ein alter Mann, der zu Hause eine junge Frau habe, bald wieder heimkehren werde.

Im Herbst begleitete Simeon seinen Sohn auf einer Tournee durch Italien, Belgien, Frankreich und die Schweiz, und Horowitz war überglücklich, daß der Vater seinen Erfolg miterleben und an ihm teilhaben konnte. Am 18. November wurde Simeon nach einem Klavierabend im Théâtre des Champs-Elysées Alex Steinert vorgestellt: »Ich ging zusammen mit meiner Frau in die Künstlergarderobe, und da war dieser imposante, über einen Meter achtzig große Mann mit dem traurigsten Gesicht, das man sich vorstellen kann, aber mit einer vornehmen Würde. ›Wie ist das Leben in Rußland?‹ fragte ich ihn. ›Was macht Moskau?‹ Und dann: ›Sind Sie nicht glücklich, wiederum in Frankreich zu sein?‹ Er schaute mich an und meinte: ›Ich will nicht, daß es mir hier gefällt.‹«

Bald konnte Horowitz seinem Vater ein sehr persönliches Geschenk ankündigen – eine Enkelin, geboren am 2. Oktober in Mailand. Das Mädchen erhielt im Gedenken an Horowitz' Mutter Sophie den Namen Sonja. In mehrerer Hinsicht war das eine der glücklichsten Epochen im Leben des Pianisten. Dennoch schwebte über diesem Wiedersehen von Vater und Sohn stets eine Traurigkeit, denn nur zu bald mußte man sich ja wieder trennen. Simeon wollte seinen Europa-Aufenthalt zwar auf unbestimmte Zeit verlängern, aber er wußte genau, daß das nicht ging. Jedenfalls war es zweifelhaft, ob er dann jemals wieder eine Ausreiseerlaubnis erhalten würde. Vladimir seinerseits hatte nicht die geringste Absicht, nach Rußland zurückzukehren, denn er hatte seine Staatsbürgerschaft aufgegeben und riskierte eine Strafe. Jedenfalls war es klar: Wenn *er* zurückginge, würde er den Westen nie mehr sehen.

Als Simeon schließlich wieder nach Rußland zurückkehrte, passierte das Schlimmste: Er wurde verhaftet und in ein Arbeitslager gesteckt, wo er dann starb. Vladimir und seine Familienangehörigen in Rußland vermuteten, der Vater sei verhaftet worden, weil er fließend deutsch und französisch sprechen konnte und weil man dachte, er sei vielleicht ein Spion. Während der Stalin-Zeit war eben jedermann verdächtig. Regina hat als letzte der Familie den Vater im Lager besucht. Er litt damals schon unter Geistesstörungen und erkannte seine Tochter nicht mehr. Er starb einsam – ein gebrochener, geschundener Mann.[8]

Wiederum in Paris, war Horowitz während der Konzertsaison 1934/35 viel mit Frau und Tochter beschäftigt. Die Ehe lastete damals schon recht schwer auf ihm, und Freunde bemerkten bereits erste Anzeichen einer Krise. Er war ungewöhnlich nervös, zerstreut und mürrisch. Und auch sein Klavierspiel ließ nach: Er nahm es mit der Detailgenauigkeit nicht mehr so ernst. Bei einer Probe des Tschaikowski-Konzerts in Kopenhagen wiederholte Horowitz mehrmals einige Passagen, »machte dabei zahlreiche Fehler«, wie der Dirigent Nikolai Malko registrierte, und spielte »mit einem ungewohnt spröden, metallenen und durchdringenden Ton«. »Hat ihn seine neue Familie wohl so hergenommen?« räsonnierte Malko in seinem Tagebuch. Und das war nur halbwegs als Scherz gemeint. Vor allem mit dem Mittelsatz war Malko unzufrieden (»viel zu wenig Poesie«), und erleichtert stellte er dann fest, daß die Aufführung besser als erwartet ausfiel. »Er spielte recht viel besser als in den Proben, aber er war nicht so gut wie früher. Er machte viele Fehler und dämpfte unzählige Passagen mit dem Pedal ab. Vieles tönte allzu künstlich, und der Klang war oft alles andere als schön. Zwar gab es einen überwältigenden Publikumserfolg, aber ich hatte mehr erwartet.«[9] Ähnlich war es bei den Proben von Liszts A-dur-Konzert: »Nicht alles ging gut. Horowitz kam erst spät zur Probe, und wir hatten nicht Zeit genug, um das ganze Konzert mit ihm durchzunehmen. Anschließend war Horowitz übernervös und sehr launisch. Er sagte, das sei, weil er jetzt dann Wanda in Paris anrufen müsse. Jedesmal, wenn er Wanda anzurufen hatte, war das für ihn eine unheimliche Nervenkiste, und er schwitzte aus allen Poren.«

Am folgenden Tag erschien er gar nicht zur Probe. Als ihn Malko im Hotel anrief, sagte Horowitz, er habe es total vergessen; zudem habe er fünfzehn Besucher in seinem Zimmer. Der Dirigent schalt ihn aus, aber Horowitz gab nicht nach: Er wolle bei seinen Besuchern bleiben, zudem würde die eine Probe für den Liszt wohl genügen. »Wie kannst du nur so sprechen?« schrie Malko empört. Später meinte er: »Sein Betragen war gräßlich. Der Musik hat es jedenfalls nicht gutgetan.« Wen überrascht es, daß die Aufführung entsprechend schlecht ausfiel. »Horowitz begann das Konzert zwar sehr schön«, erinnerte sich Malko, »doch plötzlich schien er das Interesse und auch sich selbst irgendwie zu verlieren. Natürlich hatte er wiederum einen enormen Erfolg, aber nicht jedermann im Publikum applaudierte, und die Kritiken fielen alle schlecht aus.«

Daß sich Horowitz plötzlich so komisch verhielt und beim Klavierspielen nicht mehr die übliche Sorgfalt an den Tag legte, schien vielen seiner Freunde eindeutig mit den Toscaninis zusammenzuhängen. Ein Nahestehender erinnerte sich beispielsweise, »daß Horowitz, obwohl er zugegebenermaßen eingebildet und auch sehr eitel war, dennoch auf eine fast entzückende Weise ichbezogen sein konnte. Er liebte es, umschwärmt zu sein, und er konnte sich dann recht kindisch aufführen. Er war geizig, geltungssüchtig und dennoch charmant. Zudem war er es gewohnt, stets im Mittelpunkt zu stehen. Nach seiner Heirat änderte sich das; nun stand er im Einflußbereich, ja womöglich gar im Schatten einer anderen bedeutenden Persönlichkeit, und das machte ihm sehr zu schaffen. Stärker als je neigte er zu Depressionen. Früher hatte man ihn stets mit einem breiten Grinsen auf dem Gesicht angetroffen. Aber Wanda machte ihm klar, daß sie dieses treuherzig-unbefangene Lächeln nicht gern habe; er solle gefälligst nicht mehr grinsen, denn er sehe sonst aus wie all die anderen russischen Emigranten, die ebenfalls stets lächelten und auf lieb Kind machten. Zweifellos war Horowitz einer der größten Pianisten der Welt; aber Toscanini fand, er habe weder in seiner Erziehung noch in seiner Bildung Ebenbürtiges vorzuweisen. Ein Umstand übrigens, der wesentlich zu Wandas untoleranten Haltung beitrug.«[10]

Mehr und mehr bedrückte es ihn, zur Toscanini-Verwandtschaft zu gehören, Frau und Kind zu haben und erst noch einer wichtigen Karriere Sorge tragen zu müssen. Seinen Freunden erzählte er oft, wie er Angst habe vor dem Klavierspielen und sich nicht mehr auf die Musik konzentrieren könne. Er fühlte sich von den Toscaninis eingeengt; stets war jemand zur Hand, der ihn überwachte. Als Wanda wegen ihrer kleinen Tochter in Paris zurückbleiben mußte, ging ihr Schwager, Graf Castelbarco, mit Horowitz auf die Europa-Tournee. Dabei hätte der Pianist viel lieber seinen deutschen Sekretär bei sich gehabt. Zudem erwies sich der gräfliche Toscanini-Wachhund als recht unpraktisch: Wenn ihn Horowitz vor einem Konzert dringend mal brauchte, so war dieser längst schon auf einer Erkundigungstour durch die lokalen Kunstmuseen unterwegs. Begreiflicherweise beklagte sich Horowitz öfter, weil man ihm keine wirkliche Unterstützung biete – aber niemand hörte auf ihn.

Wenn Horowitz seine Verwandten in Mailand oder auf dem »Isolino« am Lago Maggiore besuchte, dann mußte er stets lange Tiraden und Haßreden über sich ergehen lassen. Immer zogen Toscanini und seine jüngere Tochter über andere Leute her. Gewöhnlich begann der Maestro; und bald schnaubte er vor Wut – wenn er nämlich darauf zu reden kam, wie andere Dirigenten ihn zu imitieren versuchten. »Wir ereiferten uns jeweils lautstark«, meinte Wanda rückblickend, »aber letztlich hatten wir doch immer recht.« Was nicht verwunderte, denn Toscanini hatte zu Hause wie überall ja stets recht.

Oft wurde Horowitz wie ein Gast behandelt, der kein Recht auf eine eigene Meinung hatte. Piatigorsky verstand Horowitz nur zu gut; er scherzte einmal, Toscanini sei »der verfluchteste Makkaronikloß, der einem in den Hals kommen könne«. Arthur Judson nannte den Maestro ganz einfach einen »Scheißkerl«.[11] *En famille* wunderte sich Horowitz sehr über die starrköpfige Eigenwilligkeit, die Wanda an den Tag legte, sowie über Toscaninis tyrannische Unerbittlichkeit. »Eine solche Persönlichkeit ist etwas sehr Trauriges«, sinnierte er Jahre später. »Er war schwierig, viel schwieriger als ich.« In der Tat: Ein Freund, der über längere Zeit beobachtete, wie unglücklich Horowitz damals war, meinte: »Die autokratische Brutalität Toscaninis hätte jeden töten können, und Horowitz hatte einfach nicht die Kraft, um gegen eine solche Tyrannei anzukämpfen.«

Mit der Zeit wurden solche Zänkereien und Verleumdungen unerträglich. Ein Freund der Familie erzählte später: »Es konnte nicht überraschen, daß ein sensibler, überempfindlicher Mensch wie Horowitz Schwierigkeiten haben würde, sich an ein ständiges Katz-und-Hund-Gezeter zu gewöhnen, wie es in der Toscanini-Familie ganz typisch herrschte. Ich erinnere mich noch gut, wie Wanda in ihrem Negligé einst vom obersten Treppenabsatz herunterschrie, als würde das Haus in Flammen stehen. Dabei ›diskutierte‹ sie mit anderen aus der Familie nur darüber, ob der Chauffeur um zehn Uhr oder erst um zehn nach zehn Uhr vorfahren solle, um sie dann irgendwohin mitzunehmen.«[12]

Über Toscanini selbst war Horowitz geteilter Meinung. Als Musiker respektierte er ihn nach wie vor, und in späteren Jahren charakterisierte er seinen Schwiegervater wie folgt: »Er war wie ein Priester der Musik. Wie eine Flamme. Er hatte ein natürliches Gefühl für Rhythmus, was man sonst selbst bei guten Musikern nur sehr selten findet. Viele Künstler imitieren viel mehr den Rhythmus. Dann kommt er aber nicht von innen. Toscanini hingegen war ein Genie, und stets wollte er noch Neues hinzulernen.«[13] Genau so stolz war der Maestro seinerseits auf seinen Schwiegersohn und erzählte jedem, der es hören wollte, daß dieser von Dämonen besessen sei. Dazu meinte Horowitz: »Wenn er mit anderen über mich sprach, sagte er stets, nur Liszt hätte so gespielt wie ich. Worauf ich ihm dann jeweils zur Antwort gab: ›Bitte, Maestro, nicht in meiner Gegenwart!‹« Wenn sie jedoch allein zusammensaßen, dann konnten sie über Musik auch streiten, vor allem über Orchestermusik, und das manchmal stundenlang. Toscanini schien jeden Streit zu gewinnen, was Horowitz – psychologisch gesehen – natürlich jedesmal eine Blöße gab. Andererseits gestand selbst Piatigorsky, Toscanini sei der einzige Dirigent, der ihm Furcht einflöße und in dessen Gegenwart man sich wie ein Schüler vorkomme. Bald merkte Horowitz, daß Toscanini gerne mit ihm spielte, weil er jeweils nachgab. »Toscanini hatte nun einmal diese Idee oder jenes Konzept, und man folgte ihm und gab nach. Ich war zwar nicht immer einig mit ihm, aber ich änderte doch meine Interpretation ... Ich war ein geduldiger Typ.«

Die Karriere von Horowitz war zu eng, zu intim mit seinem Privatleben verbunden, was zur Folge hatte, daß der Pianist von einem Tief ins nächste fiel und es ihm stets schlechter ging. Wenn er sich zu wehren versuchte und darauf hinwies, wie sehr seine Karriere auf ihm laste, dann hatten die Toscaninis kaum Nachsicht, sondern verstärkten diesen Druck noch. Als Junggeselle hatte der Pianist seine Freiheit nach eigenem Gutdünken genießen können; doch damit war es nun vorbei. Schon nach einem einzigen Ehejahr war er desillusioniert, was Wanda anbelangte, und stets nervös wegen seiner Tochter. Zudem fühlte er sich entmutigt, weil er im Schatten eines Schwiegervaters stand, den er fürchtete.

So kam es dann, daß die Saison 1934/35 mit ihren insgesamt fünfundsiebzig Konzerten die letzte sein würde bis 1939. Seit acht Jahren kam er alljährlich auf Amerika-Tournee, seit zehn Jahren konzertierte er in Europa: Das Maß schien nun voll; der persönliche und berufliche Druck war so groß geworden, daß sich Horowitz zum ersten Mal vom Konzertleben zurückzog. Um es vorwegzunehmen: Das Leben in der selbstgewählten Abgeschiedenheit war nicht leicht; er verlor das Selbstvertrauen in seine künstlerischen Fähigkeiten, erkrankte und wurde bewegungsunfähig.

Vorerst aber hatte Horowitz im Januar 1935 eine ausgedehnte Tournee durch Großbritannien und Irland zu absolvieren mit Konzerten in Glasgow, Sheffield, Manchester, Birmingham, Nottingham, Leicester, Dublin, Belfast und selbstverständlich auch in London. Auf der sechswöchigen Amerika-Tournee sollte er dann zum erstenmal das d-moll-Klavierkonzert von Johannes Brahms spielen, und zwar unter Toscanini; hinzu kam noch ein Klavierabend in der Carnegie Hall, der als letzter Auftritt des Künstlers für die kommenden zwei Jahre angekündigt wurde. Denn Wanda war in Mailand mit ihrer Sonja beschäftigt und konnte deshalb nicht auf Überseereisen mitgehen. Und so hatte sich Horowitz entschieden, sich in nächster Zeit (und nach absolvierter Amerika-Tournee) mehr auf Europa zu konzentrieren.

Einmal mehr war Horowitz' Terminkalender übervoll, und er war der Ansicht, daß ihm Familie und Konzerte genug zu tun gäben und er deshalb keine Zeit habe, um ein neues Repertoire einzustudieren. In der Tat nahm er in der Saison 1934/35 nur zwei neue Werke in seine Programme auf: Liszts *Mazeppa (Etude d'exécution transcendante* Nr. 4) sowie Schumanns *Humoreske*. Letzteres zeigt Horowitz' wachsendes Interesse für Schumann, von dem er die *Arabesque*, das *Presto Passionato*, die *Toccata* und *Traumeswirren* bereits im Repertoire hatte.

Obwohl Horowitz kaum neue Werke spielte, schien er sich in den Klavierabenden doch mehr als je zu verausgaben. Mindestens zwei Taschentücher waren nach einem Konzert jeweils schweißdurchtränkt; zwischen den einzelnen Sätzen der *Humoreske* mußte er sich die Finger einzeln trockenreiben und vor dem nächsten Werk Stirne und Hals abtrocknen. Sein Spiel wirkte fiebrig und aufgeregter als je; die *Mazeppa* war voll von »wild erregter Leidenschaftlichkeit«.[14] Da er, wie gesagt, einen übervollen Terminkalender hatte und sich nebenbei auch der Familie widmen mußte, blieb weder für seine Finger noch für sich selbst Zeit zum Ausruhen. Aus der nervösen Energie wurde nun ein tiefexistentielles Gefühl. Sein Klavierklang, der ohnehin nie so rund und volltönend war wie derjenige von Hofmann, wirkte jetzt noch härter und spröder. Schrieb die *London Times*: »Die *Mazeppa* zeigte auffällig, woran es dem Pianisten mangelt: Er kann dem Instrument kein wirklich resonanzreiches *fortissimo* abgewinnen. Wo dieses verlangt wird, forciert er den Klang und verliert dabei oft die Kontrolle über seine außergewöhnlich gewandten Finger.«[15]

Im einzigen Carnegie-Hall-Klavierabend in dieser Saison am 13. April schien allein Chopins heroische b-moll-Sonate wirkliche künstlerische Reife gezeigt zu haben. Leonard Liebling vom *New York American*, der Horowitz nach wie vor fälschlicherweise als »den polnischen Tasten-Virtuosen« bezeichnete, befand sich (wie er es formulierte) in einer »zutiefst ernsthaften Kommunikation« mit dieser Chopin-Interpretation, »wo die Finger mehr der Musik als der persönlichen Exhibition dienten«.[16] In seinen Interpretationen pendelte Horowitz weiterhin zwischen der starren, klassischen Strenge Toscaninis und seiner eigenen, mehr kapriziösen Virtuosität hin und her. So konnte man im *New York Sun* vom 14. April 1935 lesen, daß der Pianist stets den Eindruck mache, »sich von einem brillanten Virtuosen nun zu einem tiefsinnigen Interpreten zu entwickeln. Aber seine Programme enthalten nach wie vor Werke, die hauptsächlich seine außergewöhnliche Technik fordern. Klar, daß das Publikum dann mit demonstrativen Ovationen reagiert.« Und Horowitz konnte solchen Ovationen nicht widerstehen – nicht zuletzt wegen seiner Eitelkeit und seiner steten Gier nach mehr Erfolg und mehr Geld. Es kann nicht verwundern, wenn er unter solchen Voraussetzungen nicht den Richtlinien Toscaninis zu folgen vermochte.

Dennoch: Als Horowitz am 14., 15. und 17. März, zusammen mit den New Yorker Philharmonikern unter Toscanini, das d-moll-Klavierkonzert von Brahms spielte, überwältigte er mit einer tief musikalischen Interpretation. »Während der Proben hatten wir unterschwellig stets Angst«, erinnerte sich der Geiger Edwin Bachmann. »Es war nicht nur so, daß Horowitz dem Maestro folgte; vielmehr schienen seine Augen wie am Taktstock festgenagelt zu sein.« Das Resultat war denn auch superb. »Sein Spiel war geprägt von einem selten brillanten, klangreichen Ton; er spielte mit dezidiertem Zugriff, achtete auf klare Konturen und folgte stets genau den Anweisungen des Komponisten«, schrieb Olin Downes. Toscanini dirigierte wie immer mit eiserner Unnachgiebigkeit; und ein Kritiker meinte gar, »daß der Solist, was Rhythmus und Tempi anbelangte, meistens wie in einer Zwangsjacke dagesessen habe«. Dennoch, den Erfolg des Konzerts schrieben die meisten Kritiker dem Maestro zu: Das bemessene Spiel von Horowitz sei auf das »Adlerauge seines Schwiegerpapa« zurückzuführen, »der dem ehemals ungestümen Gedonner den Garaus gemacht« habe. Am Schluß des dritten Satzes brach das Publikum in tosenden Applaus und lautstarkes Rufen und Schreien aus »wie bei einem Fußballspiel«. Obwohl Toscanini grundsätzlich meinte, dies sei »eine öffentliche Familienparty«, überließ er den Erfolg fast ausschließlich seinem Schwiegersohn; nur einmal kam er mit ihm aufs Podium heraus, um sich für den Applaus zu bedanken, und selbst dann ging er nicht bis an die Rampe, sondern blieb in der Mitte stehen.

Am 19. April schifften sich Horowitz und Wanda auf der *Berengaria* ein und kehrten nach Europa zurück. In der Mailänder Scala sollte der Pianist im Mai das erste Brahms- sowie das Tschaikowski-Konzert spielen, nachher folgten dann Aufführungen dieser Werke in Bologna und Paris. Anschließend konnten die beiden mit ihrer Tochter einmal einen Sommer lang vernünftig ausspannen. Als Höhepunkt unternahmen sie zu dritt – zusammen mit Piatigorsky – eine Fahrradtour durch Norditalien, die in der Presse starke Beachtung fand. Mailand diente ihnen als Basis; von hier aus fuhren sie in die Dolomiten und hängten später auch noch Ausflüge nach Salzburg und Venedig an. Im *Musical America* vom 25. Oktober 1935 erschien eine Fotografie der drei Fahrrad-Sportler: Sie zeigt das Trio am Tisch eines Gartenrestaurants sitzend, wobei die Fahrräder neben dem Tisch aufgereiht stehen. Horowitz schien während dieser Eskapaden bei bester Gesundheit zu sein, und stolz berichtete er, daß sie »an einem Tag 162 Kilometer geradelt« seien. Im Kreis der Familie beschlossen sie den Sommer schließlich auf dem Isolino: Wanda mit Horowitz und Sonja, der Maestro mit Carla, Walter Toscanini mit seiner Gattin und ihrem sechsjährigen Buben Walfredo, Wally mit dem Grafen Castelbarco samt ihrer Tochter Emanuela. Es gab keine Anzeichen einer bevorstehenden Krise.

Tatsächlich schien Horowitz bestens ausgeruht und guten Mutes zu sein, als er im Oktober 1935 seine neue Saison begann. Wie üblich stand am Anfang eine Tournee durch Skandinavien, und bei seinem ersten Konzert in Stockholm, »meiner Oktober-Stadt«, wie er der schwedischen Presse sagte, wirkte er sehr ausgelassen. »Ich bin schon zum viertenmal hier.« Sorgen machte er sich allenfalls darüber, ob man für seinen Klavierabend wirklich ein passendes Instrument auftreiben könne; dann sprach er von seiner Absicht, seine Konzerttätigkeit auch auf China, Japan und Mexiko auszudehnen – und daß er auch gerne nach Rußland zurückkehren würde. Die bevorstehende Tournee führte ihn durch Norwegen, Dänemark und Schweden, anschließend waren Konzerte in Holland, Österreich, Frankreich, in der Schweiz und in Ungarn vorgesehen. Aber schon früh, nämlich am 8. November, mußte in Rotterdam »wegen Erkrankung des Künstlers« ein Konzert abgesagt werden. Horowitz kehrte mit Wanda nach

St. Moritz zurück, wo sie auch die Weihnachtstage verbrachten. Für den Januar stand eine Tournee durch Italien bevor, aber kaum war er in Mailand angekommen, so konnte man in einer Zeitung lesen, daß er »plötzlich erkrankt« sei. »Möglicherweise wird er einige Wochen lang totale Ruhe brauchen.« In der Tat mußte die ganze Italien-Tournee abgesagt werden, und auch die in Ägypten und Palästina vorgesehenen Konzerte fanden nicht statt.

Ein wichtiges Engagement konnte Horowitz dennoch erfüllen: Am 22. Februar 1936 spielte er in Amsterdam das d-moll-Klavierkonzert von Brahms mit dem Concertgebouw-Orchester unter der Leitung von Bruno Walter, seinem Lieblingsdirigenten. Im März hatte er gar die Kraft, für zwei Klavierabende, ein Orchesterkonzert sowie für Schallplattenaufnahmen (am 6. März) nach London zu gehen. Es wurden dies die letzten Aufnahmen bis 1940. Mit dreiunddreißig Jahren war Horowitz übernervös, und vor jedem Auftritt litt er schrecklich. Wenn er dann in seiner Garderobe vielleicht zwanzig Minuten wartend und grübelnd herumsitzen mußte, konnte es vorkommen, daß er wieder ging, ohne überhaupt gespielt zu haben. Deshalb kam er nach Möglichkeit genau auf die Minute und eilte direkt aufs Podium – ohne einen Moment zu überlegen.

Horowitz war erschöpft und übermüdet; auch wenn er ab und zu noch Kraft genug hatte, um aufzutreten, merkte man ihm das dennoch an seinem routinierten, fast etwas hohlen Spiel an. »Einige Werke hatte ich so oft gespielt, daß ich sie schon gar nicht mehr hören konnte, und meine Finger spielten dann quasi automatisch«, erzählte er später. Mochte diesen Interpretationen dann die emotionale Tiefe auch fehlen, so blieben die virtuosen Oberflächenreize dennoch erhalten. Aber das Feuer der früheren Jahre war erloschen. »Routine, Routine, nichts als Routine«, meinte Horowitz. »Seit ich aus Rußland heraus bin, habe ich nicht eine Sekunde lang abschalten können. Ich hatte jeweils nur drei Monate im Sommer, wo ich nicht spielte. Und oft mußte ich selbst dann spielen. Aber ich bin doch kein Fließband-Pianist!« Solche Veränderungen wurden auch in der Londoner Presse registriert: »Ich denke nicht, daß es ein besonderes Vergnügen macht zu registrieren, wie sein Spiel in den vergangenen vier oder fünf Jahren stets an Tiefe eingebüßt hat. Wenn seine Leidenschaftlichkeit überhaupt noch glüht, so greift sie seine Nerven an und nicht sein Herz; seine Virtuosität ist nicht Zeichen eines überschwenglichen, sondern im Gegenteil eines gelähmten Gefühls. Finger, Gehirn und Nerven funktionieren zwar alle bestens zusammen und machen ihn zu einem außergewöhnlichen Techniker und cleveren Musiker, der aufmerksam auf alle Äußerlichkeiten in der Musik eingeht. Doch im Innersten ist sein Spiel tot.«[17] Selbst seine bekanntesten Paradestücke spielte Horowitz nun in einer forcierten, übertriebenen Art. Die Chopin-Mazurken zum Beispiel fielen zu oberflächlich-charmant aus, und sein Ton, wenn er über das *forte* hinausging, wirkte dünn und hart. »Lyrische Passagen spielte er mit einer übertriebenen Zartheit, mit einem überstrapazierten Rubato, welches den Rhythmus und Fluß in der Musik völlig zerstörte.«[18]

Stets mußten mehr Konzerte abgesagt werden – darunter auch eine für den April projektierte Tournee durch Spanien, wo er seit fünf Jahren nicht mehr gespielt hatte. Nach ein paar vereinzelten Klavierabenden in Rom, Paris und Den Haag ging seine Saison schon dem Ende entgegen. Sein letzter Auftritt bis 1938 fand am 2. Mai 1936 in Triest statt. Den Juni verbrachte er mit Wanda und Sonja in Paris, im Juli fuhr er in die Schweiz und im August zu den Salzburger Festspielen, um Toscanini zu hören. Obwohl Horowitz einige Monate ausruhen konnte, erlangte er nicht mehr jene Energie, die ihn in den vergangenen zehn Jahren von Erfolg zu Erfolg geführt hatte.

Dennoch war sein Terminkalender für die folgenden zwei Jahre ausgebucht. Im Frühjahr hatte er angekündigt, daß er in der Saison 1936/37 zwanzig Konzerte in England geben sowie Tourneen durch Skandinavien, Frankreich, Italien, Holland und Belgien anschließen werde. Für Anfang 1937 waren dann vierzig Konzerte in den USA geplant sowie eine große Frühjahrs-Tournee durch Australien und Neuseeland. Doch sollte keines dieser Konzerte stattfinden.

Im September 1936 wurde Horowitz von starken Bauchschmerzen befallen, und er sagte, es müsse eine Blinddarmoperation vorgenommen werden. Laut Milstein waren diese Schmerzen aber auf eine Dickdarm-Entzündung zurückzuführen, »doch Horowitz beharrte darauf, daß es der Blinddarm sei«. Er entwickelte eine traumatische Angst, was – zusammen mit der durch die Operation bedingten körperlichen Entkräftung – letztlich zu einem fast vollständigen Zusammenbruch führte. Schon immer war er für Magenkrämpfe und chronische Diarrhöe anfällig gewesen. Seit seine Mutter an den Folgen einer zu spät eingeleiteten Blinddarmoperation gestorben war, lebte Horowitz in steter Besorgnis um seinen eigenen Blinddarm. 1935, als er anläßlich seiner Chicagoer Konzerte bei Gitta Gradova logierte, konsultierte er ihren Gatten Maurice Cottle, einen berühmten Nasen-Hals-Spezialisten, über die Möglichkeit einer Blinddarmoperation. Dr. Cottle, der sich über Jahre hinweg um die kleineren Leiden von Horowitz gekümmert hatte, suchte mit ihm eine Reihe prominenter Chirurgen auf, wobei alle einstimmig meinten: »Ihr Blinddarm gibt zu keinerlei Befürchtungen Anlaß. Eine Operation ist absolut nicht nötig. Vergessen Sie das um Himmels willen!« Doch ein Jahr später litt Horowitz unter Schmerzen – eingebildeten und realen –, und er war überzeugt, daß es der Blinddarm sei. Seine Kusine Natascha Saitzoff erinnerte sich: »Er hatte stets Angst, daß etwas passieren könnte. Er litt eben stets unter einem Anflug von Pessimismus.« Wie auch immer: Vielleicht war Horowitz überzeugt, daß ihm dasselbe passieren könnte wie seiner Mutter, und so ließ er sich schließlich in Paris operieren.

Ob diese Operation notwendig war oder nicht, ist nicht klar. Ein Freund aus späteren Jahren meinte dazu: »Beide, Horowitz und Milstein, hatten ihre Blinddarmphobien; beide konnten es kaum erwarten, bis sie endlich operiert wurden. Zwar hatten sie beide einen völlig intakten Blinddarm, dennoch ließen sich beide operieren.« Fraglos hatte diese Blinddarmoperation eine gleichsam katalysatorische Wirkung für die nun folgenden Komplikationen. Den damaligen Behandlungsmethoden entsprechend mußte Horowitz nach der Operation noch volle zehn Tage im Bett bleiben. Das führte fatalerweise zu einer Venenentzündung, und nun durfte er sich überhaupt nicht mehr bewegen. Ganze drei Monate lag er verzagt und mutlos im Krankenhaus, sein Fuß stets auf einem Kissen aufgebockt. »Vladimir war eben kein unbeschwerter Typ, der solche Zwischenfälle mühelos hätte bewältigen können«, meinte seine Kusine Natascha. Später erzählte Horowitz dann seiner Freundin Gitta, daß er, als ihn die Ärzte endlich für gesund erklärt hätten, fürs erste einfach mal das Bett verlassen habe: »an diesem Punkt« habe dann eine »langwierige, bedrückende Zeit der Erholung« begonnen. Seine Londoner Konzerte vom kommenden Herbst sowie die Amerika-Tournee für 1937 mußten nun definitiv abgesagt werden.

Natürlich war Horowitz verwirrt; sein lädierter Gesundheitszustand machte ihm Sorgen, und auch der Unterbruch seiner Konzertkarriere beschäftigte ihn. Das beeinträchtigte wiederum die Heilung seiner Venenentzündung. In der Presse wurde sein »Nervenzusammenbruch« recht ausgeschlachtet – obwohl Wanda energischen Protest einlegte und erklärte, »es sei absolut nicht wahr, daß die Krankheit irgendeine Auswirkung auf das Gemüt von Horowitz oder seine Finger gehabt habe, wie es da und dort zu lesen sei«. 1939, als Horowitz wieder gesund war, bestand er darauf, diese »Pause« sei nötig gewesen, »um neue Kraft und Ausdauer zu gewinnen«. Andere Erklärungen wurden nicht abgegeben, was natürlich um so stärker zu Spekulationen Anlaß gab: »Der Nervenzusammenbruch sei derart gravierend, daß es vorerst unsicher bleibe, ob Horowitz je wieder seine großartige Karriere werde weiterführen können.« Andere wiederum orakelten, daß sein Rückzug ausschließlich künstlerische Gründe habe. Kurt Blaukopf kam dabei zu folgendem Fazit: »Erstmals realisierte Horowitz die Grenzen seines künstlerischen Vermögens, und er versuchte, die Krise zu beheben, indem er sich für zwei Jahre zurückzog. Der eigentliche Grund für diese Krise lag darin, daß der Pianist bis anhin den rein technischen Aspekten viel zu viel Gewicht beigemessen hatte. Die gleichsam mechanische Präzision seines Spiels war mittlerweile derart verblüffend geworden, daß kein Zuhörer mehr auf die eigentlichen musikalischen Aspekte des dargebotenen Werks achtete. Und eines Tages wurde das Horowitz auch klar.«[19]

Horowitz gestand später zwar seinen nächsten Freunden, daß es sich bei dieser »Pause« tatsächlich um einen Nervenzusammenbruch gehandelt habe; dennoch war er keinesfalls der Ansicht, daß dieser ausschließlich auf künstlerische Gründe zurückgeführt werden könne. Bei solchen Andeutungen beließ er es. So sagte er seinem Freund Abram Chasins: »Ich mußte mir damals über vielerlei klar werden. Man kann nicht nur oktavenspielend durchs Leben gehen.« Unbestritten scheint es, daß Horowitz seine eigenen Kräfte überschätzt hatte und daß seine künstlerische Entwicklung nicht Schritt hielt mit dem Riesenerfolg beim Publikum. Dennoch: »Ich glaube nicht, daß Horowitz zu viel aufgetreten ist und deshalb einen Zusammenbruch erlitten hat«, gab ein naher Bekannter zu bedenken. »Das hing mehr mit einem inneren Konflikt zusammen, mit seiner neuen Familie sowie mit der in Rußland zurückgelassenen eigenen Familie. Ein Konflikt übrigens, der schon lange gegärt hatte und nun plötzlich zum Ausbruch kam: die traumatische Angst vor einer Krankheit, das wie ein Alpdruck auf ihm lastende Schicksal seiner Familie in Rußland, dann die endlosen selbstquälerischen Vorwürfe in bezug auf Wanda sowie die unüberbrückbare Kluft zwischen seiner Zuneigung zu Männern und seiner Verantwortung gegenüber der Familie. Alles in allem weiß Gott genug, um einen jeden aus der Fassung zu bringen.«[20]

Der Druck, der von der Familie Toscanini und seiner eigenen neuen Vaterrolle ausging, darf nicht unterschätzt werden. Noch im Herbst 1933, unmittelbar vor seiner Hochzeit, fürchtete sich der Pianist vor den lästigen familiären Verpflichtungen. Solange er als Junggeselle seine Freiheit hatte und Merowitsch ihn umsorgte, hielt sich Horowitz bestens unter Kontrolle. Doch als er in den turbulenten und anspruchsvollen Kreis des Maestros kam, wurde jene Illusion von Freiheit oder Unantastbarkeit zerstört. Ein Freund erinnerte sich: »In emotionaler Hinsicht war Horowitz immer noch recht kindisch; nun aber lastete auf ihm die Verantwortung eines Erwachsenen. Er hatte bald gemerkt, wie unnachgiebig tyrannisch Toscanini sein konnte; einerseits, nämlich was seine Interpretationen anbelangte, ließ er sich von ihm beeinflussen, andererseits, nämlich zu Hause, fürchtete er ihn.« Als Folge der politischen Entwicklungen in Italien und der Judenverfolgungen in Deutschland wurde Toscanini um 1936 immer aufgewühlter, war schwieriger denn je und intolerant mit allen, die um ihn herum waren.

Im Anschluß an seinen Pariser Krankenhausaufenthalt fuhr Horowitz nach Venedig, um sich in Wallys Haus zu erholen. Im Spätherbst reiste er mit Wanda in Richtung Schweiz; ihre Tochter Sonja ließen sie in der Obhut der Großmutter Carla und der Tante Wally. Den größten Teil der nun folgenden zwei Jahre verbrachte Horowitz in der Schweiz – in Hertenstein am Vierwaldstättersee, wo er ein Haus gemietet hatte. Die Schweiz war immer schon ein Lieblingsziel für seine Sommerferien gewesen; mit diesem Land verbanden ihn glückliche Erinnerungen: an ausgelassen fröhliche Abende mit Gitta Gradova im Hotel Palace in der Nähe von Rachmaninows Wohnsitz, dann an all die herrlichen Tage, die er – schwimmend oder auf dem Fahrrad – mit Milstein und Piatigorsky verbracht hatte. Die Schweiz war ein ideales Refugium: Von den politischen Umwälzungen in Deutschland und Italien merkte man hier nichts – genau der Ort, um sich zu erholen und sich mit den eigenen Problemen wiederum zurechtzufinden. Selbstverständlich gab es hier erstklassige medizinische Betreuung. Horowitz machte verschiedene Kuren, unternahm kleine Ausflüge nach Basel, Orne, Gstaad und Engelberg, und als er sich etwas besser fühlte, reiste er gar nach Paris. Wanda dagegen konnte in der Zwischenzeit nach Mailand fahren oder ihren Vater in Paris und Salzburg besuchen.

Horowitz Genesung dauerte viel länger, als man vorausgesagt hatte. Die Venenentzündung belästigte ihn noch ein Jahr später, und die Kur in Orne, die früher immer erfolgreich gewesen war, brachte diesmal nur recht bescheidene Resultate. In einem Brief an Rachmaninow berichtete Wanda über die *Ups* und *Downs* in diesem schwierigen Jahr: »Wolodja versprach, Dir Nachricht zu geben, und ich will dieses Versprechen jetzt einlösen. Am Anfang war die Kur nicht gerade erfolgreich ... Wolodja hatte nicht eben Glück mit dem Arzt, der ihm eine langwierige Badekur verschrieb und einen Haufen Arzneien, die viel zu stark waren für ihn, so daß er nach einer Woche für drei Tage im Bett bleiben mußte. Nach diesem unglücklichen Zwischenfall wechselten wir umgehend den Doktor, und jetzt haben wir eine russische Ärztin, die sehr gewissenhaft über die Kur wacht. Wolodja spricht gut auf die Bäder an, obwohl sie sehr ermüdend sind. Wir werden bis am 10. Juli in Bagnoles bleiben, und nach zwei oder drei Tagen in Paris geht Horowitz nach Engelberg, und ich fahre dann zu meiner Schwester nach Venedig.«[21]

Rachmaninow war überaus besorgt um Horowitz und Wanda, und er setzte alles daran, um die beiden in dieser schwierigen Zeit zu unterstützen. Es war wohl ihrem Altersunterschied zuzuschreiben – und selbstverständlich auch ihren überfüllten Terminkalendern –, daß sich die beiden Männer in den vergangenen Jahren kaum mehr getroffen hatten. Der Zusammenbruch von Horowitz führte nun wieder zu einem vertrauten Umgang. Horowitz bewunderte Rachmaninow nach wie vor mehr als irgendeinen anderen Musiker, und der Umgang mit seinem Idol trug viel zur Stärkung seines Selbstvertrauens bei. Nach und nach stellte sich das Bedürfnis ein, wieder öffentlich aufzutreten. Kurz vor seiner Heirat hatte Horowitz bekanntlich gesagt, daß Toscanini seine »Ikone« sei – aber in Wirklichkeit übte Rachmaninow den größten Einfluß auf ihn aus – nicht nur in jenen krisenvollen Tagen, sondern zeit seines Lebens. So war es auch Rachmaninow, der Horowitz im Sommer 1937 anhielt, sich mit der Wiederaufnahme seiner Karriere zu befassen.

Als Rachmaninow im Jahr 1928 Horowitz kennenlernte, war er erstaunt über die brillante Pianistik des jungen Mannes; zudem freute es ihn, daß dieser seine eigene Musik, vor allem sein drittes Klavierkonzert, so großartig spielte. Dennoch verhielt er sich in diesen frühen Jahren ziemlich distanziert und »trug die Nase etwas gar hoch«, wie ein gemeinsamer Freund meinte. Dafür scheint es auch Gründe gegeben zu haben. Mit Mißbilligung nahm er jedenfalls die Gerüchte zur Kenntnis, die über Horowitz' persönliches Leben kursierten, bevor sich dieser verheiratete. Zudem ärgerte er sich über Horowitz' puren Materialismus und über seine Erfolgssucht; und Rachmaninow machte auch nie ein Geheimnis daraus, daß er Josef Hofmann oder Benno Moiseiwitsch lieber spielen hörte.

Im Jahr 1936 schrieb Rachmaninow einem Freund in der Sowjetunion, daß »nach allem wohl immer noch Josef Hofmann der beste Pianist ist; aber nur unter einer Bedingung – wenn er ›in Form‹ ist. Wenn nicht, dann würdest Du den alten Hofmann nicht mehr erkennen. Neulich hat sich Horowitz einen großen Namen gemacht. Er hat kolossale Oktaven! Nach seiner Heirat mit einer Tochter von Toscanini dachte man, nun käme auch etwas Musikalität in sein Spiel ... Bis jetzt merkt man aber nichts davon, und so kann man es nur bedauern, daß er nicht schon viel früher geheiratet hat.«[22] Hofmann war übrigens der einzige Pianist, von dem Rachmaninow in seinem Wohnzimmer eine Fotografie hängen hatte. Und obwohl Hofmann langsam dem Alkoholismus entgegenschlitterte, meinte Rachmaninow, er sei »Horowitz stets noch himmelhoch überlegen«.

Mit Vergnügen verbrachte Horowitz jeweils einen Teil des Sommers im Hotel Palace am Vierwaldstättersee, nur zehn Autominuten von Rachmaninows Villa Senar entfernt (der Name ist ein Akronym, bestehend aus den Anfangsbuchstaben der Vornamen von Rachmaninow und seiner Gattin Natalia plus dem R von Rachmaninow). Rachmaninows Haus wurde 1931 erbaut: modern, mit einer weißgetünchten Backstein- und Glasfassade, hoch über dem Vierwaldstättersee gelegen. Bis 1939 wohnte Rachmaninow hier, dann ging er in die Vereinigten Staaten. Rachmaninow liebte es sehr, wenn Freunde zugegen waren; nur durften sie nicht zu nahe sein und in seine Privatsphäre eindringen. Horowitz war überglücklich, wenn er in Luzern, in der unmittelbaren Nähe Rachmaninows, weilte. Besonders geehrt fühlte er sich, wenn Rachmaninow mit ihm über eine im Entstehen begriffene Komposition diskutierte. Als er 1934 beispielsweise die *Rhapsodie über ein Thema von Paganini* komponierte, telefonierte er Horowitz fast jeden Tag: »Ich habe für Sie wieder eine neue Variation gemacht«, sagte er dann. Daß er mit einem fast sarkastischen Humor über seine eigenen Kompositionen sprach, amüsierte Horowitz besonders. »Die da hab' ich für meinen Manager komponiert«, witzelte er beispielsweise über die achtzehnte Variation. »Vielleicht holt sie das ganze Werk heraus.«[23]

Horowitz verbrachte möglichst viel Zeit mit Rachmaninow. Oft war er bei ihm zum Essen eingeladen; wie Rachmaninow liebte er es, im Familienkreis in typisch russisch-üppiger Art zu speisen. Das gemeinsame russische Erbe war zweifellos ein wichtiges Bindeglied. Nach wie vor liebte Rachmaninow alles, was russisch war, und er hielt getreu an der Sprache, an den Gewohnheiten und selbst an den Feiertagen der von ihm so schmerzlich vermißten Heimat fest. Seine zahlreichen Depressionen – jene Melancholie, für die er so berühmt wurde – waren zur Hauptsache auf sein Heimweh zurückzuführen, das mit der Zeit immer stärker wurde. Für viele seiner Freunde war Rachmaninow der traurigste Mann, den sie überhaupt kannten, und einige meinten gar, sie hätten ihn nicht ein einziges Mal mit einem Lächeln gesehen. »Er war ein schwermütiger, finsterer Mensch«, erinnerte sich Horowitz; »es war nicht leicht, in seine Nähe zu kommen.« In der Tat war er eine imposante, beinahe furchterregende Erscheinung: mit mönchisch-kahlem Haarschnitt, mit dicken, slawischen Lippen, an den Enden nach unten gekräuselt, und einer von tiefen Falten durchfurchten Stirn. Von Strawinsky stammt der Ausdruck, Rachmaninow sei »ein über einen Meter achtzig großer finsterer Blick«, und in der Tat wirkten Rachmaninows Augen so, als wäre jeder Glanz, der dort einmal geleuchtet haben mochte, längst dem Weltschmerz gewichen.

Es mag verwundern, daß ausgerechnet dieser mürrisch-strenge Mann jemandem half, der einen physischen und psychischen Zusammenbruch erlitten hatte. Aber er und Horowitz teilten eben nicht nur ein gemeinsames nationales und musikalisches Erbe: Rachmaninow konnte die problematische Situation von Horowitz besonders gut verstehen, hatte er doch vor beinahe vierzig Jahren einen ähnlichen Zusammenbruch erlitten. Da er überaus schüchtern und selbstkritisch war, neigte Rachmaninow in frühen Jahren ebenfalls zu Depressionen. Nachdem er sich 1897 die recht lieblose Uraufführung seiner ersten Sinfonie angehört und nachher all die schlechten Kritiken gelesen hatte, erlitt er einen Nervenzusammenbruch. Lange suchte er Hilfe und fand sie drei Jahre später dann beim Neurologen und Hypnotiker Dr. Nicolai Dahl, der viele Stunden mit ihm zusammensaß und ihm immer wieder einschärfte: »Sie werden wieder komponieren. Sie werden sogar mit Leichtigkeit komponieren.« Bald gewann Rachmaninow wieder in einem Maß Selbstvertrauen, daß er sein zweites Klavierkonzert komponieren konnte, welches er – in Dankbarkeit – dann Dr. Dahl widmete.

Somit verstand Rachmaninow die Ängste und Minderwertigkeitsgefühle von Horowitz besonders gut, und er half nun, wo er nur konnte, schrieb sogar an Dr. Dahl, um ihn um Rat zu fragen über die Behandlung »einer kranken Person«, die an neurologisch-psychosomatischen Störungen leide. Da Horowitz in letzter Zeit kaum etwas unternommen hatte, war er übergewichtig geworden, und mit seiner Gesundheit stand es prekär. Man sagte, er sei überzeugt, daß wenn er öffentlich spielen würde, seine Finger wie Glas wären und zerbrächen. Rachmaninow ließ ihn geduldig von solchen Ängsten erzählen, und vorsichtig deutete er ihm dann an, daß das alles nur Einbildung sei. Horowitz hörte ihm aufmerksamer zu als irgend jemand anderem. In späteren Jahren, als Rachmaninow nicht mehr lebte, sagte er oft mit großer Rührung: »Dieser Mann war wie ein Vater zu mir!«

Große Unterstützung erhielt Horowitz in diesen kritischen Monaten auch vom Pianistenkollegen Rudolf Serkin und dessen Schwiegervater, dem Geiger Adolf Busch. Im April 1937 begann Horowitz, sporadisch wieder zu üben, und er reiste dann mehrmals nach Basel, um Serkin und Busch zu besuchen. Serkin erinnerte sich: »Ich traf Horowitz fast jeden Tag, und er war damals sehr erschöpft. Dennoch spielten wir viel Musik für zwei Klaviere – Reger und Rachmaninow. Er war ein überaus begabter Ab-Blatt-Spieler. Einmal überraschte ich ihn, als er die Fuge in Beethovens *Hammerklavier*-Sonate übte. Das war unheimlich schön. Horowitz war ein phänomenaler Pianist, nur glaubte er selber nicht daran.«[24]

Wie Horowitz dann wieder nach Bertenstein zurückkam, übte er weiter und spielte, nun zusammen mit Rachmaninow, weiterhin auch vierhändig: und zwar alles, was ihnen von Haydn bis zu den Godowsky-Transkriptionen in die Finger kam. Rachmaninow befürwortete diese Aktivitäten; er dachte, das würde Horowitz ablenken. Zudem bat er Wanda, ihn über die medikamentöse Behandlung auf dem laufenden zu halten. Rachmaninow litt damals selbst an einer Krankheit, die als Sklerose diagnostiziert wurde – bis sich später dann herausstellte, daß es Krebs war. Er hatte Muskel- und Skelettschmerzen, zudem bekam er beim Gehen Schwierigkeiten. Aber selbst eine Arthritis in den Händen konnte ihn nicht davon abhalten, für 1937/38 eine vollgestopfte Konzertsaison zu planen. Horowitz nahm sich das zum Vorbild, und es blieb nicht ohne Einfluß auf seinen Entscheid, im folgenden Jahr wieder öffentlich aufzutreten.

Gleichsam als Teil der Behandlung empfahl Rachmaninow lange Spaziergänge; wenn man nicht wandere, so würden auch »die Finger nicht funktionieren«. Zudem ermutigte er ihn, wieder vermehrt auf russische Musik zu setzen; wiederholt beteuerte er: »Tschaikowski ist der bedeutendste russische Komponist. Er hat genug Melodien für hundert andere Komponisten.« Horowitz führte mit Rachmaninow angeregte Diskussionen über Musik: »Was unsere Konzepte anbelangte, stimmten wir miteinander total überein«, meinte Horowitz später. Oft kam dabei die Rede auf das dritte Klavierkonzert Rachmaninows, und der Komponist trug eigenhändig Phrasierungen und Kürzungsvorschläge in Horowitz' Partitur ein.

Natürlich klatschen Horowitz und Rachmaninow liebend gern über Pianistenkollegen. Beispielsweise erzählte Rachmaninow, wie er 1935 im Radio eine Chopin-Etüde gehörte habe, und zwar mit einem Haufen falscher Noten. »Wie sich herausstellte, war es Cortot, zumal er bald mit auffälligen Rubati aufwartete. Lachend meinte Rachmaninow: ›Ja, ja, Cortot ist *so* musikalisch. Je schwieriger die Etüde, desto sentimentaler wird er. Nicht wahr, Horowitz?‹«[25]

Rachmaninow gab Horowitz auch einige Ratschläge fürs Konzertieren: »Schauen Sie immer zuerst auf die Galerie, ob sie voll ist. Dort sitzt das maßgebende Publikum. Wenn die Logen voll sind, heißt das nichts – das Logenpublikum geht ins Konzert, weil man eben geht.« Er schlug zudem vor, Horowitz solle seine Konzerte am späten Nachmittag ansetzen, wenn er sich am kräftigsten fühle – ein Rat, den Horowitz in späteren Jahren dann stets befolgte. Zudem ermunterte ihn Rachmaninow, nicht nur abgedroschenes Zeug zu spielen, sondern auch auf unbekanntes Repertoire zu setzen. Längst hatte Rachmaninow seine Zurückhaltung abgelegt und behandelte den Jüngeren als Freund. »Er war der gefühlsintensivste Pianist, den ich je gehört habe«, erinnerte sich Horowitz später. »Er sagte mir oft: ›Sehen Sie, ich heule ständig. Ich bin viel zu sentimental.‹ Das kann man nicht nur in seiner Musik hören; er spielte auch so.«[26]

Rachmaninow hatte damals einen bedeutenden Einfluß auf Horowitz, und er überredete ihn schließlich auch dazu, wieder aufzutreten. Er solle in der französischen Provinz beginnen, dort, wo ihn niemand kenne; dann sehe er sofort, daß es sowohl um seine Hände als auch um seine Ausdauer bestens bestellt sei. Zudem könne er sich dort wieder ans Konzertieren gewöhnen, ohne dem ständigen

Druck der Presse ausgesetzt zu sein. »Es gibt drei verschiedene Arten von Kritikern«, philosophierte Rachmaninow, »die einen mogeln, schlafen dafür aber gut. Die andern mogeln auch, schlafen hingegen schlecht. Die dritten sind ehrlich und schreiben auch keinen Mist; aber man kriegt sie nie zu lesen, weil ihre Kritiken nicht veröffentlicht werden.« Jahre später kommentierte Horowitz: »Das war sehr zynisch gemeint, aber es ist irgendwie auch wahr.«

Am 1. Oktober 1937, seinem vierunddreißigsten Geburtstag, gab Horowitz im Haus seiner Schwägerin Wally in Venedig ein privates Konzert. Beide, Wanda und Wally, beschwörten ihn darauf, Rachmaninows Ratschläge ernst zu nehmen, und in der Tat willigte Horowitz ein, in der kommenden Saison wiederum aufzutreten. Denn er hatte gemerkt, daß seine lange Absenz der Karriere schadete. Immer wieder kreisten Gerüchte um »Krankheit, Selbstmord oder Tod« – und das, obwohl er jetzt wieder mit Wanda und der Tochter Sonja zusammen war, abwechselnd in Paris oder in Mailand. Zu seiner großen Überraschung hörte er im Juli 1938 in seinem Haus am Vierwaldstättersee folgende Radiomitteilung, die wenig später auch im Pariser *Figaro* veröffentlicht wurde: »Wir bedauern, den Tod von Vladimir Horowitz mitteilen zu müssen, einem der bedeutendsten Pianisten, den es je gegeben hat. Er wurde in Rußland in Kiew geboren, und seine Chopin- und Liszt-Interpretationen werden jedem in Erinnerung bleiben, der sie je zu hören Gelegenheit hatte. Seit zwei Jahren litt Horowitz an einer unheilbaren Krankheit. Beim Verstorbenen handelt es sich um einen Schwiegersohn von Toscanini.«[27]

Am folgenden Tag erschien in einer der größten Schweizer Tageszeitungen ein langer Nachruf. Wanda oblag es, gegen solche unglaubliche Gerüchte anzugehen; also telefonierte sie mit der Redaktion und verlangte eine Richtigstellung. Horowitz habe ungewöhnlich lange gebraucht, um sich von seiner Blinddarmentzündung zu erholen; aber jetzt sei er »vollständig wiederhergestellt, und all die Gerüchte, daß er seine Karriere wohl nie mehr werde aufnehmen können, sind völlig lächerlich«. Diese Richtigstellung erschien einige Tage nach dem Nachruf, und nun mußten die europäischen Zeitungen natürlich reagieren. »Im Gegensatz zu einer veröffentlichten Mitteilung leidet der berühmte Pianist Vladimir Horowitz nicht an einer unheilbaren Krankheit«, schrieb der Pariser *Figaro*. »Er hat sich im Gegenteil bestens von einer Blinddarmoperation erholt und wird im kommenden Oktober seine Konzerttätigkeit wiederum aufnehmen.«[28]

Das Comeback von Horowitz fand in Zürich statt – am 26. September 1938 im Rahmen eines Wohltätigkeitskonzerts, das er, zusammen mit dem Busch-Quartett, für Flüchtlingskinder gab. Vorgesehen war, daß Horowitz die Schumann-Fantasie spiele; doch im letzten Moment ersetzte er sie durch eine Gruppe von Chopin-Werken, die er oft gespielt hatte – darunter die *Polonaise Fantaisie* sowie die *Barcarolle*. Da Rachmaninow im Publikum saß, fühlte er sich unbehaglich und befangen. Dennoch scheint er gut gespielt zu haben; jedenfalls erhielt er vorzügliche Rezensionen, und die *Neue Zürcher Zeitung* lobte seine

»virtuose Eleganz und noble Musikalität«. Kurze Zeit später begann Horowitz, Konzerte für die Saison 1938/39 zu planen. »Im Gegensatz zu früher«, erklärte er den Veranstaltern, »will ich nun zwischen den Konzerten immer einige freie Tage einschalten. Ich brauche das dringend. Nicht speziell wegen der Finger, sondern mehr wegen der Emotionen, die man in die Musik investiert. Und das braucht sehr viel Energie. Deshalb gebe ich mir jetzt solche Richtlinien.«

Horowitz befolgte Rachmaninows Rat und setzte für Dezember 1938 und Januar 1939 Konzerte in kleineren Städten wie Monte Carlo, Marseille, St-Etienne und Lyon an. Erst im Februar und März plante er dann zwei Klavierabende in Paris. Trotzdem stellten sich sofort Probleme ein: Frankreich verfügte nur über einige wenige erstklassige Konzertflügel, und solche dann in entlegene Provinzstädte zu verfrachten war mit riesigen Kosten verbunden. Eigentlich wünschte Horowitz, daß zwei oder drei wirklich gute Steinways von Paris in die Provinzen transportiert würden und daß man für die beiden Pariser Klavierabende seinen eigenen Lieblingsflügel aus London herbeischaffe. Aber das erwies sich als prohibitiv teuer; während seiner »Pause« in den vergangenen drei Jahren hatte Horowitz ja nichts verdient, dafür aber hohe Arztkosten zu begleichen. Wie er an Alexander Greiner bei Steinway & Sons in New York schrieb, befand er sich in einer finanziellen Zwangslage, und er bat den New Yorker Freund um Hilfe: Es sei ihm absolut unmöglich, für die Konzertflügel-Transporte aufzukommen, zumal er in der Provinz nur recht mäßige Gagen erhalte. »Ich will Dich nicht einschüchtern oder gar abschrecken, sondern einzig und allein um Hilfe bitten; das hängt auch mit höheren künstlerischen Prinzipien zusammen.«[29]

Horowitz' eher aggressiver Ton hing mit seiner Einsicht zusammen, daß Steinway sich »nicht eigentlich um den Kontinent, will sagen: um jene europäischen Länder kümmerte, wo ich nun spielen wollte und spielen konnte«. Deutschland kam dabei schon gar nicht mehr in Frage, da Horowitz ja Jude war; und als Schwiegersohn Toscaninis war es für ihn auch gefährlich, in Italien aufzutreten. Also mußte er sich auf Frankreich, Holland, Belgien, auf die Schweiz und Skandinavien konzentrieren. In der Schweiz und in Holland gab es genug erstklassige Instrumente; das wußte er. »Aber in Frankreich gibt es nur zwei oder drei große Konzertflügel, und die sind alle schon ein Dutzend Jahre alt und in einem entsprechend schlechten Zustand, so daß ich sie eigentlich gar nicht mehr als Steinways betrachten kann.« Horowitz schlug vor, die Transportkosten für die Überschiffung guter Instrumente nach Europa zu teilen – wie er das mit Steinway in Amerika stets getan hatte. Er erinnerte Greiner auch daran, daß er »vom ersten Tag an in Frankreich ausschließlich auf Steinway-Instrumenten gespielt habe – und das zu einer Zeit, wo alle anderen berühmten Pianisten andere Marken bevorzugten. Damals offerierten mir französische Firmen wie Gaveau und Pleyel Geld, wenn ich auf ihren Instrumenten spielen würde. Aber ich lehnte ab, obwohl ich dieses Geld damals weiß Gott hätte brauchen können!! Mein lieber Freund, was soll ich jetzt tun? Willst Du, nachdem ich in Frankreich über zwölf Jahre hinweg immer auf einem Steinway gespielt und mich dann für drei Jahre zurückgezogen habe, meine Bitte nun ablehnen und mich zwingen, beim Spielen auf dem Konzertflügel fortan einen anderen Namen vor meinen Augen zu haben?«[30] Greiner schien verstanden zu haben, was da für eine Gefahr drohte; jedenfalls gab er Horowitz' Brief an die Steinway-Familie weiter, und das Ersuchen des Pianisten wurde bewilligt.

Während der Konzerte, die Horowitz Ende 1939 gab, mußte er feststellen, daß er längst nicht mehr so gut in Form war, wie er gemeint hatte. So schrieb er an Rachmaninow: »Zu meinem großen Bedauern ist es mir absolut nicht möglich, heute abend bei Ihrem Konzert dabeizusein. Als ich von Gstaad zurückkam und wieder mit Üben begann, realisierte ich, in welch deplorablem Zustand sich mein Spiel zur Zeit befindet. Somit darf ich nicht einen einzigen Tag mit Üben aussetzen.«[31]

Andere wiederum waren der Ansicht, Horowitz strahle neue Begeisterung und ein neues Selbstvertrauen aus. »Es scheint, daß ich wiederum völlig gesund bin«, schrieb er Greiner, »und Schritt für Schritt beginne ich nun mit dem Konzertieren. Es gefällt mir, wiederum in der Öffentlichkeit zu spielen, und ich glaube (ich habe mich da bis jetzt noch nie getäuscht), daß ich mich auch in musikalischer Hinsicht wesentlich geändert habe.«[32] Der Presse gegenüber betonte Horowitz, daß er in den drei Jahren des »Rückzugs« neue Entdeckungen gemacht habe – über die Musik und über sich selber. »Ich würde sogar sagen, daß ich in den vielen Monaten, wo ich nicht gespielt habe, sehr viel über Musik gelernt habe; vielleicht habe ich sogar mehr gelernt, als wenn ich jede freie Minute geübt hätte, dann auf einen Zug geeilt und zum nächsten Konzert gefahren wäre. Ich konnte, im übertragenen Sinn gemeint, aus meiner Musik herauskommen. Ich konnte sie von einem neuen Gesichtspunkt aus betrachten und überdenken, und ich konnte – wie man so sagt – Dinge im Wald sehen, die ich vordem vor lauter Bäumen gar nicht gesehen hatte. Einige Werke hatte ich so oft gespielt, daß ich sie schon gar nicht mehr hören konnte. Während meiner ›Pause‹ konnte ich mich ganz dem Ausruhen widmen und mich auf die Musik konzentrieren, und zwar auf die Musik selber. Ich bekam einen neuen, direkten Kontakt zu ihr – ohne all die Erwägungen, die man sofort anstellt, wenn man weiß, daß man ein Werk in einigen Tagen oder in ein paar Wochen im Konzert spielen muß. Ich denke, daß ich als Pianist reifer geworden bin. Es ging nicht nur um meine Gesundheit; ich mußte auch neue Energien schöpfen. Ohne sie kann der beste Pianist nicht gut spielen. Wobei ich nicht glaube, daß man ein Riese sein muß, um wirklich laut genug auf dem Klavier herumhämmern zu können. So gibt es ja auch stämmige Pianisten, die nur einen kleinen Ton erzeugen, und kleine Pianisten, die dem Instrument riesige Klangmassen zu entlocken verstehen. Aber stets muß es der *eigene* Ton sein, erzeugt mit den eigenen Energien, dem eigenen Körper und dem eigenen Temperament; und stets müssen noch Reserven da sein, sonst kann man dem Publikum die eigenen künstlerischen Intentionen gar nicht übermitteln.«

In der Tat nahmen Publikum und Presse als erstes eine Veränderung in Horowitz' äußerer Erscheinung wahr. »Nicht mehr nur Knochen, sondern auch Fleisch«, schrieb *New York Sun* am 13. Januar 1940 beispielsweise, »wobei Horowitz noch lange nicht übergewichtig ist. Aber der schmerzlich-müde Blick, den ich von früheren Begegnungen noch so lebhaft in Erinnerung habe, ist aus seinem Gesicht verschwunden, und er hat zweifellos entdeckt, wie man als Mensch einigermaßen glücklich leben und dennoch den Anforderungen gerecht werden kann, die man an ihn und an sein Talent stellt. Manchmal frißt das Genie den Menschen auf, wenn dieser nicht genügend geistige und körperliche Widerstandskraft bietet. Während seiner langen Zurückgezogenheit hat Horowitz diese Kraft gefunden.«

Trotz seiner augenfälligen Vitalität und seiner Versicherung, daß er auch »geistig wie neu geboren« sei, wollten viele im Spiel von Horowitz keine Veränderung bemerken – es sei denn, daß seine klarkonturierte Virtuosität und seine Konzentration auf dem Konzertpodium nicht mehr von Langeweile oder Ermüdungserscheinungen beeinträchtigt wurden. »Man kann absolut nicht sagen, daß sein Spiel nun mehr aus dem Inneren komme oder tiefsinniger geworden sei«, schrieb Kurt Blaukopf. »Auch in diesen Jahren des Nachdenkens entwickelte er keinen innig-unmittelbaren Zugang zur Welt großer Komponisten. Seine Beethoven-Interpretation war immer noch kalt, und sein Chopin-Spiel verlor nichts von jener bekannten frivolen Oberflächeneleganz.«[33]

Einige fanden gar, Horowitz' Spiel sei schlechter geworden. Der Amsterdamer *Telegraaf* gab zu bedenken: »Die einleitenden Scarlatti-Sonaten hatten früher stets elegant geklungen und waren fast ohne Pedal und mit einer geschäftigen Akkuratesse gespielt worden. Jetzt tönten sie hart und roh. Die Akzente fielen zu scharf, zu rauh aus, so daß die Saiten manchmal klirrten; zuweilen tönte es, als würde man Metall gegen Metall oder mit einem Eisenhammer auf einen Amboß schlagen. Jedenfalls hatte die unbeschwerte Freude in den Scarlatti-Sonaten einen dämonischen Anstrich erhalten. In den anderen Werken bemerkte man keinen Unterschied zu früher. Schmerzlich, manchmal gar irritiert, nahm man die gleichsam unterhöhlte Gefühlsromantik in Werken wie *Sonetto del Petrarca* von Liszt zur Kenntnis – verstehen konnte man so was nicht. Ein Werk konnte gleichsam als Symbol für die Veränderungen in Horowitz' Pianistik gelten: eine Chopin-Mazurka nämlich, gespielt in einem gequälten, bitter nostalgischen Ton, der kaum mehr an die früheren Klangwunder erinnerte.«[34]

Nach den ersten paar Auftritten wurde Horowitz dann gelöster, und mochte man seinem Spiel auch nicht unbedingt einen Zuwachs an geistiger Durchdringung attestieren, so gab es andererseits hinsichtlich Technik, rasanter Tempi und kaleidoskopischem Klangfarbenspektrum auch keine Einbußen zu registrieren. »Wie er mit dem Pedal umgeht, ist vielleicht das größte Geheimnis«, schrieb ein Rotterdamer Rezensent, »denn in schnellen Passagen bemerkt man kaum etwas – er kann verschiedene Timbres voneinander getrennt halten, die bei anderen

Pianisten ineinanderfließen, und er hat gleichzeitig ein *Legato*, das jeder Melodie einen natürlichen Fluß gibt. «[35] Neu im Spiel von Horowitz war die Sinnlichkeit – eine eigentliche »Hexerei«, wie die *London Times* meinte und als Fazit schrieb, daß »der Intellekt bei ihm eine sekundäre Rolle« spiele. Kein Zweifel: Das Comeback von Horowitz wurde hier zu einem Riesenerfolg. »Seine Gegenwart«, so schloß die *Times*, »hat nach wie vor etwas Magisches.«

Für die vier wichtigsten Konzerte der Saison – je zwei Klavierabende in London und in Paris – stellte Horowitz ein Programm aus Scarlatti-Sonaten zusammen, aus Debussy-Etüden, Werken von Chopin (darunter die *Barcarolle* sowie Etüden, Mazurken und das As-dur-Impromptu), aus den *Paganini*-Variationen von Brahms sowie aus Werken von Liszt (*Sonetto del Petrarca* Nr. 104, *Au bord d'une source* und die Es-dur-*Paganini*-Etüde). Neu hinzu kamen ein Nocturne von Fauré, Beethovens Es-dur-Sonate op. 31 Nr. 3 sowie die Schumann-Fantasie. Ob Horowitz seinem Anspruch nach einer neugewonnenen künstlerischen Reife genügen würde, konnte am besten die Schumann-Fantasie zeigen, eines der gewichtigen und schwierigen Werke aus der Klavierliteratur des 19. Jahrhunderts. Daß er das Werk bis ins letzte Detail studiert hatte, wurde am 29. Februar in der Queen's Hall evident: »Nicht nur die Finger waren intakt«, schrieb die *London Times*, »jeder Aspekt seiner Technik, jede Phrasierung und jede dynamische Abstufung waren gleichermaßen kontrolliert und standen im Dienst einer großartig durchdachten Werkkonzeption.«[36]

Als Horowitz die Schumann-Fantasie dann in Paris spielte, sandte die *New York Times* eigens ihren Musikkorrespondenten, Herbert E. Peyser; im Hinblick auf eine geplante Horowitz-Tournee für das kommende Jahr sollte er sich ein Urteil über allfällige Veränderungen im Spiel des Pianisten machen. Peyser schrieb, daß die Schumann-Interpretation »eigentümlich uneinheitlich ausgefallen sei, mit Momenten von eloquenter Schönheit und Passagen, die eigenartig übertrieben und willkürlich wirkten. Man darf nicht vergessen, daß er nach langer Abwesenheit eben erst wieder aufs Konzertpodium zurückgekehrt ist; womöglich erwirbt er sich seine alten Qualitäten wieder. Immerhin ist jener faszinierende Schimmer, der an Weihnachtsbaum-Glitzerschmuck erinnert, immer noch vorhanden, wenn auch nicht mehr so ungebrochen.«[37]

Mochten die Kritiker auch geteilter Meinung sein – beim Publikum war Horowitz beliebt wie eh und je. Nach all den Mutmaßungen, daß er wohl nie mehr auftreten würde, waren die Musikfreunde erst recht auf Konzertkarten begierig. Da er in der Presse oft als »ein veränderter und bedeutenderer Pianist« angekündigt wurde, waren die Konzerte im Nu ausverkauft. Eine halbe Stunde vor Konzertbeginn »sah es an der Kreuzung Faubourg St. Honoré/Avenue Hoche aus wie am Eröffnungsabend der Metropolitan Opera«, schrieb Peyser. Horowitz beendete den Klavierabend mit seiner *Carmen*-Fantasie, und seine Fans gerieten wie ehemals außer sich. »Was immer die Kritiker für neue Elemente in Horowitz' Spiel entdecken mögen: Das breite Publikum scheint in diesem populären Künstler genau das zu sehen, was es immer gesehen hat. Und für Tausende ist das zweifellos eine gute Nachricht.«

Horowitz war in ausgezeichneter Verfassung; begeistert erzählte er von »seiner charmanten, jungen Frau« und zeigte recht viel Interesse an der Erziehung seiner vierjährigen Sonja. Er versprach, weitere Transkriptionen im Stil seiner *Carmen*-Fantasie zu machen, und sprach mit Freuden über die bevorstehende Schallplattenaufnahme vom zweiten Brahms-Klavierkonzert, die er zusammen mit dem BBC Orchestra unter Toscanini machen werde, insofern es dessen übervoller Terminkalender erlaube. Stets hielt er Greiner auf dem laufenden, schrieb ihm beispielsweise: »Eben habe ich einen Klavierabend in Den Haag gegeben; der Erfolg war außergewöhnlich. Publikum und Presse waren sich einig, daß mein Klavierspiel eine neue künstlerische Vollkommenheit erlangt habe. Ich muß zugeben, daß ich mich sehr verändert habe; und ich sehe nun, daß all die Zeit, die ich zurückgezogen verbracht habe, beileibe nicht verloren ist, sondern im Gegenteil viel für meine Kunst gebracht hat.«[38]

Horowitz hatte sein Selbstvertrauen zurückgewonnen und wollte nun vermehrt wieder Konzerte geben. Da die Gagen relativ gering ausfielen und er in Europa wegen der politischen Situation nur noch vereinzelt auftreten konnte, setzte er vor allem auf eine Amerika-Tournee in der Saison 1939/40. Mit Judson schloß er einen Vertrag über zwanzig Konzerte ab, die zwischen Januar und April stattfinden sollten; von Greiner verlangte er »eine große Auswahl an guten Instrumenten« – am liebsten »jenen Flügel, den Rachmaninow signiert hat und auf dem ich während meiner letzten Amerika-Saison schon gespielt habe«.[39] Obwohl Wanda wünschte, daß Sonja in Frankreich erzogen werde, und sie überdies gern in Mailand bei ihrer Familie weilte, wurde es zunehmend klar, daß sich die Familie Toscanini in Gefahr begeben würde, wenn sie noch länger in Europa bliebe.

Seit der Machtergreifung Benito Mussolinis im Jahre 1922 hatte Toscanini sich wiederholt gegen den italienischen Diktator gestellt: indem er sich weigerte, dessen Fotografie in der Scala auszuhängen oder die faschistische Parteihymne »Giovinezza« am Opernhaus zu dirigieren. »Wenn ich fähig wäre, einen Menschen zu töten, dann käme Mussolini als erster dran«, bekannte Toscanini wütend. Er nützte seine Position als erster Musiker Italiens aus, um den *Duce* und seine Regierung immer wieder zu kompromittieren – was 1931 im Teatro Comunale in Bologna fast dramatische Ausmaße annahm. Toscanini erhielt die Instruktion, den Abend mit der »Giovinezza«-Hymne zu beginnen, und wie immer lehnte er ab. Als er abends, zusammen mit Wanda, dann im Opernhaus erschien, wurden die beiden – nach Toscaninis eigenen Worten – »von einer scheußlichen Horde attackiert, angepöbelt und wiederholt ins Gesicht geschlagen«. Mussolini hatte für den Maestro nur Verachtung übrig, und nach diesem Zwischenfall ließ er dessen Mailänder Heim an der Via Durini konstant überwachen, und die Telefongespräche wurden abgehört. Mehrmals – 1931 und 1938 – wurde ihm der

Paß abgenommen und erst wieder zurückgegeben, als die internationale Presse aufgebracht darüber berichtete. In den von der Regierung zensurierten italienischen Zeitungen fand man kaum mehr eine Notiz über den Maestro – es sei denn, daß sich Gelegenheit für Beschimpfungen bot. Als der Maestro Mussolinis antisemitische Politik attackierte, wurde er in gemeiner Weise als »Ehrenjude« betitelt. Im August 1939 kamen die Toscaninis in Luzern zum Schluß, daß es weder für ihn noch für seine Familie ratsam sei, nach Italien zurückzukehren.

Auch Horowitz weilte im Sommer 1939 in Luzern – der letzte Sommer, den er in Europa verbringen würde. Er ruhte sich im Kreis seiner Familie aus und bereitete sich für ein gemeinsames Konzert mit Toscanini vor: Im Rahmen der Luzerner Festwochen sollten sie am 29. August das zweite Brahms-Klavierkonzert aufführen. Die Luzerner Festwochen waren quasi als Alternative zu den Salzburger Festspielen gegründet worden, wo zahlreiche Musiker nicht mehr auftreten konnten oder wollten. Ein Schweizer Festspielorchester wurde gegründet; die Mitglieder des Busch-Quartetts saßen an den ersten Pulten, der Rest der Musiker wurde aus fünf Schweizer Quartettvereinigungen rekrutiert. Die Festwochen wurden zum zweitenmal durchgeführt, und aus diesem Anlaß fand sich eine imposante Anzahl von Musiker-Flüchtlingen in der neutralen Schweiz zusammen: Rachmaninow, Pablo Casals, Bruno Walter, Sir Adrian Boult, Rudolf Serkin, Willem Mengelberg, Emanuel Feuermann und Bronislaw Hubermann – dazu Toscanini und Horowitz; wie sich dann herausstellte, wurden diese Festwochen für alle ein musikalischer Abschied von Europa. Die Stimmung war gedrückt; eine Katastrophe schien in der Luft zu liegen.

Ursprünglich war vorgesehen, daß Horowitz Mozarts Klavierkonzert A-dur KV 488 spielen sollte. Doch für die Konzertkarten wurden extrem hohe Preise verlangt, um möglichst viel Geld zugunsten politischer Flüchtlinge einzunehmen – entsprechend meinten Toscanini und Horowitz, »daß man mit romantischer Musik mehr Geld macht als mit klassischer«. Also entschied sich der Pianist für das zweite Brahms-Konzert; klar, daß der Konzertsaal im Nu ausverkauft war. Die Aufführung wurde zu einem großen Erfolg. »Sein Spiel war leidenschaftlich, hatte Kraft und war im *Andante* von einer außergewöhnlichen poetischen Würde«, schrieb das *Atlanta Journal*. »Das Konzert wurde zu einem tiefgreifenden Erlebnis, und der Pianist konnte riesigen Beifall entgegennehmen.«[40]

Am 1. September 1939, drei Tage nach dem Konzert, marschierten die Deutschen in Polen ein. Rachmaninow hatte Europa schon am 23. August verlassen, und die Toscaninis schifften sich nun Anfang September nach den USA ein. Toscanini dirigierte erst wieder nach Beendigung des Zweiten Weltkriegs in Europa; Horowitz kam gar erst elf Jahre später erstmals wieder zurück. Seit er Rußland verlassen hatte, konnte er nirgends mehr so richtig Wurzeln fassen. Für die folgenden dreizehn Jahre sollte ihm nun Amerika zu einer Art Adoptivheimat werden – Schauplatz der wohl produktivsten Epoche in seiner Laufbahn.

Dritter Teil

1940–1952

Auf Tournee mit der »Super Chief«

Schrecklich, was da zuweilen in der ersten Reihe saß. Manchmal verdarb mir ein solcher Anblick das ganze Konzert. Zum Beispiel eine alte Dame, die immerzu den Kopf schüttelte: Ich mochte spielen, was und wie ich wollte; immer schien sie es zu mißbilligen. Nach dem Konzert kam sie dann ins Künstlerzimmer, und ich merkte, daß sie einen nervösen Tick hatte. Und in Milwaukee hockte ein 150-Kilo-Koloß zuvorderst, streckte die Beine weit von sich und bohrte in der Nase. Ich sollte mit einer Beethoven-Sonate beginnen; klar, daß ich wütend wurde. Also setzte ich mich auf den Klavierstuhl, streckte meine Beine ebenfalls weit von mir weg und fixierte den Mann mit starrem Blick. Niemand verstand, was das sollte. Der Mann aber wurde rot – was mir übrigens absolut nicht peinlich war.[1]

Im Herbst 1939 bezogen Vladimir und Wanda Horowitz mit der fünfjährigen Sonja ein gemietetes Haus in Fieldston (New York), nur zehn Minuten von Toscaninis Villa Pauline in Riverdale entfernt. Nachdem Horowitz während der vergangenen vier Jahre in Paris und Luzern gewohnte hatte, mochte ihm Fieldston etwas langweilig vorkommen; letztlich aber schien er es gegenüber dem betriebsamen Manhattan zu bevorzugen. »New York? Nein! Ich hasse diese verrückte Stadt. Viel lieber bin ich auf dem Land.« Während er sich für seine Konzerte im Dezember vorbereitete, ging Wanda mit ihrer Mutter zu einem ausgedehnten *shopping*; schließlich mußten sie beide ihr neues Heim einrichten. Im September waren die Toscaninis zusammen mit der Horowitz-Familie in die Vereinigten Staaten exiliert, und der Maestro beschloß nun, nicht wie üblich im New Yorker Hotel Astor abzusteigen, sondern sich auf einem über zwei Hektar großen Landsitz im Norden New Yorks niederzulassen. Toscanini wollte seine Familienangehörigen in der Nähe haben, und so siedelte – mit Ausnahme von Wally, die in Italien zurückblieb – der ganze Toscanini-Clan in die USA über. Wandas Bruder Walter ließ sich mit seiner Gattin und dem Sohn Alfredo in Camden (New Jersey), nieder; dank »Papa« bekam er einen Posten bei RCA Victor Records. Horowitz mochte einige Bedenken haben, weil er in so naher Nachbarschaft zu den Toscaninis wohnte; in der Schweiz hatte er vergleichsweise abgeschieden gelebt. Doch war das nur vorübergehend: Schon ein Jahr später verließen sie das Haus in Fieldston und gingen wiederum auf Tournee.

Vorläufig aber verbrachte die Horowitz-Familie die meiste Zeit in der imposanten Toscanini-Villa – mit ihrer dunkel getäfelten Halle, ihrem riesigen Wohnzimmer samt Bibliothek sowie ihrer mit Glas abgeschirmten Veranda und ihrem großzügigen Balkon. Von seinem im zweiten Stockwerk gelegenen Arbeitszimmer konnte Toscanini das gesamte Grundstück überblicken – bis zum Hudson River hinunter und zu den New Jersey Palisades hinüber. Mit seinen dreiundsiebzig Jahren war der Maestro voller Tatkraft wie eh und je, voll beschäftigt mit seinen Projekten für das NBC-Orchester sowie mit seiner Mitgliedschaft bei der Mazzini-Gesellschaft, die sich aus exilierten Italienern formiert hatte mit dem Ziel, in Italien nach dem Sturz Mussolinis eine Demokratie zu gründen.

Stets fand er noch Zeit für seine Enkelin Sonja, die vom Vater ihre Launenhaftigkeit und vom Großvater den unbeugsamen Willen geerbt hatte. Toscanini liebte seine Enkelin über alles, und er überwachte ihre Erziehung bis ins kleinste Detail. Das dunkelhaarige Mädchen zeigte eine auffällige Ähnlichkeit mit den Toscaninis, hatte von Mutter Wanda die Gesichtsfarbe und vom Maestro den durchdringenden Blick geerbt. In ihrer ernsthaft intensiven Art erinnerte sie ebenfalls an ihren Großvater, und »Nonno«, wie der Maestro genannt wurde, hatte seinen unverhohlenen Spaß am respektlosen Betragen Sonjas. Wenn Horowitz in der Villa Pauline übte, tanzte Sonja oft fröhlich zur Musik. Setzte sich aber der Maestro an den Flügel, dann weigerte sie sich strikt, weiterzutanzen – »weil er so schlecht spielt«. Wochen später erzählte Toscanini einigen Kollegen, seine Enkelin habe erklärt, er sei eben »nicht so ein toller Pianist«.

Um die musikalische Tradition im Hause Toscanini weiterzuführen, bekam Sonja im Herbst erstmals Klavierstunden. Ein Musiker des NBC-Orchesters hatte einen Studenten der Juilliard School als Lehrer empfohlen, und als dieser zum ersten Mal in der Villa Pauline vorsprach, öffnete Horowitz die Tür und führte den völlig verdatterten Jüngling ins Wohnzimmer, wo ihm seine Schülerin vorgestellt wurde. Selbstverständlich war auch der Maestro anwesend, bequem in einen Fauteuil zurückgelehnt. Der Student war entsetzt: Vor diesen beiden Musikgiganten sollte er Unterricht erteilen? »Sie werden doch nicht hierbleiben, nicht wahr?« wandte er sich schüchtern an Horowitz. Dieser erklärte prompt: »Doch. Ich bin der Vater. Er ist der Großvater. Wir bleiben!«[2]

Regelmäßig kam Sonja auch ins Studio 8-H im RCA-Gebäude, wo das NBC-Orchester spielte. Hier konnte sie das Temperament ihres Großvaters in seiner ganzen Wirkungskraft miterleben. Zum Beispiel, als er ein Werk von Beethoven probte für die dritte Saison des Orchesters. Sonja saß gebannt im leeren Studio; da gab's im Orchester einen kleinen Lapsus, und schon ergoß Toscanini einen Schwall von Schimpfworten über seine Musiker. Sonja hörte diesem Temperamentsausbruch zu und fragte dann ruhig, aber vernehmlich: »Warum fluchen diese Musiker nicht zurück? Wenn sie mit Nonno nicht einverstanden sind – warum gehen sie dann nicht einfach weg? Ich würde gehen.« Einige Jahre später probten Horowitz und Toscanini das Tschaikowski-Klavierkonzert; Sonja war wiederum dabei, und eine ihrer Beobachtungen wurde zu einem beliebten Familien-Witz: »Papa saß die längste Zeit einfach da, ohne irgend etwas zu tun«, hatte sie scharfsinnig bemerkt. »Aber Großpapa mußte stehen und die ganze Zeit über hart arbeiten.«

In diesem Herbst 1939 arbeiteten beide, Toscanini wie Horowitz, besonders hart. Horowitz blickte mit nervöser Spannung der kommenden Saison entgegen; schließlich hatte er während fünf Jahren nicht mehr in den Staaten gespielt, und in Europa war er in den Jahren 1938 und 1939 auch nur spärlich aufgetreten. Keinesfalls wollte er sich wieder in jenen nervenaufreibenden Konzert-Streß einspannen lassen, von dem er sich 1935 zurückgezogen hatte. »Vor dreißig weiß keiner, wie man wirklich leben soll«, meinte Horowitz der Presse gegenüber und kündigte auch an, daß er seine Konzerttätigkeit auf jene Auftritte beschränken werde, die er »mit Freude und innerer Erfüllung« absolvieren könne. »Zwei oder drei Konzerte pro Woche sind genug.«

Arthur Judson tat alles, um die Neugierde des Publikums nach Horowitz' langer Abwesenheit zu befriedigen, und ließ den Pianisten in der Presse groß als einen gewaltig gereiften Künstler herausstellen. »Horowitz ist immer noch in den Dreißigern – eine schlichte, natürliche Persönlichkeit ohne jede Affektiertheit, der einen weiten Weg zurückgelegt hat vom einstigen jungen Mann mit seiner damaligen Vorliebe für grelle Halsbinden, luxuriöse Bademäntel und teure Autos.«[3] Horowitz wurde nun als Kunstsammler herausgestellt und als Familienvater, zudem als ein Kenner in Sachen Literatur (Racine, Molière, Tolstoi). Und um das Bild abzurunden, wurde auch auf seine Vorliebe für Kriminalromane hingewiesen, die er vor allem in der Eisenbahn lese. Weiter hieß es im Pressetext: »Er sammelt alte Dosen, rare Gold-, Lasurstein- und Email-Dosen. Als besondere Schmuckstücke besitzt er einige Dosen aus dem früheren Besitz der Kaiserinnen Katharina und Elisabeth von Rußland. Andere wertvolle Dosen stammen aus der Zeit Napoleons und Ludwigs XVI., und alle werden von einer Lampe hell erleuchtet. Dazwischen sind Farbfotos von einem kleinen, dunkellockigen Mädchen aufgestellt, das mit ausgestreckten Beinchen auf dem Boden sitzt ... Sonja Toscanini Horowitz.«

Auf seine musikalischen Vorlieben angesprochen, meinte Horowitz in Interviews, daß ihn nach Ravel und Debussy nur wenig Musik noch interessiere und ihm aufführenswert scheine. Er beklagte die Tendenz der zeitgenössischen Komponisten, das Klavier »als Schlagzeug-Instrument« zu behandeln, »auf dem man dann hauptsächlich herumzuhämmern und -zuschlagen« habe. Seine neuen Konzertprogramme würden jedenfalls seine romantischen Ideale widerspiegeln. »Denn ich habe das Gefühl, daß wir Romantik dringend brauchen. Ich möchte den Menschen etwas geben, das sie heutzutage in ihrem Alltag nicht mehr finden. Unsere Zeit, unsere Lebensweise inspiriert nicht zu romantischer Musik. Ich sage nicht: unglücklicherweise; es ist durchaus möglich, daß unsere Zeit eine andere Art von Musik hervorbringt, die ebensogut ist.«[4] Weiter meinte Horowitz, daß er »nach einem bedeutenden amerikanischen Komponisten« Ausschau halte, wobei er die Vermutung äußerte, daß ein solcher wohl »von der Folk- und Country-Music-Kultur« herkommen könnte. Oft meinte er: »Die Wolkenkratzer sind jetzt ein zentrales Thema in Amerika. Jemand sollte ein Stück über Wolkenkratzer komponieren.«[5] (In der Tat hatte John Alden Carpenter schon vor zehn Jahren eine *Skyscraper Suite* geschrieben.)

Horowitz' nicht eben vollgestopfter Konzertkalender zeigte klar, daß er sich nicht wieder übernehmen wollte. Noch mußte er sich mit dem Gedanken vertraut machen, überhaupt wieder Konzerte zu geben, und so plante er für den Dezember – und vor seinem »offiziellen« Comeback am 17. Januar im Mosque Theater in New Jersey – drei Klavierabende in Kalifornien. Dann waren Auftritte in Cleveland, Toronto und Philadelphia geplant, und erst anschließend fühlte er sich gewappnet für die Konfrontation mit dem New Yorker Publikum in einem Klavierabend in der Carnegie Hall am 31. Januar.

Horowitz behauptete, daß er sich jetzt mehr mit Klavierpoesie beschäftige als mit klavieristischen Feuerwerken. Dennoch unterschieden sich seine Programme in den kommenden paar Jahren kaum wesentlich von den früheren. Immer noch schien er sklavisch auf jene Werke fixiert, die in großen Konzertsälen möglichst Effekt machen. So mied er weiterhin Bach, Mozart und Haydn und erklärte dazu, »daß kleinere Stücke aus dem 18. Jahrhundert in einem großen Saal kaum wirksam und für das Publikum jedenfalls zu wenig attraktiv« seien. Ebenso mied er Beethoven – mit Ausnahme der Es-dur-Sonate op. 31 Nr. 3 – und meinte: »Beethovens Sonaten fesseln mich zwar, aber ich werde sie nur selten öffentlich spielen, zumal ihr musikalisches Gedankengut wegen des teilweise schlechten Klaviersatzes für den größten Teil des Publikums unzugänglich bleibt.«[6] Für viele Kritiker war es unhaltbar, Scarlatti und Mendelssohn zu spielen, Haydn, Mozart und Beethoven dagegen beiseite zu lassen – »das ist in jedem Fall lächerlich«, schrieb B.H. Haggin unmißverständlich in *The Nation*.

Der Carnegie-Hall-Klavierabend vom 31. Januar war schon einen Monat im voraus ausverkauft, und das Publikum begrüßte Horowitz entsprechend enthusiastisch. Nachdem er sich schon an den Flügel gesetzt hatte, mußte er sich nochmals erheben, um die immer noch anhaltenden Ovationen mit einer weiteren Verbeugung entgegenzunehmen. Dann konnte er beginnen – mit einem Programm, welches Werke von Mendelssohn, Schumann, Chopin und Debussy sowie die eigenen *Carmen*-Variationen umfaßte (Horowitz hatte sie 1937 überarbeitet). Olin Downes von der *New York Times* konnte im Spiel von Horowitz keine dramatischen Veränderungen feststellen und äußerte sich in seiner Kritik begeistert über die brillante Technik des Pianisten, welche die Chopin-Etüden und die *Carmen*-Variationen zum Höhepunkt des Abends werden ließ. Hingegen brachte Downes einige Einwände bezüglich der eher zurückhaltend gehandhabten Dynamik und exzessiven Rubati in der Schumann-Fantasie an – dies im Gegensatz zu den meisten andern Kritikern, die gerade in dieser Interpretation eine vertiefte Musikalität und, gegenüber Horowitz' früherem Spiel, ein neues emotionales Feingefühl registrierten. So schrieb beispielsweise Francis Perkins in der *Herald Tribune* über die »gereifte interpretatorische Ausdruckskraft« von Horowitz und über seine »außergewöhnliche Fähigkeit, die Zuhörer in eine imaginative Atmosphäre zu versetzen, wobei er seine Technik überzeugend in den Dienst seiner großartigen Ausdruckskunst stellte«.[7]

Zum zweiten Höhepunkt dieser Saison wurde eine Aufführung von Rachmaninows drittem Klavierkonzert am 15. Februar, und zwar mit den New Yorker Philharmonikern unter der Leitung von John Barbirolli. Die Kritiken fielen ausnahmslos lobend aus. »Selbst vor fünf Jahren, als der Pianist zum letzten Mal mit dem Orchester auftrat, war er meilenweit von jenem Ziel entfernt, das er jetzt erreicht hat«, konstatierte Downes. »Horowitz zeigte für die Werke Rachmaninows ein reifes Verständnis, spielte mit menschlichem Tiefgefühl und einem wunderbar sensibilisierten Ton, was seinen Interpretationen insgesamt einen ganz neuen und zweifellos größeren Wert verlieh.«[8] Ein anderer Kritiker bemerkte, daß »selbst Rachmaninows eigene Interpretation seines Klavierkonzerts, welche er in derselben Saison zusammen mit dem Philadelphia Orchestra präsentiert hatte, nicht von derselben glühenden Intensität und unwiderstehlichen Sogkraft gewesen sei«. Das Konzert wurde für Horowitz zu einem außergewöhnlichen Triumph, zumal Rachmaninow höchstpersönlich im Publikum anwesend war.

Ein weiteres Konzert unter der Leitung John Barbirollis folgte am 30. März: Im Gedenken an den sich zum hundertsten Mal jährenden Geburtstag von Tschaikowski brachten sie dessen b-moll-Klavierkonzert zur Aufführung. Dann zog sich Horowitz in sein Heim in Fieldston zurück und traf die letzten Vorbereitungen für seinen zweiten Klavierabend in der Carnegie Hall, der auf den 12. April angesetzt war. Auf dem Programm standen Chopins b-moll-Sonate mit dem berühmten Trauermarsch, Beethovens Sonate Es-dur op. 31 Nr. 3 sowie einige ausgewählte Werke von Chopin, Liszt und Ravel. Einmal mehr erreichte er den größten Triumph mit seiner *Carmen*-Fantasie sowie mit Liszts E-dur-*Paganini*-Etüde, die er in einer eigenen Bearbeitung vortrug. Der Saal war randvoll, das miserable Wetter hatte das Publikum nicht abgeschreckt.

Das letzte wichtige Ereignis der Saison 1939/40 war die längst schon mit Spannung erwartete Aufführung des zweiten Brahms-Konzerts, zusammen mit Toscanini und dem NBC Symphony Orchestra. Dieses Wohltätigkeitskonzert zugunsten des Greater New York Fund fand am 6. Mai in der Carnegie Hall statt und wurde live vom NBC-Rundfunk übertragen. RCA schnitt dieses Konzert zudem mit – somit war Horowitz erstmals seit 1936 wieder für die Schallplatte tätig, zum erstenmal in der Carnegie Hall und erstmals mit einem Werk von Brahms. Dennoch: Dieser Konzertmitschnitt wurde nie veröffentlicht. Drei Tage nach dem Konzert kehrten der Maestro, Horowitz und das NBC-Orchester abermals in die Carnegie Hall zurück und nahmen das Werk nun ohne Publikum, gleichsam unter Studiobedingungen, auf. Diese zweite Version wurde dann veröffentlicht. Da es zwischen den beiden Versionen kaum nennenswerte Unterschiede gibt, kann mit größter Wahrscheinlichkeit angenommen werden, daß der Live-Mitschnitt aus technischen Gründen nicht veröffentlicht worden ist: In der

78-rpm-Schallplatten-Ära war man darauf angewiesen, einzelne Segmente von viereinhalb Minuten Dauer aufzunehmen. Die damit verbundenen Unterbrüche zwischen den einzelnen Takes und kleinen Eingriffe in die Partitur waren Toscanini natürlich höchst lästig; aber für die Tontechniker waren sie unentbehrlich.

Die Aufführung wurde von Olin Downes in der *New York Times* als eine »magische« gefeiert: »Nichts, was Horowitz hier geleistet hat, zeigte besser und eindrucksvoller seine Entwicklung als Interpret sowie als Virtuose seines Instruments. Was Horowitz aus dem Klavierpart herausholte, konnte die bewegt und beglückt lauschenden Zuschauer beinahe schwindlig machen.«[9] Wie schon fünf Jahre zuvor bei der gemeinsamen Aufführung des ersten Brahms-Klavierkonzerts schien Toscanini, wiederum laut Downes, die Interpretation auch diesmal auf ein einziges Ziel hin anzulegen: »auf eine (Wieder-)Entdeckung von Brahms, und das mit einer Formkraft und Präzision in der Gewichtung von Klavier- und Orchesterpart, die alles Gewohnte überstieg«.

»Als ich das zweite Brahms-Konzert unter Bruno Walter spielte, war es ganz anders«, meinte Horowitz später. »Toscanini hatte sein eigenes Konzept und hielt eisern an ihm fest, auch wenn das manchmal gegen meine Wünsche war. Toscanini faßte es mehr in Schumannscher Art auf, romantischer als Bruno Walter – präziser auch, dynamischer und strenger.«[10] Während der Proben gab es kaum Diskussionen zwischen dem Maestro und seinem Schwiegersohn, zumal sie ihr Interpretationskonzept schon in Riverdale sorgfältig festgelegt hatten. »Es gab überhaupt keinen Dialog«, erinnerte sich Edwin Bachmann, ein Geiger aus dem Orchester. »Die Grundstimmung war Angst und Furcht – Horowitz' Furcht vor Toscanini.«[11] Immer wieder hörte man von Toscanini dieselben paar Ausrufe: *canta* und *vita*, und das Ergebnis – Toscanini schien das Orchester sowie seinen Schwiegersohn wie ein Zuchtmeister zu beherrschen – war memorabel: eine Aufführung mit »großem Atem, männlich und voll von heroischem Geist, die sicher auch den Komponisten befriedigt hätte«.[12]

Die 1941 veröffentlichte Schallplattenaufnahme des Brahms-Konzerts wurde zu einem riesigen kommerziellen und künstlerischen Erfolg und verdrängte die Einspielungen von Rubinstein und Schnabel. Sie wurde als eine der natürlichsten Aufnahmen gelobt – ohne jene lähmende Studio-Atmosphäre, die man sonst mit den Aufnahmen des NBC-Orchesters aus dem 8-H-Studio assoziierte. Was die innere Erregung anbelangte, schien das Zusammenwirken von Horowitz und Toscanini, wo keiner den andern in den Hintergrund drängte, unschlagbar zu sein. Zudem kamen in dieser frischen, klaren und leicht erregten Interpretation die architektonischen Strukturen dieses Werks mit aller Deutlichkeit und Größe zur Geltung – mochten auch einige Kritiker Anstoß nehmen an Toscaninis rauhem Klang und Horowitz' unbiegsamem Ton. Klar, daß die Marketing-Manager bei RCA Victor bald merkten, welche Zugkraft das Gespann Horowitz-Toscanini hatte, und sofort eine weitere Aufnahme für das kommende Frühjahr planten – eine Einspielung des Tschaikowski-Konzerts.

Die Aufführung des Brahms-Konzertes im Mai 1940 wurde zu einem der letzten Auftritte in dieser Saison. Einige Wochen später klemmte sich Horowitz nämlich seine linke Hand in einer Tür seines Heims in Fieldston ein. Drei Ärzte untersuchten ihn und stellten fest, daß er an einer traumatischen Sehnenscheidenentzündung leide – einer *musculis flexores digitorum sublimis et profundis* im Bereich des Metacarpophalangeal-Gelenkes. Oder, wie es die *New York Times* schlicht und einfach übersetzte: »Mr. Horowitz hat Finger verletzt.« In der Folge mußten bevorstehende Konzerte im Rahmen des Ravinia und des Hodd Dell Festival abgesagt werden. Später im Sommer hoffte Horowitz, ein längst vereinbartes Konzert in der Hollywood Bowl geben zu können, und reiste bis nach Colorado. Aber am 10. August mußte er wegen fortschreitender Entzündung seiner Hand auch hier absagen. Er kehrte nach Chicago zurück und konsultierte Dr. Cottle, der ihm in den kommenden fünfzehn Jahren über zahllose körperliche Leiden hinweghelfen sollte. Dr. Cottle hielt Horowitz an, sämtliche Engagements für den bevorstehenden Herbst und den frühen Winter abzusagen und erst ab Mitte Januar 1941 wieder mit Üben anzufangen. Unvermittelt entstanden dann Gerüchte: Horowitz habe erneut einen Nervenzusammenbruch erlitten. So war der Pianist gezwungen, seinem Publikum von Zeit zu Zeit mitzuteilen, daß seine Hand sich »ständig bessere«. Und Judson ließ in Pressemitteilungen wissen, daß »dem Besitzer zweier der wertvollsten Hände in der Welt keine Vorwürfe gemacht werden dürfen, wenn sich dieser, bevor er überhaupt wieder zu spielen beginne, zweimal versichere, ob sie wieder voll leistungsfähig seien«.

Inzwischen genoß Horowitz seinen Erholungsaufenthalt in Chicago, zumal ihm wenige seiner Freunde so viel bedeuteten wie Gitta und ihr Gatte. Allmählich begann er auch wieder zu üben, und Wanda, die sowohl ihren Gatten als auch die Tochter umsorgen wollte, reiste ständig zwischen New York und Chicago hin und her. Während der Comeback-Saison war sie nach Möglichkeit stets mit Horowitz unterwegs gewesen. Dieser aber brauchte mehr fürsorgliche Aufmerksamkeit, als sie geben konnte. Ja, zeitweilig schien es ihm geradezu unangenehm, allein mit ihr zusammen auf Tournee zu sein.

Zweiunddreißig Konzerte standen für Winter und Frühjahr 1941 bevor – klar, daß Horowitz da einen ständigen Begleiter brauchte. Erneut erwog der Pianist, ob er wiederum mit Merowitsch zusammenspannen solle; dieser hatte in der vergangenen Saison einige Zeit mit Horowitz verbracht. Immer noch war ihr Verhältnis, trotz aller Herzlichkeit, recht gespannt. Nach dem Bruch mit Vladimir hatte sich Merowitsch langsam in die Rolle eines Beraters manövriert, der zwischen dem Pianisten, der RCA Victor und dem Columbia Management vermittelte. Obwohl er diesen Job bis 1949 beibehielt, wurde er nicht mehr in seinen früheren Status als persönlicher Beauftragter des Künstlers eingesetzt. Entlohnt wurde er von Fall zu Fall – mit zweihundert bis fünfhundert Dollar – und nicht mehr auf Prozentbasis. Nach wie vor aber war Merowitsch für die Planung von Auslandtourneen verantwortlich. So versuchte er beispielsweise während der

40er Jahre immer wieder, über den Impresario Ernesto de Quesada eine Südamerika-Tournee zu arrangieren. Neun Jahre lang wurde eifrig korrespondiert, dann schien es im Sommer 1948 endlich zu klappen. Doch wie so oft sagte Horowitz auch diese Tournee im letzten Moment ab. Tatsächlich überschritt Horowitz die südliche Grenze der USA nur ein einziges Mal: als er am 7. Dezember 1949 nach Havanna ging.

Immer wieder geriet Merowitsch in Verlegenheit, wenn er Konzerte abzusagen hatte. Zwar beklagte er sich darüber nie direkt bei Horowitz, sondern umsorgte diesen im Gegenteil äußerst zuvorkommend – aus Angst, daß man seine Position weiter untergraben könnte. Andern gegenüber aber machte er seinem Ärger Luft, schrieb beispielsweise an Quesada: »Ich bin nur ein alter, loyaler Freund von Horowitz und sein Berater, wenn er einen braucht. Oder sagen wir besser: wenn er meinen Rat überhaupt will. Ich kontrolliere ihn nicht.«[13] Nachdem Horowitz die Südamerika-Tournee abgesagt und Merowitsch in jener Zeit zwei Nervenzusammenbrüche erlitten hatte, resümierte er niedergeschlagen: »Einmal mehr habe ich für nichts und aber nichts derart viel Zeit, Energie und Nerven verschwendet.«[14]

Der emotionell recht unbeständige Merowitsch war kein idealer Partner für die Tourneen von Horowitz, und so kam es, daß man am 28. November 1940 in der *New York Times* folgendes Inserat lesen konnte: »Reisebegleiter, Sekretär gesucht für einen weltbekannten Musiker. Bewerbungen bitte mit Lebenslauf und Foto.« Lowell Benedict, ein einundzwanzig Jahre alter Student, der eben das College verlassen hatte und nach New York heimgekehrt war, um dort Arbeit zu suchen, schrieb auf das Inserat. »Einen Job zu kriegen war damals, als die Wirtschaftskrise dem Ende entgegenging, eine fast unmögliche Sache«, erinnerte sich Benedict. »Ich machte damals die Fahrprüfung, als ich plötzlich auf das Inserat in der *Times* stieß und mich bewarb. Drei Wochen später erhielt ich von Wanda – sie schrieb unter dem Decknamen W. Martini, Sekretär von V. Horowitz – umgehend Antwort: Sie lud mich zu einem Gespräch ins Park Crescent Hotel ein. Dort erläuterte sie mir, daß es sich um einen äußerst verantwortungsvollen Posten handle. Obwohl ich mich kaum mit Musik befaßte und mir der Name Horowitz nur ganz vage bekannt war, dachte ich mir, daß das für einen jungen Typ wie mich ein tolles Abenteuer sein müsse.« Wanda war von Benedict angetan und stellte ihn Vladimir vor, und ohne viele Worte wurde Benedict »für die königliche Summe von zwanzig Dollar pro Woche« angestellt.[15]

Am 8. Januar reisten Horowitz und Benedict von New York nach Chicago, wo der erste Klavierabend stattfand. Während der anschließenden Tournee verbrachten die beiden den größten Teil ihrer Zeit in Hotels und in der Eisenbahn. »Ich dachte mir, das Leben eines reisenden Künstlers müsse recht glamourös sein«, erinnerte sich Benedict. »Es war das Goldene Zeitalter der Eisenbahn; man reiste in äußerst bequemen Abteilen und exquisiten Speise- und Schlafwagen. Auf langen Fahrten kam in den Erstklaß-Zügen jeweils kurz vor unserem Reiseziel ein

Betreuer vorbei, um sich zu versichern, ob Mr. Horowitz sich auch wohl fühle.« Schnell realisierte Benedict, daß Horowitz oft unglücklich war. Wanda hatte ihm aufgetragen, sie über die Gesundheit und den Gemütszustand von Horowitz stets auf dem laufenden zu halten. »Auf Tourneen war er unheimlich gespannt und nervös, und die bevorstehenden Konzerte wuchsen sich zu einem Trauma aus und beanspruchten unheimlich viel Energie«, erinnerte sich Benedict. »Es reichte jeweils gerade, um zu reisen und zu spielen. Sonst tat Horowitz während dieser fünfmonatigen Tournee absolut nichts.« Obwohl die von Judson lancierte Publicity den Pianisten als einen überschwenglich aktiven Mann porträtierte, der schwamm, Kunst sammelte, las und Manuskripte von Komponisten begutachtete, lernte Benedict bald einmal den eigentlichen Horowitz kennen – Horowitz, der nicht Karten spielte, der nie ins Theater ging, der weder Bücher las noch neue Werke studierte, ja nicht einmal übte. In früheren Jahren hatte Horowitz auf Reisen stets eine stumme Klaviatur bei sich gehabt, um seine Finger in Form zu halten. Darauf verzichtete er nun. Abgesehen von den Proben vor einem Konzert übte Horowitz schlicht überhaupt nicht mehr. »Ich packte immer seine Koffer, und er hatte nicht einmal die Musiknoten dabei«, erzählte Benedict. »Den Sommer über studierte er gewöhnlich ein neues Konzertprogramm ein; hatte er das einmal voll im Gedächtnis, so passierte ihm kein einziger Lapsus mehr. Wohin wir auch kamen, stets spielte er dieselben Werke; und war ein Programm mal etabliert, so nahm er auch keine Änderungen mehr vor.«

Horowitz erklärte Benedict, wie schwierig es sei, ein Programm zusammenzustellen, das sowohl für Leute in Kansas City oder Dallas, aber auch für das gebildete Publikum in Chicago und New York passe. »Er wußte genau, daß viele Leute nur ins Konzert gingen, um dort mit ihren Nerzmänteln zu protzen. Und zu seinem Schrecken mußte er feststellen, daß in kleineren Städten viele Konzertbesucher nicht einmal seinen Namen kannten. Dennoch nahm er für den kleinen Kreis von wirklich interessierten Musikfreunden stets ein relativ modernes Werk in sein Programm auf. Einen Klavierabend zusammenzustellen hatte für ihn etwas mit Architektur zu tun und war ein schmerzlicher Prozeß. Er wußte ganz genau, was das Publikum von ihm erwartete, und so versuchte er stets, ein Programm zusammenzustellen, das jedem etwas bot.«

Horowitz schätzte die ausführlichen Gespräche mit Benedict sehr, und bald wurde dieser zum engsten Vertrauten. »Wir sprachen unendlich viel«, erinnerte sich Benedict, »und bald entdeckte ich, daß einer der Gründe, warum mich Horowitz engagiert hatte, eben gerade darin bestand, daß ich *kein* Musiker war und auch kaum etwas von Musik verstand. Er wollte keinen Musiker um sich haben, sondern zog einen ›Neutralen‹ vor. Gerne erklärte er mir vieles und belehrte mich auf den langen Reisen. Ich wußte, daß er den Sommer über hart gearbeitet hatte, denn er wußte nun genaue Details über die Komponisten, über ihre Zeit und die Entstehung der einzelnen Werke zu berichten. Er kannte alle Literatur über das Leben und Werk der Komponisten.«

Als Horowitz von seinen früheren Amerika-Tourneen erzählte, fiel Benedict auf, daß der Pianist gegen Arthur Judson und dessen ganzes Columbia Management eine Abneigung hatte. Judson sei verantwortlich gewesen für den mörderischen Tournee-Plan, den man ihm seit seinen ersten Auftritten in den USA aufgezwungen habe. »Horowitz erzählte mir, daß sie ihn ›massakriert‹ hätten: Fast jeden Tag ein Konzert! Oft habe er sich aus Zeitnot sogar noch in der Eisenbahn umkleiden müssen. Er schwor, daß er sich nie mehr auf so was einlassen werde.« Zumindest eine Konzession mußte Judson nun machen: Horowitz bekam die Garantie, daß er stets einen Tag vor dem Konzert schon in der betreffenden Stadt ankommen und sie frühestens am Mittag des folgenden Tages wieder verlassen müsse. Das war um so nötiger, als Horowitz in der Eisenbahn sehr schlecht schlief und deshalb im Hotel genügend Zeit zum Ausruhen brauchte, bevor es wieder auf die Reise ging. »Obwohl er Schlafpillen bei sich hatte, ging er mit ihnen recht sparsam um; er wollte am Tag eines Konzerts nicht groggy sein«, erinnerte sich Benedict. »Er hatte eine fantastische Selbstdisziplin und achtete sehr auf seinen Körper, fast wie ein Athlet. Er wußte, daß er in guter körperlicher Verfassung sein mußte, wenn er gut spielen wollte.« Dennoch blieb Horowitz voller Vorwürfe wegen Judsons anmaßender Art und hatte gegen ihn eine ganze Liste von Beschwerden vorzubringen.

Er haßte es, im Rahmen der *Columbia Community Concerts Series* aufzutreten. Diese Engagements brachten zu wenig Geld ein und forderten dennoch viel von jener Energie, die er für seine Auftritte in den großen Städten so dringend brauchte. Horowitz wollte weniger Konzerte geben, dafür aber größere Gagen aushandeln – wenn möglich sollten die 20% Kommission für die Columbia auch reduziert werden. Einige Konzessionen hatte man ihm gegenüber schon machen müssen; er war jetzt nicht mehr verpflichtet, jedes Engagement anzunehmen, das sein Management erwirkt hatte. Dennoch ärgerte er sich über die Art, wie man ihn bei Columbia behandelte. »Wenn er über Judson sprach, wurde er total hysterisch«, erzählte Benedict. »Er merkte, daß die Columbia-Leute nur ans Geschäft dachten; alles korrupte Kapitalisten, die keinerlei Rücksicht auf den Künstler nahmen. Dann nannte er die Namen anderer Künstler, nicht nur von Pianisten, die von Columbia gleichsam zu Tode engagiert worden waren.«

Obwohl es tatsächlich gute Gründe gab für Horowitz' Abneigung gegenüber Judson, wuchs sich diese mehr und mehr zu einer Obsession aus, und der Pianist war überzeugt, daß Judson eiskalt nur auf seinen eigenen Vorteil bedacht sei. Benedict meinte, daß diese Paranoia des Pianisten eng mit seinem Verhältnis zum Geld zusammenhing. »In Sachen Geld«, erzählte er, »konnte Horowitz extrem knauserig sein. Jedenfalls war er stets hochbeglückt, wenn ich ihm einige Hemden zu Discountpreisen verschaffen konnte. Er hatte eine fast tödliche Angst vor einem erneuten Börsenkrach, so daß er sein Geld nie auf die Bank brachte. Zuerst gab er es für seine Tabakdosen-Sammlung aus und später für Gemälde von französischen Impressionisten sowie für Schmuck, den Wanda trug.«

Horowitz überließ es Merowitsch, die Details in seinem Kontrakt mit Columbia für die Saison 1941/42 auszuarbeiten. Dennoch fühlte er sich bemüßigt, am 27. Januar an Judson zu schreiben und ihm seine »Überraschung und große Enttäuschung« mitzuteilen, weil Columbia keinen einzigen seiner Vorschläge für die kommende Tournee berücksichtigt hatte. Horowitz schloß seinen Drohbrief mit der Warnung, daß ihm Judson keine andere Wahl lasse »als die schmerzliche Alternative, alle unsere Pläne und Engagements für die kommende Saison fallenzulassen und damit eine geschäftliche Beziehung, die zu unserem gegenseitigen Vergnügen und Vorteil nun beinahe dreizehn Jahre andauert, endgültig abzubrechen«.[16] Unter den strittigen Punkten war die Forderung von Horowitz, daß man ihm zumindest vier Auftritte an der Pazifikküste garantiere; dann verlangte er, daß bei der Ankündigung seiner Konzerte keinerlei Konzertkritiken verwendet werden durften. Zudem insistierte er, daß Columbia auf die vierzig Prozent Kommission von seinen Engagements in Chicago verzichte. »Von meinen Chicago-Auftritten gebe ich der Columbia keinerlei Kommission mehr ab«, telegrafierte Horowitz an Merowitsch. Dieser hatte mit seinem diplomatischen Verhandlungsgeschick schließlich Erfolg: Judson erklärte sich mit allen Forderungen einverstanden.

Während der Tournee verlief der Tagesablauf von Horowitz und Benedict stets nach demselben Muster. Nachdem sie im Hotel angekommen waren und ausgepackt hatten, wurde über den lokalen Steinway-Verkäufer ein Klavierstimmer bestellt, der eines der drei mit auf der Tournee befindlichen Instrumente stimmen sollte. Kam Horowitz dann in den Konzertsaal, so fand er sein Instrument schon auf dem Podium vor, und zusammen mit dem Klavierstimmer wurde dann gestimmt. Eine große Rolle spielte auch der Platz, wo der Flügel hinkommen sollte. »Meistens wurde er direkt unter dem Proszeniumbogen plaziert; dennoch pflegte ihn Horowitz oft lange herumzuschieben, bis er die beste Akustik gefunden hatte.« Nachdem er sich eingespielt hatte, traf sich Horowitz hie und da mit dem lokalen Manager, der sich oft genug als ungehobelt und unmusikalisch erwies. In Kansas City zum Beispiel ließ der Manager Horowitz' Flügel wie in einem Nachtklub auf einem kleinen Laufsteg aufstellen, der vom Podium herausragte, so daß das Publikum die Hände des Pianisten besser sehen konnte. Horowitz stellte ein Ultimatum: »Ich werde nicht spielen, bevor sie dieses Zeug weggeräumt haben!« Dann folgte eine wüste Szene mit Schreien und Keifen, bis endlich dieser störende Laufsteg weggeräumt wurde.

Am Konzertabend selber war Horowitz nervös. »Er erzählte mir, daß er in früheren Jahren unter Dickdarmkoliken gelitten habe«, erinnerte sich Benedict. »Stets hatte er eine große Anzahl Medikamente bei sich; aber diesmal hatte er gar keine Probleme. Ich war gewöhnlich bei ihm in der Garderobe, um nach dem Rechten zu sehen. Er war stets unheimlich gespannt und schwitzte sehr. Ich unternahm alles, um ihn abzulenken und zu entspannen; er kam mir vor wie ein Mann kurz vor dem Sprung ins reißende Wasser. Und wenn er dann aufs Podium ging, knirschte er mit den Zähnen.« Nach dem Konzert empfing Horowitz im Künstlerzimmer seine Fans. Was ihm übrigens verhaßt war und er auch nur widerstrebend tat; viel lieber wäre er direkt ins Hotel gegangen, hätte sich dort eine Mahlzeit aufs Zimmer bestellt und sich völlig abgekapselt. Nie konnte Horowitz dieser Autogrammjägerei etwas abgewinnen, und oft nahm Benedict die Konzertprogramme dieser Fans an sich, gab sie Horowitz später in der Eisenbahn zum Signieren und sandte sie anschließend den Fans zurück.

Am Tag nach dem Konzert pflegte Benedict den Pianisten zu fragen, wieviel Prozent der Zuhörer seiner Meinung nach die Musik verstanden hätten. Mit großem Vergnügen schätzte Horowitz dann das Publikum in den verschiedenen Städten ein, und Benedict führte willig ein entsprechendes Prozent-Reisetagebuch. Schlechte Zensuren gab der Pianist beispielsweise den Studenten an der University of Michigan, Ann Arbor, wo er am 15. Januar 1941 einen Klavierabend gegeben hatte: nur 40 Prozent. Toledo, Ohio, brachte es immerhin auf 60 Prozent, die Studenten am Oberlin College gar auf 80 Prozent. Zwei Aufführungen des Tschaikowski-Klavierkonzerts mit dem Detroit Symphony Orchestra unter der Leitung von Georg Szell wurden mit 70, resp. 80 Prozent abgebucht. Und so weiter: Chicago: 75, Denver: 60, Portland: 70, Seattle: 75, Spokane: 70, San Francisco: 50. Horowitz war zwar mit seiner Leistung in San Francisco recht zufrieden; dennoch war das Opernhaus, wo der Klavierabend stattfand, nicht ausverkauft (im Jahr zuvor waren seine Konzerte an der Westküste noch schlechter besucht gewesen). Was verständlich ist: Nach einem Unterbruch von fünf Jahren mußte sich Horowitz an vielen Orten erst wieder ein Publikum schaffen.

Der Klavierabend, den Horowitz am 18. Februar in Los Angeles gab, wurde enthusiastisch bejubelt, so daß das Publikum mit noch nie dagewesenen 85 Prozent abgehakt wurde. Dann verlor er die Lust an diesem Spiel und verzichtete bei den weniger spektakulären Auftritten in Pasadena, Dallas, Houston oder Kansas City auf eine entsprechende Buchführung. In Kansas City trat Horowitz besonders ungern auf; der Saal war nur halb voll, was der Manager pointiert auf des Künstlers lange Abwesenheit zurückführte. Auch die Kritiken fielen weniger gut aus als anderswo; statt auf Horowitz' Spiel schienen sie – laut der *Kansas City Times* – mehr auf das »nervöse und von Gebrechlichkeit zeugende Gehabe« des Pianisten auf dem Podium zu achten. Übertriebene Pausen und schleppende Tempi wurden der müden Nervosität des Künstlers zugeschrieben, und die *Times* schloß mit dem Hinweis, daß »die Zeichen seiner Krankheit immer noch sichtbar« seien.

Zu den wichtigsten Terminen im Frühjahr 1941 zählte ein Klavierabend in der Carnegie Hall am 19. März sowie ein Auftritt mit dem NBC Symphony Orchestra unter Toscanini am 19. April. Erstmals spielte Horowitz das Tschaikowski-Klavierkonzert unter der Leitung des Maestro – und zwar im Gedenken an Tschaikowskis Amerika-Reise, die dieser 1891, vor fünfzig Jahren also, anläßlich der Eröffnung der Carnegie Hall unternommen hatte. Für den Klavierabend stellte Horowitz ein Programm zusammen aus Liszts h-moll-Sonate, den 32 Variationen in c-moll von Beethoven, Schumanns *Arabesque* sowie einer Chopin-Gruppe und, als Novität, den *Six Short Etudes* op. 19 des zeitgenössischen Komponisten Waleri Jelobinski. (Diese »netten Kleinigkeiten« – wie ein Kritiker der *Herald Tribune* sie nannte – stießen beim Publikum auf gleichgültige Teilnahmslosigkeit und wurden von Horowitz später nie mehr aufs Programm gesetzt.) Was Horowitz auch spielte: Stets beeindruckte er mit einer nuancenreichen Tonfarben- und Dynamik-Palette. Vor der Liszt-Sonate und der As-dur-Polonaise von Chopin hob Bill Hupfer, Steinways Chefstimmer, die oberen Töne des Instruments leicht an – »zu brillant, als daß man sich daran hätte laben können«, schrieb dann prompt ein Kritiker und meinte, dem solcherart manipulierten Klang habe es »an heroischer Tiefe« gefehlt; und zu einer »wirklich erregenden Klimax« habe es deshalb gar nicht gereicht.[17]

Für seinen Klavierabend in der Carnegie Hall hatte sich Horowitz zu wappnen; auch die New Yorker Kritiker bemerkten die nervöse Spannung des Pianisten, die ihn schon während der ganzen Tournee belästigt hatte. Horowitz hatte dermaßen Angst vor dem Auftritt, daß er gar Toscanini bat, er solle sich das Konzert nicht anhören. Der Maestro versprach, den Abend in Riverdale zu bleiben, doch nach dem Konzert entdeckte ihn Horowitz dann im Künstlerzimmer, wo er mit breitem Grinsen auf dem Klavier herumfingerte.

Bei den Proben zum Tschaikowski-Konzert, die bald darauf begannen, wurde Toscaninis sprichwörtlicher eiserner Wille einmal mehr offensichtlich. Im großen und ganzen fand Horowitz das Interpretationskonzept des Maestro in Ordnung; dennoch war er mit einigen Tempi nicht einverstanden, und es gelang ihm, laut Benedict, »den Alten in einigen Punkten zum Nachgeben zu überreden«. Gerüchteweise hieß es dann, der Maestro habe von seinem Schwiegersohn derart viel verlangt, daß dieser nach den harten Proben nun völlig erschöpft sei – dermaßen erschöpft, daß er am Ende der Saison »die schützenden Mauern einer Nervenheilklinik aufsuchen« mußte. Benedict gegenüber behauptete Horowitz zwar, daß zwischen ihm und dem Maestro zumindest teilweise »der berühmte Funken gesprungen« sei. Und es gab während der Proben weder Uneinigkeiten noch Ärger, ja nicht einmal einen Dialog, denn über weiteste Strecken hinweg schien Horowitz schlicht vor Toscanini zu kapitulieren. Obwohl dieser das Tschaikowski-Konzert sinfonisch anlegte und dem Orchesterpart möglichst so viel abgewinnen wollte wie der Solist dem Klavierpart, war es dennoch Horowitz, dem der Erfolg des Abends zufiel. Die *New York Times* schrieb von einer »stupenden pianistischen Exhibition« und bewunderte die »ausladende Emotionalität«, das »verblüffende Klangfarbenspektrum sowie den Nuancenreichtum« in Horowitz' Interpretation.[18]

Das Konzert wurde live im Radio übertragen, aber nicht mitgeschnitten; RCA Victor nahm erst die beiden Wiederholungen am 6. und 14. Mai auf. Beim Abhören der Aufnahme vom 14. Mai fiel Horowitz am Anfang des Scherzos ein fehlender Ton auf, was außer ihm aber kein Mensch hören konnte. Trotzdem beharrte er darauf, daß dieser Lapsus raus müsse – daß man an dieser Stelle auf die Version vom 6. Mai zurückgreifen müsse. Was damals, als es weder moderne Tonband- noch Schnittechniken gab, äußerst schwierig war. Aber es gelang letztlich, diese Stelle zu Horowitz' Zufriedenheit zusammenzustückeln. Nachdem dann vierzigtausend Exemplare dieser Schallplatten-Aufnahme verkauft waren, entdeckte Horowitz zu seinem großen Ärger, daß man für die Herstellung der Schallplatten irrtümlicherweise das falsche Masterband verwendet hatte; zudem, und das machte die Sache recht ärgerlich, war hier ein Teil der Musik nicht ganz in derselben Stimmung wie der Rest des Konzerts. Obwohl selbst Schallplattenkritiker nichts davon merkten, wurden Horowitz und Toscanini dennoch wütend.

Dieses peinliche Mißgeschick genügte, um bei Toscanini das für ihn charakteristische »Gefühl der Schmach und des Ressentiments« zu wecken, wie es Charles O'Connell, der Klassik-Manager bei RCA, formulierte. In der Folge wurde die Horowitz-Toscanini-Aufnahme des Tschaikowski-Konzerts mit anderen Aufnahmen verglichen, etwa mit Rubinsteins Einspielung, die er 1933 mit Barbirolli gemacht hatte, und der Vergleich fiel negativ aus. Selbst O'Connell votierte gegen die Neuaufnahme: »Abgesehen von einigen tontechnischen Details ist Rubinsteins Einspielung viel poetischer und musikalischer. Ihm gelingt es, die künstliche Oberflächenbrillanz dieses Werks durch sein imaginatives Spiel zu vertiefen, ihm Wärme und Männlichkeit zu verleihen, was letztlich viel befriedigender ist als der billige Oberflächenglitter und die unflexible Rhythmik in der Horowitz-Toscanini-Aufnahme.«[19] Rubinstein, auch er ein RCA-Künstler, war schockiert, als RCA eine neue (und seine eigene Einspielung konkurrenzierende) Aufnahme des Tschaikowski-Konzerts veröffentlichte und diese erst noch als »die bedeutendste Schallplattenaufnahme, die je gemacht wurde«, anpries. Er erzählte: »Als ich mir die LP kaufte, war ich vor allem verblüfft, weil das Zusammenspiel von Dirigent und Solist ja gar nicht perfekt und die Tontechnik zudem mangelhaft war. Jedermann, den ich fragte, hatte denselben Eindruck, und ich war natürlich glücklich, als mir alle versicherten, sie zögen meine eigene Aufnahme mit Barbirolli bei weitem vor.«[20]

Auch Toscanini war nicht zufrieden mit der Aufnahme und zitierte Horowitz in die Riverdale-Villa. Hier spielte er dem Schwiegersohn die Platte auf dem Grammophon in größtmöglicher Lautstärke vor und machte ihn auf alles Fehlerhafte in der Interpretation aufmerksam. »Toscanini war eben ein Mann mit unumstößlichen Ansichten«, meinte ein enger Vertrauter, »und Horowitz war in seiner Gegenwart lammfromm bis zur Selbstverleugnung. Wanda erzählte mir, daß er einfach dagesessen habe.«[21] Wanda war einmal mehr derselben Meinung wie ihr Vater und ging gar so weit, Rachmaninow brieflich zu warnen: »Falls Sie zufälligerweise zur Tschaikowski-Schallplatte meines Vaters mit meinem Gatten kommen sollten: *Bitte, hören Sie sich diese nicht an.* Mir gefällt sie absolut nicht.

Es ist eine Interpretation wie mit dem Schnellzug gefahren: Möglichst schnell von einem Ort zum andern, keine Zwischenhalte! Dennoch scheint sie riesig Absatz zu finden.«[22]

Ende April erkrankte Horowitz an einer Mandelentzündung; er mußte Klavierabende in Michigan und Kanada absagen und ging nach Chicago, um sich von Dr. Cottle behandeln zu lassen. Nach einer Woche Bettruhe konnte er wiederum nach New York zurückkehren, wo er – sein letzter Auftritt in dieser Saison – mit den New Yorker Philharmonikern unter Barbirolli Rachmaninows drittes Klavierkonzert spielte. Die Aufführung wurde von Radio WABC direkt aus der Carnegie Hall übertragen. Für den folgenden Sommer hatte Merowitsch eine zwanzig Konzerte umfassende Südamerika-Tournee gebucht, doch die Mandelentzündung hatte Horowitz derart beunruhigt, daß er es vorzog, die Tournee abzusagen und sich für den Sommer ein Haus in Beverly Hills zu mieten.

In Kalifornien wollte sich Horowitz vor allem einmal richtig erholen. Die Saison war überaus anstrengend gewesen; immer noch konnte er sich mit dem Leben in Hotels und in der Eisenbahn nur schlecht abfinden. Nun blieb er jeweils bis morgens um elf im Bett, frühstückte auch im Bett und las dazu die Zeitungen. Anschließend ging er die Fanpost durch und überließ es dann Wanda oder Benedict, sie zu beantworten. Nach dem Morgenessen mit Tee, Zwieback mit Honig und vielleicht einem Ei setzte er sich für eine oder zwei Stunden ans Klavier, blieb den ganzen Nachmittag über in seinem Pyjama und sichtete bis zum *five o'clock tea* neues Repertoire. Auch in den Ferien stand das Klavier im Zentrum. Um in die Hollywooder Aufnahmestudios von RCA Victor zu gelangen, mietete sich Horowitz extra ein Auto samt Chauffeur, denn er war überzeugt, daß es seinen Händen schaden würde, wenn er den Wagen selbst steuerte. Für RCA spielte er Tschaikowskis *Dumka* sowie seine eigene Transkription der *Danse macabre* von Saint-Saëns/Liszt ein; die Aufnahmen sollten 1943 veröffentlicht werden. Dann schaltete der Pianist jeweils ein kurzes Nickerchen ein, und um acht Uhr nahm man das Nachtessen ein. Anschließend hörte Horowitz oft Lokalsendungen und Politisches am Radio oder unterhielt Gäste am Klavier. Erst um zwei oder drei Uhr in der Frühe zog er sich dann zurück. Da Wanda nicht gerne kochte, oblag es dem Personal, wahlweise russische Gerichte, französische Spezialitäten oder einen einfachen amerikanischen Imbiß zuzubereiten. Maiskolben, das ukrainische Nationalgericht, wie Horowitz den Gästen erklärte, wurden beinahe jeden Abend gereicht.

Selbst den Sommer über, wenn Horowitz relativ viel Zeit hatte, befaßte er sich mit seiner siebenjährigen Tochter nurmehr sporadisch. »Sie war ein charmantes, aber irgendwie auch unterdrücktes Kind«, erinnerte sich Benedict. »Sie begann nun, Englisch zu lernen, sprach aber mit Wanda und Wolodja stets noch Französisch. Oft war sie versetzt worden – Frankreich, Italien, Riverdale, New York City, Kalifornien –, hatte kaum ein Heim und schon viele Privatlehrer gehabt. Sie war ein ruhiges und manchmal auch trauriges kleines Mädchen. Zweifellos war

Horowitz kein vernarrter Vater und erfüllte entsprechende Pflichten gleichsam nebenbei. So erwähnte er sie während der ganzen Tournee kein einziges Mal.«

Die Karriere stellte an Horowitz dermaßen große Anforderungen, daß für nichts anderes mehr Energie übrigblieb. Auch nicht für seine Familie. Er hatte mit emotionalen Problemen zu kämpfen und wurde mehr und mehr zu jenem zurückgezogenen, isolierten Menschen, mit dem sich Benedict dann auf der Tournee auseinanderzusetzen hatte. Im Dezember 1940 begann Horowitz eine psychoanalytische Behandlung beim Psychiater Dr. Lawrence Kubie, einem überzeugten Freudianer, der versuchte, die homosexuellen Elemente aus Horowitz zu exorzieren. Kubie war der Ansicht, daß Homosexualität eine »Verirrung« sei, die man »heilen« könne, überwacht vom Psychiater und seiner Frau konnte Horowitz im an und für sich schon repressiven sozialen Klima jener Zeit kaum auf Anerkennung seiner ureigensten Gefühle hoffen. Nun kam noch diese unaufgeklärte Behandlungsweise Dr. Kubies hinzu: Wen sollte es da noch wundern, wenn Horowitz stets depressiver wurde. »In jener Zeit der Analyse«, erinnerte sich Benedict, »war Horowitz ausschließlich mit mir zusammen, schloß sich total von der Welt ab und verharrte in Passivität. Sein Arzt versuchte, seine Homosexualität in Heterosexualität umzupolen, und die Reaktion von Horowitz bestand darin, daß er sich total zurückzog – auch von seinen Gefühlen. Meistens war er unglücklich und deprimiert: ein bitterer Mensch. Unter unmenschlich harten Bedingungen begann er, sich selber zu verneinen. Es schien, als habe er keine Freunde oder Möglichkeiten, um diesen Druck etwas zu erleichtern.« In der Tat war Kubies Behandlung kontraproduktiv, indem sie Horowitz' Ängste noch verschlimmerte. »Wir führten endlose Gespräche auf unseren Eisenbahnfahrten«, sagte Benedict später, »und Horowitz erzählte mir, daß sein Nervenzusammenbruch damals in Europa nicht von ungefähr gekommen sei. Mir wurde klar, daß dieser Zusammenbruch primär mit den Anstrengungen Horowitz' zusammenhing, seine Homosexualität zu verleugnen, sie auszumerzen oder mindestens zu mildern.«

Wenn Wanda ihren Gatten und Benedict auf der Tournee begleitete (was nur selten vorkam; meistens dann, wenn es nach Chicago ging, wo sie die Cottles besuchen konnte), war Horowitz abwechslungsweise gesellig und dann wieder deprimiert. Laut Benedict gab er sich manchmal »völlig gelöst; dann wiederum zog er sich zurück und blieb dumpf brütend in einer Ecke seines Hotelzimmers sitzen«. Nach einer triumphalen Aufführung von Rachmaninows drittem Klavierkonzert 1943 in Chicago besuchte der Dirigent Lehman Engel das Paar in seinem Hotelzimmer. »Wanda und Wolodja hatten damals keine gute Zeit«, erinnerte er sich, »es schien keine besondere Vertrautheit zwischen den beiden zu bestehen. Wanda gab sich auf kühle Art mütterlich, aber sie schien sich zu langweilen und wollte Unterhaltung und Spaß. So spielten wir nach dem Konzert Rommé, und keiner achtete auf Horowitz; ja, Wanda schien sich überhaupt nicht um ihn zu kümmern. In ihrer Gegenwart schien er völlig passiv zu sein, wie ein

Kind. Ein andermal bat er mich, ihn in ein paar Männerbars mitzunehmen, und dort war er angeregt und aufgekratzt – alles andere als schüchtern.«[23]

Wanda sprach damals weder mit Horowitz noch mit Benedict über diese sexuellen Probleme. Dennoch stand sie ihrem Gatten vorbildlich bei und half ihm bei deren Bewältigung. Dabei dachte sie an ihre Mutter – wie diese die Schürzenjägereien ihres Gatten mit stoischer Ruhe ertragen hatte. Und laut Benedict soll sie sich als Italienerin gesagt haben: »Eine Scheidung kommt nie in Frage; du bleibst, was immer für eine Situation sich ergeben mag.« Benedict war überzeugt, daß Horowitz ohne seine Frau nicht überlebt hätte – was übrigens viele der engsten Freunde bestätigten. »Und sie kam nicht nur mit seiner Homosexualität zu Rande. Wenn er beispielsweise hysterisch wurde wegen der *Columbia Concerts* oder wegen eines schlechten Flügels oder einem schlechten Konzertsaal oder einer schlechten Kritik, dann konnte er stets auf sie zählen. Er schrie dann, wollte nicht mehr auf Tournee gehen, und meistens gelang es Wanda, ihren Gatten zu beruhigen. Sie versuchte, ihm sein Leben so angenehm wie möglich zu machen, achtete darauf, daß er in guter ärztlicher Behandlung war. Sie war eine vollendete Fürsorgerin.«[24]

Kriegsjahre

Im Jahr 1942 wurde mir die amerikanische Staatsbürgerschaft verliehen – einer der größten Momente in meinem Leben. Nachdem ich so lange »ein Mensch ohne Heimat« gewesen war, machte mir diese Zeremonie einen um so gewaltigeren Eindruck. Kurz vor dem Ende des Zweiten Weltkrieges schrieb ich dann eine Transkription von ›The Stars und Stripes Forever‹; ich war stolz, und es schien mir auch die passende Art, meinen amerikanischen Landsleuten meine große Liebe zu einem großartigen Land und einem großartigen Sieg zu zeigen.[1]

Die Familie Horowitz blieb bis Ende Oktober 1941 in Hollywood; im November waren Klavierabende in Pasadena, Salt Lake City und Los Angeles zu absolvieren. Im Dezember kehrte die Familie für einen Monat nach New York zurück, wo sie alle in der Villa Pauline lebten. Dort konnte Toscanini seinen Schwiegersohn durchaus respektvoll und sehr herzlich behandeln, aber sobald das Gespräch auf die Musik kam, wurde die Luft dicker. Vor allem gab es im Hinblick auf Rachmaninow grundsätzliche Meinungsverschiedenheiten. Unerbittlich behauptete Toscanini, Rachmaninow sei »kein bedeutender Komponist«, und er weigerte sich, dessen Werke zu dirigieren. Horowitz war überzeugt, daß der Schwiegerpapa eben neidisch auf seine herzliche Freundschaft mit Rachmaninow sei. Laut Horowitz soll Toscanini nach Rachmaninows Tod 1943 sein negatives Urteil bedauert haben; dennoch weigerte er sich auch fortan hartnäckig, dessen Werke zu dirigieren.

Toscanini hatte ebenso gegenüber Liszt kritische Vorbehalte. Auch da holte Horowitz zur Verteidigung aus und meinte, Liszt sei doch der eigentliche Vater des Klaviers und habe im Prinzip den Klavierabend erfunden. Toscanini konnte Liszts »Pose« des von der Bühne, ja von der Welt sich zurückziehenden Künstlers nicht ausstehen; er hielt sie für total unehrlich. Horowitz gab hingegen zu bedenken, daß Liszt »fantastische Schüler« ausgebildet habe; »und wenn es wirklich eine Pose gewesen war, so war es eine gute!«

Oft ging in der Villa Pauline der Nachmittag mit Horowitz am Klavier zu Ende, wo er Rachmaninow übte. Horowitz' Cousine Natascha Saitzoff erinnerte sich, wie sie dabei einmal Toscaninis Arm berührt und ihn gefragt hatte: »Wenn Rachmaninow auch kein guter Komponist ist – ist er dann nicht wenigstens der beste unter den heutigen Pianisten?« Mit einem schnellen Blick auf Horowitz antwortete der Maestro leidenschaftlich: »Was? Nie auf der Welt! Wolodja ist der größte; was er kann, ist übermenschlich!«

Über ein Thema waren sich Toscanini und Horowitz hingegen einig: Musikkritik. Sarkastisch pflegte der Maestro zu sagen, daß Kritiker nur dann zufrieden seien, wenn eine Interpretation nicht zu schnell, nicht zu langsam, nicht zu laut und nicht zu leise sei – sondern nur langweilig. Daraus schloß er, die einzig vertretbare Haltung gegenüber Kritiken bestehe in deren Nichtbeachtung – daß man möglichst getreu seinen eigenen Impulsen und Vorstellungen folge. Ohne einen Blick auf die andern. Horowitz war zwar gleicher Meinung; dennoch hatte er einen Horror vor Kritiken. Selbst wenn sie vorzüglich ausfielen, wurde er oft ärgerlich und sagte dann zu Benedict, Kritiker wüßten nie, über was sie eigentlich schrieben. Zumindest teilweise stimmte das auch – vor allem in kleineren Städten, wo die Zeitungsredakteure oft einen Nachrichtenreporter ins Konzert schickten, wennn der reguläre Musikkritiker nicht abkömmlich war.

Lange Zeit über befaßte sich Horowitz mit dem Problem der schlecht oder falsch informierten Musikkritik; schließlich entschied er sich, die Kritiker zu belehren und in jedem Programmheft detaillierte Werkinformationen abdrucken zu lassen. Er konnte Olin Downes, den Chef des Ressorts Musik bei der *New York Times*, sowie Herbert Peyser, den Pariser Musikkorrespondenten der *Times*, dazu überreden, diese Infos zu verfassen. »Eine clevere Idee«, meinte Benedict, »die Horowitz dann bei der Columbia Concerts auch durchsetzte. Als sich Judson weigerte, den beiden Journalisten das volle Honorar zu bezahlen, entlohnte Horowitz die Autoren aus der eigenen Tasche.«[2] Das Unternehmen schien Erfolg zu haben, zumal Horowitz bemerkte, daß Kritiker, »die überhaupt nichts wußten«, reichlich aus diesen Werkinformationen zitierten.

Wanda, die ihren Vater wie ihren Gatten unter der Musikkritik leiden sah, schritt wenn immer möglich mit Vergnügen zur Rache. Eine ihrer Lieblingsstories handelt von einer *Falstaff*-Aufführung in New York, die ihr Vater dirigierte. Während der Aufführung entdeckte sie, daß der wegen seiner spitzen Feder berüchtigte Kritiker und Komponist Virgil Thomson, weder ein Bewunderer ihres Vaters noch ihres Gatten, sich einem Nickerchen hingab. So ging sie nach der Aufführung zu ihm und sagte: »Ich bin Wanda Toscanini Horowitz. Ich sah, daß Sie vom ersten bis zum letzten Ton schliefen.« Dann gab sie ihm mit dem Programmheft einen Klaps und meinte: »Hoffentlich hat Ihnen die Aufführung gefallen.«[3] Als sie den Vorfall ihrem Vater erzählte, war dieser begeistert: *»Brava, brava.«* Nachher ging sie ans Telefon und erzählte die Story auch noch einem Journalisten – man konnte ja nie wissen. War es Zufall oder nicht? Jedenfalls folgte ein paar Tage später die beste Rezension, die Thomson je über Toscanini geschrieben hatte.

Während seines Aufenthalts in Riverdale begann Horowitz, für seinen Carnegie-Hall-Klavierabend vom 31. Januar 1942 ein neues Werk einzustudieren: die sechste Sonate op. 82 von Sergej Prokofjew, die ihm dieser ein Jahr zuvor übersandt hatte. Horowitz war nervöser denn je, denn er hatte die Erlaubnis gegeben, daß der letzte Teil des Klavierabends live im Radio übertragen werden dürfe – und zwar als ein persönliches Geburtstagsgeschenk für Präsident Franklin

D. Roosevelt. Erstmals gab er auch die Einwilligung, daß Zuhörer auf dem Konzertpodium sitzen durften. Er stellte einzig die Bedingung, daß man diese Plätze für Soldaten und Matrosen reservieren müsse – eine der vielen patriotischen Gesten, die er während des Krieges machte.

Am 12. Januar 1942 bewarb sich Horowitz um die amerikanische Staatsbürgerschaft, und sie wurde ihm noch im Verlaufe dieses Jahres verliehen. Dies war, nach seinen eigenen Worten, »einer der größten Momente« in seinem Leben. »Daß ich als freier Bürger akzeptiert wurde in einem Land, welches ich liebte, machte mir einen gewaltigen Eindruck.« Dem Beispiel Rachmaninows und Hofmanns folgend begann nun auch Horowitz jeden seiner Klavierabende mit *The Star-Spangled Banner* in einer eigenen Transkription; und im Carnegie-Hall-Konzert vom 31. Januar boten khaki- und blaufarbene Armeeuniformen einen kontrastreichen Hintergrund. Über Horowitz' Bearbeitung der Nationalhymne schrieb ein Kritiker: »Möglich, daß das nicht jedermanns *Star-Spangled Banner* ist, so wie sein Bach und Brahms nicht jedermanns Bach und Brahms ist. Aber schon die ersten eröffnenden Oktaven brachten das Publikum mit einem Satz auf die Füße ... Das Finale tönte weit mehr nach einer Blaskapelle mit Orgel als nach einem Klavier – ein dramatisches musikalisches Feuerwerk, welches das Auditorium in Brand steckte.«[4] Im Gedenken an das Ende des Zweiten Weltkriegs erstellte Horowitz später dann auch eine Transkription von *The Stars and Stripes Forever* – eine strahlend-glänzende und sehr persönliche patriotische Äußerung.

Horowitz' Verhältnis zu Arthur Judson und dem Columbia Management wurde zusehends gespannter. Merowitsch hatte ihm den Kontrakt für die Saison 1941/42 ausgehandelt, der im Februar 1942 unterzeichnet wurde. Einmal mehr war es Horowitz nicht gelungen, die bis anhin üblichen zwanzig Prozent Kommission der Columbia zu reduzieren. Hingegen garantierte ihm der Vertrag dreißig Auftritte zu einer Gage von 2750 Dollar oder aber als Minimum jeweils 2000 Dollar pro Auftritt plus sechzig Prozent der Brutto-Einnahmen über 3000 Dollar. Horowitz hatte sich geweigert, mehr als vier College-Konzerte oder vier Community-Konzerte in kleineren Städten zu bestreiten. Zudem wollte er in dieser Saison nicht an der Pazifikküste auftreten. Nach wie vor ärgerte ihn die Tatsache, daß Columbia von den Auftritten in Chicago und New York entsprechend einer langjährigen Praxis vierzig Prozent der gesamten Kasseneinnahmen für sich beanspruchte.

Lange Zeit über dachte Judson, Horowitz' Nervosität und seine Neigung, Konzerte oft abzusagen, hänge mit Verantwortung und Pflichtgefühl zusammen. Es war aber bekannt, daß Horowitz, sobald er im September jeweils den stets überfüllten Tourneeplan erstmals zu Gesicht bekam, die aufgelisteten Konzerte durchging und dann zu Freunden sagte: »Also, welche soll ich nun absagen?« Er wußte im voraus, daß er da und dort absagen würde – manchmal, weil zwei Konzertdaten zu nahe aufeinander folgten, manchmal auch, weil ihm eine Stadt ganz einfach nicht behagte. In den dreißiger Jahren, als Horowitz arg mit seinen Nerven zu kämpfen hatte, mußte Judson den Pianisten oft in die Künstlergarderobe der Carnegie Hall begleiten und zum Auftreten überreden. »Sie müssen spielen«, pflegte er dann zu sagen. »Ich kann nicht«, entgegnete Horowitz. Einmal nahm Judson den Pianisten beim Arm und ging mit ihm hinter der Bühne auf und ab, wobei er ihn derart gekonnt herumführte, daß dieser ganz plötzlich auf dem Konzertpodium stand – vor dreitausend wartenden Zuhörern. Dabei hörte er Judson, der nur einen Meter hinter ihm in der Gasse versteckt stand, zischen: »Nun gehen Sie zum Flügel, und spielen Sie!« Und Horowitz gehorchte.

Obwohl Judson bereit war, sich dann und wann mit Horowitz zu besprechen, ließ er sich in Sachen Columbia-Kommission nie auf einen Kompromiß ein. Wenn er Horowitz nachgeben würde, kämen zweifellos auch andere Künstler mit denselben Forderungen. Und er hob hervor, daß José Iturbi für jeden Klavierabend, den Horowitz gebe, seinerseits zwanzig gebe, wenn er ein erstklassiges Management wolle, müsse er auch dafür bezahlen. Aber er sei jederzeit bei ihm willkommen, falls er etwas anzubringen oder zu besprechen habe. Horowitz, der sich strikt weigerte, auch nur einen Fuß in die Columbia-Büros zu setzen, pflegte darauf zu entgegnen: »Sie sind jederzeit bei *mir* willkommen!« Keiner gab nach: Judson behandelte geschäftliche Angelegenheiten ausschließlich in seinem Büro, und Horowitz wartete seinerseits auf ein Zeichen, daß er unersetzlich sei. Am 7. März 1942 kam es zum Eklat: »Ich bitte Sie höflich, davon Kenntnis zu nehmen, daß ich nicht mehr länger Ihr Künstler bin«, schrieb er seinem Manager, »denn ich bin mit der *Columbia Concerts Corporation* total unzufrieden.«[5]

Nach dieser Verzichterklärung versuchte Calvin Franklin, Horowitz zumindest bis zum Frühjahr 1944 noch bei Columbia zu halten und ihn zu überreden, die längst vereinbarten Engagements zu erfüllen. In einem Brief an Merowitsch stellte er in Aussicht, daß sich zweifellos »ein freundliches Arrangement« erzielen lassen werde, »ohne daß man sich in Details und ausschweifende Kontrakte verlieren müsse«.[6]

Aber Horowitz blieb nur noch bis Frühjahr 1943 bei Judsons Columbia-Management. Dann wechselte er zu Anni Friedberg über, einer ehrgeizigen und energischen Dame, die 1912 ihre eigene kleine Konzertagentur in New York eröffnet hatte. Miss Friedberg hatte beispielsweise die britische Pianistin Myra Hess erstmals dem amerikanischen Publikum präsentiert; zudem hielt sie Künstler wie Adrian Boult, das Budapester Streichquartett und die Pianisten Carl Friedberg und György Sandor unter Vertrag. Obwohl sich ihre Agentur nicht mit dem *Columbia*-Management vergleichen ließ, konnte sie Horowitz doch jenen Service bieten, wie er ihn wünschte. Sie respektierte seine Gagenforderungen und ließ ihm zudem völlige Freiheit in der Entscheidung, wann und wo er auftreten wolle. Endgültig war es nun vorbei mit den *Community Concerts* und den Auftritten in der Provinz, in unzulänglichen Konzertsälen und vor ungebildetem Publikum. Nun konnte er alles selber bestimmen.

Während seiner letzten Saison unter Judson quälte sich Horowitz mit der Frage, ob er für eine Konzerttournee wiederum nach Rußland zurückkehren solle oder nicht. Als Folge der kriegsbedingten Annäherung zwischen der USA und den Sowjets schien es durchaus möglich, daß Horowitz wieder in seiner Heimat auftreten könnte. Diese Aussicht war für den Pianisten überaus verlockend, zumal er seine Schwester Regina endlich wiedersehen würde. Doch schließlich lehnte er ab – aus purer Angst, daß ihn die sowjetische Regierung, sobald er nur einmal in Rußland sei, nicht mehr ausreisen lassen würde. Immerhin schrieb er dem Ersten Sekretär der sowjetischen Botschaft in Washington und bat ihn um seine Hilfe bei der Besorgung einer Orchesterpartitur von Prokofjews zweitem Klavierkonzert. Er möchte dieses Werk gerne spielen, »nicht nur aus musikalischen Erwägungen, sondern auch als Beitrag zu einer vertieften Beziehung zwischen den beiden großen Alliierten«.[7] Obwohl Pläne bestanden, das Werk unter Serge Kussewitzky aufzuführen, kam es nie dazu, und Horowitz blieb in bezug auf die Intentionen der Sowjets skeptisch. »Wenn der Krieg vorbei ist, wird diese Ehe zwischen den beiden Staaten mit einer Scheidung enden.«

Die Einnahmen aus dem zweiten Carnegie-Hall-Klavierabend stellte Horowitz dem *American Red Cross War Fund* und dem *Russian War Relief* zur Verfügung. Einen Tag nach dem Konzert konnte man in der *New York Herald Tribune* eine der verheerendsten Kritiken lesen; sie stammte von Virgil Thomson, dem alten Feind. Horowitz sei »ein Meister des Verdrehens und Übertreibens«, hieß es beispielsweise. Und: »Wenn man die Werke, die Horowitz gestern abend spielte, zuvor nie gehört hat und auch keine anderen Werke derselben Komponisten kennt, dann mußte man unweigerlich zur Überzeugung kommen, daß Johann Sebastian Bach ein Musiker-Typ im Stil Leopold Stokowskis gewesen sei und Brahms eine Art frivoler Gershwin, der in einem Luxus-Nightclub gearbeitet hat; und Chopin hätte ein Zigeuner-Geiger sein können.« Das Fazit: »Horowitz ist nur darauf aus, sein Publikum von den Sitzen zu reißen, und das tut er auch. Er bringt überall dort falsche Akzente oder Phrasierungen an, wo er denkt, es sei effektvoll.«[8] Jahre später betrachtete Horowitz diesen Verriß dann in einem anderen Licht: »Ich sei ein Meister des Verdrehens. Das nahm ich als Kompliment. So hätte man schließlich auch El Greco bezeichnen können. Oder Michelangelo.« Aber 1942 kochte Wanda natürlich vor Wut über diese Schreibe. Und Horowitz erkrankte einige Tage später an einer schweren Erkältung und bat Columbia, alle noch anstehenden Auftritte an der Ostküste abzusagen. Nach einem Klavierabend in Chicago am 13. April und weiteren Auftritten in Milwaukee und Pittsburgh zog er sich wie schon im Sommer zuvor nach Kalifornien zurück.

Zu den schönsten Erlebnissen in diesem Sommer zählte zweifellos der freundschaftliche Verkehr mit Rachmaninow. Die Gesundheit des nunmehr 69jährigen Komponisten hatte sich derart verschlechtert, daß seine Ärzte rieten, er solle sein Heim in Long Island aufgeben und wegen des wärmeren Klimas nach Kalifornien übersiedeln. Also mietete Rachmaninow mit seiner Frau Natalie ein Sommerhaus in Beverly Hills, genannt *Tower Road House*, zu dem ein großer Garten mit Swimmingpool sowie ein Musikzimmer gehörte, welches so geräumig war, daß drin zwei große Konzertflügel Platz hatten. Oft waren Gäste da – vielfach russische Emigranten, die begeistert waren, daß die Rachmaninows nun in Kalifornien wohnten. Während des Diners beteuerte Rachmaninow oft seine tiefen Schuldgefühle: Da lebe er so verschwenderisch und sorglos, derweil seine Heimat unter dem Krieg zu leiden habe. »Jedesmal kam das Gespräch auf die Ostfront; und jedermann merkte, wie sehr Rachmaninow unter dem Schicksal seines geliebten Vaterlandes litt«, schrieb später ein Biograph. »Mit Schaudern mußte er an die Millionen von Russen denken, die im Krieg den Tod fanden, und an die barbarische Zerstörung der alten russischen Baudenkmäler.«[9]

Natürlich gab es während dieses Sommers auch unbeschwertere Momente; dann spielten Horowitz und Rachmaninow wie damals in der Schweiz vierhändig zusammen. Begannen etwa mit dem ersten Teil von Bachs *Wohltemperiertem Klavier* (jeder spielte mit einer Hand) und machten sich anschließend an Rachmaninows Klaviersuiten op. 5 und op. 17. Oft übten sie auch Rachmaninows letzte Komposition: die *Sinfonischen Tänze* op. 45, die er 1940 für Eugene Ormandy und das Philadelphia geschrieben hatte. Im selben Jahr erstellte Rachmaninow eine Fassung für zwei Klaviere, und jetzt wollte er diese, zusammen mit Horowitz, öffentlich spielen. Doch Rachmaninow starb, bevor das Vorhaben verwirklicht werden konnte. In diesem Sommer luden die beiden Künstler zweimal rund fünfzig Gäste ins *Tower Road House* zu einem privaten Konzert an zwei Flügeln ein. Am 15. Juni spielten sie Mozarts Sonate KV 447 sowie Rachmaninows zweite Klaviersuite, und der Abend wurde zu einem derartigen Erfolg, daß für den August ein zweites Konzert angesetzt wurde: wiederum mit der Mozart-Sonate und anschließend, als Premiere, den *Sinfonischen Tänzen*. Einer der Zuhörer erzählte später, das Zusammenspiel von Horowitz und Rachmaninow sei durch »Kraft und Freude« bestimmt gewesen; »jeder konnte sich voll und ganz auf den andern verlassen. Nachdem der letzte Ton verklungen war, wagte keiner zu sprechen – die Zeit schien stillzustehen.«[10]

Dieses illustre Klavierduo trat nie öffentlich auf, doch gaben Rachmaninow und Horowitz in diesem Sommer beide je zwei Konzerte in der Hollywood Bowl: Rachmaninow trat am 17./18. Juli mit Klavierwerken ausschließlich russischer Komponisten auf, während Horowitz am 7./8. August unter William Steinberg Rachmaninows drittes Klavierkonzert spielte. Früher hatte sich Horowitz wegen der unzulänglichen Akustik stets geweigert, im Freien aufzutreten; aber bei der Hollywood Bowl machte er eine Ausnahme, weil er dort, nach seiner späteren Einschätzung, »wirklich gut geklungen« habe. Rachmaninow war auch unter den Zuhörern, saß in der hintersten Reihe, damit ihn niemand erkenne. Als die Aufführung zu Ende war, ging der notorisch schüchterne und stets zurückhaltende Komponist gar aufs Konzertpodium, um Horowitz solcherart in aller Öffentlichkeit ein Kompliment zu machen. »So habe ich es mir immer geträumt; so sollte mein Konzert gespielt werden. Aber ich habe nie geglaubt, daß ich das jemals noch hören werde.« Das 23000köpfige Publikum erhob sich – als Hommage an die beiden Künstler – von den Sitzen, und Horowitz meinte später, daß dies »der größte Moment in meinem Leben« gewesen sei.

Im Hinblick auf Rachmaninows siebzigsten Geburtstag im Jahre 1943 plante Horowitz, dessen 1913 entstandene zweite Klaviersonate in seine Programme aufzunehmen. 1931 hatte sie der Komponist als zu lang befunden und eine entsprechend gekürzte zweite Fassung erstellt. Horowitz aber war der Meinung, daß in der ersten Version schöne Passagen drin seien, die der Komponist ausgemerzt habe, und so wagte er es, bei Rachmaninow wegen einer möglichen Kombination beider Fassungen anzufragen. Zu seiner großen Überraschung war dieser einverstanden. »Gorovitz, Sie sind ein guter Musiker. Kombinieren Sie, was Ihnen richtig erscheint, und lassen Sie uns beide dann sehen, was daraus geworden ist.«[11] So geschah es, Rachmaninow war mit dem Ergebnis einverstanden, und im Januar und Februar brachte Horowitz diese dritte Fassung der Sonate anläßlich seiner Klavierabende in Buffalo, Washington, Atlanta und Chicago erstmals zur Aufführung. Obwohl das Werk selbst bei den Kritikern nicht auf besonders begeisterte Resonanz stieß, wurde die Interpretation als »Musik im großen Stil« gerühmt.

Zur selben Zeit, als Horowitz die letzten Konzertverpflichtungen unter Judsons Management erfüllte, begann Rachmaninow mit seiner letzten Tournee. Das erste Konzert fand am 3. Februar 1943 im *State College* in Pennsylvania statt, doch schon am 22. Februar fühlte er sich in New Orleans so krank, daß er nach Los Angeles zurückkehrte und einen russischen Arzt konsultierte. Dieser diagnostizierte ein Melanom: eine Krebserkrankung, die sich schnell ausweitete und schon Leber, Lungen, Knochen und Muskeln befallen hatte. Die Ärzte gaben ihm kaum noch einen Monat zu leben, und so eilten die engsten Freunde des Komponisten nach Kalifornien, um ihn ein letztes Mal zu sehen. Einige Tage vor seinem Tod kam auch Horowitz zu einem letzten Besuch und nahm Abschied von dem Mann, der ihm so viel bedeutete, persönlich wie künstlerisch. Zärtlich sagte ihm Rachmaninow zum Schluß: »Leb wohl, leb wohl, ich werde Dich nicht mehr sehen.« Er starb am 28. März in der Morgenfrühe, kurz vor seinem siebzigsten Geburtstag.

Horowitz war derart erschüttert, daß er für den kommenden Monat alle Konzerte absagte. Im folgenden Jahr übernahm er dann das Präsidium des *Rachmaninow Memorial Fund* – einer Organisation, die von Rachmaninows Witwe ins Leben gerufen wurde mit dem Ziel, junge Künstlertalente in den für Rachmaninows eigenes Schaffen typischen drei Sparten Klavier, Komposition und Dirigieren zu unterstützen. Als erstes wurde ein Klavierwettbewerb organisiert; dem Sieger wurden für den Winter Konzerte mit führenden amerikanischen Orchestern sowie eine Serie von Konzerten in der Sowjetunion in Aussicht gestellt.

Horowitz nahm sein Amt als Präsident ernst, und es gelang ihm, als Juroren u.a. Serge Kussewitzky, Mrs. Frederick Steinway, Mrs. Olin Downes sowie Wanda Horowitz zu gewinnen. Nach sechs Jahren mußte der *Rachmaninow Memorial Fund* seine Aktivitäten jedoch einstellen, da es an der nötigen öffentlichen Unterstützung fehlte.

Viel erfolgreicher war Horowitz, wenn es galt, Geldmittel für den Krieg zu beschaffen. Unvergeßlich blieb das legendäre Kriegsanleihe-Tschaikowski-Konzert vom Ostersonntag, 25. April 1943, das Horowitz zusammen mit Toscanini und dem NBC Symphony Orchestra in der Carnegie Hall gab. Das einzige Konzert übrigens, das der Pianist in jenem Monat nach dem Tode Rachmaninows nicht abgesagt hatte. Dieses Wohltätigkeitskonzert war vom Finanzminister der USA als Höhepunkt seiner Kriegsanleihe-Aktionen geplant worden; als Eintrittskarten mußte man Kriegsanleihen im Nennwert von 25 bis 50000 Dollar zeichnen. Insgesamt sollte es das ertragreichste Wohltätigkeitskonzert werden, das je in die Musikgeschichte eingegangen ist: Logen im ersten Rang wurden für 50000 Dollars gegeben, Logen im zweiten Rang kosteten 25000 Dollar, für Parkettplätze galt es, zwischen 3000 und 5000 Dollar hinzublättern, und selbst Stehplätze waren mit 25 Dollar beziffert. (Und es wurden insgesamt nur neun Freikarten an Kritiker abgegeben.) Das Finanzministerium rechnete insgesamt ungefähr mit 6 Millionen Dollar; tatsächlich betrugen die Einnahmen stolze 10190045 Dollar!

Das Tschaikowski-Konzert wurde abends von fünf bis sechs Uhr in der ganzen Nation live am Radio übertragen, und Applaus und Bravo-Rufe hätten noch wesentlich länger gedauert, wenn Toscanini nicht bald noch zu einer Zugabe den Taktstock gehoben hätte: zu einer Aufführung seiner eigenen Adaption von *The Star-Spangled Banner*. Dieses Kriegsanleihe-Konzert war übrigens der erste Toscanini-Horowitz-Auftritt, der live mitgeschnitten und später auf Schallplatte veröffentlicht wurde. Das Zusammenwirken beider Künstler fiel womöglich noch erregender aus als anläßlich ihrer Studio-Einspielung von 1941. Dennoch konnte RCA den Mitschnitt erst 1959 veröffentlichen, als das Langspielplatten-Format eine angemessene Präsentation live mitgeschnittener Musik erlaubte. Das Tschaikowski-Konzert wurde für Horowitz und Toscanini gleichermaßen ein Triumph, und Virgil Thomson schloß seine Kritik in der *New York Herald Tribune* mit der Hoffnung, »daß das Publikum für sein Geld in Zukunft zumindest halb soviel Demokratie erhalte, wie es an diesem Abend Musik erhalten habe«.[12]

Anfang der nächsten Woche fuhren Horowitz und Wanda von New York zur *Great Lakes Naval Training Station* in Illinois – dem ersten Konzert, das Horowitz in einer Garnison gab. Ursprünglich war es auf den 30. März angesetzt, mußte dann aber infolge von Rachmaninows Tod auf den 29. April verschoben werden. Obwohl Horowitz seinem neugewonnenen Vaterland eifrig zu helfen bereit war, hatte er bis anhin Einladungen für Konzerte in militärischen Basen stets abgelehnt – aus Angst vor unzulänglichen Konzertsälen, aber auch, weil er nicht so recht wußte, was er vor einem Soldatenpublikum denn spielen solle. Immerhin, das neue *Ross Auditorium* in Great Lakes eignete sich vorzüglich für Konzerte. Der Abend war vom Komponisten und Dirigenten Lehman Engel arrangiert worden; als dieser zur Marine eingezogen worden war, begann er, großartige Soldatenkonzerte mit Künstlern wie Milstein, Piatigorsky, Kreisler, Menuhin, Paul Robeson und Lily Pons zu organisieren. Und es mag einiges heißen, wenn selbst bei so namhafter Künstlerkonkurrenz Horowitz' Auftritt als »größtes Ereignis im Rahmen unserer Konzert-Serie« angekündigt wurde.

Es war zweifellos nicht alltäglich, daß Horowitz an einer Veranstaltung spielte, wo zudem noch ein Blasorchester und ein Männerchor mitwirkten mit Einstimmungsstücken wie »Slaughter on Tenth Avenue«, »Embraceable You« und Musik aus *Porgy and Bess* – und wo es einen Conferencier gab: Korvettenkapitän E.E. Peabody, der Vorgesetzte von Lehman Engel. Überschwenglich kündigte er Horowitz an: »Und nun, Leute, habe ich das größte Privileg in meiner ganzen Karriere als Conferencier. Als nächstes präsentiere ich euch nämlich den größten Künstler der Welt, will sagen: den größten Pianisten der Welt – Vladimir Horowitz!« Erwartungsvolle Stille breitete sich unter den zweitausend Uniformierten aus, und als Horowitz darauf schnittig und mit einem Lächeln zum Flügel schritt, brach frenetischer Applaus aus. Er hatte ein Programm zusammengestellt, das hier hoffentlich ankam: Schubert/Tausigs *Militärmarsch*, die Saint-Saëns/Liszt/Horowitz-Bearbeitung der *Danse macabre*, dazu seine eigene *Carmen*-Fantasie, den cis-moll-Walzer von Chopin sowie zwei Scarlatti-Sonaten. Die Soldaten waren begeistert, pfiffen und spendeten nach jedem Stück lautstarken Beifall. Nach dem letzten Werk wurde Horowitz unzählige Male herausgerufen, und er gab mehrere Encores – darunter den As-dur-Walzer von Brahms, Ljadows *Musikdose* op. 32 und Kompositionen von Chopin. Am Schluß winkte Horowitz den Soldaten schüchtern mit einem weißen Taschentuch zu: daß er kapitulieren müsse. Dann verließ er die Bühne unter donnerndem Applaus.

In der folgenden Nacht – nach einem Klavierabend in der Orchestra Hall in Chicago – fühlte sich Horowitz zunehmend krank. Er hatte sich im Marinezentrum Great Lakes erkältet; nun bekam er Fieber und einen entzündeten Hals. Noch absolvierte er einen Klavierabend in Milwaukee, dann kehrte er nach Chicago zurück, wo er für eine Woche das Bett hüten und zudem einen Auftritt mit dem Dirigenten Eugene Ormandy in der University of Michigan in Ann Arbor absagen mußte. Dann begann er, neue Werke einzustudieren: die siebte Sonate von Prokofjew und Liszts Ungarische Rhapsodie Nr. 6. Er bat Lehman Engel, dessen musikalische Kenntnisse er sehr schätzte, er möge doch nach Chicago kommen und ihm beim Einstudieren helfen. »Was er auch spielte, alles wurde zu einer übermenschlichen *Tour de force*«, erinnerte sich Engel, »dennoch sagte ich immer wieder: ›Das ist viel zu schnell für die Musik.‹ Zum Beispiel eine Passage im ersten Satz der Prokofjew-Sonate, alles fünfstimmige Akkorde. Er spielte das schneller, als man es sich überhaupt vorstellen kann; dabei schaute er vom Flügel zu mir hinüber und grinste, ohne einen einzigen Fehler zu machen. ›Gut?‹ fragte er schließlich. ›Nein‹, konterte ich. ›Mein Gott, das ist doch viel zu schnell.‹ Er schien überrascht zu sein.«[13]

Horowitz schwelgte in den immensen technischen Anforderungen von Prokofjews Musik, und er fühlte sich geehrt, als ihn der Komponist bat, seine drei »Kriegssonaten« (entstanden zwischen 1939 und 1944) zur amerikanischen Erstaufführung zu bringen. Somit hörten die Amerikaner Prokofjews sechste Sonate erstmals in Horowitz' Carnegie-Hall-Klavierabend vom 30. Januar 1942; die siebte folgte am 14. März 1944 und die achte am 23. April 1945. Als Horowitz die Partitur der siebten Sonate im Frühjahr 1943 erhielt, weilte er gerade in Chicago. Er blieb die ganze Nacht über auf, und am Morgen hatte er das Werk einwandfrei im Gedächtnis. Früher hatte er auch schon andere Werke Prokofjews gespielt: neben der sechsten Sonate die *Toccata* op. 11 und Ausschnitte aus den *Visions fugitives* op. 22. Am meisten aber schätzte er die siebte Sonate, und im Frühsommer spielte er das Werk Maestro Toscanini dann mit viel Überschwenglichkeit vor. Toscanini saß einmal mehr unmittelbar neben Horowitz' Cousine Natascha Saitzoff, und er zupfte sie am Ärmel und murmelte: »Das ist kein bedeutendes Werk. Aber er macht es zu einem bedeutenden.« Doch Horowitz erlaubte sich, anderer Meinung zu sein; gegenüber einem Journalisten meinte er später: »Prokofjew hätte in seiner Musik nie diesen Grad an Vollendung erreicht, wenn da nicht der Krieg gewesen wäre und der Gedanke an das russische Volk.«

Noch vor der offiziellen amerikanischen Erstaufführung spielte Horowitz die siebte Sonate schon am 13. Januar, und zwar im Rahmen eines Konzerts im sowjetischen Konsulat in New York vor einem Publikum, das ausschließlich aus geladenen Musikern und Kritikern bestand. Ein Jahr später spielte er hier auch die achte Sonate zum ersten Mal, und er war mächtig stolz auf seine Beziehungen zu den Russen und natürlich auch zu Prokofjew. »Die bedeutendsten Musiker waren alle anwesend, zweihundert im ganzen«, erzählte er. Tatsächlich war es eine Art musikalisches Who's who: mit Arturo Toscanini, Leopold Stokowski, Serge Kussewitzky, Bruno Walter, dem jungen Leonard Bernstein, Samuel Barber, Aaron Copland, Virgil Thomson, Edgard Varèse, Artur Rodzinski, Nathan Milstein, Josef Lhévinne, Ania Dorfmann und Carl Friedberg. Prokofjew konnte natürlich nicht dabei sein. Dafür sandte ihm Horowitz dann anderthalb Jahre später seine Schallplattenaufnahme mit dessen siebter Sonate nach Moskau, und der Komponist bedankte sich, indem er Horowitz eine Kopie des Partiturmanuskripts zukommen ließ mit der Widmung »Dem Wunderpianisten vom Komponisten zugeeignet«.

Wie gesagt: Am 14. März spielte Horowitz Prokofjews siebte Sonate in der Carnegie Hall; mühelos arbeitete er sich durch die verbissenen Klänge des Kopfsatzes hindurch und brachte das Toccata-ähnliche Finale zu überwältigender Wirkung. Das Publikum erklatschte sich als Zugabe eine Wiederholung dieses

Schlußsatzes, und Horowitz spielte ihn noch einmal mit derselben kraftvollen Pianistik. »Offensichtlich liebt Horowitz diese Musik«, konnte man in der *New York Herald Tribune* lesen, »und er spielte jede Note mit der Spontaneität eines Enthusiasten und der Vollendung eines großartigen Künstlers.«[14] Prokofjews Sonate wurde mit Werken von Hindemith und Bartok verglichen, erhielt aber – trotz Horowitz' stupender Interpretation – recht unterschiedliche Kritiken. »Horowitz hat das Menschenmögliche für diese neue Komposition getan; dennoch kann diese, weder was ihre Substanz noch ihren Stil anbelangt, keinesfalls zu den besten Werken Prokofjews gerechnet werden«, hieß es beispielsweise in der *Herald Tribune*. Dennoch behielt Horowitz das Werk in seinem Repertoire, obwohl man ihm den Rang eines Meisterwerks nicht vorbehaltlos zubilligen wollte. So wurden 1944 die »melodische Dürftigkeit« und »Sacharin-Süße« des romantisierenden *Andante*-Satzes bemängelt. Die ein Jahr später zur Erstaufführung gebrachte, mehr lyrisch konzipierte achte Sonate hingegen erhielt – wie übrigens auch Horowitz' Interpretation – durchweg positive Kritiken.

Nach Rachmaninows Tod schien sich Horowitz vermehrt auf seine Verwurzelung im russischen Kulturgut zu besinnen. So figurierten in seinen Programmen für 1943 und 1944 nicht nur Werke Prokofjews und Rachmaninows (dessen zweite Sonate und vier Préludes), sondern auch die g-moll-Sonate op. 22 von Nikolai Medtner, einem Freund Rachmaninows. Lange war es her, seit Horowitz vergeblich versucht hatte, das amerikanische Publikum von Medtner zu überzeugen, und auch dieser erneute Anlauf – übrigens mit einem der besten Werke Medtners – schlug letztlich wiederum fehl: Außerhalb Rußlands ließ sich Medtner einfach nicht verkaufen. »Nicht eine Phrase in dieser Musik vermag zu interessieren oder Lust auf eine weitere Begegnung mit anderen Werken dieses Komponisten zu erregen«, schrieb die *Chicago Tribune* am 30. April 1943. »Immerhin schuldet Medtner zwei seiner Landsleute Dank: Rachmaninow und Horowitz, die mit ihrer Propaganda die Reputation seiner Musik zu verbessern versuchten.« Das überladen wirkende, neuromantische Werk wurde als klischiert und abgedroschen bezeichnet; »selbst Horowitz' geschickte Interpretation konnte ihm nicht auf die Beine helfen«. Bald strich Horowitz dieses Werk wieder aus seinem Repertoire, aber er behielt dennoch eine gewisse Liebe für Medtner, erwähnte ihn oft in Interviews und spielte zu Hause manchmal aus seinen Sonaten, Konzerten oder Kammermusikwerken.

Horowitz begann nun, Alexander Skrjabin zu favorisieren – »ein vernachlässigter Komponist, der in emotionaler Hinsicht Wichtiges zu sagen hat«, meinte er 1948 gegenüber einem Journalisten. »Ich würde gerne einige seiner späten Werke spielen, etwa die zehnte Sonate. Aber ich zweifle, ob das Publikum diese Musik jetzt schon verstehen kann.«[15] Einige Jahre nach Kriegsende nahm er dann einige Werke Skrjabins in seine Konzertprogramme auf: *Vers la flamme* op. 72, *Poème* op. 32 Nr. 1 und zahlreiche Etuden –, und er hatte großen Erfolg damit.

Horowitz prüfte auch die Musik anderer sowjetischer Komponisten wie Dimitri Schostakowitsch, Aram Chatchaturjan und Dmitri Kabalewski. Kabalewskis idiomatische Schreibweise liebte er besonders, und er brachte zwei seiner Klaviersonaten in der Carnegie Hall zur amerikanischen Erstaufführung: die Sonate Nr. 2 Es-dur op. 45 am 3. Februar 1947 und die Sonate Nr. 3 F-dur op. 46 am 2. Februar 1948. Jahre später staunte Horowitz, daß er die komplexe Dramatik der zweiten Sonate so leicht auswendig gelernt hatte; sie wurde zu einem eigentlichen Vehikel für seine virtuose Tastenakrobatik, für die explosive Dynamik und die wache Rhythmik in seinem Spiel.

Vor langer Zeit schon hatte Horowitz erklärt, er sei auf der Suche »nach einem bedeutenden amerikanischen Komponisten«. Einem Journalisten erklärte er: »Liebend gerne hätte ich ein größeres Werk von einem amerikanischen Komponisten. Aber die schreiben nicht viel fürs Klavier. Und auch nicht besonders gut. Die wollen nur große Orchesterstücke komponieren.« Die oft perkussiven Klavierwerke Coplands konnten ihn nicht im entferntesten begeistern, und obwohl Horowitz in Erwägung zog, einige Werke von George Antheil aufzuführen, interessierte ihn eigentlich nur die Musik Samuel Barbers. Über Toscanini hatten sich die beiden schon in den 30er Jahren kennengelernt, und im Jahre 1945 brachte Horowitz dann Barbers erste Klavierkomposition – die *Excursions* op. 20 – zur Uraufführung. Weit ambitiöser fiel Barbers Klaviersonate op. 26 aus dem Jahre 1949 aus; und Horowitz spielte sie im selben Jahr (am 9. Dezember) in Havanna zum erstenmal vor Publikum. Es war ein Auftragswerk, geschrieben für die *League of Composers* zur Feier ihres 25jährigen Bestehens, und es wurde in der Folge derart eng mit Horowitz in Verbindung gebracht, daß manche Musikfreunde glaubten, der Komponist habe es speziell für ihn komponiert. »Was natürlich nicht stimmte«, erklärte Horowitz später. »Ich bekam die damals dreisätzige Sonate zu Gesicht und sagte dann zu Barber, daß sie insgesamt wohl besser wirken würde, wenn er noch einen knalligen vierten Satz komponiert hätte. Und so schrieb er noch die abschließende Fuge, der beste Satz der gesamten Sonate. Ich machte auch noch einige andere Änderungsvorschläge.«

Bevor Horowitz die Barber-Sonate dem New Yorker Publikum vorstellte – und zwar am 23. Januar 1950 in der Carnegie Hall –, probierte er sie in Cleveland und in Washington aus sowie in G. Schirmers Musikalienhandlung in Manhattan – hier im privaten Kreis vor geladenen Gästen. Auch später setzte er sich unermüdlich und enthusiastisch für das Werk ein. »Die Musik ist genau so, wie Barber ist«, sagte er jeweils. »Aristokratisch und von feinem Geschmack. Zudem ist sie sehr amerikanisch; deshalb bin ich jedesmal stolz, wenn ich sie spiele. Barber hat dem Werk jene Wärme und Herzlichkeit verliehen, die den ultramodernen Kompositionen mit ihrer Versessenheit aufs ausschließlich Mechanische abgeht. Beispielsweise spiele ich nichts von Bartók, weil ich seinen perkussiven Umgang mit dem Klavier nicht mag. Barbers Musik hingegen ist sehr brillant und zudem ganz anders.« Nachdem Horowitz die Barber-Sonate in der Carnegie Hall gespielt hatte, teilten die meisten Kritiker seine Ansicht: daß es ein gutes

Werk sei. Bald fand es Eingang ins moderne Standard-Repertoire, doch niemand spielte es so vollendet wie Horowitz. »Viele Pianisten werden es nun aufführen wollen«, prophezeite Olin Downes nach dem Carnegie-Hall-Klavierabend. »Doch keiner wird das Werk mit einer vergleichbaren künstlerischen Autorität und mit so viel Fantasiereichtum interpretieren, mit so viel virtuoser Kraft und Zärtlichkeit, wie es Horowitz vermochte.«[16]

Daß sich Horowitz während des Zweiten Weltkrieges wiederum mit wenig bekannter russischer Musik auseinandersetzte und großes Interesse für amerikanische Musik zeigte, hing zweifellos mit seinen patriotischen Gefühlen zusammen. Zudem gab er auch wiederholt erfolgreiche Wohltätigkeitskonzerte zugunsten des *Russian War Relief* sowie fürs amerikanische Rote Kreuz und die *U.S. Defense Bond Campaign*. Einen Höhepunkt erreichten solche patriotischen Aktionen im Sommer 1944, als er vom Sousa-Marsch *The Stars and Stripes Forever* eine Klavier-Transkription schrieb, und zwar während eines Urlaubs in Jackson (New Hampshire). »Das ist einer der besten Märsche, die je komponiert worden sind«, sagte Horowitz. Aber leider werde er von den Blasmusikkapellen überall in der Welt verhunzt. »Am meisten lag mir daran, mit meiner Transkription dieser Musik wieder ihren ursprünglichen Gehalt zurückzugeben, indem ich mich möglichst genau an die Originalpartitur hielt. Zudem mußten die verschiedenen Klangfarben, die Sousa den einzelnen Soloinstrumenten wie zum Beispiel dem Piccolo zu entlocken vermochte, erhalten bleiben.« Horowitz verteilte die Melodielinie auf die beiden Daumen; so hatte er noch genug Möglichkeiten für die Ausschmückung, und letztlich wurde aus dem Marsch ein Meisterwerk in Sachen Virtuosität, so daß die Transkription bald zu einem veritablen Publikumsrenner wurde – in den Horowitz-Konzerten wie am Radio. Erstmals wurde sie am 6. Mai 1945 im Hunter College aufgenommen – so konnte Horowitz überhaupt einmal hören, was er denn geschrieben habe. Drei Tage später trug er die *Stars-and-Stripes-Forever*-Transkription auf Ersuchen des New Yorker Bürgermeisters Fiorello LaGuardia im Central Park vor – und zwar vor insgesamt hunderttausend Zuhörern, die hier mit einem »I-am-an-American-Day« das Ende des Zweiten Weltkriegs feierten. Ende der vierziger Jahre wurde die Transkription zu einem eigentlichen Horowitz-Markenzeichen: Überall wollte sie das Konzertpublikum hören, so daß es dem Pianisten bald einmal lieber gewesen wäre, wenn er sie gar nicht erst gemacht hätte ... Dennoch: Mit diesem Stück schien er auch seine amerikanische Staatsbürgerschaft zu feiern. »Ich bin amerikanischer als alle Amerikaner«, erklärte er Anfang 1945 in Chicago. »Ich war in tausend amerikanischen Städten, in allen Bundesstaaten, in kleinen und großen Städten, in ganz Amerika – und immer liebte ich dieses Land. Von jetzt an können Sie vergessen, daß ich aus Rußland gebürtig bin und in Europa Karriere gemacht habe. Schreiben Sie einfach: ›Vladimir Horowitz, der amerikanische Pianist.‹«[17]

Zum einen war es der Weltkrieg, der Horowitz zum Patrioten gemacht hatte;

zum andern zweifellos auch Toscaninis politischer Eifer. Das wurde spätestens dann klar, als Horowitz mit Rubinstein und anderen Pianisten gegen das Auftreten von Walter Gieseking auf amerikanischen Konzertpodien protestierte. Denn Gieseking war während des Krieges in Nazi-Deutschland geblieben und hatte damit indirekt auch das Hitler-Regime gebilligt. Horowitz kündigte an, daß er in der Saison 1948/49 an keinem Ort spielen werde, wo auch Gieseking auftrete. Ähnlich verlief auch eine Opposition gegen Wilhelm Furtwängler, den deutschen Dirigenten und preußischen Staatsrat, der oft vor hohen Nazi-Schergen und selbst vor Hitler dirigiert hatte und jetzt, ab 1949, als Chefdirigent des Chicago Symphony Orchestra verpflichtet werden sollte. Wiederum protestierten berühmte Musiker, unter ihnen Milstein, Piatigorsky, Rubinstein und Heifetz, und sie erklärten, daß sie jedes Engagement mit dem Chicago Symphony Orchestra ablehnen würden, wenn Furtwängler dort dirigiere. »Wenn die Nazis den Krieg gewonnen hätten, dann hätte ich sicher keine Einladung nach Berlin erhalten«, erklärte Horowitz der Presse zum Fall Gieseking und Furtwängler. »Ich habe Verständnis und Sympathie für den kleinen Mann, der gezwungen war, vor den Nazis zu spielen, wenn er überhaupt zu essen haben wollte. Aber bei diesen beiden Künstlern war das nicht der Fall. Die hatten mit ihrem Verhalten ganz klar eine Entscheidung gefällt.«[18]

17 Vladimir Horowitz' Hände (Mai 1936).

18 Stürmischer Applaus für Vladimir Horowitz und Arturo Toscanini nach ihrer Darbietung des zweiten Klavierkonzerts von Brahms am 29. August 1939 anläßlich der Luzerner Musikfestwochen. Für beide Musiker war dies der letzte Auftritt in Europa bis nach Kriegsende. Drei Tage später marschierten Hitlers Armeen in Polen ein.

19 Los Angeles, 9. Dezember 1939: Arturo Toscanini und Bruno Walter gratulieren Horowitz in der Garderobe nach seinem ersten Klavierabend in den USA seit 1934.

20 (rechte Seite oben) Horowitz und der Schauspieler Paul Henreid gratulieren einander, nachdem beiden am 14. Dezember 1945 in Los Angeles die amerikanische Staatsbürgerschaft verliehen wurde. Horowitz sagte später einmal: »Dies war einer der größten Momente in meinem Leben.«

21 (rechte Seite unten) Im Juni 1942 besuchte Horowitz zusammen mit Sergej Rachmaninow, seinem musikalischen Mentor und Freund, die Walt-Disney-Studios in Hollywood. Dies ist die einzige Aufnahme, die Rachmaninow und Horowitz zusammen zeigt. Nachdem er den Film *Mickey's Opry House*, in welchem Mickey Mouse das berühmte Prélude in cis-moll spielt, gesehen hatte, bemerkte Rachmaninow zu Walt Disney (Mitte): »Mein unvermeidliches Stück ist von großen Pianisten hervorragend gespielt und von Amateuren grausam hingemordet worden, aber keine Darbietung hat mich so beeindruckt wie jene des großen Maestro Mouse.«

22 Sonja, Wanda und Vladimir Horowitz im Wohnzimmer ihres Hauses in New York unter Picassos *Acrobate en Repos*. Die Aufnahme wurde 1948 für einen Artikel über Horowitz im *New York Times Sunday Magazine* gemacht.

23 Obschon man auf sämtlichen Publicityfotos der RCA die Horowitz als glückliches Paar sieht, war ihre Beziehung in Wirklichkeit sehr schwierig. Horowitz und seine Frau Wanda lebten oft getrennt.

24 Horowitz im Jahre 1950 mit Carl Erpf, seinem Tourneebegleiter, im Central Park. Erpf wohnte mit dem Pianisten im Elysée Hotel, nachdem sich dieser 1949 von Wanda getrennt hatte.

25 Wieder vereint, reisen Horowitz und Wanda im September 1951 von New York nach London und Paris, wo der Pianist seine ersten europäischen Auftritte seit 1939 gibt.

26 Im Keller von Steinway & Sons in New York probiert Horowitz einen Flügel aus, während Wanda und Sonja zuschauen (1952).

27 Horowitz entdeckt Fischen als neues Hobby, hier im Sommer 1952 im Long Island Sound.

28 (rechte Seite) Unter einer der großen Kostbarkeiten seiner Kunstsammlung, George Rouaults *Tête de jeune fille*, studiert Horowitz die Erstausgabe der Clementi-Sonaten (1953).

29 Die zweiundzwanzigjährige Sonja Horowitz an Arturo Toscaninis Begräbnis am 17. Januar 1957 in New York.

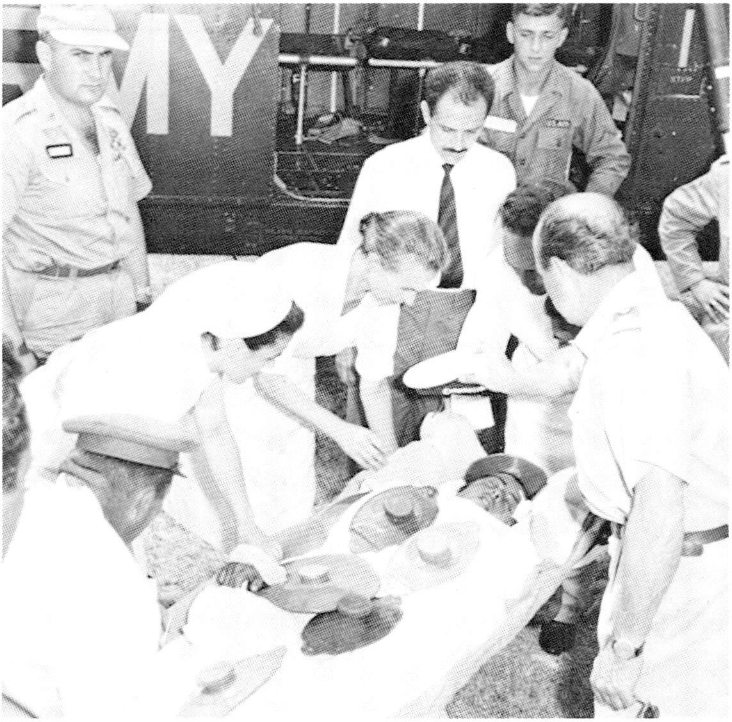

30 Am 30. Juni 1957 verunfallte Sonja Horowitz mit ihrem Motorroller in San Remo. Sie wurde von Angehörigen der amerikanischen Luftwaffe in einem Spezialeinsatz zur Notoperation nach Mailand geflogen.

Professor Horowitz

Ich habe keine Methode. Wenn mir ein Schüler vorspielt, kann ich oft sagen, wer sein Lehrer gewesen ist. Was natürlich schlecht ist. Denn Kunst sollte eine eigene Äußerung sein und nicht durch Imitation entstehen. Ich verlange von einem Schüler dies und jenes, zum Beispiel mehr Emotion – aber stets ihre eigene Art von Emotion und nicht meine.[1]

Im Sommer 1944 beschloß Horowitz, sich zum ersten Mal aufs Unterrichten einzulassen. Den Anstoß dazu gab ein Konzert, das er im vergangenen Februar in Pittsburgh gehört hatte. An einem Samstagabend hatte er dort einen Klavierabend gegeben; am folgenden Tag herrschte derart schlechtes Wetter, daß er nicht abreisen konnte. So beschloß er, sich am Nachmittag ein Konzert des Pittsburgh Symphony Orchestra anzuhören; dabei sollte der sechzehnjährige Byron Janis mit dem zweiten Rachmaninow-Klavierkonzert debütieren. Dirigent war Lorin Maazel, damals ganze fünfzehn Jahre alt.

Byron Yanks wurde in McKeesport (Pennsylvania) geboren und ging in Pittsburgh zur Schule (den Namen Byron Yanks änderte er später aus Karrieregründen in Byron Janis um). Als Achtjähriger gab er seinen ersten Klavierabend, wobei der bekannte russische Pianist Josef Lhévinne samt seiner Gattin Rosina auf ihn aufmerksam wurden. Zwei Jahre wurde Janis dann von den Lhévinnes in New York unterrichtet; anschließend übernahm Adele Markus, Lhévinnes Assistentin, die Ausbildung des Knaben, und zwar während sechseinhalb Jahren. Als Janis sodann in Pittsburgh debütierte, war er – laut Adele Markus – bereits »ein bedeutendes amerikanisches Talent mit bemerkenswerten interpretatorischen Fähigkeiten: mit reicher Einbildungskraft und einer Wärme, die ihn für die romantische Musik gleichsam prädestinierte«. Wie gesagt: Der Zufall wollte es, daß sich Horowitz dieses Konzert anhörte, und daraus erwuchs dann eine vier Jahre lang dauernde Beziehung zwischen den beiden.

»Nur kurze Zeit vor diesem Konzert«, erinnerte sich Janis, »hörte ich erstmals Horowitz' Schallplattenaufnahme des zweiten Brahms-Klavierkonzerts. Ich war mir sogleich im klaren: Das ist eine der großartigsten Interpretationen, die ich je gehört habe. Mein Gott, dachte ich, wenn ich diesen Menschen nur ein einziges Mal sehen und mit ihm sprechen könnte! So war ich recht verdattert, als er nach meinem Pittsburgher Auftritt in die Garderobe kam. Er sagte mir, ich erinnerte ihn an seine eigenen Jugendjahre; daß eine gewisse nervöse Energie in meinem

Spiel sei, fast etwas Elektrisierendes. Ich konnte kaum sprechen. Dann verabschiedete er sich: ›Ruf mich doch an, wenn du nach New York zurückkommst. Ich würde gern mit dir sprechen. Und ich würde auch gern mit dir arbeiten.«[2]

Als Horowitz wieder in New York war, rief er sofort seinen Freund Samuel Chotzinoff an, den Musikdirektor bei der NBC, und erzählte ihm begeistert, wie brillant und intensiv ein gewisser Byron Janis gespielt habe. »Aber das ist doch der Junge, von dem ich dir schon mal erzählt habe«, rief Chotzinoff erregt, »Toscanini hat ihn bereits gehört.« In der Tat hatte Janis das vierte Beethoven-Konzert für den Maestro gespielt und es später in einem vom Rundfunk übertragenen Konzert des NBC Symphony Orchestra unter der Leitung von Frank Black vorgetragen. Aber Chotzinoff erzählte noch mehr: Seit der Junge zwölf Jahre alt sei, überwache er dessen Ausbildung – zuerst an der Chatham Square Music School in New York und dann an der Juilliard School, wo Janis bei Roger Sessions Komposition und Harmonielehre studiere und daneben bei Adele Markus Klavierunterricht nehme. Daß Horowitz den Jungen nun unterrichten wolle, sei eine hervorragende Idee, meinte Chotzinoff, der »musikalische Pate« von Byron. In den nächsten paar Monaten kam Janis für Privatstunden zu Horowitz, und langsam begann die letztlich schmerzliche Loslösung von seiner Lehrerin Adele Markus. Janis war mit ihr recht zufrieden gewesen und reagierte auf den bevorstehenden Lehrerwechsel nun recht verwirrt. Selbst Chotzinoff meinte, es sei nicht wahrscheinlich, daß Horowitz den Jungen wirklich unterrichten werde; vielmehr werde er ihn »einfach vom Flügel wegstoßen und dann selber spielen«.

»Dieser Lehrerwechsel war eine ›politische‹ Angelegenheit«, erzählte Adele Markus. »Chotzinoff war überzeugt, daß der Name Horowitz dem Jungen zu einer Karriere verhelfen werde, und natürlich kam ich gegen den attraktiven Reiz, den der Name Horowitz ausübte, nicht an. Und so sagte ich Byron, er solle zu ihm gehen. Er war damals sechzehn Jahre alt und noch recht jung für sein Alter; noch sehe ich ihn, wie er weinend auf dem Boden lag, mit den Füßen strampelte und schrie: ›Wenn ich doch gut spiele, warum soll ich dann plötzlich zu einem anderen Lehrer?‹ Er begriff wohl nicht restlos, wie wichtig die Beziehung zu Horowitz für ihn sein konnte. Und so sagte ich zu ihm: ›Sieh, wenn Horowitz mich jetzt anrufen und bitten würde, ihm doch vorzuspielen, dann würde ich sofort hingehen. Und ich bin doch deine Lehrerin.‹ Nun sah Byron die ganze Angelegenheit unter einem anderen Gesichtspunkt. Böse war ich nicht, weil ich ihn nun verlor. Aber traurig schon. Und ich schrieb Horowitz einen lieben Brief: daß ich es herrlich fände, wie er sich für Byron interessiere. Als ich Byron damals zu unterrichten begann, konnte er noch nicht einmal eine Oktave greifen. Und nun, stellen Sie sich vor, ruft mich Horowitz an und sagt: ›Was meinen Sie, seine Oktaven sind noch schneller wie meine.‹ Jedenfalls war Horowitz zufrieden mit dem, was ich geleistet hatte. Als Byron vier Jahre später in New York debütierte, kam Horowitz in der Pause aus seiner Loge, und ich gratulierte ihm. Seine Antwort: ›Ich muß *Ihnen* gratulieren. Sie haben das ganze Menu zubereitet, während ich nur eine Kirsche aufs Dessert-Eis gesteckt habe.‹ Dennoch: Was den künstlerischen Vortrag anbelangte, konnte Byron viel bei Horowitz lernen; dieser kannte das Klavier ja besser als irgend jemand sonst.«[3]

Von allem Anfang an wurde eine totale Hingabe und unbedingte Loyalität erwartet. »Horowitz wollte nicht, daß ich während dieser Zeit anderen Leuten vorspielte; deren Urteil würde mich nur konfus machen. Damals wurde gerade der Rachmaninow-Wettbewerb ausgeschrieben, und eigentlich hätte ich mich melden können. Doch Horowitz war dagegen: Er sei ja Präsident der Jury, und das könnte womöglich zu einem Gerede führen.« An und für sich hatte Janis solche Wettbewerbe auch gar nicht mehr nötig: Längst warteten Konzertmanager und Schallplattenfirmen sehnlichst auf sein offizielles Debüt, und Horowitz versprach, alles Nötige in die Wege zu leiten – sobald es Zeit sei.

Daß man sich jetzt schon für Janis interessierte, hing zweifellos mit seinem Status als einzigem Horowitz-Schüler zusammen. Was nicht ganz stimmte: Horowitz hatte 1944 noch eine andere Schülerin gehabt, Marilyn Meyer aus Milwaukee; doch der Unterricht schien nicht eben erfolgreich zu verlaufen, und achtzehn Monate später löste sich Horowitz von dieser Verpflichtung. Er war nicht zufrieden mit Marilyn Meyers Interpretation von Rachmaninows drittem Klavierkonzert; ihm fehlte da eine gewisse Brillanz. So sagte er die Stunden mehr und mehr ab, und schließlich mußte Merowitsch dem Mädchen mitteilen, daß Horowitz auf eine Weiterführung des Unterrichts verzichte. Nie mehr kam er später darauf zu sprechen, daß sie über kurze Zeit seine Schülerin gewesen sei.

Jedenfalls hatte Horowitz keinerlei Unterrichtserfahrung, als Janis im Herbst 1944 zu ihm kam. Später räumte er ein, wie schwierig das Unterrichten sei; meistens arbeitete er auf empirischer Basis – ein »trial-and-error approach«, wie es Janis nannte. »Viel wurde experimentiert; Horowitz sagte jeweils, was zu probieren sei. Viele seiner Ideen waren fundiert, andere nicht. Und es brauchte einen langen Kampf, bis ich nur noch das aufnahm, was wirklich zu mir gehörte.« Beispielsweise weigerte sich Janis, Horowitz' Haltung am Klavier zu übernehmen; er fand, das bekomme seiner Technik, wie er sie bei Adele Markus gelernt hatte, nicht. »Horowitz spielte mit sehr tiefgehaltenem Handgelenk und einer beträchtlichen Spannung in den Armen; er saß auf einem extrem niedern Klavierstuhl und hielt die Finger gestreckt, fast flach. Es entsprach durchaus seinem Körper, daß er so tief saß, und er versuchte, mir diese Art des Spielens beizubringen – aber das funktionierte bei mir nicht.«[4]

Solche Demonstrationen am Klavier waren eine Ausnahme; meistens lag Horowitz beim Unterrichten auf dem Sofa – immer geschniegelt mit Fliege, Blazer, auf Hochglanz polierten Schuhen und einem Taschentuch, das keck aus der Brusttasche herausschaute. Sein Unterricht bestand aus einem üppigen Mischmasch von Dirigieren, von gesungenen Phrasen und Erläuterungen; die gab er auf englisch und französisch, und zwar mit der für ihn typischen russischen Färbung. Dazwischen erzählte er Anekdoten aus seiner eigenen Karriere; so konnte sich

Janis jeweils erholen. Im Gegensatz zu anderen Lehrern hörte Horowitz meistens ohne Noten zu, nahm auch nie einen Bleistift, um etwas in die Noten zu schreiben; und auch ein Metronom gab es nicht. Stets nahm sich Horowitz reichlich Zeit für Janis: Eine Lektion dauerte durchschnittlich zwei Stunden, wobei Horowitz pro Stunde etwa zwanzig Minuten selber am Klavier saß, um gewisse Dinge zu demonstrieren.

Obwohl Janis gewöhnt war, pro Tag vier bis sechs Stunden zu üben, insistierte Horowitz auf einer Reduktion: Lieber weniger lang, dafür aber intensiver und konzentrierter üben. Das sei ergiebiger als ein überlanges, langweilig-routiniertes Arbeiten. Er selber übe nur zwei Stunden pro Tag. Als Janis dennoch unerbittlich mehr als zwei Stunden übte, warnte ihn Horowitz vor jeder mechanischen Wiederholung und jedem Automatismus; das würde die Spontaneität einer Interpretation schmälern. »Man kann ein Stück hundertmal üben«, erklärte er, »und wenn man es dann im Konzert spielt, tönt es oft so, wie wenn man es zum hundertunderstenmal üben würde.«

Statt Tonleitern und Arpeggios zu spielen, mußte Janis technische Übungen machen; Horowitz wollte mit diesen Übungen die Kraft und Unabhängigkeit der einzelnen Finger entwickeln. Eine dieser Übungen bestand darin, einen verminderten Septakkord zu greifen, wobei alle fünf Töne gleichzeitig angeschlagen wurden, aber nur ein Ton betont werden sollte und die andern vier etwas leiser zu klingen hatten. Diese Übung wurde auf andere Akkorde ausgedehnt; auch mit der Dynamik wurde experimentiert sowie mit dem Anschlag und der Klangfarbe – mit und ohne Pedal. Besondere Aufmerksamkeit wurde dem kleinen Finger jeder Hand gegeben: dem Melodie- und dem Baß-Finger, die laut Horowitz besonders gut trainiert werden mußten. Um die Belastbarkeit der schwächsten Teile jeder Hand (das sind der kleine und der Ringfinger) zu erhöhen, ließ Horowitz seinen Schüler eine Übung machen, die ihm einst Rachmaninow gezeigt hatte. Beide Daumen wurden auf dem mittleren C plaziert. Dann griffen die kleinen Finger, mit einer leichten Drehbewegung der Hand, je das Intervall einer Dezime ober- und unterhalb des mittleren Cs. Anschließend mußten die Ringfinger je eine Oktave greifen, die Mittelfinger eine Sexte und die Zeigefinger eine Terz. Dadurch wurde die Hand gestreckt und flexibel, so daß selbst größere Intervalle genau gegriffen werden konnten. Allmählich wurde das Tempo beschleunigt und die Übung auch auf andere Tonarten ausgedehnt, damit die Finger selbst bei größeren Intervallen sofort die richtige Spannweite anvisierten. Horowitz erklärte seinem Schüler zudem, daß die Spannung im Handgewölbe keinesfalls nachlassen dürfe. Auch dafür gab es eine spezielle Übung: Janis mußte den Mittelfinger hochhalten, um eine Spannung im Handgewölbe zu erzeugen, und dann – zuerst mit dem Ring- und dem kleinen Finger und anschließend mit dem Daumen und Zeigefinger – je zwei Töne gleichzeitig anschlagen: E und G sowie C und E. In Halbtonschritten aufwärts mußte Janis diese Übung dann wiederholen, wobei sich Horowitz mit dem ganzen Gewicht seines Oberkörpers auf seines Schülers Handgewölbe stützte, um dort die Spannkraft zu testen.

Horowitz forderte seinen Schüler auch auf, eigene Übungen zu kreieren; zudem wurden das Repertoire-Studium durch Chopin-Etüden ergänzt. Wenn Horowitz vorspielte, betonte er stets den Unterschied zwischen Technik und Handwerk. »Handwerk ist die Fähigkeit, schnell und langsam zu spielen, mit ausgeglichenen Akkorden, Arpeggios, Tonleitern, Oktaven, Trillern etc. Das alles sind Mittel zum Zweck, ist aber nicht der Zweck selbst.« Unter Technik hingegen verstand Horowitz die Fähigkeit, »die eigenen musikalischen Ideen durch das Instrument auszudrücken. Dazu gehört alles, was zur ›Übersetzung‹ eines musikalischen Gedankens in eine tönende Interpretation beiträgt – die Kontrolle des Pedals, die Dynamik und die Klangfarbe. Noch wichtiger ist die Fähigkeit, Emotionen ins Spiel zu bringen. Technik ist also das *savoir-faire* – wissen, wie man etwas macht. Technik ist nicht ein *Teil* der Musikalität, sondern ihr *Resultat*. Technik und Handwerk müssen in einem Gleichgewicht stehen; wenn das pure Handwerk im Vordergrund steht und den musikalischen Gedanken verdrängt, dann entsteht eine sinnlose Interpretation.«[5]

Es war genau jenes Gleichgewicht, das die Kritiker bei den Horowitz-Interpretationen bemängelt hatten. Deshalb ermahnte Horowitz seinen Schüler immer wieder, das Wichtigste sei, »Kopf und Herz im Gleichgewicht zu behalten – und zwar mittels der Finger. Bei einem guten Pianisten besteht eine Verbindung zwischen diesen drei Elementen. Fehlt eines, so ist der Kreis nicht geschlossen. Der Kopf ist die Polizei. Kommt die Inspiration nur aus dem Kopf, dann wird die Interpretation steril und wirkt statisch. Dennoch ist der Kopf wichtig; und junge Musiker sind heutzutage eher kopflastig, so daß ihr Spiel dann am Herzen vorbeigeht und direkt vom Kopf in die Finger zielt.«[6]

Horowitz bestand weiterhin darauf, daß jede Interpretation auf einem solchen Gleichgewicht basieren müsse; dennoch räumte er seinem Schüler gegenüber ein, daß man »oft Dinge machen müsse, um die Aufmerksamkeit des Publikums zu gewinnen – ein plötzliches Pianissimo oder ein unerwarteter Akzent. Die Schüler meinen oft, ein Stück sei immer auf dieselbe Art zu spielen. Aber das kann man gar nicht – man muß einmal da, dann mal dort etwas übertreiben, Dinge hervorheben.« Jahre später meinte Janis dann: »Wenn man das Klavier zu gut beherrscht oder zuviel handwerkliches Können hat, so besteht die Gefahr gerade darin, daß es manchmal dann schwierig ist, alle diese schier unbegrenzten Fähigkeiten unter Kontrolle zu behalten und nur dann von ihnen Gebrauch zu machen, wenn es die Musik wirklich verlangt. Das ist, wie wenn man zuviel Geld hat. Horowitz hat sich zum Teil übermäßig verausgabt. Für ihn war es schwierig, jenes Gleichgewicht zu wahren, welches er von mir erwartete. Er war nicht ein übermäßig intellektueller Pianist; an einer Partitur interessierten ihn vor allem die richtigen Effekte, die zeigen sollten, was alles er auf dem Klavier fertigzubringen imstande war.«[7]

Nachdem Horowitz ein Jahr lang mit Janis gearbeitet hatte, sollte dieser nun versuchsweise einen Klavierabend im Ninety-second-Street-YMHA geben. Begierig wartete Horowitz darauf, bei einem öffentlichen Klavierabend nun endlich die Früchte seiner Arbeit mit Janis begutachten zu können. »Für dieses Konzert«, so erzählte Janis, »schenkte mir Horowitz meinen ersten Frack; und zwar seinen eigenen, den er als junger Mann einst getragen hatte. Ich trat noch jahrelang in diesem Frack auf.« Horowitz versprach Janis, daß er ihm auch eine Gage bezahle. Denn er war der Ansicht, daß man sich für honorierte Aufgaben ernsthafter vorbereite. Entsprechend hatte Janis Horowitz 100 Dollar pro Lektion zu bezahlen. Selbstverständlich brauchte Horowitz dieses Geld nicht; aber er wollte andererseits auch nicht, daß man das Privileg, mit ihm arbeiten zu können, als selbstverständlich hinnahm. Merowitsch hatte sich um die geschäftlichen Details zu kümmern; und im Sommer 1944 erhielt er einen Brief von Wanda, worin sie Horowitz' Position folgendermaßen umriß: »Wolodja hat vor, das Geld, das ihm Janis für den Unterricht bezahlt hat, wieder zurückzugeben. Und zwar in Form einer Gage für einen oder auch zwei Klavierabende in der Carnegie Hall – je nachdem, wieviel Geld von den Unterrichtsstunden zusammengekommen sein wird. Wenn Janis das im voraus weiß, wird er sich mit größerem Eifer an seine Aufgaben machen. Und sollte Wolodja Ende Jahr mit seinem Unterrichtsergebnis aus irgendeinem Grunde nicht zufrieden sein, dann wird er den bis dahin zusammengelaufenen Betrag einer wohltätigen Institution überweisen.«[8]

Doch Horowitz war mehr als zufrieden mit dem, was Janis an diesem Klavierabend bot. Nun wollte er ihm auch zeigen, wie man in einem größeren Konzertsaal zu spielen habe. »Der Künstler gleicht in mancher Hinsicht einem Redner«, betonte Horowitz. »Er muß die Fähigkeit entwickeln, sich richtig auszudrücken. Er muß übertreiben. Es gibt Leute, die sind dermaßen puritanisch, daß sie aus lauter Angst gar nichts tun, wenn sie spielen. Und dann passiert in der Musik auch nichts. Es ist besser, ein Zuviel an Ausdruck unter Kontrolle bringen zu müssen, als zu wenig Ausdruck zu haben.« Gerade was Ausdruck und Modulation des Klanges anbelangte, war Horowitz ein vorbildlicher Lehrer. Er hatte Erfahrung mit schwierigen, dumpfen Konzertsälen; um so mehr hielt er Janis an, den Pedalgebrauch jeweils auf die Akustik des Saales abzustimmen. Dann zeigte er ihm, wie man einen singenden Ton erzeugt. Es sei eben etwas anderes, ob man im Wohnzimmer spiele oder in einem großen Saal. »Hier muß alles anders bemessen werden – das Klangvolumen, aber auch die emotionale Intensität. *Unterstreiche Deine Emotionen!* Du spielst vor 2500 oder gar 3000 Leuten. Die jungen Pianisten vergessen das immer. Bei den knalligen Stellen entfesseln sie zwar ein riesiges Tastengedonner; aber singende Melodien kriegen sie keine hin.«

»Singen«: Das war ja die Essenz der russischen Klavierschule. Janis solle sich die berühmten Sänger und Sängerinnen anhören und sich überhaupt mit Opernmusik befassen. Eine Chopin-Melodie könne man genau so modulieren, wie ein Sänger beispielsweise eine Bellini- oder Verdi-Arie phrasiere.

Natürlich wurde hauptsächlich jenes romantische Repertoire durchgenommen, welches Horowitz selber bevorzugte: Chopin, Schumann, Liszt und Rachmaninow. Bei Adele Markus hatte Janis dagegen vor allem Bach, Haydn, Mozart und Beethoven gespielt. »Aber Horowitz wollte für mein Repertoire größere Werke – beispielsweise das dritte Rachmaninow-Konzert –, und er lehrte mich, großflächiger zu spielen, mehr mit Ölfarben statt in Aquarelltechnik zu malen. Junge Künstler haben meistens Angst davor, in größeren Dimensionen zu denken und etwas auszudrücken. Während der Lektionen forderte Horowitz oft: ›Sag etwas eigenes aus! Gib eine Erklärung ab!‹ Und wenn ich keine abzugeben hatte, irritierte ihn das, und er brach die Lektion ab und schickte mich nach Hause – ich solle darüber nachdenken und nächste Woche wieder kommen.«[9]

Während dieser vierjährigen Unterrichtsperiode war Horowitz natürlich stets kreuz und quer durchs ganze Land auf Tournee. Damit der Unterricht dennoch kontinuierlich verlaufe, entschied man, der Schüler solle den Lehrer auf den Konzertreisen begleiten. »Wir arbeiteten tatsächlich«, erzählte Janis. »Obwohl er später noch andere Schüler hatte – mit mir zusammen hat er am meisten Zeit verbracht. Ich war wie ein Sohn-Ersatz für ihn, und wenn Horowitz in New York war, ging ich jeden Tag vorbei. Mein Problem bestand in der Tat darin, daß ich nicht nur Schüler von Horowitz, sondern ein Mitglied der Familie war. Abends zum Essen war ich jeweils da, hatte meinen Unterricht in der Toscanini-Residenz in Riverdale, ging im Sommer mit der Familie Horowitz in den Urlaub und blieb am Wochenende oft über Nacht bei ihm. Jeden Abend pflegte er mir hundert Sachen vorzuspielen; zweifellos war es ein wahnsinniges Erlebnis, ihn so oft spielen zu hören. Aber wenn man jung ist und so empfindsam war wie ich, konnte es nicht ausbleiben, daß ich mich beeinflussen ließ.«

Beim Unterrichten hielt sich Horowitz mit Vorspielen stets zurück: »Talentierte Leute muß man mehr führen als wirklich unterrichten.« Dennoch übte er mit seinem Spiel einen riesigen Einfluß auf Janis aus. Adele Markus hatte damals recht gehabt: »Für seine sechzehn Jahre war er noch sehr jung«; und natürlich konnte er der Versuchung nicht widerstehen, Horowitz zu imitieren. Dazu meinte Janis dann in späteren Jahren: »Das Wichtigste ist nicht die Strenge des Lehrers, sondern die des Schülers. Wenn man bei einem berühmten Künstler Stunden nimmt, ist das, wie wenn man dominante Eltern hat. Man muß schon sehr stark sein, um mit einem Menschen wie Horowitz arbeiten zu können und sich trotzdem nicht von ihm erdrücken oder ›auffressen‹ zu lassen. Stets sah ich diese Gefahr drohen, und dennoch kopierte ich ihn eine Zeit lang häufig. Ich kannte seine musikalischen Gedanken, wußte, wie er atmete, und so konnte ich ihn exakt imitieren. Natürlich sagte er jeweils: ›Sei kein zweitklassiger Horowitz, sondern ein erstklassiger Janis!‹ Aber das war unmöglich.«[10]

Anfänglich wirkte sich Horowitz' Einfluß auf Janis' professionelle Karriere nicht hemmend aus. 1946 erhielt der Achtzehnjährige einen Vertrag mit RCA und wurde vom berühmten Impresario Sol Hurok unter Vertrag genommen. Anfang

1946 half ihm Horowitz, Konzertauftritte mit weniger bekannten Orchestern und Klavierabende zu arrangieren: in Baltimore, Pittsburgh, Kansas City und Dallas. Horowitz und Chotzinoff waren beide der Ansicht, daß Janis zumindest fünfzig Konzerte in kleineren Städten hinter sich haben müsse, um für das offizielle New Yorker Debüt gewappnet zu sein. »Ein junger Künstler spielt bei seinem New Yorker Debüt meistens 25 Prozent unter seinem Niveau, und zwar allein wegen seiner Nervosität. Darum soll Janis Gelegenheit bekommen, sich richtig vorzubereiten. Ein New Yorker Auftritt sollte das Ende in der Karriere eines jungen Künstlers sein und nicht der Anfang. Will sagen: Eine Karriere hat dann Aussicht auf Erfolg, wenn sie nicht zuoberst beginnt. Bevor ein junger Künstler in New York debütiert, sollte er zumindest sechs oder sieben Konzertprogramme intus haben, und zwar alle routiniert.«

Als Janis dann öfter auftrat, erinnerte ihn Horowitz stets daran, daß ein Konzert keine Prüfung sei; das Wichtigste bleibe die Spontaneität. Zudem riet er ihm, nicht aufzutreten, wenn er sich am Tag des Konzerts krank fühle; er selber zögere ja auch nie, ein Konzert abzusagen. »Horowitz war auch ein scharfsinniger Geschäftsmann und gab mir Ratschläge für den Vertrag mit meinem Manager«, erzählte Janis. »Hurok zeigte sich dann außerstande, so viele Konzerte zu arrangieren, wie sie Horowitz und Chotzinoff vor meinem New Yorker Debüt für nötig befanden, und so kam ich zu Arthur Judson.« Horowitz meinte auch, es würde Janis helfen, wenn er vor ausländischem Publikum auftreten könnte, und so wurde für den Sommer 1948 eine Südamerika-Tournee arrangiert. Dort erhielt er ausgezeichnete Kritiken und enorm viel Beifall – für Horowitz ein Beweis, daß sein Schüler das Potential zu einem veritablen Kassenmagnet habe. Überall hinterließ Janis' Spiel einen tiefen Eindruck – vor allem seine Interpretationen des zweiten und dritten Rachmaninow-Konzerts. Das alles brachte Horowitz letztlich zur Überzeugung, daß sein Schüler nun reif sei für New York.

Am 30. Oktober 1948 debutierte Janis in der Carnegie Hall vor ausverkauftem Haus, und der Klavierabend wurde zu einem uneingeschränkten Erfolg. »Schon lange habe ich kein junges Talent mit soviel Musikalität und Gefühl gehört, mit soviel Intelligenz und künstlerischer Ausgeglichenheit, wie sie der zwanzigjährige Byron Janis besitzt«, schrieb Olin Downes. »Der junge Mann ist nicht nur einzigartig begabt, sondern er spielt zudem mit Ernst und Gewissenhaftigkeit.«[11]

Horowitz entschied, es sei nun an der Zeit, daß Janis seinen eigenen Weg mache. Klar, das Judsons Columbia Management für Janis' Publicity den Namen von Horowitz brauchen wollte. Horowitz wies darauf hin, daß man damit seinem Schüler letztlich schaden werde, denn es würde von seiner eigenen Persönlichkeit ablenken. »Manager denken, erstens seiest du mein Schüler und zweitens wäre es gut für die Kasse«, meinte Horowitz zu Janis. Dabei sah er nur die beruflichen Nachteile, die aus solcher Publicity-Praxis erwachsen könnten. Die waren aber nichts im Vergleich zu den psychologischen Problemen, mit denen Janis während der beiden folgenden Jahre zu kämpfen hatte. Viele dieser

Probleme hingen direkt mit seiner Ausbildung bei Horowitz zusammen. »Lektionen waren eben nicht einfach Lektionen«, sagte Janis. »Das Problem war, daß ich auch emotional mehr und mehr an Horowitz hing – anders wäre es gar nicht gegangen, denn Horowitz' Persönlichkeit forderte das. Er hatte ein derart dominantes Ego, daß er keinen Moment vergessen ließ, was für ein großes Privileg es sei, mit ihm arbeiten zu dürfen. Er konnte recht albern sein und zuweilen auch rücksichtslos, und er war eifersüchtig auf meinen Erfolg.« Als ihm Janis stolz eine seiner ersten RCA-Schallplatten brachte mit zwei Beethoven-Sonaten, würdigte sie Horowitz kaum eines Blicks und legte sie dann beiseite: »Ich mag Beethoven nicht. Ich will sie nicht hören.«

Oft hatte Horowitz die Grenzen eines Klavierlehrers und Ratgebers überschritten und wurde eine Art Beichtvater und Intimfreund – schnell bereit, Janis für jedes reale oder auch nur eingebildete Vergehen zu bestrafen. Die emotionale und künstlerische Abhängigkeit, die Horowitz im Jungen aufgebaut hatte, machte diesen übermäßig verletzlich; er hatte Angst vor den Meinungen seines Lehrers und kämpfte vergeblich gegen dessen dominante Persönlichkeit an. Mit zwanzig Jahren zog sich Janis für zwei Jahre zurück. Als der Zweiundzwanzigjährige dann am 28. November 1950 wieder aufs Podium zurückkehrte, und zwar zu einem Klavierabend in der Carnegie Hall, ging er an einem Stock. »Ich hatte einen Bänderriß«, sagte Janis später, »aber ich muß zugeben, daß ich auch viele Probleme hatte, die auf meine Jahre mit Horowitz zurückzuführen waren. Die Stärke seiner Persönlichkeit war zuviel für mich, und so hatte ich dann einen Zusammenbruch.« Ein Columbia-Manager meinte, Janis habe sich »seinen physischen Zustand nur eingebildet oder ihn vorgetäuscht. Es war eine traurige Sache. In emotioneller Hinsicht war Janis sehr fragil, und das hat dann auch seine Karriere sehr beeinträchtigt.«[12] Adele Markus war nicht die einzige, die meinte, »der Unterricht bei Horowitz habe dem armen Byron letztlich geschadet. Es war zu früh für ihn, und man hätte diese Situation ändern sollen. Aber sie geriet ganz einfach außer Kontrolle.«[13]

Janis' Selbstzweifel schwanden dann allmählich, und er konnte sich in den fünfziger Jahren als einer der brillantesten Pianisten seiner Generation etablieren. Vor allem wurden sein Chopin-Spiel und seine Interpretationen russischer Musik berühmt. Seine RCA-Aufnahme des dritten Rachmaninow-Konzerts, die 1958 erschien, erhielt gute Kritiken – auch im Vergleich zur Horowitz-Einspielung. Und die Aufnahme des dritten Prokofjew-Konzerts wurde überall als hervorragend taxiert. Zudem war Janis der erste Amerikaner, der 1960 nach Rußland auf Tournee gehen konnte. Seine Konzerte fanden dort »eine überwältigende Aufnahme«, wie die *New York Times* rapportierte, »man sah Männer und Frauen mit Tränen in den Augen«.

Horowitz, der gegen jede Konkurrenz anfällig war, verhielt sich zum Erfolg seines ehemaligen Schülers alles andere als zuvorkommend. 1967 und noch einmal 1973 geriet Janis gar in die Schlagzeilen, weil er Manuskripte von Chopin-

Walzern entdeckt hatte. Natürlich zeigte er sie auch Horowitz, doch dieser grollte: »Geh damit zu Rubinstein!« Bitter sagte der ungläubige Janis dann zu einem Journalisten: »Horowitz kümmerte sich einen Dreck um diese Manuskripte, wollte nicht wissen, was da drin stecke, und er hätte nicht unverschämter sein können.«[14]

Ohne herunterzuspielen, was er in pianistischer Hinsicht alles von Horowitz gelernt hatte, kam Janis letztlich zum Schluß, daß sich die vier Jahre mit ihm »alles in allem doch negativ ausgewirkt« hatten. Stets blieb er zurückhaltend und fast etwas ängstlich, was diese traumatische Periode seines Lebens anbelangte, und sprach abwechselnd zuerkennend und geringschätzig über seinen ehemaligen Lehrer.

Klavier-Akrobatik

Ein Künstler, der dauernd vor dem Publikum steht, wird extravertiert, ohne daß er es überhaupt merkt. Stets gibt er, und nie empfängt er etwas. In den vierziger Jahren änderte sich mein Repertoire schnell in Richtung moderner Musik und Transkriptionen. Alles, was schnell war. Mein Spiel wurde schrill und noch brutaler, und gewisse Musik konnte ich schon gar nicht mehr spielen. Ich sage nicht, daß das schlecht gewesen sei oder gut. Es war einfach so.[1]

Bis um 1940 fiel Horowitz' Schallplatten-Tätigkeit vergleichsweise bescheiden aus. Zwischen März 1928 und März 1936 fanden insgesamt einundzwanzig Aufnahmesitzungen statt; fünfunddreißig verschiedene Werke wurden eingespielt und pro Jahr durchschnittlich vier davon veröffentlicht (ausgenommen 1932, als elf Werke eingespielt und auch veröffentlicht wurden). Abgesehen vom dritten Rachmaninow-Konzert (1930 eingespielt) und der h-moll-Sonate von Liszt (1932) handelte es sich dabei fast ausschließlich um kleine Stücke, um Zugaben, die problemlos auf einer 78-rpm-Schallplatte Platz fanden und von RCA und HMV auch gut vertrieben werden konnten.

Nach einem vierjährigen Unterbruch von 1936 bis 1940, der mit Horowitz' Krankheit zusammenhing, nahm seine Schallplatten-Aktivität rapide zu. Zwischen Mai 1940 und Februar 1953 spielte Horowitz in dreiundsechzig Aufnahmesitzungen insgesamt vierundneunzig verschiedene, meist größere Werke ein. 1953 standen über hundert Werke in Horowitz-Interpretationen auf Schallplatte zur Verfügung – 1940 waren es nur fünfunddreißig gewesen. Daß Horowitz nun öfter im Aufnahmestudio anzutreffen war, hatte verschiedene Gründe. Einmal baute RCA das Klassik-Marketing aus, zudem fielen Schallplatten-technologische Erneuerungen ins Gewicht, und letztlich bekam, wer viele Schallplatten vorweisen konnte, lukrativere Verträge. Bis anhin hatte ihn die Diskrepanz zwischen dem effektiven Klang seines Instruments und dem, was er auf der Schallplatte hörte, stets irritiert. In den dreißiger Jahren schien es nicht möglich, die volle dynamische Breite und den subtil abgestuften Farbenreichtum von Horowitz' Spiel angemessen zu konservieren. Obwohl die Aufnahme des dritten Rachmaninow-Konzerts als eine seiner besten Interpretationen gelobt wurde, war Horowitz nicht zufrieden mit dem Klang; später bedauerte er, daß die Aufnahme überhaupt veröffentlicht worden war. Er haßte die öde und unnatürliche Art, das Werk in einzelnen Vier-Minuten-Segmenten aufzunehmen und es dann auf neun Schallplattenseiten verteilt anzuhören. Obwohl er in den dreißiger Jahren problemlos auch das Tschaikowski-Konzert oder eines der beiden Liszt-Konzerte hätte einspielen können, verzichtete er darauf. Erst Jahre später kam es wieder zu einer Aufnahme eines Klavierkonzerts: 1940 spielte er unter Toscanini das B-dur-Konzert von Brahms ein, und ein Jahr später folgte die Studio-Version des Tschaikowski-Konzerts (die Live-Version stammt von 1943).

In den dreißiger Jahren gab Horowitz in Europa und Amerika pro Saison zwischen achtzig und hundert Konzerte, so daß für Schallplatten-Aufnahmen kaum mehr Zeit blieb. Seit 1940 lebte er nun in den USA; zudem hatte er seinen Terminkalender auf höchstens vierzig Auftritte pro Jahr reduziert, so daß er jetzt jederzeit in einem der New Yorker RCA-Studios zu Schallplattenaufnahmen antreten konnte. Dies vor allem nach Kriegsende; während des Krieges hingegen wurde die Schallplattenproduktion faktisch stillgelegt. Und zwar aus zwei Gründen. Erstens wurde das Schellack-Material, welches man zur Herstellung von Schallplatten benötigte, dringend für militärische Zwecke gebraucht, was zur Folge hatte, daß die außermilitärische Schellack-Verwertung um ganze siebzig Prozent gekürzt wurde. Zweitens blockierten die Musiker selbst das Schallplatten-Business in der Hoffnung, sie würden dadurch für ihre am Rundfunk gespielten Schallplatten Lizenzgebühren bekommen. Somit kam es in diesen Jahren – abgesehen von den Konzerten mit Toscanini – nur zu vier Aufnahmesitzungen, die alle in Hollywood stattfanden: Hier spielte Horowitz im Sommer 1942 die Saint-Saëns/Liszt/Horowitz-Version der *Danse macabre* sowie Tschaikowskis *Dumka* ein.

Als die Rationierung des Schellack-Materials aufgehoben wurde, begann Horowitz mit einer großumfänglichen Schallplattenproduktion. Die besten akustischen Bedingungen in New York fand er im Hunter College, in der Town Hall und der Carnegie Hall; andere Aufnahmesitzungen fanden im RCA-East-Twenty-fourth-Street-Studio statt, gelegentlich auch in Hollywood und (anläßlich der England-Tournee von 1951) in London. Fast alle Schallplatten, die zwischen 1944 und 1953 produziert wurden, entstanden somit unter Studio-Bedingungen; eine Ausnahme bildeten lediglich zwei Klavierabende in der Carnegie Hall (5. März und 23. April 1951) sowie das Jubiläumskonzert vom 12. Januar 1953 zum 25. Jahrestag von Horowitz' Amerika-Debüt (unter George Szell spielte er das Tschaikowski-Klavierkonzert).

Für die Vertragsabschlüsse mit RCA war Merowitsch zuständig; er hatte Repertoirefragen zu klären und Studiotermine festzulegen, mußte die Korrespondenz mit RCA erledigen und Horowitz jeweils das Masterband zur Genehmigung vorlegen; zudem war er für die grafische Gestaltung der Schallplattenhüllen sowie für den Hüllentext zuständig. Im Vertrag wurde festgehalten, daß Schallplatten nur mit dem schriftlichen Einverständnis von Horowitz veröffentlicht werden dürften und daß die Anzahl der veröffentlichten Platten nicht kleiner sein dürfe als die anderer RCA-Pianisten. Zudem hatte das Marketing-Management darauf zu achten, daß in der Publicity kein anderer Pianist *vor* Horowitz genannt wurde (es sei denn aus Gründen der alphabetischen Reihenfolge) und auch keiner in größeren Buchstaben. Und Horowitz verlangte auch, daß man Schumanns *Träumerei* aus den *Kinderszenen*, die er derart häufig als Zugabe spielte, daß das Publikum dieses Stück automatisch mit seinem Namen in Verbindung brachte, ausschließlich ihm vorbehalte; kein anderer RCA-Pianist durfte dieses Werk aufnehmen, es sei denn als Filmmusik. Der Vertrag von 1946 garantierte Horowitz 1250 Dollar pro Schallplattenseite, und dies bis und mit zwanzig Plattenseiten pro Jahr, was einer jährlichen Garantiesumme von 25000 Dollar Lizenzgebühren entsprach oder – wie es RCA wünschte – 75000 Dollar für einen entsprechenden Dreijahresvertrag. Darin war auch vorgesehen, daß Horowitz in den drei Jahren sechzig 78-rpm-LP-Seiten produzieren müsse. Aber Horowitz wollte sich nicht für ganze drei Jahre binden und unterschrieb deshalb nur einen Zweijahresvertrag, und zwar mit einer Zusatzklausel, die 5000 Dollar vorsah für jede zur Veröffentlichung freigegebene Aufnahme eines Klavierkonzerts. Über solche Garantiesummen hinaus erhielt Horowitz 12,5 Prozent für Solo-Aufnahmen und 7,5 Prozent für Konzerte – ausgenommen bei der Zusammenarbeit mit Toscanini, wo Horowitz nur 5 Prozent bekam.

Nachdem der Vertrag unterschrieben war, mußte noch das aufzunehmende Repertoire bestimmt werden. RCA legte Merowitsch drei Listen mit insgesamt sechzig Werken vor, schön nach Priorität geordnet. Auf der »A«-Liste mit den dringlichsten Werken stand zuoberst Beethovens *Mondschein*-Sonate; RCA hatte sich ausbedungen, daß Horowitz dieses Werk in sein Konzertprogramm aufnehme, und tatsächlich spielte er sie 1946 in einigen Klavierabenden. An zweiter Stelle wurde Beethovens *Waldstein*-Sonate gewünscht. Horowitz nahm sie 1944 auf, war aber mit dem Ergebnis nicht zufrieden, so daß die Aufnahme bis 1956 unveröffentlicht blieb. Weiter figurierten auf der »A«-Liste einige Chopin-Werke sowie das dritte Rachmaninow-Konzert, dazu viel Liszt und drei von Horowitz' eigenen Transkriptionen: *The Stars and Stripes Forever, Carmen* und Mendelssohns *Hochzeitsmarsch*. In welcher Reihenfolge die Werke aufgenommen und auf die verschiedenen Platten verteilt wurden, konnte Horowitz selber entscheiden. RCA verlange einzig, daß man sie über solche Entscheide früh genug informiere, so daß die entsprechenden Werke dann ausschließlich für ihn reserviert werden konnten, und zwar für die ganze Vertragsdauer.

Die RCA-»Wunschliste« richtete sich selbstverständlich ganz nach jenen Werken, die beim Horowitz-Publikum besonders gut ankamen. Liszts Ungarische Rhapsodien waren darunter, Transkriptionen sowie russische und slawische Musik: Prokofjews siebte Sonate, Kabalewskis dritte Sonate, Mussorgskis *Bilder einer Ausstellung*, Skrjabins *Vers la flamme*, Moszkowskis *Etincelles* und Tschaikowskis *Dumka*. Was Klavierkonzerte anbelangte, wollte Horowitz sein eigenes Repertoire erweitern (es bestand vorläufig aus sieben Werken: den beiden Brahms- und Liszt-Konzerten, dem b-moll-Konzert von Tschaikowski, Beethovens fünftem sowie Rachmaninows drittem). Horowitz stellte nun selber eine

»Wunschliste« zusammen, enthaltend das Grieg-Klavierkonzert, Tschaikowskis Konzert-Fantasie op. 56, das dritte Prokofjew-Konzert und einige Mozart-Klavierkonzerte. Doch keines dieser Werke wurde je aufgenommen, und Horowitz hat auch keines je öffentlich gespielt. Jahre später meinte er mit einiger Verbitterung: »Das Publikum verlangte von mir einzig, daß ich im Tschaikowski- und Rachmaninow-Konzert den üblichen Riesenlärm mache; in einer halben Stunde sollte ich da zeigen, was ich alles konnte. Dabei konnte ich auch leise spielen! Ich hatte vier oder fünf Mozart-Konzerte im Repertoire sowie Chopins f-moll-Konzert. Aber es mußte stets Tschaikowski sein. Es war wie eine Visitenkarte – sonst wäre das Publikum wohl gar nicht in meine Konzerte gekommen.«

Dennoch: Dem Publikum geben, was es wollte, war Horowitz' Hauptdevise in den vierziger und fünfziger Jahren. Und zwar auf Schallplatte wie im Konzertsaal. So entschied er sich Anfang der fünfziger Jahre, drei seiner »Repertoire-Knüller« auf Schallplatte einzuspielen: das dritte Rachmaninow-Konzert (1951 unter Fritz Reiner aufgenommen) und Beethovens fünftes Klavierkonzert (1952 aufgenommen, ebenfalls unter Reiner); und 1953 kam noch das Tschaikowski-Konzert hinzu: eine Aufnahme mit dem New York Philharmonic Orchestra unter George Szell, die jedoch wegen vertraglicher Schwierigkeiten nie veröffentlicht werden konnte.

Horowitz hatte keinerlei Interesse, die Geduld und Aufmerksamkeit seines Publikums mit Solowerken oder Konzerten aus der Wiener Klassik auf die Probe zu stellen. »Wenn man klassische Musik stilistisch korrekt auf einem großen Flügel in einem großen Konzertsaal spielt, dann langweilt das die meisten Zuhörer«, meinte er. »Und zwar ist das nicht auf die Unzulänglichkeit der Musikfreunde zurückzuführen, sondern hängt ganz einfach damit zusammen, daß klassische Musik für kleinere Instrumente und kleinere Räume konzipiert worden ist.« Zum Ärger seiner Freunde, darunter Rudolf Serkin und Nathan Milstein, verstieg er sich gar zur Behauptung, daß »die letzten Schubert- und Beethoven-Sonaten langweilig« sind. »Meiner Meinung nach ist beispielsweise die Fuge im letzten Satz von Beethovens *Hammerklavier*-Sonate viel zu lang. Aber wenn ich das Rudolf Serkin sage, dann bringt er mich um.«

Viele der Kollegen (und übrigens auch die meisten Musikkritiker) hatten für die »knalligen« Programme von Horowitz kaum etwas übrig. In den Zeitungen las man, er lasse sich auf die tiefste Ebene des allgemeinen Geschmacks herunter, schlage vor allem aus seiner virtuosen Klavierakrobatik Kapital und entstelle damit die Werke des herkömmlich-klassischen Repertoires. In der Tat ging Horowitz mit diesem Repertoire nicht besonders respektvoll um: »Man kann Beethoven verbessern, wie man alles verbessern kann«, meinte er einem Journalisten gegenüber. »Casals hat stets gesagt: ›Spiel Beethoven so, wie Du Chopin spielst. Nur am Konservatorium wollten sie uns weismachen, daß zwischen beiden ein Unterschied bestehe.«[2] In den vierziger Jahren sah Horowitz' klassisches Repertoire recht mager aus: drei Mozart-Sonaten, sieben frühe Beethoven-Sonaten, einige Werke von Haydn und das fünfte Beethoven-Konzert. Später bestätigte er, daß seine Bevorzugung von Virtuosenstücken und Transkriptionen »eine Änderung im Klavierspiel bewirkt« habe: »Ich spielte immer schriller, fast brutal und irgendwie derart brillant, daß ich gewisse Musik schon gar nicht mehr spielen konnte.« Ein Kritiker meinte, wenn Horowitz Beethoven spiele – beispielsweise die oft aufs Programm gesetzte Sonate op. 10 Nr. 3 – sei das etwa so, »wie wenn man mit einem Bulldozer einen Ameisenhaufen plattwalze«.[3] B.G. Haggin doppelte in *The Nation* nach: »Einer der Künstler, die ich mir nicht mehr anhören werde, ist Vladimir Horowitz. Obwohl er eine magistrale Pianistik ins Feld zu führen hat wie kaum ein anderer, langweilt man sich bei seinen in musikalischer Hinsicht doch sehr beschränkten Interpretationen fast zu Tode.«[4] Und Irving Kolodin stellte in der *New York Sun* fest: »Wenn es irgendeinen Grund geben sollte, weshalb sich Horowitz für einen halben Konzertabend lang mit kleinen Prokofjew-Stückchen, einige Etüden von Rachmaninow, Debussy und Skrjabin abgibt, die allesamt ja nur eine Vorbereitung sein sollen für seine eigenen kniffligen Transkriptionen – ich jedenfalls kann diesen Grund beim besten Willen nicht sehen.«[5]

In jenen Jahren pflegte Horowitz seine Klavierabende stets mit einer eigenen Transkription zu beenden. Spielte er Scarlatti, Bach-Busoni, Schumann oder Mendelssohn, so war das Publikum recht unruhig und wartete sehnlichst auf jenen Moment, wo »der charakteristische Horowitz-Sound ungestüm losbrechen würde, wo Horowitz seine respektvolle ›Klassiker‹-Haltung endlich aufgeben und dann ganz er selbst sein würde«. In den elf Jahren von 1941 bis 1952 stellte sich Horowitz ganz auf diese fast obsessive Erwartungshaltung seines Publikums ein: Pianistisches Feuerwerk war gefragt, und so trug er dem mit einer ganzen Reihe von Transkriptionen und Arrangements Rechnung. Zudem konnte er hier seine kompositorischen Fähigkeiten zur Entfaltung bringen und die rein pianistischen Möglichkeiten in einer Weise erweitern, wie sich das wohl nicht einmal Liszt träumen ließ. Dennoch: Viele Kritiker sahen in diesen Transkriptionen bloß eine aufdringlich-billige Zurschaustellung – obwohl Horowitz immer wieder darauf hinwies, daß solche Klavieradaptionen von Orchester- und Opernmusik auf eine im 19. Jahrhundert hochgeschätzte Tradition zurückgingen.

In früheren Jahrzehnten wurden solche Transkriptionen nicht zuletzt aus dem Bedürfnis geschrieben, dem Publikum die Begegnung mit bis anhin unbekannter Musik zu ermöglichen. Von solchen beinahe erzieherischen Absichten war in Horowitz' Transkriptionen natürlich nichts mehr zu spüren. Vielmehr war er darauf aus, nach Möglichkeit selbst Liszt zu übertrumpfen, und er modelte dessen Transkriptionen in technisch derart anspruchsvolle Adaptionen um, daß diese – wenn überhaupt – nur noch von einem Horowitz bewältigt werden konnten. Klar, daß sie bald einmal zu einem Horowitz-Markenzeichen wurden und wesentlich auch die künstlerische Entwicklung beeinflußten. Und zwar negativ: »In jenen vierziger Jahren begann ich, intellektuell und künstlerisch immer mehr zu schrumpfen«, meinte Horowitz in späteren Jahren. »Meine Pianistik wurde zu brillant. Was ich auch spielte, stets spielte ich zu schnell, selbst meine eigenen Transkriptionen.«

Als erste Transkription entstand die *Carmen*-Fantasie, geschrieben 1923 und in den folgenden Jahren oft revidiert. Dreimal spielte er sie für die Schallplatte ein: 1928, 1947 und 1968; zudem existieren davon auch zwei Klavier-Rollen: eine von 1926, in Deutschland hergestellt, die andere von 1928 aus den USA. Erst 1941 kam es zur nächsten Transkription: einer Adaption von Liszts Version der *Danse macabre* von Camille Saint-Saëns. In den nächsten Jahren folgte eine ganze Reihe weiterer Transkriptionen: 1942 Schubert/Tausigs' *Militärmarsch*, 1945 Sousas *The Stars and Stripes Forever* und 1946 Mendelssohn/Liszts *Hochzeitsmarsch*. 1947 schrieb er gleich drei: von Mussorgskis *Bilder einer Ausstellung*, von Mussorgskis Lied *Am Fluß* (Nr. 6 aus dem Zyklus *Ohne Sonne*) sowie von Liszts *Legende* Nr. 2 *(Der heilige Franziskus über die Wogen schreitend)*. 1948 entstand eine neue *Carmen*-Version, 1949 eine Transkription von Liszts *Rakoczy-Marsch* (Ungarische Rhapsodie Nr. 15), und 1952 folgte eine Bearbeitung von Liszts zweiter Ungarischer Rhapsodie. 1953 begann dann eine lange Periode der inneren Einkehr und Selbstprüfung; nicht nur Horowitz' musikalischer Geschmack änderte sich, sondern auch sein Repertoire, und die Transkriptionen wurden konsequenterweise fast alle beiseitegelegt. In den sechziger Jahren schrieb er dann noch drei weitere Transkriptionen: von Liszts Ungarischer Rhapsodie Nr. 19 (1962), von Liszts *Scherzo und Marsch* (1967) und schließlich von der Ungarischen Rhapsodie Nr. 13 (1969). Doch nie mehr spielte er *The Stars and Stripes Forever* – diese Transkription galt ihm nun als Symbol für alle jene gefährlichen künstlerischen Kompromisse, die er in den vierziger Jahren »um des schnellfertigen Publikumserfolges willen« eingegangen war.

Die *Danse Macabre* sowie die eine oder andere der Ungarischen Rhapsodien figurierten in den vierziger Jahren jeweils auf dem gedruckten Programm, und meistens bot Horowitz zum Schluß dann noch die *Carmen*-Fantasie oder *The Stars and Stripes Forever*. Der konzise Aufbau all dieser Transkriptionen zeigt, wie genau er den Effekt (und die effektvolle Zurschaustellung) einzuplanen wußte. Alle sind es relativ kurze Stücke: acht Minuten dauert die *Danse Macabre*, die Rhapsodien dauern zwischen sechs und neun Minuten und die restlichen Transkriptionen zwischen dreieinhalb und sechs Minuten. Horowitz schlug stets ein extrem schnelles Tempo an, spielte dennoch mit untadeliger Klarheit, mit enormer Kraft und einer schier unerschöpflichen Ausdauer. Der Eindruck war jedesmal überwältigend: Zum einen offenbarten die Transkriptionen Horowitz' kompositorische Raffinesse, zum andern konnte er hier seine technische Souveränität mit allem, was auf dem Klavier überhaupt möglich war, voll ausspielen. Und dies mit einer unerbittlichen Rhythmik, mit greller Dynamik und einem metallischen, manchmal fast blechernen Klang.

In seinen Transkriptionen gelang es Horowitz auch, die Spannung zwischen

Haupt- und Begleitstimmen durch das Einfügen zusätzlicher Stimmen zu erhöhen und mit Nebenthemen sowie rhythmischen Motiven auf kontrapunktische Art zu verdichten. Direkte thematische Wiederholungen wurden eliminiert, Kadenzen dafür erweitert und der Schluß meistens neu geschrieben. Jede Transkription begann mit einer einfachen Präsentation des Themas, und bei jeder Wiederholung wurde das Thema dann mehr und mehr ornamentiert. Die Dynamik nahm orchestrale Dimensionen an, und der Satz wurde, nicht zuletzt durch den Einbezug kühner Oktavverschiebungen, stets dichter – ohne daß Horowitz deswegen das Tempo hätte verlangsamen müssen.

Dem Pianisten Arthur McKenzie, einem der größten Horowitz-Fans, war es – offenbar als einzigem – gelungen, die Transkriptionen Horowitz' nach dem Gehör niederzuschreiben. Natürlich gewann er dadurch Einblick in die kompositorische Struktur und in aufführungspraktische Zusammenhänge, die bis anhin selbst den scharfsinnigsten Klavierfans ein Rätsel geblieben waren. In einem Interview erklärte McKenzie, daß Horowitz in jenen Jahren »möglicherweise der begabteste Klavierkomponist gewesen sei – außer Rachmaninow konnte keiner derart klaviergerecht schreiben. Er wußte genau, was auf dem Instrument möglich war. Wenn er beispielsweise chromatische Läufe spielte, so übersprang er da und dort eine Note; das war einfacher zum Spielen und tönte erst noch besser. Er wußte genau, daß das Ohr diese fehlenden Töne gar nicht ausmachen konnte und der rhythmische Impetus beim Spielen viel wichtiger war als lückenlose Läufe. Dann änderte er in Akkorden, in Terzen und Oktaven zum Teil auch die Aufteilung der Töne zwischen den beiden Händen. Horowitz hielt alle seine Transkriptionen unter Verschluß; wenn er sie nicht veröffentlichte, so glaubte er, werde er als der größte Klaviervirtuose aller Zeiten in die Geschichte eingehen. Denn keiner werde je erfahren, was er und wie er es gemacht hat. Und ohne Noten konnte ja kein anderer diese Transkriptionen spielen. Er sagte mir auch, es sei menschenunmöglich, nach dem Gehör zu notieren, was er spiele. Als ich es dennoch tat und ihm dann die Partitur zeigte, war er äußerst überrascht.« Im Konzert, so erzählte McKenzie weiter, »spielte Horowitz die längste Zeit über im vierfachen Piano, und wenn er dann spürte, daß er die Aufmerksamkeit des Publikums langsam verlor, konnte er es mit einem einzigen *fffff*-Akkord wiederum aufschrecken. Er konnte das Publikum besser manipulieren als irgendein anderer Pianist.«[6]

In seinen Liszt-, Mendelssohn- und Sousa-Transkriptionen reicherte Horowitz oktavierte Passagen mit zusätzlichen Stimmen an, und einfache Tonleitern wurden mit Terzen oder Sexten verdoppelt. Dank der außergewöhnlichen Unabhängigkeit jedes einzelnen seiner Finger konnte er zwei oder noch mehr Melodien gleichzeitig nebeneinander entwickeln, so daß das Publikum glauben mußte, daß hier drei und nicht nur zwei Hände am Werk seien. Zu seiner Bearbeitung von Liszts Ungarischer Rhapsodie Nr. 2 meinte er in einem Gespräch mit Irving Kolodin: »Harmonisch habe ich nichts geändert, auch die Themen sind alle original, aber schauen Sie hier.« Und er spielte mit der Linken ein Thema im Baß, gleichzeitig ein zweites Thema mit den Daumen beider Hände und zusätzlich noch ein drittes – in gebrochenen Terzen – in den oberen Oktaven. »Nicht schlecht, oder?« fragte er. »Nicht schlecht!« meinte der total verblüffte Kolodin.[7]

In der *Danse Macabre* und der Ungarischen Rhapsodie Nr. 15 entfesselte Horowitz veritable Klangorgien mit den Lautstärkegraden eines Orchesters. Dann wiederum reihte er Trillerketten aneinander, beeindruckte mit Oktaven, mit Tonrepetitionen oder Tremolos in den oberen Registern – Klangwelten, die kaum mehr an einen Konzertflügel, sondern eher an eine gigantische Celesta erinnerten. Die Schallplattentechnik aus jenen Jahren mußte vor der unvergleichlichen Klangfarben- und Dynamik-Palette dieser Transkriptionen natürlich kapitulieren. Die Einspielungen der Ungarischen Rhapsodien und der *Danse Macabre* zeigen das deutlich – vor allem in den Schlußsequenzen mit ihren ineinanderverschachtelten Oktaven und gehämmerten Akkorden, die tönten, als hätte man den Lautstärkeregler plötzlich zu stark aufgedreht.

Obwohl Horowitz-Schallplatten immer wieder wegen ihrer Klangtransparenz gerühmt wurden, fällt bei diesen Aufnahmen in den *Fortissimo*-Stellen eine gewisse gläserne Härte des Tons auf, die dann zu Verzerrungen führt. Zeitweise wirkt der Klang fast blechern. Klar, daß sich Horowitz mit solchen technisch bedingten Einschränkungen abfinden mußte, und stets betonte er, daß selbst gute Schallplattenaufnahmen nur wie eine Fotografie seien: »Das Beste, was man erwarten kann, sind Schwarz-und-weiß-Effekte.« Natürlich reichte die Tontechnik in den vierziger Jahren bei weitem noch nicht aus, um all jene Klangdifferenzierungen so zu reproduzieren, wie sie Horowitz jeweils im Konzertsaal kreierte.

Horowitz wollte nicht, daß andere Pianisten seine Transkriptionen spielten und herauskriegten, wie sie gemacht waren. Hingegen konnte er es nicht vermeiden, daß man seine Bearbeitung von Mussorgskis *Bilder einer Ausstellung* genauer unter die Lupe nahm. Horowitz hielt sich bei dieser Bearbeitung nicht nur an Mussorgskis Klavier-Originalfassung, sondern er zog auch Ravels Orchestrierung aus dem Jahr 1922 bei. Diesmal ging es ihm nicht ausschließlich um eine Zurschaustellung seiner eigenen Virtuosität. Vielmehr war er der Ansicht, daß Mussorgski nicht allzuviel vom Klavier verstanden habe und daß man dessen unbeholfenen Klaviersatz durchaus verbessern könne, ohne dabei die Intentionen des Komponisten zu verfälschen. »Das Klavier muß idiomatisch tönen; Mussorgski aber war kein Pianist«, argumentierte Horowitz. »So entschloß ich mich, Verdoppelungen anzubringen, um das Stück wirkungsvoller zu machen; an der Musik selber änderte ich nur sehr wenig, dafür aber um so mehr am Klang.«

Zu solchen Oktavverdoppelungen kamen noch andere Änderungen hinzu: Bei gewissen Passagen verbesserte Horowitz die Verteilung der Stimmen auf die beiden Hände, andere Passagen transponierte er je um eine Oktave nach oben oder nach unten, und langweilige *Tremolando*-Stellen wurden durch rhythmisch durchgestaltete und darum wirkungsvollere Passagen ersetzt. Nur an einer einzigen Stelle entschloß sich Horowitz zu einer einschneidenden Änderung: im »Großen Tor von Kiew«, dem Schlußsatz der *Bilder*, wo er den Klaviersatz Mussorgskis noch um ein zusätzliches Glocken-Klang-Motiv erweiterte. »Horowitz' Version des Schlußsatzes«, so schrieb ein Kritiker, »ist allein schon wegen seiner Klangfülle überwältigend. Daß ein einziges Instrument derart viel Musik hervorbringen kann! Oder besser gesagt: daß zwei Hände soviel Noten gleichzeitig spielen können! Das war kaum zu fassen.«[8]

Obwohl Olin Downes, einer der begeistertsten Horowitz-Kritiker, darauf hinwies, daß der Pianist nichts anderes bezweckt habe, als »die Intentionen des Komponisten zu realisieren«, und daß er sich deshalb »jede überflüssige Ausschmückung und jedes übereifrige Herumkorrigieren an Mussorgskis Original versagt« habe, war letztlich auch diese Bearbeitung kaum viel anderes als ein glanzvolles Schaustück genialistischer Virtuosität. »Überall begegnete man den altbekannten Hexereien von Horowitz«, schrieb Irving Kolodin. »Da wurden abrupt scharfe Akzente gesetzt, wurde einmal ungeheuer laut und dann wiederum lächerlich leise gespielt; und wie alles vorüber war, hatte man das Gefühl, Horowitz habe dem Publikum eigentlich nichts gegeben, sondern er habe ausschließlich sein eigenes Repertoire bereichert.« Dennoch: Horowitz war mit seiner Arbeit zufrieden. Noch drei Jahrzehnte später bekannte er: »Auf diese Bearbeitung bin ich stolz. Es brauchte damals recht viel Mut, denn bekanntlich sind ja sofort die Kritiker zur Stelle und werfen einem unerlaubte Eingriffe in ein Meisterwerk vor. Aber ich habe damals gute Arbeit geleistet – und auch gut gespielt.«

Von solcher Zurückhaltung im Umgang mit dem Original war in den Bearbeitungen der *Danse Macabre* und der Ungarischen Rhapsodien hingegen nichts zu spüren. Vor allem bei der Rhapsodie Nr. 15 brachte Horowitz einschneidende Änderungen an, ließ beispielsweise die gesamte Einleitung Liszts weg und begann, nach einer martialischen Oktaven-Passage, sogleich mit dem Hauptthema. Die Fortissimo-Passagen sind insgesamt von schneidender Brutalität, tönen wie Posaunen, und die Triller und melodischen Schnörkeleien haben einen fast klirrenden Beiklang, der ans Schrille grenzt. Horowitz schrieb zudem eine völlig neue Kadenz. Hinzu kam das übliche pompöse Oktavengerassel, so daß gegen das triumphale Ende hin die Baßnoten im dichten Klaviersatz dann praktisch untergingen. In der *New York Times* las man, Horowitz habe Liszts Komposition gleichsam in Berliozscher Manier orchestriert und das Ganze »mit einigen assortierten virtuosen Verrücktheiten angereichert, die weit über alles hinausgehen, was sich je ein Komponist vorgestellt hat«.[9]

In den Schallplatten-Einspielungen der Ungarischen Rhapsodien wartete Horowitz mit technischen Glanzleistungen auf. Die gefürchteten Oktavrepetitionen in der Rhapsodie Nr. 6 kriegte er so mühelos hin wie die Einzeltonrepetitionen in der zweiten Rhapsodie, und das schimmernde *Tremolo* in der Rhapsodie Nr. 15 meisterte er mit einer Brillanz, als wären es gewöhnliche Triller. Gegen das Ende des *Friska*-Teils nahm der Klavierklang wahrhaft orchestrale Dimensionen an – außer Horowitz gelang es wohl keinem Pianisten, je eine derartige Klangfülle zu erzeugen. »Die Impulsivität, mit welcher der Pianist seine diversen Manöver inszeniert, ist bemerkenswert und erzeugt eine unheimliche Spannung«, schrieb der Kritiker Arthur Berger. »In dieser Hinsicht kommt kein anderer Pianist an Horowitz heran, und jeder Zuhörer – ob er will oder nicht – wird in gespanntester, ja atemloser Aufmerksamkeit verharren. Und da Horowitz ununterbrochen mit neuen Facetten seiner Klavierkunst aufwartet und er zudem über eine ungemein breite Dynamikskala verfügt, steht der Zuhörer gleichsam unter Hochspannung – sich stets wundernd, was wohl der Pianist als nächstes tun würde und ob dieser neue Effekt so umwerfend sein würde wie der vorausgegangene.«

In der zweiten Ungarischen Rhapsodie verblüffte Horowitz das Publikum mit einer gleichsam kontrapunktischen Kombination von drei Hauptthemen, die gegen den Schluß des Werks noch mit einer schnellen und ebenso akkuraten Oktav-Passage überhöht wird. »Was die Musik anbelangt, ist das Original fraglos besser«, hieß es in *Musical America*. »Wer aber die vorliegende Interpretation gehört hat, wird es Horowitz nicht mehr ankreiden, daß er auf seine eigene Weise mit ihr umgeht.«[10]

Es schien, als wollte Horowitz in den Jahren von 1940 bis 1953 der ganzen Welt zeigen, daß er der beste Techniker am Klavier sei, ja, daß selbst Liszt von einer derartigen Vollkommenheit nur habe träumen können. Dennoch: Der künstlerische, der physische und emotionale Tribut, den Horowitz dafür zu entrichten hatte, war enorm. Jahre später meinte er: »Ich werde es nie verstehen, wie ich mich damals derart weit von jenem Ziel abbringen ließ, welches ich mir in meinen Jugendjahren gesteckt hatte. Dabei wollte ich doch gar keine Klavier-Show oder ›Nummer‹ inszenieren. Lieber hätte ich alles andere – oder dann gar nichts mehr – getan, als mich weiterhin als eine Art Jongleur feiern zu lassen. Nie wollte ich ein Superman des Klaviers sein.«

Ein getrübtes Jubiläum

In einer gewissen Hinsicht sind wir glücklich, in einer anderen nicht. Das geht jedem Menschen so. Die Leute denken, ich habe alles ... oh ja: Er ist der größte Pianist der Welt, er verdient viel Geld, reist viel ... Trotzdem ...[1]

Seit Horowitz Rußland verlassen hatte, war er ohne festen Wohnsitz. Den Sommer verbrachte er meistens in Kalifornien, im Frühherbst und an Feiertagen weilte man bei Toscanini in Riverdale, und den Rest des Jahres wohnte er im New Yorker Madison Hotel in der Fifty-eighth Street, wo Wanda und Tochter Sonja übrigens auch lebten, wenn Horowitz auf Tournee war. Dieses Herumzigeunern fand 1944 ein Ende, als Horowitz vom Dramatiker George S. Kaufman ein Haus in Manhattan erwerben konnte. Es lag in der Ninety-fourth Street, einer Seitenstraße zur Fifth Avenue, in der Nähe des Central Park: ein geräumiger, fünfstöckiger, weiß getünchter Bau. An der Vorderfront in der zweiten Etage befand sich die Bibliothek mit Horowitz' beeindruckender Partitur- und Schallplattensammlung, und im Wohnzimmer – auf derselben Etage nach hinten gelegen – präsentierte er seine Sammlung von Gemälden des 19. und 20. Jahrhunderts.

Anfänglich hatte Horowitz ausschließlich Schnupftabakdosen gesammelt, die er – mit peinlicher Sorgfalt arrangiert – in einer mit grüner Seide ausgeschlagenen Holztruhe präsentierte. Dem Dirigenten Vladimir Golschmann, einem leidenschaftlichen Sammler zeitgenössischer Malkunst, gelang es dann, Horowitz für die Malerei zu interessieren, worauf der Pianist eine Sammlung mit französischen Impressionisten aufzubauen begann. Um diese zu finanzieren, verkaufte er ein Set russischer Gläser aus der Zarenzeit, die er einige Jahre zuvor erworben hatte. »Niemand sagte mir, welche Gemälde ich kaufen solle«, betonte Horowitz später mit Stolz. »Ich informierte mich in kunsthistorischen Büchern, besuchte alle Museen und kaufte 1945 dann, was mir eben gefiel – und ich mußte nicht einmal viel dafür bezahlen.« Bei seiner Sammlertätigkeit wurde Horowitz von bekannten New Yorker Kunsthändlern wie Sam Saltz, Daniel Saidenberg und Justin Tannhauser beraten. In der Tat entwickelte er sich schnell zu einem fanatischen Sammler. »Alles, was ich mit der einen Kunst verdiente, gab ich für die andere aus.« Bald umfaßte seine Sammlung Gemälde von Degas, Modigliani, Matisse,

Manet, Pissaro, Rouault und Picasso, als wertvollstes Bild wohl Picassos *Acrobat en Repos*, erstanden für 18000 Dollar. Dieses Gemälde zeigte er Freunden und Bekannten besonders gern – zumal ihm Picassos Akrobat, der mit übereinandergeschlagenen Beinen, mit verschränkten Armen und einem Gesichtsausdruck voller ungebändigter Jugendlichkeit dasitzt, etwas von seinem eigenen Charakter auszudrücken schien.

Wurden Gäste erwartet, so kamen sie meistens erst gegen zehn Uhr abends; und dann wurde musiziert oder Karten gespielt, und zwar bis um zwei oder drei Uhr morgens. Horowitz war ein unermüdlicher Gastgeber. Er empfing die Gäste an der Haustür, führte sie dann ins Wohnzimmer hinauf, wo seine zwei großen Steinway-Flügel standen (der eine war ein Hochzeitsgeschenk aus dem Hause Steinway). Auf einem der Flügel hatte Horowitz Fotografien seiner Lieblingsmusiker aufgestellt: Toscanini, Rachmaninow, Paderewski, Milstein, Hofmann; alle mit einer persönlichen Widmung. Und rundherum hingen Gemälde. Nicht selten kroch Horowitz dann plötzlich auf dem Fußboden herum, um die einzelnen Lampen anzuzünden, die er für jedes der Bilder installiert hatte. »Sie sind mein ganzes Vermögen«, pflegte er mit einem begeisterten Blick auf die Gemälde zu sagen. »Es ist viel gescheiter, das Geld in solchen Bildern anzulegen. Denn ihr Wert nimmt ständig zu.« Nachdem die Gemälde besichtigt waren, setzte sich Wanda mit den Gästen zum Kartenspiel zusammen. Hie und da trug Horowitz auch neueinstudierte Werke vor – kleine Kostbarkeiten wie Czernys Variationen op. 33 über die Arie *La Ricordanza* oder Clementis B-dur-Sonate op. 47 Nr. 2, anschließend vielleicht noch einige Scarlatti-Sonaten oder einige von Horowitz' eigenen Transkriptionen. Zwischen den einzelnen Stücken wurden jeweils Pausen eingeschoben; Horowitz streckte sich dann auf dem Sofa aus, direkt unter Picassos Akrobaten, und ergötzte die Gäste mit seinem launigen Humor.

Zwar nahm Horowitz nur selten Einladungen an; doch wenn er auf einer Party erschien und in Form war, so konnte er ein unterhaltsamer, witziger Gast sein. Schon immer hatte er eine Vorliebe für die Schauspielerei gehabt und konnte sich entsprechend effektvoll in Szene setzen. Zum Beispiel imitierte er einen angeheiterten, aber um so energischeren Musikstudenten, der sich um ein Stipendium bewarb. »Ich spiele Klavier« – das war der einzige Satz, den der »Student« auf die verschiedenen Fragen des Schuldirektors antworten konnte, und zwar mit stets wachsender Verzweiflung. Um so größer das Amüsement bei den Gästen, die sich vor Lachen bogen. Auch Wanda hatte ihre theatralische Seite. Sie glich auffällig ihrem Vater, und Freunde erinnerten sich, wie sie auf einer Silvesterparty in Riverdale als verkleideter Maestro auftrat – selbstverständlich mit Schnurrbart – und auf dem Flügel des Maestro einen Step vortanzte ...

Nur selten ging Horowitz ins Konzert, und kaum je besuchte er ein Nachtlokal. Hingegen hatte er für Unterhaltungsmusik ein eigentliches Flair entwickelt, besonders für Jazz. Als großer Bewunderer des Jazz-Pianisten Art Tatum begann er, selber am Klavier zu improvisieren. Einmal nahmen ihn Freunde in einen New

Yorker Jazzclub mit, um den Pianisten Joey Bushkin zu hören. Auch Louis Armstrong war zufällig unter den Zuhörern, und er spielte Horowitz zu Ehren ein New-Orleans-Potpourri. Ein Gast machte den Manager darauf aufmerksam, daß Horowitz von seinem Platz aus die Finger von Bushkin gar nicht sehen könne. »Er würde auch nichts lernen«, war die sarkastische Antwort, worauf Horowitz konterte: »Keine Angst. Ich sehe es damit!« Und dabei zeigte er auf seine Ohren.

Eine enge Freundschaft verband ihn mit dem Pianisten Oscar Levant, einem berühmten Gershwin-Interpreten, der durch seine Film- und Rundfunkaufnahmen außerordentlich populär geworden war. Natürlich teilte er Horowitz' Vorliebe für Jazz und war stets auch zu einem Schabernack aufgelegt; zudem war er einer der wenigen, der Horowitz jeweils aus seinen Depressionen herauszuholen verstand. Und Horowitz revanchierte sich dann mit ein paar besonders ausgefallenen Späßen. Zum Beispiel spielte er Levant und Sonja ein kurzes Stück vor, und zwar die Melodie mit seiner rechten Hand und die Baßstimme mit dem Hintern ... Oder er amüsierte die beiden mit seiner eigenen Version des Lieds *Tea for Two*, wo man vor lauter ausgefallenem Schnörkelwerk und gewagten Terzverdoppelungen die Melodie kaum mehr erkannte. Oft trafen sich die beiden Pianisten am späten Nachmittag zu ausgedehnten Spaziergängen dem Broadway entlang. Wobei jeweils zahllose Passanten ein Autogramm wollten – und zwar nur vom populären Levant! »Ärgert es dich nicht, wenn sie dich nicht erkennen und dich nie um ein Autogramm bitten?« wollte Levant wissen. Horowitz lachte: »Ich finde das lustig. Mir macht es Spaß. Laß die Leute ... Hier, nehmt sein Autogramm! Noch eines! Er ist der größte Pianist!«

Die beiden Freunde bemitleideten sich gegenseitig wegen dem Tournee-Streß und tauschten auch ihre Erfahrungen über das Publikum in den verschiedenen Städten aus. »Ein Ort, den Musiker auf ihren Tourneen als besonders langweilig empfanden, war Des Moines, Iowa«, erzählte Levant in seiner Autobiographie *The Unimportance of Being Oscar*. »Einmal fragte mich Horowitz, wo ich mit meiner bevorstehenden Tournee zu starten gedächte. Ich antwortete: ›In Des Moines.‹ Mit allertiefstem Mitgefühl blickte er mich an und murmelte dann nur das eine Wort: ›Dostojewski.‹«[2] Horowitz erzählte Levant auch eine seiner Lieblingsstories über Rachmaninow: Er sollte in Providence, Rhode Island, ein Konzert geben und fragte Rachmaninow, ob die Akustik dort gut sei. Dieser antwortete: »Wenn der Scheck stimmt, ist auch die Akustik gut.«

Horowitz und Levant waren beide bekannt dafür, daß sie oft absagten – und dies manchmal erst, wenn sie in der betreffenden Stadt schon angekommen waren. »Horowitz gab mir einigen Unterricht im Absagen von Konzerten«, erzählte Levant. »Wenn ich mich krank fühlte, pflegte ich normalerweise die Konzerte für die kommenden zwei Wochen abzusagen. ›Mach das nie‹, erklärte mir Horowitz, ›sag immer erst in letzter Minute ab.‹ Als meine Mutter starb, sagte ich für ein ganzes Jahr alle Konzerte ab, unter anderem auch einen Auftritt in Cincinnati. Im folgenden Frühjahr sagte dann auch Horowitz ein Konzert in Cincinnati ab. Sofort ging der dortige Manager ans Telefon, rief mich an und fragte mich, ob ich für Horowitz einspringen würde. ›Ich?‹ fragte ich empört. ›Ich habe für Cincinnati doch längst schon abgesagt!‹«[3] Als ein Werbeagent in *Musical America* Reklame für Horowitz und Levant machen wollte, schlug ihm Levant folgenden Text vor: »Vladimir Horowitz und Oscar Levant sind noch für eine beschränkte Anzahl von Absagen abkömmlich.«

Tatsächlich war Horowitz wegen seiner in den vierziger Jahren sich stets häufenden Absagen berüchtigt. So konnte man im Winter und Frühjahr in den Zeitungen oft lesen, daß sich Horowitz erkältet habe, daß er fiebrig sei und an Infektionen der Bronchien leide oder an einer Mandelentzündung. Nach wie vor litt Horowitz unter dem Tournee-Streß, unter schlechtem Essen und lärmigen Unterkünften, und gewöhnlich telefonierte er nach einem Konzert um Mitternacht mit Wanda und beklagte sich über das Hotel. Am Ende einer Saison war Horowitz jeweils total erschöpft, umd er mietete mit Frau und Tochter dann ein Haus in Hollywood, wo er den Sommer mit Schwimmen, Radfahren und im Kino verbrachte. In diesen Urlaubswochen achtete er sorgfältig auf seine Gesundheit. Im Sommer 1947 nahm er sich vor, ganze fünfzehn Pfund abzunehmen, und Wanda schrieb Merowitsch: »Wolodja hat recht abgenommen und sieht nun wie ein Apoll aus. Ich wünschte, ich könnte dasselbe auch von mir sagen ... Wir leben recht zurückgezogen, und ich vermisse die Leute momentan auch nicht. Immer noch habe ich das Klima in Kalifornien viel lieber als die Leute hier.«[4]

Eigentlich war Horowitz nur in diesen Sommerwochen längere Zeit über mit Wanda und Sonja zusammen. Bedrückten ihn das Jahr hindurch die Anforderungen der Tournee, so waren es jetzt oft familiäre Konflikte, die für Aufregung sorgten. Bevor Horowitz ein eigenes Sommerhaus hatte, war er mit seiner Familie einmal Gast im Hause von Alex Steinert gewesen. Dieser erinnerte sich, wie temperamentgeladen Horowitz damals war: »Er hatte regelrechte Wutanfälle und schleuderte Dinge auf den Boden. Ich hielt das nicht mehr aus und ließ die drei dann allein.«[5] Nach einer reichbefrachteten Konzertsaison war Horowitz immer übermäßig nervös; laut Lowell Benedict wurde er »sofort hysterisch – sei es wegen seines Managements oder eines schlechten Flügels oder eines schlechten Konzertsaals oder irgendeiner Kritik. Immer ging er dann zu Wanda, schrie und tobte die längste Zeit, und sie versuchte ihn behutsam zu beruhigen. Meistens gelang es ihr auch; jedenfalls versuchte sie, ihm das Leben so angenehm wie möglich zu machen.«[6]

Manchmal schien es, als würde sich Horowitz schlicht und einfach über alles ärgern. »Horowitz und Wanda schrien einander wie spanische Fischweiber an«, erzählte ein Gast des Hauses, »stritten und keiften, daß es richtig peinlich war. Es war einfach unglaublich; ich hielt das nicht mehr aus und ging dann meistens auf einen Spaziergang. Über alles stritten sie. Horowitz hatte damals Magenbeschwerden und litt unter Koliken. Wurde sein Essen nun nicht genug zerkleinert, so war das schon Grund genug für eine Auseinandersetzung. Oft fühlte sich Horowitz körperlich nicht gut; stets war er in Sorge, weil er unter Blähungen litt – und die Folgen waren ihm natürlich sehr peinlich. Dennoch kam es vor, daß er sich an den Flügel setzte und eine ganze Reihe von Scarlatti-Sonaten spielte – einfach, weil es ihm Spaß machte; dann war man natürlich gern mit ihm zusammen.«[7]

Immer wieder waren es Horowitz' intensive Beziehungen zu anderen Männern, die Zündstoff für Auseinandersetzungen mit Wanda boten. Lowell Benedict trennte sich 1942 in freundschaftlichem Einvernehmen von Horowitz. An seiner Stelle wurde ein junger Mann engagiert, der wesentlich dazu beitrug, daß sich die unterschwelligen Spannungen in Horowitz' Ehe verstärkten. Eines Tages erhielt Benedict, der nun in der Public-Relations-Abteilung der MGM Studios in New York City arbeitete, einen Anruf von Wanda: Er solle so schnell wie möglich in die Ninety-forth Street kommen. Mit seinem Nachfolger hatte es nicht geklappt; ja, mehr noch: Es hatte »eine Explosion« gegeben, so daß der junge Mann umgehend entlassen und aus dem Hause gewiesen wurde. Horowitz, so erzählte Benedict später, sei überaus hysterisch gewesen: »Er konnte damit nicht fertig werden. Wanda hatte ihre Sachen bereits gepackt und war im Begriff, Horowitz zu verlassen; zuvor aber wollte sie sicher sein, daß jemand bei ihm bleibe und sich um ihn kümmere. Mein Chef bei MGM gab mir dann drei Wochen Urlaub, damit ich Horowitz auf der Tournee begleiten konnte. Er war verbittert und ungehalten und wollte die Tournee gar nicht beenden.«[8]

Irgendwie schaffte es Benedict, daß Horowitz seine letzten vier Konzerte dennoch absolvierte. Das war eine schwierige Sache: »Horowitz' Gefühle schwankten stets; einmal haßte er seinen Freund, dann wieder vermißte er ihn. Einmal wurden wir während der Tournee zu einem Ringkampf eingeladen. Zu meinem größten Erstaunen nahm Horowitz die Einladung an, doch er interessierte sich dort dann vor allem für zwei Typen, die kaum zwanzig Jahre alt sein mochten. Mein Gott, dachte ich mir, was hat er wohl mit diesen zweien vor. Beim letzten Konzert weigerte sich Horowitz zu spielen: Es sei ihm nicht ums Spielen zumute. Ich wurde recht ärgerlich: Er solle nun endlich aufs Podium rausgehen! Tatsächlich ging er dann. Nachdem wir wieder in New York zurück waren, war es mir klar, daß ich ihn nicht so bald wiedersehen wollte.«

Neben solchen Spannungen gab es noch einen anderen strittigen Punkt zwischen Wanda und Horowitz – und zwar ihre Tochter Sonja. Das herzige, in früheren Jahren so vorlaute und temperamentvolle Mädchen hatte sich zu einem zurückgezogenen, fast etwas dumpfen Kind entwickelt. Sonja war eine von Toscaninis Lieblingsenkelinnen. Zweifellos liebte der Maestro das Mädchen sehr; dennoch war auch es seinen Temperamentsausbrüchen und jenem eisigen Schweigen ausgesetzt, unter dem schon Wanda als Kind gelitten hatte. Als Sonja den Klavierunterricht aufgab und Violine spielen wollte, engagierte Toscanini Edwin Bachmann, den Primgeiger des NBC-Orchesters, als Lehrer. Bachmann erinnerte sich, wie er 1947 einmal in die Toscanini-Villa in Riverdale gekommen war und Sonja mit verweinten Augen völlig aufgelöst vorgefunden hatte. Es stellte sich dann heraus, daß sie vor zwei Wochen eine kleine Unartigkeit begangen hatte und Toscanini seither böse zu ihr war: »Nonno spricht kein einziges Wort mit mir!« Bachmann war höchst verwundert: »Es war, wie wenn Toscanini den Unterschied zwischen einer 1-Dollar-Note und einer 50-Dollar-Note nicht kennen würde; jedenfalls behandelte er Sonja nicht als Kind, sondern wie eine Erwachsene.«[9]

Bald gab Sonja auch den Violinunterricht auf und interessierte sich nun mehr für die Malerei und die Literatur – und für Pferde. Horowitz hatte seine Tochter nie dazu angehalten, ein Instrument spielen zu lernen: »Wenn man sie dazu auffordern muß, dann hat es eh' keinen Sinn.« Aber er war überzeugt, daß Sonja Talent fürs Malen habe. Im Jahr 1949 verkündete er stolz einem Reporter, daß seine Tochter eben ihr erstes Gemälde verkauft habe. Der Käufer war niemand anders als Toscanini. Sonja hatte fünf Dollar verlangt; der Großvater aber erklärte ihr, daß ein Künstler auf sein Handwerk und seine Kunst etwas halten müsse, und bezahlte ihr hundert Dollar. Der zweiundachtzigjährige Maestro nahm das Gemälde noch im selben Jahr mit nach Europa, hängte es in seinem Mailänder Heim auf und wollte dann von jedem Besucher ein Wort der Anerkennung hören.

Trotz seiner notorischen Stimmungsschwankungen schien sich Toscanini mehr um Sonja zu kümmern als ihr Vater, und das Mädchen hatte vor ihrem Großvater viel Respekt. Dennoch: Was Zuneigung und Disziplin anbelangte, konnte die Fürsorge der Großeltern natürlich nicht genügen, und selbst die Anstrengungen der Gouvernante, welche das Mädchen die Woche über zu betreuen hatte, fruchteten nicht viel. Sonja fühlte sich vernachlässigt: von ihrem Vater, der ausschließlich mit seiner Karriere beschäftigt war, und auch von ihrer Mutter, die sich ganz dem Künstlertum ihres Gatten verschrieben hatte. Wen wundert es, wenn Sonja zunehmend unsteter und aggressiver wurde – ganz im Gegensatz zu ihrer ehemals kindlich-munteren Ausgelassenheit. Sonja entwickelte sich zu einem launischen Geschöpf uund fiel vor allem in der Schule durch ihr aggressives Betragen auf. Obwohl sie durchaus ihre Fähigkeiten hatte, ließ sie sich mehr und mehr gehen, blieb stundenlang allein in ihrem Zimmer, schaute sich Fotografien ihres Idols Ingrid Bergman an, versuchte sich im Gedichteschreiben und malte ab und zu ein Bild. Als Einzelkind mußte sie zuweilen monatelang ohne ihre Eltern auskommen – und so wurde sie mit den Jahren zu einem impulsiven, kapriziösen Mädchen, das stets darauf aus war, mit irgendwelchem Blödsinn die Aufmerksamkeit auf sich zu lenken. Das konnte gefährlich werden – für sie wie für die andern. »Sonja war ein lebhaftes, sehr verwöhntes Mädchen; sie konnte eigentlich alles tun, was ihr Spaß machte«, erinnerte sich eine Spielkameradin aus der Jugendzeit. Das reichte vom Zigarettenrauchen über Fluchen bis zum Anzünden von Vorhängen, ja selbst den Hund versuchte sie anzuzünden – was natürlich zu

Reibereien und zunehmend auch zu Feindseligkeiten innerhalb der Familie führte. Während der Sommerferien ignorierten die Eltern ihre Zigaretten rauchende und fluchende Tochter; es war offensichtlich, daß sie beide die Kontrolle über das Mädchen verloren hatten. Horowitz' Haltung schwankte zwischen Indifferenz und dem Gefühl einer ärgerlichen Last, wogegen sich Wanda noch eher mit dem Kind beschäftigte und sich jedenfalls an seinem deplorablen Zustand mitschuldig fühlte. Im Jahr 1948 wurde die Situation derart hoffnungslos, daß Wanda den Rat einer Psychologin beizog und Anna Orentlich engagierte, damit sich diese um die Erziehung Sonjas kümmere. Doch die Situation schien hoffnungslos verfahren: »Der klare Fall eines Kindes, das wegen seiner berühmten Eltern tiefunglücklich ist«, meinte Alexander Steinert. Innerhalb der ganzen Verwandtschaft konnte eigentlich nur Tante Wally problemlos mit dem Mädchen umgehen, und Sonja verbrachte viel Zeit bei ihr und ihrer heranwachsenden Tochter Emanuela in Italien. Auch mit den Großeltern verstand sie sich recht gut sowie mit Olga Strumillo, einer Freundin Wandas, und Merowitschs Gattin Rosamund.

In den folgenden Jahren wurde Sonja stets schwieriger, und sie ließ ihre Eltern ununterbrochen spüren, was es heißt, als Sonja Horowitz aufwachsen zu müssen. Die Elfjährige mußte 1945 in der George Junior Republic School in Cortland, New York, eingewiesen werden – einer Spezialschule für straffällig gewordene junge Mädchen. (Übrigens kam Horowitz sogar einmal in diese Schule, um einen Mini-Klavierabend zu geben.) Als Sonja später aus dieser Schule ausriß, nahm sie Wally für eine Weile zu sich. Dann kam das Mädchen in eine andere Schule, wurde aber wegen ihres egozentrischen, launenhaften Betragens bald wieder entlassen. Natürlich hatte sie es überhaupt nicht gern, wenn man sie abschob, und so riß sie jeweils bei der ersten sich bietenden Gelegenheit wieder aus. Zuerst aus Schulen, dann aus Erziehungsheimen und schließlich aus Anstalten. Gitta Gradova, die eng mit der Familie Horowitz verbunden war, meinte später: »Sonja war außerordentlich begabt, konnte Gedichte schreiben und als Vierzehnjährige schon intelligente Bemerkungen über *Krieg und Frieden* machen; sie interessierte sich auch sehr für Religionen und hatte ein ausgezeichnetes Flair für Sprachen. Aber in Gegenwart ihres Vaters und auch ihres Großvaters zeigte sie nichts von alledem; der Druck, die Belastung war zu groß, sie konnte es weder mit dem Talent des einen noch des anderen aufnehmen.«[10] Natascha Saitzoff, die Cousine von Horowitz, meinte gar, »es könne etwas nicht stimmen« bei den Horowitz' und den Toscaninis – »ihr Genius hat eine dunkle Schattenseite, die sich nun auch in Sonja manifestiert: in ihrem schrankenlosen Unglücklichsein«.

Wenn sich Sonja mit ihren Eltern verglich, fühlte sie sich minderwertig; sie war überzeugt, daß alles, was sie auch tun würde, nie genügen werde. In späteren Jahren pflegte sie mit unverhohlener Bitterkeit zu sagen, daß sie von ihren so berühmten Vorfahren nur zwei Dinge geerbt habe: vom Großvater die Schuppen und vom Vater die Anfälligkeit für Darmkoliken. Horowitz unternahm kaum etwas, um die Selbstsicherheit seiner Tochter zu fördern, sondern behandelte sie hauptsächlich wie eine Last, die man allenfalls toleriert. Steinert erzählte, wie er einen Abend bei der Familie Horowitz verbracht und dabei bemerkt habe, wie aus Sonja eine attraktive achtzehnjährige Dame geworden sei. »Am Anfang war sie wie üblich sehr angriffig, aber ich stieß sie auf den Stuhl zurück und sagte: ›Nun setz dich mal hin; ich lasse nicht länger auf diese aggressive Weise mit mir umspringen!‹ Und ich sah plötzlich den vernichtenden Blick in ihren Augen. Aber meine Zurechtweisung wirkte, sie schien wie verwandelt. Wollte mit mir über Erziehungsprobleme sprechen und über die Möglichkeiten einer eigenen Karriere. Denn sie wollte ihren eigenen Weg machen, selber zu Ruhm und Anerkennung kommen; doch ihre Eltern waren da eine (zu) große Konkurrenz. Plötzlich sah ich Horowitz auf der Treppe; er kam zu uns herunter, die Hände über der Brust gefaltet – eine Toscanini-Pose, die er überall nachahmte. Ich sagte ihm: ›Eben habe ich mich höchst angeregt mit deiner Tochter unterhalten.‹ Er winkte mich weg und hatte nur eine einzige Antwort: ›Ach, die ist doch meschugge!‹ So redete er über seine eigene Tochter!«[11]

Die lieblose Haltung ihres Vaters verletzte Sonja zweifellos. Steinert erzählte, daß sie sich ihren Eltern immer mehr entfremdete. »Wanda versuchte zwar, nett zu ihr zu sein, aber Sonja wollte absolut nichts mit ihrer Mutter zu tun haben. Es war gräßlich. Sonja war auf Wanda eifersüchtig.« Immerhin: Wanda hatte es wenigstens versucht, ihrer Tochter eine Mutter zu sein. Bei Horowitz hingegen war das anders. »Er wußte nicht, was er mit ihr anfangen, wie er mit der ganzen Situation zurecht kommen sollte. Sicher, in geistigen Dingen verstanden sich die beiden zuweilen ausgezeichnet. Er hatte Respekt vor ihrer Intelligenz und hatte stets eine Art Ehrfurcht vor ihr: daß sie existierte, ja, daß *er* sie gemacht habe – das beeindruckte ihn zweifellos sehr.« In den zahlreichen, heftigen Auseinandersetzungen pflegte Wanda die Schuld an Sonjas Zustand Horowitz zuzuschieben, wobei solche Feindseligkeiten sich auch auf andere konfliktträchtige Themen ausweiteten – auf Horowitz' Sexualität und den endlosen Ärger, der mit jeder Tournee verbunden war.

Im Herbst 1949 wurde die Situation unerträglich. Horowitz verließ sein Heim in der Ninety-fourth Street und zog ins Elysée-Hotel in der East Fifty-fourth Street; anschließend wechselte er ins Hotel Volney in der East Seventy-fourth Street über. Die Trennung sollte bis 1953 andauern. Im September 1949 bestätigte Horowitz in einem Brief an Sascha Greiner, daß Wanda und er sich »zu einer Trennung« entschlossen hätten – »aber *nicht* zu einer Scheidung. Aus diesem Grund bin ich den Sommer über weder mit Wanda noch mit Sonja zusammengewesen.« Und er fügte noch eine Bitte an: »Behalte diese Neuigkeit bitte für dich!«[12]

Daß sich Horowitz überhaupt entscheiden konnte, für eine gewisse Zeit getrennt von seiner Familie zu leben, war wesentlich auf seinen Psychoanalytiker

Lawrence Kubie zurückzuführen. Dieser war mehr und mehr nicht nur an der Behandlung des Pianisten interessiert, sondern auch an seiner Karriere. Noch bevor Horowitz den Entschluß gefaßt hatte, nun getrennt von Wanda zu leben, war es Kubie schon klar, daß Horowitz dringend jemanden brauchte, der ihn eigentlich Tag und Nacht betreuen und ihm beistehen würde. Aus diesem Grunde machte er Horowitz mit seinem fünfundfünfzigjährigen Schwager Carl Erpf bekannt. Erpf war ein erfolgreicher Rechtsberater auf dem Effektenmarkt gewesen; 1944 mußte er – als Alkoholiker – seine berufliche Tätigkeit aufgeben. Dank der Hilfe seines Schwagers war er nun wieder auf den Beinen; auch er lebte getrennt von seiner Frau (einer Schwester von Kubie). Lawrence Kubie war überzeugt, daß es eine therapeutische Wirkung habe, wenn die beiden Männer zusammen im Elysée-Hotel wohnen würden: Horowitz brauchte jemand, der ihn umsorgte, und Erpf brauchte eine Tätigkeit, die ihn von seinen Problemen ablenkte. Hinzu kam die Hoffnung, daß Erpf – in finanziellen Sachfragen ein Fachmann – Horowitz bei Steuerproblemen sowie bei den immer komplizierteren Vertragsabschlüssen mit RCA Victor beraten werde.

Bald war es klar: Die beiden verstanden sich hervorragend, und so wurde Erpf mit der Aufgabe betraut, Horowitz privat zu betreuen und ihn auch auf den Tourneen in der Saison 1948/49 zu begleiten. Erpf merkte bald, daß Horowitz ein anspruchsvoller Arbeitgeber war. Erpfs Sohn, Carl junior, berichtete später: »Es war meines Vaters Aufgabe, Horowitz so gut wie möglich zu überwachen und in Schranken zu halten; mein Vater sagte mir allerdings, daß dies fast unmöglich gewesen sei.« Horowitz war stets voller Angst, wenn er mit unbekannten Leuten zusammensein mußte, und er benahm sich dann auch entsprechend »rücksichtslos«. Oft sagte er Konzerte und Schallplattentermine ab und weckte Erpf ohne irgendwelchen vernünftigen Grund mitten in der Nacht. Aber Erpf zeigte eine unendliche Geduld und blieb bis zu seinem Tod 1951 an Horowitz' Seite.

Schon im ersten Jahr merkte Erpf, daß der Job an der Seite von Horowitz für ihn allein zu aufreibend war, und so kam im November 1949 noch ein weiterer Mann hinzu: Kenneth Leedom, ein ehrgeiziger Schauspieler, gut zwanzig Jahre alt, groß gewachsen, blond und bemerkenswert schön. Er war glücklich, daß er seinen Job am Columbia Presbyterian Hospital, wo er praktisch für einen Hungerlohn gearbeitet hatte, aufgeben und nun für den berühmten Pianisten tätig sein konnte. Er wurde speziell für die Tournee engagiert: Er mußte sich um die Koffer von Horowitz kümmern und den Pianisten auf allen Eisenbahnfahrten begleiten; zudem hatte er sich jeweils mit den Hotelformalitäten herumzuschlagen, und er agierte auch als Verbindungsmann zwischen dem Management in New York und dem jeweiligen Lokalmanager. Erpf reiste fallweise zwar noch mit; doch immer häufiger blieb er im New Yorker Hotel zurück, wo er Horowitz' Korrespondenz erledigte und alles in die Wege leitete, um dem Pianisten eine möglichst unbeschwerte Rückkehr zu ermöglichen.

Nun hatte Horowitz die nötige Unterstützung, und man hätte ihn in der Tat für verwöhnt und umhätschelt halten können. Er blieb weiterhin bei Dr. Kubie in psychoanalytischer Behandlung – worüber er zum jungen Erpf, dem Neffen Kubies, sarkastisch bemerkte: »Ihr Onkel versucht, mich noch einmal in den Mutterleib zurück zu befördern.«

Auch Merowitsch trat ab und zu noch in Aktion; meistens agierte der frühere Horowitz-Manager als Verbindungsmann zur RCA Victor, arrangierte beispielsweise die Aufnahmesitzungen, legte Horowitz das Musterexemplar einer neuen Schallplatte zur Begutachtung vor oder beriet ihn in Repertoirefragen.

Selbst Wanda blieb, wenn auch mehr im Hintergrund, stets präsent. Sie lebte nun mit Sonja allein in der Ninety-fourth Street, begleitete Horowitz aber bei Gelegenheit dennoch zum einen oder anderen Ort auf seiner Tournee. »Sie lebten zwar nicht mehr zusammen«, erinnerte sich Leedom, »aber es war trotzdem klar, daß Horowitz Wanda brauchte. So traf er keine Entscheidung, ohne sie vorher um Rat gefragt zu haben.«[13] Dennoch wollte Horowitz nicht mehr zu seiner Familie zurückkehren, und so mietete er sich mit Leedom für die Sommermonate jeweils ein Ferienhaus in Fire Island oder in East Hampton. Hier kultivierte er auch sein neues Hobby: Fischen.

Noch ist David Libidins zu erwähnen – ein aus Rußland gebürtiger Konzertmanager, der in den Jahren 1951 bis 1953 mit Horowitz zusammenarbeitete und auf dessen Karriere einen wesentlichen Einfluß ausübte. Annie Friedberg hatte Horowitz acht Jahre lang betreut; aus Altersgründen konnte sie nun nicht mehr mit der nötigen Energie und Umsicht walten. Als sie im November 1952 starb, wechselte der Pianist ganz zu Libidins über. Oft hatten sich in Annie Friedbergs Büro die Klagen enttäuschter Lokalmanager angehäuft, die sich über die notorischen Absagen von Horowitz ärgerten. Somit war es unabdingbar, daß der neue Manager viel Geduld und Verständnis für diese schwache Seite des Pianisten mitbrachte. Libidins war als gutmütige und stets ruhige Persönlichkeit bekannt – ein Geschäftsmann, der einigen Sinn für Humor hatte. Beide sprachen natürlich russisch miteinander, und Libidins war überzeugt, daß er mit dem reizbaren, überempfindlichen Künstler ohne große Probleme zu Rande kommen werde. Die Bekanntschaft mit Libidins ging auf Erpf zurück. Dieser hatte den Manager 1951 zum ersten Mal angerufen, um ihn zu fragen, ob die Möglichkeit bestehe, daß er noch einen neuen Klienten betreuen würde. »Nein, das ist absolut unmöglich – selbst wenn es Vladimir Horowitz wäre. Das heißt – vielleicht, wenn es Horowitz wäre ...« Und zu Libidins großer Verblüffung antwortete Erpf: »Es handelt sich in der Tat um Horowitz.«

Kurze Zeit später trafen sich Horowitz und Libidins zum ersten Mal, und Horowitz fand Gefallen an diesem großgewachsenen, breitschultrigen Mann mit seiner lauten, stets heiseren Stimme. Libidins ging seine Geschäfte ohne irgendwelche Umschweife objektiv und mit klarem Blick an – genau so, wie sich Horowitz das wünschte. Wie erwartet war Libidins zudem bereit, das ganze

Management für weniger als die sonst üblichen zehn Prozent Kommission zu tätigen. Horowitz stellte noch drei weitere Bedingungen: »Erstens will ich keine Blumen oder Pflanzen auf dem Konzertpodium, wenn ich spiele. Zweitens keine Vorhänge oder Draperien auf dem Podium. Und drittens will ich nirgends als ›König der Pianisten‹ angekündigt werden. Könige sollten wenn schon gewählt und nicht proklamiert werden. Abgesehen davon: Wenn man als König angekündigt oder angepriesen werden muß, dann ist man ohnehin keiner.«

In der Tat waren solche Anpreisungen Anfang der fünfziger Jahre auch überflüssig. Was die stets ausverkauften Konzertsäle und die immensen Gagen anbelangte, war Horowitz unbestritten König der amerikanischen Musikwelt. Hofmann, Rachmaninow und Paderewski waren in der Zwischenzeit gestorben; Rubinstein gab zwar wesentlich mehr Konzerte (hundert Auftritte pro Jahr, wogegen Horowitz sich mit vierzig begnügte), doch Horowitz erhielt weit höhere Gagen. 1942 waren das pro Konzert noch 2750 Dollar gewesen; 1953 trug ihm ein Klavierabend in der Carnegie Hall stolze 8500 Dollar ein. Davon gingen 1250 Dollar für Unkosten ab – blieben also 7250 Dollar Gewinn, was für einen klassischen Musiker damals eine außerordentliche Summe war. Solche auf eigene Rechnung veranstalteten Konzerte gab Horowitz aber nur in Chicago und New York; von den andern Auftritten konnte er hingegen nicht den ganzen Gewinn für sich einstreichen, sondern erhielt jeweils nur ein Fixum: gewöhnlich 4000 bis 5000 Dollar pro Auftritt, je nach Größe des Konzertsaals. Wollte sich irgendein Lokalmanager nicht auf diese 4000 Dollar Fixum einlassen, weil er der Popularität von Horowitz, will sagen: einem ausverkauften Saal, nicht so recht traute, so war der Pianist um so erfreuter. Dann bekam er nämlich einen gewissen Prozentanteil der Gesamteinnahmen; und da die Horowitz-Konzerte ja stets ausverkauft waren, belief sich diese Summe oft auf gegen 5600 Dollar. Horowitz war ein gewiegter Geschäftsmann, wußte über das Fassungsvermögen jedes Saals Bescheid, war über die jeweiligen Eintrittspreise ebenso genau informiert wie über seine Reisespesen, die er auf den Cent genau ausrechnete. Eigentlich gab es nur einen einzigen Grund, sein übliches Honorar für ein Orchesterkonzert (3500 bis 3700 Dollar) zu reduzieren: Wenn er mit einem ganz bestimmten Dirigenten zusammen musizieren wollte. Zum Beispiel mit seinem italienischen Freund Massimo Freccia.

Was die Orchesterauftritte anbelangte, wurde Horowitz in den Jahren zwischen 1945 und 1953 zunehmend wählerischer. Zur Hauptsache gab er Klavierabende: Da mußte er nicht zu Orchesterproben antreten und sich nicht auf ein fremdes Ensemble einstellen. Bei einem Klavierabend hatte er völlige Freiheit; da waren keinerlei Meinungsverschiedenheiten mit einem Dirigenten zu befürchten. Zudem fand er es langweilig, immer dieselben paar Klavierkonzerte zu spielen, und er meinte auch, daß er in den etwa dreißig Minuten, die ein Klavierkonzert durchschnittlich wohl dauert, dem Publikum nur einen kleinen Teil seiner Fähigkeiten zeigen könne. Zudem waren die Einnahmen aus einem Klavierabend wesentlich ergiebiger. Die Orchesterkonzerte waren meistens mehrfach abonniert; das heißt, daß er zwei- oder gar dreimal dasselbe Klavierkonzert in je einer andern Abonnementsserie spielen mußte – und das innerhalb einer einzigen Woche, für insgesamt 4000 Dollar. Gab er in derselben Zeitspanne aber drei Klavierabende, so konnte er problemlos mit 12000 Dollar pro Woche rechnen. Bekanntlich war Horowitz recht versessen aufs Geld, und so wundert es nicht, daß in der Zeit von 1945 bis 1953 durchschnittlich vier Klavierabende auf einen Auftritt mit Orchester fielen. In der Saison 1952/53 trat er gar nur noch viermal mit einem Orchester auf, gab dagegen aber vierunddreißig Klavierabende. Was ihm insgesamt 171800 Dollar einbrachte – die 40000 Dollar Garantiesumme der RCA Victor nicht miteingerechnet.

Trotz allem hielt Horowitz seine Einkünfte in gewissen Grenzen – indem er pro Jahr nicht mehr als fünfunddreißig Konzerte gab. Auch die Schallplatten-Veröffentlichungen wurden reduziert: Nur was seinen höchsten Ansprüchen genügte, gab Horowitz zur Veröffentlichung frei. Und konstant weigerte er sich, fürs Radio oder Fernsehen zu spielen oder sich gar für Filmmusik herzugeben. Beispielsweise lehnte er 1949 eine Offerte ab, für insgesamt 100000 Dollar einen Film-Soundtrack aufzunehmen. Und zwar aus prinzipiellen Überlegungen: Er traute den Hollywood-Magnaten nicht zu, daß sie mit einer solchen Tonaufnahme in künstlerisch verantwortungsvoller Weise umzugehen verstünden. Als er eines Tags bei seinem Friseur saß und von dieser Soundtrackofferte erzählte, meinte der Friseur: »Was, nur ein Soundtrack? Und man sieht Sie dann gar nicht spielen? Tun Sie das ja nicht!« Damit war die Sache erledigt.

Als man Horowitz anfragte, ob er im Rahmen der *Bell Telephone Hour* am Fernsehen live spielen würde, lehnte Horowitz ebenfalls ab – trotz der angebotenen 5000 Dollar. »Das Fernsehstudio macht mich nervös«, erklärte er seinem enttäuschten Manager. »Es könnte ja sein, daß ich da oder dort eine kleine Pause machen oder eines der Stücke etwas langsamer als vorgesehen spielen möchte. Und dann werden sie mich mitten im Spielen ausblenden – einfach, weil die halbe Stunde Sendezeit vorüber ist. Nicht mit mir!«[14] Noch ein anderes Argument hatte Horowitz anzuführen. Wenn er Film-, Fernseh- oder Radio-Angebote annehmen würde, könnte er zwar »den Staat und natürlich auch mich selber bereichern. Aber es geht nichts über den direkten, unmittelbaren Kontakt zum Publikum im Konzertsaal.« Oder mit anderen Worten: »Ich will zwar bezahlt werden. Aber ich lasse mich nicht kaufen.«

Der technische Standard von damaligen Rundfunkübertragungen konnte Horowitz' künstlerischen Vorstellungen natürlich in keiner Weise gerecht werden. Trotz häufiger Anfragen gab er aus diesem Grund auch keine Radiokonzerte. Jedenfalls nicht bis 1951; dann gelang es Abram Chasins, einem Freund von Horowitz und Direktor der New Yorker Radiostation WQXR, den Pianisten zu einer Radioübertragung zu überreden – und zwar vom zweiten Teil seines Klavierabends in der Carnegie Hall am 24. April. Natürlich war Libidins hoch erfreut über diese Zusage und fragte Horowitz, wieviel man für diese Übertragung verlangen solle. »Nichts! Schau, ich spiele so oder so. Und zwar in der Carnegie Hall, wo ich so gerne spiele. Die Rundfunkübertragung macht mir da keine zusätzlichen Probleme.« Abgesehen von seinem kurzen Geburtstagsgruß an Präsident Roosevelt im Jahr 1942 handelt es sich hier um Horowitz' erstes am Rundfunk übertragenes Konzert. Und Horowitz entschloß sich gar noch zu einer weiteren Premiere: RCA Victor sollte das Konzert mitschneiden, um es später auf Schallplatten zu veröffentlichen. Der Klavierabend wurde zu einem überwältigenden Erfolg – mit einer Rekord-Einschaltquote. Einige Tage später kam Chasins mit einer Riesenmenge Post zu Horowitz: »Das sind alles Fanbriefe!« »Dabei habe ich mir schon Sorgen gemacht«, konterte der Pianist, »denn du hast mir doch einmal gesagt, daß die Radiohörer immer nur dann schreiben, wenn sie etwas zu bemängeln haben.«

Ein weiteres wichtiges Ereignis in dieser Saison war die Europa-Tournee im Herbst dieses Jahres. Zum letzten Mal hatte Horowitz 1939 in Europa konzertiert – und ein nächstes Mal würde er erst im Frühjahr 1982 wieder nach Europa kommen. Obwohl eigentlich eine ausladende Tournee über die ganze Saison 1951/52 geplant war, kam Horowitz schließlich nur für zwei Monate nach Europa, gab im Oktober drei Konzerte in London und im November zwei Klavierabende in Paris. Am 20. November war er schon wieder in den USA.

Die Europa-Tournee sollte zu einer triumphalen Rückkehr werden, und Libidins hatte sie mit großem Aufwand arrangiert. Dennoch machte sich Horowitz Sorgen. Seine geliebte Queen's Festival Hall war während des Krieges zerstört worden. Wie würde die Akustik in der neuen Royal Festival Hall sein?

Am 8. Oktober 1951 war es soweit: Nach gut zwölfjähriger Abwesenheit trat Horowitz wiederum in London auf, und zwar mit dem Royal Philharmonic Orchestra unter Walter Süsskind. Auf dem Programm stand Rachmaninows drittes Klavierkonzert. Horowitz' HMV-Schallplatten-Aufnahme dieses Werks war in England außerordentlich populär; klar, daß die Royal Festival Hall bis auf den letzten Platz ausverkauft war. Obwohl Horowitz gut zwölf Jahre nicht mehr in England gespielt hatte, schien seine Ausstrahlungskraft auf das englische Publikum ungebrochen. »Der Name hat nichts von seiner magischen Wirkung verloren«, schrieb ein Kritiker, »und der Saal war restlos überfüllt mit Musikfreunden, die für ihre Karten wahrhaft inflationäre Preise bezahlen mußten.«[15] Begeistert äußerte sich die *Times* über Horowitz' Rachmaninow-Interpretation: »Möglich, daß die Erinnerung an die singulären Qualitäten von Horowitz' Rachmaninow-Spiel in den letzten zwölf Jahren etwas verblaßt ist ... Wer aber gestern abend im Konzert saß, der wird die Aufführung für die nächsten zwölf Jahre nicht mehr vergessen. Wie Horowitz die obersten drei Oktaven des Flügels zu behandeln wußte! Da fragte man sich unwillkürlich, ob das überhaupt noch ein Klavier war oder ob da nicht eher irgendein neumodisches Ein-Mann-Orchester gespielt habe.«[16]

In seinem Zimmer im Claridge's Hotel bereitete sich Horowitz auf seinen ersten Klavierabend vom 13. Oktober vor. Offensichtlich hatte er sich mit Wanda wiederum arrangiert, denn sie begleitete ihn nach London, ihrer Lieblingsstadt. Am 9. Oktober berichtete sie Sascha Greiner vom enthusiastischen Empfang, den die Londoner Horowitz bereitet hatten. Zudem schrieb sie: »Du kannst glücklich sein über das Urteil, das die Leute über euren Flügel abgeben. Vladimir spielte den 347er – obwohl er sich deswegen Sorgen gemacht hatte, denn hier in London lieben sie den Klang der amerikanischen Steinways nicht. Als ich mich erkundigte, wann denn die Londoner zum letzten Mal einen amerikanischen Flügel gehört hätten, sagte man mir: vor dreißig Jahren, als Hofmann hier spielte und seinen Flügel aus Amerika mitbrachte. Wolodja hat hier zwar ein recht gutes Instrument gefunden ... aber er weiß immer noch nicht, welches er letztlich nach Paris mitnehmen wird. In der Royal Festival Hall ist die Akustik eher trocken, und sie kann recht trügen.«[17]

Zwei Tage vor seinem ersten Klavierabend ging Horowitz in die HMV-Aufnahmestudios, wo er zwei Scarlatti-Sonaten einspielte sowie zwei Werke von Chopin: das Impromptu op. 29 und die Nocturne op. 72 Nr. 1. – Werke, die er auch auf dem Programm seines Klavierabends hatte. Hier, in der Festival Hall, geriet das Londoner Publikum beinahe außer sich; hingegen fielen die Kritiken nicht mehr so einhellig begeistert aus wie beim Rachmaninow-Konzert. »In Horowitz' Spiel war eine gewisse Sprödigkeit nicht zu überhören«, konstatierte *The Musical Times*. »In den Werken von Liszt und Chopin brachte der Pianist arg viele *Rubati* an; aber sie wirkten nicht spontan, sondern im Gegenteil fast mechanisch – mehr eine Verzerrung der Melodie als eine emotionale Intensivierung.«[18]

Obwohl Wanda und Horowitz ihren Aufenthalt in London genossen, konnten sie sich für die Engländer nicht so recht begeistern. So schrieb Wanda an Greiner: »Wolodja ist ganz und gar deiner Meinung, was die Engländer anbelangt!!! Und ich bin ebenfalls eurer Meinung. Zumal wir beide rechte Enttäuschungen erlebten – sowohl was die Leute anbelangt, aber auch hinsichtlich ihrer Lebensweise. *Wir* kamen zum Schluß, daß der Unterschied zwischen Amerikanern und Engländern darin besteht, daß man in Amerika einen Gauner sofort erkennt – hier aber geben sich selbst die Gauner distinguiert und tragen gar Handschuhe, so daß man sie kaum ausmachen kann.«[19] Einmal, und zwar auf einer Party, konnte sich Wanda nicht mehr zurückhalten. Da moralisierte eine englische Lady: »In Amerika meinen alle, sie müßten jetzt unbedingt einen elektrischen Eisschrank haben. Das ist doch nicht gut für die Menschen.« Darauf Wanda: »Aber für das Fleisch ist es gut!«

In Paris wurde Horowitz womöglich noch stürmischer gefeiert als in London. Obwohl Libidins die Tournee anschließend noch weiterführen wollte, brach sie Horowitz ab; ein in Brüssel angekündigtes Konzert mußte deshalb abgesagt werden. Als Horowitz nach Amerika zurückkehrte, war er voller Lob für die Staaten. »Es gibt überhaupt keinen Grund mehr, weshalb sich Amerika in kulturellen Dingen den Europäern unterlegen fühlen müßte«, sagte er der Presse. »Ich habe zehn Jahre in Frankreich gelebt, bevor ich in die USA kam. Wie ich jetzt nach Frankreich zurückkehrte, wurde ich recht desillusioniert. Klar, das Land ist herrlich, wie ein Museum, aber die Franzosen scheinen sich nicht groß darum zu kümmern. Nicht, daß ich ihnen einen Vorwurf machen möchte. Denn sie haben unter dem Krieg viel mehr gelitten als wir Amerikaner. Dennoch sollten wir uns von unserem Minderwertigkeitskomplex, daß die ganze Welt besser sei als wir, endgültig lösen. Es ist nämlich gerade umgekehrt.«[20]

Nach der Europa-Tournee kam wieder der übliche Streß. Horowitz reiste kreuz und quer durch die Staaten und gab jede Menge Konzerte. Nach wie vor wohnte er im Hotel Volney in New York und reiste stets mit Kenneth Leedom; dieser kümmerte sich um Horowitz' Wohlbefinden und war jeweils auch zur Stelle, wenn man sich wegen einer Absage des Pianisten entschuldigen mußte. Oft protestierte Horowitz, vor Schweiß triefend, unmittelbar vor dem Konzertbeginn: Er könne nicht mehr. Dann nahm ihn Leedom am Arm und führte ihn von der Garderobe aufs Podium hinaus. »Sobald ich dann den Flügel sah, vergaß ich alles andere«, erzählte der Pianist später. Horowitz litt nun unter chronischen Erschöpfungszuständen – was sich nicht zuletzt in seiner stets kärglicher ausfallenden Schallplattentätigkeit für RCA Victor niederschlug. 1950 war er zu insgesamt elf Aufnahmesitzungen erschienen, 1951 zu sieben, 1952 noch zu vier und 1953 nur noch zu drei. Er wurde immer aufgeregter – vor allem, wenn ein Termin für einen Orchesterauftritt bevorstand. Oft sagte er dem jeweiligen Lokalmanager noch am Tag des Konzerts ab: Er sei außerstande, am Abend aufzutreten. Zum Beispiel in New Orleans: Anfänglich schien Horowitz in bester Verfassung zu sein – bis es dann Zeit war, aufs Podium rauszugehen. »Dann«, so rapportierte ein lokaler Journalist, »begann Horowitz mit seiner üblichen Show. Er wurde nervös und begann zu ›bibbern‹. ›Ich fühle mich wie eine Maus‹, sagte er dem Manager. ›Ich fühle mich wie eine Maus, und für das Rachmaninow-Konzert braucht es doch einen Löwen!‹«[21]

Ein Höhepunkt zu Beginn der fünfziger Jahre waren für Horowitz seine *Silver-Jubilee*-Konzerte, die er zur Feier seines nun fünfundzwanzig Jahre zurückliegenden Amerika-Debüts gab, aber auch im Gedanken an Rachmaninows Tod vor zehn Jahren sowie zum hundertjährigen Bestehen der Firma Steinway & Sons. Seit 1945 war Horowitz nur noch sporadisch in einem Orchesterkonzert aufgetreten – meistens im Rahmen irgendwelcher Wohltätigkeitsveranstaltungen. Beispielsweise war sein letzter gemeinsamer Auftritt mit Toscanini und dem NBC Symphony Orchestra (am 19. Februar 1945 mit Brahms' B-dur-Klavierkonzert) ein Wohltätigkeitskonzert zugunsten des nationalen Kinderlähmungs-Fonds gewesen. Und am 8. April 1948 spielte er dasselbe Werk noch einmal – diesmal mit den New Yorker Philharmonikern unter Bruno Walter als Festkonzert zum zwanzigsten Jahrestag seines USA-Debüts. Für sein *Silver-Jubilee*-Konzert wählte er Dimitri Mitropoulos aus; mit ihm zusammen wollte er das Tschaikowski-Konzert zugunsten des Pensionskassen-Fonds der New Yorker Philharmoniker spielen. Leider wurde Mitropoulos krank und mußte sämtliche Verpflichtungen für diesen Winter absagen. An seiner Stelle dirigierte dann George Szell. Über die Aufführung schrieb Olin Downes in hochbegeistertem Ton: »Ich kann mich nicht an ein einziges Konzert in den letzten fünfundzwanzig Jahren erinnern, wo das Publikum so lange im Saal blieb, sich die Hände wund klatschte, lauthals schrie und den Künstler mit *standing ovations* überschüttete ... Alles in allem war es eine gigantische Aufführung, ungeschliffen, auch unüberlegt, aber überwältigend.«[22] Am Ende des Konzerts überreichte Floyd G. Blair, Präsident der New Yorker Philharmoniker, Horowitz eine silberne Zigarettendose mit einem Bild von ihm, am Flügel sitzend, sowie den ersten einleitenden Noten des Tschaikowski-Konzerts eingraviert.

Anläßlich des fünfundzwanzigsten Jahrestags seines Amerika-Debüts kündigte Horowitz auch noch zwei Klavierabende in der Carnegie Hall an – und zwar am 25. Februar und am 23. März. Am ersten Abend spielte er zwei große Werke erstmals in der Öffentlichkeit: Skrjabins Sonate Nr. 9 op. 68, *Schwarze Messe*, sowie Schuberts letzte Klaviersonate in B-dur. Hinzu kam noch Horowitz' neueste und verrückteste Transkription von Liszts zweiter Ungarischer Rhapsodie. Den zweiten Abend mußte er absagen; da hätten Beethovens *Mondschein*-Sonate sowie Rachmaninows zweite Sonate auf dem Programm gestanden.

Viele Leute waren überrascht, daß Horowitz die Schubert-Sonate spielte. Obwohl er sich über dieses Werk stets sehr begeistert geäußert und es im privaten Kreis auch schon vorgetragen hatte, wollte er sich bis anhin nicht an eine öffentliche Aufführung wagen. »Es ist viel zu lang, zu stark nach innen gekehrt«, meinte er. »Man kann die Aufmerksamkeit von vielleicht fünftausend Zuhörern nicht über vier lange Schubert-Sätze hindurch aufrechterhalten. Das wäre verlorene Liebesmüh.« Aber im Winter 1953 änderte er seine Meinung – obwohl er sich wegen der Schubert-Sonate nach wie vor Sorgen machte. Jedenfalls probierte er das Werk zuerst in Boston, San Francisco und Los Angeles aus, experimentierte mit verschiedenen Tempi und achtete genau auf die unterschiedlichen Publikumsreaktionen. Nach einem dieser Konzerte sagte ihm Wanda in der Garderobe: »Du hast zu langsam gespielt. Ich dachte, das Stück würde nie zu Ende sein.« Horowitz akzeptierte diese Kritik, brachte im nächstfolgenden Konzert im letzten Satz eine kleine Kürzung an und spielte überhaupt das ganze Werk um einiges schneller, so daß er insgesamt fünf Minuten weniger brauchte. In Kalifornien erhielt er dafür hervorragende Kritiken – unter anderem wurde sein »perfekter Schubert-Stil« gelobt, der »keine Anzeichen von jener russischen Gefühligkeit hatte, die man sonst aus seinem Klavierspiel heraushörte«. Horowitz war voll guten Mutes.

Um so schockierender mußten für ihn dann die New Yorker Kritiken gewesen sein. Die *Herald Tribune* ereiferte sich, daß Horowitz Schuberts Intentionen »verfälscht oder zumindest überdeckt« habe. Und die *Saturday Review* sprach im

Hinblick auf Horowitz' Umgang mit einem Klassiker von einer »eklatanten Fehlbesetzung«. Die meisten Kritiker waren sich einig, daß er mit seiner immensen Virtuosität und seinem großflächigen Ton Schubert quasi den Rest gegeben habe. Noch drei Jahrzehnte später erinnerte sich B.H. Haggin lebhaft an diese Interpretation und hatte nur ein Wort für sie: »Scheußlich!«

Jahre später gab Horowitz dann zu, daß er die poetische Schubert-Sonate vor allem deshalb aufs Programm gesetzt habe, um endlich seinen Ruf als virtuoser Klavierakrobat loszuwerden. Diese innere Entwicklung deutete Howard Taubmann in der *New York Times Sunday* am 11. Januar 1953 auch an: daß sich Horowitz von einem »feuerschluckenden Virtuosen in einen selbstkritischen, stets suchenden Künstler« verwandelt habe. Dennoch stand er im Ruf, dem Publikum willig alles zu geben, was es verlangte. Im Winter 1953 war er körperlich und psychisch erschöpft wie noch nie. Die überaus anstrengenden Jubiläums-Konzerte hatten alle Energien aufgezehrt; nun schien er am Ende zu sein. Äußerlich sah man ihm zwar kaum etwas an; in den dreizehn Jahren seiner Amerika-Tourneen hatte er sich kaum verändert, war nach wie vor schlank, ja fast mager wie ein Athlet, und eine unheimliche innere Energie schien ihn von einem Konzert zum nächsten zu treiben. In Wahrheit aber war er tief bedrückt und litt unter Koliken. Und er schien sich mehr und mehr vor dem Publikum zu fürchten.

Vierter Teil

1953–1964

Zusammenbruch: Der zweite Rückzug

Das Herumreisen hatte mich kaputtgemacht. Ich wollte nun ausruhen. Vier Konzerte pro Woche und dazu noch die langen Eisenbahnfahrten – das war einfach zuviel. Ich mußte aufhören, genauso, wie man auch ein Auto anhalten muß, wenn der Motor nicht kochen soll. Ich dachte, ich würde nie mehr öffentlich spielen.[1]

Züge konnte Horowitz nicht ausstehen, Flugzeuge haßte er, und die ungastliche Anonymität des Hotellebens war ihm ein Graus. Das aufs Zimmer gebrachte Essen ekelte ihn an, zudem führte es zu Koliken; und aß er im Hotelrestaurant oder mußte er nach dem Konzert noch auf eine Party gehen, so hatte er stets Angst und war dementsprechend verkrampft – was seinem anfälligen Magen ebenfalls nicht bekam. Die unbarmherzigen Zeitungskritiken und die unverfrorene Neugierde seiner Fans hatten zur Folge, daß er sich immer mehr zurückzog und sich gegen außen verschloß. Schutz fand er allenfalls noch in seinem Hotelzimmer, wo er oft bis zur allerletzten Minute vor dem Konzert blieb. Wenn er bei Partys dabeisein mußte, so war er schüchtern und ungeduldig, konnte sich jedenfalls nicht entspannen, denn er mußte ans Kofferpacken denken: Am nächsten Morgen ging die Reise ja schon weiter. Kamen die Fans nach dem Konzert zu ihm in die staubige Garderobe, so fühlte er sich ausgestellt wie eine Ikone, nahm die Gratulationen der Damen und Herren aus der gehobenen Gesellschaft gleichgültig entgegen – die hatten ja keine Ahnung, wie eintönig grau sein Alltag aussah.

In der Tat war sein Leben seit 1940 zur dumpfen Routine verkommen: reisen und auftreten, und das vielfach an langweiligen Orten. »Alle diese Städte!« klagte Horowitz jeweils, und er litt unter diesem ewigen Ortswechsel, wo man sich stets auf Neues einstellen mußte. Er zog sich zurück, um sich vor einem drohenden Selbstverlust zu schützen; dennoch fand er keine Zeit zum Ausruhen. Es fehlte ihm an Selbstvertrauen; seinen Ruhm konnte er in keiner Weise genießen, zumal er stets gereizt war und nervös. Immer mußte er auf seiner Hut sein – er war jedenfalls alles andere als jene extravertierte Künstlerpersönlichkeit, wie sie dem Publikum so vertraut war. Horowitz fühlte sich einsam und wurde zunehmend auch unkommunikativ; er lebte von Frau und Tochter getrennt und hatte kaum Zeit für Freunde. Voller Bitterkeit sagte er, daß ihm auch eine befriedigende Liebesbeziehung fehle; zwar war Kenneth Leedom, sein Sekretär und ständiger Begleiter, stets zugegen, sorgte für Horowitz und richtete ihm das

Leben so bequem als möglich ein. Aber das enorme emotionelle Vakuum seines Arbeitgebers konnte auch er nicht auffüllen.

Die *Silver-Jubilee*-Saison 1953 war weniger eine Sache der feierlichen Anlässe gewesen als ein harter Kampf um die Ausdauer. Und erstmals seit 1936 war es wiederum klar geworden, daß Horowitz diesen Kampf mit seinen Nerven verlieren würde. Während er am Konzertflügel saß, wurde er von Darmkrämpfen und Verdauungsbeschwerden belästigt, so daß er sich kaum mehr aufs Spiel konzentrieren konnte. Das ging so weit, daß er, sobald er eine Werkgruppe beendet hatte, sofort vom Podium weg auf die Toilette eilte. Klar, daß jedes Konzert zu einem Horror wurde. Zudem litt er an Schlaflosigkeit, was ihn zusehends schwächte. Da er genau wußte, daß das Publikum von ihm *Superman*-Leistungen erwartete, demoralisierten ihn seine pianistischen Unzulänglichkeiten mehr und mehr. »Nicht, daß er seinem Klavierspiel nicht mehr vertraut hätte«, meinte Wanda Jahre später. »Aber er war stets unsicher, ob er den Erwartungen des Publikums überhaupt noch entsprechen könne. Denn je größer der Name eines Künstlers ist, desto größer ist auch seine Verantwortung.«

Horowitz hatte sich selbst seine Maßstäbe gesetzt; nun empfand er zunehmend Verachtung für sein Publikum, dem man immer servieren mußte, was es wollte. »Die hörten nur darauf, wie schnell ich die Oktaven spielen konnte; aber die Musik hörten sie überhaupt nicht mehr. Das war mehr als langweilig. Ich spielte zwei Stunden lang, und alles, was sie in Erinnerung behielten, waren die letzten drei Minuten des Klavierabends. Ich war unzufrieden mit dem, was ich tat, und ich spürte, daß ich meine eigene Identität als Musiker verlieren könnte.«

Eigentlich war der Konflikt gar nicht zu lösen. Von allem Anfang an hatte Horowitz bei seinem Publikum die Erwartung eines gleichsam Feuer und Schwefel speienden Pianisten erweckt und solche Erwartung dann mit seiner Pianistik weitgehend auch eingelöst; nie hätte er sein Publikum enttäuschen mögen – was immer ihn das letztlich dann auch kosten mochte. Als seine persönliche Unsicherheit zunahm, wurde die Intensität seines Spiels – beispielsweise in der zweiten Ungarischen Rhapsodie – beinahe unerträglich; es war, als würde Horowitz um sein Leben spielen. »Man hatte das Gefühl, als müßte demnächst ein Dämon aus Horowitz hervorbrechen«, schrieb Harold Schonberg.[2] Und von Horowitz stammt die Formulierung, daß er »halb Engel und halb Dämon« sei. Wobei das Dämonische ihn nun fast zu erdrücken, ja – in einem übertragenen Sinn – bei lebendigem Leibe aufzufressen schien.

Während eines Konzerts im Februar 1953 spürte Horowitz, wie sein nervliches Gleichgewicht nur noch an einem winzigen Faden hing, und er hatte eine Riesenangst, daß er auf dem Podium die Kontrolle über sich verlieren könnte. Später meinte er gegenüber Freunden, in einem derartigen Zustand spielen zu müssen sei, wie wenn man im Römer Kolosseum einer blutrünstigen Menge ausgeliefert sei. »Mein Gott! Selbst das Podium war mit Zuhörern überfüllt! Ich ging nochmals hinaus, um eine Zugabe zu spielen, und zwar Chopins As-dur-Polonaise.

Großes Crescendo. Ich war völlig erschöpft und meinte, das Herz müßte mir zerspringen. Mein Magen krampfte sich zusammen; schon dachte ich, nun hast du gleich alles im Mund. Die Spannung war unerträglich, und ich glaubte, ich müßte tot umfallen, bevor ich das Stück nur zu Ende gespielt hatte. Dann endlich der letzte Akkord; wie gewöhnlich ein Riesenapplaus und Fußgetrampel. Ich hörte, wie ein Mann zu seiner Nachbarin sagte: ›Mein Gott, hast du so was je gehört?‹ Die aber meinte: ›Das ist noch nichts; warte nur, was er als nächstes hinlegen wird. Das ist nämlich erst der Anfang.‹ Da spielte ich mir also das Herz aus dem Leibe, und sie sagte: ›Das ist nichts, warte nur. Da kommt noch mehr, noch viel mehr.‹ Aber es war eben nichts mehr da.«

Ein für den 11. März 1953 geplantes Konzert in Minneapolis sollte schließlich den totalen Zusammenbruch herbeiführen. Nach seinem *Silver-Jubilee*-Klavierabend vom 25. Februar in der Carnegie Hall fuhr Horowitz mit Leedom Richtung Westen, um dort eine Winter-Tournee zu starten. In Minneapolis stieß Wanda zu den beiden, und kurz nach ihrer Ankunft – es war am 10. März – aß Horowitz irgend etwas, worauf ihm sofort schlecht wurde. Libidins ließ das Konzert noch am selben Abend absagen; er gab bekannt, daß Horowitz an einer Darminfektion erkrankt sei. Die diversen Konzertveranstalter und auch die Journalisten hatten sich längst daran gewöhnt, daß Horowitz wegen einer Erkältung, einer Mandelentzündung, wegen Fieber oder Verdauungsbeschwerden seine Konzerte abzusagen pflegte. Es bestand demnach kein Grund zur Annahme, diesmal müsse etwas Besonderes vorgefallen sein. Zudem hatte Libidins mitteilen lassen, daß das ausfallende Konzert auf den 15. April verschoben werde. Aber Wanda realisierte, daß es sich diesmal um etwas wesentlich Schlimmeres handelte, und so wollte sie hier auch keinen Arzt beiziehen, sondern eilte mit ihrem Mann in einem Privatflugzeug nach New York zurück – das erste Mal übrigens, daß Horowitz flog. Zwei Wochen später mußte Libidins die für das Frühjahr gebuchten Konzerte absagen – und, wie sich bald herausstellen sollte, überhaupt sämtliche geplanten Konzerte. Und zwar auf unbestimmte Zeit.

Nach den meisten Berichten zu schließen schien sich Horowitz kaum bewußt, was es mit seinem Zustand auf sich hatte. Dennoch erinnerte er sich später an diese traumatische Zeit: »Ich wurde in ein Krankenhaus gebracht. Dort untersuchten sie mich und sagten dann, es sei alles in Ordnung. Trotzdem meinte der Arzt, daß ich ein Jahr aussetzen müsse; ich sei am Rande eines Nervenzusammenbruchs. Gut, so machte ich halt Pause.« Lowell Benedict, immer noch ein verläßlicher Freund, war einer der wenigen, der Horowitz in dieser verhängnisvollen Zeit besuchen durfte. Er erinnerte sich, daß Horowitz' Gesundheitszustand geradezu erschreckend gewesen sei. »Als ich in der Ninety-fourth Street vorsprach, empfing mich Wanda und sagte mir, Horowitz sei im oberen Stockwerk in seinem Schlafzimmer. ›Er ist total auf dem Nullpunkt‹, meinte sie, wobei ich aus ihrer Stimme so etwas wie Verachtung herauszuhören schien. Ich ging nach oben in Horowitz' Zimmer – und sah einen Kranken, der dahinvegetierte.

Er war total verstört und plapperte puren Nonsense vor sich hin. Ein Heer von Ärzten ging geschäftig treppauf und treppab, und sie verschrieben derart unsinnige Behandlungen wie eine Kartoffeldiät: nichts als Kartoffeln. Natürlich litt er immer noch unter Koliken; dennoch verstand kein Mensch, was ihm eigentlich fehlte.«[3]

Selbst heute, dreißig Jahre nach diesem Zusammenbruch, weiß man keine genaueren Details darüber. Nie hat Horowitz erklärt, welche Faktoren im einzelnen den Ausschlag gegeben hatten, um sich auf dem Höhepunkt seiner Karriere zurückzuziehen. Denn es ist unwahrscheinlich, daß hier nur die Tournee-Strapazen und die Koliken, der Erwartungsdruck des Publikums sowie die Kritiken in den Zeitungen ausschlaggebend waren – zumal Horowitz sich für ganze zwölf Jahre von der Öffentlichkeit zurückzog. Fritz Steinway erinnerte sich, wie damals sofort Gerüchte in Umlauf kamen: Horowitz sei in eine Nervenheilanstalt eingewiesen worden, er fürchte sich vor dem Klavier, ja, er sei verrückt geworden. »Jeder wollte es besser wissen: Er hat Krebs. Er ist übergeschnappt. Und so weiter. Dabei war er nie verrückt. Aber in emotionaler Hinsicht war er irgendwie unstabil. Vielleicht war das Älterwerden für ihn ein psychisches Problem – weil er merkte, daß er nicht mehr den Schwung und die Energie eines Dreißigjährigen hatte.«[4] George Marek, Direktor der Klassik-Abteilung bei RCA Victor und in den vierziger und fünfziger Jahren ein verläßlicher Freund von Horowitz, begleitete den Pianisten oft ins New York's Columbia Presbyterian Hospital, wo man Tests machte und über neue Behandlungsmethoden entschied. »Daß sich Horowitz zurückzog und daß er später dann auch krank wurde, ist auf verschiedene psychische Ursachen zurückzuführen, die man im einzelnen wohl nicht adäquat analysieren kann. Auch heute nicht!« meinte Marek im Jahre 1979. »Zum Teil waren es gesundheitliche Störungen, zum Teil das Problem des Älterwerdens; dann war da der Konflikt zwischen Homosexualität und Heterosexualität – ein Konflikt, den er erst viel später beizulegen vermochte. Horowitz' Ehe war stets stürmisch gewesen, und seit 1949 lebte er bekanntlich von Wanda getrennt in einem Hotel. Hinzu kamen die ständigen Schwierigkeiten mit Sonja.«[5] Arthur Rubinstein dagegen führte den Zusammenbruch vor allem auf häusliche Probleme zurück: »Wanda war eine ungemein harte Frau – hart wie Stein. Die Ehe war in der Tat nie glücklich gewesen, und das hat sicher mit zum Zusammenbruch beigetragen.«[6] Ein anderer Nahestehender, den weder Wanda noch ihre Familie ausstehen konnten, meinte gar, daß »es für Horowitz nach seiner Heirat mit Wanda absolut keine Chance mehr gegeben habe für ein persönliches, privates Glück. Toscanini und Wanda brachen ihm gewissermaßen langsam das Genick, und er hatte ganz einfach nicht die Kraft, um den Kampf gegen die beiden aufzunehmen.«[7]

Dennoch blieben viele Freunde der Überzeugung, daß es vor allem die aufreibende Lebensweise des reisenden Virtuosen gewesen sei, die Horowitz letztlich soweit gebracht habe, daß er nicht einmal mehr das Haus verlassen oder Klavier spielen konnte. »Das Herumreisen hatte mich kaputt gemacht, und ich wollte endlich einmal ausruhen. Ich sagte mir, zwei oder drei Jahre brauchst du. Ich war total am Ende. Von 1953 bis 1954 spielte ich keinen einzigen Ton. Ja, eigentlich bis 1955. Es war ganz einfach körperlich nicht möglich. Nichts war möglich ... Immer sagte ich mir, du brauchst ganz einfach Ruhe und Zeit zum Nachdenken.«

Im Frühjahr 1953 kehrte Horowitz in sein Haus in der Ninety-fourth Street zurück. Auch Leedom war da; er kümmerte sich in den paar folgenden Jahren weiter um die geschäftlichen Dinge und um die Fanpost, die zwar mehr und mehr versiegte. Doch das war nicht so wichtig; Hauptsache, er konnte bei Horowitz sein und auf jenen Tag hoffen, wo dieser wiederum ans Klavier gehen würde. In den ersten Monaten, ja eigentlich bis im Sommer 1953, fühlte sich Horowitz zutiefst unglücklich. »Er lag nicht immer im Bett, sondern stand auch auf und zog sich auch an«, erzählte Leedom. »Aber er fühlte sich sehr schlecht; immer noch litt er unter seinen Koliken und hatte Schwierigkeiten mit dem Essen.« Ab Mitte Sommer ging es Horowitz dann etwas besser; dennoch blieb er strikte im Haus und nahm keine einzige Einladung an. »In jenen zwölf Jahren, wo ich nicht auftrat, fühlte ich mich in diesem Zimmer sehr glücklich«, sagte Horowitz während eines Fernseh-Interviews, welches 1978 in seinem Wohnzimmer gemacht wurde. »Nicht ganz so glücklich«, verbesserte Wanda und meinte ihrerseits: »Der Arzt sagte damals, er sollte eine Pause machen; aber das Pausieren wurde dann zu einer Gewohnheit. Diese zwölf Jahre waren sehr schwierig, denn sehen Sie, von Zeit zu Zeit sagte Vladimir jeweils: ›Ich werde nie mehr spielen.‹ Und ich antwortete dann: ›Gut, sehr gut‹, wobei mir das Herz zu den Füßen hinuntersank.«

»Damals begannen sogleich Gerüchte zu kursieren, ich sei im Irrenhaus gelandet«, erzählte Horowitz. »Natürlich war da nichts dran. Aber die Amerikaner lieben eben schlechte Nachrichten. Damit verkauft man Zeitungen. ›Was ist los mit Ihnen? Wir wollen es wissen!‹ Doch ich kümmerte mich nicht darum. Mae West erzählte mir einmal, jedermann schreibe von ihr, daß sie eine Prostituierte sei ... Jedermann denke, daß ihr Leben schrecklich sein müsse. Und sie versicherte mir, daß sie sich erst Sorgen machen werde, wenn man nicht mehr über sie rede.«

Während zwei Jahren verließ Horowitz praktisch sein Haus nicht, und in den ersten sechs Monaten blieb Wanda stets an seiner Seite. Als sich Horowitz' Gemütszustand zu bessern begann, versuchte Wanda hie und da, ihn zu einem Spaziergang zu bewegen. Einmal klagte sie Henry Steinway, daß sie seit Monaten das Haus nicht mehr verlassen hätten und daß *sie* jetzt bald einen Nervenzusammenbruch bekomme, wenn sich dieser Zustand nicht ändere. Es wurde ihnen ein Landhaus in New Hampshire angeboten, wo sie in völliger Abgeschlossenheit leben konnten. Aber Horowitz wollte sein Haus nicht verlassen; er wies darauf hin, daß er einfach nicht kräftig genug sei für eine derart lange Autofahrt. So schlug Steinway vor, einen Krankenwagen zu mieten. Doch auch da stieß er auf energische Ablehnung: Dann würden die Gerüchte über ihn erst recht ins Rollen kommen. Darauf meinte Steinway, halb im Spaß, man könnte ja einen Klaviertransporter mit Horowitz' Bett und seinen Möbeln beladen und nett einrichten – und genau das geschah dann auch. Auf diese unkonventionelle Weise reisten Wanda und Horowitz incognito und komfortabel nach New Hampshire.

In den ersten Phasen seiner Rekonvaleszenz ging es Horowitz primär um seine physische Verfassung; vor allem änderte er seine Eßgewohnheiten. Statt wie früher alles wahllos in sich hineinzuschlingen, mied er jetzt stark fetthaltige oder sonstwie üppige oder stark gewürzte Speisen; und meistens trank er nur Milch. Hauptbestandteile seiner neuen Diät waren ungewürztes Fleisch sowie *baked potatoes*. Zwischen den einzelnen Mahlzeiten schob er ausgedehnte Nickerchen ein, und jede Nacht schlief er zudem volle zwölf Stunden. Aber das Klavier rührte er auch weiterhin nicht an. Hingegen leistete er sich ab und zu einen kürzeren Spaziergang.

Für Geselligkeiten war Horowitz nach wie vor nicht zu haben; sein Kreis blieb klein, bestand aus Wanda und Leedom; selten kam einmal Milstein auf Besuch oder John (»Jack«) Pfeiffer, ein RCA-Produzent, dessen Freundschaft in den folgenden paar Jahren stets wichtiger werden sollte. Pfeiffer war ein profunder Musikkenner, zudem ein wichtiger Erneuerer der Schallplattentechnologie, und er bewährte sich als herzlicher, verständnisvoller Freund, der seine zwei Superstars – nämlich Horowitz und Heifetz – mit größter Aufmerksamkeit umsorgte. Der großgewachsene, dunkelhaarige und stets perfekt gekleidete Mann schien mit seinem gemütlichen Lächeln eine wohltuende Ruhe auf Horowitz auszustrahlen. Zudem wirkte er vertrauensvoll, und mit seiner seelenruhigen Art fand er genau den richtigen Ton, den Horowitz damals brauchte – denn er spielte wiederum mit dem Gedanken, sich erneut dem Klavier zuzuwenden. In der Tat ist es weitgehend Pfeiffer zu danken, daß Horowitz in jenen Jahren, wo er nicht öffentlich auftrat, sich zumindest zu einigen Schallplattenaufnahmen bereit erklärte.

In seiner entgegenkommenden, aber dennoch professionellen Art sprach Pfeiffer mit Horowitz über die im Herbst 1953 wohl dringlichsten Angelegenheiten – nämlich über die Schallplattenveröffentlichung von Horowitz' *Silver-Jubilee*-Klavierabend vom vergangenen Februar. (Das Konzert sollte zudem am 2. Januar 1954 am NBC-Radio übertragen werden.) Plötzlich verspürte Horowitz einen Drang nach Arbeit, und so hörte er sich das Masterband aufmerksam an, wobei er auf jene Stellen hinwies, die eine bessere Tonqualität oder einen noch größeren dynamischen Kontrast vertragen hätten. Wie er sich immer intensiver mit der Veröffentlichung dieser Aufnahmen befaßte, erwachte sofort auch wieder sein Enthusiasmus und seine Neugierde für Musik. Dabei genoß er seinen jetzigen »Ruhestand« erst recht: »Ich bin frei! Ich muß nirgendwo hinreisen; ich habe keine Verpflichtungen!« Pfeiffer bemerkte, daß »er für Ideen, die über Jahre in ihm geschlummert hatten, nun plötzlich größtes Interesse hatte«.

»Früher konnte ich gar nichts Neues aufnehmen«, sagte Horowitz, »denn ich mußte ja andauernd spielen. Ich hatte mein Programm oder vielleicht deren zwei und reiste mit ihnen herum und spielte. Man kann nicht zu viele Werke im Gedächtnis behalten; schließlich muß man sie ja alle auch üben. Aber als ich allein war, konnte ich mich wieder mit Neuem befassen. Jetzt hatte ich Zeit. Ich las und interessierte mich überhaupt für vieles.« Damals, 1953, beschäftigte er sich vor allem mit Muzio Clementi, einem italienischen Komponisten aus dem 18. Jahrhundert, und noch Jahre später sprach er begeistert über diese Entdekkung. »Ich kam durch Zufall zu Clementi. Schirmer hat ja nur zwei Bände mit Clementi-Klaviermusik herausgegeben: um die zwanzig Sonaten, und nicht einmal die besten. Dann fuhr meine Frau auf Besuch nach Italien, und sie fand dort eine komplette Erstausgabe aller vierundsechzig Sonaten in zwölf Bänden. Sofort begann ich, sie zu spielen; zudem las ich Bücher über Clementi und lernte, daß sein Einfluß auf Beethovens Klavierkompositionen enorm groß gewesen sein muß.«[8]

Jahrelang hatte Horowitz die Beethoven-Sonate nur recht selten und mit wenig Begeisterung gespielt. Durch das Clementi-Studium bekam er nun – gleichsam durch die Hintertür – einen neuen Zugang zu Beethoven. Daß Beethoven in seiner recht spärlichen Notensammlung ausgerechnet zahlreiche Klavierwerke Clementis aufbewahrt hatte, fand Horowitz äußerst interessant; zudem schienen ihm gewisse Takte bei Clementi schon auf Passagen in Beethoven-Sonaten hinzudeuten. Er demonstrierte das bei einigen arpeggierten Akkorden in Clementis f-moll-Sonate op. 14 Nr. 3 und meinte zu Pfeiffer: »Hör mal, Jack. Hör genau hin! Das ist doch reinster Beethoven!« Horowitz war überrascht von der dramatischen Intensität, die er in Clementis Sonaten entdeckte, sowie von der Art und Weise, wie dieser Komponist innovative Elemente seiner Musiksprache mit dem herkömmlichen klassischen Stil zu verbinden verstand. Bald merkte Horowitz, daß Clementi als einer der ersten Komponisten in wirklich adäquater Weise fürs Klavier zu schreiben verstand und auch die klassische Sonatenform in die Klaviermusik eingeführt hat. Horowitz war fasziniert von der Vielseitigkeit Clementis: Er war ein erfolgreicher Klavierbauer und Komponist gewesen, der mit seinem *Gradus ad Parnassum* die technischen Möglichkeiten des Klaviers wesentlich erweitert hat; und nicht zu vergessen Clementi als Lehrer, als Musikverleger, und als Komponist von zahlreichen Opern, Sinfonien und Konzerten. »Ich fand, Clementi sei der Vater der modernen Klaviertechnik. Obwohl ihm das Genie eines Mozart oder Beethoven fehlte, war er dennoch ein wichtiger Erneuerer: zum Beispiel, was eine wirklich idiomatische Schreibweise für das *Hammerklavier* oder die Entwicklung der Sonatenform anbelangt. Der letzte Satz seiner f-moll-Sonate op. 26 Nr. 2, komponiert im Jahr 1788, ist für mich eines der besten Stücke aus dem ganzen 18. Jahrhundert. Die Satzstruktur ist recht kühn, sogar besser als in einigen frühen Mozart-Sonaten. Aber nie wird sie gespielt, kein Mensch kennt sie. Eigentlich das größte Verbrechen in der Musikgeschichte: daß diese Kompositionen nie gespielt und auch am Konservatorium nie verlangt werden.«

Horowitz' Enthusiasmus für Clementi führte zwar nicht sogleich zu entsprechenden Schallplattenprojekten. Aber er diskutierte mit Pfeiffer wiederholt darüber, daß Clementi in seinen Kompositionen das Klavier nicht mehr als Schlaginstrument, sondern als ein singendes behandle. Solche Gespräche führten dann oft zu einem anderen Lieblingsthema von Horowitz – zum Operngesang, oder: was er unter der vergessenen Kunst des *Belcanto* verstand.

In Rußland hatte Horowitz gelegentlich Sänger begleitet – am Kiewer Konservatorium zuerst und dann während seiner ersten Tourneen durch die Ukraine. Nach 1925 nahm ihn seine Solokarriere dann derart in Anspruch, daß er auf solche Aktivitäten verzichten mußte. Er hatte auch keine Zeit mehr, um in Schallplattengeschäften herumzustöbern, und auch für Opernbesuche reichte die Zeit nicht mehr. Jetzt aber gab es keine Konzertverpflichtungen mehr zu erfüllen, und sofort war wieder sein Interesse für jene *Belcanto*-Sänger da, die ihn schon in seiner Jugendzeit begeistert hatten. Er las, daß selbst Chopin oft großen Sängern zugehört und auch viel von ihnen gelernt habe. Und so begann er, sich intensiv mit den Aufnahmen des italienischen Baritons Mattia Battistini (1856–1928) zu beschäftigen; damals existierten kaum mehr Platten von diesem großartigen Sänger, von dem Horowitz meinte, er sei »ein vergessenes Genie«. Horowitz merkte sich die kleinsten Details in Battistinis Interpretationen: seine plastische Phrasierung, seine großartige Atemkontrolle und lyrische Ausdruckskraft sowie seine magistrale Stimmschattierungskunst.

Ab Oktober verbrachte Horowitz die Abende meistens vor seinem Grammophon; neben Battistini hörte er sich auch andere Sänger an – zum Beispiel die beiden italienischen Tenöre Giuseppe Anselmi und Alessandro Bonci, dann auch den russischen Tenor Leonid Sobinow, den er früher einmal begleitet hatte. Horowitz war nun hie und da auch bereit, Besuche zu empfangen, und besonders freute er sich, als er in Howard Taubman, dem Musikkritiker der *New York Times*, einen weiteren *Belcanto*-Fan entdeckte. Nachdem er einen Artikel von Taubman über Battistini gelesen hatte, lud Horowitz den Autor – der früher einmal Werkanalysen und Kommentare für seine Klavierabend-Programmhefte verfaßt hatte – zu sich heim zu einem Schallplattenabend. Eifrig sprach er mit Taubman über den *Belcanto*-Stil; und später meinte Taubman, daß ihm Horowitz bei diesem Gespräch schon viel entspannter vorgekommen sei als im vergangenen Januar, wo er den Pianisten anläßlich seines *Silver Jubilee* interviewt hatte. Horowitz sagte Taubman auch, daß ihn die Freiheiten, die sich Battistini beim Singen immer wieder nehme, nicht störten: »Selbst wenn wir mit solchen übertriebenen Dingen nicht einverstanden sind, so kann man von ihnen doch eine Menge lernen. Und es ist alleweil besser, ein Zuviel an spontanem Gefühl zu haben und dieses manchmal nicht ganz unter Kontrolle zu bringen, als wenn man seine mangelnde Spontaneität kaschieren muß.«

Horowitz' Interesse für Battistini wurde fast zu einer Art Obsession, und bald schlug er Pfeiffer vor, RCA solle die besten Aufnahmen des Sängers nun auf einer Langspielplatte wiederveröffentlichen. Und Horowitz wollte dabei nicht untätig sein: Er offerierte Pfeiffer, daß er dieses Schallplattenprojekt selber betreuen wolle: daß er die Auswahl zusammenstellen und auch die Begleittexte dazu selber verfassen werde. Als man versuchte, diese alten Aufnahmen auf die neuen LPs zu überspielen, wurde klar, daß man bei einer Veröffentlichung »zu viele Kompromisse machen müßte, zumal gerade einige der besten Interpretationen in einem technisch derart desolaten Zustand waren, daß an eine Überspielung kaum zu denken war ... Und oft war genau das, was Horowitz an diesen Interpretationen so interessierte, wegen der historischen Tonqualität dieser Aufnahmen gar nicht zu hören.« Horowitz begann sich zudem auch für ein anderes Vorhaben zu interessieren: Er dachte an eine Schallplatte mit Clementi-Sonaten, die er immer noch als einen verborgenen Schatz bewunderte.

Zehn Monate lang hatte sich Horowitz dem Nichtstun hingegeben; nun spielte er mit dem Gedanken, eine neue Schallplatte einzuspielen. Das hing nicht zuletzt mit dem im vergangenen Januar veröffentlichten *Silver Jubilee*-Konzertmitschnitt zusammen, der überall hervorragende Kritiken erhalten hatte – nicht nur was die Interpretationen anbelangte, sondern auch des Klangs wegen, der – mit allem Applaus, Husten und Programmheft-Geraschel – für damalige Verhältnisse superb war. Zudem wollte Horowitz mit einer allfälligen neuen LP den Gerüchten und Spekulationen über seine Gesundheit entgegentreten und beweisen, daß er geistig und psychisch in bester Verfassung sei. So begann er im Frühjahr 1954, die kommerziellen Aussichten einer Clementi-LP zu überdenken sowie auch die Frage, ob er einem solchen Projekt gewachsen sei. »Du weißt, ich kann überhaupt nicht mehr spielen«, behauptete er immer wieder in Gegenwart von Gary Graffman. Dennoch spielte er sich durch sämtliche Clementi-Sonaten hindurch, vor allem, wenn Besuch da war; und mehr und mehr gelangte er zur Überzeugung, daß er mit einer Clementi-LP ein musikhistorisches Fehlurteil zurechtrücken und vielleicht eine Clementi-Renaissance einleiten könnte.

Eine Entscheidung zu fällen war für Horowitz stets ein langwieriger, mühseliger Prozeß. Zuerst wurde überlegt, dann hin- und hergeschwankt; schließlich sollten Freunde ihre Argumente für oder gegen Horowitz' Vorschlag anbringen, und auch die finanzielle Ergiebigkeit, der künstlerische und persönliche Ertrag wurden abgewogen. Letztlich entschied er sich für eine Clementi-LP. »Es brauchte ungeheuer viel Mut, wieder zu spielen, denn ich wußte ja nicht, ob ich überhaupt noch spielen konnte. Es wurde dann eine große Überraschung für die ganze Musikwelt und natürlich auch für mich. Immer sagte ich mir: ›Okay, du wirst jetzt spielen, damit das Publikum weiß, daß du nicht gestorben bist und dich im Gegenteil bestens fühlst.‹ Und schließlich mußte ich ja nicht wieder auf Eisenbahnfahrten gehen – ich brauchte nur die LP aufzunehmen, und nachher würde man die Schallplatten dann auf Reisen schicken.«

Friedlich und ruhig

Niemand belästigte mich. Nach wie vor liebte ich Musik, und ich hatte damals eine recht gute Zeit. Gerne war ich mit Freunden und Bekannten zusammen; wir spielten Karten oder führten philosophische Gespräche. Zudem las ich viel, bestaunte meine Gemälde und sah Partituren durch – und zwar nicht nur Klaviermusik. »Mein Gott!« sagte ich mir, »ich verdiene mit meinen Schallplatten Geld genug; weshalb soll ich denn überhaupt noch auftreten?«[1]

Die wenigen Besucher, die Horowitz in den ersten zwanzig Monaten nach seinem Zusammenbruch bei sich empfing, waren sich einig: Vladimir hatte sich sehr schnell wieder erholt. Eine Tatsache, die jener vielgehörten Behauptung widerspricht, daß Horowitz über Jahre hinweg unter Krankheits- und Angstzuständen gelitten habe. Mit der für ihn charakteristischen Hingabe widmete er sich nun dem Clementi-Projekt. Eines jedoch war klar: Er wollte sein Haus nicht verlassen – was auch akzeptiert wurde, zumal RCA Victor nichts sehnlicher haben wollte als eine neue Horowitz-Schallplatte. Denn schließlich bestand die Gefahr, daß sich ein längeres Stillschweigen des Pianisten auch negativ auf die Umsatzzahlen seiner Schallplatten auswirken könnte. Nach dem Carnegie-Hall-Jubiläums-Konzertmitschnitt brachte RCA zwar noch zwei Chopin-LPs heraus mit früher schon veröffentlichten, jetzt aber in neuer Zusammenstellung präsentierten Einspielungen. Ein drittes Mal wollte RCA hingegen nicht mehr auf ältere Horowitz-Bestände zurückgreifen. Und so begannen sich im Oktober 1954 die RCA-Tontechniker im zweiten Stockwerk von Horowitz' Haus zu installieren: Aus der Bibliothek wurde ein Kontrollraum, und bald standen die Aufnahmegeräte dichtgedrängt zwischen kostbarem venezianischem Mobiliar herum, und neben Horowitz' zweitem Konzertflügel wurde ein Mischpult aufgebaut.

Es war an einem Sonntag: Um vier Uhr nachmittags betrat Horowitz sein Wohnzimmer, das nun – mit Ausnahme der Gemälde und des Flügels – völlig leergeräumt war und als Aufnahmeraum diente. Wie immer war der Pianist tadellos gekleidet mit Jackett und Fliege, und er setzte sich nun auf die extrem tiefgestellte Klavierbank, bereit, mit den Aufnahmen zu beginnen. Während Pfeiffer mit den Tontechnikern nochmals alle Anschlüsse überprüfte, spielte Horowitz sich ein. Er hatte sich für drei Werke Clementis entschieden: für die f-moll-Sonate op. 13 Nr. 6, die g-moll-Sonate op. 34 Nr. 2 sowie die Sonate in fis-moll op. 25 Nr. 2, die übrigens Beethovens Lieblingssonate gewesen sein soll.

Pfeiffer konnte kaum glauben: Horowitz spielte! Er begann mit einer Passage aus der fis-moll-Sonate, und sofort »wurde aus dem schmächtigen Mann wiederum jener altbekannte Magier, von dessen Fingern die Töne wie Funken wegzusprühen und durch den stillen Raum zu flirren schienen. Mit einer glitzernden Kaskade endete er, wartete einen Moment und sagte dann zu seinen Gemälden (seinem einzigen Publikum): ›Ich wiederhole das noch einmal.‹ Aus dem Lautsprecher kam die knappe Antwort des Tontechnikers: ›Okay.‹ Und noch einmal wurde der Raum gleichsam von einer musikalischen Sturzflut überschwemmt.«[2]

Während dieser ersten Aufnahmesitzung waren weder Horowitz noch RCA überzeugt, daß man ein befriedigendes Klangbild hinkriegen würde. Pfeiffer erzählte: »Wir hatten zwar bald herausgefunden, welche Mikrophone sich besonders gut eigneten und wo man diese plazieren mußte. Und so schien unserer künstlerischen Arbeit eigentlich nichts mehr im Weg zu stehen – nichts, bis auf ein irritierendes Scheppern, das man über den Kontrollautsprecher nach jedem angeschlagenen Klavierton hören konnte. Was blieb anderes übrig, als den ›Aufnahmeraum‹ nochmals akribisch genau zu durchsuchen! Und tatsächlich fanden wir ein paar Glasprismen sowie einen reichverzierten Leuchter, die mit ihren durch den Klavierklang ausgelösten Vibrationen die Mikrophone offensichtlich direkt beeinflussen konnten. Nachdem auch das geregelt war, konnten wir uns voll und ganz Clementi widmen.«

Horowitz hatte die Gewohnheit, auch dann weiterzuspielen, wenn ihm soeben ein Fehler unterlaufen war. Lieber kam er später nochmals auf solche problematischen Stellen zurück, indem er ganze vier oder fünf Seiten zusammenhängend wiederholte. Stets stellte er Fragen: »Sind diese Passagen genug *forte*? Merkt man, daß ich hier das dämpfende Pedal nehme?« Mit der Zeit dann, so erzählte Pfeiffer, entstand »jene Interpretation, die sowohl vom Geiste Clementis als auch von der Seele Horowitz' erfüllt war«.

Da Horowitz ja keinen anderen Verpflichtungen nachjagen mußte, konnte er sich anschließend jedem Detail der Schallplattenproduktion widmen – bis hin zur Hüllengestaltung und zum Hüllentext. Arthur Loesser, selber ein Pianist und zudem Musikkritiker des *Cleveland Plain Dealer*, sollte diesen Text verfassen. Denn Horowitz hatte Loessers Buch *Men, Women and Pianos* mit sichtlicher Begeisterung gelesen; zudem hatte er herausgefunden, daß Loesser schon vor Jahren Clementi-Sonaten in seine Programme aufgenommen hatte. Nachdem er Loessers Hüllentext kontrolliert hatte, überwachte Horowitz gar die Pressung der Schallplatten – und er setzte hierbei Maßstäbe, die sich sowohl »für den New Yorker RCA-Firmensitz wie auch für das Preßwerk in Indianapolis zu einem eigentlichen Trauma auswuchsen«.

Selbst Irving Kolodin, der in früheren Jahren wiederholt negativ über das Spiel von Horowitz geschrieben hatte, mußte in seiner Kritik der neuen Clementi-Platte in der *Saturday Review* gestehen, daß Horowitz hier ohne Frage überzeuge: »Vor allem zeigt er, daß Clementi ein Komponist mit eigener Individualität ist ... Wir stimmen auch seiner Ansicht zu, daß Clementi während mehr als hundert Jahren unterschätzt worden ist. Ja, wir fügen bei, daß es Clementi noch *nie* so gut hatte wie in diesen wunderbar lebendigen und prägnanten Interpretationen.«[3]

Horowitz und RCA Victor waren begeistert, daß die neue Clementi-LP überall auf positive Resonanz stieß, und sie entschlossen sich, sofort eine weitere Platte zu machen. Wiederum wollte sich Horowitz mit mehr oder weniger unbekanntem Repertoire profilieren. Anfänglich erwog er eine Medtner-LP, doch bald ließ er diesen Plan fallen und befaßte sich statt dessen intensiv mit der Musik Alexander Skrjabins. In seinen *Silver-Jubilee*-Konzerten hatte er Skrjabins neunte Sonate gespielt, die *Schwarze Messe*, und er hatte vordem auch schon zwei Skrjabin-Etüden aufgenommen. Damit hatte es sich aber; zu mehr Skrjabin schien Horowitz vorläufig keine Lust zu haben, obwohl ihn Wanda wiederholt anhielt, er solle doch mehr von dieser Musik einstudieren, die einen so zentralen Teil seines kulturellen Erbes ausmache. »Ich brauchte fünfundzwanzig, wenn nicht dreißig Jahre, bis ich ihn soweit hatte, daß er diese Werke öffentlich spielte«, erzählte Wanda. Natürlich kannte Horowitz die Sonaten Skrjabins, und auch die Préludes und Etüden hatte er sich alle schon angeschaut. Aber erst Ende der fünfziger oder Anfang sechziger Jahre wurde er zu jenem singulären Skrjabin-Interpreten, als den ihn die Musikwelt heute verehrt. Wie früher schon seine Rachmaninow-Interpretationen sollte bald auch seine Darstellung der Musik Skrjabins über jeden Vergleich erhaben sein. »Ich fand den Zugang zu diesem Komponisten erst sehr spät«, erzählte Horowitz, »und zwar während meiner Ruhejahre. Bald begann ich Skrjabin zu fühlen. Er ist ein Mystiker. Und immer noch ist er sehr schwierig zu verstehen für ein durchschnittliches Konzertpublikum. Auch wenn er im Grunde ein Romantiker ist. Alles bei ihm ist überempfindlich, überromantisch, übermysteriös. Alles ist ›über‹, will sagen: irgendwie überladen. Was die geistigen und emotionalen Voraussetzungen anbelangt, dürfte er einer der schwierigsten Brocken in der gesamten Musikliteratur sein.«

Natürlich verstand man bei RCA nur zu gut, daß Horowitz keinerlei Lust hatte, wiederum Bestseller-verdächtige Virtuosen-Piecen von Liszt, Chopin oder Rachmaninow einzuspielen, und so fand Horowitz' Engagement für den wenig bekannten Skrjabin bei den RCA-Bossen bereitwillige Unterstützung. Für seine neue Platte wählte der Pianist Skrjabins dritte Sonate fis-moll op. 23 aus sowie eine möglichst kontrastreiche Zusammenstellung von sechzehn aus den insgesamt fünfundachtzig Préludes. »Ich werde fast verrückt wegen dieser Auswahl«, meinte er zu Pfeiffer. »Kein Mensch weiß, wie schwierig es ist, sich nur auf einige wenige Stücke zu beschränken.« Horowitz war fasziniert vom Einfluß Chopins, wie er in Skrjabins frühen Werken feststellbar ist, und oft »transponierte er entsprechende Passagen beider Komponisten in dieselbe Tonart und spielte sie dann abwechselnd vor, wobei er mit beredten Kommentaren auf solche Ähnlichkeiten hinwies.«[4] Schließlich umfaßte Horowitz' Auswahl dann vierzehn Préludes aus den frühen und mittleren Sammlungen (op. 11, 13, 16, 27, 48, 51), wo der romantische Einfluß Chopins am deutlichsten zutage tritt; und hinzu kamen noch zwei späte, beinahe atonale Préludes aus op. 59 und op. 67.

Wiederum wollte Horowitz für die Aufnahmen das Haus nicht verlassen, und Pfeiffer hatte sich also wieder um ein improvisiertes Aufnahmestudio zu kümmern. »Gerade in technischer Hinsicht war das diesmal ein rechtes Wagnis, denn Skrjabins Musik ist doch etwas ganz anderes als die relativ gefälligen Sonaten Clementis«, erinnerte sich Pfeiffer. »Wir standen ungefähr vor derselben Situation, wie wenn wir eine Oper in einem Studio hätten aufnehmen wollen, welches von der Größe her für ein Streichquartett geeignet ist.« Im Januar 1955 begannen die Aufnahmesitzungen; Pfeiffer und seine Tontechniker waren dabei etwa so zuversichtlich, als wenn sie »eine Sinfonie in einer Telefonkabine aufgenommen hätten«. Um aus dem relativ kleinen Wohnzimmer von Horowitz akustisch das Beste herauszuholen, wurden die Mikrophone möglichst nahe am Flügel plaziert. »Natürlich gab es dabei ein Risiko: Wenn die Mikrophone nicht genau richtig standen, dann tönte der Flügel außergewöhnlich perkussiv; zudem stellten diese nahplazierten Mikrophone erhöhte Anforderungen an den Pianisten.« Als diese klanglichen Probleme schließlich zu Pfeiffers Zufriedenheit gelöst waren, gingen die Aufnahmen recht zügig voran. Horowitz hatte sich bis ins letzte Detail souverän vorbereitet, und er schaffte die Sonate samt den sechzehn Préludes in nur vier Aufnahmesitzungen. »Wie immer«, so erinnerte sich Pfeiffer, »prüfte er jedes kleinste Detail, fragte stets, wie es töne, verbesserte und änderte, und anschließend überwachte er wiederum die ganze Schallplattenproduktion.«

Die romantische Intensität von Skrjabins Musik schien perfekt auf Horowitz' spannungsgeladenes Temperament zugeschnitten; klar, daß die Kritiken wiederum hervorragend ausfielen und einmal mehr Horowitz' Abenteuerlust gelobt wurde. RCAs neues Orthophon-Aufnahmesystem brachte den Klavierklang klar, wenn auch etwas hart zur Geltung. Klanglich am vorteilhaftesten nahm sich das gleichsam schattenhafte Flittern in den Préludes aus; was die dritte Sonate anbelangte, äußerte später selbst Horowitz einige Vorbehalte wegen mangelnder kompositorischer Substanz: Die LP sei etwas enttäuschend ausgefallen, weil die Sonate selbst eben schwächer sei als die Préludes, äußerte er gegenüber Abram Chasins.

Noch ist ein amüsantes Detail zu erwähnen, und zwar die damalige Werbekampagne der RCA betreffend. Man kam bei der Schallplatten-Firma nämlich auf die Idee, daß verschiedene Künstler (darunter Monteux, Beecham, Rubinstein und Reiner) für die *RCA Victor Showcase Series* kurze gesprochene Texte aufnehmen sollen, um auf diese sehr »persönliche« Weise in ihre Platten einzuführen und für sie Reklame zu machen. Meistens handelte es sich um beiläufige, ja nichtssagende Formulierungen – dennoch: Horowitz erklärte sich mit diesem Werbe-Gag einverstanden und legte seinerseits nun einen Text vor, der sich an Originalität wohl kaum mehr überbieten läßt. »Hier spricht Vladimir Horowitz«, so begann er. »Falls Sie, sehr geehrter Käufer, diese Schallplatte nicht rechtzeitig bekommen haben, so reklamieren Sie bitte bei Herrn Alan Kayes. Wenn Sie mit dem Klang nicht zufrieden sind – einige Verschwommenheiten müssen Sie in Kauf nehmen –, dann richten Sie Ihre Vorwürfe bitte an Herrn Jack Pfeiffer und seine Tontechniker. Falls Ihnen die Kompositionen etwas schwach vorkommen oder nicht schön genug sein sollten, dann reklamieren Sie zuerst einmal beim Komponisten. Falls die Interpretation lausig sein sollte, dann tadeln Sie Mr. Horowitz. Aber bitte: Kaufen Sie die Platte, denn wir brauchen alle dringend Geld!«[5] Natürlich wurde dieser Promotion-Text nicht in den *Showcase Series* veröffentlicht; dennoch wurden einige wenige Promotion-Exemplare an wichtige Schallplattenhändler versandt – klar, daß sich die Fans bald um diese einzigartigen Sammler-Stücke rissen.

Natürlich brauchte es für die Horowitz-Platten gar keine Reklame; die verkauften sich so oder so und trugen wesentlich zur Stärkung seines Selbstbewußtseins bei. Mit diesen LPs bewies der Pianist (und zwar nicht zuletzt sich selbst), daß man nach wie vor voll auf ihn zählen konnte. Nun war der Druck von ihm gewichen; er konnte sich entspannen und vermehrt mit Freunden zusammensein – mit Milstein und Piatigorsky, mit Ania Dorman, Rudolf Serkin, Abram Chasins sowie dem ewig präsenten Jack Pfeiffer. Rückblickend meinte Horowitz, daß die ersten paar Jahre nach seinem Nervenzusammenbruch – etwa bis 1956 – schwierig gewesen seien. »Ich mußte mir neue Aufgaben stellen«, meinte er. »Wenn man nach einem Leben der totalen Routine nun plötzlich frei wird, frei wie ein Vogel, so kann man sich schon recht verloren vorkommen. Anfangs hing ich nur herum. Dann begann ich, mir einen Tagesplan zurechtzulegen: soundsoviel Stunden zum Üben, dann Zeit zum Ausruhen, zum Nachdenken, dann vielleicht nochmals etwas üben ... Dann ging ich in diesen ersten paar Jahren spazieren, ich las und ruhte mich dazwischen immer wieder aus. Zudem ging ich ins YMHA-Schwimmbad in der Ninety-second Street. Das brauchte natürlich Zeit, und eigentlich war das Wasser ja auch viel zu kalt, so daß ich das Schwimmen bald wieder aufgab. Immerhin spazierte ich jeden Tag um fünfundzwanzig oder dreißig Häuserblocks herum. Und ich besuchte auch Galerien. Später wandte ich mich dann wieder vermehrt der Musik zu. Wichtig war, daß meine Tage bald wieder einen neuen, festen Rhythmus hatten.«[6]

Ausgehen war für Horowitz immer noch mit Streß verbunden. »Obwohl ein kleiner Spaziergang zum Tagesprogramm gehörte«, erzählte Pfeiffer, »ging er kaum je auf eine Party. Und ein Besuch bei seinem Schwiegervater in Riverdale, das ja keine zehn Meilen entfernt lag, nahm nun einen vollen Tag in Anspruch.« Selbst Spaziergänge zur Upper East Side von Manhattan konnten zu einem traumatischen Erlebnis werden: Auf einem seiner ersten Rundgänge, die er allein unternahm, geriet er in die Umgebung von Manhattan's Yorkville, einem deutschen Stadtteil, und wie er rundherum alles ausschließlich in deutscher Sprache angeschrieben fand, geriet er total in Panik.

Natürlich wurde er mit Wanda ab und zu auch zum Essen oder auf eine Party eingeladen. Doch meistens sagte er ab; nach wie vor war er den Fragen nach dem Grund seiner nun doch schon recht lange dauernden Abwesenheit vom öffentlichen Konzertleben nicht gewachsen. Nahm er aber eine Einladung an, dann konnte er ein schwieriger Gast sein, der oft allein vor sich hinbrütend in einer Ecke herumsaß. Am entspanntesten war Horowitz zweifellos daheim, im Rahmen der häuslichen Routine: jeden Tag eine Stunde üben, dann ein Spaziergang, falls es das Wetter erlaubte, und anschließend ein Nickerchen. In der Tat hatte das Wetter einen riesigen Einfluß auf seinen Tagesablauf; es beeinträchtigte seinen Gemütszustand, und es hing häufig vom Wetter ab, ob er überhaupt üben konnte. Freunde, unter ihnen Piatigorsky, amüsierten sich jeweils, wenn sie sahen, wie ernsthaft Horowitz die Wetterentwicklung und Wolkenbildung am Himmel beobachtete. Waren sie bei ihm auf Besuch, so konnte er sich fünf- oder sechsmal entschuldigen: Er müsse am Telefon die neuesten Wetterprognosen hören. Und war das Wetter dann gut, so konnte er seine Gäste mir nichts dir nichts verlassen und auf einen Spaziergang gehen.

War er mit seinen Freunden zusammen, so drehte sich das Gespräch immer wieder um die Frage, ob er seine Konzerttätigkeit nicht doch wieder aufnehmen wolle. Obwohl Horowitz alle solche Erwägungen nach wie vor strikte zurückwies, schien er doch ein etwas entspannteres Verhältnis zu dieser Frage zu haben. »Ich bin gerne mit Freunden zusammen, befasse mich gerne mit meinen Gemälden, höre mir Platten an und studiere Partituren – auch von Vokalwerken oder Sinfonien. Das habe ich früher nie tun können. Ich weiß es zwar nicht sicher, aber vorläufig glaube ich nicht, daß ich jemals wieder öffentlich auftreten werde.«[7]

Beinahe ein Jahr verging, bis sich Horowitz wiederum zu einer Schallplattenaufnahme bereit erklärte. Bei der RCA-Marketingabteilung hieß es nun plötzlich, man sei mit der Clementi- und der Skrjabin-Platte schlecht beraten gewesen. Um diese »Fehlentscheide« auszugleichen, hatte man nur einen Monat nach der Skrjabin-Platte die 1947er Version von Mussorgskis *Bilder einer Ausstellung* veröffentlicht; zudem wurden Schumanns *Kinderszenen* wieder aufgelegt, und zwar gekoppelt mit einer Gruppe von Chopin-Mazurken. Im Winter 1956 begann RCA dann bei Horowitz zu insistieren: Sie brauche nun dringend eine *neue* Platte – und zwar eine, die breitere Käuferschichten anspreche. Zu ihrer großen Erleichterung sagte Horowitz, er würde gern etwas Klassisches aufnehmen – am liebsten Beethoven. Und zwar zwei seiner populärsten Sonaten: die *Mondschein*-Sonate, die er 1946 schon einmal gespielt habe, sowie die *Waldstein*-Sonate – dies eine Horowitz-Plattenpremiere. Wiederum bestand der Pianist darauf, daß die Aufnahmen bei ihm zu Hause stattfinden sollten; bald war jedoch klar, daß sie in klanglicher Hinsicht nicht so gut ausfallen würden wie die Clementi- und die Skrjabin-Aufnahmen. Als Horowitz sich am 10. Mai 1956 das erste Playback des Kopfsatzes der *Waldstein*-Sonate anhörte, war sein einziger Kommentar: »Das tönt aber recht lausig.« Dem Produzenten Jack Pfeiffer blieb nichts anderes übrig, als die Aufnahmetechnik nochmals zu überprüfen, um den überaus trockenen Klavierklang wegzukriegen. Der zweite und dritte Satz wurden am Tag drauf eingespielt, und die *Mondschein*-Sonate folgte einen Monat später. Den anschließenden Sommer verbrachte Horowitz wiederum in East Hampton – und zwar mit quälerischen Selbstvorwürfen wegen des ersten Satzes der *Mondschein*-Sonate: ob er ihn nicht doch zu schnell gespielt habe. Noch im Oktober machte er sich darüber Gedanken, und schließlich entschied er sich, den Satz nochmals aufzunehmen – diesmal langsamer.

Als Horowitz' Beethoven-LP im Handel erschien, wurde sie wohlwollend mit Rudolf Serkins Columbia-Aufnahme der *Mondschein*-Sonate verglichen, die Horowitz übrigens sehr gefiel, zumal er Serkins Beethoven-Interpretationen seit je bewundert hatte. Horowitz nahm alle drei Sätze langsamer; dennoch traf er »die poetische Stimmung des ersten Satzes sowie die Vitalität im Finale hervorragend«, wie der Kritiker Robert C. Marsh bemerkte. Alles in allem waren es »eindringliche Beethoven-Darstellungen, wo der Pianist sein Temperament hervorragend mit der deutschen Aufführungstradition in Einklang zu bringen vermochte«.[8] Nur eine einzige Kleinigkeit wurde gerügt: Um der Schallplatte ein möglichst »populäres« Aussehen zu verleihen, wurde für die LP-Hülle ein kitschiges Foto verwendet: Horowitz am Flügel sitzend, im Hintergrund scheint der Mond, und selbst ein Kerzenleuchter fehlt nicht auf dem Flügel – als wäre es Liberace. Das sei »des Pianisten und der Musik unwürdig«, beckmesserte die Fachkritik.

Obwohl sich Horowitz mit Jack Pfeiffer in persönlicher wie in geschäftlicher Hinsicht hervorragend verstand und ihm auch vertraute, ärgerte er sich doch zuweilen über die aggressive Geschäftspolitik der RCA. Beispielsweise versuchte Alan Kayes, Künstler- und Repertoire-Manager bei der RCA-Red-Seal-Abteilung, während fast einem Jahr immer wieder, Horowitz zu einer Aufnahme des zweiten Rachmaninow-Konzerts zu überreden. Man hatte diesbezüglich schon Kontakte mit Eugene Ormandy und dem Philadelphia Orchestra aufgenommen, obwohl dieses bei Columbia unter Vertrag stand. Sarkastisch hatte Ormandy wissen lassen, daß er sich auf die Aufnahme freue – falls es gelinge, hundert Leute in das Wohnzimmer in der Ninety-fourth-Street hineinzuquetschen. Aber Horowitz hatte Rachmaninows zweites Klavierkonzert nie öffentlich gespielt, und er fand das dritte viel besser; auch fühlte er sich dem Streß einer Aufnahme mit Orchester vorläufig nicht gewachsen. Obwohl Kayes alles unternahm, um die Realisation seines Projekts zu erzwingen, weigerte sich Horowitz, dieses Projekt überhaupt nur ernsthaft in Erwägung zu ziehen. Damit war der Bruch zwischen ihm und RCA eigentlich schon vorausgeplant. Jedenfalls hieß es in der RCA-Verkaufsabteilung, wenn Horowitz schon nicht mehr auftrete, so solle er gefälligst »populäre« Werke aufnehmen, die sich auch verkaufen würden.

So kam man überein, daß Horowitz als nächstes eine Chopin-LP aufnehmen sollte. Und erstmals seit 1953 erklärte er sich jetzt auch bereit, für die Aufnahmen sein Haus zu verlassen. Obwohl Pfeiffer bei der Beethoven-LP ein recht großflächiges Klangbild hingekriegt hatte, wurde Horowitz mehr und mehr unzufrieden mit der relativ beschränkten Akustik seines Wohnzimmers. »Sie ist ungenügend«, erklärte er Pfeiffer. »Irgend etwas fehlt einfach. Ein großer Konzertflügel in einem kleinen Raum. Komm, wir machen die Aufnahmen in der Carnegie-Hall.«

Die Chopin-Aufnahmen begannen im Januar 1957 im Auditorium des New York's Hunter College und wurden im Frühjahr in der Carnegie Hall fortgesetzt. Daß er nach vier Jahren endlich wieder in einem großen Konzertsaal spielen konnte, freute Horowitz ungemein. Kein Zweifel: Er war auch in Bestform – die Interpretationen des zweiten und dritten Chopin-Scherzos sowie der *Barcarolle* und einer Gruppe von Nocturnes zeugen davon. Zudem war er in bester Laune, direkt überschwenglich, und erstmals zog er ernsthaft in Erwähnung, wiederum öffentlich aufzutreten. Vor Mikrophonen zu spielen langweilte ihn längst, und er sehnte sich zusehends nach einem direkten Kontakt mit dem Publikum. Schon im vergangenen November ließ David Libidins verlauten, daß Horowitz seine Konzerttätigkeit möglicherweise in der Saison 1957/58 wieder aufnehme. Und Anfang 1957 präzisierte Pfeiffer: »Man läßt ihm in Sachen Daten jede Freiheit. So, wie er selber am besten spürt, ob er ein Tempo eher anziehen oder verbreitern soll, hat er auch ein instinktives Gespür fürs richtige Timing. Wenn der rechte Moment kommt – und das wird wohl im kommenden Herbst sein –, so wird er jene Werke spielen, um die es ihm dann eben zumute ist.«[9]

Horowitz begann sich plötzlich wieder mit seiner *Carmen*-Bearbeitung zu beschäftigen – auch dies ein Anzeichen, daß er möglicherweise bald wieder öffentlich spielen werde. Zweimal hatte er die *Carmen*-Bearbeitung schon für die Schallplatte eingespielt, und immer noch fand er, daß man sie verbessern könnte. Er wollte aus ihr ein veritables Konzertstück machen, etwa von der Dauer einer Chopin-Ballade. Als er soweit war, ging er mit dieser neuen Version am 14. Mai 1957 dann in die Carnegie Hall, um dort eine Probeaufnahme zu machen. Pfeiffer war überzeugt, daß dieses Werk »Teil seines neuen Konzertprogramms« werde, »mit dem er wiederum aufs Konzertpodium zurückkehre«. »Zudem«, so erzählte Pfeiffer, »zeigte Horowitz mit dieser neuen Bearbeitung, daß er seine Devise geändert hatte – daß sein Spiel nun ganz im Dienst der Musik stand. Zweifellos war die Virtuosität immer noch da, immer noch jederzeit spürbar, aber sie war nun eingebunden in einen musikalischen Zusammenhang. Vier Jahre waren seit dem Zusammenbruch vergangen – und es waren eben vier Jahre der Arbeit, des Nachdenkens, Erwägens und Ausprobierens gewesen, die dem Künstler neue Einsichten und eine neue Reife verliehen hatten.«

Doch schon sechs Wochen nach der letzten Aufnahmesitzung in der Carnegie Hall ließ Horowitz alle Pläne für eine Wiederaufnahme seiner Konzerttätigkeit fallen. Denn die ersten paar Monate dieses Jahres waren für ihn und erst recht für die Familie nur schwer erträglich gewesen. Mitte Januar war Toscanini gestorben. Noch hatte der Maestro die traditionelle Silvester-Party in seinem Haus in Riverdale im Kreis der Familie gefeiert – mit allen Kindern und Enkeln, denn Wally, Emanuela und Sonja waren extra von Europa herübergekommen. Der Maestro wirkte lebhaft und war gesprächig; zudem freute er sich über Emanuelas Ankündigung, daß er nun bald Urgroßvater werde. Am folgenden Neujahrsmorgen erlitt Toscanini dann überraschend eine Hirnthrombose. Im Verlauf des Nachmittags erlangte er zwar wieder das Bewußtsein, doch als Sonja, seine Lieblingsenkelin, ihn in seinem Zimmer besuchte, flüsterte er ihr ins Ohr: »*Cara, cara,* du bist gerade noch rechtzeitig gekommen. Dein Großvater stirbt.«[10] Während der folgenden Tage erholte er sich so weit, daß er wiederum gehen konnte. »Sein eiserner Wille half ihm, die Schmerzen zu besiegen«, sagte Wally, »dennoch war er nicht mehr er selber. Für mich ist Papa an jenem Neujahrsmorgen gestorben.« Weitere Hirnschläge folgten, er wurde stets schwächer, und am 16. Januar – weniger als drei Monate vor seinem 90. Geburtstag – starb Toscanini morgens um 8 Uhr 40.

Während drei Tagen wurden Toscaninis sterbliche Überreste im Frank E. Campbell Funeral Home aufgebahrt, und Tausende erwiesen ihm dort die letzte Ehre. Am 19. Januar, an einem Samstagmorgen um zehn Uhr, wurde in der St. Patrick's Cathedral eine feierliche Totenmesse zelebriert. Horowitz kam in allerletzter Minute in die Kirche und benahm sich einmal mehr völlig exzentrisch: Die Totenfeier könne nicht beginnen, bevor er nicht seinen Tee und seine Kekse gehabt habe ...[11] Um eine peinliche Szene zu vermeiden, eilte Walter Toscanini aus der Kirche, um das Gewünschte herbeizuschaffen.

Nur fünf Monate später brach ein weiterer Schicksalsschlag über die Familie Horowitz herein. Am 30. Juni verunfallte die zweiundzwanzigjährige Tochter Sonja mit ihrem Motorroller in San Remo an der italienischen Riviera: Sie fuhr gegen einen Telefonmast und erlitt eine Schädelfraktur. Über längere Zeit war Sonja schon bei ihrer geliebten Tante Wally gewesen, in Mailand und dann in Venedig, und in der Tat war es nun Wally, die ihr das Leben rettete. Sie wurde sofort an die Unfallstelle gerufen; als sie herbeieilte, sagte man ihr, es sei leider nichts mehr zu machen; Sonja sei tot. Die Verkehrspolizisten wollten Sonja nicht anrühren, aber Wally sah sofort, daß ihre Nichte nur bewußtlos dalag – und nun gab es für sie kein Zögern. Zuerst ohrfeigte sie einen dieser sturen Polizisten, dann lud sie ihre schwerverletzte Nichte in ein vorbeifahrendes Auto und arrangierte anschließend einen U.S.-Army-Helikopter-Transport nach Mailand, damit dort sofort eine Notfalloperation vorgenommen werden könne. Während des Fluges lag Sonja auf einer Bahre, bedeckt mit Eisbeuteln, und sie wurde von Schwestern und von militärischem Sanitätspersonal überwacht.

Es dauerte beinahe eine Woche, bis Sonja das Bewußtsein wieder erlangte. Anschließend folgte eine lange, schmerzvolle Zeit der Genesung – vollständig gesund wurde Sonja nie mehr. Wanda war sofort nach Mailand geflogen; sie wollte bei ihrer Tochter sein. Horowitz blieb hingegen in New York – still und in sich zurückgezogen wie immer, wenn es familiäre Krisen gab. Natürlich wurden nun alle Pläne zur Wiederaufnahme der Konzerttätigkeit auf unbestimmte Zeit beiseitegelegt; überhaupt stoppte er sämtliche musikalische Aktivitäten und wollte auch keine Platten mehr aufnehmen. Horowitz wollte nie über die Auswirkungen sprechen, die Sonjas fataler Unfall auf ihn gehabt hatte – jedenfalls aber ließ er die Musik, übte auch nicht mehr und schien wiederum in den früheren Trott zu verfallen: pro Tag einen Spaziergang, dann ausruhen, dann etwas Lektüre und ab und zu vielleicht einmal ein paar Gäste. Manchmal spielte er mit Freunden Canasta, und viele Zeit verbrachte er vor dem Fernseher – vor allem, wenn ein Preis-Boxkampf übertragen wurde. Wiederum begannen ihn seine Koliken zu plagen; ab und zu begleitete ihn George Marek, damals Vizepräsident und General Manager der RCA, ins Columbia Presbyterian Hospital. »Ich erinnere mich noch gut, wie ich ihn und Wanda im Auto ins Krankenhaus fuhr und er zu mir sagte: ›Du bist mein einziger Freund.‹ Er war überzeugt, daß er keine eigentlichen Freunde hatte. Manchmal litt er wirklich arg unter seinen Koliken; manchmal schien es mehr eine Hypochondrie zu sein. Jedenfalls fühlte er sich einsam und bedrückt – kein Gedanke daran, daß er eine Platte aufnehmen oder gar konzertieren könnte.«[12]

Und Horowitz dachte in den folgenden zwei Jahren auch keinen Moment an eine neue Schallplattenproduktion. Die Marketingleute bei RCA waren entsprechend enttäuscht und verärgert – sie mußten sich damit begnügen, einige frühere Aufnahmen in neuen Zusammenstellungen (und tontechnisch wesentlich verbessert) wieder aufzulegen. 1957 wurden Ausschnitte von Horowitz' Carnegie-Hall-Klavierabend aus dem Jahre 1951 veröffentlicht, 1958 erschien eine neu zusammengestellte Chopin-LP, und 1959 entschloß man sich zur Veröffentlichung des 1943er Live-Mitschnitts vom Tschaikowski-Klavierkonzert unter Toscanini sowie der *Bilder einer Ausstellung* von Mussorgski. Am meisten Resonanz fand zweifellos die Tschaikowski-LP. 1943 hatten sowohl Horowitz wie der Maestro gefunden, die Aufnahme sei tontechnisch zu schlecht, als daß man sie auf Platten veröffentlichen könne. Inzwischen war es den RCA-Technikern gelungen, insgesamt über fünfzig Bandkopien von der damaligen Radioübertragung aufzustöbern, und aus diesen wurde nun in minutiöser Stückarbeit eine klanglich akzeptable Version zusammengeschnipselt. Viele fanden diese Interpretation sogar besser als die 1941er Studioproduktion, die damals weder Toscanini noch Horowitz befriedigt hatte. Für den Moment war RCA jedenfalls besänftigt: Die Tschaikowski-LP verkaufte sich nämlich glänzend. Dennoch wartete man ungeduldig auf eine neue Horowitz-Platte.

31 Der fünfzehnjährige Lorin Maazel (links) und der sechzehnjährige Byron Janis in der Garderobe nach ihrer Darbietung von Rachmaninows zweitem Klavierkonzert. Horowitz besuchte zufällig dieses Konzert, und Byron Janis wurde in der Folge sein erster Schüler.

32 Gary Graffman als Zwanzigjähriger, 1948. Horowitz unterrichtete den vielversprechenden jungen Pianisten von 1953–1955.

33 Coleman Blumfield im Jahre 1956, zu Beginn seines Studiums bei Horowitz. Zwei Jahre später brach Horowitz abrupt seinen Unterricht ab und verbot Blumfield, seinen Namen in der Öffentlichkeit zu benutzen.

34 Alexander Fiorillo, Horowitz' Schüler von 1960–1962. Horowitz versprach ihm Konzerte und einen Schallplattenvertrag, aber der junge Pianist beendete seine Lektionen mit Magengeschwüren, und die Einberufung in die Armee versetzte seiner Konzertkarriere den Todesstoß.

35 In seiner Bibliothek gibt Horowitz seinem Lieblingsschüler Ronald Turini letzte Anweisungen vor dessen Debüt in der Carnegie Hall im Jahre 1961. Turini studierte von 1957–1963 unter Horowitz.

36 Der junge Ivan Davis kam unter Horowitz' Fittiche, nachdem er 1961 den Liszt-Wettbewerb gewonnen hatte. Ivan Davis wurde in der Folge nicht nur Schüler, sondern auch enger Vertrauter von Horowitz.

37 Goodbye, Mr. RCA: Im Frühjahr 1962 unterzeichnet Horowitz einen neuen Schallplattenvertrag mit der CBS, der seiner Karriere in den sechziger Jahren neuen Aufschwung geben sollte. Rechts Goddard Lieberman, Präsident von Columbia Records.

38 Flankiert von Kenneth Glancey, dem Präsidenten von RCA Records, und dem Maskottchen »Little Nipper« kehrt Horowitz im Herbst 1975 mit der Unterzeichnung eines neuen Schallplattenvertrages zur RCA zurück. Horowitz hatte seit einiger Zeit keine Schallplatten mehr aufgenommen.

39 Nach zwölfjähriger Abwesenheit vom Konzertpodium übt Horowitz im Frühjahr 1965 für seinen Auftritt in der Carnegie Hall, der am 9. Mai 1965 stattfand und zu einem triumphalen Erfolg wurde. Auf seinem Steinway-Flügel stehen signierte Porträts von Ignaz Paderewski, Arturo Toscanini und Sergej Rachmaninow.

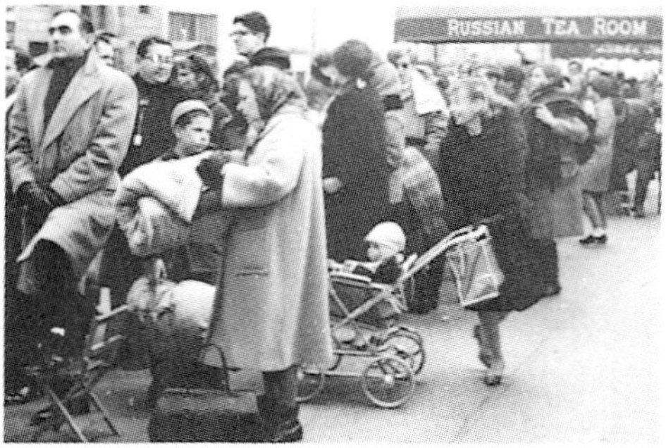

40 Als Horowitz' Auftritt in der Carnegie Hall offiziell angekündigt wird, harren über fünfzehnhundert Fans eine kalte, regnerische Aprilnacht lang aus, um zu einem Ticket zu kommen.

41 Eine Viertelstunde vor seinem historischen Konzert entsteigt Horowitz seiner Limousine und betritt, von Schuyler Chapin eskortiert, die Carnegie Hall durch den Bühneneingang.

42 Horowitz verbeugt sich vor dem Publikum, das ihn mit donnerndem Applaus empfängt, als er am 9. Mai 1965 auf das Konzertpodium tritt.

43 Projekt X: Zur Feier des 40. Jahrestags seines amerikanischen Debüts gestattete Horowitz einem CBS-Fernsehteam, ihn während eines Konzertes zu filmen. Diese erste Fernsehübertragung eines klassischen Klavierabends wurde am 1. Februar 1968 in Farbe landesweit in den USA ausgestrahlt.

44 Vladimir und Wanda Horowitz mit ihren beiden Pudeln auf einer Bank an der Fifth Avenue, in der Nähe ihres Hauses. Die Aufnahme stammt aus dem Jahre 1966.

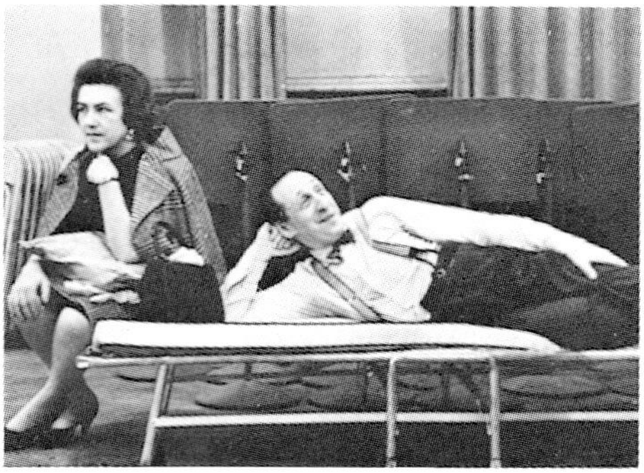

45 Während seines dritten Rückzugs vom Konzertleben (1969–1974) nimmt Horowitz im CBS-Studio an der Thirtieth Street in New York trotzdem weitere Schallplatten auf. Zwischen einzelnen Aufnahmen ruht er sich auf einem Feldbett aus.

Das Konservatorium in der Ninety-fourth Street

Ich hatte Schüler, weil es mir langweilig war. Aber eigentlich bezeichne ich nur die drei Pianisten Byron Janis, Ronald Turini und Gary Graffman als meine ehemaligen Schüler. Wenn noch jemand anders darauf Anspruch erheben will, so ist das ganz einfach nicht wahr. Natürlich gab es andere, die mir vorspielten; aber ich brach den Unterricht jeweils bald ab, weil sie keine Fortschritte machten. Sie wollten – oder konnten – meinen Ratschlägen nicht folgen.[1]

Als sich Horowitz 1954 wiederum gesund fühlte, spielte er nicht nur die Clementi-LP ein, sondern er wollte auch wieder unterrichten. Zwar fand er es sehr praktisch, mit Schallplattenaufnahmen das Interesse des Publikums wachzuhalten; aber irgendwie befriedigte ihn das nicht. Er langweilte sich oft, und so scharte er einige Schüler um sich, die ihn unterhalten und stimulieren sollten.

Seit Byron Janis' Unterricht 1948 zu einem Ende gekommen war, hatte sich Horowitz nicht mehr ernsthaft für einen anderen jungen Pianisten interessiert. Zwar hörte er im selben Jahr von Garry Graffman, einem zwanzigjährigen, sehr begabten Pianisten, der am Curtis Institute in Philadelphia mit der berühmten russischen Pädagogin Isabelle Vengerova arbeite. Als Siebenjähriger hatte Graffman den Unterricht bei der Vengerova begonnen; 1946 schickte sie ihn dann zu den regionalen Vorentscheidungen für den Rachmaninow-Wettbewerb. Diesen regionalen Voraus-Wettbewerb gewann er; am eigentlichen Rachmaninow-Wettbewerb reichte es ihm hingegen nicht für den ersten Rang. Horowitz, damals Präsident des Rachmaninow-Wettbewerbs, war überzeugt, daß Graffman gewinnen würde. »Aber es war da noch ein anderer Pianist«, erinnerte er sich, »zweifellos talentiert, aber mehr ein technisch routinierter als ein wirklich individueller Pianist [es war Seymour Lipkin]. Für mich zählt ja vor allem die Individualität, die Persönlichkeit. Vier Juroren stimmten dann für Graffman und fünf für Lipkin, der damit Sieger wurde.«[2] Horowitz war vom Entscheid der Jury enttäuscht und zeigte weiterhin Interesse für den jungen Graffman.

Eine eigentliche Senkrechtstarter-Karriere begann für Graffman, als er 1949 den Leventritt-Wettbewerb gewann und unmittelbar darauf mit dem Cleveland Orchestra unter George Szell sowie mit den New Yorker Philharmonikern unter Leonard Bernstein auftreten konnte. Graffman war damals etwas über zwanzig Jahre alt und arbeitete immer noch mit Isabelle Vengerova zusammen, und zwar bis zu ihrem Tod im Jahre 1956. Dennoch nahm er 1953 das Angebot von Horowitz an, bei ihm regelmäßig Unterricht zu nehmen. Graffman war damals –

dies im Gegensatz zu Byron Janis – schon ein recht bestandener und erfolgreicher Pianist, hatte beispielsweise eine ausgedehnte Südamerika-Tournee hinter sich und war auch schon in Europa gewesen. Zudem war er glücklich verheiratet und in emotionaler Hinsicht jedenfalls weniger fragil als Byron Janis; und er ließ sich von Horowitz' seltsamen Angewohnheiten und Launen nicht allzusehr beeinflussen. »Ich glaube nicht, daß mich damals irgend etwas hätte durcheinanderbringen können«, erinnerte sich Graffman. »Natürlich war ich von Horowitz' Schallplatten schon recht beeindruckt, aber das machte mir keine Probleme, und ich war bei der ersten Lektion auch nicht nervös. Ich bewunderte Horowitz sehr. Aber wie alle großen Künstler hatte auch er eine sehr starke Persönlichkeit. Und ich hatte von gewissen Dingen eben meine eigenen Ansichten. So war ich gar nicht drauf aus, mich in allem von ihm beeinflussen zu lassen. Ich sagte das meiner Lehrerin damals auch klipp und klar, doch sie meinte, ich solle endlich den Mund halten und zu Horowitz gehen, um ihm vorzuspielen.«

Vielleicht hing es mit dem Nervenzusammenbruch zusammen – jedenfalls wurde es Horowitz irgendwie klar, daß er auf Byron Janis insgesamt einen recht unglücklichen Einfluß ausgeübt hatte. Um so sorgfältiger und verantwortungsbewußter ging er nun mit Graffman um. »Spätestens bei der zweiten Lektion war ich von seiner Unterrichtsmethode total überzeugt, und alle Zweifel, ob ich überhaupt bei ihm studieren wolle, waren ausgeräumt«, erzählte Graffman. »In keinem Moment unternahm er auch nur den geringsten Versuch, mit seinen Ansichten gegen meine eigenen anzukämpfen. Im Gegenteil: Er kritisierte und machte dann Vorschläge – aber immer im Rahmen meiner eigenen Konzeption. Daß ich eine Phrase intensiver spielen solle oder lyrischer oder beides zusammen. So ging er selber praktisch nie an das Klavier, um vorzuspielen und zu sagen: ›Siehst du, so macht man das.‹«[3]

Horowitz war ein ruhiger, zurückhaltender Lehrer – ganz im Gegensatz zu Isabelle Vengerova, die schon mal schreien und explodieren konnte. Die Vengerova verehrte Horowitz zwar über alles; dennoch wollte sie ihren Schützling davor bewahren, daß er von seinem neuen Lehrer schlechte Gewohnheiten annehmen könnte. Graffman erinnerte sich, wie sie »kreischend und händeringend vor ihm gestanden habe: ›Halte deine Finger gekrümmt, gekrümmt, gekrüüüüüüüümt! Ja, ja, ich weiß schon, Horowitz kriegt mit gestreckten Fingern einen irrsinnigen Sound hin, aber merk dir: *Er* kann das, und *du* kannst das nicht!‹« Mit der Zeit realisierte Graffman, daß es nicht eigentlich eine Sache der Fingertechnik war, die Horowitz von Isabelle Vengerova unterschied. »Der eigentliche Unterschied zwischen diesen beiden Lehrern bestand darin, daß Horowitz immer in großen Konzertsälen vor einem riesigen Publikum auftrat, die Vengerova dagegen hauptsächlich unterrichtete und Kammermusik machte. Die Klangvorstellungen der Vengerova waren – sagen wir – auf ein größeres Wohnzimmer hin optimiert, während Horowitz stets an die Carnegie Hall dachte. Er sagte mir diesbezüglich, daß Dinge, die in seinem Wohnzimmer wunderbar tönten, in einem großen Konzertsaal völlig verloren gingen. Er bereitete mich beispielsweise auf Fallen vor, wie sie bei Proben mit einem Orchester immer lauern, zeigte mir, wie man problematische Passagen überhaupt üben soll – etwa die Oktaven-Passagen im Tschaikowski-Konzert. Stets war sein Unterricht auf die Praxis – sozusagen aufs Rampenlicht des Konzertpodiums – ausgerichtet. Immer dachte er an das Publikum, und er wollte einen großen Klang, damit die Zuhörer von den Tönen umfangen und berauscht würden.«

Horowitz sagte seinem Schüler auch, daß er zuwenig Pedal nehme, und hielt ihn – zum Ärger der Vengerova – zu einem üppigeren oder, wie er sagte: »feuchteren Ton« an. »Das hat mich sehr überrascht. Denn da gab es in den Brahms-*Intermezzi* oder in der *Wanderer-Fantasie* von Schubert Passagen, wo die Tonika und die Dominate mit dem Pedal vermischt werden sollten, was recht verworren tönte. Aber eben nur im Wohnzimmer; in der Carnegie Hall brauchte es soviel Pedal, damit die einzelnen Passagen überhaupt zusammenhielten. Zudem ergab das schöne Klangfarben und einen perfekten Sound.«

Was das Repertoire anbelangte, hatte Graffman ziemlich dieselben Vorlieben wie Horowitz, und so wurde hauptsächlich an Tschaikowski, Chopin, Liszt, Prokofjew, Rachmaninow, Schubert, Schumann und Beethoven gearbeitet. Hie und da brachte Graffman mal ein zeitgenössisches Werk mit, etwa die *Sonata breve* von Benjamin Lee; doch zur Hauptsache widmeten sich die beiden dem romantischen Repertoire. Immer wieder kam Horowitz auf seine alte Devise zurück – daß das Klavier »singen« soll. Und er sagte seinem Schüler dann: »Man muß die Streicher imitieren und den Gesang; das ist die einzige Möglichkeit, aus dem Klavier – einem perkussiven Instrument – ein singendes Instrument zu machen. Aus diesem Grund rate ich auch von Bartók oder Strawinsky oder Copland ab – man soll das Klavier nicht so gebrauchen. Schon möglich, daß diese Komponisten gute Musik geschrieben haben, nur will ich sie nicht spielen. Aber ich höre sie mir durchaus gerne an.« Horowitz spielte Graffman auch Battistini-Schallplatten vor, und er hielt ihm lange Vorträge über Bellinis Einfluß auf Chopins Melodien. »Er machte mich darauf aufmerksam, wie große Sänger eine bestimmte Melodie phrasieren«, erzählte Graffman. »Er sprach über Atmung, über die Spannung und Entspannung innerhalb einer Phrase, und in der Tat hatte jede Phrase, die er am Klavier spielte, eine wundervolle Plastizität und so etwas wie innere Freiheit.«

Zwei Jahre lang nahm Graffman bei Horowitz Unterricht, und stets blieb dieser höflich und freundlich zurückhaltend. Da er ein Nachtmensch war, bestellte er seinen Schüler jeweils auf acht oder neun Uhr abends, nach dem Abendessen. »Obwohl man ihn in gewisser Hinsicht schon als einen Einsiedler bezeichnen konnte, da er ja kaum je ausging, war er jedesmal quietschvergnügt, überschwenglich und voller Vitalität. Zudem hatte er eine manchmal schon atemberaubende Energie – und plötzlich stellte man fest, daß es schon zwei oder drei Uhr am Morgen war; dann kam Mrs. Horowitz ins Wohnzimmer, um mich hinauszubugsieren.« Obwohl Horowitz immer wieder von seinen Magenproblemen sprach, achtete Graffman kaum darauf, zumal Horowitz so gesund aussah. »Er war bei meinen Lektionen immer perfekt gekleidet; mit assortierten Schuhen und Socken, dazu einen Blazer samt Fliege. Stets hatte er rosige Wangen, und er sagte mir, daß er pro Nacht zehn bis zwölf Stunden schlafe.« Horowitz hatte eine eigentliche Kleidermanie – vor allem was Fliegen anbelangte. »1953 trug er kaum je eine Fliege«, erinnerte sich Wanda. Irgendwann begann er dann, Fliegen zu sammeln – ein richtiges Hobby –, und nach ein paar Jahren hatte er gegen sechshundert Fliegen beieinander, in jedem denkbaren Farbton, und er bewahrte sie, schön nach Farben angeordnet, in speziell dafür hergestellten Schubladen auf. Aber Kleider allein machten noch keine vollständig elegante Erscheinung aus: Hinzu kam noch eine Zigarette, die er stets zwischen den Fingern hielt, aber nicht rauchte. Er brauche das, erklärte er jeweils, weil er so nervös sei.

Der schönste Teil des Abends kam für Graffman jeweils nach dem offiziellen Unterricht: Wenn er noch mit Horowitz zusammensaß und über den neuesten Klatsch aus der Musikwelt berichtete. Oder wenn sie über politische Dinge diskutierten, über Ausstellungen sprachen oder über Schallplattenaufnahmen von anderen Pianisten. Graffman (wie übrigens auch die anderen Schüler, die Horowitz noch unterrichten sollte) war für den Pianisten zweifellos ein wichtiges Bindeglied zur Außenwelt.

Der eigentliche Höhepunkt kam dann so gegen Mitternacht – wenn Horowitz beispielsweise fragte: »Kennst du zufälligerweise Skrjabins sechste Sonate?« »Nein, nicht eigentlich«, antwortete Graffman begierig. Tatsächlich ging Horowitz dann zum Flügel und sagte wie zur Rechtfertigung: »Das ist ein sehr bedeutendes Werk. Du solltest das einmal hören. Ich würde es dir gerne vorspielen, aber du verstehst, das geht natürlich nicht, denn ich kann ja gar nicht mehr Klavier spielen.« Dann setzte er sich an den Flügel. »Wenn ich noch spielen könnte, würde ich dir gerne vorspielen.« Zögernd glitten seine Hände über die Tasten, dann ließ er sie wieder in seinen Schoß fallen. »Da ich nicht mehr spielen kann, kann ich dir auch nicht vorspielen. Aber ich versuche, dir wenigstens eine Idee von diesem Stück zu geben. Aber bitte, du entschuldigst mich, du verstehst, ich kann ja nicht mehr ...« Und dann, so schilderte es Graffman, »legte Horowitz los, spielte das ganze Werk oft in einem Zug durch, und zwar mit einer derartigen Brillanz und Perfektion, daß man davon gerade eine Schallplatte hätte machen können.«

Die beiden telefonierten auch oft miteinander, und mit der Zeit wurde aus dem Lehrer-Schüler-Verhältnis eine eigentliche Freundschaft. Wenn Graffman zwischen zwei Konzerten genug Zeit hatte, schaute er jeweils schnell in der Ninety-fourth Street herein. Zuerst wurde dann gearbeitet, und anschließend gab es eines jener beliebten Mitternachtskonzerte, wo ihm Horowitz Clementi- oder Scarlatti-Sonaten vorspielte und auch Werke von Skrjabin oder Medtner. Horowitz freute sich derart über das Zusammensein mit Graffman, daß er von seinem

Schüler nie Geld für den Unterricht verlangte. »Manchmal sprach man davon: daß ich mich entweder besser für die Stunden vorbereite oder diese dann halt zahlen müsse. Aber Horowitz hat nie etwas verlangt, und dabei hat er mir doch weiß Gott sehr viel Zeit gewidmet.«

Gleichzeitig mit Graffman begann Horowitz noch einen anderen jungen Pianisten zu unterrichten: Arthur McKenzie. Frank LaForge, ein Gesangslehrer, hatte Horowitz zum erstenmal auf McKenzie aufmerksam gemacht: Dieser junge Pianist habe zwei von Horowitz' Transkriptionen – Mendelssohns *Hochzeitsmarsch* sowie Sousas *The Stars* und *Stripes Forever* – adaptiert und öffentlich gespielt. Horowitz konnte es zwar nicht glauben, daß es einem anderen Pianisten gelungen war, seine eigenen Transkriptionen niederzuschreiben, setzte sich aber sofort mit diesem in Verbindung. Es stellte sich heraus, daß McKenzie die Horowitz-Transkriptionen wirklich einwandfrei aus dem Gehör niedergeschrieben hatte, und Horowitz war derart beeindruckt, daß er Ende 1953 einwilligte, mit ihm zu arbeiten. Aber nur für kurze Zeit; dann kam der Unterricht zu einem abrupten Ende. Denn als er eines Tages in der Ninety-fourth Street vorsprach, erschien Wanda anstelle von Horowitz, und sie erklärte ihm kurz und bündig, daß Horowitz ihn in nächster Zeit absolut nicht sehen könne. »Seine Koliken machten ihm wahnsinnig zu schaffen«, meinte McKenzie, »und er brach deshalb für eine gewisse Zeit alle Beziehungen ab.«[4]

Als Horowitz wieder gesund war, hatte er kein Interesse mehr, den Unterricht mit McKenzie wieder aufzunehmen. Hingegen nahm er vier neue Schüler an: Coleman Blumfield von 1956 bis 1958, Ronald Turini von 1957 bis 1963, Alexander Fiorillo von 1960 bis 1962 und Ivan Davis von 1961 bis 1962. In diesem Jahrzehnt wurden Byron Janis und Gary Graffman zwar berühmte Künstler – dennoch erreichte keiner dieser Schüler je den Superstar-Status von Horowitz. Turini, Blumfield, Fiorillo und Davis mußten neben ihrer Konzertkarriere den Lebensunterhalt gar noch mit Unterrichten und mit Kammermusik verdienen.

Obwohl Horowitz zwischen 1944 und 1962 insgesamt sieben Schüler unterrichtete, bekannte er sich nur zu deren drei. »Viele junge Leute behaupten, sie seien Schüler von Horowitz gewesen. Aber es gibt nur drei: Byron Janis, Ronald Turini, der unter meiner Aufsicht debütierte, sowie Gary Graffman. Wenn noch andere behaupten, meine Schüler gewesen zu sein, so ist das ganz einfach nicht wahr. Einige kamen für ein paar Monate zu mir, spielten mir vielleicht einmal pro Woche vor. Aber ich beendete diesen Unterricht jeweils bald, weil sie keine Fortschritte machten. Sie wollten – oder konnten – meinem Ratschlag nicht folgen. Das Ganze soll ja einen konstruktiven Zweck haben, nicht wahr. Jedenfalls tat ich das nicht wegen der paar Dollar. Ich wollte nichts als helfen.«[5] Daß sich Horowitz von einigen seiner Schüler lossagte und die Tatsache, daß sie (manchmal über längere Zeit) bei ihm in Unterricht gewesen waren, nicht mehr wahrhaben wollte, zeigt nicht zuletzt, wie sprunghaft und unstet sein Wesen in diesen schwierigen Jahren war.

Wie schon Gary Graffman übernahm Horowitz auch Turini und Blumfield von Isabelle Vengerova; sie hatte es sich zum Prinzip gemacht, daß ihre besten Schüler zu Horowitz kommen sollten. Am wenigsten kennt man wohl Coleman Blumfield; jedenfalls wird er nie im Zusammenhang mit Horowitz erwähnt. Blumfield stammte aus Chicago und hatte dort bei Horowitz' ehemaligem Lehrer Sergej Tarnowski studiert, bevor er 1952 dann zu der Vengerova ging. Während seiner Jugendjahre interessierte sich zudem Gitta Gradova für ihn, und sie war es auch, die den Jungen Ende der vierziger Jahre Horowitz erstmals vorstellte. »Coleman war etwa sechzehn Jahre alt«, erzählte sie später, »als ich ihn zu Horowitz zum Vorspielen schickte. Eigentlich hatte Coleman in jener Zeit nur eines im Kopf: alles so zu spielen, wie es Horowitz spielte; und natürlich spielte er dann schlecht. Horowitz sagte dann, der Junge sei noch nicht reif genug und er wolle ihn deshalb nicht unterrichten. So gingen wir ans Curtis Institute in Philadelphia. Er war ein talentierter und ehrgeiziger Junge, aber er war irgendwie falsch behandelt worden, und allein schon der Tick, daß er alles wie Horowitz spielen wollte, ärgerte mich maßlos. Er glaubte in der Tat, er könne Horowitz, den einen und einzigartigen Horowitz, einfach kopieren – was natürlich nicht funktionierte.«[6] Sieben Jahre lang war Blumfield dann bei Isabelle Vengerova, und er machte dort große Fortschritte. 1956 starb sie, und am Begräbnis riet ihre damalige Assistentin Olga Strumillo, eine gute Bekannte von Wanda, dem jungen Blumfield, er solle sich wieder bei Horowitz melden. Es stellte sich dann heraus, daß Isabelle Vengerova diesen Kontakt schon in die Wege geleitet hatte.

Wie die meisten Pianisten, die vor Horowitz spielen sollten, hatte auch Blumfield wahnsinnig Angst. Mit großen Augen kam er ins Haus in der Ninety-fourth Street und starrte gebannt auf den Picasso, der über dem Kanapee hing. Und der große Konzertflügel mit den Künstlerfotos schien ihn einzuschüchtern. »Ich hatte riesig viel Ehrfurcht vor Horowitz' Kunstsinn«, erzählte Coleman später. »In diesem Moment war ich überzeugt, daß mir nun großartige musikalische Erfahrungen bevorstünden.« Später wurde aus diesem naiven Enthusiasmus Frustration und Erbitterung.

Horowitz nahm Blumfield nur versuchsweise als Schüler auf; drei Monate wollte man arbeiten und dann weitersehen. Doch aus den drei Monaten wurden dann fast zwei Jahre, manchmal mit fünf oder sechs Lektionen innerhalb von zwei Wochen, dazwischen wieder ein Monat Pause, damit Blumfield ein neues Repertoire vorbereiten konnte. Horowitz achtete vor allem darauf, daß sein neuer Schüler den »Horowitz-Stil« ablegte; diese Nachahmungsversuche hatten ihn stets geärgert. Musik sei mehr als nur der Anlaß für ein technisches Feuerwerk, also müsse Coleman auch mehr Gewicht auf die Bedeutung eines Musikstücks legen. Trotzdem war Horowitz auf die Länge nicht zufrieden mit den Fortschritten Blumfields, und so setzte er die Lektionen nur noch sporadisch an, bis er 1958 seinem Schüler dann klipp und klar sagte: »Ich will dich nicht mehr unterrichten.« Sagte Blumfield später: »Ja, was tut man in so einem Fall? Man geht und versucht nun, selber weiterzukommen. Ich glaube, Horowitz war damals verärgert, weil ich ohne seine Erlaubnis bei Columbia Artists vorgespielt hatte.« Tatsächlich nahm ihn Columbia dann auch unter Vertrag; gleichzeitig aber verbot ihm Horowitz, seinen Namen für die Publicity zu verwenden. Zweiundzwanzig Jahre später meinte der stets noch unter dieser Abfuhr leidende Blumfield: »Ich meine, auch wenn man weniger als zwei Jahre mit einem Lehrer gearbeitet hat, gilt man als dessen Schüler.« Vier Saisons blieb Blumfield bei der Columbia, später machte er dann eine von Ford Motor Company und dem Office of Economic Development gesponserte Tournee in amerikanischen High Schools. Doch das alles konnte nicht darüber hinwegtäuschen, daß es mit seiner Konzertkarriere nicht so richtig klappte. Ein Columbia-Manager meinte später: »Wir taten für Coleman, was wir nur konnten, und arbeiteten wirklich hart für ihn. Aber seine Karriere wollte sich nicht entwickeln. Nach vier Jahren verließ er uns auf eigenen Wunsch.« Stets widerspiegelten Blumfields Konzerte das typische Horowitz-Repertoire, und es schien, daß Blumfield von den negativen Erfahrungen, die er mit Horowitz gemacht hatte, nie loskam. Jedenfalls haben die beiden nie mehr ein Wort gewechselt.

Horowitz' Erfahrungen mit Ronald Turini sollten viel befriedigender ausfallen als die enttäuschende Arbeit mit Blumfield. Turini stammte aus Montreal und ging ans Quebec-Provincial-Konservatorium, bevor er 1954 zu Isabelle Vengerova kam, mit der er bis zu ihrem Tod arbeitete. Anschließend übernahm Olga Strumillo den Unterricht und bereitete ihn für den Busoni- und den Genfer Wettbewerb von 1958 vor, wo er beidesmal unter den Gewinnern war. Als Turini in die Staaten zurückkehrte, schlug Olga Strumillo dem nunmehr fünfundzwanzigjährigen Pianisten vor, sie würde ihn Horowitz vorstellen. »So nahm ich dann allen Mut zusammen und spielte Horowitz den ersten Satz von Chopins e-moll-Klavierkonzert sowie einen Satz aus Beethovens *Appassionata* vor.« Turini wurde von Horowitz begeistert als Schüler aufgenommen – sogar ohne die übliche dreimonatige Versuchsphase.

Schnell avancierte Turini zum Lieblingsschüler von Horowitz. Fünf Jahre lang, bis 1963, nahm er bei ihm Unterricht, und Horowitz kümmerte sich auch später immer wieder um Turinis Karriere. Während dieser Unterrichtsjahre kam Turini, wie damals auch Graffman, weiterhin seinen Konzertverpflichtungen nach. Und obwohl Horowitz grundsätzlich gegen Wettbewerbe war, machte er diesmal eine Ausnahme und half Turini bei den Vorbereitungen zum Internationalen Wettbewerb *Reine Elisabeth* in Brüssel von 1960, wo dieser eine Goldmedaille gewann. Zudem trainierte ihn Horowitz für das Debüt in der Carnegie Hall von 1961 und half ihm später bei der Vermittlung eines Vertrags mit dem Columbia Artists Management. »Turini war ein überaus talentierter Junge, ich war sehr stolz auf ihn und schenkte ihm viel Zeit und Aufmerksamkeit. Mit dem, was ihn die Vengerova gelehrt hatte, war ich zwar absolut nicht einverstanden, und so änderte ich alles – obwohl das sehr schwierig war. Er hatte eine gute Technik, aber ich mußte bei ihm einen andern Klang hinkriegen. Er lernte bei mir das *savoir-faire* einer richtigen Technik.«[7] Oft dauerte der Unterricht zwei oder drei Stunden statt nur einer, denn Horowitz war bereit, hier viel Energie zu verwenden. »Unterricht war bei Horowitz eben mehr als nur Unterricht«, sagte Turini später. »Es war eben auch etwas Gesellschaftliches, zumal er ja sonst fast keine anderen Menschen sah. Ich rief ihn immer einen Tag vor der geplanten Stunde an; meistens war das so ungefähr einmal pro Monat, hie und da hatte ich auch zwei oder drei Stunden kurz hintereinander. Manchmal sagte er am Telefon, er fühle sich nicht sehr wohl und ich solle doch in vier oder fünf Tagen noch einmal anrufen. Wir hatten keinen regulären Stundenplan, und ob ich überhaupt eine Stunde bekam, hing meistens von seiner Verfassung ab. Wenn ich aber eine Stunde bekommen konnte, so nahm ich sie jederzeit; jede Minute war wertvoll. Diese Art des Unterrichtens konnte man nirgends sonst finden.«

Turini merkte bald, daß Horowitz intuitiv unterrichtete und sich vor allem auf Stilistisches, auf den Klavierklang, die Klangfarben und die Dynamik konzentrierte statt auf technische Dinge. »Die Lektionen waren auf einem hohen Niveau angesetzt – nicht in der Art des ›Jetzt dieser Finger hierhin und dieser Finger dorthin‹. Unterrichten hieß auch trainieren. Ich spielte ein ganzes Stück vor oder zumindest einen Satz, dann ging er die einzelnen Stellen durch, die zu verbessern waren. Er war ein geborener Lehrer, der die Dinge vorzeigen konnte, und sein Phantasiereichtum und seine Einbildungskraft waren seine wertvollste Gabe. Sein Ziel war es, eine gewisse Passage auf möglichst viele verschiedene Arten spielen zu können. Im Konzert konnte er sich dann ganz spontan für eine dieser Arten entscheiden. Oft sprang er auch vom Kanapee auf und setzte sich ans Klavier: »Versuch etwas in dieser Art«, sagte er dann, wobei er etwas atemberaubend Schönes spielte, das man mit tausend Worten kaum beschreiben konnte. Sofort begriff ich, was er wollte, worauf er zusteuerte. Obwohl er mir oft vorspielte und Dinge am Flügel demonstrierte, setzte er auch bei mir viel musikalische Einbildungskraft voraus und sagte mir nie genau, was er nun eigentlich wollte.«

Es war ein Glück, daß Horowitz oft am Flügel demonstrierte. Denn wenn er technische Dinge erklären mußte, fehlten ihm oft die Worte. Die unverwechselbaren Horowitz-Oktaven, der orchestrale Klavierklang, die minutiöse Pedalkunst, die breite dynamische Palette – dafür gab es keine Erklärung; das blieb alles ein Geheimnis. »Es war nicht möglich, beispielsweise die b-moll-Sonate von Chopin so zu pedalisieren, daß es ihm wirklich gefiel. Denn er sagte nie exakt, was er wirklich wollte. Und ich fand auch nie heraus, wie er seine Oktaven so schnell und akkurat hinkriegte. Ich glaube, daß ein Großteil seiner Technik auf natürlicher Begabung beruhte – etwas, das er nicht eigentlich gelernt hatte und deshalb auch nicht genau beschreiben konnte, ja nicht einmal zu beschreiben versuchte.« Dennoch verfügte Turini bald über eine ähnlich große dynamische Palette – weil ihm Horowitz solches immer wieder demonstriert hatte. »Eigentlich hatte ich zuwenig *pianissimo* und auch nicht genug *fortissimo*. Dann fühlte ich den Arm von Horowitz, wenn er spielte, und ich spürte, daß da eine Riesenspannung war, die sich aber sofort wieder löste, wenn er einen Ton angeschlagen hatte. Wenn Horowitz laut spielte, schien das aus seinem Rücken zu kommen und war wie eine Explosion. Er stand jeweils hinter mir, fühlte meinen Rücken, während ich einen lauten Akkord spielte, und sagte dann: ›Hier hast du zuwenig *forte*.‹ Anschließend drückte er an meinen Schultern herum und auch an meinem Rücken und rief dann plötzlich: ›Ja, jetzt ist es besser! Die Kraft kommt auch von den Beinen, vom Magen und überhaupt vom Körpergewicht. Das ist wie eine Hebelwirkung.‹«

Da Horowitz viel Vertrauen in Turinis Fähigkeiten zu haben schien, konnte er es nicht verwinden, wenn sein Schüler einmal in schlechter Verfassung war. »Es irritierte ihn, wenn ich ausnahmsweise nicht gut spielte, weil ich mir einen freien Tag erlaubt oder nicht genug geübt hatte. Dennoch war solche Irritation nichts im Vergleich zum Toben und Geifern der Vengerova. Auf seine Weise war Horowitz für mich ermutigender, und er forderte auch mehr als die Vengerova; zudem war er recht nett. Er war ein richtiger Gentleman – ein Perfektionist. Sicher: Immer hätte man es noch besser machen können. Aber er stellte seine Forderungen stets auf eine angenehme, freundliche Art.«

Nachdem Turini 1960 im Brüsseler Wettbewerb den zweiten Preis gewonnen hatte, unternahm er in den folgenden Jahren ausgedehnte Konzertreisen durch die USA, durch Südamerika und die Sowjetunion. 1963 wurde der Unterricht bei Horowitz dann beendet. »Er sagte mir, ich solle nun auf meinen eigenen Füßen stehen; ich solle es wenigstens eine Zeitlang versuchen. Er warnte mich auch wegen der Kritiker: ›Wenn du Karriere machst, so wirst du auch schlechte Kritiken haben. Und zwar viele. Aber du mußt das ertragen können. Das gehört mit zum Spiel und mit zum Business.‹ Natürlich konnte sich Horowitz schon mal über eine schlechte Rezension ärgern, vor allem, wenn ein Kritiker sein Spiel nicht liebte; dennoch nahm ich mir seinen Rat zu Herzen.«

Ende der sechziger Jahre kam Turinis Karriere dann plötzlich zu einem Stillstand. Er zog nach Kanada, wo er vor allem unterrichtete und Kammermusik spielte; Klavierabende gab er fast keine mehr. Noch im Jahr 1976 versuchte Horowitz, ihm zu einem neuen Management zu verhelfen – und zwar bei der *Harold Shaw Concerts*, damals seine eigene Firma. Turini gab noch einige wenige Konzerte in den Staaten; dann widmete er sich voll und ganz dem Unterrichten. »Er verdient einen besseren Platz, als er hat«, meinte Horowitz. »Aber er ist sehr schüchtern und kann sich nicht so richtig durchsetzen.«

So gut mochte Horowitz keinen andern seiner Schüler. Dennoch akzeptierte er Anfang der sechziger Jahre zwei neue Schüler: den zwanzigjährigen Alexander Fiorillo und den neunundzwanzigjährigen Ivan Davis. Fiorillo wurde möglicherweise der am meisten enttäuschte und ein entsprechend verbitterter Schüler. Er stammte aus Philadelphia, wo er an der Philadelphia Musical Academy bei

Victor Babin studierte. Bevor er Horowitz zum erstenmal begegnete, hatte er bereits sein Debüt mit dem Philadelphia Orchestra; und als Preisträger des Leschetitzky-Wettbewerbs gab er zudem einen Klavierabend in der New Yorker Town Hall. Anläßlich dieses Klavierabends fragte ihn John Steinway nach seinen weiteren Plänen. Eine Europa-Tournee stand bevor; zudem wollte Fiorillo Meisterkurse in Italien und Österreich besuchen. Steinway riet ihm, diese Pläne doch fürs erste auf Eis zu legen und jemand Kompetentem vorzuspielen. Er stellte die Verbindung zu Horowitz her, und schon eine Woche später spielte Fiorillo dem großen Pianisten sein ganzes Klavierabend-Programm vor. »Du bist enorm begabt. Wenn du willst, unterrichte ich dich gern.« Fiorillo war natürlich überrascht und erzählte dann, was für Pläne er eigentlich habe. Horowitz antwortete: »Selbstverständlich mußt du das alles aufgeben, denn ich will mit dem Unterricht sofort beginnen.« Wie schon Blumfield wurde nun auch Fiorillo jede Teilnahme an einem Wettbewerb verboten. »Horowitz schärfte mir auch ein, ich dürfe niemandem erzählen, daß ich bei ihm Stunden nehme – und ich dürfe nie sein Unterrichtskonzept und seine geheimgehaltenen technischen Übungen verraten. Auch seine Telefonnummer dürfe ich nicht weitergeben oder irgendwelche Freunde zum Vorspielen mitbringen. Mir war es recht, ihn so viel, wie er es nun mal wollte, zu schützen, und ich respektierte seinen privaten Kreis.«

Während sich Fiorillo seiner Konzertkarriere zuwandte, unterrichtete Horowitz seinen siebten und letzten Schüler Ivan Davis in einer Zeit, wo dieser nicht öffentlich auftrat. Wie Graffman mußte auch Davis für seine Lektionen nichts bezahlen – er war nicht nur Schüler von Horowitz, sondern ebensosehr ein kollegialer Freund. Zweimal war er erster Preisträger gewesen: 1957 beim Busoni- und 1958 beim Casella-Wettbewerb. Zudem gewann er 1960 auch den Franz-Liszt-Wettbewerb, worauf sich Horowitz per Telefon bei ihm meldete. Immerhin stand Davis eine umfangreiche Amerika-Tournee mit sechzig Konzerten bevor, und CBS Records hatten ihn schon unter Vertrag genommen – Grund genug für Horowitz, sich für diesen Pianisten zu interessieren, zumal auch Gerüchte in Umlauf waren, daß dieser über eine eigentliche Horowitz-Technik verfüge. Horowitz lud den jungen Pianisten zu sich, und nach dem Abendessen forderte er ihn auf, nun etwas vorzuspielen. »Ich habe gehört, daß du Liszts sechste Ungarische Rhapsodie spielst«, sagte er. »Es heißt, du habest famose Oktaven.«

Natürlich war Davis schockiert. »Mein Gott, dachte ich mir, ihm Liszt vorzuspielen! Das ist doch wie Eulen nach Athen tragen.« Dennoch spielte er, und er war anschließend sehr gerührt von Horowitz' Kommentar: »Siehst du, Ivan, ich selber spiele eigentlich nicht mehr viel. Du hast schon eine starke Persönlichkeit, bist schon ein guter Pianist, aber manchmal habe ich das Gefühl, daß du Dinge machst, die du selber gar nicht hörst. Gerne würde ich für dich ein kritisches Ohr sein.«

Während der kommenden anderthalb Jahre kam Davis durchschnittlich einmal pro Woche zu Horowitz, und zwar immer abends um Viertel vor zehn. »Ich betrachtete mich eigentlich nie als ein Schüler, schließlich war ich ja schon ein etablierter Pianist. Horowitz gab mir Ratschläge wegen meines Konzert-Repertoires, und wir sprachen viel über meine Erfahrungen bei Columbia Records. Denn Horowitz wollte ebenfalls bei der Columbia mit Schallplattenaufnahmen beginnen. Und natürlich war ich ein Opern-Enthusiast wie er, und so hörten wir uns zusammen Rimski-Korsakows *Sadko* und andere russische Opern an.« Horowitz spielte Davis auch private Schallplattenaufnahmen von seinen Carnegie Hall-Klavierabenden aus den vierziger und fünfziger Jahren vor. Bei dieser Gelegenheit sagte er ihm, er sei gleichzeitig stolz und beschämt über eine Aufnahme, die er von Liszts sechster Ungarischer Rhapsodie gemacht habe. »Es war das schnellste und verrückteste Ding, das man sich überhaupt vorstellen kann«, erzählte Davis. »Während ich gebannt zuhörte, benahm sich Horowitz wie ein schadenfrohes Kind: ›Hör mal, was ich da mache, sehr schlechter Geschmack, nicht wahr?‹ Dabei war es wirklich irrsinnig gut.« Natürlich wollte er wissen, wie die Hände beschaffen seien, die so was hinkriegten, und er schaute sich diese genau an. »Es waren zwar keine eigentlichen King-size-Hände, aber außergewöhnlich waren sie schon. Die kleinen Finger waren rundum gepolstert mit einer unglaublichen weißen Muskelmasse.«

Wenn sie abends zusammenarbeiteten, zog es Davis bei weitem vor, wenn sich Horowitz selber ans Klavier setzte und die Dinge demonstrierte, statt sich in ausschweifenden Erklärungen zu ergehen. Zusammenfassend meinte Davis später, falls es irgendein Geheimnis in der Horowitz-Technik gegeben habe, so habe er dies nicht entdecken können. »Als wir eines Abends an meinen Oktaven arbeiteten«, erzählte Davis, »sagte mir Horowitz: ›Du hast ein gutes Handgelenk. Das fehlt nämlich den meisten. Willst du, daß ich dir zeige, wie ich meine Oktaven spiele?‹ Sofort dachte ich: ›Da ist es nun, das Geheimnis, auf dessen Enthüllung die ganze Welt wartet.‹ Und Horowitz sagte: ›Sieh, ich übe sie langsam, mit hochgehaltenem Handgelenk und in verschiedenen Rhythmen.‹ So übt natürlich jeder Pianist; nichts war es mit dem Geheimnis, und ich hatte absolut nichts gelernt!«

Begeistert erzählte Horowitz auch von den Fortschritten , die Turini machte – übrigens der einzige Schüler, den Horowitz je erwähnte. »Einmal spielte ich eine Passage mit beiden Händen unisono«, erzählte Davis, »etwas extrem Schnelles, und ich hatte natürlich Mühe, beide Hände exakt parallel zu halten. Horowitz sagte mir: ›Auch ich habe damit Schwierigkeiten. Für mich ist es leichter, Terzen mit einer Hand als mit beiden zu spielen. Turini dagegen kann Terzen nicht sehr gut spielen, aber wenn er mit beiden Händen parallel spielt, ist er besser als alle, die ich je gehört habe.« Horowitz mochte Davis zweifellos sehr gut, und so vertraute er ihm gar an, was er selber von seinem eigenen Klavierspiel halte. »Horowitz war der Ansicht, daß sein Spiel die besten der maskulinen und der femininen Qualitäten in sich vereinige«, erzählte Davis. »Er war überzeugt, daß es den meisten Männern nicht gelinge, jene spezifisch feminine Wärme hinzukriegen, und daß den Frauen umgekehrt die aggressiven männlichen Eigenschaften abgingen.« Horowitz sagte auch, er habe noch keine Frau so gut spielen hören, wie ein Mann spielt – eine Aussage, die sicher auf seine negativen Erfahrungen mit Marilyn Meyer zurückzuführen ist. »Man hat mir auch erzählt«, meinte Davis, »daß Horowitz im Scherz gesagt habe, es gebe drei Sorten von Pianisten: jüdische Pianisten, homosexuelle Pianisten und schlechte Pianisten.«

Anfang der sechziger Jahre ging Horowitz wieder vermehrt aus, wobei Davis ihm ein willkommener Begleiter war. »Einmal gingen wir zusammen in die Carnegie Hall, um dort Rudolf Serkin zu hören, der zusammen mit seinem Sohn Peter das Mozart-Konzert für zwei Klaviere spielte. Immer, wenn wir zusammen ausgingen, schärfte mir Horowitz ein, ich solle, falls jemand auf ihn zukomme oder ihn zu erkennen glaube, ihn als »Mr. Howard« vorstellen. Ich fand das sehr lustig, denn kein Mensch hätte das je geglaubt – und ich weiß auch nicht, ob Horowitz die Leute damit einfach zum Narren haben wollte. Nach dem Konzert gingen wir natürlich zu Serkin in die Garderobe, und ich sah dann, wie Horowitz inmitten einer riesigen Menge von Autogrammjägern nervös auf seine Uhr blickte. ›Wir müssen gehen, komm, wir müssen gehen‹, drängte er, und ich dachte, er sei wegen der vielen Leute in Panik geraten. Keineswegs! Wie wir im Auto saßen, sagte er: ›Laß uns nach Hause fahren. Am Fernsehen wird Emmy Awards übertragen. Und ich muß sehen, ob *Naked City* gewinnt.‹«

Alexander Fiorillo hatte völlig andere Erfahrungen mit Horowitz gemacht. »Man hatte sich an ein genau reglementiertes, manchmal fast entwürdigendes Prozedere zu halten, um überhaupt zu einem Meeting zu kommen«, erzählte Fiorillo. »Ich mußte Horowitz jeweils von meinem Wohnort Philadelphia aus anrufen, und zwar immer am Samstagabend, pünktlich um neun Uhr abends, um mich dann zu vergewissern, daß die Lektion am Sonntag um fünf Uhr wirklich stattfinde. Rief ich um neun Uhr abends an, so nahm Horowitz das Telefon schon beim ersten Läuten sofort ab. Rief ich aber erst um Viertel nach neun an, so wollte er nicht mehr mit mir sprechen, und ich verlor für diesen Sonntag meine Stunde. Aber selbst wenn Horowitz mir die Stunde am Telefon zusagte, konnte es vorkommen, daß ich von Philadelphia nach New York fuhr und in der Ninety-fourth Street dann vom Butler Bescheid erhielt, Horowitz fühle sich nicht besonders wohl – ich solle doch kommende Woche wieder anrufen. Nie wäre es ihm eingefallen, in diesem Fall schnell zum Telefon zu greifen und mir die Reise nach New York zu ersparen.«

Für jede Stunde, auch wenn sie abgesagt wurde, mußte die Martha Baird Rockefeller Foundation, die das Sponsoring für Fiorillo übernommen hatte, hundert Dollar bezahlen. »Selbst wenn ich bei Horowitz vorgelassen wurde, wußte ich nie, was mich dort erwarten würde«, erzählte Fiorillo. »Ich erinnere mich beispielsweise an einen sehr heißen Tag; es war abgemacht, daß ich meine Stunde haben sollte, und so war ich ohne Air-conditioning von Philadelphia nach New

York gefahren. Es war dann eine richtige Erholung, wie ich bei Horowitz eintrat, denn sein ganzes Haus war angenehm air-conditioned. Ich spielte mich also im Wohnzimmer ein, da kam Horowitz herein und sagte: ›Es ist sehr feucht heute, nicht wahr?‹Ich antwortete: ›Ja, wirklich, es ist sehr feucht.‹ Dann fragte Horowitz: ›War es sehr heiß auf der Reise?‹ ›Ja, sicher‹, sagte ich. Darauf Horowitz: ›Weißt du, ich glaube, es ist heute zu heiß zum Unterrichten. Ruf mich doch nächste Woche wieder an. Falls du jetzt noch etwas üben willst, kannst du ruhig bleiben. Also, bis nächste Woche.‹ Damit verließ er den Raum, und ich saß völlig verdattert da.«

Trotz solcher Unannehmlichkeiten stellte Fiorillo fest, daß Horowitz mit seiner Zeit fallweise auch recht verschwenderisch umgehen konnte. »Als ich bei ihm mit dem Unterricht begann, war ich alles andere als ein mit allen Wassern gewaschener Techniker. Dennoch arbeitete Horowitz sehr geduldig mit mir und zeigte mir Übungen, um meine Hände zu strecken und die Finger unabhängiger zu machen. Dann nahmen wir jede einzelne von Chopins Etüden op. 10 durch, die er perfekt spielte. Seine Hand war zwar mager, aber sehr stark. Wenn er beispielsweise Oktaven spielte, so war sein Handgelenk sehr elastisch und voller Spannkraft – wie wenn da eine Feder drin wäre. Nachdem wir die ersten paar Monate mit Übungen verbracht hatten, wandten wir uns dann dem romantischen Repertoire zu.« Horowitz nahm das Programm von Fiorillos Town-Hall-Klavierabend unter die Lupe und zeigte dem Pianisten, wo noch Schwächen vorhanden seien. Seinem Spiel fehlte es vor allem an fließender Kontinuität. »Zum Beispiel sagte er mir, daß in Chopins f-moll-Fantasie die Übergänge das Hauptproblem seien. Bis ins Detail wurden solche Übergänge dann besprochen: die Vorbereitung, dann das Einpendeln in ein neues Tempo, dann auch die Wichtigkeit einer Fermate. All das habe letztlich einen dramatischen Zweck, und es sei psychologisch wichtig, dem Publikum solche Übergänge klar zu machen, wenn nötig sie gar mit einer entsprechenden Geste der Hand zu visualisieren.«

Daß Horowitz' Kritik, wie er sie Woche für Woche äußerte, inkonsequent, ja widersprüchlich ausfiel, hatte Byron Janis beispielsweise nie gestört. Im Gegenteil: Das animierte ihn zu einem spontaneren, flexibleren Spiel. Fiorillo hingegen wurde dadurch verunsichert; er wollte eine gewisse Kontinuität im Unterricht. So verwirrten ihn die ewig neuen Ansichten, die Horowitz über Chopins g-moll-Ballade äußerte. »Nie habe ich ihn dieses Stück zweimal auf die gleiche Art spielen hören«, sagte er. »Daß er sein Konzert dauernd änderte, hängt meiner Meinung nach mit einer enormen Kreativität zusammen. Für ihn muß es unheimlich schwer gewesen sein, sich ein für allemal auf eine bestimmte Ansicht, auf eine bestimmte Interpretation festzulegen. Wenn ich mit ihm diese Ballade durchnahm, konnte er sich nie für gewisse Richtlinien einigen. Beispielsweise konnte er mich ungehalten fragen: ›Was machst du denn hier?‹ Ich antwortete: ›Nun, Sie haben mir doch letzte Woche gesagt, ich solle das so machen.‹ Bissig gab er dann zurück: ›Aber mir gefällt es nicht.‹ Was das romantische Repertoire anbelangte, so hatte ihm Horowitz zweifellos einige wichtige Dinge beibringen können; hingegen unterließ es Fiorillo, klassische Stücke mit in den Unterricht zu bringen. »Da machte er mir einfach zu viele Tricks und Gags, beispielsweise bei Beethoven, dessen Musik er gleichsam überorchestriert spielte. Wenn da in der linken Hand irgendeine völlig untergeordnete Melodie war, die nie jemand betonte, dann fand er sicher einen Grund, um auch diese Melodie hervorzuheben. Ich konnte mit all diesen Klangfarben, diesen hervorgehobenen Binnenstimmen und Crescendi, die Beethoven doch gar nicht komponiert hatte, einfach nichts anfangen. Früher fand ich Horowitz' Spiel wahnsinnig spontan, heute kommt es mir manchmal recht gesucht vor. Für ihn durfte eben nichts einfach sein.« Auch Davis war der Meinung, daß Horowitz gewisse Musik übermäßig dramatisiert habe: »Ich muß gestehen, daß ich ihn nie mit Schumanns *Kinderszenen* hören wollte. War das eine Qual! Von natürlicher Schlichtheit war da überhaupt nichts mehr zu spüren. Jeden Ton wrang er aus, bis dieser völlig trocken war. Ich glaube nicht, daß dieses Werk so was aushält.«

Obwohl man Jahre später mit Kritik jeweils schnell zur Hand ist – in einem Punkt waren sich alle Horowitz-Schüler einig: daß Horowitz eine phänomenale Technik hatte. »Seine Finger konnten einfach alles, und zwar überall und jederzeit«, sagte Fiorillo. »Was er an Klangfarbenreichtum, an Ausdauer und rhythmischer Vitalität zur Verfügung hatte, das war schlicht umwerfend.« Fiorillo interessierte sich sehr für Horowitz' legendäre Transkriptionen und fragte ihn, ob er sie je wieder spielen werde. »Ich kann mich an keine mehr erinnern«, lautete die Antwort. »Ich spiele keine mehr und will auch nicht mit ihnen in Verbindung gebracht werden.« Fiorillo erstellte sich dann eine eigene Version von Liszts Paganini-Etüde – mit Oktav-Verdoppelungen, zusätzlichen Binnenstimmen und einer dramatischen Coda, alles im Horowitz-Stil. »Als ich sie Horowitz dann vorspielte, wurde er wütend. ›Was soll denn das?‹ rief er aus. ›Willst du meine Transkriptionen imitieren? Ich will das nie mehr hören, verstehst du? Spiel mir nie mehr so!‹«

Es kam nur selten vor, daß Horowitz solcherart die Fassung verlor; meistens war er recht freundlich zu Fiorillo und manchmal richtig gesellig. Als Horowitz beispielsweise den Sommer 1961 in einem Landhaus in East Hampton verbrachte, mietete er keine zwei Meilen entfernt ein zweites Haus für Fiorillo, damit der Unterricht keinen Unterbruch erleide. »Siebenhundertfünfzig Dollar mußte er pro Monat für das Haus bezahlen, inklusive Gärtner und einem Steinway-Flügel. Das war unglaublich großzügig von ihm.« Als Fiorillo in derart unmittelbarer Nachbarschaft zu seinem Lehrer wohnte, wurde er natürlich auch Zeuge von dessen Alltag. Stets verfolgte Horowitz die politischen Ereignisse und das Tagesgeschehen, und eine Zeitlang spielte er auch Baseball. »Zweifellos war er clever, wie ein Kind, aber ich würde nicht sagen intellektuell. Kaum je beschäftigte er sich mit Musik.«

Über einige von Horowitz' schwachen Seiten konnte sich Fiorillo nur wundern: beispielsweise über seine Furcht vor der Dunkelheit, über seine Wetterfühligkeit, seinen fanatisch genau eingehaltenen Tagesablauf oder über seine manchmal schon bizarr-einseitige Diät. Da Horowitz immer noch unter Koliken litt, aß er mittags und abends ausschließlich Lamm-Pastetchen mit RyKrisp-Crackers und Milch oder Tee. Oft war er krank – manchmal bildete er sich das zwar auch nur ein –, und sein Schlafzimmer glich eigentlich mehr einer Apotheke. »Ich habe in meinem Leben noch nie soviel Medikamente gesehen«, erzählte Fiorillo. »Überall Fläschchen. Dazu schwarze Draperien und Vorhänge mitten an einem Juli-Nachmittag. Und Horowitz lag da, auf dem Rücken, seine Augen mit einem kleinen Plastik-Augenschutz bedeckt und die Kopfhörer über den Ohren. Immer klagte er mir über seine Magenprobleme, und er tat mir eigentlich sehr leid.«

Immer wieder versuchte Fiorillo, Horowitz für einen Spaziergang aus dem Haus zu locken. Längst hatte er gemerkt, daß Horowitz praktisch alles vom Wetter abhängig machte. »Beispielsweise war es an einem Tag draußen etwa vierzig Grad im Schatten. Ich bestand darauf, daß ein kleiner Spaziergang ihm guttun würde, denn Horowitz zögerte stets. Dann aber zog er seine obligate Fliege und eine Sportjacke an, und ich dachte: Der ist ja verrückt bei dieser Hitze. Ich sagte ihm also, er habe sich zu warm angezogen, und so zog Horowitz die Jacke wieder aus. Kaum hatten wir uns einige Schritte vom Haus entfernt, sagte er: ›Mir ist kalt. Wie kannst du nur sagen, es sei so warm? Es ist doch sehr kalt. Ich gehe zurück und hol mir meine Jacke.‹ In der Tat sah er nicht so aus, als ob er warm hätte, und er schwitzte auch nicht.«

Horowitz schien gern mit Fiorillo zusammen zu sein. Er betrachtete ihn nicht nur als Schüler, sondern auch als einen guten Kollegen und vertraute ihm manchmal auch private Dinge an – zum Beispiel seine Probleme mit Sonja. Wenn er von seiner Tochter einen Brief erhielt, war er stets etwas verwirrt und gab ihn auch Fiorillo zum Lesen. »Es waren sehr schöne Briefe darunter«, erinnerte sich Fiorillo. »Oft schrieb Sonja ihrem Vater, sie sei sehr stolz darauf, daß sie seine Tochter sei – daß das ein großes Privileg sei und sie ihn deshalb auch sehr gern habe. Im nächsten Brief hieß es dann, sie hasse ihn und alles, was mit ihm zusammenhänge; er sei ein schlechter Vater. Zurückblickend habe ich eigentlich nicht das Gefühl, daß ihn diese Briefe sehr beeindruckt haben. Er schien sich nicht sehr um seine Tochter zu kümmern. Überhaupt schien er sich kaum um jemanden zu kümmern. Er war schrecklich egozentrisch.«

Es schien, daß Horowitz zumindest über eine gewisse Zeit in Fiorillo verliebt war. Und diese Gefühle waren es auch, die schließlich zum Bruch zwischen Lehrer und Schüler führten. »Wanda sah mich am Strand mit Frauen, und Horowitz schien auf meine Eskapaden einerseits eifersüchtig zu sein und sie andererseits doch als erregend zu empfinden. Er wollte wissen, ob ich mit Frauen schlafe, und er interessierte sich auch sonst für mein Privatleben. Er sagte, er fühle sich für mich verantwortlich und wolle nicht, daß ich in einen Zwiespalt gerate.« Auch als Horowitz im Herbst wieder nach New York zurückkehrte, hegte er für seinen Schüler nach wie vor dieselben Gefühle. »Ich war ziemlich athletisch gebaut, und Horowitz sah gern zu, wenn ich meine Übungen machte. Stets wollte er meine Kräfte testen. Im Spätherbst sagte er dann eines Tages: ›Weißt du, Alex, du hast mir einmal gesagt, daß du mich liebst. Was hast du damit gemeint?‹ Ich sagte ihm dann, daß ich sein Klavierspiel liebe und ihn immer vergöttert habe. Und von diesem Moment an war unsere Beziehung irgendwie gestört.«

Später im Herbst eröffnete Horowitz seinem Schüler, daß er in nächster Zeit sehr beschäftigt sein werde, denn er wolle für Columbia Masterworks Schallplatten einspielen. Er befasse sich zudem mit dem Gedanken, wieder öffentlich aufzutreten, und habe also keinesfalls mehr Zeit zum Unterrichten. Er riet Fiorillo, zu Serkin zu gehen: »Mit ihm könntest du Mozart, Schubert und Beethoven durcharbeiten.« Fiorillo war schockiert: »Er zwar zwar sehr freundlich und zeigte keinerlei Animositäten; dennoch war ich irgendwie verärgert und vor allem enttäuscht. Denn stets hatte ich auf unsere Beziehung viel Wert gelegt, und jetzt schien er sich überhaupt nicht darum zu kümmern.« Natürlich machte sich Fiorillo auch wegen seiner Zukunft Gedanken. »Horowitz hatte zwar einen Vorspiel-Termin bei George Marek von der RCA arrangiert und mich auch einigen Dirigenten vorgestellt; dennoch hatte ich, seit ich bei ihm Stunden nahm, nie mehr öffentlich gespielt oder gar an Wettbewerben teilgenommen. Stets hatte er mir gesagt: ›Wenn du reif genug bist, werde ich für dich alles in die Wege leiten.‹ Aber er hat absolut nichts arrangiert. Als ich mit dem Unterricht begann, machte ich riesige Fortschritte, und es gab absolut keinen Grund, daß er mir damals das Konzertieren verbot. Aber ich respektierte seinen Wunsch, denn ich dachte, das ist ein großer Künstler, und ich vergötterte ihn. Ich war überzeugt, daß es richtig sei, seinem Rat zu folgen, und ich wollte seine Autorität nicht hinterfragen. Ich setzte alles auf eine Nummer – und verlor dann beinahe alles.«

Der mittlerweile dreiundzwanzigjährige Fiorillo war nicht nur bitter enttäuscht, sondern wurde auch krank. Mehr und mehr hatte er ernsthafte Probleme mit seinem Magen und seinen Nerven, was sein Selbstvertrauen zusehends untergrub. Aber es kam noch schlimmer: Er wurde zum Militärdienst eingezogen, und das bedeutete mehr oder weniger das Ende seiner Karriere. »Als ich einmal Urlaub hatte, ging ich in Uniform zu Horowitz zu Kuchen und Kaffee. Wir sprachen über die Möglichkeit, den Unterricht zumindest sporadisch wieder aufzunehmen. Aber Horowitz sagte mir dann, sein Psychiater habe ihm vom Unterrichten abgeraten – das sei nicht gut für ihn, weil er sich jetzt vermehrt mit Schallplattenaufnahmen befasse.«

Noch Jahre später war Fiorillo wütend und voller Vorwürfe. Er wurde schließlich Professor an der Kammermusik-Abteilung der Temple Universität. Doch daß aus seiner Solo-Karriere nichts geworden war, erfüllte ihn nach wie vor mit bitteren Gefühlen für seinen ehemaligen Lehrer. »Stellt man sich eine Wertskala von eins bis zehn vor, so würde ich Horowitz für seine Fähigkeit, den Schüler zu inspirieren, zweifellos eine zehn geben«, erklärte Fiorillo. »Aber was sein Verantwortungs- und Pflichtgefühl anbelangt, kommt er kaum auf eine fünf. Denn er ist sehr inkonsequent, und manchmal fehlt ihm schlicht und einfach das pädagogische Interesse. Auf dem Sofa liegen und *Forte, piano* oder *crescendo* rufen – nun ja, das können viele Leute.«

Von den sieben Horowitz-Schülern schien es nur dreien gelungen zu sein, sich von nachteiligen Einflüssen fernzuhalten: Graffman, Turini und Davis. Wie die drei ihren Unterricht bei Horowitz begannen, konnte jeder schon auf eine einigermaßen etablierte Konzertkarriere zurückblicken, und so waren sie wohl weniger abhängig von ihm und deshalb auch nicht so verletzlich. Graffman, der zweifellos die erfolgreichste Karriere machte, wollte sich über Horowitz' Persönlichkeit nur sehr zurückhaltend äußern. Immerhin sagte er, daß ihn das unstete Betragen seines Lehrers geärgert habe. Nur Davis, der später ausgedehnte Tourneen unternahm, Schallplatten einspielte und schließlich an der University of Miami unterrichtete, sprach völlig frei und entspannt über Horowitz.

Beim Unterrichten schien es Horowitz nicht bewußt zu sein, was für negative Auswirkungen sein sprunghaftes Benehmen auf die jungen Schüler hatte. Er konnte sehr freundlich sein, doch artete solche Freundschaft oft unvermittelt in eine launisch-unempfindliche Gleichgültigkeit aus. So konnte er aus purer Willkür Stunden absagen; zudem konnte er das Selbstbewußtsein seiner jungen Schüler untergraben, indem er ein pointiertes Desinteresse für ihre Karriere oder Schallplattenaufnahmen an den Tag legte. Ja, er konnte die Tatsache, daß jemand bei ihm studiert hatte, schlicht bestreiten. Eine Erklärung für dieses Gebaren lieferte schließlich Byron Janis, der meinte: »Wenn er einen guten, erfolgreichen Schüler hatte, dann gab er sich auch gern als dessen Lehrer aus.«

Jedenfalls hatten die Horowitz-Schüler, von Davis einmal abgesehen, noch jahrelang an solchen Mißverständnissen und unklaren Emotionen zu tragen. Und es scheint klar, daß weder Horowitz, der sich diesbezüglich stets in Schweigen hüllte, noch seine Schüler diesen Wust an widersprüchlichen Erfahrungen je ganz verkraften konnten. Horowitz zeigte auch weiterhin Interesse an jungen Pianisten und lud in den sechziger Jahren einige von ihnen zum Musizieren und Diskutieren ein – darunter Vladimir Ashkenazy, Alexis Weissenberg, André Watts, John Browning und Murray Perahia. Für ihn war es stets wichtig, Kontakt zu jungen Leuten zu haben. Ivan Davis erzählte da ein typisches Beispiel: »Eines Tages rief mich Horowitz an und sagte: ›Ivan, ich habe genug vom Drinsitzen. Ich möchte ausgehen. Nimm mich doch irgendwohin mit.‹ Ich schlug ihm verschiedene Restaurants vor, aber er sagte: ›Ich will junge Leute sehen. Ich möchte mir junge Leute anschauen.‹ Also gingen wir zu O. Henry in Greenwich Village, setzten uns draußen an einen Tisch und tranken etwas. Dann kam eine Gruppe junger Musikstudenten auf uns zu. Sie erkannten mich wegen meiner Liszt-Schallplatte, die ich gemacht hatte, und wollten nun ein Autogramm. Aber Horowitz erkannten sie nicht. Ich dachte mir: ›Ihr Armleuchter! Hier sitzt der berühmteste Pianist in der ganzen Welt, und ihr erkennt ihn nicht einmal!‹ Und

Horowitz rief: ›Du, die wissen gar nicht, wer ich bin!‹ Ich beruhigte ihn und sagte, das sei nur, weil er so lange nicht mehr öffentlich aufgetreten sei. Und später war ich stets überzeugt, daß diese Episode mit ein Grund war, warum Horowitz seine Konzerttätigkeit wiederaufgenommen hat. Wahrscheinlich war er sich damals bewußt geworden, daß es eine ganze Generation von jungen Pianisten gab, die ihn noch nie hatten spielen hören.«

Good-bye, Mr. RCA

Bei der RCA sagte man mir, wenn ich nicht mehr öffentlich auftrete, so würden mich die Leute vergessen, und auch Schallplatten könne man dann keine mehr verkaufen. Immer wieder hieß es: »Spielen Sie für uns wenigstens einige populäre Stücke ein, etwas von Gershwin oder noch ein paar Hochzeitsmärsche. Das wird sich prima verkaufen.« Ich sagte schließlich: »Wenn Sie wirklich solches Zeug von mir wollen, dann Good-bye, Mr. RCA.«[1]

Der tragische Unfall seiner Tochter wirkte sich für Horowitz für die kommenden zwei Jahre lähmend aus; er litt unter Depressionen und brach auch die kürzlich erst so erfolgreich wiederaufgenommene Schallplatten-Tätigkeit ab. Im Mai 1959 gelang es Jack Pfeiffer und Wanda, Horowitz zu einer neuen Schallplattenaufnahme in der Carnegie Hall zu überreden; es war seine erste Stereoaufnahme und – wie sich bald herausstellen sollte – für viele Jahre seine letzte RCA-Platte. Horowitz entschied sich für zwei Beethoven-Sonaten, die er bis anhin noch nie eingespielt hatte: die *Appassionata* sowie die D-dur-Sonate op. 10 Nr. 3. Die Platte wurde in Mono- und Stereo-Version veröffentlicht und stieß rundum auf positives Echo. »Man kann sich kaum etwas Unfaireres denken, als eine Neuaufnahme von Beethoven-Klaviersonaten mit den alten Einspielungen Arthur Schnabels zu vergleichen«, schrieb Robert C. Marsh in *High Fidelity*. »Vergleicht man Horowitz dennoch mit Schnabel, so fallen zumindest zwei Dinge auf. Erstens macht Schnabel zweifellos einiges mehr aus dieser Musik als Horowitz. Zweitens hält die Horowitz-LP, die technisch natürlich viel besser klingt als die Schnabel-Aufnahme, diesen Vergleich viel besser aus als die meisten anderen Konkurrenzaufnahmen.«[2] Vor allem die D-dur-Sonate litt stellenweise unter einem harten, fast etwas spröden Klang; und obwohl man die Interpretation als »packend« beurteilte und ihr auch einen Sinn für klassische Proportionen zubilligte, schien sie einigen Kritikern doch »an der Grenze zur Hysterie« zu liegen. Auch Horowitz war mit dem Resultat unzufrieden: Er hatte die Aufnahmen in der völlig leeren Carnegie Hall gemacht, und das Ergebnis war nun ein auffallend grelles Klangbild. »Irgendwie hat es mich deprimiert, in der völlig leeren Carnegie Hall zu spielen«, erinnerte er sich später. »Ich sagte dann, ich wolle keine weiteren Aufnahmen mehr machen – die Schallplattentechnik sei einfach nicht fähig, den Klavierklang wirklichkeitsgetreu zu konservieren; zudem wolle ich nach wie vor auch keine Konzerte geben. Ich fühlte mich frustriert und nahm während drei Jahren keine Platten mehr auf.«

Natürlich waren die RCA-Bosse enttäuscht und verärgert über Horowitz' Weigerung, zumal das Marketing-Management schon die Meldung verbreitet hatte, diese neue Beethoven-LP sei der Beginn einer ganzen Serie von neuen Horowitz-Platten. George Marek unternahm alles, um den Pianisten umzustimmen, doch dieser blieb unnachgiebig. An Schallplattenaufnahmen war er nicht mehr interessiert, und überhaupt konnte er sich für das gesamte Klavierrepertoire nicht mehr begeistern. Dennoch wollte Marek nicht aufgeben. »Ich schlug Horowitz vor, er solle doch alle vier Rachmaninow-Klavierkonzerte aufnehmen oder zumindest das zweite, welches er im privaten Kreis schon wundervoll gespielt hatte. Zudem schlug ich eine Gesamtaufnahme aller fünf Beethoven-Klavierkonzerte vor. Aber er tat keinen Wank. Er saß zu Hause herum, lebte zurückgezogen, ging nie aus und hörte nur Radio.«[3]

Marek ärgerte sich nicht nur über Horowitz' Passivität, sondern auch über sein Gebaren bei Schallplattenaufnahmen und über seine diesbezüglichen finanziellen Forderungen. »Horowitz war der umständlichste Schallplattenkünstler, den ich je erlebt habe – und ich habe sie ja alle erlebt. Stets wollte er Korrekturen machen, dasselbe noch einmal aufnehmen; und was er schließlich dann für gut befand, konnte er schon am folgenden Tag wieder verwerfen. Jeden Tag war er anders, seine Reaktionen hingen völlig vom augenblicklichen physischen und emotionalen Zustand ab, und er war insgesamt sehr unstet. Dabei stand er immer noch unter Vertrag und kriegte dafür ein jährliches Salär – für nichts.«

Horowitz sah das ganze Problem von einem anderen Standpunkt aus: Für ihn war die Verkaufspolitik, wie sie bei RCA betrieben wurde, zu vulgär, irgendwie anachronistisch, ja sogar beleidigend. Stets beharrte die Firma darauf, daß er »populäre« Musik aufnehme: etwa Gershwins *Rhapsody in Blue* oder sein F-dur-Klavierkonzert. »Es gab Streit, weil damals ganz einfach die falschen Leute bei RCA waren«, meinte Horowitz später. »So sagte ich mir dann, wenn die mich nicht wollen, okay, dann gehe ich.« Alan Kayes, von 1951 bis 1962 Künstler- und Repertoiremanager bei RCA, versuchte zwischen Horowitz und der Marketingabteilung zu vermitteln; er gab zu, daß bei RCA interne Probleme bestanden und viele von Horowitz' Klagen durchaus berechtigt waren. »Immer wieder versuchte man, Künstler für ein Repertoire zu verpflichten, gegen das sie ernstlich Vorbehalte hatten. Bei Horowitz war es so, daß sich seine Schallplatten nicht gut verkauften, und die Marketing-Verantwortlichen wollten ihn nicht weiter unter Vertrag haben – es sei denn, er nehme seine Konzerttätigkeit wiederum auf, um dadurch den Verkauf seiner Schallplatten indirekt wieder anzukurbeln, oder er spiele zumindest populäre Werke ein.«[4] Es kam soweit, daß man Horowitz eine neue Platte mit Märschen vorschlug, wobei auch seine eigene Transkription von *The Stars and Stripes Forever* mitaufgenommen werden sollte. Etwas Verhaßteres konnte sich Horowitz kaum vorstellen; längstens hatte er sein Klavierakrobaten-Image abgelegt.

Neben solchen Repertoireproblemen gab es, laut Kayes, aber noch andere strittige Punkte. »Die Leute von der Verkaufsabteilung hatten nie großen Einfluß auf Horowitz gehabt. Er nahm stets auf, was ihm paßte – Clementi, Skrjabin, beides zweifellos keine Repertoire-Knüller. Als Horowitz sich von der RCA trennte, waren für ihn und für Wanda andere Argumente ausschlaggebend. Zur Hauptsache ging es um Geld; er wollte mehr Geld, als wir ihm offerieren konnten. Mit Stolz wies Horowitz darauf hin, daß er ein gewandter Geschäftsmann sei. In seinen Beziehungen war ihm der finanzielle Aspekt stets das Wichtigste; in jeder vertraglichen Abmachung wollte er immer noch etwas mehr herausholen als andere Künstler – weniger Kommission für seinen Manager oder für eine Schallplattenfirma oder für einen lokalen Manager. Was er an Garantien beanspruchte, war völlig überrissen – jedenfalls gemessen am Repertoire, das er auf Schallplatte aufnehmen wollte. Clementi und Skrjabin, Medtner und Scarlatti waren alles andere als Bestseller, und es bestand für uns zudem absolut keine Hoffnung, daß er seine Konzerttätigkeit je wieder aufnehmen würde.«

Gegen Ende des Jahres 1961 sollte Horowitz' Vertrag mit RCA erneuert werden, doch waren diesbezügliche Verhandlungen längst ins Stocken geraten, weil sich beide Seiten in finanziellen Dingen nicht einigen konnten. Eine Liszt-LP – »Hommage à Liszt« –, die zur 150. Wiederkehr von Liszts Geburtstag veröffentlicht wurde, gab in der Öffentlichkeit den Anschein, daß Horowitz nach wie vor für RCA aufnehme. Tatsächlich handelte es sich bei diesen Werken aber ausnahmslos um Wiederveröffentlichungen. Wanda, die bei geschäftlichen Angelegenheiten oft als Sprecherin ihres Mannes gewirkt hatte, schaltete sich auch hier ein und machte ihrem Ärger Luft: Man habe es bei der letzten Horowitz-LP an adäquater Publicity und Promotion fehlen lassen. Klar, daß damit das Gespräch über die weiteren geschäftlichen Beziehungen quasi auf dem Nullpunkt angekommen war. »Begreiflicherweise sah RCA einer Vertragsverlängerung nicht mit Begeisterung entgegen«, erzählte Marek. Und daß Wanda stets über das RCA-Promotion-Budget herzog, gefiel den RCA-Bossen schon gar nicht. Tatsache war, daß man das Horowitz-Promotion-Budget proportional zu den stets sinkenden Verkaufszahlen seiner LPs gekürzt hatte. »In der Tat wollten uns die Ladengeschäfte keine Horowitz-LPs mehr abnehmen, und so verloren wir mehr und mehr von unserer jährlichen Investition von fünfundzwanzigtausend Dollar.«[5] Mit ihren wütenden Hinweisen, daß man die Verbindungen zu RCA zu lösen gedenke, brachte Wanda die verfahrene Situation erst recht aus dem Geleise. Noch unternahm man einen letzten Anlauf, um Horowitz doch halten zu können: David Sarnoff, Präsident der RCA, schaltete sich ein und sandte den Vizepräsidenten Charles Odorizzi als persönlichen Vermittler. Doch auch dieser Versuch mißlang.

Sobald Gerüchte kursierten, daß Horowitz die RCA verlassen wolle, begannen andere Firmen, ihn zu umwerben. Als Schuyler Chapin, Künstler- und Repertoire-Manager von Columbia Masterworks, von Gary Graffman hörte, daß Horowitz ernsthaft daran denke, die RCA zu verlassen, rief er diesen umgehend an. »Über die Steinways kannte ich Horowitz schon seit vielen Jahren«, erinnerte sich Chapin, »aber wir hatten nie einen näheren oder gar geschäftlichen Kontakt zueinander. Dennoch telefonierte ich ihm sofort, und als sich seine Frau am Apparat meldete, fragte ich ohne Umschweife, ob es wahr sei, daß Horowitz die RCA verlassen wolle. Und ob man sich nicht zu einem Gespräch treffen könne. Und ob eine Möglichkeit bestehe, daß Horowitz zur Columbia komme. Ich sagte das alles ganz atemlos, ohne eine Pause dazwischen ... Wanda bestätigte mir, daß Horowitz die RCA verlasse. Und wenn ich und Goddard Lieberson an einem Gespräch interessiert seien, so würden sie ihrerseits gerne zuhören.«[6]

Obwohl Chapin diesem Meeting mit Angst und Ungewißheit entgegensah, hatte er dennoch uneingeschränktes Vertrauen in Goddard Lieberson, den Präsidenten von Columbia Records. »Ein gescheiter, lustiger, flinker, aufgeweckter, heftiger, eitler und überaus egozentrischer Mensch«, wie ihn Chapin charakterisierte. Seit 1939 war Lieberson bei Columbia in leitender Stellung und hatte die Schallplattenkarriere bedeutender Künstler wie Bruno Walter, Igor Strawinsky und Leonard Bernstein, aber auch Miles Davis, Barbara Streisand und Andy Williams gefördert. Lieberson hatte an der Eastman School of Music Kompositionsunterricht genommen, und seine Belesenheit und sein Humor hatten genau den gewünschten Effekt auf Horowitz. Am ersten Abend saßen die beiden zusammen und tauschten Geschichten aus; die geschäftlichen Dinge überließen sie Wanda. Chapin erzählte, daß Wanda »sämtliche RCA-Unterlagen mit der Effizienz und Genauigkeit eines Rechnungsprüfers von einer Bank durchgearbeitet hatte. Nichts schien diesen wachsamen Augen zu entgehen. Sie brachte eine ewig lange Liste von nicht eingehaltenen Versprechen und von Beispielen mangelnder Sorgfalt vor, und von Fall zu Fall bekräftigte Horowitz solche Klagen mit einem Nicken. Oder er lehnte sich in der Art eines Verschwörers zu ihr hinüber, als wollte er damit andeuten, seine Frau sei ein Faktor, womit man rechnen müsse.«

In einem Punkt waren sich Lieberson, Chapin und Horowitz schon bei diesem ersten Zusammentreffen einig: daß RCA den Pianisten recht schäbig behandelt hatte. Zudem konnten Lieberson und Chapin noch ein neues Argument ins Gespräch einbringen. Sie erklärten dem Pianisten, daß sich der Markt für Klassik-Schallplatten zunehmend auch auf junge Käuferschichten ausdehne und Columbia in diesem Bereich bald eine Top-Stellung einnehmen werde. Doch Horowitz äußerte Bedenken: Acht Jahre sei er nicht mehr öffentlich aufgetreten, also werde man ihn doch gar nicht mehr kennen. »Er fragte mich, ob ich in der Tat glaube, daß irgend jemand aus der jungen Generation ihn überhaupt kenne«, erzählte Chapin. »Ich merkte sofort, daß dies ein ungeheuer wichtiges Argument war – ein Argument, das ihn womöglich wieder zu vermehrten pianistischen Aktivitäten bringen könnte. Jedenfalls versicherte ich ihm, daß ein Markt für Horowitz-LPs bestünde; viele Leute hätten ihn schließlich gehört, andere würden ihn als Mythos verehren. Und je länger er sich von der Öffentlichkeit fernhalte, desto größere Bedeutung bekäme dann der Horowitz-Mythos. Was ich ihm damals allerdings nicht sagte: Daß dieser Mythos nämlich auch zu groß werden könnte, will sagen: daß ihn die Leute vergessen könnten, weil er eben nicht mehr öffentlich auftrete.«

Bei diesen Unterredungen war es für Horowitz ein sehr wichtiges Argument, daß Columbia zunehmend auch junge Käuferschichten anzusprechen gedenke und er dadurch neue Fans gewinnen könnte. Dennoch wollte er noch keine Zusage geben, und die Verhandlungen zogen sich bis in die Herbstmonate 1961 hinein.

Vor zehn Jahren hatte Chapin als Reisebegleiter von Jascha Heifetz gearbeitet und mit dem Geiger ganze Tourneen absolviert; somit wußte er, wie man mit schwierigen Künstlern zurechtkam. Mit viel Geduld und Charme versuchte er, Horowitz' Befürchtungen zu zerstreuen. Geduld brauchte es in der Tat, denn inzwischen hatte sich auch EMI-Angel Records (London) bei Wanda und Vladimir Horowitz gemeldet, und beide interessierten sich ernsthaft für diese Offerte. EMI war Horowitz besonders herzlich zugetan, zumal Horowitz seine allerersten Schallplatteneinspielungen für EMI gemacht hatte. Andererseits schien es Anfang der sechziger Jahre evident, daß Columbia wohl die bedeutendste Stellung im Klassik-Schallplattenmarkt erobern würde, und so sprach eigentlich alles für einen Vertrag mit Columbia. Horowitz verließ die RCA und damit auch seine RCA-Pianisten-Konkurrenten Rubinstein, De Pachman, Paderewski und Rachmaninow, und er kam nun zur CBS-Pianisten-Gilde, bestehend aus Hofmann, Godowsky, Grainger und Petri. Horowitz erklärte, daß Columbias »humane Art, mit Künstlern umzugehen«, letztlich den Ausschlag gegeben habe. »Und dann«, so erzählte Chapin, »kam also die Nacht, auf die wir alle solange gewartet hatten: Wanda und Horowitz entschieden sich für uns, für die Columbia. Ich war dann sehr gerührt, als sich Horowitz zu mir kehrte und ganz einfach fragte: ›Werden Sie mir wirklich auch Sorge tragen?‹ Ruhig und herzlich sagte ich ja.«

Es kam zu einem Dreijahresvertrag; sechs Schallplatten waren vorgesehen, zwei pro Jahr. Was das Repertoire anbelangte, ließ man Horowitz total freie Hand, zudem wurde ihm eine großangelegte CBS-Presse- und Public-Relations-Kampagne zugesichert. Horowitz erhielt auch ein wesentlich größeres Honorar als bei RCA – man sprach von 50000 Dollar –, aber im Unterschied zum RCA-Vertrag war jetzt vorgesehen, daß dieses Honorar pro eingespielte Schallplatte und nicht als jährliche Garantiesumme ausgerichtet wurde. George Marek von der RCA erzählte, es habe auf Horowitz einen ungeheuren Eindruck gemacht, daß er jetzt ein so großes Honorar kriege und pro Schallplatte bezahlt werde. »Dieser neue Vertrag mit Columbia und vor allem die Klausel, daß er pro LP bezahlt werde, spornten Horowitz unheimlich an. Nun wollte er der RCA zeigen, wie gut er spielen könne und wie er mit seinen Platten Erfolg habe. Daß er die Schallplattenfirma gewechselt hatte, schien sich bei ihm psychologisch wahnsinnig stark auszuwirken; es brachte neues Leben in seine Karriere und in seine künstlerische Tätigkeit.«[7] Lieberson hatte Horowitz stets prophezeit: »Sie werden sehen, das wird für Sie wie ein neuer Lebensabschnitt.« Und Horowitz meinte schließlich: »Warum nicht? Good-bye, Mr. RCA. Ich gehe nun zur Columbia!«

»Horowitz ist der vollendete Showman«, konstatierte Schuyler Chapin. Denn schon einen Monat vor den Aufnahmesitzungen für die erste Columbia-Schallplatte ließ Horowitz eine Pressekonferenz einberufen, wo er den Vertragsabschluß mit Columbia bekanntgab. Daß Horowitz dabei eine richtige Show inszenierte, konnte man später beispielsweise in der *New York Times* lesen: »Hat die Filmwelt ihre Greta Garbo, so hat die Musikwelt ihren Horowitz ... Vergangenen Donnerstag informierte er über seinen neuen Vertrag mit Columbia ... Es war etwa so, wie wenn die Garbo, die bis anhin ausschließlich für Metro-Goldwyn-Mayer gefilmt hat, nun plötzlich zu Paramount wechseln würde.«[8] Zu Hause gab Horowitz auch Interviews, und er sprach dann geheimniskrämerisch über eine mögliche Rückkehr aufs Konzertpodium. »Das ist mein kleines Geheimnis«, pflegte er schelmisch zu sagen. »Ich könnte sofort in die Carnegie Hall gehen und dort einen Klavierabend geben. Aber ich kann es eben nicht bei diesem einen Klavierabend belassen. Sofort würden meine Freunde in den andern Städten sagen: ›Komm und spiel auch bei uns.‹ Ich kann doch nicht nur einige wenige Freunde beglücken. Aber eben: Dem Streß einer Tournee bin ich nicht gewachsen.« Horowitz betonte dabei, daß alles von dem neuen CBS-Schallplattenprojekt abhänge. »Mal sehen, wie ich mich in einem Monat bei den Aufnahmesitzungen fühle. Wenn ich mich stark genug fühle, nun, dann können wir ja sehen.«

Wichtigstes Erfordernis für Columbia Records war es nun, einen Mann wie Jack Pfeiffer zu finden – einen Produzenten, der sich nicht nur um die Schallplattenaufnahmen kümmerte, sondern Horowitz mit Rat und Tat zur Seite stand. 1959 hatte Columbia Tom Frost als Produzenten engagiert, ehemals ein professioneller Geiger, der in Yale bei Paul Hindemith Komposition studiert hatte und nun als Produzent mit Künstlern wie Bruno Walter, Leonard Bernstein, Eugene Ormandy, George Szell und Isaac Stern zusammenarbeitete. Als Frost hörte, daß Horowitz zur Columbia kommen sollte, ging er zu Chapin und sagte ihm, er würde gerne mit Horowitz zusammenarbeiten.

Daß Frost selber ein ausgebildeter Musiker und zudem ein geduldiger Mensch war, schienen beides gute Voraussetzungen für eine Zusammenarbeit mit Horowitz zu sein. »Wir begannen mit einigen Probeaufnahmen«, erinnerte sich Chapin, »und ich merkte sofort, daß Frost der richtige Produzent für Horowitz war. Er war ein ernsthafter und erfahrener Professionalist, der – als Musiker – auch die Probleme des Künstlers verstand, mit dem er nun zusammenarbeiten sollte.« Diese Probeaufnahmen fanden im Columbia-Thirtieth-Street-Studio statt, eigentlich einer Kirche, die Horowitz »nicht schlecht« fand – »eine hohe Decke, recht angenehm zum Spielen«. Frost verstand sich mit Horowitz auf Anhieb, und später beschrieb ihn der Pianist als einen »herzlichen, zuvorkommenden Menschen mit einem ausgeprägten Sinn für Humor«.[9] Bei den Aufnahmen war Frost überrascht, wie stark sich Horowitz' Klavierspiel seit den vierziger Jahren, wo er ihn zum erstenmal hörte, verändert hatte. »Darin lag eine Milde, eine Wärme und ein nach innen gekehrter Ausdruck, den ich nie zuvor von Horowitz gehört hatte. Mit seinem stahlharten, hämmernden Spiel war es zu Ende. Natürlich war da immer noch eine dämonische Qualität herauszuspüren, aber er spielte weniger nervös und mit einer noch breiteren Klangfarbenskala. Wir probierten verschiedene Mikrophonstellungen aus und kriegten schließlich einen nicht zu direkten und auch nicht zu brillanten, sondern schön warmen, runden Ton hin. Obwohl dieses Studio klanglich nicht so viel hergab wie ein Konzertsaal, war es insgesamt doch ein überdurchschnittlich gutes Studio. Auch wenn der Klang etwas trocken war. Natürlich hätten wir in die Carnegie Hall überwechseln können. Aber Horowitz schien hier zufrieden zu sein.«[10] Bei diesen Probeaufnahmen wurde es klar, daß Horowitz und Frost prima miteinander zurechtkamen.

Horowitz wollte nicht mehr wie früher bei der RCA eine ganze LP einem einzigen Komponisten widmen. Schließlich sollte es eine attraktive Platte für die jungen Musikfans werden; zudem erwog Horowitz ja auch eine Rückkehr aufs Konzertpodium, und so wollte er seine erste Columbia-Schallplatte wie einen Klavierabend programmieren. »Ich bin der Ansicht, daß eine Schallplatte wie ein Klavierabend zusammengestellt sein sollte«, erklärte er Raymond Ericson von der *New York Times*. »Spielt ein Pianist im Konzert nichts als Beethoven-Sonaten, dann ist es richtig, wenn er auf Schallplatten auch ausschließlich Beethoven-Sonaten spielt. Aber wer spielt schon einen ganzen Abend lang Chopin-Nocturnes? Und wer hat denn Lust, alle Nocturnes oder Walzer der Reihe nach zu hören? Ich bin gegen solche Gesamtaufnahmen. Das ist doch langweilig.«[11]

Als Horowitz im Frühjahr 1962 seine Repertoire-Auswahl für die erste Columbia-LP bekanntgab, war Chapin begeistert: »Ein Blick auf die Liste genügte und ich merkte sofort, daß Horowitz die einzelnen Werke sehr vorsichtig und im Hinblick auf ein möglichst breites Publikum ausgewählt hatte. Für jeden, der Horowitz' Spiel kannte, war etwas Passendes dabei: Rachmaninow, Chopin, Schumann und Liszt – ein prima Konzertprogramm für den Klavierabend zu Hause vor dem Plattenspieler, ja vielleicht sogar für einen richtigen Klavierabend.« Horowitz meinte, daß ihn Chopins b-moll-Sonate stets »wie ein guter Freund« durch seine Karriere begleitet habe, und er war mit der 1950er RCA-Aufnahme dieses Werks zudem unzufrieden – »sie ist etwas langsam, etwas stagnierend, vor allem im Kopfsatz und im Trauermarsch«. Die b-moll-Sonate sollte die erste LP-Seite füllen. Für die zweite Seite zog er zunächst Schumanns C-dur-Fantasie oder Liszts h-moll-Sonate in Betracht. Dann entschloß er sich aber für eine Gruppe von kleineren Werken: zwei *Etudes Tableaux* von Rachmaninow (op. 39 Nr. 5, op. 33 Nr. 2), die *Arabesque* von Schumann sowie seine eigene Transkription von Liszts Ungarischer Rhapsodie Nr. 19 (übrigens die erste neue Horowitz-Transkription seit 1953, seit der zweiten Ungarischen Rhapsodie).

Mit viel Umsicht hatte Horowitz die Werke für diese LP zusammengestellt, und mit derselben Akribie plante er nun die Werbekampagne. »Er bestand auf einer ausgedehnten, weitreichenden PR-Kampagne«, erinnerte sich Chapin, »die sowohl die älteren als auch die jungen Musikfreunde ansprechen sollte.« Obwohl das Columbia-Management davon überzeugt war, daß sich die neue Horowitz-LP von selbst verkaufen werde, wies Horowitz »selbstbewußt auf sein Image und seinen Platz in der Musikgeschichte hin, und er wollte in jedem Fall breitere Publikumsschichten erreichen. Und so wurde dieser Platte, will sagen: der Aufnahme, der Hüllengestaltung und der Verkaufsstrategie derart viel Aufmerksamkeit und Sorgfalt gewidmet, wie ich das sonst nie erlebt habe.« Selbstverständlich war Wanda jedes Detail dieser Verkaufsstrategie äußerst wichtig. »Nichts entging ihr«, erzählte Chapin. »Auch nicht bei der Hüllengestaltung und den Hüllentexten. Sie verstand zweifellos etwas von der Sache und rief mich dann wegen jedem Detail an – freundlich, aber auch bestimmt. Bald merkte ich, daß sie selbst unserem Chef-Werbefachmann R.H. Macy einiges voraushatte.« Horowitz war bei diesen Gesprächen zwar stets dabei, aber er hatte den Voten seiner Frau eigentlich nie etwas beizufügen. Man beschloß, der Schallplatte ein elaboriertes, achtseitiges Textheft beizulegen mit zwei Essays – einer von Tom Frost und einer vom englischen Musikkritiker Neville Cardus, einem Horowitz-Fan seit den dreißiger Jahren. Zudem sollte dieses Textheft einen kurzen Einführungstext von Goddard Lieberson enthalten und natürlich zahlreiche Fotos, die Horowitz' Karriere von den frühen Rußland-Jahren bis in die Gegenwart illustrieren sollten.

Alles war perfekt vorbereitet – nun mußten nur noch die Aufnahmen stattfinden. Mit viel Mühe gelang es Chapin, die Aufnahmesitzungen auf vier Uhr nachmittags festzusetzen – eine ungewöhnliche Zeit für die Tontechniker, aber Horowitz' bevorzugte Zeit zum Arbeiten. Dennoch, am frühen Nachmittag des ersten Aufnahmetags – es war der 31. März – erhielt Chapin eine ärgerliche Nachricht. »Ungefähr um ein Uhr nachmittags erhielt ich einen Anruf; man sagte mir, Horowitz habe die erste Aufnahmesitzung abgesagt. Die Nachricht traf mich wie ein Schock: Das war doch genau jenes Benehmen, vor dem man mich Jahre zuvor schon gewarnt hatte. Dann klingelte das Telefon ein zweites Mal: Horowitz wollte persönlich mit mir sprechen. Mein Herz klopfte, der Atem schien auszusetzen – Horowitz meldete sich mit erstickter Stimme und entschuldigte sich für seine Absage. Er kämpfe immer noch mit einer Erkältung. Um alles in der Welt aber wolle er nicht, daß ich den Eindruck habe, er sage einfach aus einer Laune heraus ab. Nein, er freue sich aufs Arbeiten, aber er müsse warten, bis er wieder gesund sei.« In den folgenden vier Tagen mußte Chapin dann die so netten »Ich-hab's-dir-immer-gesagt«-Kommentare seiner Kollegen über sich ergehen lassen: »Der eine und andere klopfte mir gar freundschaftlich auf die Schulter, seufzte vielsagend und blickte gen Himmel ...«

Die Aufnahmesitzung wurde um fünf Tage verschoben. Am 5. April fuhr dann eine Limousine an der Ninety-fourth Street vor; Frost hatte den Auftrag, Horowitz persönlich abzuholen und ihn mindestens eine Stunde vor Aufnahmebeginn ins Studio zu bringen. Chapin war froh, daß Horowitz und Frost so gut miteinander auskamen. Was die Aufnahmen anbelangte, lag nun alles in Frosts Händen; unterstützt wurde er von Fred Plaut, dem Senior-Tontechniker, sowie vom Steinway-Chef-Stimmer Bill Hupfer – »ohne den Horowitz keinen einzigen Ton spielte«, wie Chapin erzählte. Der einzige unter ihnen, der wirklich entspannt war, schien Horowitz zu sein, und er beeindruckte einmal mehr mit einer umwerfenden Professionalität. Nach vier weiteren Aufnahmesitzungen hatte er die ganze LP eingespielt, wobei jede der Sitzungen höchstens zwei Stunden dauerte. Im Gegensatz zu anderen Pianisten beharrte Horowitz nicht auf möglichst vielen einzelnen Takes, und er korrigierte Fehler auch nicht stückweise, indem er eine zehn- oder zwölftaktige Phrase endlos wiederholte. Immer spielte er ein ganzes Werk oder zumindest einen großen Teil desselben in einem Zug durch. Und zwischen den einzelnen Takes ruhte er sich auf einem Feldbett aus, rauchte vielleicht eine Zigarette und diskutierte mit Frost über die eben eingespielten Interpretationen.

Während der Aufnahmesitzungen gab eigentlich nur ein einziger Umstand zu Klagen Anlaß: daß Horowitz sich keine Playbacks anhören wollte. Bei RCA hatte sich Horowitz nämlich daran gewöhnt, sich die Playbacks jeweils zu Hause, und zwar erst nach dem Abendessen, in Ruhe anzuhören. Und auf diesen Luxus wollte er, zum Ärger von Frost und Plaut, auch bei CBS nicht verzichten. »Ich wußte, daß Horowitz ein schwieriger Kunde sein würde«, erzählte Plaut. »Zu Beginn einer Aufnahmesitzung kam er jeweils schnell in den Kontrollraum, denn er wollte hören, wie die Aufnahme klang. Aber später mußten wir ihn richtiggehend zwingen, sich ein Playback anzuhören. Ich hätte es viel lieber gehabt, wenn er die Korrekturaufnahmen sofort angeschlossen hätte. So mußten wir, wenn er die Korrekturen später endlich vornahm, immer darauf achten, daß wir ganz genau den gleichen Klang hinkriegten wie einen oder zwei Tage zuvor. Und das war wegen des Temperaturwechsels und der unterschiedlichen Feuchtigkeit unendlich schwierig.«[12]

Dennoch: Jedermann hatte die Order, den Wünschen von Horowitz strikt Folge zu leisten. Beispielsweise mußte Frost genau um neun Uhr abends bei Horowitz vorfahren und das an diesem Tag aufgenommene Material mitbringen. »Horowitz hatte bestenfalls eine durchschnittliche Musikanlage«, erzählte Frost. »Dennoch wollte er die Bänder auf seinem Apparat abspielen, statt sie in einem Vorführraum abzuhören. Und zwar sagte er, er wolle hören, wie die Aufnahmen für einen Durchschnittshörer mit einer nur durchschnittlichen Anlage tönten.« Nach dem Abhören konnte Horowitz sagen, das Ganze sei nicht gut und er wolle alles nochmals aufnehmen. Oder er akzeptierte vielleicht zwanzig Takte oder, was selten vorkam, ein ganzes Take. »Dieses Abhören war zwar unheimlich zeitraubend, aber man war zugleich auch objektiver«, erinnerte sich Frost.

»Denn Horowitz war ja so etwas wie eine Legende, und er konnte genau so arbeiten, wie es ihm paßte. Und weil er jederzeit aufnehmen konnte, was ihm gerade paßte, waren seine Interpretationen dann so spontan. Das war unheimlich wichtig.«[13] Chapin war zwar nie im Studio. Dennoch fiel auch ihm auf, wie sehr Horowitz »eine Atmosphäre der Spontaneität brauchte; es sollte wie bei einem Konzert sein, welches zufälligerweise mitgeschnitten wurde. Jedenfalls wollte er jede Plastik-Perfektion einer Studioproduktion vermeiden. Und entsprechend gab er dem Aufnahmeteam seine Anweisungen.«

Am 14. Mai 1962 fand die letzte Aufnahmesitzung statt, und am 24. September wurde die Platte in den Handel gegeben. Was Frost schon aufgefallen war, registrierten nun auch die Kritiker: daß sich Horowitz' Spiel verändert hatte. Vorbei war es nun mit purer Fingerakrobatik; jetzt hörte man poetisches, lyrisch verfeinertes Klavierspiel, »welches ganz schlicht daherkommt und völlig entspannt und ruhig fließt«.[14] Auch in klanglicher Hinsicht wurde die Platte gerühmt; *High fidelity* schrieb, daß man diesmal »ohne jene bei Pfeiffer üblichen Mikrophon-Tricks« ausgekommen sei, »wo Horowitz' Klavier jeweils getönt habe wie eine Kreuzung zwischen einem Cembalo und einem Vibraphon«.

Die neue Horowitz-Platte wurde zur populärsten Klassik-LP des Jahres 1962 und erhielt – als beste Interpretation klassischer Musik – den Grammy Award. »Die Platte war eine echte Sensation«, erzählte Chapin. »Innert weniger Tage rangierte sie bei den meistverkauften, und es kam eine Riesenflut von Nachbestellungen. Innerhalb von nur drei Wochen hatte Columbia von den Verkäufen der LP alle Unkosten – samt Horowitz' Honorar – gedeckt: Nun konnten der Pianist und die Firma Profite einstecken. Einen besseren Start hätten wir uns in der Tat nicht vorstellen können!«

Horowitz und Wanda waren beide zufrieden. An einer Pressekonferenz sagte Wanda naserümpfend: »RCA wollte uns weismachen, daß sich Horowitz-LPs nicht verkaufen ließen. Aber Columbia verkaufte innerhalb der ersten Woche hundertzwanzigtausend!« Und Horowitz doppelte nach: »Das ist meine erfolgreichste Platte!«

Wiedergeburt

Die Leute besuchten einen Horowitz-Klavierabend wegen der Aufregung und des Nervenkitzels – das war mir klar. Und mein Spiel war ja auch dementsprechend. Oft war ich angespannt und hysterisch. Nun ist dieser Druck von mir gewichen – und man hört es meinem Spiel an. Ob das gut oder schlecht ist, soll jeder selbst entscheiden.[1]

Der unvergleichliche Erfolg, der Horowitz' erster Columbia-Schallplatte beschieden war, gab dem Pianisten endlich den lang erwarteten psychologischen Auftrieb. Es freute ihn ungemein, daß man ihn als einen wiederauferstandenen Pianisten feierte, »der voll über seine künstlerischen Ressourcen zu gebieten versteht und als Musiker auf dem Höhepunkt seiner Gestaltungskraft ist; ein Techniker mit einem unvergleichlichen Vermögen«.[2] Solche Anerkennung und Bestätigung ermutigten ihn verständlicherweise, und so entstanden in den paar folgenden Jahren seine wohl gelungensten Schallplattenaufnahmen.

Natürlich plante Chapin sofort eine zweite Platte. Er hoffte, Horowitz für eine Neuaufnahme des dritten Rachmaninow-Konzerts gewinnen zu können, und schlug ihm Ormandy mit dem Philadelphia Orchestra oder Bernstein mit dem New York Philharmonic vor. Aber statt klar Stellung zu beziehen, begann Horowitz mit einem Katz-und Maus-Spiel, und bald merkte Chapin, daß seine Chancen, den Pianisten zu überreden, gleich null waren. Columbia bewies dann eine gewisse Wendigkeit und schlug Horowitz vor, mit Rudolf Serkin vierhändig eine Platte aufzunehmen. Schon wurden Aufnahmesitzungen anberaumt, doch es sollte nicht dazu kommen. »In unseren Gesprächen«, erzählte Frost, »waren Serkin und Rachmaninow die beiden einzigen Pianisten, von denen Horowitz nicht schlecht sprach. Und Ormandy der einzige Dirigent, den er schätzte. Trotzdem: keine Platte mit Serkin oder Ormandy.« Chapin erzählte, daß Horowitz richtig versessen war auf dieses Projekt; »wir sprachen schon über Aufnahmedaten und -orte. Dann wollte ich Ormandy anrufen und mit ihm ein provisorisches Datum festlegen. Und wie immer machte Horowitz in der letzten Sekunde einen Rückzieher, lächelte, zwinkerte mit den Augen und sagte, er müsse das Ganze nochmals überdenken.« 1964 wurde Andrew Kazdin dann Assistent von Tom Frost. »Eines Abends ging ich mit Frost zu Horowitz nach Hause«, erzählte Kazdin, »und er schlug wiederum vor, das dritte Rachmaninow-Konzert zusammen mit Ormandy aufzunehmen. Er sagte uns, er wolle die Sache unbedingt zuerst ausprobieren – nur möchte er dabei nicht gesehen werden. So kam er auf die Idee, das Konzert mal mit Ormandy und dem Philadelphia Orchestra zu spielen, und zwar hinter einer Papierwand versteckt. So erkenne ihn niemand, sagte er, und er meinte das in der Tat ganz ernst.«[3]

Eigentlich hatte sich Horowitz vorgenommen, die nächsten fünf Schallplatten je einem Komponisten zu widmen: Beethoven, Chopin, Liszt, Schumann und Rachmaninow. Aber die erste LP mit dem gemischten Programm war derart erfolgreich, daß er von seinem Konzept wieder abkam. Für die nächstfolgenden zwei LPs wählte er Werke von Schumann, Scarlatti, Schubert, Skrjabin, Beethoven, Debussy und Chopin aus. Dabei reagierte das Columbia-Management ähnlich wie früher die Leute bei RCA: Man zeigte sich nicht gerade begeistert über die Scarlatti-Sonaten und Skrjabin-Etüden. Aber Chapin meinte, daß Horowitz sogar die C-dur-Tonleiter aufnehmen könnte: Selbst die würde sich verkaufen. Im November und Dezember fanden die vier Aufnahmesitzungen für Horowitz' zweite Columbia-LP statt, betitelt »The Sound of Horowitz«. Wiederum reagierten die Fachpresse und das Publikum begeistert; wiederum konnten der Pianist und Columbia große Profite einstecken.

Stets machte sich Chapin Sorgen, ob Horowitz' neu erlangter Tatendrang auch anhalten werde, und so brachte er das Gespräch vermehrt auch auf die Frage, ob Horowitz nicht wieder aufs Konzertpodium zurückkehren wolle. »Eines Abends – es war schon reichlich Kognak getrunken worden – erzählte ich Horowitz, daß ich zweifellos der begabteste Konzertreisebegleiter sei, ja, daß ich genau in dieser Funktion meine Karriere begonnen hätte. Und zwar an der Seite von Jascha Heifetz. Mittlerweile sei ich zwar schon etwas eingerostet, aber wenn er je wieder an eine Rückkehr aufs Konzertpodium denke, so würde ich dieselbe Aufgabe gern für ihn übernehmen. Er antwortete: ›Ich werde mir das überlegen.‹«

Wenn von der Presse Fragen kamen, ob er wiederum zu konzertieren gedenke, so konnte Horowitz den Ball geschickt zurückspielen: »Ich werde es Ihnen drei Tage im voraus sagen, damit Sie auch wirklich kommen können«, lautete oft seine Antwort. Oder: »Ich will nichts versprechen; ich will den Leuten auch nichts sagen und sie dann enttäuschen. Aber ich gebe mich schon mit diesem Gedanken ab. Und bevor ich sterbe, werde ich sicher wiederum vor Publikum auftreten. Ich will es zu meinem eigenen Vergnügen tun; ich will zeigen, daß ich es kann.«[4] Dennoch wollte er sich in keiner Weise verpflichten. Selbst eine diesbezügliche Petition, die tausenddreihundert Musiker, Schauspieler und Schriftsteller unterschrieben hatten, löste bei Horowitz eine saure Reaktion aus. »Alle denken nur an ihr eigenes Vergnügen; keiner denkt an mich«, ließ er antworten. »Wollen diese Leute denn nicht akzeptieren, daß ich mich als Pianist zurückgezogen habe? Daß ich ein müder Pianist bin?« Selbst von Jacqueline Kennedy kam eine Einladung: Er möchte doch im Weißen Haus spielen. Aber Horowitz winkte ab.

Auch für seine dritte CBS-Schallplatte wählte Horowitz »ein gemischtes Programm – so, wie es auch die Streisand macht«. Wiederum wollte er möglichst breite Käuferschichten ansprechen. Mit Ausnahme des ersten Scherzo von Chopin, welches Horowitz schon Anfang der fünfziger Jahre für RCA eingespielt hatte, handelte es sich bei den ausgewählten Werken ausnahmslos um Horowitz-Ersteinspielungen. Dem Drängen der CBS nachgebend, schloß Horowitz zwei populäre Werke mit ein: Beethovens *Pathétique* sowie Chopins *Revolutions-Etüde*. Vor allem für die Beethoven-Sonate konnte sich Horowitz sehr begeistern: »Für mich ein total neues Stück.« Auch die Fachkritik reagierte begeistert: »In der Tat ist diese Sonate wirklich ›pathetisch‹, nicht tragisch, und ich habe diese bewegende Schlichtheit in der Musik aus Beethovens mittlerer Periode kaum je mit soviel interpretatorischem Scharfsinn spielen gehört.«[5] Erstmals in seiner Karriere entschloß sich Horowitz auch, drei Debussy-Préludes (aus dem 2. Band) aufzunehmen, die übrigens viele Musikfreunde als Höhepunkt der ganzen Platte einschätzten. Nicht zuletzt, weil »Horowitz eine Affinität zu diesem Komponisten« zeigte, »wie man sich das früher kaum je vorgestellt haben mochte«.[6]

Während sechs Monaten, vom Juni bis zum November 1963, arbeitete Horowitz an dieser Schallplatte, zumal er dauernd mit dem Repertoire jonglierte (darunter Clementis A-dur-Sonate op. 36 Nr. 1, das h-moll-Adagio KV 540 von Mozart sowie Beethovens 32 Variationen c-moll), dann aber auch, weil er mit den Beethoven-, Chopin- und Debussy-Aufnahmen nicht zufrieden war. Erst in den letzten zwei Aufnahmesitzungen im November kam dann das Material für eine ganze LP zusammen. Trotzdem: Horowitz gewann für diese Platte seinen zweiten Grammy, und er war mit seiner momentanen Stellung bei der Columbia sehr zufrieden. Natürlich ließ es sich RCA, die unter dem Verlust ihres ehemaligen Superpianisten litt, nicht nehmen, aus dem neuerwachten Interesse für Horowitz auch ihrerseits Kapital zu schlagen. 1963 brachte sie das Doppelalbum »The Horowitz Collection« auf den Markt: alles Wiederveröffentlichungen älterer Aufnahmen, die jetzt, zusammen mit einem üppigen Textheft samt Fotografien und Reproduktionen von einigen Gemälden aus Horowitz' Sammlung sowie einem Essay des Pianisten-Freundes Samuel Chotzinoff, in einer Sammelkassette angeboten wurden. Angel Records folgte auf der Stelle und legte Liszts h-moll-Sonate samt den *Funérailles* als Wiederveröffentlichung vor, diesmal mit einigen Schumann-Stücken gekoppelt. Das wiederum bewog die Columbia, Horowitz zu einer Neuaufnahme der h-moll-Sonate zu überreden. Aber Horowitz hatte schon andere Pläne: Seit dem Herbst 1964 befaßte er sich mit einer Scarlatti-Schallplatte, gedacht als Fortsetzung zu seiner Clementi-LP von 1955.

Wie gesagt: Im Prinzip hatte Horowitz Bedenken, eine ganze Platte nur einem einzigen Komponisten zu widmen. Im Falle Domenico Scarlattis hingegen meinte er, dieser Komponist (wie auch Clementi) sei so lange unterschätzt worden, daß sich eine Ausnahme schon rechtfertige. Obwohl das von seiten der CBS-Marketing-Abteilung einiges Murren absetzte, ließ er sich nicht beirren. Scarlatti und Horowitz – waren sie nicht beide Meister der Miniatur? Horowitz freute sich darauf, alle die 550 Scarlatti-Sonaten durchzugehen, um so eine möglichst vielseitige, abwechslungsreiche und für den Hörer unterhaltsame Auswahl von zwölf Sonaten zu treffen.

Natürlich war es Horowitz klar, daß Scarlatti seine Sonaten für das Cembalo geschrieben hat. Somit sah er sich mit dem Problem konfrontiert, diese Musik auf dem Konzertflügel stilistisch adäquat wiederzugeben – ohne sich dabei an die Limiten eines Instruments aus dem 18. Jahrhundert zu halten. »Ich wollte nie die damalige Periode imitieren«, sagte er in einem Interview. »Ich wollte Scarlatti so spielen, wie er heute auf dem modernen Konzertflügel tönt. Wer weiß, vielleicht hätte das dem Komponisten gefallen.«[7] In der Folge studierte er die ausgezeichnete Scarlatti-Studie von Ralph Kirkpatrick, die 1953 von der Princeton University Press veröffentlicht worden war. Und schließlich lud er Kirkpatrick zu sich nach Hause, um ihn um Rat zu fragen.

»Horowitz wollte jedes Virtuosengehabe vermeiden«, erinnerte sich Kirkpatrick. »Er wollte nur Musiker sein. Er wußte, daß ich gewissermaßen eine Scarlatti-Autorität war, und er wollte von mir die Versicherung, daß es richtig sei, was er im Sinn habe.«[8] Kirkpatrick hielt Horowitz keineswegs zu einer akademisch-pedantischen Interpretation an – im Gegenteil: Er stellte fest, daß der Pianist übervorsichtig ans Werk ging. »Und so ermutigte ich ihn mehr, als daß ich ihn zurückband. Mit großartigem Feingefühl konnte er die einzelnen Töne in einem Akkord ausbalancieren, und er beherrschte alle Abstufungen des *detaché*. Auch seine Pedaltechnik war makellos, und er spielte mit einer absoluten Klarheit. Nichts ging verloren, nirgends wurde gepfuscht. Natürlich getraute er sich nicht so recht, ein größeres Klangfarben- und Dynamikspektrum in sein Spiel zu bringen. So sagte ich stets: ›Nur weiter so, nur weiter. Haben Sie keine Hemmungen, noch freier zu spielen.‹ Wir spielten abwechslungsweise und zeigten einander, was wir meinten. Und stets hörte man einen auffälligen Klangunterschied. Horowitz besaß ein Feeling für Klangfarbenschattierungen, wie ich das noch nie auf dem Klavier gehört habe.«

Kirkpatrick lieh Horowitz auch Mikrofilme von den Scarlatti-Manuskripten; so konnte der Pianist die vielen Fehler in der Longo-Edition verbessern. Verborgen hinter Bergen von Scarlatti-Notenbänden hörten sich die beiden auch die ersten Scarlatti-Aufnahmen an, die Horowitz nun für die Columbia machte. Obwohl Kirkpatrick da und dort Dinge hörte, die er stilistisch nicht korrekt fand, behielt er solche Einwände für sich. Denn er wollte keinesfalls, daß Horowitz wegen solcher Einwände dann die eine oder andere Sonate nicht zur Veröffentlichung freigeben würde. »Er war ein unheimlich feinfühliger Mensch, den man auch sehr sorgfältig behandeln mußte. Sein Spiel war auf seine eigene Weise wunderbar, und so schien es mir besser, es so zu lassen, wie es eben war. Beispielsweise hat er die Sonate Longo 480 nicht verstanden. Denn hier hat Scarlatti Blasinstrumente und Trommeln imitiert, und zwar mit einer fast brutalen Klanglichkeit. Die hat Horowitz dann verniedlicht. In einer anderen Sonate gibt es eine Stelle, wo Trompeten und Trommeln imitiert wurden, und so schlug ich Horowitz vor, er solle doch den Baß verdoppeln oder das Ganze gar eine Oktave tiefer spielen. Er folgte meinem Rat, und das tönte wahnsinnig gut. Doch dachte er sich offensichtlich, daß das nicht ›authentisch‹ sei, und ließ es deshalb in der Schallplattenaufnahme weg.«

Bekanntlich hatte Horowitz die erste Columbia-Aufnahmesitzung im Frühjahr 1962 abgesagt. Das kam später nicht mehr vor. Stets erschien er pünktlich im Thirtieth-Street-Studio. »Und er war jeweils völlig entspannt«, erinnerte sich ein Produzent. »Stets wußte er genau, was er jetzt tun wollte. Manchmal war sein Spiel unbeschreiblich schön, mit wunderbar schimmernden Klangfarben, technisch natürlich perfekt, und wir mußten nie überdurchschnittlich viele Takes machen.«[9] Jedermann, selbst Ralph Kirkpatrick, sagte, in diesen Interpretationen sei zweierlei miteinander verbunden: ein wundervoll brillantes Klavierspiel sowie ein großartiges Einfühlungsvermögen für den spezifischen Stil Scarlattis.

Gegen zwanzig Scarlatti-Sonaten nahm Horowitz auf. Von diesen wählte er dann zwölf für seine Platte aus – alles recht unbekannte Werke aus Scarlattis mittlerer und später Zeit, die nun möglichst kontrastreich auf die beiden Schallplatten-Seiten verteilt wurden. Bei ihrer Veröffentlichung stieß die Platte rundum auf positive Resonanz. Bei der Columbia zeigte man sich ebenfalls nicht zurückhaltend und pries die LP als »eines der wichtigsten musikalischen Ereignisse in unserer Zeit« an. Und nicht zuletzt wurde diese Platte wiederum zu einem finanziellen Erfolg. »Niemand hat Scarlatti so überzeugend darzustellen vermocht«, schrieb *Hi-Fi/Stereo Review* im Mai 1964, »niemand hat den Atem und den Geist dieser Musik mit soviel Feingefühl und formaler Eleganz interpretiert.«

Die ersten beiden Columbia-LPs hatte Horowitz 1962 im Abstand von nur neun Monaten aufgenommen. Für die nächsten zwei Platten brauchte er nun merklich mehr Zeit, was ihn bezüglich der vertraglich vereinbarten sechs LPs pro drei Jahre arg in Rückstand brachte. Es war offensichtlich, daß seine Arbeitsgewohnheiten und seine künstlerischen Maßstäbe sich jedem fixierten Zeitplan entzogen. Dennoch: Der Riesenerfolg, welcher den ersten vier Platten beschieden war, ließ alle möglichen Einwände des CBS-Managements verstummen. Um so mehr klagten dafür die Produzenten und Tontechniker, die mit Horowitz zusammenarbeiten mußten. Bekanntlich war Horowitz nicht ganz anspruchslos. Da Tom Frost nicht alle Scarlatti-Aufnahmesitzungen überwachen konnte, wurden Thomas Shepard und Andrew Kadzin als Assistenten beigezogen. Anfänglich waren beide begeistert über die Aussicht, mit Horowitz zusammenzuarbeiten. Doch die Ernüchterung folgte bald, denn die Arbeit war unheimlich zeitraubend und manchmal mehr als nur verwirrend. Drei Tage nach der ersten Aufnahmesitzung erhielt Goddard Lieberson einen Anruf von Horowitz, der gereizt sagte: »Shepard mag mich nicht. Er ruft mich nie an.« Lieberson ging der Sache nach, und Shepard erzählte ihm dann, er habe Horowitz doch erst vor ein paar Tagen gesehen und so habe er ihn nicht schon wieder mit einem Telefonanruf stören wollen. Da sich Horowitz offensichtlich vernachlässigt fühlte, rief ihn Shepard in der folgenden Woche jeden Tag an, erkundigte sich nach seinem Befinden und sprach mit ihm über neue Schallplattenprojekte. Ende der Woche erhielt Lieberson wiederum einen Anruf von Horowitz: »Warum verfolgt mich Shepard tagtäglich mit seinen Telefonanrufen? Sagen Sie ihm, er solle damit aufhören!«[10]

Amüsant wurde es für Shepard und seine Kollegen, als Horowitz eine Fotografie für die LP-Hülle aussuchte. »Tom erzählte mir von den völlig unmöglichen Fotos, die Horowitz für die LP-Hülle wollte«, erinnerte sich der Pianist Charles Rosen. »Und zwar wollte er durchaus eine Fotografie, die ihn an den Flügel gelehnt zeigt, mit einem immensen Zigarettenhalter in der Hand. Und dabei sah er in die Kamera wie eine verschlampte Version von Marlene Dietrich. Man mußte ihn dann überzeugen, daß dies wohl doch nicht ganz die richtige Fotografie sei.«[11]

Alles andere als amüsant waren hingegen die Wünsche, die Horowitz beim Zusammensetzen der einzelnen Takes anbrachte. »Für gewöhnlich gingen wir nach einer Aufnahmesitzung mit dem provisorisch zusammengeschnittenen Bandmaterial zu Horowitz nach Hause«, erzählte Kazdin. »Horowitz hörte sich die Aufnahmen an und sagte dann: ›Das tönt nicht schlecht. Aber die Coda habe ich auf einem anderen Take besser gespielt.‹ Also suchten wir dieses Band und setzten dann die gewünschte Coda-Version ein. Eine Woche später sagte Horowitz dann: ›Ich glaube, daß ich die Coda auf irgendeinem anderen Take noch etwas erregender gespielt habe.‹ Also suchten wir auch dieses Band hervor und wechselten die Coda noch einmal aus. Als wir Horowitz dann ein Testband mit der definitiven Version zum Abhören gaben, meinte er einige Tage später: ›Also im langsamen Satz, das könnte schon ein Dezibel schwächer tönen ...‹ Frost und ich schauten uns ungläubig an. Wir wußten nun, daß sich Horowitz von anderen Leuten beeinflussen ließ, möglicherweise von Jack Pfeiffer. Denn das Dezibel ist die kleinste Lautstärken-Einheit, die es gibt, fürs menschliche Ohr im Prinzip gar nicht hörbar. Somit war das ganze Gerede ein totaler Schmarren. Dennoch gingen wir ins Studio zurück und mischten den langsamen Satz neu ab – diesmal ein Dezibel leiser. Und siehe: Jetzt war Horowitz zufrieden. Nun kamen die Probepressungen (ein Aufwand, den wir kaum je bei einem anderen Künstler machten): sechs oder zwölf Platten, die wir probeweise pressen ließen und dem Künstler dann zur Begutachtung vorlegten. Als wir Horowitz diese Probeexemplare brachten, hörte er sich die Platte an und meinte dann: ›Hören Sie nicht? Auf der zweiten Seite sind Knistergeräusche.‹ Also mußte das Preßwerk eine neue Version herstellen. Wieder kamen wir mit diesem Probeexemplar zu Horowitz. Und der konnte dann tatsächlich sagen: ›Sie, eigentlich gefällt es mir nicht, wie ich da den zweiten Satz spiele.‹ Was blieb uns anderes übrig, als mit dem ganzen Prozedere wieder von vorne zu beginnen? Ich kenne keinen anderen Künstler, der sich so benommen hat.«

Paul Myers, ebenfalls Produzent bei der Columbia, bestätigte, daß der zeitliche Aufwand für eine Horowitz-LP oft immens gewesen sei. »Soweit mir bekannt ist, konnte sich das bei uns kein anderer Künstler leisten«, erzählte er. »Gewöhnlich kriegte man für eine LP drei, vier oder höchstens fünf Aufnahmesitzungen zugestanden. Doch die Horowitz-Platten wurden gleichsam in Handarbeit hergestellt, und Horowitz bekam soviel Studiozeit zugebilligt, wie er wollte. Natürlich verteuerte das die Platte enorm, doch er ließ sich von solchen Überlegungen nicht beeinflussen.«[12] Im Gegenteil: »Ich habe Zeit«, pflegte Horowitz jeweils zu sagen. »Ich nehme mir für meine Schallplatten Zeit. Ich will die Musik nicht gleichsam in einem Aufwasch aufnehmen und dann gleich wieder gehen. Aber nicht wahr, meine Schallplatten lassen sich dafür auch sehen.«

Horowitz hatte in der Tat bewiesen, daß er sich auf der Höhe seiner künstlerischen Meisterschaft befand und daß die akribische Sorgfalt, die er selbst dem unbedeutendsten technischen Detail seiner Aufnahmen widmete, bei der Presse auf einhellige Begeisterung stieß. Und nicht zuletzt verkauften sich seine Platten hervorragend. So spielte er, wenn auch zurückhaltend, zunehmend mit dem Gedanken, seine Konzerttätigkeit wiederum aufzunehmen. »Ich würde gerne vor Studenten spielen«, sagte er am 1. März 1964 in einem Interview mit der *New York Herald Tribune*, »denn sie sind das beste Publikum im ganzen Land. Und ich möchte meinen Klavierabend am späten Nachmittag geben. Ich spiele nicht gern am Abend. Das Leben in einer Großstadt ist für jedermann sehr anstrengend. Am Abend sind die Leute dann müde. Aber am Samstag- oder Sonntagnachmittag sind sie entspannter. Und auch der Künstler ist dann entspannt. Über das genaue Datum kann ich allerdings noch keine Angaben machen. Aber wenn es soweit ist, werde ich es Ihnen sagen.«

Ganz klar markierte das Jahr 1962 für Horowitz eine Art Wiedergeburt: nicht nur, was die erfolgreichen Schallplatten anbelangte, sondern auch, weil Horowitz sein Selbstvertrauen zurückgewonnen hatte und nun wiederum Geselligkeit und Unterhaltung wollte. Elsa Maxwell erzählte von einer Party, die Horowitz für den Tenor Franco Corelli gab: »Die Räume seines Hauses waren übervoll mit allen nur erdenklichen Berühmtheiten aus dem Musikleben.« Und sie sagte dann zu Horowitz: »Nun mach nochmals einen großen Schritt, Wolodja. Du mußt wieder für die Millionen spielen, die auf dich warten.« Doch Horowitz schüttelte den Kopf: »Nein, ich habe mich da noch nicht entschließen können.«[13]

Dennoch war er sehr empfänglich für neue Dinge und hatte nun liebend gerne Freunde bei sich, die am Abend zum Canasta-Spiel oder zum Musizieren vorbeikamen. Einer der häufigsten Gäste war Arthur Rubinstein. Nach zwanzig Jahren der Entfremdung hatten sich die beiden Mitte der fünfziger Jahre wiederum versöhnt, wobei das vor allem mit ihren Töchtern zusammenhing. »Sonja war wirklich ein armes und völlig unglückliches Kind«, erinnerte sich Rubinstein. »Meine Frau und ich hatten stets Mitleid mit ihr. Mit Ausnahme ihrer Tante Wally wollte Sonja mit niemandem von der Familie etwas zu tun haben. Wanda fragte dann, ob unsere Tochter Eva nicht einige Zeit mit Sonja verbringen könnte. Sie dachte, das würde ihr irgendwie helfen. Und dann sagte mir Wanda auch: ›Schau, du mußt wieder zu Wolodja kommen.‹[14] Auf Rubinsteins Wunsch schrieb ihm Horowitz dann einige Zeilen und entschuldigte sich für sein schlechtes Benehmen vor nahezu dreißig Jahren, als er, damals in Paris, eine Abmachung fürs Mittagessen hatte platzen lassen. Die zwei Pianisten freundeten sich zwar wieder an. Aber sie waren einander derart diametral entgegengesetzt, daß es eigentlich klar war, daß diese Freundschaft nicht allzu lange halten würde.

»Statt mich zu unterhalten oder mich mit meiner Frau zum Essen einzuladen, pflegte er nachts um elf Uhr anzurufen«, erzählte Rubinstein: »Wir sollten doch noch zu einem Schwatz vorbeikommen. Er war immer noch der gleiche – immer nur nahm er, nie gab er etwas. Am Anfang des Abends schaute er jeweils düster drein, und wenn wir dann um zwei Uhr morgens gingen, war er hell begeistert. Dafür war *ich* dann verärgert und müde für zwei – und todmüde auch vom Versuch, ihn zu einer Rückkehr aufs Konzertpodium zu überreden. Ich sagte zu meiner Frau, daß ich diese Besuche bei ihm sehr langweilig fände. Nie konnte ich ihn zum Spielen überreden. Dafür mußte ich mir einen ganzen Abend lang sein Geschnatter anhören: ›Ich habe an meinen *Carmen*-Variationen etwas verändert!‹ Er war so ungezogen, so eingebildet – eine eigenartige Verbindung von Arroganz und Dummheit. Und als Persönlichkeit war er schlicht und einfach nicht interessant, und mit seinen kindischen Possen konnte er mich wirklich fast umbringen. Er blieb die ganze Nacht über auf und kam dann in seinem Pyjama ins Wohnzimmer herunter. Selbst für Wanda war das zuweilen schrecklich. Sie erzählte mir einmal, daß sie gern das Sofa verkaufen würde – mit ihm draufliegend! Zum Glück gab er es dann auf, mich dauernd einzuladen.«

Dennoch: Ganz wollte Rubinstein den Schwerenöter Horowitz nicht aus den Augen verlieren. Und obwohl zwischen den beiden eine Rivalität bestand, versuchte Rubinstein immer wieder, Horowitz zur Wiederaufnahme seiner Konzerttätigkeit zu überreden. »Horowitz sagte mir, er sei überzeugt, wenn er wieder öffentlich spielen würde, so würde ihn das Publikum ohne seine Transkriptionen sicher nicht akzeptieren. Ich gab ihm darauf zur Antwort, daß ich nach einem Konzert kaum je schwitze und daß ich nicht verstünde, warum er sich derart abrackern wolle. Warum mußte er ausgerechnet diese dummen Stücke spielen – diese Hochzeitsmärsche, diese *Danse macabres* und *Carmens*? Ich sagte ihm auch, daß es von schlechtem Geschmack zeuge, wenn man so was in einem ernst zu nehmenden Klavierabend spiele. Aber er schaute mich nur an und meinte: ›Schau, die Leute wollen das, die sind das gewohnt, und sie wollen das von mir hören.‹«

Auch wenn Rubinstein den Eindruck kriegen mußte, daß sich Horowitz in einer ungebührlich-kindischen Weise benehme – wenn Horowitz die Wiederaufnahme seiner Konzertkarriere erwog, so meinte er das durchaus ernst. Zu einer definitiven Entscheidung kam er auf dem für ihn charakteristischen Weg – indem er jedes Argument pro und contra gegeneinander abwog und gegen sich selbst als *advocatus diaboli* auftrat. »Alle meine Freunde und Kollegen behandelten mich, als ob ich tot wäre, als ob es sich um einen Kondolenzbesuch handelte«, sagte er einige Jahre später. »Sie kamen zu Besuch, saßen bei mir und sagten nichts anderes als: ›Du mußt wieder spielen. Du mußt wieder auftreten.‹ Sicher meinten sie es gut. Auch mit ihren Ratschlägen: ›Wolodja, nach so vielen Jahren ist es besser, du beginnst in kleineren Städten. Geh doch nach Skandinavien, dort kennt dich kein Mensch.‹ Und ich sagte zu Wanda: ›Ich weiß nicht, warum mich diese Leute partout wegschicken wollen. Ich lebe doch in New York, habe hier mein Haus. Wenn ich wirklich spielen kann, dann kann ich überall spielen. Muß ich das wirklich zuerst in Skandinavien ausprobieren?‹ Dennoch wollten mich die Leute dauernd wegschicken. Und ich mußte zuhören und zuhören. Und mich erst noch für die so wohlgemeinten Ratschläge bedanken. Schließlich sagte ich zu Wanda: ›Ich glaube, ich beginne wiederum in der Carnegie Hall. Und nicht in Kopenhagen. Und auch nicht in Monte Carlo. Nur die Carnegie Hall kommt in Frage. Zudem ist das bei weitem das einfachste: Ich muß nicht einmal reisen; ich lebe ja hier. Ich kann direkt von meinem Bett aus hinfahren und sehen, was dann passieren wird.‹«

Fünfter Teil

1965–1982

Proben in der Carnegie Hall: »Wie schön ist es, ein Virtuose zu sein.«

Zur Zeit kann ich nur eines sagen: Wenn ich wirklich wieder einen Klavierabend ankündige, dann heißt das, daß ich dem Publikum etwas zu sagen habe. Sonst würde ich nie einen ankündigen ... Ja, ich würde es nicht einmal ausprobieren, wenn ich nicht klar fühlte, daß ich jetzt etwas zu sagen habe.[1]

Im November 1964, einen Monat nach Beendigung der Scarlatti-Aufnahmen, begann Horowitz sich ernsthaft mit seiner Rückkehr aufs Konzertpodium zu beschäftigen. Seit zwölf Jahren hatte er keinen Klavierabend mehr gegeben. Und 1959 hatte er zum letztenmal auf einem Konzertpodium gespielt – in der Carnegie Hall, wo er für RCA Schallplattenaufnahmen gemacht hatte. Damals hatte ihn die sterile Atmosphäre des leeren Konzertsaals sehr beeindruckt, und er wollte dort in den kommenden Jahren nicht mehr spielen. Seit er nun bei Columbia Masterworks war, hatte sich einiges geändert: Er freute sich am Erfolg seiner CBS-Platten, und er fand es herrlich, daß ihn die Fachkritik und das Schallplattenpublikum wieder hochschätzte. Seine Wandlung vom zurückgezogenen Sonderling zu einem Pianisten, der nun erneut im Rampenlicht stehen wollte, war eigentlich schon fast vollzogen. »Meine Schallplatten wurden immer besser«, erinnerte er sich. »Und auch mein Probespielen befriedigte mich immer mehr, so daß ich zunehmend den Drang spürte, wiederum öffentlich aufzutreten.«

In diesen Monaten wog Horowitz fünf oder sechs verschiedene Klavierabend-Programme gegeneinander ab. Primär versuchte er, eine Werkgruppe zusammenzustellen, die er dann in privatem Kreis in der Carnegie Hall vorzuspielen gedachte. Denn bevor er sich dem Publikum aussetzte, wollte er sich wieder an die Umgebung und vor allem an die Akustik seines Lieblingskonzertsaals gewöhnen. Längst stand es für ihn fest, daß sein Comeback in der Carnegie Hall stattfinden müsse, dem Ort, wo er 1928 seine Amerika-Karriere begonnen hatte. Und all die Ratschläge, er solle sich doch zuerst in kleineren Städten »einspielen«, lehnte er kategorisch ab.

Anfang November begann dann eine sechs Monate währende Zeit des langwierigen Abwägens und Entscheidens. Zuerst rief er Julius Bloom an, damals Exekutiv-Direktor der Carnegie Hall. Bloom hatte Horowitz seit Ende der vierziger Jahre nicht mehr gesehen. Horowitz lud ihn zu sich nach Hause ein, und Bloom wußte es sofort: Das bedeutete, daß Horowitz nun die Probe aufs Exempel machen wollte. Aber bei ihrem ersten Zusammentreffen ließ Horowitz kein Wort über seine eigentlichen Absichten fallen. Vielmehr beklagte er sich, wie ihn alle seine Freunde zu einer Wiederaufnahme seiner Konzerttätigkeit überreden wollten und daß ihn solches Gerede recht ärgere. Instinktiv merkte Bloom, daß Horowitz grundsätzlich auf jede Druckausübung negativ reagierte und daß er im Prinzip neuen Ansporn suchte. Also fragte er ihn: »Was ist für *Sie* denn wichtig? Ich meine: Wenn Sie keine Lust zum Auftreten haben, so treten Sie ganz einfach nicht auf. Denn sonst würden Sie ja gegen Ihren Willen handeln, und Sie wären dann nicht jener Horowitz, den man erwartet.« Nun zählte Horowitz eine lange Liste von Argumenten auf, warum ihn andere so dringend wieder auf dem Konzertpodium sehen wollten: Er sei es der Musikwelt schuldig; es gebe eine ganze Generation junger Pianisten, die ihn noch nie live erlebt habe; seine Schallplatten könnten von seinem einmaligen Spiel bestenfalls einen matten Abglanz geben; er würde sich als Künstler dann endlich selber realisieren; sein Comeback würde zu einem einzigartigen Triumph; er könnte astronomische Summen dafür verlangen ... Und so weiter. Anschließend brachte Horowitz seine eigenen Gegenargumente vor: Er reise ungern; das Hotelleben sei unangenehm; er wolle sich nicht mehr dem Druck aussetzen, schon Monate im voraus auf ein ganz bestimmtes Datum fixiert zu sein; zudem brauche er kein Geld; seine Schallplattenaufnahmen würden ihm genügend Popularität in der Musikwelt sichern; und er ärgere sich stets über die Anliegen der lokalen Manager. Dieses letzte Argument schien bei Blooms erstem Besuch das wichtigste zu sein. Er wollte bei der Planung seines Comebacks nicht mehr von einem Impresario wie Sol Hurok abhängig sein. Und mehr und mehr realisierte Horowitz, wie wichtig es war, mit Bloom in einen guten Kontakt zu kommen. So erzählte er ihm, wie er ihn früher geschätzt habe, und binnen zweier Monate wurde Bloom zu einem vertrauten Freund. Horowitz empfing ihn fast jede Woche, und Wanda lud ihn oft in ein italienisches Restaurant in der Nähe der Carnegie Hall ein, wo die beiden beim »Pasta«-Essen darüber berieten, wie man Horowitz' Widerstand brechen könnte.

Zwölf Jahre war es her, seit Horowitz zum letztenmal öffentlich gespielt hatte; um so mehr freute er sich nun über seinen beinahe legendenhaften Status. Diesem nun auch gerecht zu werden war zweifellos eine hervorragende Idee. Nur sorgte sich Horowitz nach wie vor, ob er den Anforderungen einer Karriere wirklich gewachsen sei und ob ihn beim Spielen nicht plötzlich das Gedächtnis im Stich lassen könnte. Vor einigen Jahren hatte er sich einer Elektroschocktherapie unterzogen; es sei eine wundervolle Behandlung gewesen, sagte er, sie habe seine Nerven wesentlich gestärkt. »Aber das Gedächtnis nahm dabei ab«, klagte er Abraham Chasins. »Wenn man im Aufnahmestudio sitzt, muß man ja nicht auswendig spielen. Aber zum Konzertieren braucht man ein gutes Gedächtnis.« Ralph Kirkpatrick erinnerte sich, wie Horowitz während der Scarlatti-Aufnahmen »überempfindlich war und sich offensichtlich Sorgen wegen seines Gedächtnisses machte. Wenn er seiner Frau etwas vorspielte, sagte er meistens: ›Siehst du, das kann ich noch auswendig.‹ Trotzdem schien er in bester Verfassung zu sein.«[2] Julius Bloom merkte bald, was für eine Aufgabe auf ihn wartete: Er mußte jeden einzelnen von Horowitz' zahlreichen Vorbehalten abzuschwächen versuchen.

Zweifellos war Bloom dieser Herausforderung gewachsen, hatte er doch in den vergangenen Jahren der Carnegie Hall mit innovativen Konzertzyklen und einer weitsichtig vorausgeplanten Subskriptionskampagne zu neuem Ansehen verholfen. Zudem war der dreiundfünfzigjährige Carnegie-Hall-Direktor sprachlich versiert, hatte eine Ahnung von Philosophie und Musikwissenschaft, was sonst für einen Manager weiß Gott nicht üblich war, und so war er für Horowitz bald »mein Philosoph«. Bloom versprach dem Pianisten, er werde alle Details eines Klavierabends in der Carnegie Hall selber erledigen und sich in allem, auch was Datum, Zeit und Eintrittspreise anbelangte, ganz nach den Wünschen von Horowitz richten. Horowitz befürchtete, ein Klavierabend in der Carnegie Hall würde eine ganze Flut von Engagements und Anfragen auslösen, die er selbstverständlich nicht annehmen könne. Bloom sagte ihm, daß er solche Offerten auch gar nicht annehmen müsse. Zudem würde er, falls es Horowitz wünsche, alle geschäftlichen Details selber erledigen, so daß sich Horowitz mit keinem Manager herumschlagen müsse. Zwei Monate lang diskutierten die beiden. Dann fällte Horowitz einen ersten Entscheid: Egal, ob er je wieder öffentlich auftreten werde oder nicht, fürs erste habe er ganz einfach Lust, wieder einmal in einem guten Konzertsaal zu spielen. Ob das überhaupt möglich sei in der leeren Carnegie Hall? Bloom wußte, daß Horowitz absolut nicht wollte, daß die Öffentlichkeit von diesen Plänen etwas erfuhr, und so reservierte er die Carnegie Hall in aller Verschwiegenheit für einige Nachmittage im Januar 1965.

Anfang Januar machte Horowitz dann dreimal einen Besuch im Steinway-Haus, wo er im Untergeschoß einen geeigneten Flügel für sein Probekonzert aussuchte. Seit 1940 hatte er stets auf demselben Instrument gespielt, doch nun fand er, es töne zu grell, und wählte den Konzertflügel CD 186. »Er tönt weicher, beinahe wie eine menschliche Stimme.« Am 7. Januar wurde der Flügel in die Carnegie Hall gebracht, und nun begann Horowitz zu üben – meistens am Nachmittag um vier Uhr, wenn er sich am besten fühlte, und dies ein- oder zweimal pro Woche. Am ersten Nachmittag stellte sich heraus, daß die richtige Plazierung des Flügels beinahe so schwierig war wie die Auswahl des Instruments. Eine Stunde lang wurden verschiedene Standorte auf dem Podium ausprobiert, bis Horowitz endlich zufrieden war. Sofort wurde mit einer Stiftschraube jene Stelle markiert, wo ein Bein des Flügels zu stehen hatte. Diese »Horowitz-Schraube« wurde sprichwörtlich, und man ließ sie fortan im Podium stecken. Manche Pianisten haben im nachhinein dem akustischen Urteil Horowitz vertraut und ihren Flügel an derselben Stelle plaziert.

Nur seinen besten Freunden erlaubte Horowitz, bei den nachmittäglichen Proben in der Carnegie Hall zuzuhören: Jack Pfeiffer von der RCA, Tom Frost von Columbia Records, Wandas Freundin Olga Strumillo, dem Steinway-Beauftragten David Rubin, dem Klavierstimmer Bill Hupfer sowie den beiden Pianistinnen Constance Keene und Ania Dorfman. Auf Horowitz' Vorschlag hin machte Columbia Aufnahmen von diesen »Probekonzerten«, und zwar von Bach-Busonis Toccata und Fuge C-dur, Chopins g-moll-Ballade, Schumanns C-dur-Fantasie, einigen Chopin-Mazurken und Debussy-Etüden. »Während er spielte, saßen wir alle wie gebannt da«, erinnerte sich Bloom. »Es war absolut umwerfend. Wenn er mit einem Stück fertig war, drehte er sich uns zu und sagte: ›Gar nicht so schlecht heute.‹ Für einige Sekunden herrschte bei uns dann absolutes Stillschweigen – bis ich herausplatzte: ›Nicht so schlecht! Sie hätten ein Publikum haben sollen!‹«[3]

Dieses Ausprobieren zog sich in den Februar und März hinein, und immer noch weigerte sich Horowitz, ein öffentliches Konzert zu geben. Nach wie vor hielt er nach Freunden Ausschau, um von ihnen Ermutigung und Rat einzuholen. Während eines Nachtessens Anfang 1965 erinnerte ihn Schuyler Chapin an seine Offerte, als Reisebegleiter alle anfallenden Dinge für ihn zu erledigen. Horowitz' Antwort war dann für jedermann überraschend: Er sei beim Schneider gewesen, er wolle sich nämlich einen neuen Frack anfertigen lassen. Was Chapin jedoch nicht wissen konnte: daß dieser Frack schon fertig war und daß Horowitz in der Tat nun mit den letzten Vorbereitungen für sein historisches Comeback beschäftigt war. Niemand war mehr überrascht als seine Frau. »Es war das erstemal seit zwölf Jahren, daß ich ihn so sprechen hörte. Ich wußte, daß er es satt hatte, im Studio vor Mikrophonen zu spielen. Es gab Zeiten, da beschworen ihn alle Freunde: ›Du mußt wieder auftreten! Du mußt wieder spielen!‹ Ich habe ihm das nie gesagt. Auch diesmal nicht. Denn je mehr ich ihn dazu angehalten hätte, desto stärker hätte er sich geweigert. Ein Künstler muß auftreten *wollen*, muß fühlen, daß er jetzt spielen *muß*. Es ist völlig sinnlos, darüber zu diskutieren. So sagte ich auch diesmal nichts.«

Nur Bloom versuchte weiterhin, Horowitz von seinen realen und imaginären Problemen, die ihm jede Entschlußkraft raubten, langsam loszulösen. An einem Märzabend gelang es ihm schließlich, Horowitz' endlose Klagen über die Manager vom Tisch zu räumen: Man brauche doch gar keinen Manager. Er selbst werde wie versprochen alle geschäftlichen Dinge, die ein Comeback selbstverständlich nach sich ziehen würden, eigenhändig erledigen. So sei Horowitz von jeder Last befreit. Horowitz war in der Tat sehr erleichtert, zumal Bloom während all dieser »Probiernachmittage« längst gezeigt hatte, daß er einer solchen Aufgabe gewachsen war. »Einmal saß ich mit Wanda und Horowitz unten im Restaurant«, erinnerte sich Bloom. »Wir aßen Lamm und tranken Kaffee. Da realisierte ich plötzlich, daß ich nun auch den allerletzten Vorbehalt von Horowitz endgültig ausgeräumt hatte. Horowitz schaute ganz bestürzt drein und wandte sich dann an seine Frau: ›Wanda, du bist meine Zeugin. Ich habe nicht gesagt, daß ich nun definitiv wieder spielen werde. Ich habe gesagt, ich ziehe es in

Erwägung, wiederum öffentlich aufzutreten, wenn alle meine Vorbehalte beseitigt sind.‹«

Bloom war überzeugt, daß Horowitz Wort halten würde. Und so war er gar nicht überrascht, als sich dieser einige Tage später am Telefon meldete und ihn bat, für dieses Frühjahr einen Termin zu buchen. Natürlich unter der Voraussetzung, daß er eine endgültige Entscheidung erst zwei oder drei Wochen vor dem Konzert fällen müsse. Er bat Bloom zudem, das Konzert auf den Nachmittag anzusetzen. »Mein Gedächtnis funktioniert dann besser, zudem ist es zu nervenaufreibend, bis zum Abend zu warten. Acht Uhr abends ist wie die Guillotine.« Als erstes Datum wurde der 25. April festgelegt, doch verschob man den Termin, weil ausgerechnet in dieser Woche einige andere Pianisten einen Klavierabend gaben und Horowitz sein Comeback nicht unter solchem Konkurrenzdruck absolvieren wollte. Schließlich einigte man sich vorläufig auf Sonntag, den 9. Mai, nachmittags um 3 Uhr 30 – den Muttertag, wo jedermann frei hatte, was Horowitz paßte. Bloom erklärte sich bereit, eine Pressekampagne zu arrangieren, und Wanda sollte die Eintrittspreise festlegen sowie auch die vertraglichen Details überprüfen. »Ich machte alles ganz genau so, wie es Horowitz wünschte«, erzählte Bloom. »Er mußte nicht einmal Geldstrafe zahlen, falls er nicht spielen wollte.«

Horowitz war es nun vor allem darum zu tun, daß diese sensationelle Neuigkeit nicht zu früh an die Öffentlichkeit kam. Und obwohl Bloom keinem Menschen etwas verriet, sickerte Mitte März das Gerücht durch, Horowitz gebe in der Carnegie Hall heimlich Klavierabende. Am 14. März konnte man in der *New York Herald Tribune* lesen, daß es sich bei diesen nachmittäglichen Konzerten in der Carnegie Hall offenbar um Schallplattenaufnahmen handle. Dennoch bereite sich Horowitz auf eine Rückkehr aufs Konzertpodium vor. Der Artikel schloß mit dem Hinweis, daß Maria Callas ebenfalls gedenke, wieder an der Met zu singen, und Heifetz und Piatigorsky nach langer Pause ebenfalls wieder Konzerte geben würden. »Und Vladimir Horowitz wird endlich wieder in der Carnegie Hall spielen.« »Natürlich war ich etwas schockiert, als ich das las«, meinte Horowitz später. »Am folgenden Tag rief mich die *New York Times* an: ›Warum haben Sie Ihre News der *Herald Tribune* erzählt und nicht uns?‹ Ich sagte: ›Ich habe überhaupt nichts erzählt. Die haben einfach etwas geschrieben. Ich weiß nicht einmal, woher sie diese Informationen haben. Aber lassen wir das. Ich spiele morgen in der Carnegie Hall, und Columbia wird Aufnahmen machen. Kommen Sie mit einem Photographen vorbei, ich werde Ihnen auch ein Interview geben. Sie können dann selber einen Augenschein nehmen und sehen, was wirklich los ist.‹«

So erschien Horowitz am 16. März exakt um 4 Uhr 36 auf dem Podium der Carnegie Hall und spielte etwas mehr als eine Stunde für ein Publikum, das genau aus neun Leuten bestand, darunter Howard Klein, dem Musikkritiker bei der *Times*. Wie stets trug Horowitz eine Fliege, war zuversichtlich und in bester

Laune. Und auch der temperamentvolle Perfektionist in ihm kam zum Vorschein: Er bat den Klavierstimmer Bill Hupfer, das etwa einen Meter lange rote Filzband (für ihn waren das »Fransen«) von den Klaviersaiten wegzunehmen, damit der Klang brillanter werde. Doch als Horowitz dann einen lauten Akkord spielte, schüttelte er den Kopf und sagte: »Nein, das ist zu laut. Ich denke, wir müssen die Fransen halt wieder drauflegen.« Um 5 Uhr 40 war der »Klavierabend« zu Ende, und Horowitz kam ganz nach vorn an die Rampe; er schwitzte, war aber offensichtlich zufrieden mit seiner Leistung. *»Wanda, est-ce que tu es là?«*, flüsterte er in den Saal hinunter. Wanda kam dann aufs Podium und band in geheimniskrämerischer Weise ein kleines Pflaster um die Spitze seines kleinen Fingers. Und dann ging Horowitz zu seinem Interview mit Howard Klein.

Wie Klein in die Künstlergarderobe kam, fand er Horowitz in einem roten Ledersofa ausgestreckt. Er trug nun keine Fliege mehr, hatte das Hemd gewechselt, war sehr entspannt und zu einem Gespräch aufgelegt. Er sagte, daß er seine »Probenachmittage« fortsetzen würde, bis er voll zufrieden sei mit seiner Leistung. Dennoch wollte er nichts Definitives über seine Pläne verraten – ob er tatsächlich wieder öffentlich aufzutreten gedenke. »Es ging recht gut heute. Morgen werden wir die Fransen wieder in den Flügel legen, und dann sollte es wiederum gut werden.«[4] Klein sagte ihm, er habe zwar einige von Horowitz' Columbia-Platten besprochen, aber er habe ihn noch nie live im Konzert gehört. »Mr. Horowitz, die Platten sind nur ein fahler Abglanz von Ihrem Spiel. Im Konzert tönt das alles ganz anders, da sind Sie ein völlig anderer Pianist!« Horowitz war überrascht. Diese Bemerkung von Klein schien ihn nun endgültig zu überzeugen. »Er hatte recht: Eine ganze Generation junger Menschen kannte mich überhaupt nicht«, meinte Horowitz später. »Dieser Kritiker hatte mir zweifellos die Wahrheit gesagt. Denn er hatte meine Platten stets sehr gut rezensiert. Und jetzt sagte er mir, daß ich live total anders töne. Ich glaubte ihm. Ich nahm ihn ernst, und in diesem Moment war es für mich eigentlich klar, daß ich wieder auftreten mußte.«

Vladimir Horowitz kehrt auf das Konzertpodium zurück. Diese Headline konnte man tags darauf auf der ersten Seite der *New York Times* lesen. Horowitz meinte später: »Diese Headline gab mir einen rechten Stoß. Sofort fühlte ich eine gewisse Verantwortung ... Aber ich fühlte mich nun auch künstlerisch und psychologisch bereit, diesen Schritt zu wagen.«

Der Artikel in der *Times* löste eine wahre Kettenreaktion aus. Das Telefon von Horowitz läutete ununterbrochen: jedermann wollte ein Interview haben. Zudem brach eine wahre Telegrammflut von Impresarios aus den USA, aus Italien, England, Frankreich, Deutschland und Japan über den Pianisten herein. Horowitz' Schwester Regina sandte aus Rußland eine Petition, unterschrieben von einem Studentenkomitee des Moskauer Konservatoriums, worin eine Horowitz-Tournee durch Rußland gefordert wurde. Als ihn ein Reporter fragte, ob er tatsächlich wieder in Moskau und Leningrad spielen wolle, antwortete Horowitz: »Ja, aber zuerst muß ich in Brooklyn spielen.« Um dem Ansturm der Journalisten gewachsen zu sein, setzte Horowitz auf Samstag, den 19. März, eine Pressekonferenz in der Steinway Hall an. Dort sagte er den Journalisten, daß er noch in diesem Frühjahr oder aber im Herbst wiederum in der Carnegie Hall aufzutreten gedenke. Und zwar mehrere Male: »Damit mich alle Leute mit demselben Programm hören können.« Was er aber wohlweislich verschwieg: daß das Datum – der 9. Mai – schon feststand. Als man Genaueres über das Programm wissen wollte, antwortete Horowitz, er habe nun eine neue Devise: »Einfachheit ist Klugheit.« Also keine dieser großtuerischen Transkriptionen aus früheren Jahren, dafür ein teilweise neues Repertoire (mehr Schumann, Skrjabin, Chopin und Debussy). Es sollten auch keine jener zeitgenössischen Werke mehr dabei sein, die Horowitz in den vierziger und fünfziger Jahren gespielt habe. »Wenn ich meine Schallplattenaufnahmen der Sonaten von Prokofjew, Barber oder Kabalewsky anhöre«, sagte er, »dann habe ich das Gefühl, es spiele da jemand anders. Ich wüßte nicht, wie ich diese Werke heute angehen sollte. Auch die Liszt-Kompositionen sagen mir nicht mehr allzuviel. Ich werde die h-moll-Sonate auch in Zukunft spielen; sonst wird Liszt aber nur spärlich zu hören sein.«[5]

Weiter erzählte Horowitz den Reportern, daß sein Leben im Vergleich zur Hektik der früheren Jahre nun recht gemächlich verlaufe: Pro Tag zwei Stunden üben, dann ein Spaziergang mit seinem Pudel Pippo, vor dem Mittag- und Abendessen ein Nickerchen und abends oft Gäste. Natürlich fragten die Journalisten nach den Gründen für Horowitz' jahrelange Abwesenheit. Er antwortete mit den längst bekannten Argumenten: zuviel Reisen, zuviel Hotelleben, Überanstrengung, zuwenig Zeit für sich selbst – und er gelobte, daß er nie mehr auf eine größere Tournee gehen werde. »Ich würde sehr gerne wieder in einigen großen Städten spielen, und natürlich habe ich auch das Publikum an Universitäten sehr gern. Aber ich werde mich nicht mehr an einen Manager binden. Ich will mich diesem Druck nicht mehr aussetzen.« Als F.C. Schang, ein Kollege vom Columbia Artists Management aus früheren Jahren, in der Zeitung las, Horowitz wolle zukünftig ohne Manager auskommen, reagierte er recht erbost und schrieb in *Variety* sarkastisch: »Meine Firma hat Horowitz in den dreißiger Jahren gemanagt, doch dann kam es aus finanziellen Gründen zum Bruch. Es brachte ihn eben fast um, wenn er für das Management Kommission bezahlen mußte ... Wir wünschen ihm alle viel Erfolg, selbst wenn er in seinem Alter nun noch allein und unabhängig herumvagabundieren will. Denn wenn er jetzt sein eigener Manager ist, wird er sicher mit sich zufrieden sein. Und er wird sich diesen Manager dann wohl auch leisten können.«[6]

Doch in Wirklichkeit war Horowitz sehr abhängig: nämlich von Julius Bloom, der ihn in Programmfragen beriet und auch sonst alle Details im Zusammenhang mit dem bevorstehenden Klavierabend erledigte. Ende März setzte sich Bloom mit Horowitz und Wanda zusammen, um gemeinsam die Preise für die Eintrittskarten festzulegen. Es sollte eines der teuersten Konzerte in der Geschichte der Carnegie Hall werden: mit Preisen von zwölfeinhalb Dollar bis zu drei Dollar. Horowitz wollte auch einige Sitzreihen auf dem Konzertpodium, damit die Leute sähen, daß er sich vor dem Publikum nicht fürchte. Doch Bloom war dagegen: Es werde zweifellos mehr Spannung erzeugen, wenn Horowitz ganz allein auf dem Podium sitze.

Ende März, während einer Horowitz-Probe in der Carnegie Hall, fühlte sich Bloom plötzlich krank. Eine Woche später erlitt er eine Herzattacke, und er mußte für unbestimmte Zeit ins Krankenhaus. Bis Ende April konnte man mit der Entscheidung wegen des nach wie vor provisorischen Datums vom 9. Mai noch zuwarten. Aber schon Anfang April rief Horowitz im Krankenhaus an und sagte Bloom, er habe sich seinerseits nun definitiv entschieden, er werde am 9. Mai spielen. »Ich war so glücklich, daß ich weinte«, erzählte Bloom später. »Und Horowitz sagte noch: ›Ich habe es gehofft, daß Ihnen diese Nachricht guttun möge.‹« Blooms Geduld und Einfühlsamkeit hatten sich also gelohnt. Am 22. April wurde es dann offiziell bekanntgegeben: daß Horowitz am Sonntag, den 9. Mai, um 3 Uhr 30 wiederum in die Carnegie Hall komme, um dort seinen ersten Klavierabend seit mehr als einem Jahrzehnt zu geben. »Ich will keine Prognosen machen, wie ich wohl spielen werde«, sagte Horowitz zu Journalisten. »Lassen wir das Publikum urteilen. Ich hoffe, daß ich immer noch ein Virtuose bin; es ist schön, ein Virtuose zu sein. Aber ich hoffe, die Leute finden es gut, weil sie die Musik gut finden. Es ist nicht leicht, nach zwölfjähriger Absenz wiederum aufzutreten. Und mittlerweile bin ich sechzig. Wer weiß? Vielleicht spiele ich wie eine Sau.«[7]

Eine historische Rückkehr

Es ist schwierig, wenn man gleichsam als Legende lebt. Für die Leute bin ich eine Legende. Aber ich lebe immer noch. Wie auch immer: Meine Zukunft ist eigentlich meine Vergangenheit, und meine Vergangenheit ist auch meine Gegenwart. Nun muß ich von der eigentlichen Gegenwart ausgehen und die zur Zukunft machen.[1]

Am Montag, den 26. April, morgens um zehn Uhr begann der Kartenvorverkauf. Horowitz hatte Bedenken, daß keine jungen Leute in seinen Klavierabend kommen würden, denn die hatten ihn ja noch nie gehört. Obwohl ihm Julius Bloom und Schuyler Chapin immer wieder sagten, er sehe das völlig falsch, und Wanda ihn einen russischen Pessimisten nannte, blieb Horowitz skeptisch. Und er bestand darauf, daß man – falls irgendwelche Musikstudenten überhaupt kommen würden – genug Karten zu drei Dollar zur Verfügung hielt. Am Sonntag, 25. April, hörte Horowitz dann mit größter Verwunderung, daß vor der Kartenkasse der Carnegie Hall seit 11 Uhr 30 Menschen Schlange standen, und zwar hauptsächlich junge Studenten. Um Mitternacht waren es bereits gegen dreihundert, und am folgenden Morgen warteten anderthalbtausend. Das Wetter war denkbar ungünstig: es nieselte und war kalt, und die Leute hatten Decken, Schlafsäcke, Regenmäntel, Schirme dabei, waren zum Teil mit Campingstühlen ausgerüstet und schützten sich gar mit Holzschachteln vor dem Regen. Wenn es allzu stark goß, suchte man in den umliegenden Hauseingängen Schutz, und damit nachher wieder jedermann seinen angestammten Platz in der Reihe einnehmen konnte, wurden Nummern verteilt. Ein zweiunddreißigjähriger Buchhalter meinte: »Das ist ein Ereignis, auf das viele Leute schon gar nicht mehr zu hoffen wagten. Und die Eintrittskarten – selbst wenn man eine Nacht lang im Regen dafür anstehen muß – sind ihren Preis in jedem Fall wert.«[2]

Zwanzig Polizisten wurden zu dieser wartenden Menge abkommandiert, und einer davon erzählte, daß er bei einer Menschenmenge noch nie soviel Enthusiasmus und Ausdauer erlebt habe. Ein Passant fragte: »Ist das wegen der Beatles?« Was bei den Studenten selbstverständlich große Heiterkeit auslöste: »Nein, das ist wegen Horowitz.« Später pflegte Wanda mit Stolz zu sagen: »Horowitz ist der fünfte Beatle.« Viele der Wartenden hatten Horowitz noch nie live gehört, andere zwar schon – aber irgendwann vor 1953. »Das letzte Mal hörte ich ihn 1950 in Cleveland«, sagte der Pianist Eugene Mancini. »Und ich würde für keinen anderen anstehen.« Anatole Morell, ein Chemiker, meinte: »Ich bin vorher nur ein einziges Mal Schlange gestanden – in Rußland, und zwar für Brot.«

Als Horowitz von diesem Aufmarsch vor der Carnegie Hall hörte, fühlte er sich zu Recht geschmeichelt, und es freute ihn vor allem, daß so viele junge Leute darunter waren. Irgendwie fühlte er sich für die ganze Sache verantwortlich, und er bat deshalb Wanda, sie solle mit dem Taxi hinfahren und sehen, ob wirklich alles in Ordnung sei. Wanda fuhr hin; ein Blick auf die durchnäßte Menge genügte, und sofort ging sie ins nächste Café und bestellte hundert Portionen Kaffee und anschließend nochmals hundert für die später Hinzugekommenen. Am nächsten Morgen erhielten Wanda und Horowitz in der Frühe dann ein Telegramm: »Dear Maestro und Madame, wir hundert, die wir eine ganze Nacht lang Schlange gestanden haben, möchten Ihnen ganz herzlich für den Kaffee danken und Ihnen sagen, daß wir voller freudiger Erwartung sind.«

Viele dieser Wartenden mußten am Montag morgen eine herbe Enttäuschung erleben. Um 10 Uhr begann der Kartenvorverkauf; pro Person wurden höchstens vier Karten abgegeben. Bereits zwei Stunden später war die Carnegie Hall ausverkauft. Von den 1500 Leuten, die vor der Kasse Schlange gestanden hatten, kriegten nur gerade 300 noch Karten. Das gab nun zu Fragen Anlaß: Wenn nämlich diese 300 Personen je vier Karten gekauft hatten, so waren das insgesamt 1200 Karten. Die Carnegie Hall verfügt jedoch über 2760 Plätze. Was war also mit den restlichen Karten geschehen? An der Kartenkasse erklärte man den Wartenden, man habe ungewöhnlich viele Pressekarten abgeben müssen, zudem habe Horowitz ein beträchtliches Kontingent für sich gesichert, und auch RCA, Columbia Records und Steinway hätten Karten beansprucht. Mehr als tausend Personen mußten also ohne eine Karte wieder abziehen; natürlich waren sie enttäuscht und auch wütend, weil man ihnen nicht von vornherein gesagt hatte, daß die Carnegie Hall schon zur Hälfte ausgebucht sei. Und selbst diejenigen, die noch Karten erhalten hatten, waren nicht alle zufrieden, denn die guten Plätze waren alle längst schon vergeben. Da Bloom immer noch im Krankenhaus lag, landeten alle diese Klagen bei Wanda, und man verlangte von ihr eine Erklärung. »Ich konnte doch Kussewitzkys Frau und Rachmaninows Tochter nicht Schlange stehen lassen«, sagte sie der Presse. »Wir kriegten so viele Briefe und Telefonanrufe von verärgerten Leuten, daß wir einen Antwortdienst einrichten mußten, und ich kann im Moment nicht einmal mehr ans Telefon gehen, wenn Freunde anrufen. Ich bin mit meinen Nerven am Ende. Alles wegen dieser blöden Karten. Behaupten diese Leute doch, der Grund, warum es keine Karten gebe, sei ein ganz simpler: Madame Horowitz habe alle Karten. Ich will Ihnen mal sagen, was Madame Horowitz wirklich hat: Genau 296 Karten. Und zwar ganze acht Freikarten, die restlichen sind alle bezahlt. Es sind Karten für Musiker, Sänger, Künstler, für Freunde und Bekannte von uns. Columbia hat 108 Karten gekriegt, Carnegie Hall Corporation 175, Steinway 36, RCA 56 und die Presse 100. Man zieht mich wegen tausend Karten, die ich nie besessen habe, zur Rechenschaft!«[3]

In diesen zwei Wochen vor dem Konzert schien jedermann nervös zu sein – außer Horowitz. Er behielt seine Ruhe, fühlte sich recht gut und genoß sichtlich die Aufregung, die rund um ihn herum herrschte. Und zwar waren nicht nur Leute wie Chapin und Bloom, die von der ganzen Angelegenheit ja direkt betroffen waren, aufgeregt, sondern auch die Horowitz-Nachbarschaft: der Polizist, der Briefträger, der Friseur und selbst der Koch. »Das sind zum Teil eben wirkliche Freunde«, erzählte Horowitz später Abram Chasins. »Beispielsweise kam mein Friseur vier Tage vor dem Konzert, um mir einen Haarschnitt zu verpassen. Er sagte mir: ›Mr. Horowitz, Sie sind in sehr guter Verfassung. Machen Sie sich bitte keine Sorgen. Sie gehen einfach hin und spielen. Die Leute werden Sie sehen, werden lachen und dann rasend und fast wahnsinnig werden. Aber bleiben *Sie* ruhig. Ich kenne Sie doch. Sie werden sich davon nicht groß beeindrucken lassen.‹ Dann begann er mir die Haare zu schneiden. Und plötzlich sagte er in die Stille hinein: ›Wissen Sie was? Ich habe eine gute Idee. Sagen Sie Madame Horowitz, sie soll doch ein Fläschchen Riechsalz für Sie einpacken.‹ Und mein Zeitungshändler sagte mir: ›Mr. Horowitz, ich weiß, daß Sie in ein paar Tagen einen Klavierabend geben. Ich möchte Sie warnen; wissen Sie, das Publikum hier ist unbarmherzig! Sie müssen nicht nur das Beste geben, sondern das absolut Beste – oder man wird Sie in Stücke zerreißen.‹ Nach dem Konzert sagte er mir: ›Mr. Horowitz, ich habe noch nie so was in der Zeitung gelesen. Soviel schwärmerische Begeisterung! Oh, ich bin ja so froh für Sie ...‹ Dann versagte ihm die Stimme, und er brach in Tränen aus.«

Wie gesagt: Horowitz genoß den Rummel sichtlich, der rund um ihn inszeniert wurde. Noch nie hatte ihm die Öffentlichkeit soviel Aufmerksamkeit geschenkt. Zuerst der *New-York-Times*-Artikel auf der ersten Seite. Dann die Pressekonferenz in der Steinway Hall. Dann zahlreiche Stories und Interviews in verschiedenen Zeitungen, mit Bildern und Berichten von den getreu Schlange stehenden Leuten, die alle auf eine Konzertkarte hofften. Horowitz war in gehobener Stimmung – und dennoch machte er sich ab und zu Sorgen wegen des bevorstehenden Klavierabends. Er war überzeugt, daß er wesentlich mehr Fehler machen werde als bei seinen »Probenachmittagen« oder bei Schallplattenaufnahmen. »Natürlich sagten mir alle, das spiele überhaupt keine Rolle«, erinnerte sich Horowitz. »Sie meinten, ich könnte schlicht mit einem einzigen Finger spielen und das Publikum würde trotzdem vor Begeisterung toben.«

Horowitz hatte ein anspruchsvolles Programm zusammengestellt. Allerdings machte er sich Gedanken wegen der großen C-dur-Fantasie von Schumann und Skrjabins neunter Sonate: ob das Publikum für diese beiden Werke die nötige Konzentration wohl aufbringe. Dennoch war er ausgesprochen zufrieden mit seinem sorgfältig gewählten Programm: »Die Bach-Busoni-Orgel-Toccata samt Fuge spiele ich sehr gern«, erklärte er. »Ich spielte sie als erstes Werk bei meinem Europa-Debüt vor vierzig Jahren. Und jetzt, nach meiner zwölfjährigen Abwesenheit, wird es mich wiederum bestens beim Publikum einführen. Schumanns

Fantasie ist ein prächtiges Werk, sehr schön zum Spielen und wahrscheinlich Schumanns wichtigste Klavierkomposition. Skrjabin – nun ja, er starb 1915, und so jährt sich dessen Tod zum fünfzigsten Mal. Als zehn- oder elfjähriger Junge habe ich ihm vorgespielt. Und Chopin ... nun, ich habe ihn aufs Programm gesetzt, weil es eben Chopin ist.« (Horowitz spielte die Etüde op. 10, Nr. 8, die Mazurka op. 30 Nr. 4 sowie die g-moll-Ballade op. 23.) Als Zugabe hatte Horowitz Debussys *Serenade for the Doll* gewählt, was nicht zuletzt auf sein neuerwachtes Interesse an Debussy schließen ließ. Und immer noch spielte slawische Musik eine wichtige Rolle, was die weiteren Zugaben – Skrjabins Etüde op. 2 Nr. 1 sowie Moskowskis Etüde As-dur op. 72 Nr. 11 – zeigen. Die letzte Zugabe, nämlich Schumanns *Träumerei*, zählte seit eh und je zu Horowitz' Lieblingsstücken. Und daß er seinen Klavierabend mit diesem schlichten, ja nachdenklichen Werk beschloß und nicht mit *The Stars and Stripes Forever* oder der *Carmen*-Fantasie, sollte klar zeigen, daß er sich als Musiker profilieren wollte.

Da der kranke Bloom das Haus nach wie vor nicht verlassen durfte und auch beim Konzert nicht dabeisein konnte, mußte nun Schuyler Chapin als Konzert-Organisator und Horowitz-Betreuer einspringen. Einige Tage vor dem Klavierabend rief ihn Horowitz an: Es müßten noch einige Dinge in Ordnung gebracht werden. Beispielsweise die Air-Conditioning-Anlage: »Ist sie auf dem Podium? Ich will kein Air-conditioning auf dem Podium. Aber wir müssen schauen, daß sich die Zuhörer wohl fühlen. Wahrscheinlich wird es kein heißer Tag werden. Dann noch etwas: Ich will vor dem Konzert mit keinem Menschen sprechen.«[4] Chapin versicherte ihm, daß er die Sache mit der Saaltemperatur regeln werde und daß außer Wanda niemand Zutritt zu seiner Garderobe erhalte. Horowitz machte sich auch Sorgen, ob er überhaupt noch wisse, wie man sich vor dem Publikum richtig verbeugt, und übte das dann in seinem Schlafzimmer.

Obwohl Horowitz die Vorhänge zugezogen und das Telefon abgeschaltet hatte, konnte er in der Nacht vor dem Konzert nicht richtig schlafen. »Gewöhnlich schlafe ich gut, aber in der Nacht auf Sonntag schlief ich nicht viel, vielleicht fünf Stunden«, erzählte er später einem Journalisten. »Nicht, daß ich nervös gewesen oder gar in Panik geraten wäre. Nein, das war einfach Vorfreude, Vorfreude auf eines der wichtigsten Ereignisse in meinem Leben. Ich bin nicht leicht erregbar. Ich bin empfindlich, aber nicht launisch. Ich hatte ja nur zu verlieren – und nichts zu gewinnen. Denn ich war eine Legende.«[5] Doch am Samstagabend brach für einige Minuten dann doch noch Panik aus, und es sah fast so aus, als müßte das Konzert abgesagt werden. Beim Bürsten seiner Haare schaffte es Horowitz nämlich, sich mit einer Borste den rechten Daumenballen zu verletzen. Zum Glück waren Gitta Gradova und ihr Mann, Dr. Cottle, als Gäste anwesend, und Cottle gelang es, die Borste sorgfältig aus Horowitz' Daumenballen herauszulösen und die Einstichstelle zu säubern. Anschließend erklärte er Horowitz wiederum für fit.

Mit Horowitz' perfektionistischen Ansprüchen und seinem Bedürfnis, alle

Dinge in ihm und um ihn herum unter absoluter Kontrolle zu halten, gab es stets Probleme. Ein unangenehmer Traum, eine momentane Laune oder ganz einfach der Verkehrslärm konnten schon genügen, um ihn durcheinanderzubringen und jenes Gleichgewicht zu stören, das er für einen öffentlichen Auftritt dringend brauchte. »Busoni sagte einmal, die Tragödie des Künstlers bestehe eigentlich darin, daß er inspiriert sein müsse, spielen wolle und zugleich in guter Verfassung sein müsse«, meinte Horowitz. »Aber es könnte ja sein, daß ich um 3 Uhr 30 Magenschmerzen habe. Oder gar Magenkrämpfe. Schließlich bin ich ein Mensch. Und ich muß dann so oder so spielen.«

Chapin merkte, daß Horowitz sehr empfindlich war, und er befürchtete, daß dieser das Konzert noch in der letzten Minute absagen könnte. Trotz der unruhigen Nacht war Horowitz aber entschlossen, sein Gleichgewicht nach Möglichkeit zu bewahren, so daß er »dem Publikum seine Botschaft« übermitteln könne. Oft mußte er an Kleins Feststellung zurückdenken: daß es einen Riesenunterschied ausmache, ob er live spiele oder ob man ihn auf Schallplatten höre. Natürlich machte sich Horowitz auch Sorgen, ob er diesen Unterschied wirklich hinkriegen werde. Natürlich spürte er ein Bedürfnis, für eine ganze Generation von jungen Leuten zu spielen, die ihn noch nie im Konzert gehört hatte. Zumal er sich auch Gedanken über die momentane Pianistik machte – über das, was er geringschätzig *le niveau* nannte. Denn für ihn war es klar, daß die Interpretationen, die man heute zu hören bekam, nicht mehr mit dem Standard von früher zu vergleichen waren, wo noch Künstler wie Cortot, Hess, Hofmann, Godowsky, Moiseiwitsch, Levitski, Lhévinne und Rachmaninow Maßstäbe gesetzt hatten. »Die meisten jungen Pianisten«, meinte Horowitz, »tönen für mich mehr oder weniger gleich. Bei älteren Pianisten genügt es, wenn ich ein paar Takte höre, und sofort kann ich dann sagen, wer da gespielt hat. Aber nicht bei den jungen. Die hören zu viele Schallplatten ... Sie sind wie Früchte, die man etwas zu früh gepflückt hat. Wie Grapefruits, ein bißchen sauer. Sie singen nicht. Sie meditieren auch nicht über die Musik.«

Am Sonntagmorgen wollte Horowitz total Ruhe haben. »Keine Nervosität, keine Eile, alles schön langsam und gemächlich. Ich spreche auch nicht. Und es soll mich ja keiner stören. Sonst gibt es einen Skandal, wie man ihn noch nie gehört hat.« Wanda erinnerte sich, wie alle um ihn herum »vor Stille fast umkamen und immer versuchten, so ruhig wie möglich dreinzuschauen; natürlich wurde auch kaum gesprochen«. Horowitz erwachte um 10 Uhr 30 und nahm dann sein Frühstück ein, bestehend aus etwas Huhn und drei Scheiben Honigbrot. Dann begann er mit seiner Toilette, wusch sich langsam, rasierte sich und kleidete sich schließlich an – alles in allem eine systematische Vorbereitung für den Nachmittag, so wie ein Schauspieler nochmals seine Rolle memoriert. »Die Leute zahlen schließlich, und dafür wollen sie etwas Ästhetisches hören und sehen. Es kommt jetzt ganz auf mich drauf an. Ich muß entsprechend aussehen. Ich will, daß mein Anzug sitzt und meine Haare schön gekämmt sind. Ich will einen richtig sauberen Körper und saubere Hände haben. Und auch etwas Parfüm. Wenn ich zu Hause im Pyjama spiele, ist es zwar immer noch dieselbe Musik, aber sie tönt anders, weil ich mich anders verhalte. Ich bin dann lockerer. Sicher kann man am Morgen, wenn man aufsteht, schon geniale Ideen haben. Aber wenn man sie dann irgendwelchen Leuten vortragen muß und deshalb konzentrierter ist, bekommen auch die Ideen klarere Konturen.«

Da das Konzert am Nachmittag stattfand, wählte Horowitz einen ganz speziellen Anzug (und er konzertierte auch später meistens in diesem Gewand): schwarze Hosen mit feinen, weißen Nadelstreifen, ein weißes Hemd, ein graues Gilet, eine graue Seidenkrawatte (später eine entsprechende Fliege) sowie einen Cutaway mit passendem Taschentuch. »Ich kümmere mich auch um Details«, sagte er. »Zum Beispiel ziehe ich die Socken so an, daß sie mich nirgends drücken. Und die Schuhe müssen natürlich zu sein. Der Hosenladen ebenfalls. Wenn ich den Cutaway anziehe – das ist wie eine Uniform –, fühle ich mich wie ein Rennpferd kurz vor dem Start. Ich beginne zu schwitzen. Natürlich spüre ich auch eine gewisse Spannung. In dem Moment bin ich der Künstler. Ich habe schon Angst, daß ich zu spät komme. Denn ich bin gern zehn oder fünfzehn Minuten zu früh, dann kann ich mich noch etwas einspielen. Ich bin dann wie ein General. Meine Soldaten sind die Klaviertasten, und denen muß ich nun befehlen.«

An diesem 9. Mai waren nur drei Leute bei Horowitz zu Gast: Jack Pfeiffer, Gitta Gradova und Dr. Cottle. Um zwei Uhr fuhr eine gemietete Limousine vor, um Horowitz, Wanda, Pfeiffer und den Butler James Hunter abzuholen. Als die vier dann in Richtung Carnegie Hall wegfahren wollten, konnte Hunter die Spannung nicht mehr länger ertragen. »Ich schaff' das einfach nicht mehr«, sagte er Wanda. »Ich kann nicht mitkommen.« Wanda entgegnete kühl: »Wenn das Ihre Entscheidung ist, dann müssen wir sie wohl akzeptieren.«

Von allergrößter Bedeutung war für Horowitz das Wetter. Zum Glück war es sonnig und warm, und Horowitz befürchtete schon, es könnte womöglich zu warm werden. Und da er auf dem Podium ja kein Air-conditioning duldete, könnte es deshalb für die Leute in den ersten Parkettreihen ziemlich unangenehm werden. Schuyler Chapin war schon seit mittags um zwölf Uhr in der Carnegie Hall, wo er jedes Detail nochmals überprüfte – die Temperatur auf dem Podium, die Plazierung des Flügels und die Einrichtung der Künstlergarderobe. Dann ging er durch den Saal und schaute zum Ausgang hinaus: »So weit das Auge reichte, waren da Tausende von Menschen; sie verstopften die Gehsteige und die Avenue und blockierten den Verkehr.«[6] Viele waren ohne eine Eintrittskarte gekommen und wollten Horowitz wenigstens für ein paar Sekunden sehen. Ein paar Unverfrorene verkauften Karten zu Schwarzmarktpreisen: die 3-Dollar-Plätze für 30 Dollar, die 4-Dollar-Plätze für 40 Dollar und die 7-Dollar-Plätze für 50 Dollar. »Ich ging dann zum andern Eingang an der 56th Street«, erzählte Chapin. »Und da war die gleiche Szenerie. Dann ging ich in den Saal zurück, um alles noch ein letztes Mal zu überprüfen. Inzwischen war es 3 Uhr.«

Drei Uhr – und von Horowitz noch keine Spur. Es herrschte an diesem Sonntag unheimlich starker Verkehr, und die Fahrt von der Ninety-fourth Street zur Carnegie Hall dauerte beinahe eine Stunde. Und kurz vor der Carnegie Hall kam der Verkehr total zum Erliegen, weil eine riesige Menschenmenge die Straßen blockierte. Die drei größten Fernsehsender hatten ihre Filmteams und Kameraleute vor dem Haupteingang der Carnegie Hall postiert. Das Chaos da draußen bildete einen auffälligen Kontrast zur feierlichen Stille, die hinter der Bühne herrschte. Hier hielt Chapin mit zwei der bewährtesten Saaldiener Wache. Sonst waren nur noch Tom Frost samt einigen Tontechnikern von Columbia Records und Horowitz' Klavierstimmer Bill Hupfer anwesend.

Die Garderobe war blitzblank gereinigt worden; neben dem Ledersofa stand eine Flasche mit destilliertem Eiswasser, und das Klavier zum Einspielen stand genau dort, wo es Horowitz haben wollte, und war perfekt gestimmt. Der Raum war angenehm kühl und sah einladend aus, aber er war um zehn nach drei Uhr immer noch leer, und Chapin wurde nun zunehmend nervös. Er schaute in den Saal und sah, daß dieser schon knallvoll war und Hunderte von Zuhörern, die erst eine Stunde vor Konzertbeginn Stehplatzkarten kaufen konnten, schon an ihren Plätzen standen. Chapin hatte es noch nie erlebt, daß ein Publikum derart pünktlich war. Die Spannung war fast unerträglich, und viele Leute fächerten sich mit dem Programmheft Kühlung zu. »Kein Mensch kann vor einem Publikum wie diesem spielen«, meinte ein Pianist und zeigte auf die anwesenden Berühmtheiten: Leopold Stokowski, Igor Strawinsky, George Balanchine, Sir John Gielgud, Leonard Bernstein, Van Cliburn, Rudolf Nureyev, Jennie Tourel, Richard Tucker, Zero Mostel und viele andere. Auch aus Frankreich, Italien, England und Deutschland waren Leute gekommen. »Ich kriegte weiche Knie beim Gedanken, daß ich, falls Horowitz nicht kommen würde, aufs Podium gehen und das diesen Leuten beibringen müßte«, erinnerte sich Chapin. Noch einmal ging er zum Eingang an der Fifty-sixth Street.

Die hier wartende Menschenmenge hatte schon Bernstein und Van Cliburn vorbeigehen sehen, doch von den beiden kaum Notiz genommen. Als Stokowski dann aus seinem Auto stieg, wurde er mit enthusiastischem Applaus begrüßt. Dann kam Impresario Sol Hurok zum Bühneneingang herein und fragte Chapin sofort: »Ist er schon da?«

»Nein, aber er wird kommen«, antwortete Chapin zuversichtlich, obwohl er dessen gar nicht mehr so sicher war. Goddard Lieberson stand neben Chapin, und die beiden schauten sich hilflos an. »Was werden Sie nun machen?« fragte Lieberson. »Haben Sie irgendeinen guten Vorschlag?« fragte Chapin zurück.

Fünfzehn Minuten vor Konzertbeginn steckten Horowitz, Wanda und Pfeiffer immer noch im Verkehrschaos, während im Saal die Spannung merklich anstieg. Zwanzig nach drei, und immer noch kein Horowitz in Sicht. Dann, um 3 Uhr 25, fuhr endlich eine schwarze Limousine vor. Chapin, der vor Aufregung kaum mehr stehen konnte und zudem von einer Horde von Photographen belästigt wurde, öffnete die Autotür: Tatsächlich, es war Horowitz, der da ausstieg. Er hatte einen Überzieher an, sah adrett, energisch und dennoch ruhig drein, lächelte und winkte der begeistert applaudierenden Menge zu.

»War das ein Verkehr!« erzählte Horowitz. »Wir kamen kaum mehr vom Fleck. Wir brauchten über eine Stunde. Wie findest du mein Gewand?«

»Sehr schön«, antwortete Chapin. »Aber ich glaube, wir sollten nun in den Saal gehen. Es warten dort nämlich eine Menge Leute.«

Horowitz drehte sich noch einmal der applaudierenden Menge zu und winkte den Leuten. Journalisten schossen mit Fragen los, doch Chapin führte Horowitz, Wanda und Pfeiffer nun mit Bestimmtheit zum Eingang.

Sobald sie drinnen waren, führte Chapin den Pianisten in seine Garderobe, und sofort zog Horowitz seine grauen Handschuhe aus und begann, sich einzuspielen. Weniger um zu üben, als um seine Nerven zu beruhigen. Denn am Tag eines Konzerts übte Horowitz nie; er wollte entspannte Muskeln und einen spontanen und frischen Zugang zur Musik haben. Im Gegensatz zu Paderewski, der die letzte Viertelstunde vor einem Konzert immer allein verbrachte, freute sich Horowitz, daß Wanda, Chapin und Pfeiffer bei ihm waren.

»Ich habe kalte Hände«, sagte er. Er nahm Chapins Hände, um die seinen aufzuwärmen. Aber Chapins Hände waren womöglich noch kälter. »Ihre Hände sind ja wie Eis«, meinte er. Nervös ging er dann zu einem Türhalter: »Hallo, Sie sind doch jung und gesund. Geben Sie mir bitte Ihre Hände, damit ich meine Finger wärmen kann.« Horowitz erzählte später: »Als ich die Hände dieses jungen Mannes spürte, zog ich die meinen sehr schnell wieder zurück. Meine Hände waren zwar kalt, aber seine waren eisig. Der war ja noch nervöser als ich. Alle waren nervös!«[7]

Auch das Publikum war nervös. Es war nun fünf Minuten nach halb vier, und die Spannung war fast unerträglich geworden. Chapin schlug vor, daß man nun wohl zum Konzertpodium gehen sollte. »Was ist mit den zu spät Kommenden?« wollte Horowitz noch wissen. Chapin sagte ihm, seit drei Uhr sei jeder Platz im Saal besetzt. »Wirklich?« fragte Horowitz geschmeichelt. Dann gingen sie. Möglich, daß Horowitz sein Herz schlagen fühlte, wie er es seit jeher gewohnt war, oder daß sich seine Magenmuskeln zusammenkrampften und er auch leicht schwankte. Jedenfalls half ihm Chapin, und er ging wie ein Verurteilter, mit bleichen, finsteren Gesichtszügen und einer gefurchten Stirn. Als er vor der Tür stand, die aufs Podium herausführte, erblickte er seinen Klavierstimmer. »Ist alles in Ordnung, Hupfer?« fragte er. »Alles ist okay«, war die Antwort.

Chapin und Horowitz standen nun in der Gasse. Chapin schaute zum Hauselektriker; es war genau 3 Uhr 38. »Bitte die Lichter im Saal aus.« Aus dem Saal hörte man das Publikum gedämpft murmeln. »Licht auf dem Podium an.« Nun begannen die Scheinwerfer in der von Horowitz vor ein paar Tagen genau festgelegten Stärke zu scheinen und leuchteten den neuen Konzertflügel an. Chapin hörte sein eigenes Herz schlagen, als er sich Horowitz zuwandte und ihn zum

Gehen aufforderte. Doch dieser machte keine Bewegung, sondern schaute Chapin unvermindert an mit einem ruhigen, leisen Lächeln. Schließlich ergriff ihn Chapin bei der Schulter, drehte ihn um hundertachtzig Grad in Richtung Podium, legte ihm nachher seine Hand auf den Rücken und trieb ihn so vorsichtig aufs Podium hinaus.

Horowitz ging langsam, ziemlich nach vorne geneigt. Wie er in den Lichtkegel der Scheinwerfer kam, erhob sich das ganze Auditorium und brach in ein frenetisches Schreien und Applaudieren aus. Diejenigen, die Horowitz von früheren Auftritten her noch in Erinnerung hatten, fanden, daß er sich zwar verändert habe, aber nur unwesentlich. Immer noch war er schlank, ja schmächtig; vielleicht, daß er nicht mehr ganz so aufrecht ging wie früher. Mit einem freundlichen, beinahe um Vergebung bittenden Achselzucken stand er da, als wollte er sagen: »Ich habe ja noch nicht gespielt – Entschuldigung, daß Sie meinetwegen an diesem schönen Tag herkommen mußten«, und nahm die langanhaltenden Ovationen entgegen.

Wegen seiner Kurzsichtigkeit konnte Horowitz nur die ersten drei Reihen im Parkett sehen, und so blieb er mitten auf dem Podium stehen, überwältigt und mit feuchten Augen. Er rang um seine Fassung, bog die Schultern zurück und verbeugte sich dann in jede Richtung im Saal. »Er sah elegant aus, gemessen, würdig, und er war willkommen«, schrieb Chapin. »Das Publikum merkte, wie er sich freute, und die Ovationen schwollen nochmals an. Dann machte er eine Geste zum Flügel hinüber, als wollte er fragen, ob ihn die Leute jetzt gerne spielen hören möchten. Er setzte sich auf den Klavierstuhl, und das Toben im Saal wurde noch lauter. Als die Leute sich dann setzten, ging ein Scharren durch den Saal. Und nach zwei Sekunden herrschte eine Stille, wie ich sie noch nie erlebt habe.«

Horowitz justierte nichts mehr am Klavierstuhl, sondern er begann ganz einfach zu spielen. Extrem nervös, wie er war, begann er die Bach-Busoni-Toccata schneller als vorgesehen, und in den letzten Oktaven der einleitenden Phrase griff er hörbar daneben. Das Publikum schrak zusammen, doch bald fing sich Horowitz wieder auf. Er spielte mit rhythmischer Akkuratesse, mit makelloser Artikulation und mit jener für ihn typischen, unvergleichlich reichhaltigen Klangfarbenpalette; dennoch ließen sich die falschen Noten nicht überhören. »Ich war handikapiert«, sagte Horowitz am Tag drauf, »ich bin sicher, daß ich unter anderen Umständen besser gespielt hätte. Aber diese emotionale Belastung war einfach zuviel für mich.« In einem eleganten magentarot-und-weißen Seidenkleid samt Mantel saß Wanda zwischen ihrem Bruder Walter und ihrer Schwester Wally. Etwa in der Mitte der Bach-Busoni-Toccata erhob sie sich, verließ ihre Loge und ging hinter die Bühne – so, wie es Horowitz gewünscht hatte.

Chapin stand immer noch seitlich in der Gasse; plötzlich merkte er, daß jemand neben ihm stand. Es war Wanda; sie sah unverwandt auf das Podium hinaus, und tränenüberströmt sagte sie immer wieder: »Daß ich diesen Tag noch erleben darf ... Daß ich diesen Tag noch erleben darf.« (Später wies sie allerdings mit Entschiedenheit darauf hin, daß sie nie so was gesagt habe.) Chapin ging zu Wanda und umarmte sie, und beide hörten dann den Bach-Busoni zu Ende. Als Horowitz das Stück beendet hatte, schien das Publikum befreit aufzuatmen, und es erhob sich donnernder Applaus. Harold C. Schonberg schrieb am folgenden Tag in der *New York Times*, daß »in der Fuge jede Stimme klar herausgearbeitet war und jeder Ton ein Maximum an musikalischer und koloristischer Prägnanz hatte«.[8] Als Horowitz das Podium verließ und in der Gasse dann Wanda sah, entspannten sich seine Gesichtszüge. Beide schauten sich lange in die Augen, und dann schlossen sie sich in die Arme. Anschließend rückte Horowitz sein Jackett zurecht und ging wieder hinaus, um sich für den Applaus zu bedanken. Bevor er dann mit dem Programm weiterfuhr, ging er zuerst in die Garderobe; er wolle dort warten, »bis sich die zu spät Kommenden gesetzt haben«, meinte er zu Chapin. Doch es gab kaum welche.

Als Chapin den Pianisten dann wiederum zum Podium geleitete, sprachen sie über das bevorstehende Werk, die C-dur-Fantasie von Schumann. »Was für ein wunderbares Werk!« sagte Horowitz. »So schön. Hören Sie bitte ganz genau zu. Versprechen Sie mir das?«

»Sicher«, antwortete Chapin und wischte ein imaginäres Stäubchen von Horowitz' Jackett weg. »Ich werde mit meinem ganzen Herzen zuhören.«

Es ist schwierig, die drei Sätze der Schumann-Fantasie unter einen großen Bogen zu bringen; dennoch spielte Horowitz diesmal hörbar entspannter, mit großem Atem und dramatischem Impetus. Schumann selbst hat einmal gesagt, diese Fantasie sei seine leidenschaftlichste Musik; und entsprechend rhapsodisch und zuweilen fast etwas stürmisch fiel Horowitz' Interpretation aus. »Es war eine heroische Darstellung«, schrieb Schonberg, »ohne alles Forcierte oder Sprunghafte.« Da sich Horowitz nicht wieder durch sein Lampenfieber beeinträchtigen lassen wollte, nahm er sich vor, diesmal ganz frei zu spielen und es gleichsam drauf ankommen zu lassen: Also erlaubte er sich keine Temporückungen, und er ließ sich von falschen Tönen auch nicht verwirren. In der tückischen Coda des Mittelsatzes gerieten dann die gefürchteten Sprungsequenzen außer Kontrolle – genau so, wie er es befürchtet hatte. Dennoch verlangsamte er das Tempo nicht, wie er es in diesem Fall eigentlich vorgesehen hatte, und die falschen Töne, die man in der Folge zu hören bekam, mußten für die im Publikum anwesenden Pianisten so etwas wie ein Trost gewesen sein. »Jedenfalls bezeugten sie, daß auch Horowitz nur ein Mensch ist«, schrieb Schonberg.

Horowitz sagte später, die Temperatur auf dem Podium habe ihm zu schaffen gemacht. »Ich schwitzte, als ich spielte, zudem war es feucht. Da spielt man ein Stück, das eine halbe Stunde dauert, und nimmt sich nicht einmal die Zeit, das Taschentuch herauszunehmen. Die Akkorde im zweiten Satz sind knifflig, wie wenn man Billard spielt ... Der Schweiß rann mir die Stirn herunter. Zweimal schüttelte ich den Kopf, aber das nützte nicht viel. Dann mußte ich meine Augen schließen, weil Schweiß hineingekommen war. Und dann gab es halt zwei oder drei recht falsche Töne.« Aber als Horowitz nach der Schumann-Fantasie den ohrenbetäubenden Applaus entgegennahm, lächelte er dennoch. »Gar nicht so schlecht«, sagte er zu Chapin. »Und das nächste Mal wird es noch besser sein.«

Während der Pause legte sich Horowitz auf das Sofa in seiner Garderobe und witzelte mit Wanda und den andern. »Glaubt ihr, daß das Publikum zufrieden ist?« fragte er schelmisch. Jedermann nickte. »Aber ich merke, daß ich schon sehr lange nicht mehr öffentlich gespielt habe. Ich sollte mehr Kontrolle über mein Spiel haben.« Dann erkundigte sich Horowitz, ob die Aufnahmen, die von seinem Konzert gemacht wurden, wohl gut genug seien für eine Schallplatten-Veröffentlichung. Chapin und Pfeiffer versicherten ihm beide, daß der Klang ausgezeichnet sei. Zudem sei das Publikum äußerst zuvorkommend, indem es sich bis anhin absolut ruhig verhalten habe. Eine ältere Dame versuchte, einen Hustenanfall zu unterdrücken, und sie mußte den Saal gleich zu Beginn der Bach-Busoni-Toccata mit hochrotem Gesicht verlassen. Sonst aber hörte man weder ein Husten noch ein Schneuzen. »Aber all die falschen Töne im Busoni«, warf Horowitz ein. »Ich war eben schon ein wenig nervös. Aber wenn wir die Platte veröffentlichen, dann müssen wir diese falschen Töne auch stehen lassen. Es wäre falsch, wenn man sie korrigieren würde. Mich beeindruckte sehr, daß das Publikum die Musik verstand. Irgendwie merkte ich, daß meine Botschaft den Weg zum Herzen der Zuhörer gefunden hatte.«

Gegen Ende der Konzertpause wechselte Horowitz sein Hemd, kämmte sein Haar und warf zuletzt einen prüfenden Blick in den Spiegel. Den zweiten Konzertteil begann er mit Skrjabins neunter Sonate. Vor vielen Jahren hatte Skrjabin einmal zu Horowitz' Mutter gesagt, daß ihr Sohn möglicherweise als Komponist ebenso bedeutend werde wie als Pianist. Nun, anläßlich des fünfzigsten Todestages von Skrjabin hatte dessen neunte Sonate, die *Schwarze Messe*, für ihn eine besondere Bedeutung. Das schien auch Schonberg bemerkt zu haben, jedenfalls schrieb er: »Niemand spielt Skrjabin besser als Horowitz. Er zeigt nicht nur eine totale Affinität zur fremdartig-mystischen Tonsprache Skrjabins, sondern er verfügt zugleich über eine Technik, die aus den komplexen Klangwelten ein klares und deutliches Gefüge macht – beinahe wie eine Bach-Invention.« Im Vergleich zur Interpretation von 1953, wo Horowitz ganze sechs Minuten gebraucht hatte, dauerte die Aufführung diesmal neun Minuten. Aber sie geriet deshalb nicht weniger aufwühlend, und wiederum spielte Horowitz mit expressiv großer Geste und »wunderbaren beseelten Lyrismen«.[9]

Anschließend standen noch drei Werke von Chopin auf dem Programm; zum Schluß spielte Horowitz Chopins g-moll-Ballade. Als der letzte Ton verklungen war, brach beim Publikum eine Begeisterung aus, die beinahe an Hysterie grenzte. Photographen zückten ihre Kameras, Blitzlichter flirrten durch den Saal. Da man auf Zugaben hoffte, ärgerten sich viele Leute über die Photographen, und einer von ihnen wurde gar tätlich angegriffen. Einem andern wurde das

Stativ umgestoßen, und ein dritter wurde von einem Zuhörer bedroht: »Horowitz ist tausendmal wichtiger als Ihre lausigen Bilder!« Das Publikum konnte nicht wissen, daß Horowitz den Presseleuten ausdrücklich die Erlaubnis gegeben hatte, während der Zugaben Photos zu machen.

Horowitz hatte die Zugaben mit großer Sorgfalt ausgewählt. Bevor er wieder aufs Podium hinausging, fragte er Chapin noch schnell: »Was meinen Sie, was soll ich wohl spielen?« Als erstes Stück spielte er Debussys *Serenade for the Doll*, und er interpretierte es mit einer kindlichen Ruhe und Einfachheit, so daß der Gegensatz zum vorangegangenen Taumel nicht größer hätte sein können. Dann folgte Skrjabins Etüde in cis-moll – ein lyrisches, ja fast melancholisches Stück, das wiederum den Erwartungen des Publikums nach virtuoser Demonstration nicht entsprach. Und obwohl sich Horowitz weiterhin auch nicht zu Stücken wie *The Stars and Stripes Forever* oder *Carmen*-Fantasie verleiten ließ, gab er dem Publikum dann doch, was es wollte, und spielte Moszkowskis As-dur-Etüde, wo er seine unnachahmliche Fingerfertigkeit wirkungsvoll zur Schau stellen konnte. Nach den letzten Läufen und den vier kadenzierenden Schlußakkorden sprang Horowitz vom Klavierstuhl auf – mit einer Bewegung in der rechten Hand, als würde er weiterspielen. Und jetzt brach der lärmende Jubel mit Schreien und Stampfen erst recht los. Wie Horowitz hinter die Bühne kam, sagte er zu Chapin: »Ich mußte ihnen doch etwas vom alten Horowitz zeigen.« Wanda, Chapin, die Saaldiener, Hupfer und selbst der Elektriker mußten natürlich lachen, und Horowitz ging dann wieder aufs Podium zurück – diesmal zu seiner allerletzten Zugabe, der *Träumerei* von Schumann. »Mir kam das ganze wie ein einziger Traum vor, deshalb fand ich, die *Träumerei* sei ein passender Schluß«, sagte er später. Am 10. Mai 1965 konnte man in der *New York Herald Tribune* lesen: »Die meisten Menschen kommen erst spät zu dem, was ich einfache Schönheit nennen möchte, und die Künstler kommen oft sogar am spätesten zu solchen Visionen. Das ist bei den heutigen Bedingtheiten eines Künstlerlebens verständlich. Horowitz wußte das, und er hatte recht, sich über seine anfällige Gesundheit Sorgen zu machen. Es bleibt uns nur die Hoffnung, daß es mit diesen Sorgen in Zukunft nun ein Ende haben darf.«

Nach der *Träumerei* wurden im Saal die Lichter angedreht. Horowitz verbeugte sich ein letztes Mal, doch das Publikum wollte noch nicht gehen und applaudierte unvermindert weiter. Das Licht auf dem Podium wurde abgedämpft und der Deckel des Flügels geschlossen, was das Publikum mit lautem Protestgemurmel quittierte. Die Künstlergarderobe war längst mit Blumen überfüllt, und es drängten sich Photographen, Musiker und Freunde. Auch Schallplatten-Koryphäen waren darunter, die mit spontanen Kommentaren nicht zurückhielten. Beispielsweise rief Zero Mostel: »Wenn ich so Klavier spielen könnte, würde ich mich aus dem Showbusiness zurückziehen!« Und Sol Hurok konterte trocken: »Nun, ich bin als Pianist zwar nicht so gut wie er. Aber er hatte ja auch zwölf Jahre Zeit, um zu üben!« Van Cliburn war total überwältigt: »Ich bin heute begeistert wie wohl alle Musikfreunde in der ganzen Welt. Sein Klang ist einfach wundervoll. Und Schönheit und Begeisterung sind nicht nur in der Musik gewesen, sondern sind nun auch in uns. In jedem von uns Anwesenden.«

Um ein Viertel vor sechs waren Horowitz und Wanda dann zum Gehen bereit. Jack Pfeiffer kam in die Garderobe und rief zu Chapin: »Wie wollen wir die beiden hinauskriegen? Draußen kann man sich vor lauter Leuten kaum bewegen.« Chapin bahnte sich dann einen Weg durch die Menge und winkte dem Chauffeur. Die Fans wichen etwas zurück, so daß die Limousine beim Bühneneingang vorfahren konnte. Horowitz zog seine Handschuhe und seinen Mantel an, und er wurde von Chapin unter »Bravo Horowitz«-Rufen durch die Menge geleitet. »Wir kamen hinaus«, erzählte Wanda, »und auf beiden Seiten warteten die Menschen dichtgedrängt. Plötzlich rief einer: ›Oh, Mr. Horowitz, wir haben eine ganze Nacht lang für Sie angestanden.‹ Da sagte ich: ›Wissen Sie was? Ich habe zwölf Jahre lang dafür angestanden.‹«[10]

Für die nächsten Freunde gaben Horowitz und Wanda zu Hause anschließend einen Empfang mit Champagner und Gebäck. Schuyler war dabei sowie Betty Chapin, Jack Pfeiffer, Tom Frost, Abram Chasins, Constance Keene, Ania Dorfman, David Rubin, Gitta Gradova, Maurice Cottle und Olga Strumillo. Horowitz war in bester Laune; er zündete sich eine Zigarette an und lachte über all die Fehler, die er gemacht hatte: »Das kommt in den besten Familien vor. Pianistisch war es nicht schlecht, obwohl es natürlich viel zu viele falsche Noten gab. Emotional war das für mich einfach zuviel. Ich muß meine Hausaufgaben besser machen. Und ihr kennt ja den Dämon, der in mir ist: Jedesmal habe ich das Gefühl, ich müsse es noch besser machen. Jedenfalls sollte ich mich aber besser unter Kontrolle halten, wenn ich wieder spiele.«

Bald zog sich Horowitz ins obere Stockwerk zurück, denn er wollte sich die Nachrichten im Fernsehen ansehen. Klar, daß er erwähnt wurde. Und zwar ganz am Anfang der *CBS Evening News*, wo man über seine Rückkehr aufs Konzertpodium berichtete. Man sah einen Reporter vor der Carnegie Hall, der einige begeisterte Jugendliche interviewte. Ein Teenager weinte und schwor, daß sie nun nicht mehr in die Beatles verknallt sei, sondern in ihren »neuen Gott« Horowitz. Chapin stieß ihn an: »Habe ich dir nicht immer gesagt, daß es für deine Kunst ein junges Publikum gibt? Nun müßtest du es eigentlich glauben.«

»Ich spielte auch für sie«, antwortete Horowitz.

Einen Tag später gab Horowitz der *New York Times* ein Interview. Und zwar erschien er in einem hellblauen Morgenmantel, den er über den Pyjama angezogen hatte, und zeigte dem Journalisten die vierzehn Blumenarrangements, die sein Wohnzimmer dekorierten: »Alle sandten mir Blumen«, sagte er großsprecherisch. »Svjatoslaw Richter sandte mir Blumen und ein Telegramm aus Detroit. Und ich habe ein wunderschönes Telegramm von Arthur Rubinstein aus Venedig bekommen: ›Ich bin bei Dir mit meinem ganzen Herzen. Bravo für Dein Comeback. Ich wünsche Dir allen nur erdenklichen Erfolg. Du verdienst ihn.‹« Glückwünsche kamen zudem von Isaac Stern, Erich Leinsdorf, Eugene Ormandy, Risë Stevens und vielen anderen. Noch einmal sagte Horowitz, daß ihn das Konzert emotional zu stark belastet habe, und er entschuldigte sich für die falschen Töne. »Wenn ich wieder mehr spiele, dann werde ich mich auch vollständig unter Kontrolle haben. Und die falschen Töne werden dann alle verschwinden.«

Dennoch: Die falschen Töne ärgerten Horowitz zusehends, und schließlich beschloß er, für die Schallplatten-Veröffentlichung zumindest einige der auffälligsten zu korrigieren. Am 7. Juni 1965 wurde das LP-Doppelalbum veröffentlicht – wobei die breite Öffentlichkeit nicht merkte, daß man am Live-Mitschnitt »herumgedoktert« hatte. Dennoch ließen sich die korrigierten Phrasen problemlos ausmachen, und zwar im Vergleich mit den Piraten-Aufnahmen, die während des Horowitz-Konzerts gemacht wurden. Columbia pries das Doppelalbum als ein »Live-Dokument« an, und Horowitz erklärte dem *Life*-Magazin gegenüber: »Ich möchte daran absolut nichts ändern. Denn es handelt sich doch um ein Dokument.«[11] Und Howard Klein von der *New York Times* sagte Horowitz: »Ich will dem Publikum gegenüber ehrlich sein. Natürlich sind da einige Fehler zu hören, aber das erhöht ja letztlich die menschlichen Qualitäten. Zudem wird die Spielqualität von Werk zu Werk besser.«[12] Immer gab Horowitz zwar zu verstehen, daß ihn die falschen Töne überhaupt nicht ärgerten. Dennoch geriet er in Rage, als ein Kritiker schrieb, daß auf diesem Mitschnitt mehr falsche Töne zu hören seien als auf allen anderen bisher erschienenen Horowitz-Platten zusammengerechnet.

Vor allem ärgerten Horowitz die Fehler im zweiten Satz der Schumann-Fantasie, und er fühlte sich berechtigt, in die Carnegie Hall zurückzukehren und die eine und andere Passage nochmals aufzunehmen. Denn diese Fehler hatten nichts mit seiner Nervosität zu tun; bekanntlich waren ihm Schweißperlen in die Augen gekommen, so daß er nicht mehr richtig sehen konnte. Andere Fehler – beispielsweise die falschen Töne zu Beginn der Bach-Busoni-Toccata – ließ er hingegen stehen. Als dann die korrigierte Version schon fertig abgemischt vorlag, äußerte Tom Frost Bedenken: ob man das mit gutem Gewissen als »Live«-Interpretationen bezeichnen könne. »Ich glaube, in moralischer Hinsicht war es nicht richtig, daß Columbia die LPs unter dem ›Live‹-Signet veröffentlicht hat«, sagte er später. »Aber die Versuchung, Korrekturen anzubringen, war eben groß, denn wir hatten bei einer Probe praktisch das ganze Programm mitgeschnitten, und so konnten wir dann mit beiden Bändern arbeiten.« Als Horward Klein merkte, daß man ihm etwas vorgespielt hatte, schrieb er in einer Nachkritik über diese LP-Veröffentlichung: »Mittlerweile weiß man, daß es sich hierbei nicht ausnahmslos um einen ›Live-Mitschnitt‹ handelt, sondern daß im zweiten Satz der Schumann-Fantasie Korrekturen angebracht worden sind.«[13] Anschließend stellte auch Klein jene bereits von Frost aufgeworfene Frage nach den ethischen Dimensionen einer solchen Veröffentlichungspolitik.

Dennoch wurden diesem Doppelalbum im März 1966 gleich drei Schallplattenpreise verliehen, und bald waren über fünfzigtausend Exemplare verkauft. Eines jedenfalls war sicher: Kein anderes Konzert aus diesem Jahrzehnt konnte mit einer derart geballten dramatischen Intensität aufwarten. »Ich weiß gar nicht, wie ich sie eigentlich bezeichnen soll«, meinte Horowitz später über seine historische Rückkehr aufs Konzertpodium. »War es ein Debüt? Oder war es nicht eher eine Auferstehung? Nun, wenn man es ein Debüt nennt, dann beleidigt man mich. Auferstehung, ja, das stimmt wohl eher ...«[14]

46 Horowitz überprüft die Bühnenbeleuchtung des Metropolitan Opera House während einer Probe. Nach mehrjähriger Auftrittspause gibt Horowitz am 17. November 1974 wieder einen Klavierabend in New York.

47 Wieder auf Tournee in den siebziger Jahren: Horowitz spielt bei Konzerten nur noch auf seinem eigenen Steinway, den er zärtlich »beauty« nennt. Hier der Abtransport seines Flügels durch ein Fenster seines Hauses in New York.

48 Im Alter von siebzig Jahren, sieben Monate nach einer Reihe von Elektroschockbehandlungen, beendet Horowitz am 12. Mai 1974 seine über fünf Jahre dauernde dritte Abwesenheit vom Konzertpodium mit einem Klavierabend in der Severance Hall in Cleveland. »Ich bin ein junger Mann, voll im Saft«, ruft er Reportern auf einer Pressekonferenz zu, »jetzt werde ich mich nicht mehr zurückziehen.«

49 In den siebziger Jahren mußten viele Konzertmanager feststellen, daß Vladimir und Wanda Horowitz harte Geschäftspartner waren, die unerbittlich ihre Höchstforderungen durchsetzten. Wandas Temperamentsausbrüche sollen dabei jenen ihres Vaters in keiner Weise nachgestanden haben.

50 Horowitz signiert 1976 eine Schallplatte für den Schauspieler Tony Randall an einer Veranstaltung im Korvette-Kaufhaus in New York.

51 »Es ist sein Geburtstag – also tue ich alles, was er will«, sagte Wanda Horowitz zu einem Reporter im Studio 54, New Yorks berühmtester Disco.

52 Auch im Studio 54 mit seiner obligaten Fliege ausgestattet, setzt Horowitz sich Ohrstöpsel ein, um sein empfindliches Gehör vor dem Discogedröhn zu schonen.

53 Auf einer Cocktailparty in den Räumen der RCA gibt Horowitz dem Pianisten Tedd Joselson eine Impromptu-Lektion in Fingerfertigkeit. Die Party fand am Neujahrstag 1978 statt, eine Woche vor seinem Auftritt zum 50. Jahrestag seines Debüts in den USA.

54 Horowitz und der Dirigent Eugene Ormandy nehmen am Ende des Jubiläumskonzerts vom 8. Januar 1978 den Applaus des Publikums entgegen. Horowitz, der zum erstenmal seit 25 Jahren wieder mit einem Orchester, dem New York Philharmonic, spielte, hatte für diesen Anlaß unter anderem Rachmaninows drittes Klavierkonzert ausgewählt.

55 Horowitz spielte 1978 Rachmaninows drittes Klavierkonzert ein weiteres Mal mit dem New York Philharmonic, diesmal unter dem Dirigenten Zubin Mehta. Links: Probe für das Konzert vom 24. September 1978. Oben: Horowitz und Mehta nehmen den Applaus des Publikums entgegen. Das Konzert wurde unter dem Titel *Horowitz Live* von der amerikanischen Fernsehkette NBC direkt übertragen und via Satellit auch nach Europa ausgestrahlt.

56 Vladimir Horowitz, Wanda und die Katze »Fussy« posieren für einen Artikel in der amerikanischen Zeitschrift *Newsweek* vor einem japanischen Wandgemälde ihres Wohnzimmers in New York.

57 Vladimir und Wanda Horowitz im Gespräch mit Prinz Charles in der Royal Festival Hall, wo der Pianist 1982 ein Wohltätigkeitskonzert gab.

58 Präsident Jimmy Carter hält eine Eröffnungsrede anläßlich von Horowitz' Auftritt im Weißen Haus am 26. Februar 1978. »Horowitz«, erklärte Präsident Carter, »ist ein lebendes Kulturmonument.«

59 Nach seinem Auftritt im Weißen Haus überreicht Horowitz Präsident Carter ein Exemplar der Schallplattenaufnahme seines Jubiläumskonzerts vom 8. Januar 1978 in New York. Ganz links ist Tourneebegleiter Giovanni Scimonelli zu sehen, im Hintergrund RCA-Produzent John Pfeiffer, neben ihm rechts Wanda und ganz rechts Rosalynn Carter.

60 Wanda und Vladimir Horowitz nach ihrer Ankunft im Flughafen von San Diego – das Lieblingsfoto der beiden (1977).

61 Horowitz bei seinem Auftritt in Hamburg, 11. Mai 1986.

Was bleibt am Ende übrig?

Jedesmal, wenn man aufs Podium geht, muß man sich selber übertreffen. Immer muß man noch besser sein. So bin ich nun einmal. Ich kann mich ja nicht ändern. Man mag mit mir einverstanden sein oder nicht. Man mag mich gut finden oder nicht. Aber Integrität wird man mir wohl nicht absprechen können.[1]

Nach seinem Erfolg in der Carnegie Hall wurde Horowitz von zahlreichen Konzertveranstaltern bedrängt. Darunter befanden sich auch Freunde von früher wie Harry Zelzer aus Chicago und Patrick Hayes in Washington D.C., die über die Möglichkeit weiterer Konzerte mit Horowitz verhandeln wollten. Obwohl Horowitz in Aussicht gestellt hatte, daß er dasselbe Programm möglicherweise auch in andern Städten wiederholen würde, zeigte er jetzt absolut keine Lust dazu. Wieder einmal fühlte er sich deprimiert und niedergeschlagen. »Ich weiß nicht, ob ich je noch einmal auftreten werde«, sagte er mürrisch zu seinem Freund Abram Chasins. »Vielleicht wird dann gerade der nächste Auftritt ein Mißerfolg. Ich sollte überhaupt nicht mehr auftreten.« Chasin versuchte ihn umzustimmen und zu ermutigen, doch das verdroß Horowitz erst recht. »Mein lieber Abrascha«, meinte er bissig, »wenn du noch lange von diesem Konzert am Muttertag sprichst, so werde ich es bereuen, daß ich *überhaupt* je wieder gespielt habe.«

Beinahe den ganzen Sommer über fühlte sich Horowitz müde und war grundsätzlich recht pessimistisch. »Mein Klavierspiel befriedigt mich nicht«, erklärte er gegenüber Reportern. »Ich muß mich auf dem Konzertpodium zuerst wieder zurechtfinden. Zu Hause spiele ich wunderbar. Anschließend probiere ich dasselbe auf dem Podium und muß mir dann sagen: ›Ach, du meine Güte!‹ Das ist eben komplett verschieden: Auf dem Podium macht man tausenderlei zusätzliche Nuancen und Schattierungen. Zu Hause hält man sich dagegen eher zurück.«[2] Horowitz übte überhaupt nicht mehr und schrieb das alles dem »faulen« Wetter zu. »Ich fühlte mich den ganzen Sommer über irgendwie behindert. Ich bin auf feuchtes Wetter richtig allergisch«, sagte er der *New York Times* gegenüber. »Das Instrument spricht nicht an, und ich spreche auch nicht an. Wenn es dagegen frisch und hell ist, habe ich wesentlich mehr Energie.«

Horowitz hatte ein probates Mittel, um seine Energien jeweils zurückzugewinnen, und er hatte es bei Depressionen stets mit Erfolg angewandt: »Man muß sich dann eine neue Herausforderung suchen.« Diesmal entschloß sich Horowitz, Skrjabins zehnte Sonate zu lernen, für ihn »die schwierigste« von allen Klaviersonaten Skrjabins. Und bald verriet er einem Freund: »Eigentlich bin ich stolz auf mich, stolz, weil ich in meinem Alter noch Neues wage.«

Sobald sich Horowitz mit einem neuen Repertoire beschäftigte, kehrten seine alten Energien wiederum zurück. Als dann das Wetter kühler wurde, übte er wieder regelmäßig und dachte gar daran, im November oder Dezember erneut einen Klavierabend in der Carnegie Hall zu geben. Neben der Skrjabin-Sonate studierte er noch drei andere Werke ein, die er in den letzten Jahren weder öffentlich gespielt noch aufgenommen hatte: Beethovens Sonate op. 10 Nr. 2, Mozarts Sonate KV 331 und Chopins *Polonaise-Fantasie*. Am 27. Oktober probierte er sein neues Programm erstmals in der Carnegie Hall aus, wie immer nachmittags um vier Uhr, und anschließend gab er der *New York Times* ein Interview. Zwei Wochen später fühlte er sich sicher genug, einen kleinen Kreis von Zuhörern einzuladen, und zwar zweihundert Studenten von der Rutgers Universität, die ausschließlich für dieses »Privatkonzert« nach New York kamen. Zudem waren Columbia-Tontechniker zugegen, die das Konzert mitschnitten. Neben der zehnten Skrjabin-Sonate spielte Horowitz zudem Werke von Scarlatti und Beethoven. Es wurde ein memorables Konzert – wenn auch aus einem völlig unvorhergesehenen Grund: Am 9. November begann nämlich eine Serie von Stromausfällen in New York City. Eben hatte Horowitz mit der *Polonaise-Fantasie* begonnen, als plötzlich das Licht ausging. Er spielte trotzdem weiter, ohne einen falschen Ton. Nach vielleicht zwei Minuten kam ein Saaldiener mit einer Taschenlampe; er flüsterte Horowitz zu, daß im ganzen Block kein Licht mehr sei, und montierte die Lampe am Flügel. Horowitz hielt einen Moment inne, und dann begann er die Chopin-Polonaise nochmals und spielte sie unter dem spärlichen Licht dieser Taschenlampe zu Ende.

Vielleicht war es wegen des Stromausfalls, vielleicht auch, weil Horowitz weder mit seinen Interpretationen noch mit seinem Konzertprogramm zufrieden war (es hieß, daß er mit Beethovens Sonate nicht viel anfangen könne und sie ihm zu harmlos und langweilig sei für ein öffentliches Konzert) – jedenfalls begrub er alle Pläne für einen Klavierabend. In einem Interview mit der *New York Times* sagte er zu Horst Taubman, es sei nicht eigentlich der Schock über diesen Stromausfall gewesen, der ihn dazu bewogen habe, den Klavierabend abzusagen (Julius Bloom hatte die Carnegie Hall bereits für den 28. November reserviert), sondern vielmehr die Ankündigung der Regierung, daß es zu weiteren Stromausfällen kommen könne. »Ein Pianist, der zwölf Jahre lang von einem auf den nächsten Klavierabend gewartet hat«, schrieb dann Taubman, »kann jetzt problemlos einige Monate warten, bis die Stromversorgung der Stadt wieder gesichert ist.«[3]

Auch Anfang 1966 hatte Horowitz absolut keine Lust, weitere Klavierabende zu geben. »Manchmal wache ich am Morgen auf und fühle mich total leer. Und dann ist es ja klar, daß es absolut keinen Sinn hat, einen Klavierabend zu geben. Nur um zu beweisen, daß ich immer noch spielen kann? Das habe ich doch im vergangenen Mai bewiesen. Abgesehen davon brauche ich die damit verbundene Anspannung und Erregung gar nicht. Davon habe ich genug, und zwar für mein ganzes Leben. Was bleibt am Ende übrig? Geld? Wenn es das wäre, könnte ich doch in ein paar kleinen Städten im Mittleren Westen spielen und einige tausend Dollar verdienen; dabei müßte ich mich nicht einmal der fieberhaften Atmosphäre eines New Yorker Auftritts aussetzen.« Dennoch übte Horowitz in jener Zeit täglich an zwei Konzertprogrammen. Er war in manischer Stimmung, manchmal unheimlich enthusiastisch, um dann in eine um so depressivere Lethargie zurückzufallen. »Es gibt Tage, an denen am Klavier überhaupt nichts herausschaut«, klagte er. »Und spiele ich dann einige Stunden später noch einmal, so tönt alles prima, ja hervorragend. Meine Finger funktionieren bestens, besser noch wie früher in jungen Jahren.«

Beinahe ein Jahr brauchte Horowitz nach seinem Comeback 1965, bis er sich wieder sicher genug fühlte; dann bat er Bloom, er solle die Carnegie Hall für zwei Sonntagnachmittage im April provisorisch reservieren. Gegen Ende März entschied er sich dann für den 17. April als definitives Datum. Im Vertrauen teilte er Bloom zugleich mit, daß er – falls der Klavierabend in der Carnegie Hall wirklich gut gehe – das Programm auch an der Rutgers Universität in Brunswick (New Jersey) wiederholen werde. Ganz im Gegensatz zu Horowitz' Befürchtungen, daß ein erneuter Klavierabend von ihm nur noch auf geringes Interesse stoßen könnte, ging nach dessen Ankündigung ein wahrer Sturm auf die Billettkasse los. Am 4. April begann der Vorverkauf, aber wie schon ein Jahr zuvor standen auch diesmal um Mitternacht gegen tausend Menschen an. Horowitz fuhr in Begleitung seiner Sekretärin, Kati Melonas, mit dem Taxi zur Carnegie Hall, um selber einen Augenschein zu nehmen. Beim Anblick der fröstelnden Menge schüttelte er ungläubig den Kopf. Jemand aus der Menge erkannte ihn und rief: »Nur nicht nervös werden, Mr. Horowitz – wir sind ja alle bei Ihnen!« Leise entgegnete Horowitz: »Gott segne euch.« Kati Melonas erhielt den Auftrag, bei den Wartenden zu bleiben und Kaffee und Pfannkuchen zu spendieren. Was sie sogar zweimal tat. »›Bewegt‹ ist kein Wort für das, was Horowitz ist und fühlt«, erzählte sie der *New York Times*. »Zudem ist mir zu kalt, um über das richtige Wort nachzudenken.« Am kommenden Morgen waren innert zweieinhalb Stunden sämtliche Karten verkauft, und vierhundert Leute mußten mit leeren Händen und frustriert nach Hause zurückkehren.

In Erinnerung an die mit falschen Tönen gespickte Interpretation der Bach-Busoni-Toccata vom letzten Jahr begann Horowitz diesmal seinen Klavierabend sehr vorsichtig: mit der kurzen und relativ einfachen Scarlatti-Sonate L. 18. »Um meine Nerven zu beruhigen«, wie er später sagte. Im Vergleich zu 1965 spielte Horowitz diesmal wesentlich kontrollierter; zudem hatte er mit Bedacht ein eher schlichtes Programm zusammengestellt: mit Beethovens 32 Variationen c-moll,

Mozarts Sonate KV 331, Skrjabins zehnter Sonate und einigen Werken von Chopin (*Polonaise-Fantasie*, Mazurka op. 33 Nr. 4, Nocturne op. 72 Nr. 1 sowie das b-moll-Scherzo). Er erhielt zwar schwärmerische Kritiken; dennoch nörgelte man wie gewohnt an seinem etwas gestelzten Umgang mit klassischer Musik herum: »Da sind zu viele agogische Rückungen, zu viele dynamische Schwankungen und zu viele Tempi, die echt unmozartisch klangen«, schrieb Harold C. Schonberg.[4]

Horowitz spielte an diesem Nachmittag sehr konzentriert; nicht zuletzt wollte er die falschen Töne auf ein absolutes Minimum reduzieren. Und so wirkten seine Interpretationen in der ersten Konzerthälfte recht zurückhaltend – jedenfalls bis zur großartig spannungsgeladenen Skrjabin-Sonate, welche den ersten Teil beschloß. Obwohl die rätselhaft-dunklen Harmonien in diesem mystischen Werk das Aufnahmevermögen eines durchschnittlichen Horowitz-Publikums wohl um einiges überstiegen, zog Horowitz die Zuhörer mit seiner ungemein klangfarbenintensiven und dynamisch kontrastreichen Interpretation völlig in Bann.

Und am Schluß schien er sein Publikum mit einer umwerfenden Interpretation von Chopins b-moll-Scherzo gleichsam zu mesmerisieren. Immer noch widerstand er der Versuchung, mit einer seiner bekannten Transkriptionen zu brillieren. Dennoch hatte er es sich nicht nehmen lassen, die Coda des Chopin-Scherzos neu zu schreiben: Das Publikum schien hörbar in Atemnot zu kommen, und Harold C. Schonberg bemerkte auch, daß »einige der anwesenden Pianisten sichtlich grün im Gesicht wurden«. Nach jedem Stück wurde lautstark applaudiert; Bravorufe und Fußgestampfe dröhnten jeweils durch den Saal, und als Horowitz nach der Chopin-Gruppe das Podium verließ, war er mit sich selbst sichtlich zufrieden. Später klagte er allerdings, daß ihn »diese hysterischen Leute ärgern und nervös machen; das Publikum ist viel zu hysterisch, weil ich zu selten auftrete«. Nun wußte Horowitz auch, was es mit seiner Legende auf sich hatte: Seine Leistungen galten zweifellos als unerreicht, waren aber auch unvorhersehbar. Und das sollte für die kommenden Jahrzehnte auch so bleiben.

Horowitz löste zudem sein Versprechen ein, für die Studenten zu reduzierten Preisen zu spielen (die Karten kosteten zwischen zwei und sechs Dollar), und so fuhr er am 8. Mai nach New Brunswick zur Rutgers-Universität. Unterwegs, auf der New-Jersey-Autobahn, merkten Wanda und Horowitz plötzlich, daß ein Auto auffällig neben ihnen herfuhr. Eine junge Dame hielt dann einen Karton aus dem Fenster, auf den das Wort »Bravo« gekritzelt war. Zudem winkte sie mit zwei Eintrittskarten. Horowitz mußte lachen und befahl dem Chauffeur, er solle diesem Auto folgen: »Die wissen, wohin ich gehe!«

Die festlich entspannte Atmosphäre in der Rutgers-Turnhalle wirkte auf Horowitz stimulierend. Es störte ihn nicht einmal, daß ausgerechnet während der Skrjabin-Sonate das Telefon zu schellen begann. Am Schluß winkte er begeistert den enthusiastisch applaudierenden jungen Leuten zu und entschied, daß er seinen nächsten Klavierabend wiederum an einer Universität geben wolle. Also sagte er Anfragen aus Philadelphia, Washington und Boston ab und spielte dafür am 13. November in der Woolswey Hall an der Yale Universität.

Da man hier ohne alle Formalitäten auskam, konnte Horowitz sein neues Programm in aller Freiheit ausprobieren, ohne dem Druck und den Erwartungen des New Yorker Publikums ausgesetzt zu sein. Am 27. November spielte er dasselbe Programm dann auch in der Carnegie Hall, und er wiederholte dieses Konzert nochmals am 10. Dezember. Damit erfüllte er sich einen langgehegten Wunsch: in der Carnegie Hall zweimal mit demselben Programm aufzutreten. Kürzlich erst hatte er einen Fünfjahresvertrag mit Columbia Masterworks unterschrieben; klar, daß beide Konzerte mitgeschnitten und später als Doppelalbum »Horowitz in Concert« veröffentlicht wurden (wobei auch einige Werke aus dem Horowitz-Konzert vom 17. April stammten).

1965 hatte Horowitz in mehreren Interviews versprochen, mehr Debussy zu spielen. In seinen Klavierabenden vom Herbst 1966 löste er dieses Versprechen ein mit drei Préludes aus dem 2. Band: *Les fées sont d'exquises danseuses, La terrasse des audiences au clair de lune* sowie *L'isle joyeuse*. Entsprechend seinem üblichen Programmkonzept begann er mit einem klassischen Werk – diesmal mit Haydns Sonate Nr. 23 F-dur – und ließ dann Schumanns kurzes *Blumenstück* op. 19 folgen; den Schluß des ersten Programmteils bildete Chopins b-moll-Sonate. Nach der Pause folgten dann die Debussy-Preludes, und zum Schluß spielte Horowitz das relativ selten zu hörende *Vallée d'Obermann* aus den *Années de Pèlerinage* von Liszt. Dieses Stück hatte er übrigens noch nie gespielt, und es gefiel ihm ganz besonders. Da ihm einige Passagen nicht eben gut in den Händen lagen, änderte er das eine und andere an Liszts Satzstruktur: brachte Oktavverdoppelungen an, schrieb ein paar neue Kadenzen und verstärkte an einigen Stellen die Klangfülle. All das schien ihm durchaus mit der Lisztschen Tradition des Improvisierens vereinbar – insofern man mit gutem Geschmack und stilistischem Einfühlungsvermögen vorging. »Sie muß mit großflächiger Gestik gespielt werden, mit einer großen Linie«, meinte Harold C. Schonberg über diese Liszt-Komposition. »Horowitz vertraute dieser Musik voll und ganz, und seine Interpretation strahlte Würde und Kraft aus ... Er hat damit nicht nur ein großartiges Werk wiederentdeckt, sondern eine ganze Epoche wiederbelebt.«[5]

Obwohl Horowitz im März 1967 wiederum in der Carnegie Hall probte und ernsthaft Klavierabende in Chicago, Washington, Boston und Philadelphia ins Auge faßte, trat er erst im folgenden Oktober wieder auf. Diese zehnmonatige Pause hatte einen ganz besonderen Grund: Im Januar 1968 jährte sich sein Amerika-Debüt zum vierzigsten Mal, und er wollte diesem Anlaß besonderen Ereigniswert verleihen, indem er sich vorher wiederum vom Konzertpodium zurückzog. Deshalb erschien er in diesen zehn Monaten auch nur ein einziges Mal in der Öffentlichkeit – und zwar auf einer Tee-Party in der Steinway Hall, zu der alle jene Fans eingeladen waren, die 1965 und 1966 im Regen Schlange gestanden hatten, um noch zu einer Eintrittskarte zu kommen. »Ich renne zwar niemandem nach, aber ich schüttle Ihnen allen die Hand«, sagte er bei diesem Empfang. Er saß am Flügel, direkt unter einem Portrait von Händel, und nahm Geschenke entgegen – darunter auch ein T-Shirt mit seinem eigenen Konterfei drauf. Ein Teenager fragte den mittlerweile zweiundsechzigjährigen Pianisten: »Mr. Horowitz, werden Sie die *Danse macabre* je wieder spielen?« »Nein«, konterte der Pianist sofort, »zu makaber.« Horowitz schenkte jedem seiner Fans ein breites Grinsen – aber er spielte keinen Ton, obwohl man ihn wiederholt darum bat. »Ich wollte nicht vorspielen, sondern die Leute kennenlernen«, erinnerte er sich später. »Eigentlich bin ich ja kein geselliger Typ, aber diese Party hat mir gefallen. Das war recht eigentlich Liebe – gegenseitige Liebe.«

Horowitz war derart begeistert über seine jugendlichen Fans, daß er wiederum zu unterrichten gedachte. Er bat Peter Mennin, den Präsidenten der Juilliard School, ihm einige besonders begabte Studenten vorzuschlagen, und schließlich wurden vier Juilliard-Musikstudenten zum Vorspielen geschickt: Murray Perahia, Joseph Kalichstein, Jeffrey Siegel und Albert Lotto. Aber keiner wurde Schüler von Horowitz; die einen fanden das Honorar indiskutabel, die anderen hatten Bedenken, in nähere Beziehung zu Horowitz zu treten – bekanntlich war dessen Verhältnis zu seinen Schülern ja nie unproblematisch gewesen. »Als ich ihm vorspielte«, erzählte Albert Lotto, »fragte er mich komisches Zeug: ob ich Geld habe, ob ich eine Freundin habe, ob meine Eltern immer noch verheiratet seien und so. Ich merkte, daß es nicht nur um Klavierunterricht ging, sondern auch um eine Beziehung zwischen ihm und mir. Horowitz lebte irgendwie in einer Phantasiewelt, und ich wollte da nicht mitmachen.«[6]

Horowitz gab seine Unterrichtspläne bald wieder auf. Dennoch behielt er den Kontakt zu jungen Leuten, indem er im Herbst in New York City je einen Klavierabend am Queens College (22. Oktober) und am Brooklyn College (12. November) gab. Beide dienten ihm als Vorbereitung für seine bevorstehenden Klavierabende in der Carnegie Hall (26. November) und in Washington, D.C. (10. Dezember) – übrigens seit vierzehn Jahren sein erster Auftritt in der amerikanischen Hauptstadt. Die große Überraschung, ja der eigentliche Höhepunkt beim Klavierabend in der Carnegie Hall kam erst nach der zweiten Zugabe. Noch einmal kam er aufs Podium, blickte fragend in die applaudierende Menge, grinste dann verschmitzt, setzte sich noch einmal an den Flügel – und spielte tatsächlich seine eigene *Carmen*-Fantasie. Es war das erste Mal seit 1953, daß er wiederum eine seiner Transkriptionen vortrug. Und er ließ keinen Zweifel offen, daß er nach wie vor ein blendendes pianistisches Feuerwerk zu inszenieren verstand – und daß er keine Bedenken mehr hatte, die Leute könnten ihn als einen simplen Tastenakrobaten einstufen. Horowitz »übergoß sein Publikum mit einem Sprühregen von Tönen, mit flitzenden Oktavpassagen und mit einer eigentlichen Salve von *Fortissimo*-Stellen«, schrieb später ein Kritiker.[7] Es schien, daß Horowitz wiederum der alte war – und vielleicht war das gut so.

Projekt X

In einem Konzert müssen die Leute ruhig dasitzen und zuhören. Was aber, wenn sie im Wohnzimmer vor dem TV-Apparat sitzen und plötzlich ein Kind irgend etwas zu essen verlangt und die Mutter das dann holen muß? Dann wird man zum Background-Musiker degradiert.[1]

Horowitz hatte seine *Carmen*-Fantasie nicht eigens für die Herbst-Konzerte von 1967 ausgegraben. Vielmehr spielte sie eine wichtige Rolle im Rahmen der Festveranstaltung, die zur Feier des vierzigjährigen Jubiläums von Horowitz' Amerika-Debüt geplant war: ein Fernsehkonzert in der Carnegie Hall. Horowitz tat sich unheimlich schwer mit der Entscheidung, ob er ein Fernsehkonzert überhaupt bestreiten wolle. Und bis dieser Entscheid gefallen war, verlangte er absolute Diskretion. Jedermann, der mit dieser geplanten Show irgendwie zu tun hatte, sprach deshalb ausschließlich vom »Projekt X« – bis am 17. Januar 1968 die Öffentlichkeit dann endlich davon erfahren durfte. Seit seinem Comeback im Jahr 1965 hatte CBS immer wieder versucht, ihn für ein Fernsehkonzert zu gewinnen, aber Horowitz legte diesem Projekt endlose Hindernisse in den Weg. Stets hatte er Angebote vom Film und Fernsehen abgelehnt, weil er immerzu argwöhnte, daß dann irgend jemand aus seinem Namen Kapital schlagen könnte. Zudem befürchtete er, daß die Popularität, die er solcherart bei einem Millionenpublikum gewinnen würde, sich ungünstig auf sein Privatleben auswirken könnte. Drei Jahre lang mußte CBS auf ihn einwirken, bis er endlich seine Einwilligung gab. Und dies nur unter der Voraussetzung, daß all die Einwände, die er gegen das Fernsehen vorzubringen hatte, zu seiner Zufriedenheit geklärt werden und er zudem jeden Aspekt der ganzen Produktion selber kontrollieren könne.

CBS betraute Howard Taubman, den Chefkritiker der *New York Times*, mit der Aufgabe, bei Horowitz zu sondieren und ihn von diesem Projekt zu überzeugen. Taubman erklärte dem Pianisten, daß ein Fernsehkonzert die absolut aufregendste Art sei, sein Jubiläum zu feiern. Und selbst die Tatsache, daß Horowitz nurmehr sehr selten öffentlich spielte, würde durch ein Fernsehkonzert gleichsam belanglos. Denn auf der Mattscheibe könne Horowitz dann in allen amerikanischen Städten zur gleichen Zeit präsent sein und mit seiner Musik sogar Menschen erreichen, die nie ein Konzert besuchen oder eine Schallplatte kaufen würden. Selbstverständlich sollte es eine Farbaufzeichnung werden – der erste klassische Klavierabend, der je vom Fernsehen übertragen worden war. Horowitz gab zu, daß er selber zur Entspannung gern fernsehe. Aber die Tonqualität sei viel zu mies, für ernste Musik jedenfalls nicht geeignet. Zudem würden ihn die von allen Seiten surrenden Kameras in seiner Konzentration stören. Und auch das Publikum werde abgelenkt. »Was ich an musikalischen Sendungen bis anhin gesehen habe, war immer ein Flop«, sagte er. »Da werden viel zu viele Dinge für das Auge gemacht, und das Ohr hat dabei das Nachsehen. Wenn man einem Sinfonieorchester zuhört, hat man – wegen der vielen Bildschnitte – das Gefühl, man würde zwischen den einzelnen Instrumenten herumspringen. Und wenn ein Sänger am Fernsehen kommt, sieht man vor allem seine Mandeln.« Taubman hielt dem entgegen, daß das Fernsehen technische und künstlerische Fortschritte gemacht habe. Ihn würden die Kameras nur von ein paar wenigen strategischen Punkten aus filmen, und zwar ohne die lästigen, weil viel zu schnell aufeinanderfolgenden Bildschnitte. Zudem wolle man das Konzert in der Carnegie Hall filmen und nicht in irgendeinem Studio; es gebe also weder ein Skript noch Dekorationen. »Stellen Sie sich das mal vor«, schloß Taubman, »wenn Sie jetzt in einem Film Franz Liszt am Klavier sehen könnten. Wäre das nicht wundervoll?«

Horowitz zeigte zunehmend Interesse an der Sache. Aber er hatte immer noch Bedenken – beispielsweise dürfe keine Sponsorfirma genannt werden. »Keine Spaghetti, keine Makkaroni, keine Deodorants«, warnte er. »Seien wir doch ehrlich: Im Fernsehen gibt's wirklich einige sehr billige Dinge.« Darauf erwiderte Taubman, ganz im Sinne von CBS, daß zweifellos ein erstklassiger Sponsor gefunden werden könne. In der Tat war Horowitz dann mit dem gewählten Sponsor zufrieden: General Telephone and Electronics stellte 450000 Dollar für dieses historische Fernsehereignis zur Verfügung.

Doch damit war das Debattieren noch keineswegs erledigt. Horowitz bestand beispielsweise auf zwei Generalproben, damit er sich an die Sache gewöhnen könne. Er wußte, daß er fast Unmögliches verlangte, und er sagte später auch, daß CBS in der ganzen Angelegenheit »wundervolles« Verständnis gezeigt habe. »Die sagten: ›Ja, warum nicht einmal einen Probelauf arrangieren. Sie spielen einige Stunden, und wir machen Filmaufnahmen. Nachher zeigen wir Ihnen das Resultat. Wenn Sie nicht zufrieden sind, verbrennen wir die Bänder. Und wenn Sie zufrieden sind, machen wir das Fernsehkonzert.‹«

Horowitz hatte vor allem wegen des technischen Aufwands Bedenken, und es brauchte einige Monate, bis Produzent Howard Taubman, Direktor Roger Englander und Tom Frost, Horowitz' CBS-Produzent, entschieden hatten, wie man das Konzert überhaupt filmen wolle. Tom Frost wußte, wie schwierig sich Horowitz bei Schallplattenaufnahmen manchmal gebärden konnte und wie wählerisch er war, wenn es um das definitive Okay für eine Veröffentlichung ging. Daß es bei den Filmaufnahmen ähnliche Probleme geben würde, war vorauszusehen, und so entschied sich Frost, kein Videotape herzustellen, sondern Filmaufnahmen zu machen, da beim Film das Soundediting wesentlich einfacher war. Englander und Taubman votierten hingegen für das Videotape – das gäbe eine realistischere und spannendere Atmosphäre. So kam es zu einem Konflikt, wobei Taubman zunehmend merkte, daß Frost sich da in eine medienspezifische Sache einmischte, die er gar nicht verstand. Ein anderer Columbia-Produzent, der diese Querelen aus der Nähe verfolgen konnte, erzählte später: »Frost setzte selbstverständlich voraus, daß er bei dieser Produktion mit dabei sein und auch Geld für seine Arbeit kriegen werde. Er sagte Taubman, daß er Horowitz sehr gut kenne und daß es deshalb nur von Vorteil sein könne, wenn er bei der Produktion mitwirke.«[2] Man übergab Frost die Verantwortung für die Programmgestaltung; dennoch beharrte dieser nach wie vor darauf, daß er auch in anderen Sachfragen mitzureden habe, und verärgerte seine Kollegen zusehends. Taubman ging zu Horowitz in der Annahme, daß der Pianist genügend Einfluß habe, um Frost zum Rücktritt zu bewegen. »Taubman erzählte Horowitz, ich hätte gesagt, es sei sehr schwierig, mit Horowitz zusammenzuarbeiten«, erinnerte sich Frost. »Zudem solle man keine Videotape-Aufnahmen machen, denn die würden Horowitz sowieso nicht gefallen. Und er sagte ihm auch, daß ich hinter seinem Rücken über ihn spreche.« Wie stets reagierte Horowitz auf solche Kritik übersensibel; er wollte nicht, daß jemand aus der persönlichen Bekanntschaft mit ihm irgendeinen Vorteil ziehe, und bestand deshalb darauf, daß Frost ersetzt werde. An seine Stelle trat dann Paul Myers, mit dem Horowitz ein einziges Mal kurz zusammengearbeitet hatte.

Stolze 275000 Dollar mußte CBS für die zwei von Horowitz geforderten Proben ausgeben. Diese fanden am 2. und 3. Januar statt – wobei man stets befürchtete, daß irgendein Detail bei diesen Probeläufen auf Horowitz' Mißfallen stoßen könnte und er dann das ganze Projekt abblasen würde. Achtundzwanzig Techniker waren mit den Aufnahmen beschäftigt; zudem mußten Zimmerleute das Holzpodium mit Zusatzstützen versehen, damit das Holz unter dem Gewicht der Fernsehkameras, die um den Flügel herum postiert wurden, nicht knarrte. Alle knarranfälligen Stellen wurden sorgfältig mit Klebeband markiert. Und als weitere Vorsichtsmaßnahme wurde das ganze Podium mit einer dicken Puderschicht überstäubt – Horowitz hatte verlangt, daß beim Hin- und Herschieben der Fernsehkameras nicht das kleinste Geräusch entstehen dürfe.

Nichts wurde dem Zufall überlassen. Sogar an ein *stand-in* für Horowitz hatte CBS gedacht und deshalb den Pianisten Sheldon Shkolnik engagiert. So mußte Horowitz nicht stundenlang in der Hitze des Scheinwerferlichts ausharren. Shkolnik spielte das gesamte Programm, während Englander für die Fernsehkameras strategisch wichtige Ecken ausmachte und Myers den Ton kontrollierte. »Immer hatte ich geglaubt, daß der Flügel von Horowitz äußerst leicht anspreche«, erzählte Shkolnik später, »denn ich konnte mir nicht vorstellen, wie er sonst einen derart brillanten Ton hingekriegt hätte. Um so mehr war ich dann von seinem Steinway überrascht; er spielte dasselbe Instrument wie bei seinem

Comeback 1965, und ich habe noch nie auf einem schwerer ansprechenden Flügel gespielt. Das war so mühsam, wie wenn man im Sand rennen soll.«

»Schon bei der ersten Probe war Horowitz bald in einer Weise entspannt, wie wir das nie zu hoffen wagten. Zuerst improvisierte er, begann mit beiden Händen Zehn- und Zwölftonakkorde zu spielen, und zwar so leise, daß man den Anschlag kaum hörte und die Akkorde wie Dampf aus dem Flügel aufzusteigen schienen. Dann spielte er mit den beiden Daumen eine trompetenähnliche, forsche Melodie dazu. Anschließend erweiterte er das ganze noch um einige Baßtöne, und zuletzt fügte er mit dem kleinen Finger der rechten Hand noch eine chromatisch-kontrapunktische Melodie hinzu. Eigentlich hörte man gleichzeitig vier völlig verschiedene Klangwelten – wie wenn vier Pianisten auf vier verschiedenen Instrumenten mit höchster Konzentration spielen würden. David Rubin schaute mich an und flüsterte tonlos: ›Das ist phänomenal. Wie die Niagarafälle!‹«[3]

Während der Proben beobachtete Shkolnik, wie die CBS-Leute mit größter Rücksicht arbeiteten und stets in Sorge waren, Horowitz könnte sich an irgendeinem Detail stören und dann die ganze Produktion abblasen. Doch davon konnte keine Rede sein: Horowitz verstand sich mit den Kameraleuten und Tontechnikern ausgezeichnet, und es herrschte bald eine kollegiale Atmosphäre. Ganz am Anfang hatte sich Horowitz allerdings wegen des grellen Scheinwerferlichts und der herumfahrenden Kameras aufgeregt. Doch sofort beruhigte ihn ein Kameramann und meinte witzelnd: »Hey, Vlady-Baby, wir müssen nun mal dafür sorgen, daß du gut aussiehst. Super, wie du aussiehst! Willst dich im Monitor mal anschauen?«[4] Damit war das Eis gebrochen. Horowitz begann mit dem Kameramann zu scherzen, zeigte dann reges Interesse für die technischen Aspekte der Filmaufnahmen und schlug nun seinerseits Positionen für die Kameras vor. Und er ließ es sich nicht nehmen, selbst einen prüfenden Blick durch eine der Kameras zu werfen. Zudem genoß er das Brimborium, das seinetwegen gemacht wurde: »Wie geduldig die Leute alle waren«, meinte er später. »Und wie aufmerksam. Die liebten mich wirklich.«

In diesen zwei hektischen Tagen saß Horowitz insgesamt sieben Stunden am Flügel, während Paul Myers und Roger Englander, zusammen mit einer Legion von Technikern, Mikrophone justierten und die verschiedenen Kameraeinstellungen fixierten. Insgesamt wurde mit fünf Kameras gearbeitet: zwei auf dem Podium, zwei auf der Galerie und eine im Parkett. Mit den Kameras hatten Horowitz und Wanda beide ihre liebe Mühe. »Horowitz war diesbezüglich sehr naiv«, erzählte Englander. »Er glaubte tatsächlich, wenn man von ihm Nahaufnahmen mache, würde das aussehen, als ob er gar nicht spiele. Und so wollte er absolut keine Nahaufnahmen, weder von seinen Händen noch von seinem Gesicht.«[5]

Noch ein anderes Problem machte Horowitz zu schaffen: daß Klavierpädagogen und Studenten Anstoß nehmen könnten an seiner Flach-Finger-Technik. »Zum ersten Mal sehe ich jetzt im Monitor, wie meine Finger über die Tasten gleiten«, meinte er. »Das sieht schon fantastisch aus, aber manchmal finde ich diese Technik auch recht häßlich. Ich tue da Dinge, die ich meinen Schülern immer verboten habe.« Und dann zeigte Horowitz auch eine gewisse Portion Eitelkeit: »Wenn ich spiele und in mir etwas vorgeht, läßt sich solches zweifellos an meinen Gesichtszügen ablesen. Wenn man dann mein Gesicht filmt, ist das ein Eingriff in meine Privatsphäre.«

Bei der Aufnahme von Chopins g-moll-Ballade beobachtete Wanda die drei Kameras, die rund um Horowitz postiert waren: eine ganz vorn im Parkett, eine zweite gegenüber dem Flügel, direkt auf Horowitz' Gesicht gerichtet, und eine dritte auf einem Fahrgestell montiert, so daß man ruhig auf dem ganzen Podium herumfahren konnte. Englanders Zoom-Aufnahmen gingen Wanda eindeutig gegen den Strich, und sie eilte wütend in den Kontrollraum. »Diese ersten Aufnahmesitzungen waren wegen Madame Horowitz wahnsinnig mühsam«, erzählte Paul Myers. »Sie gab eine Menge Anweisungen, wie und wo die Kameraleute überhaupt filmen durften. Jedes Stück wollte sie gleichsam statisch gefilmt haben; man durfte die Kameraeinstellung kaum ändern. Wir mußten stets aus einer gewissen Distanz filmen, ohne je Nahaufnahmen von seinen Händen zu machen. Und es gab eine veritable Szene, als sie wütend in den Kontrollraum kam, nur weil ihr eine einzige Kameraposition mißfiel. Sie fluchte über Roger Englander, der draußen in einem Funkwagen war, schrie ihn dermaßen an, daß ein Techniker schließlich den Ton abstellte, damit man ihr Gekeife außerhalb des Kontrollraumes nicht mehr hören konnte. Roger versuchte zweifellos sein bestes, aber Wanda Horowitz tobte trotzdem.«[6]

Man kam zur Überzeugung, daß einzig Goddard Lieberson diesen Konflikt zwischen Wanda und Englander entschärfen könne, zumal – laut Myer – »Wladimir und Wanda die Meinung Liebersons stets respektierten«. Lieberson schaute sich die Aufnahmen an und entschied, daß sie zu statisch seien. Er sagte Vladimir und Wanda auch, sie sollten Englander und sein Team nicht mehr schikanieren, zumal sie vom Filmen nichts verstünden. »Lassen Sie die Fernsehleute ihren Job machen, und kümmern Sie sich um Ihre eigene Aufgabe, und dann wird alles viel besser gehen.« Die beiden gaben dann nach, wenn auch widerwillig.

Vladimir Horowitz: A Television Concert at Carnegie Hall wurde am 1. Februar 1968 aufgezeichnet, und zwar vor 2730 geladenen Zuhörern – darunter zweihundert junge Leute, die eine Nacht lang vergeblich angestanden hatten, um Eintrittskarten für den Horowitz-Klavierabend vom 26. November zu kriegen. Exakt um 17 Uhr 59 erschien ein CBS-Beauftragter auf dem Konzertpodium, begrüßte die Zuhörer und gab seiner Hoffnung Ausdruck, daß die Fernsehkameras den Musikgenuß nicht stören mögen. Horowitz wollte zwar die Atmosphäre eines Live-Konzerts, aber ohne die üblichen Publikumsgeräusche. Aus diesem Grund hatte CBS das Programm auf spezielles, knisterfreies Papier drucken lassen, das sich wie eine schlaffe Dollar-Note anfühlte. Wiederum war das Podium mit einer Puderschicht bedeckt, und die Kameraleute, alle in dunkelgrauen

Gewändern, gingen in schwarzsamtenen Pantoffeln herum, damit ja kein Geräusch entstand. Man hatte Horowitz versprochen, daß es kein Skript gebe für diese Fernsehaufzeichnung, und so lautete der einzige Kommentar: *»Ladies and Gentlemen: Mr. Vladimir Horowitz«*. Er kam aufs Podium, mit graugestreiften Hosen, einem schwarzen Jackett und einer grauen Fliege.

Bei der Programmzusammenstellung hatte sich Horowitz dem Wunsch der CBS gefügt, daß kein Werk länger als zehn Minuten dauern sollte. Zudem hatte er versprochen, keine zu esoterische Musik zu wählen – obwohl er andererseits auch nicht speziell dem Publikumsgeschmack entgegenkommen wollte. Monatelang beschäftigte er sich mit der Gestaltung des Programms; schließlich entschied er, daß er sowohl einige seiner populären Stücke spielen wolle wie auch einige Werke, die er in seinen Klavierabenden im vergangenen Herbst schon ausprobiert hatte: von Chopin die g-moll-Ballade, das f-moll-Nocturne op. 55 Nr. 1 und die Polonaise in fis-moll op. 44, dazu zwei Scarlatti-Sonaten (L. 23 und L. 335), von Schumann die *Arabesque* und die *Träumerei*, von Skrjabin die Etüde op. 8 Nr. 12 sowie Horowitz' eigene *Carmen*-Variationen. Ohne jede Anstrengung spielte sich Horowitz durch dieses Programm, eineinviertel Stunden ohne Pause (wobei die Musik insgesamt nur dreiviertel Stunden dauerte). Nahm man den Enthusiasmus der geladenen Zuhörer als Maßstab, so konnte man mit Recht annehmen, daß die TV-Sendung ein Riesenerfolg werden müsse.

In den kommenden vier Monaten arbeitete Horowitz mit Myers und Englander am Editing des Videotapes und der Schallplatte. »Diese Arbeit gefiel ihm mehr als alles andere«, erzählte Englander. »Er konnte nicht genug davon bekommen, sich beim Spielen zuzuschauen.« Mit der Klangqualität dieser Live-Aufnahme war er hingegen nicht überall zufrieden und bat Myers, an einigen Stellen auf die Aufnahmen von den beiden Probeläufen zurückzugreifen. Beispielsweise wurde in der Chopin-Polonaise eine sieben Minuten lange Phrase ausgewechselt, indem CBS auf die entsprechende Stelle vom 1. Januar zurückgriff – damals in der völlig leeren Carnegie Hall aufgezeichnet. Deshalb mußte ein Grafiker im nachhinein mit weißer Kreide Zuschauerköpfe auf eine schwarze Unterlage zeichnen, die dann trickfilmartig eingefügt wurden. Auch mit der *Arabesque* war Horowitz nicht zufrieden, und er bat Myers, doch auf eine Aufnahme zurückzugreifen, die er schon Jahre zuvor gemacht hatte. Aber damals hatte Horowitz den Schluß des Stückes etwas langsamer gespielt, und so war es absolut unmöglich, die Videoaufnahme von seinen Händen mit dem Klang dieser älteren Aufzeichnung in Übereinstimmung zu bringen. Schließlich blieb Myers nichts anderes übrig, als diese etwas zu langsame musikalische Version mittels einer speziellen Maschine zu beschleunigen, ohne daß dabei die Tonhöhe angehoben wurde. Mit diesem Resultat war Horowitz dann zufrieden. Wie schon Tom Frost fand auch Myers, daß Horowitz gewaltige Ansprüche stelle und daß man sich an seine Launen schon gewöhnen müsse. »Vor allem bei den *Carmen*-Variationen gab es Probleme«, erzählte er. »Denn Horowitz wollte mich absolut nicht in die Noten blicken lassen, damit ich mich dort hätte orientieren können. Stets hatte er Angst, das Stück könnte veröffentlicht werden, und er wollte es deshalb keinesfalls aus seinen Händen geben.«[7]

Als die definitive Version schließlich vorlag, machte sich Horowitz erneut Sorgen: Ob das Programm bei den TV-Zuschauern wohl ankomme. Im Vertrag mit CBS war vorgesehen, daß das Konzert zweimal gesendet werden durfte und dann in den Besitz von Horowitz überging. Aber Horowitz bat Taubman, man solle es doch bei einer einzigen Ausstrahlung belassen. »Ehrlich gesagt werden so oder so Millionen von Zuschauern abschalten, wenn das Konzert gesendet wird«, meinte er. Einmal mehr schimpfte ihn Wanda »einen russischen Pessimisten«, aber Horowitz meinte: »In einem Konzert müssen die Leute ruhig dasitzen und zuhören. Was aber, wenn sie im Wohnzimmer vor dem TV-Apparat sitzen und plötzlich ein Kind irgend etwas zu essen verlangt und die Mutter das dann holen muß? Dann wird man zum Background-Musiker degradiert.«

CBS strahlte das Konzert erstmals am Sonntag, 22. September 1968 aus und wiederholte es am Weihnachtstag. In einer Hinsicht sollte Horowitz recht behalten: Er erhielt nur sehr schwache Einschaltquoten. Jedenfalls, wenn man diese verglich mit den Quoten, die für *Bonanza* und *Zorba the Greek* ermittelt wurden, die beide am selben Abend auf dem Programm standen. Die *New York Times* schrieb: »Wenn man nach dem lächerlichen, aber beim Fernsehen eben üblichen Maßstab der Einschaltquoten urteilt, so hatte Horowitz tatsächlich sehr wenige Zuschauer. Man kann es aber auch anders sehen: Er hatte an einem einzigen Abend so viele Zuschauer, wie er sie nach jahrelangem Konzertieren zusammengerechnet nicht gehabt hätte.«[8]

Nach dieser Fernsehsendung wurde Horowitz auf den Straßen New Yorks von jedermann erkannt; er konnte kaum mit seinem Hund die Fifth Avenue hinunterspazieren, ohne daß er nicht von Autogrammjägern belästigt wurde. Manchmal meinte er gar, er hätte nie am Fernsehen spielen sollen und er brauche auch den Bart samt Schnauz, den ihm das Make-up-Team von CBS spaßeshalber überreicht hatte, nicht mehr. Aber nicht nur diese neugewonnene Popularität machte ihm zu schaffen, sondern auch die kritischen Einwände, die über sein Fernsehkonzert laut wurden. Ein Kritiker meinte beispielsweise, Horowitz' Spiel hätte in dieser Fernsehaufzeichnung kaum besser geklungen als eine Phonographen-Aufnahme aus den frühen dreißiger Jahren. Und im *Washington Star* las man, daß der Ton »schlechter gewesen sei als auf einem simplen Mono-FM-Radio«.[9] Auch das Konzept, die Atmosphäre eines Konzertsaals ins Wohnzimmer hereinbringen zu wollen, wurde mehrfach bemäkelt, und viele Kritiker waren sich einig, daß das Medium Fernsehen keinesfalls die Intensität eines Konzerterlebnisses bieten könne. Letztlich machte man Horowitz gar Vorwürfe, weil das Konzert am jüdischen Feiertag Rosch-ha-Schana ausgestrahlt wurde. Giftig konterte der Pianist: »Rosch-ha-Schana ist nicht Jom Kippur – der Gottesdienst ist da nur sehr kurz, und es blieb demzufolge genügend Zeit, um heimzugehen und mein Fernsehkonzert zu schauen. Und keiner soll mir sagen, ich hätte den Feiertag nicht geehrt, weil ich gespielt habe. Schließlich habe ich das Konzert im vergangenen Februar gegeben.«

Sieht man von all diesem Ärger mal ab, so war *Vladimir Horowitz: A Television Concert at Carnegie Hall* insgesamt ein lukratives Abenteuer gewesen. Jedenfalls konnte Horowitz sein gemietetes Sommerhaus in Litchfield, Connecticut, nun gegen ein eigenes Sommerhaus eintauschen: Er erwarb sich in New Milford ein großes Landhaus im Kolonialstil, samt beträchtlichem Umschwung. Darüber hinaus war es ihm mit diesem Fernsehkonzert gelungen, neue Publikumsschichten anzusprechen – vor allem eine junge Generation von Musikern, die ja kaum die Möglichkeit hatten, ihn in einem seiner Klavierabende in der Carnegie Hall zu hören. Zudem kriegten die Pianisten im ganzen Land Gelegenheit, Horowitz' singuläre Technik ganz aus der Nähe zu begutachten. Obwohl den Kameraleuten letztlich recht viel Freiheit eingeräumt worden war, fiel das Ergebnis insgesamt doch etwas steril aus; irgendwie fehlte es dem Spiel an Wärme und innerer Erregung. Ein Kritiker meinte boshaft, Horowitz habe »wie Arthur Treacher, der ehrerbietige Butler in Abertausenden von Filmen aus den dreißiger Jahren«, ausgesehen.[10] Tatsache war, daß sich Horowitz' innere Erregung im Fernsehen nicht übertrug. Er wollte zwar ausdrücklich die Atmosphäre eines Klavierabends in der Carnegie Hall gefilmt haben – kein Skript, keine Ansagen, keine wirklich aufwendige Kameraarbeit. Damit hatte er seine Integrität als Künstler einerseits bewahrt, aber andererseits die technischen Möglichkeiten des Films und überhaupt einer Fernsehproduktion weitgehend verscherzt. »Das Horowitz-Konzert hatte einen großen Nachteil«, schrieb die *New York Times*. »Horowitz wirkte, wie wenn man ihn auf einen Sockel gestellt hätte.«[11]

Der dritte Rückzug

Ich lebe immer noch, bin immer noch auf diesem Planeten. Die Ärzte sagen, daß ich das Herz eines Fünfundvierzigjährigen habe. Aber ich bin trotzdem immer müde. Was ich auch mache, immer bin ich müde. Einmal mußte ich ins Krankenhaus, wo sie mit mir eine Schlafkur machten. Ein Schock vermag die Nerven zu heilen. Meine Koliken kommen auch von den Nerven. Momentan mache ich eine schwere Zeit durch.[1]

Zwischen 1965 und 1969 nahm Horowitz' Konzerttätigkeit wiederum zu; und zunehmend gewann er auch sein Selbstvertrauen zurück. Das Fernsehkonzert hatte ihm mehr Publizität denn je eingebracht, was ihn zu neuen Leistungen anspornte. So plante er für 1968 insgesamt zehn Klavierabende; 1965 war es ein einziger gewesen, 1966 fünf und 1967 vier. Horowitz spielte sogar außerhalb von New York: am 7. April in Boston und am 12. Mai in Chicago. In beiden Städten war er seit 1953 nicht mehr aufgetreten. In Chicago standen seine Fans wie damals in New York eine ganze Nacht lang für Karten an, und die Presse kündigte ihn als den »Super Big Ben unter den Pianisten« an. Nach dem Klavierabend in Chicago fühlte sich Horowitz so zufrieden mit seinen Leistungen, daß er tags darauf den Impresario Harry Zelzer bat, für den kommenden Sonntag einen weiteren Klavierabend zu arrangieren. »Ich habe mich hier immer wie zu Hause gefühlt«, sagte er am 14. Mai 1968 gegenüber der *Chicago Sun Times*. »Chicago ist eine der aufregendsten und lebhaftesten Städte auf der ganzen Welt, und sein Musikleben hat allerhöchstes Niveau. Noch nie habe ich derart kurzfristig beschlossen, einen weiteren Klavierabend zu geben.« Innerhalb von zwei Stunden war auch dieser zweite Klavierabend ausverkauft.

Die zwei wichtigsten Werke, die Horowitz für seine Jubiläums-Saison 1968 wählte, waren Schumanns *Kreisleriana*, die er bis anhin weder für die Schallplatte noch im Konzert gespielt hatte, sowie Rachmaninows zweite Sonate b-moll – und zwar in jener Version, die Horowitz aus den zwei Originalfassungen des Werks von 1913 resp. 1931 zusammengestellt hatte. Seit den vierziger Jahren hatte er das Werk nicht mehr gespielt; nun wollte er damit auf den fünfundzwanzigsten Todestag von Rachmaninow aufmerksam machen. Beide Werke waren für Horowitz nicht nur eine neue Herausforderung, sondern waren auch Teil jenes Fünfjahresvertrags, den der Pianist mit Columbia Masterworks abgeschlossen hatte.

Da sich Horowitz fortan weigerte, in der sterilen Studio-Atmosphäre Schallplattenaufnahmen zu machen, war nun bei jedem Horowitz-Klavierabend dieser Saison ein ganzes Heer von CBS-Produzenten und -Technikern zugegen. Horowitz wollte, daß man alle Konzerte mitschnitt, damit er am Schluß die beste Interpretation auswählen konnte. Allerdings durften ihn die Tontechniker in keiner Weise belästigen. »Horowitz wollte die Techniker jeweils nicht einmal sehen«, erinnerte sich ein Produzent. »Wir plazierten die Mikrophone möglichst diskret; er sollte ja nicht nervöser werden, als er eh schon war, und das Publikum sollte natürlich auch nicht merken, daß das Konzert eigentlich eine Aufnahmesitzung war.«[2] Die Columbia-Techniker leisteten hervorragende Arbeit, zumal sie sich ja auf jeden Konzertsaal neu einstellen mußten. Dennoch gab es Probleme: Horowitz spielte nämlich jeden Abend anders. »Sein Spiel wurde von Mal zu Mal besser«, erinnerte sich ein beteiligter Produzent, »aber seine Interpretationen wechselten immer wieder, so daß es letztlich sehr schwierig war, aus all dem Bandmaterial etwas Kohärentes zusammenzusetzen. Ein anderes Problem ergab sich daraus, daß Horowitz ein Werk nie ganzheitlich übte, sondern stets nur einzelne Teile. Er zerteilte das Werk regelrecht in einzelne Segmente und fügte sie erst wieder im Konzert zusammen. Er hatte immer so geübt, und offensichtlich war das für ihn auch die richtige Arbeitsweise. Aber als wir zum Beispiel Beethovens A-dur-Sonate op. 101 aufnahmen (sie wurde nie auf Schallplatte veröffentlicht), fiel sein segmentweises Üben besonders auf. Denn dieses Werk ist ein organisch gewachsenes Ganzes, und Horowitz' Beethoven tönte wie aus einzelnen Teilen zusammengesetzt.«[3]

Einige Kritiker wiesen darauf hin, daß Horowitz jetzt zwar wesentlich besser spiele als bei seinem Comeback, daß er aber immer noch zu pianistischen Kaprizen neige. Das störe oft den Fluß der Musik oder laufe zumindest den Intentionen des Komponisten zuwider. Über Horowitz' Carnegie-Hall-Klavierabend vom Herbst 1968 schrieb Harold C. Schonberg, daß die Interpretation der Haydn-Sonate Nr. 58 C-dur stilistisch »völlig falsch« gewesen sei, »mit romantischen Klangfarben, komischen kleinen Akzenten und Dehnungen«.[4] Wenn Horowitz Scarlatti spielte, fühlte er sich keineswegs verpflichtet, die A- und B-Teile zu wiederholen, wie das der Komponist eigentlich vorgeschrieben hat. »Manchmal wiederholte er den A-Teil«, erinnerte sich Paul Myers, »manchmal auch nicht. Manchmal wiederholte er den B-Teil, manchmal auch nicht. Manchmal wiederholte er beide Teile, manchmal gar keinen.« Völlig konsterniert fragte Myers dann den Pianisten, was es mit dieser Inkonsequenz auf sich habe. Er erhielt zur Antwort: »Ich weiß, was das Publikum von mir hören will.« »Sicher hatte er einen phänomenalen Instinkt«, erzählte Myers weiter. »Beispielsweise war sein *Timing* stets perfekt. Ob er nun ins Wohnzimmer hereinkam oder auf das Podium hinausging: Immer wußte er den besten Moment zu wählen. Und die Kunst, sich wirkungsvoll in Szene zu setzen, beherrschte er wie kein anderer.«

Horowitz beherrschte nicht nur die Bühne, sondern auch sein Publikum. Selbst als ihm 1968 in der Carnegie Hall eine tiefe A-Saite seines Steinway brach, und zwar mitten im langsamen Satz der Rachmaninow-Sonate, machte er aus diesem desaströsen Zwischenfall ein effektvolles Interludium. Sofort kam Franz Mohr, Horowitz' Klaviertechniker, auf das Podium, um die zerbrochene Saite zu ersetzen. »Nehmen Sie sich ruhig Zeit«, flüsterte ihm Horowitz zu und lehnte sich gelassen zur Seite. Und er begann dann den Satz nicht nochmals von vorn, sondern spielte genau dort weiter, wo er vorhin aufgehört hatte, und er brachte insgesamt eine Interpretation zustande, die einige Kritiker als die wohl monumentalste Rachmaninow-Darstellung lobten.

Nach der Fernsehkonzert-Schallplatte folgte die LP »Horowitz Plays Rachmaninow« mit Konzertmitschnitten von 1967 und 1968 aus New York, Philadelphia und Washington. Zweimal gewann sie den Grammy: einmal als beste klassische LP des Jahres und einmal als beste Instrumental-Interpretation. Horowitz wurde in Sachen »Identifikation mit Rachmaninow« als das *non plus ultra* bezeichnet. Selbst mit diesem wohl etwas überladenen Werk konnte Horowitz sein Publikum hypnotisieren und der Musik sogar eine gewisse Tiefgründigkeit verleihen. Die *Saturday Review* meinte entsprechend, man hätte Horowitz des »abscheulichen Verbrechens bezichtigen können, mehr aus der Musik zu machen, als drinsteckt«.[5]

Weniger Erfolg hatte Horowitz mit Schumanns *Kreisleriana.* »Was man in dieser Interpretation nicht erwartet hatte, war eine gewisse Unstetigkeit, die sich sogar im rein Pianistischen manifestierte«, schrieb Harold C. Schonberg. »Es war insgesamt eine nervöse Interpretation, mehr auf einzelne Details als auf den melodischen Fluß ausgerichtet.«[6] Horowitz war selber nicht zufrieden mit seiner Carnegie-Hall-Interpretation; er wollte sie für eine LP-Veröffentlichung nicht freigeben und entschloß sich deshalb, im Februar und im Dezember 1969 das Werk in Columbia's Thirtieth Street Studio nochmals aufzunehmen. Die Schallplatte – neben der *Kreisleriana* enthielt sie noch Schumanns *Variationen über ein Thema von Clara Wieck* – erschien 1970. Was die Transparenz und Klarheit des Klangs anbelangte, war sie den vorangegangenen »Live«-Mitschnitten natürlich überlegen; zudem störte (im Gegensatz zur Rachmaninow-LP) kein Applaus, kein Husten und Niesen.

Zusammen mit Wanda erledigte Julius Bloom nun sämtliche geschäftlichen Details im Zusammenhang mit Horowitz' Auftritten. Er mußte die bald über ihn hereinbrechenden zahllosen Anfragen aus der ganzen Welt abwehren und hatte daneben erst noch die Pflicht, Horowitz' Nerven bei jedem Klavierabend zu beruhigen. »Einmal, als Horowitz die *Kreisleriana* spielte, schien er mir irgendwie überreizt zu sein«, erinnerte sich Bloom, »und ich hatte das Gefühl, daß er diesen Schumann zu schnell spiele. Wie er dann hinter die Bühne kam, fragte er mich, wie der Schumann gewesen sei. Ich antwortete: ›Herrlich. Aber vielleicht doch etwas gar schnell.‹ Das schien ihn zu verletzen; jedenfalls belehrte er mich, daß man eine Interpretation nie zweimal genau gleich hinkriege. Wanda und ich brauchten einige Minuten, um ihn zu beruhigen, und für den Rest des Abends war er dann in bester Verfassung.«[7] Oft sprach Bloom mit Horowitz auch über die Möglichkeit, wiederum mit einem Orchester zu konzertieren – ein Anliegen, das Columbia Masterworks seit 1962 immer wieder vorbrachte, wenn auch ohne Erfolg. Horowitz meinte, daß man dann wohl das Philadelphia Orchestra unter seinem alten Dirigenten-Freund Eugene Ormandy wählen müsse; aber die Vorstellung schien ihm nicht recht zu behagen. Eigentlich wollte Horowitz unter Herbert von Karajan spielen, und zwar mit dem Chicago Symphony Orchestra, welches er für das weltbeste Orchester hielt. Und zwar sollte dieses Konzert in der Carnegie Hall stattfinden. Das war nun eine diffizile Angelegenheit. Denn zum Chefdirigenten des Chicago Symphony Orchestra war erst kürzlich nicht Karajan, sondern Georg Solti ernannt worden. Doch John Edwards, der Manager des Orchesters, versprach, alles Erdenkliche zu versuchen; da man Karajan dem neugewählten Solti bevorzugte, mußte dieser irgendwie besänftigt werden. Bevor Horowitz eine definitive Entscheidung gefällt hatte, sondierte Karajan unglücklicherweise schon bei der Deutschen Grammophon Gesellschaft, ob sie dieses Konzert nicht aufnehmen wolle. »Wanda rief mich an«, erinnerte sich Bloom. »Sie war erbost und ließ ausrichten, mit dem Konzert sei es nichts. Einer ihrer Freunde, der bei einer anderen Schallplattenfirma tätig war, hatte sie angerufen und sie gefragt, was es mit dieser geplanten Karajan-Horowitz-Schallplatte auf sich habe. Wanda wurde zornig, denn Horowitz' Pläne und auch seine Konzertauftritte wurden stets bis zum letzten Moment geheimgehalten. Und mit dem Chicago Symphony Orchestra hatte man noch gar keinen Termin vereinbart. Was vielleicht das denkwürdigste Konzert des Jahrzehnts hätte sein können, hat somit nie stattgefunden.«

Horowitz schien sich darüber kaum zu grämen. In den sechziger Jahren wurden alle seine Auftritte nur provisorisch gebucht, und kurzfristig und völlig zwanglos fällte man dann die definitive Entscheidung – entsprechend der Verfassung und Gesundheit von Horowitz. Nach seinem Klavierabend vom 15. Dezember 1968 in der Carnegie Hall blieb Horowitz zehn Monate der Öffentlichkeit fern und spielte erst wieder am 26. Oktober 1969. Zwar hatte er für den 30. März einen Klavierabend in New York geplant, doch er fühlte sich krank und sagte ab. »Mit seinen Koliken hatte Horowitz eigentlich nur noch selten Probleme«, erzählte Bloom. »Dagegen hatte er oft Temperatur, war erkältet und fühlte sich mies. Daß er zehn Monate lang nicht mehr öffentlich spielte, war nicht so außergewöhnlich, denn im Winter trat er nur ungern auf; die Gefahr, krank zu werden, war für ihn dann am größten. Zudem wollte er nicht regelmäßig auftreten; jeder Klavierabend sollte ein spezielles Ereignis sein. Und das Publikum sollte entsprechend zahlreich herbeiströmen.« In der Tat war Horowitz in den sechziger Jahren ein Kassenmagnet wie noch nie, und er garnierte dementsprechende Topgagen für seine wenigen Auftritte. Ein Beispiel: Arthur Rubinstein gab am 25. Februar 1968 einen Klavierabend in der Boston Symphony Hall und kriegte dafür 8000 Dollar. Das waren 65 Prozent der Gesamteinnahmen, wobei der teuerste Platz 6 Dollar kostete. Horowitz spielte im selben Saal am 7. April und verdiente 15000 Dollar – 75 Prozent der Gesamteinnahmen bei Plätzen bis zu 10 Dollar.

In den ersten Monaten des Jahres 1969 nahm Horowitz seine Schumann-LP auf, anschließend arbeitete er an einer Transkription von Liszts Ungarischer Rhapsodie Nr. 13. Seit Anfang der fünfziger Jahre hatte er sich nicht mehr mit Transkriptionen beschäftigt. Sein neuestes Werk wollte er dann am 26. Oktober 1969 in einem Klavierabend in Bostons Symphony Hall erstmals dem Publikum vorstellen. »Bis 1969 ging alles bestens«, erzählte Horowitz später. »Aber dann spielte ich in Boston, und ich muß mich dort während der Konzertpause erkältet haben. Denn ich habe damals meine verschwitzten Kleider nicht gewechselt, und in der Künstlergarderobe war es sehr kalt. Ich kam nach Hause und hatte vierzig Grad Fieber. Natürlich war ich sehr beunruhigt. Irgendwie hatte ich das Gefühl, daß etwas mit mir nicht stimme. Und so zog ich mich einmal mehr zurück.«

Zweifellos waren es hauptsächlich gesundheitliche Gründe gewesen, die Horowitz zum Rückzug veranlaßten. Möglicherweise spielte aber die verheerende Kritik, die Michael Steinberg am 28. Oktober 1969 im *Boston Globe* veröffentlichte, auch eine gewisse Rolle. Horowitz nahm Kritiker zwar kaum je ernst; dennoch war es ihm absolut nicht gleichgültig, was sie schrieben. Horowitz fand, er hätte in Boston »recht gut« gespielt. Was Steinberg auch bekräftigte: Selten habe er Horowitz »mit soviel geballter Kraft und subtilen Klangnuancen« spielen gehört. Aber Steinberg schrieb zudem, daß das Publikum während Horowitz' Spiel ununterbrochen gehustet habe und am Schluß dann in ein wildes Beifallgeschrei ausgebrochen sei. Daraus folgerte er, daß viele Leute nur wegen der Horowitz-Legende in die Symphony Hall gekommen seien – und nicht, um einen Klavierabend mit Werken von Haydn, Chopin, Skrjabin und Liszt zu hören. Seine Kritik veröffentlichte Steinberg unter dem Titel: *Horowitz – langweilig, phantastisch und aufregend.* Unter anderem hieß es, Horowitz sei »auf einem tiefsten Niveau langweilig« gewesen. Weiter las man über sein Spiel Ausdrücke wie »wahnsinnig irrelevant«, »katastrophal«, »affektiert«, »zimperlich« und »unzusammenhängend«. Alles Ausdrücke, die für gewöhnlich in einer Horowitz-Kritik nicht vorkamen, vor allem jetzt nicht mehr, wo er gleichsam einen Legendenstatus hatte.

Wie auch immer: Horowitz zog sich im Oktober 1969 wiederum zurück, und dies vorerst bis zum April 1971, als er erstmals wieder zu einer Schallplattenaufnahme erschien. Seinen Freunden erzählte er, mit seinen sechsundsechzig Jahren sei er zu anfällig für Krankheiten; die Grippe, die er in Boston aufgelesen hatte, war ihm ein Alarmzeichen. Bloom meinte dazu »Horowitz hatte ohnehin nicht mehr an ein regelmäßiges Konzertieren gedacht; er hatte in keiner Weise das Gefühl, seine Fähigkeiten dem Publikum beweisen zu müssen. So konnte er mir sagen: ›Was wollen Sie! Ich habe ja wieder gespielt, die Leute haben mich gehört. Ich habe ihnen bewiesen, daß ich immer noch spielen kann. Und jetzt habe ich ganz einfach genug! Wozu soll ich denn noch weitermachen?‹ Er fand, daß er seine Pflicht getan habe, und wollte keine weiteren Konzerte mehr geben. Ich muß zugeben, daß ich einen Seufzer der Erleichterung ausstieß.«[8]

Horowitz fühlte sich in dieser Zeit, trotz anderslautender Gerüchte, gesundheitlich gar nicht so schlecht. Zwar interessierte ihn das Klavier nicht sonderlich; oft war er auch müde und deprimiert. Zudem gab es zu Hause wiederholt Konflikte wegen seiner Tochter. Sonja hatte sich nach ihrem tragischen Unfall nie mehr vollständig erholt; stets brauchte sie jemanden, der nach ihr schaute – auch wenn sie immer wieder ihre Selbständigkeit und ihre eigene Identität unter Beweis stellen wollte.

Aus solchen Beweggründen ging sie Anfang der sechziger Jahre nach Israel und arbeitete dort in einem Kibbutz. Mehr und mehr setzte sie sich bewußt mit ihrer jüdischen Abstammung auseinander. 1964 kehrte sie dann nach New York zurück; noch einmal versuchte sie, hier seßhaft zu werden und eine eigene Karriere aufzubauen. Gary Graffmans Gattin Naomi war mit Sonja in jener Zeit befreundet. Sie erinnerte sich, wie Sonja damals ganz allein in einem Hotel gewohnt habe und auf der Suche nach einem Job war. »Sie wollte Stenographin werden, interessierte sich auch für die Bürgerrechtsbewegung und wollte an den Mississippi hinunter. Obwohl sie ihr Leben selber in die Hände nehmen wollte, war sie ein ängstliches Mädchen, manchmal ohne inneres Gleichgewicht und auch sehr leicht erregbar.«[9] Längere Zeit hatte Sonja in Mailand verbracht, wo sich ihre geliebte Tante Wally oder Mario Delli Ponti, ein mit der Familie befreundeter Konzertpianist, um sie gekümmert hatten. Dann lebte sie eine Zeitlang in Paris – hier unter der Obhut des befreundeten Pianisten Jean Rudolphe Kars. Sonja war ein Thema, das zwischen Horowitz und Wanda stets zu Auseinandersetzungen führte. »Was soll ich denn tun?« meinte er zu Freunden in jener Zeit, als Sonja in Europa lebte. »Sie ist bald vierzig. Ich will sie nicht hier haben – das würde keinesfalls funktionieren –; ich will aber auch nicht nach Europa hinüber. Was wollen denn die Leute von mir?«[10]

Die Presse nahm kaum mehr Notiz von Horowitz' erneutem Rückzug; daraus ließen sich keine Schlagzeilen mehr machen. Horowitz gab auch keine Interviews oder Erklärungen zuhanden der Öffentlichkeit ab. Wie schon früher kam auch diesmal bald die Langeweile über ihn, und er beschloß, seine Karriere – wenn auch nur auf schmalem Geleise – mit einigen Schallplatteneinspielungen fortzusetzen. In den kommenden fünf Jahren veröffentlichte Columbia fünf neue Horowitz-LPs: »Horowitz plays Chopin« (1971), »Horowitz plays Skrjabin« (1972), »Vladimir Horowitz: Favorite Beethoven Sonatas« (1973), »Horowitz: Beethoven Moonlight Sonata; Schubert Impromptus« (1973) und »Vladimir Horowitz: New Recordings of Chopin« (1974).

Zum kleineren Teil handelt es sich hierbei um Konzertmitschnitte (die ältesten von 1966); für die meisten Werke ging Horowitz jedoch ins Aufnahmestudio, wo ihn nun der CBS-Produzent Richard Killough betreute. Da sich die neueren

Horowitz-Schallplatten längst nicht mehr so gut verkauften wie die ersten, nahm sich der Pianist nun auf Wunsch von CBS populärere Werke vor: etwa Beethovens *Appassionata*, die *Waldstein-* und die *Mondschein*-Sonate oder bekannte Werke von Chopin. Neu nahm er drei Schubert-Impromptus in sein Repertoire auf (op. 142, Nr. 1 und 2, op. 90 Nr. 2), Chopins Introduktion und Rondo op. 16 sowie Skrjabins *Vers la Flamme* und *Feuillet d'Album* op. 45 Nr. 1. Da Columbia wie gesagt auch auf frühere Live-Mitschnitte zurückgriff, konnten die fünf Schallplatten produziert werden, ohne Horowitz zu stark mit Aufnahmesitzungen zu belasten.

Wie schon früher wollte Horowitz immer nur am späteren Mittwochnachmittag aufnehmen. »Er kam dann in einem Aufzug ins Studio, als wenn er zu einer Party ginge«, erinnerte sich ein Produzent. Eine Aufnahmesitzung dauerte etwa anderthalb Stunden, und zwischen den einzelnen Takes ruhte sich Horowitz wie immer auf einem Sofa aus. Seine beruflichen Aktivitäten beschränkten sich nun ganz auf die Schallplatten, und die CBS-Leute registrierten, daß seine notorische Überempfindlichkeit, seine Temperamentsausbrüche und seine Unsicherheit wesentlich größer waren als in früheren Jahren. Oft kam er nun in den Kontrollraum, um sich die Playbacks anzuhören. »Recht gut für einen alten Mann«, sagte er jeweils kichernd zum Tontechniker Raymond Moore. »Recht gut für einen jungen Mann«, war dann die Antwort. Moore erzählte, daß Horowitz »sehr empfindlich auf das Älterwerden reagierte und sich immerzu beweisen mußte, wie gut er noch spielen konnte. Stets suchte er bei Wanda Ermutigung; er wollte auch bei Schnitt-Fragen und anderen künstlerischen Details stets ihr Einverständnis.«[11]

Moore und sein Technikerstab erzählten, daß man mit Horowitz' ewigen Problemen rund um sein Älterwerden noch zu Rande gekommen sei; auch die Mutmaßungen des Pianisten, welchen Platz er in der Musikgeschichte wohl einmal einnehmen werde, habe man noch ertragen. Schwieriger sei es jedoch mit seinen Überspanntheiten gewesen. Anfang der siebziger Jahre spielte Horowitz einmal während einer Aufnahmepause zum Plausch eine völlig verschrobene Version von »Tea for Two« vor, die man zufälligerweise auf Band mitschnitt. Einige Tage später hörten sich Paul Gordon und Tom Frost (mit ihm hatte sich Horowitz wieder ausgesöhnt) dieses »Tea for Two« nochmals an, als zufälligerweise Gordons junger Neffe in den Kontrollraum kam. Der Junge schrieb später Horowitz einen begeisterten Fanbrief: Er finde es großartig, daß ein Künstler von seinem Kaliber sich auf solch witzige Weise mit populärer Musik abgebe. Horowitz wurde wütend: er glaubte allen Ernstes, die Tontechniker hätten entsprechende Bandkopien in Umlauf gebracht. Dem Cheftechniker Fred Plaut ließ man ausrichten, daß jeder, der eine Kopie habe, umgehend entlassen werde; und Paul Gordon mußte sich bei Horowitz der Form halber entschuldigen.

Im Dezember 1972 nahm Horowitz Beethovens *Waldstein*-Sonate auf. Immer noch spielte er denselben Steinway-Flügel (Nr. 186) wie bei seinem Carnegie-

Hall-Comeback. Doch diesmal fand er das Instrument äußerst schwerfällig und träge, was mit der hohen Luftfeuchtigkeit im Aufnahmeraum zusammenhing. Der ganze Columbia-Stab samt Wanda war im Kontrollraum, wo sie dem Spiel von Horowitz aufmerksam zuhörten (Wanda mit geschlossenen Augen und aufgestützten Füßen). Plötzlich erhob sich Horowitz abrupt und schlug mit seiner Faust wütend jenen Holzstab entzwei, der den Flügeldeckel offenhielt. Dieser brach mit einem derartigen Getöse auf den Flügel nieder, daß es die Tontechniker und Wanda im Kontrollraum beinahe das Gehör gekostet hätte. Und aus dem Aufnahmeraum hörte man einen hysterisch schreienden Horowitz. Nicht einmal Wanda getraute sich, zu ihm zu gehen und ihn zu beruhigen. Schließlich nahm ein Tontechniker allen Mut zusammen, ging in den Aufnahmeraum hinüber und fragte ganz ruhig: »Mr. Horowitz, kann ich irgend etwas für Sie tun?« Ganz ruhig und gefaßt erwiderte Horowitz: »Ja, ich möchte nach Hause. Ich will ins Bett.« Für die späteren Aufnahmesitzungen mußte nun jedesmal Horowitz' eigener Flügel von New Milford ins Aufnahmestudio transportiert werden.

Der Fünfjahresvertrag, den Horowitz mit Columbia abgeschlossen hatte, erlosch 1973. Aber es war eigentlich schon vor seiner letzten Aufnahmesitzung im Februar 1973 klar, daß Horowitz den Vertrag nicht mehr verlängern würde. Beide Vertragspartner waren unzufrieden – und zwar aus denselben Gründen wie 1961, als es zum Bruch zwischen RCA und Horowitz gekommen war. Horowitz hatte vertraglich eine Garantiesumme von 50000 Dollar pro Schallplatte zugesichert. Das war mehr, als die Platten der CBS einbrachten. Aber alle diesbezüglichen Hinweise faßte Horowitz als eine Beleidigung auf: daß er eben nicht mehr so populär sei. Und nicht mehr so gefragt. Der Presse gegenüber sagte er hingegen: »Die ganze Sache ist doch wirklich sehr einfach: Die machen keine Reklame für mich, rühren keinen Finger. Was wirklich dumm ist – nicht für mich, selbstverständlich, aber für sie. Schauen Sie, in Amerika muß man für alles Reklame machen. Selbst für Zigaretten.«[12]

Tatsächlich hatte Columbia nach der Veröffentlichung des Doppelalbums von Horowitz' 1965er Carnegie-Hall-Comeback das PR-Budget gekürzt, und die Verkaufszahlen der Horowitz-LPs waren in Amerika wie auch in Europa gesunken. Nach wie vor versuchte Columbia, Horowitz zu einer Aufnahme eines Klavierkonzerts oder zumindest von Kammermusik zu bewegen – selbstverständlich ohne Erfolg. Und 1973 versuchte Wanda ebenso erfolglos, Horowitz wieder zum öffentlichen Auftreten zu überreden. Dennoch mußte wegen des auslaufenden Vertrags mit Columbia eine Entscheidung gefällt werden. Paul Myers war nun Chef für die Künstler- und Repertoirepolitik der Londoner Columbia-Niederlassung; zudem hatte er die Aufgabe, den Klassikbereich der Columbia-Schallplattenproduktion aus den roten Zahlen herauszuführen. »Ich unternahm kaum etwas, um ihn bei unserem Label zu behalten«, gestand Myers später. »Seine Platten verkauften sich längstens nicht mehr so gut, und sie waren in der Tat so etwas wie ein Verlustgeschäft. Wir mußten ihm jeweils einen horrenden Vorschuß auszahlen, dann kam noch die Werbung dazu plus die besonders kostspieligen Aufnahmesitzungen plus seine Reisespesen und so weiter – jede Platte war letztlich ein Defizit. Zudem verlangte Horowitz einmal mehr höhere Gagen, und er wollte auch eine ganz spezielle Künstlerbetreuung, so daß ich schließlich zu Goddard Lieberson ging und ihm sagte: ›Schauen Sie, das übersteigt unsere Möglichkeiten.‹ Er war derselben Meinung. Ich sagte ihm auch, ob es nicht wahnsinnig schön wäre, all das Geld, das wir bis anhin für Horowitz ausgelegt hatten, in die Karriere eines jungen Musikers zu stecken – beispielsweise für Murray Perahia.«[13]

Das Frühjahr und den Sommer hindurch unternahmen weder Horowitz noch die Columbia irgendwelche Anstrengungen, um ihre Meinungsverschiedenheiten beizulegen. Horowitz war verärgert, launenhaft und zunehmend auch verbittert: Er sei überhaupt nicht mehr an neuen Schallplatten interessiert. »Die Produzenten haben ihre eigenen Vorstellungen in Sachen Dynamik, und das beeinflußt und verfälscht meine Interpretation. Ich habe das ewige Schneiden und Zusammensetzen von einzelnen Takes nicht gern. Überhaupt will ich keine Schallplatten mehr machen – dieses Kapitel ist für mich abgeschlossen.« Einmal erwog er noch, zusammen mit Nathan Milstein Medtners dritte Violinsonate aufzunehmen und vielleicht einen ganzen Medtner-Klavierabend zu geben. Aber aus keinem der beiden Projekte wurde etwas. Ein andermal beschloß Horowitz, nach Washington zu fahren, um dort die Akustik im Kennedy Center auszuprobieren. Doch auch daraus wurde nichts. Wanda gab ihrerseits dann und wann zu verstehen, daß sie Horowitz immer wieder zum Auftreten bewege und daß Horowitz »jeden dritten Tag« ein neues Konzertprogramm plane und mit seinen Bekannten ohne Unterlaß über Clementi-Sonaten spreche. Einem Journalisten verriet Horowitz sogar, welche Klavierkonzerte er gerne wieder spielen würde: das zweite Konzert von Brahms, das erste Rachmaninow-Konzert (»ich habe Rachmaninow versprochen, daß ich es spielen werde«) sowie das dritte, dazu Medtners erstes Klavierkonzert, die Lisztsche Konzertfassung von Schuberts *Wandererfantasie*. Möglicherweise spiele er sogar Prokofjews zweites Klavierkonzert oder ein Konzert des jungen amerikanischen Komponisten John Corigliano. Doch aus alldem wurde nichts. Solche enthusiastischen Momente wichen meistens sehr bald dem Gefühl grenzenloser Verbitterung; und es stellten sich Depressionen und Ärger ein. Beispielsweise über Tom Frost, der in seinem Hüllenkommentar zur Skrjabin-LP Horowitz falsch zitiert hatte. Oder weil man bei Columbia mit der Veröffentlichung von Horowitz' Chopin-LP zuwartete, um dafür eine Platte von Joel Grey möglichst schnell auf den Markt zu bringen. »Ich habe ja weiß Gott nichts gegen Unterhaltungsmusik«, sagte Horowitz verärgert. »Aber Joel Grey kann doch gar nicht singen. Er ist schlicht eine Null! Und CBS wird mit ihm pleite machen.« In der Tat war Columbia vor allem an Unterhaltungsmusik interessiert und hatte nur noch populäre Klassiker im Repertoire. Oder junge Pianisten, die sich am dritten Rachmaninow-Konzert versuchten. Einmal verfaßte

Harold C. Schonberg in der *New York Times* einen Artikel, worin er behauptete, daß jede von Rachmaninows Interpretationen unter einer gewissen Einförmigkeit gelitten habe. Wütend legte Horowitz dann gegen Schonberg und überhaupt gegen alle Kritiker los: »Der versteht überhaupt nichts! Absolut nichts! Der lebt nur mit seinen Schallplatten. Wie will der sich denn erinnern können! Vielleicht hat er Rachmaninow zwei- oder dreimal live gehört. Dabei hatte Rachmaninow als Pianist Emotionen, wie ich sie in dieser Fülle bei keinem anderen Pianisten je gehört habe. Aber die Kritiker haben ja keine Ahnung davon. Die haben nur ihre Schallplatten. Die sind wie Kinder!«[14] Horowitz wurde wiederholt auch gegen Columbia Masterworks ausfällig: daß sie sich nurmehr von kommerziellem Interesse leiten lasse. »Die sind total von ihren Maschinen abhängig. Die Maschinen bestimmen, was laufen soll.«[15]

Selbst den Sommer über fühlte sich Horowitz völlig erschöpft, entmutigt und deprimiert. »Ich hatte mehr oder weniger einen Zusammenbruch«, vertraute er einem Freund an. »Es war wie ein Nervenzusammenbruch, aber mehr körperlich. Meine geistigen Fähigkeiten sind absolut in Ordnung – nur das Nervensystem funktioniert nicht. Ich gehe viel spazieren. Überhaupt unternehme ich viel. Aber ich bin immer müde. Was ich auch unternehme, stets bin ich müde.« Während acht Monaten rührte Horowitz seinen Flügel nicht mehr an. »Ich will nicht; ich hasse Musik.« Er verharrte in totaler Lethargie und geriet in eine Depression, wie er sie in diesem Ausmaß noch nie erlebt hatte. Schon in den sechziger Jahren hatte man ihm deshalb im New Yorker Columbia Presbyterian Hospital eine Elektroschocktherapie verabreicht, und er mußte auch diesmal wieder in die neurologische Station zur Behandlung. Aber seine Verzweiflung hielt an. »Mit der Kunst geht es stark bergab«, sagte er oft. »Es ist wie in der *Götterdämmerung*.« Auch an sein eigenes Können glaubte er nicht mehr: »Meine Oktaven sind nichts mehr; früher waren sie einmal gut, jetzt nicht mehr.« Umsonst versuchten seine engsten Freunde, ihn aufzuheitern; er schüttelte jeweils nur den Kopf. »Ich mache eine schwere Zeit durch«, pflegte er dann zu sagen. »Ich bin eben ein sonderbarer Typ.«

Verjüngung

Nach fünf Jahren der Zurückgezogenheit wollte ich wiederum an die Öffentlichkeit kommen. Schließlich bin ich ja keine Legende und auch kein Geist, sondern ein real existierender Mensch. Und ich kann auch spielen und etwas liefern. Briefe von jungen Leuten überzeugten mich, daß ich das tun sollte. Nun werde ich mich nie mehr zurückziehen.[1]

Endlich zeitigte die Spitalbehandlung erste Erfolge; Horowitz' Depression verflüchtigte sich nach und nach, und seine krankhafte Phobie vor dem öffentlichen Auftreten verschwand ebenfalls. In den kommenden anderthalb Jahren verbrachte er zahllose Abende mit dem New Yorker Konzertmanager Harold Shaw, und beide diskutierten über eventuelle Konzerttourneen für 1974 und 1975. »Mr. Shaw kam meistens zu mir, wir saßen zusammen, machten Tourneepläne und sahen schon Millionen von Dollars«, erzählte Horowitz. »Nachher ging ich schlafen, und alles war wieder wie weggewischt. Aber er hatte unendlich viel Geduld mit mir. Er wußte, daß ich spielen würde, weil ich wieder gut aussah.« Im Winter und Frühjahr 1974 begann Horowitz wieder zu üben – und zwar an der Clementi-Sonate fis-moll op. 26 Nr. 2, an Schumanns *Kinderszenen*, an Skrjabins *Vers la Flamme* sowie an einigen Kompositionen von Chopin. Nach wie vor machte dem nunmehr Neunundsechzigjährigen die Unausweichlichkeit des Alterns zu schaffen; er hatte auch Angst, daß seine Kräfte nachlassen würden, und wies um so prahlerischer darauf hin, daß ihn die Ärzte als ein physisches Wunder bezeichneten. »Ich bin noch voll da«, erzählte er einem Journalisten und rauchte dabei eine jener beiden milden Carlton-Zigaretten, die er sich pro Tag zugestand. »Ich fühle mich wie vierzig oder fünfzig. Meine Ärzte sagten mir, ich hätte das Herz eines Fünfundvierzigjährigen. Ich mache jeden Tag weite Spaziergänge. Ich esse nur Geflügel und Fisch, kein Fleisch, und seit zwanzig Jahren habe ich mir keinen Drink mehr genehmigt. Ich habe nirgends Fett angesetzt. Nur die Nase ist etwas zu lang.«[2]

Shaw nahm an, daß Horowitz wiederum den Muttertag, den 10. Mai 1974, wählen wollte für seine abermalige Rückkehr aufs Konzertpodium. Aber Horowitz wollte diesmal nicht in New York beginnen, sondern lieber in einer anderen Stadt. Shaw rief dann Michael Maxwell an, den Manager des Cleveland Orchestra, und fragte ihn, ob er für den Mai in der Severance Hall noch freie Daten habe. Maxwell war begeistert, nahm sofort mit Horowitz Kontakt auf und erinnerte ihn daran, daß er seit siebenundzwanzig Jahren nicht mehr in Cleveland gespielt habe. »Warum wollen Sie nicht bei uns beginnen, wo man Sie verehrt?« fragte er den Pianisten. »Zweifellos werden Sie mit der Akustik in der Severance Hall zufrieden sein.«

Horowitz überdachte sich dieses Projekt ernsthaft, doch wie stets konnte er sich nicht zu einer Entscheidung durchringen. Zudem lagen zahlreiche andere Angebote vor. Besonders interessierte ihn eine Einladung der Yale-Universität: ob er nicht einen Klavierabend geben und anschließend mit den Studenten über Musik und über seine Karriere sprechen würde. Horowitz entschied dann, diese ganze Veranstaltung bei sich zu Hause durchzuführen, und so lud er auf Freitag, den 3. Mai 1974 achtunddreißig Yale-Studenten und fünfzehn Freunde in die Ninety-fourth Street ein. Horowitz trug Clementis fis-moll-Sonate und Schumanns *Kinderszenen* vor – beides Werke, die er auch in seinen bevorstehenden Klavierabende aufnehmen wollte. An diesem Abend fühlte sich Horowitz »ausgezeichnet«; die jungen Zuhörer machten ihm Mut, und ohne Zögern ging er tags darauf zu Harold Shaw und sagte ihm: »Beginnen wir also in Cleveland.« Nach wie vor lähmte ihn zwar die Gewißheit, an einem ganz bestimmten Datum spielen zu müssen, aber aufs Auftreten und auf den Kontakt zum Publikum freute er sich wahnsinnig. Zudem konnte er damit rechnen, daß man ihn anschließend kaum mehr mit Angeboten überhäufen würde, denn die Konzertsaison war ja praktisch zu Ende. »Ich bin kein Fließband-Pianist«, sagte er Shaw, »ich entscheide mich möglichst kurzfristig.«

Horowitz war zwar skeptisch wegen der Akustik in modernen Konzertsälen, doch jedermann versicherte ihm, daß die Severance Hall hervorragend sei. Dennoch wollte Horowitz keinen Flügel aus Cleveland, sondern seinen eigenen; und so mußte man seinen »Beauty«-Steinway aus dem Fenster seines Hauses heraushieven und ihn nach Ohio transportieren. Der Klavierabend sollte am 12. Mai stattfinden, und alles mußte deshalb sehr schnell gehen: Am 6. Mai erhielt Maxwell Horowitz' definitive Zusage, am 7. Mai wurden die Konzertkarten gedruckt und die Zeitungen informiert, am 8. Mai wurde das Konzert annonciert, und am 9. Mai flog Horowitz nach Cleveland. Er war wie stets in großer Sorge: wegen des Fliegens, wegen des Wetters, wegen des Kartenverkaufs und wegen der Akustik in der Severance Hall. Fünf Leute waren zur Stelle, um ihn zu beruhigen und ihm Mut zuzusprechen: Wanda selbstverständlich sowie ihre Schwester Wally, dazu Harold Shaw, Franz Mohr und Ralph Hanes, ein junger Angestellter bei Shaws Konzertagentur, der als persönlicher Betreuer von Horowitz engagiert worden war.

Shaw als Manager von Horowitz: Das war ein einzigartiger Coup, zumal Horowitz seit über zwanzig Jahren keinen Manager mehr geduldet hatte. Shaw garantierte dem Pianisten, daß jedes Konzert gleichsam in Handarbeit vorbereitet und arrangiert werde, daß er achtzig Prozent der Gesamteinnahmen erhalte und Hanes als ständiger Begleiter mit ihm reisen werde. Da Horowitz absolut keine

Lust hatte, in unkomfortablen Hotels zu leben, mietete Maxwell in Cleveland ein Haus für den Pianisten: eine luxuriöse Betreuung, wie sie einst auch Paderewski genossen hatte. Zudem war ein ansehnlicher Troß von Begleitern zur Stelle: Wanda, der persönliche Betreuer, der Manager, der Klavierstimmer, ein Koch, ein Chauffeur, Freunde und Verwandte, Schallplattenproduzenten und Tontechniker. So bequem hatte es Horowitz auf Reisen noch nie gehabt.

Am Freitag, zwei Tage vor seinem Auftritt, lud Horowitz in seinem Appartement am Bratenahl Place zu einer Pressekonferenz. Auch Fernsehen und Radio waren zur Stelle, und Horowitz zeigte sich ausgesprochen fröhlich, ja ausgelassen. Umgeben von Mikrophonen thronte er auf einem blauen Stuhl, und zwar in einem schwarzen Anzug mit goldenem Gilet, einem pfirsichfarbenen Hemd und einer orangefarbenen Fliege. Er sprach angeregt und lachte oft – alles andere als ein leidender, eigenbrötlerisch-zurückgezogener Künstler, wie es die Legende wollte. »Ich gebe es zu, ich bin nervös«, sagte er. »Aber ich bin nicht neurotisch; ich habe nur Lampenfieber und bin deshalb sehr gespannt.«[3] Er sprach auch über die vergangenen fünf Jahre, allerdings nur in vagen Formulierungen: »Ich hatte gute Zeiten und schlechte Zeiten, wie sie jeder Mensch hat. Manchmal viel Probleme und manchmal gar keine. Aber es war mir nie nach einem öffentlichen Auftreten zumute. Wenn man mal Pause macht, kann man das eine und andere klar überdenken. Doch bei mir meinen die Leute immer, wenn ich nicht auftrete, dann sei ich wohl in irgendeiner Irrenanstalt. Aber ich bin nicht verrückt.«

Er erzählte den Journalisten, daß er eine Konzerttournee entlang der Westküste ins Auge fasse, wo er seit über zwanzig Jahren nicht mehr aufgetreten sei; und er wolle natürlich auch in seinen Lieblingsstädten und Universitäten im Mittleren Westen spielen. »Ich bin ein alter Vagabund«, sagte er leise. »Es ist abnormal, jahrelang nicht aufzutreten. Aber jetzt komme ich wieder. Ich will spielen, soviel ich kann. Ich weiß nicht, ob ich mit diesem einzigen Konzert hier zufrieden sein werde. Möglicherweise gehe ich noch nach Chicago für einen weiteren Klavierabend. Ich bin ein komischer Künstler. Denn ich schätze es gar nicht, Konzerte langfristig im voraus zu planen.« Wanda stand hinter ihm und fügte da und dort Kommentare bei: »Er ist ein russischer Pessimist. Er selber ist in Topform, wir dagegen sind alle nervöse Wracks. Hätte ich nach all diesen vierzig Jahren nicht einigen Sinn für Humor, dann wäre ich jetzt sicher nicht da.« Zudem schnitt sie Horowitz jeweils das Wort ab, wenn er von Dingen sprach, die sich erst im Planungsstadium befanden. Zum Beispiel dachte Horowitz daran, von einem Klavierabend an der Yale-Universität Videoaufnahmen machen zu lassen, um diese dann in der National Educational Television zu übertragen. Doch wurde dieses Projekt nie realisiert. Noch von einem anderen Vorhaben sprach Horowitz: die deutsche Firma UNITEL wolle ein Filmportrait von ihm machen und zwar bei ihm zu Hause – was ebenfalls nie zustande kam. Zuletzt wies er noch darauf hin, daß sein Vertrag mit Columbia Masterworks ausgelaufen sei und er nun nach einer neuen Schallplattenfirma Ausschau halte.

An dieser Pressekonferenz wurden kaum substantiellere Fragen angeschnitten; vielmehr amüsierte Horowitz die Journalisten mit skurrilen Geschichten und Anekdoten: über seine Begegnung mit Skrjabin, wie er als Junge zum erstenmal einen Klavierabend von Josef Hofmann hörte und über seine späteren Pläne, Komponist zu werden. Nur auf ein einziges kontroverses Thema ging er ein: Die Eintrittspreise für seinen Klavierabend in Cleveland seien zu hoch angesetzt. Doch Maxwell erzählte später: »Shaw und Horowitz sagten mir beide, die Karten müßten sehr teuer verkauft werden. Sie kosteten zwischen fünf und fünfundzwanzig Dollar, und wir waren deshalb nicht restlos ausverkauft.«[4] Horowitz und Wanda ärgerten sich zwar wegen der paar leer gebliebenen Plätze; aber sie wollten absolut keine Freikarten vergeben – auch nicht an auswärtige Kritiker. »Die lokalen Kritiker, die normalerweise auch die Konzerte des Cleveland Orchestra besprechen, können selbstverständlich dabei sein. Sonst aber keine Kritiker!« lautete Horowitz' Devise.

Der Klavierabend vom 12. Mai wurde zu einer kleinen Sensation. *Horowitz spielt wieder und sorgt für Verblüffung*, titelte die *New York Times; Mit 69 am Klavier immer noch unvergleichlich* hieß es in der *Chicago Tribune*. Dreimal hatte sich Horowitz aus dem öffentlichen Konzertleben zurückgezogen, insgesamt für zweiundzwanzig Jahre, und dennoch schien er auf dem Konzertpodium wiederum völlig zu Hause zu sein – »entspannt und aristokratisch wie ein König, der um seine Bedeutung weiß«, hieß es in der *New York Post* vom 13. Mai 1974. Horowitz bewies, daß er immer noch über ein unheimlich differenziertes Klangfarben- und Dynamikspektrum verfügte, über einen mächtigen Sound, über klar konturierte Oktaven, Arpeggios und Läufe. In technischer Hinsicht habe er »wie ein junger Mann gespielt«, meinte Horowitz nach dem Konzert. Nach jedem Werk schaute er mit einem breiten Grinsen ins Publikum; offensichtlich genoß er die stehenden Ovationen, die ihm die mehr denn je »hysterischen« Zuschauer bereiteten. Da Horowitz kontraktlich nach wie vor an Columbia gebunden war, konnte der Klavierabend nicht mitgeschnitten werden. Bald tauchten aber Piratenaufnahmen auf dem musikalischen Schwarzmarkt auf, und sie bewiesen, daß die *Chicago Tribune* zu Recht geschrieben hatte: »Horowitz hat ganz einfach von allem etwas mehr – mehr Spannung, mehr Kontrolle, mehr Detailgenauigkeit und mehr Schattierungen, um die Emotionen in seinen Interpretationen gleichsam Takt für Takt neu zu bemessen.«[5]

Natürlich kamen unzählige Anfragen für weitere Klavierabende, doch Horowitz ließ sich auf keine ein, sondern sagte zu Wanda: »Von hier aus gehen wir wieder nach Hause.« Drei Wochen später spielte er dasselbe Programm nochmals in Washington, D.C. Dann zog er sich für den ganzen Sommer in sein Farmhaus in Connecticut zurück und studierte Skrjabins fünfte Sonate ein. Den Konzertveranstaltern versprach er, im Herbst wieder aufzutreten – »wenn mir inzwischen nichts passiert«.

Obwohl Horowitz immer wieder versicherte, er konzertiere nur nach Lust und

Laune, wurden alle seine 1974er Auftritte von Shaw in die Wege geleitet – und zwar in Zusammenarbeit mit der New Yorker Public-Relations-Firma von Bernard Gurtman und Jim Murtha, die Shaw beide noch von seiner Zeit bei Sol Hurok her kannte. Shaws Konzertagentur verfügte nicht über eine derart leistungsintensive Presseabteilung, wie sie Horowitz forderte. Und auch nötig hatte, denn seine Auftritte im Jahre 1974 waren nicht mehr mit dem historischen Comeback von 1965 zu vergleichen; jedenfalls fielen die Pressereaktionen viel spärlicher aus. Beispielsweise war Shaw recht irritiert über die kümmerliche Notiz, mit der die *New York Times* auf Horowitz' 1974er Rückkehr in den Konzertsaal reagierte. »Horowitz war zu eingebildet« erklärte Peter Gelb, ein junger Mitarbeiter von Gurtmann und Murtha, der für die Horowitz-Publicity zuständig war. »Er hätte nie zugegeben, daß er – eine Legende – durchaus eine PR-Firma brauchte. Aber als wir dann die mickrige *Times*-Notiz über sein Cleveland-Comeback sahen, war es für uns offensichtlich, daß mehr getan werden mußte. Von 1974 bis 1978 oblag uns die gesamte PR für Horowitz, und wir wurden dafür direkt von Shaw honoriert.«[6]

Gelb war damals vierundzwanzig Jahre alt, aggressiv und charmant zugleich, verfügte dank seinem Vater Arthur Gelb von der *New York Times* über gute Beziehungen und konnte mit dem lebhaften Horowitz und seiner überaus versierten Geschäftspartnerin Wanda gut verhandeln. »Horowitz war kindisch, charmant, reizend, manchmal auch naiv und wahnsinnig egoistisch«, erinnerte sich Gelb. »Und Wanda stand mit einer fast bösartigen Zähigkeit hinter ihm – beispielsweise, wenn es um Verträge ging.« Harold Shaw hatte bald heraus, daß Horowitz lieber mit jungen Leuten verhandelte als mit Gleichaltrigen, die ihn stets an sein eigenes Altwerden erinnerten. Deshalb überließ er einen Großteil der Arbeit, welche das Horowitz-Management mit sich brachte, dem jungen Gelb sowie Ralph Hanes, dem liebenswerten Reisebegleiter von Horowitz.

Zum erstenmal trat Gelb im Rahmen einer Pressekonferenz an die Öffentlichkeit, die er 1974 bei Horowitz zu Hause arrangierte. Sofort fiel ihm auf, daß Horowitz unheimlich geschäftstüchtig war und auch ein seltenes Talent zur Selbstdarstellung hatte. »Ich habe nie einen Künstler gekannt, der sich selber so gut verkaufen konnte wie Horowitz. Stets hielt er mit seinen Konzerten zurück und wählte aus den zahlreichen Offerten sorgsam aus. Er gab weniger Konzerte als alle anderen Künstler, erhielt aber ein doppeltes oder gar dreifaches Honorar. Statt 15000 Dollar, wie sie Rubinstein in den siebziger Jahren pro Konzert verdiente, bekam Horowitz jeweils achtzig Prozent der Gesamteinnahmen, was immerhin zwischen 35000 und 60000 Dollar ausmachte, je nach Größe des Konzertsaals. Seit dem Comeback im Jahre 1965 stieg sein Sachwert, wenn man so sagen will, andauernd an. Und seit seinem dritten Rückzug vom Konzertpodium schien man ihn irgendwie als mystische Größe zu betrachten – und er selber wollte dann auch entsprechend bezahlt sein. Das Image, welches er sich mittlerweile aufgebaut hatte, bestand im Prinzip einzig darin, die Leute stets im Ungewissen darüber zu lassen, ob seine Hände demnächst abfallen würden oder nicht.«

Das erste wichtige Ereignis nach dem Konzert in Cleveland war ein Klavierabend in der Metropolitan Opera New York am 17. November 1974. Seit Jahren hatte Horowitz die Metropolitan Opera regelmäßig besucht und oft erwogen, hier einen Klavierabend zu geben. Doch stets stieß er mit diesem Vorhaben auf den Widerstand von Sir Rudolf Bing, dem Direktor der Met. »Bing sagte mir jeweils, wenn er mir die Met zur Verfügung stellen würde, kämen sofort Hurok und all die anderen Manager und würden versuchen, ihre eigenen Künstler ebenfalls in die Met zu bringen«, meinte Horowitz später. Doch 1972 trat Bing zurück, und Horowitz' Freund Schuyler Chapin wurde Geschäftsführer an der Met. Chapin wußte, daß ein Klavierabend in der Met eine riesige Publicity entfachen würde: das erste Instrumentalrezital in der neuen Met im Lincoln Center, zudem das erste New Yorker Konzert von Horowitz seit sechs Jahren, gerade rechtzeitig zum siebzigsten Geburtstag des Pianisten. Chapin kam zur Überzeugung, daß ein solches Benefizkonzert der Met aus ihrer äußerst prekären Finanzlage heraushelfen könnte, und gab dann seine Einwilligung.

Horowitz machte seine Zusage von der Akustik in der Met abhängig. Chapin bewilligte 6000 Dollar für zwei Probeabende. Zudem gab er dem Akustiker der Met, Cyril Harris, eine spezielle Verschalung in Auftrag, die man dann hinter dem Flügel aufstellen konnte. Anschließend verlangte er, daß drei Steinway-Flügel auf dem Podium aufgestellt werden, und zwar direkt unter dem Proszenium-Bogen. Die erste Probe war auf den 9. Juni 1974 angesetzt – Horowitz hatte ein paar Bekannte und Freunde eingeladen, die anschließend ihre Meinung über die Akustik äußern sollten. »Als wir in den Saal kamen, sah ich, daß die drei Flügel nicht unter dem Proszenium-Bogen, sondern am Rande des Orchestergrabens aufgestellt waren. Natürlich wurde ich wütend, denn jetzt konnte nichts mehr geändert werden, da Horowitz soeben auf die Bühne kam und anfangen wollte. Ich sank verzweifelt in meinen Sitz zurück und war überzeugt, 6000 Dollar für einen total unsinnigen Test verloren zu haben.«[7] Doch es stellte sich heraus, daß das Instrument hervorragend klang; auch Horowitz war vollauf zufrieden. Natürlich nahm Harris später Chapin auf den Arm: »Hätten die Flügel dort gestanden, so Sie sie ursprünglich haben wollten – ja, dann hätte die ganze Sache wohl nicht funktioniert.«

Der zweite Probedurchlauf fand am 3. Oktober statt. Peter Gelb lud den Kritiker Harold C. Schonberg samt einem Fotografen ein. Zudem waren zahlreiche Bekannte anwesend, unter ihnen Pfeiffer, Shaw, Chapin mit Gattin, William F. Buckley jr., Pierre Boulez, Carlos Moseley, Ania Dorfman, Alice Tully, Constance Keene und Olga Strumillo. Horowitz saß in einem grauen Geschäftsanzug und mit einer rotgepunkteten Fliege am Flügel und spielte sich mit einigen improvisierten Akkorden, Läufen, Tonleitern und Arpeggios ein. Plötzlich hörte er auf. »Das letzte Mal klang es viel besser«, sagte er zu Mohr und Harris und wies darauf hin, daß die speziell konstruierte Verschalung vorher in einer anderen Position gewesen sei. Die Bühnenarbeiter rückten sie einen halben Meter rückwärts, und tatsächlich klang jetzt der Flügel wesentlich besser. Während der zweistündigen Probe ging Wanda kreuz und quer durch den 3700 Leute fassenden Saal, hörte von jedem Platz aus zu und brachte dann ihre Kritik an. Schließlich sagte Horowitz, die Akustik sage ihm zu und er sei auch mit seinem Spiel zufrieden. Und er gab Chapin, Gelb und Shaw grünes Licht. Am folgenden Tag erschien in der *New York Times* ein ausführlicher Bericht von Harold C. Schonberg samt einigen eindrücklichen Fotos von Horowitz auf der Riesenbühne in der Met.

Der Klavierabend in der Met vom 17. November wurde als Horowitz' einziger New Yorker Auftritt in dieser Saison angekündigt – und zwar an einer Pressekonferenz, die Anfang Oktober wiederum bei Horowitz zu Hause stattfand. Hier hatte sich mittlerweile viel geändert: Unter anderem fehlten an den Wänden die französischen Impressionisten: »Ich mußte sie verkaufen wegen der Versicherung«, erzählte Horowitz den verdatterten Journalisten. »Ich konnte mir die Versicherung nicht mehr leisten.«[8] Über dem langen Sofa, wo früher Picassos Akrobat gehangen hatte, befand sich jetzt ein riesiges japanisches Wandgemälde und über dem Cheminee waren chinesische Glasmalereien. Die Polstermöbel waren mit schwarzgeblumtem Stoff neu überzogen worden, und im ganzen Wohnzimmer dominierten die Farben Schwarz, Gold und Rot.

Horowitz und Wanda profilierten sich mehr und mehr als scharfsinnige Kunstkenner, die ihr Geld clever anzulegen wußten. Viele hatten den Eindruck, daß die beiden aufs Geld versessen seien, und das finanzielle Agreement, welches Horowitz mit der Met vereinbarte, verstärkte den Eindruck womöglich noch. Man hatte sich nämlich darauf geeinigt, daß Horowitz und die Met je fünfzig Prozent des Gewinns einstreichen konnten. Für die Mitglieder der Metropolitan Opera Guild kostete eine Karte stolze zweihundert Dollar; die normalen Eintrittspreise betrugen dagegen zwischen fünf und fünfundzwanzig Dollar. Von den Bruttoeinnahmen gingen 15000 Dollar als Miete für die Met ab, dazu 6000 Dollar für die beiden Proben; blieben als Rest noch 106000 Dollar: zweifellos eine Rekordbilanz für einen Klavierabend. Für die Annoncierung des Klavierabends und für Public Relations mußte Chapin überhaupt nichts bezahlen; Gelb und Horowitz inszenierten das selbst und organisierten den Billettverkauf in einer Weise, wie ihn an der Met noch niemand erlebt hatte. »Horowitz hatte die Idee, daß man auf schriftliche Bestellungen und auf einen Vorverkauf verzichten solle«, erinnerte sich Gelb. »Er wußte genau, daß die Leute wiederum eine ganze Nacht lang Schlange stehen werden; dann konnte er ihnen erneut Kaffee und Krapfen offerieren und aus dem ganzen Auflauf soviel Publicity herausholen wie damals im Jahre 1965.«

Alles verlief nach einem minuziös festgelegten Plan. Am 3. November gab Horowitz einen Klavierabend in Chicago, und tags darauf flog er nach New

York zurück, um den vor der Kartenkasse Anstehenden einen kurzen Besuch zu machen. Normalerweise fand der Kartenverkauf im Untergeschoß der Met statt; Gelb wußte es aber so einzurichten, daß die Leute diesmal außerhalb des Met-Gebäudes anstehen mußten, was selbstverständlich viel wirkungsvoller war. Gelb organisierte auch das Fernsehen; die Presse war ebenfalls anwesend. Alle wollten sie mitbekommen, wie Horowitz mit großmütiger Geste seine Fans begrüßte. »In New York war es nicht üblich, daß ein ›klassischer‹ Musiker auf der ersten Zeitungsseite Schlagzeilen macht«, meinte Gelb später. »So war es meine Aufgabe, die Zeitungen zu überzeugen, daß Horowitz-News eben nicht nur musikalische News sind, sondern echte News.«

Abends am 4. November stellte sich alles wie geplant ein. Fünfhundert Leute standen Schlange; es regnete und war recht kalt. Horowitz fuhr mit Wanda vom Flughafen direkt zur Met. Doch er wollte das Auto nicht verlassen und über den Platz gehen; er sah, daß Photographen warteten, und sein Auftritt sollte nicht allzu inszeniert wirken. Entsprechend scheinheilig sagte er dann: »Manchmal habe ich vor mir selber Angst! Immer, wenn ich irgendwo spiele, stehen die Leute eine ganze Nacht lang für Karten an. Warum das nur?«[9] Die Photographen drängten sich nun zu Horowitz, und zahlreiche Fans kamen ebenfalls herüber. Wanda und Horowitz hatten wie geplant Kaffee und Krapfen verteilen lassen, und die Photographen schossen dann Bilder vom Maestro, wie er seinen Filzschlapphut in die begeistert schreiende Menge warf.

»Horowitz at the Met« wäre zweifellos ein Schallplatten-Bestseller geworden. Aber der Klavierabend wurde nicht aufgenommen, da Horowitz nach wie vor im Clinch mit Columbia Masterworks lag. Dennoch wurde der 17. November zu einem riesigen Erfolg und leitete eine ganze Serie von weiteren Höhepunkten in Horowitz' Karriere ein. Imelda Marcos, die Gattin des philippinischen Präsidenten, kam für diesen Klavierabend extra nach New York geflogen. Vladimir Ashkenazy verschob den Beginn seines eigenen Klavierabends, den er ebenfalls am 17. November gab, um vorher noch Horowitz hören zu können. Zahlreiche Berühmtheiten fanden sich in der Met ein: Jacqueline und Aristoteles Onassis, Herbert von Karajan, Leonard Bernstein, Van Cliburn, Isaac Stern und Daniel Barenboim. Horowitz war wahnsinnig stolz darauf, daß er im Sommer Skrjabins fünfte Sonate gelernt hatte. »Ein schwieriges Werk, aber ich schaffte es. Ich bin immer noch voll da, wie ein junger Mann.«[10] Er spielte diese Sonate erstmals öffentlich: eine »sensationelle Interpretation«, wie Harold C. Schonberg dann schrieb. »Keiner unter den lebenden Pianisten, nicht einmal Sviatoslav Richter, hat eine derartige Affinität für Skrjabins Musik. Alles war bei Horowitz vorhanden: Strenge, Farben, eine phänomenale Technik, ein wogender Rhythmus und stete melodische Linien.«[11] Ansonsten standen noch Clementis fis-moll-Sonate, Schumanns *Kinderszenen* und von Chopin die Introduktion mit Rondo, zwei Mazurken sowie die g-moll-Ballade auf dem Programm, und alle diese Interpretationen erhielten ausgezeichnete Kritiken.

Nach diesen erfolgreichen Auftritten in Cleveland, Chicago und New York war Horowitz bereit, auf eine von Shaw schon vorbereitete ausgedehnte Konzerttournee zu gehen. »Seit dreiundzwanzig Jahren bin ich nicht mehr im Westen gewesen«, sinnierte er. »Das wird ein Spektakel geben, wenn ich wieder nach Kalifornien komme – die werden dort glauben, ich sei ein Gespenst.« Oft erwog Horowitz auch die Möglichkeit, in Europa und Japan Konzerte zu geben.

Nach dem Klavierabend in der Met blieb Horowitz über Weihnachten in New York; anschließend gedachte er, dem Winter zu entfliehen und am 9. Februar in Houston und später in Miami aufzutreten. Aber am 10. Januar erhielten Wanda und Horowitz eine Hiobsbotschaft: Sonja war in Genf gestorben. »Es war für uns ein großer Schock«, sagte Wanda in einem Interview. »Sie war doch im November noch dagewesen und hatte sich den Klavierabend in der Met angehört.«[12] Freunde der Familie waren weniger überrascht; sie wußten, wie unglücklich Sonja stets gewesen war, über Jahre hatte sie an Depressionen gelitten, und sie mußte oft in Nervenkliniken eingewiesen werden. »Sie hatte viele Talente«, meinte Wanda, »aber sie fand nie ihren eigenen Weg. Sie heiratete auch nicht. Aber sie war sehr musikalisch. Dann widmete sie sich der Malerei, später photographierte sie. Zudem konnte sie recht gut schreiben. Aber nie machte sie ihren eigenen Weg.«[13] Hartnäckig gingen Gerüchte um, daß sich die vierzigjährige Horowitz-Tochter das Leben genommen habe. Aber in der Presse las man davon kaum etwas. Viele Horowitz-Fans wußten nicht einmal, daß ihr Idol eine Tochter hatte, und ihre seltenen Besuche in New York wurden nie in der Öffentlichkeit breitgeschlagen. Obwohl sie am 17. November in der Met im Publikum saß, konnte sich nachher niemand an sie erinnern: Zu sehr hatte sie stets im Hintergrund gestanden.

Wanda flog sofort nach Mailand, wo Sonja im Familiengrab der Toscaninis auf dem Cimitero Monumentale beigesetzt werden sollte. Es hieß, Horowitz habe sich zwar überlegt, was für Musik an der Beerdigung gespielt werden solle; aber selber ging er nicht hin. »Sonja war stets ein mühsames Kind«, sagte er. Ihr Tod wirkte auf ihn wie eine Befreiung. Einen Tag, nachdem er von ihrem Tod erfahren hatte, ließ er mitteilen, daß er den auf 9. Februar angesetzten Klavierabend verschieben müsse: »Sagen Sie den Leuten, daß ich auf jeden Fall in Houston spielen werde. Nur ist es mir in den nächsten paar Wochen noch nicht möglich.« Das Konzert wurde auf den 30. März verschoben. 1978 meinte Wanda dann in einem Interview: »Er baute damals einen eisernen Vorhang um sich auf. Unangenehmes ließ er gar nicht an sich herankommen.«[14]

Andererseits war es klar, daß Wanda sehr unter Sonjas Tod litt. In einem Interview, das sie noch im selben Jahr gab, wehrte sie alle diesbezüglichen Fragen ab. »Ich will nicht darüber sprechen. Im Moment habe ich das Gefühl, daß ich diesen Schlag nie verwinden kann. Obwohl das Leben natürlich weitergeht. Denn das Leben ist stärker als der Tod. Aber ich glaube nicht, daß eine Mutter einen solchen Schicksalsschlag je überwinden kann.«[15]

Dem Vater hingegen machte das offensichtlich keine Probleme – oder dann zeigte er sie nicht. Freunde hatten das Gefühl, er habe Sonja längst schon verloren. Und sie registrierten auch, daß er nach dem Tod seiner Tochter wesentlich offener, extravertierter wurde – wie wenn eine große Belastung von ihm gewichen wäre. Freizügig gewährte er Interviews und plante neue Konzerttourneen. Anfang Mai gab der mit ihm befreundete Komponist Phillip Ramey eine Party für Wanda und Horowitz. Ungefähr zwanzig Gäste waren geladen, meistens junge Leute, wie das Horowitz gewünscht hatte, und möglichst wenig Pianisten – auch das ein Wunsch von Horowitz. »Etwa eine halbe Stunde vor der Party fuhr ich mit einem Taxi zu Wolodja, um ihn und Wanda abzuholen«, erzählte Ramey später. »Wolodja lächelte und war in bester Laune, aber Wanda schaute um so grimmiger drein. Es war ein wunderbarer Maitag, ich kam mit einer leichten Sportjacke und offenem Hemd, wogegen Wanda und Wolodja recht elegant angezogen waren. Wie wir das Haus verließen, sah ich, daß Wanda meinen offenen Hemdkragen anstarrte; plötzlich blieb sie stehen und sagte: ›Es tut mir leid, Herr Ramey, aber ich denke, das ist nicht die richtige Art von Partys für mich‹, und machte rechtsum kehrt. Im Taxi meinte Horowitz dann grinsend: ›Mach dir keine Gedanken. Wir werden es nun um so lustiger haben. Sie ist deprimiert, hat mit den Nerven zu tun und ist im Moment überhaupt sehr schwierig. Weißt du, ihre Tochter ist gestorben.‹ Ich war recht bestürzt: ›*Ihre* Tochter?‹ fragte ich zurück. ›Ja‹, antwortete er und war dann plötzlich recht mürrisch.« An der Party war Horowitz aber äußerst charmant und lustig, und mit großem Vergnügen posierte er mit den Gästen für den Photographen. »An eine Aufnahme erinnere ich mich noch bestens: Er posierte zusammen mit einer Freundin von mir; sie sah wie ein Girl aus den zwanziger Jahren aus, mit Perlenkette und einem langen Zigarettenhalter, und hatte den Arm um die Schultern eines zufrieden lächelnden Horowitz gelegt.«[16]

Mit der Zeit konnte sich Wanda von ihrer Depression lösen – vielleicht entsprechend ihrer Philosophie, daß das Leben stärker sei als der Tod. Öfter sah man sie wieder auf Partys, und sie reiste viel, sammelte alles mögliche und hatte eine eigentliche »Lebensgier«, wie das einer ihrer Freunde formulierte.

Sonjas Tod bewirkte keine weiteren Änderungen im Terminplan von Horowitz. Am 23. März gab er wie vorgesehen in Miami einen Klavierabend, am 30. März spielte er in Houston und am 20. April in Ann Arbor. Am 27. April wiederholte er das Programm seines Met-Klavierabends noch einmal in der Carnegie Hall, und am 18. Mai trat er an der Ohio State University auf. Einmal mehr schwärmte er von Japan: »Mein Gott, diese Angebote! Die offerieren mir wahnsinnig viel Geld! Aber es ist zu weit weg.« Für die Saison 1975/76 kündigte er eine Tournee nach Kalifornien an, machte Andeutungen, daß er wieder mit Orchester auftreten möchte, und sprach auch von einem gemeinsamen Klavierabend mit Rudolf Serkin, wo die beiden Pianisten zum 25jährigen Bestehen der Marlboro School in Vermont vierhändig zu spielen gedachten. Horowitz wollte mit Serkin (»ich liebe ihn wie einen Bruder«) Schuberts f-moll-Fantasie und das *Scherzo brillante* spielen; aber er sagte dieses Konzert dann ab. Bald war er voll und ganz mit dem Einüben eines neuen Werks beschäftigt: der Sonate Nr. 3 f-moll von Schumann *(Concerto sans orchestre)*, das Horowitz als »eines der gigantischsten Werke der Romantik« bezeichnete, »welches aus unerfindlichen Gründen total vernachlässigt worden ist«.[17] Obwohl von dieser Sonate immerhin sechs verschiedene Schallplattenaufnahmen existierten, sprach Horowitz wie von einer persönlichen Entdeckung, und er war dann sichtlich stolz, daß er in seinem Alter ein so großflächiges, anspruchsvolles Werk im Konzertsaal überhaupt noch durchstand. »Serkin war der einzige Pianist, der diese Sonate vor fünfundzwanzig Jahren gespielt hatte, und er sagte mir, daß er acht Monate gebraucht habe, bis er das Werk auswendig konnte.« Einem Journalisten erzählte Horowitz: »Wenn ich mich nicht andauernd auf die Suche nach neuen Werken, nach neuen Herausforderungen mache, dann werde ich älter. In allen musikhistorischen Büchern wird abschätzig über diese Sonate geurteilt, aber ich bin mit diesen Urteilen absolut nicht einverstanden. Liszt, der zweifellos etwas vom Klavier verstanden hat, nannte diese Sonate eines der besten Werke von Schumann.«[18] In den Interviews, die er in der Saison 1975/76 gab, kam Horowitz immer wieder auf die extremen Anforderungen dieses Werks – vor allem des *moto-perpetuo*-Finale – zu sprechen.

Als Horowitz Schumanns dritte Klaviersonate im März 1976 dann zum ersten Mal spielte, muß er von den negativen Reaktionen der Kritiker wohl enttäuscht gewesen sein. Im *Boston Herald* war zu lesen, daß »Horowitz nicht verstanden hat, was in dieser Musik eigentlich passiert«, und daß die Interpretation »unzusammenhängend«, ja »unverständlich« gewesen sei.[19] Der *Boston Globe* schrieb: »Technische Probleme schienen ihn nicht zu beunruhigen, und um die musikalischen kümmerte er sich schon gar nicht. Als Resultat hörte man eine recht wirre, unzusammenhängende Folge von Fragmenten.«[20] In der Tat: Daß Horowitz älter geworden war, merkte man vor allem daran, daß er über ein Werk keinen großen interpretatorischen Bogen mehr zu spannen imstande war, sondern nurmehr einzelne Fragmente aneinanderreihte. Über seine Interpretation von Schumanns *Arabesque* schrieb beispielsweise ein Kritiker, sie habe »unmöglich zersplittert« gewirkt. »Beim Anhören dieser grotesken Interpretation dachte man sich: Wenn es möglich wäre, einen einzelnen Ton, der angeschlagen und anschließend mit dem Pedal gehalten wird, noch stückweise auseinanderzunehmen – ja, dann würde das Horowitz sicher tun.[21] Harold C. Schonberg wies hingegen darauf hin, daß sich Horowitz stets auf Details – auf die Klangfarbe oder auf ein Rubato – konzentriert habe. Er räumte zwar ein, daß diese Eigenart der Horowitz-Interpretationen jetzt noch mehr ins Gewicht falle, wies aber zugleich darauf hin, daß sein Spiel »heroisch und singend wie eh und je« sei.[22]

In den siebziger Jahren hatte Horowitz aber kaum mehr viel Respekt vor den Kritikern, und ihre gewundenen Kommentare störten ihn auch nicht mehr. Viel wichtiger war ihm, möglichst oft aufzutreten und lukrative Verträge einzuhandeln. Sein wichtigstes Ziel im Herbst 1975 war ein neuer Schallplattenvertrag. Nach wie vor war die Sache mit Columbia in der Schwebe. »Die Vertragsverhandlungen waren schon sehr weit gediehen«, erzählte er. Aber es sollte nicht mehr zum Abschluß kommen. Horowitz faßte einen Firmenwechsel ins Auge, und Angel, Capitol sowie die Deutsche Grammophon zeigten Interesse. Doch der Pianist entschied sich dann, wiederum in den Schoß der RCA zurückzukehren. 1962, als er zu Columbia gewechselt hatte, war nicht zuletzt sein Vertrauen zu Goddard Lieberson und Schuyler Chapin ausschlaggebend gewesen. Nun schien Kenneth Glancy, Präsident bei RCA, der neue richtige Mann für Horowitz zu sein: ein verständiger Musiker und ein ebenso versierter Geschäftsmann. Und natürlich arbeitete Jack Pfeiffer nach wie vor bei der RCA als Produzent. »Die ganze Belegschaft aus den fünfziger Jahren hatte gewechselt«, erzählte Horowitz. »Einige wurden pensioniert, die andern wurden entlassen; und Mr. Glancy ist ein guter Freund.« Tatsächlich fühlte sich Horowitz bei RCA wiederum willkommen, und für Glancy, der seit 1973 als Präsident amtierte, bedeutete es unendlich viel, daß Horowitz wiederum für das *Red-Seal*-Label aufnahm. Nach ausführlichen Vertragsverhandlungen erklärte sich Horowitz mit 50000 Dollar pro Platte einverstanden – dieselbe Summe, die er schon bei Columbia erhalten hatte. Beglückt sprach Horowitz nun von seinen nächsten Plänen: Nach sechsundzwanzig Jahren wollte er wieder ein Klavierkonzert aufnehmen und an der Mailänder Scala einen Klavierabend geben; zudem sollten alle seine Klavierabende mitgeschnitten werden. »Es war, als würde neues Leben in Horowitz kommen«, erzählte Glancy. »Ein neuer Konzertmanager, die PR-Betreuung durch Gurtman und Murtha, eine neue Schallplattenfirma, zahlreiche Konzerte: Ein Erfolg reihte sich an den andern – bis zum Höhepunkt im Jahre 1978.«[23]

Wiederum auf Tournee

Das Wichtigste im Leben ist die Gesundheit – körperlich und geistig. Wenn man gesund ist, ist man zu allem fähig. Man wird älter, und irgend etwas ändert sich. Davor habe ich wohl auch ein bißchen Angst. Aber vorläufig fühle ich mich voll im Saft, wie mit vierzig oder fünfzig. Und ich arbeite und arbeite ununterbrochen.[1]

In der Saison 1975/76 unternahm Horowitz die ausgedehnteste Tournee seit 1953: Shaw hatte insgesamt zwanzig Konzerte in den Staaten und in Kanada gebucht, hauptsächlich im Mittleren Westen und an der Westküste. Horowitz sollte in Städten spielen, wo er seit Jahrzehnten nicht mehr aufgetreten war: in Seattle, Portland, Oakland, Pasadena, Los Angeles, Minneapolis, Ann Arbor (University of Michigan), Ames, Iowa (University of Iowa), Bloomington, Indiana (Indiana University). »Horowitz und Wanda hatten beim Planen der Tournee viel Spaß«, erzählte Ralph Hanes, »es war für sie, wie wenn sie die Wahlkampfreise des amerikanischen Präsidenten ausarbeiten würden.«[2] Wanda brüstete sich mit ihrem sprichwörtlichen Scharfsinn in Sachen Finanzen, und obwohl Vladimir das letzte Wort zustand, war sie doch glücklich, daß er und Shaw sie als vollwertige Geschäftspartnerin anerkannten. »Sie finden, daß ich das Zeug zu einem Manager hätte«, erzählte sie stolz. Tatsächlich konnte sie in vielem zur Hand gehen. Hanes erinnerte sich beispielsweise an ihre Gewandtheit beim Kofferpacken: »Wenn man die Kleider aus dem Koffer nahm, sahen sie jeweils noch schöner aus als beim Einpacken. Für Horowitz war sie in jeder Hinsicht unentbehrlich.«

Oft saß Horowitz bis spät nachts im Wohnzimmer und hörte aufmerksam den Erwägungen von Wanda, Shaw und Hanes zu, die mit der Planung der Tournee beschäftigt waren. Es konnte ihm ein zufriedenes Grinsen entlocken, wenn er beispielsweise hörte, daß der lokale Manager von Sarasota sich bereit erklärt habe, Horowitz' Spesenforderungen zu akzeptieren. Frohlockend rieb er sich dann die Hände und dachte daran, wie luxuriös er nun reisen werde. »Bis in die siebziger Jahre wollte es Horowitz nicht realisieren, daß er an Annehmlichkeiten fordern konnte, was immer er nur wollte«, sagte Peter Gelb. »Und daß jeder Auftritt ganz nach seinen Wünschen geplant und erst noch dreimal soviel einbringen würde, wie andere Künstler sonst verdienten.«

Daß Horowitz so manche Jahre nicht mehr öffentlich aufgetreten war, hatte sich selbstverständlich auch auf seine Finanzen ausgewirkt, so daß er nun jeden Vorteil wahrnahm und für seine Konzerte ein möglichst hohes Honorar einzuhandeln trachtete. »Jahrelang saß ich zu Hause herum und verdiente keinen Cent – zu lang wohl. Nun habe ich das Recht, möglichst viel Geld zu verdienen und so wieder hereinzuholen, was ich damals verpaßt habe.« Wenn es darum ging, ob Horowitz in der einen oder andern Stadt auftreten solle, so erwog er neben akustischen Fragen vor allem finanzielle. »Ich spiele nur dort, wo sich die Manager einen Horowitz leisten können«, sagte er offen. Selbst das Reisen, welches ihm früher stets am meisten Probleme gemacht hatte, vereinfachte sich ab Januar 1976 wesentlich: Horowitz stieg in ein Flugzeug und ließ sich von New York nach Seattle fliegen. Und zwar mit recht viel Vergnügen: »Ich ging sofort zu den Piloten, erkundigte mich bei ihnen nach der Flugroute und kontrollierte, ob sie nicht etwa trinken würden«, erzählte er einem Journalisten in Seattle. »Früher hatte ich vor dem Fliegen unheimlich Angst, nun bin ich der Lindbergh des Klaviers.«

Als Horowitz am 24. Januar im Seattle Center Opera House spielte, saßen hundert japanische Fans unter den Zuhörern, die extra aus ihrer Heimat angeflogen waren, um ihr Idol zu hören. Nach wie vor erhielt er von den Japanern lukrative Angebote, aber er fürchtete, daß ihm der Flug doch zu lange werden könnte und ihn die Zeitverschiebung womöglich aus dem Gleichgewicht bringen würde. Dennoch meinte er: »Irgendwann werde ich nach Japan gehen, so wie ich alles irgendwann noch tun werde.« Später schickte er Wanda nach Japan, damit sie die Akustik in den Konzertsälen von Tokio, Kyoto, Yokohama und Osaka teste. Von seinen japanischen Fans in Seattle war er so begeistert, daß er ihnen gestattete, ihm bei einer Probe zuzuhören und unbeschränkt Fotos von ihm zu machen.

Hunderte von Faktoren hätten eine Rolle gespielt bei seinem Entscheid, nun wieder vermehrt zu konzertieren, erklärte Horowitz den Journalisten. »Erstens fliege ich gern. Zweitens spiele ich pro Woche höchstens einmal, eher alle vierzehn Tage einmal, und das ist nicht zuviel. Drittens liebt mich das Publikum und hört mir gern zu. Sehen Sie, ich hab' erst jetzt herausgefunden, daß mich die Leute lieben. Und das freut mich, denn das heißt doch, daß mich die Leute brauchen. Und wenn mich die Leute brauchen, will ich ja nicht egoistisch sein und zu Hause bleiben.« Wie war Horowitz doch ein anderer Mensch geworden! Früher hatte er stets unter dem Erwartungsdruck gelitten, den das Publikum auf ihn auszuüben schien.

Seit er realisiert hatte, daß er wirklich tun konnte, was er wollte, und dennoch akzeptiert wurde, nahm er bedenkenlos auch leichtere, weniger anspruchsvolle Werke in seine Programme auf. »Früher dachte ich stets an das Publikum im Saal; ich spielte, um ihm zu gefallen, und wählte Werke, von denen ich annahm, daß sie gefallen würden. Heute spiele ich, was mir gefällt, und versuche, mein Bestes zu geben. Ob das Publikum meine Musik dann liebt oder nicht, kümmert mich eigentlich einen Dreck.«[3] In dieser Haltung manifestierte sich nicht zuletzt »ein bißchen Eitelkeit«. »Selbst wenn ich mal nicht so gut spiele, ist es immer noch gut genug«, sagte er zu einem Journalisten. »Wie gut es ist, merke nämlich nur ich selbst; die Zuhörer hingegen merken das nicht, und die Kritiker vielfach auch nicht.«[4]

Über die kommenden vier Jahre lernte Horowitz für jede Saison ein oder zwei neue Kompositionen – alles nicht besonders populäre Werke. Am Anfang stand Schumanns f-moll-Sonate op. 14; im folgenden Jahr folgte Clementis C-dur-Sonate op. 33 *(quasi Concerto)*. 1978 nahm er wiederum Liszts h-moll-Sonate ins Repertoire auf; neu hinzu kamen Gabriel Faurés Nocturne h-moll Nr. 13 op. 119 und Impromptu Nr. 5 op. 102. »Wir haben in unserem Haus ganz spezifische Perioden«, meinte Wanda einmal lachend. »Ganze Wochen lang Fauré, dann Wochen lang Medtner. Was wird wohl noch folgen?« Keiner wußte das so genau, denn Horowitz hielt sein neues Repertoire jeweils so lange wie möglich geheim, »weil die jungen Pianisten immer den Alten kopieren«.

Nachdem er den Sommer 1979 über hart an eigenen Schumann-Stücken, an einer Clementi-Sonate und am selten zu hörenden *Scherzo a capriccio* fis-moll von Mendelssohn gearbeitet hatte, bat der nunmehr fünfundsiebzigjährige Pianist bei einem Interview den Photographen: »Achten Sie doch bitte darauf, daß man meine Augensäcke auf dem Bild nicht so genau sieht. Die kommen vom harten Arbeiten. Wegen meiner Nase machen Sie sich keine Sorgen; die kümmert mich nicht. Sie ist zwar groß; meine Frau sagt aber, es sei eine römische Nase, und liebt sie deshalb. Das wichtigste: Machen Sie mich bitte nicht zu alt. Ich bin erst achtundfünfzig. Mit acht Jahren debütierte ich. Und ich fühle mich noch sehr jung.«[5] Trotzdem häuften sich die Fehler und falschen Töne hörbar, und Horowitz mußte eingestehen, daß er »Mühe mit Auswendiglernen« habe. »Mozart- oder Beethoven-Sonaten kann ich in drei Tagen lernen, aber ein Fauré-Nocturne braucht eben seine Zeit. Ich habe kein bildliches Gedächtnis.«

Horowitz machte sich nun keine Gedanken mehr darüber, ob seine persönlichen Forderungen und Ansprüche den lokalen Managern irgendwelche Unannehmlichkeiten bereiteten. »Er wollte ganz persönlich umsorgt werden und freute sich, wenn man ihn verwöhnte«, erzählte Gelb. »Er wußte es genau: Je egozentrischer, undefinierbarer und anspruchsvoller er sich gebärdete, desto größer war seine Wirkung aufs Publikum.« Daß er eigentlich eine Legende, ja etwas Mystisches sei, konnte ihn zuweilen richtig ergötzen. So sagte er in einem Interview mit dem *Toronto Star*: »Ich bin eigentlich nurmehr ein Gespenst. Das Publikum kommt, um mir gleichsam Blumen aufs Grab zu legen.«[6]

Immer wieder hatte Horowitz zu Shaw gesagt: »Klavierspielen ist das einfachste auf der Welt. Was mich hingegen verrückt macht, sind all die Dinge, die sonst noch hinzukommen.« Shaw hatte demnach dafür zu sorgen, daß Horowitz mit den hinlänglich bekannten Unannehmlichkeiten einer Tournee – unzulängliche Instrumente, schlechtes Essen in Restaurants, lärmige Hotelzimmer und unbequeme Betten – nicht mehr konfrontiert wurde. Vor jedem Konzert sandte er deshalb eine detaillierte Liste mit diesbezüglichen Instruktionen an den jeweiligen Lokalmanager. Daraus ging klar hervor, wie Mr. und Mrs. Horowitz behandelt werden wollten. Auf dieser Liste waren Fragen wie: »Gibt es in Ihrer Stadt einen Fischladen, wo man Seezunge kriegt?« Oder: »Bitte listen Sie Name, Adresse und Telefonnummern jener Metzgereien auf, wo man die besten Hähnchen kriegt.« Horowitz war sehr kleinlich und heikel: Zum Abendessen mußte es Seezunge geben und zum Frühstück oder Mittagessen Hähnchen. In der Tat hatte er sich 1977 so lange geweigert, in Miami aufzutreten, bis es dem lokalen Manager schließlich gelang, elf Seezungenfilets von New Bedford, Massachusetts, in den Süden hinunterzufliegen lassen ...

Zudem wollten Horowitz und Wanda am Flugplatz stets mit einer großen Limousine abgeholt werden. Fand das Konzert in einer kleineren Universitätsstadt statt, so genügte ausnahmsweise auch ein Kombiwagen. Ihre Unterkunft mußte so gewählt werden, daß der Fischladen, die Metzgerei sowie der Konzertsaal leicht erreichbar und das heißt: möglichst in der Nähe waren. Manchmal flog Wanda mit Shaw oder Hanes schon Wochen im voraus, um alles genau zu überprüfen. Manchmal nahm Horowitz auch die gastfreundliche Offerte von Musikliebhabern an, die ihm ihr Haus oder ihr Appartement zur Verfügung stellten und für die Zeit seines Aufenthalts dann anderweitig logierten. So konnte er ganz privat und zurückgezogen leben. Natürlich stellte er auch diesbezüglich genaue Bedingungen: Das Wohnzimmer mußte zumindest so groß sein, daß ein zwei Meter langer Steinway-Flügel bequem darin Platz fand. Die Küche mußte mit Kochutensilien perfekt ausgerüstet sein, mit Porzellan, Gläsern und Serviergeschirr für vier Leute. Zudem reiste Horowitz nicht nur mit seinem eigenen Flügel, der stets vorausgeschickt wurde, sondern auch mit seinem eigenen Wasser-Entkeimungsapparat. Denn er hatte stets Angst, daß das Wasser an anderen Orten seiner hypersensitiven Verdauung irgendwie schaden könnte.

Auf dem Transporter wurde nicht nur Horowitz' Flügel auf Reisen geschickt, sondern auch verschiedene Koffer mit Horowitz' eigenen Omelettepfannen sowie den dicken, schwarzen Samtdraperien für sein Schlafzimmer. Shaw mußte stets die Maße von Horowitz' Schlafzimmerfenstern auskundschaften, »weil wir jeweils spezielle Vorhangstangen für Verdunkelungsvorhänge anbringen mußten«. Lokalmanager halfen dann, die Schlafzimmerfenster mit drei Lagen von braunem Papier zu überdecken; Horowitz bestand auf diesem Papierschutz, anschließend durften dann die Spezialvorhänge montiert werden. Zwölf hölzerne Kleiderbügel wollte Horowitz in seinem Schlafzimmer, ein großes Doppelbett, einen Ständer für sein Pyjama, einen Stuhl mit gerader Lehne sowie ein angrenzendes Badezimmer mit einem Wasch-Schemel. Denn aus Angst, er könnte in der Badewanne ausgleiten, nahm Horowitz an fremden Orten weder eine Dusche noch ein Bad. Befand sich im Schlafzimmer ein Telefon, so mußte dies selbstverständlich ausgeschaltet werden. Wenn die Lokalmanager oder Leute von der Presse etwas gar pointiert auf solche Extravaganzen reagierten, so mußten sie mit einer erzürnten Wanda rechnen: »Er ist nicht komplizierter als andere Ehemänner«, pflegte sie dann zu sagen. »Mögen andere Frauen IBM-Geschäftsleute vorziehen. Doch mein Vater, Toscanini, war weiß Gott auch ein berühmter Mann. Ich habe stets beobachtet, wie ihn meine Mutter gemanagt hat. Und ich mache es jetzt ebenso.«[7]

Zum Tourneestab gehörten auch Jack Pfeiffer samt einigen RCA-Tontechnikern und dem Klavierstimmer Franz Mohr; sie kamen meistens schon einen oder zwei Tage vor dem Konzert an. Wenn spezielle Probleme zu befürchten waren, flog selbst Shaw her, schaute hinter der Bühne nach dem Rechten, beruhigte Horowitz und nahm vom Lokalmanager den Scheck entgegen. Zum Team gehörten, neben Wanda, Ralph Hanes als Horowitz' persönlicher Reisebegleiter, die beiden Lastwagenchauffeure und Bodyguards Toby McCallum und Duane Lewin sowie Sally Horwich, eine Freundin von Wanda, die als vierte beim Canasta-Spiel mithalf und kochte. »Ich koche nicht gern; das macht mich nervös«, gestand Wanda einmal. »Aber ich esse gern gut. Auf der Tournee koche ich hie und da, ich wechsle dann mit meiner Freundin ab.«[8] Ob sie in Los Angeles, Seattle oder Ann Arbor stationiert waren – stets behielt Horowitz seinen gewohnten Tagesablauf bei, unternahm einen Spaziergang, ging zur Probe, schlief zwischendurch, aß zur gewohnten Stunde und blieb am Morgen bis ein oder zwei Uhr auf. Oft kam er schon einige Tage vor dem Konzert in der betreffenden Stadt an und blieb nachher oft noch eine oder gar zwei Wochen – je nach Klima und Wärme.

Im ganzen Land mußten sich die lokalen Manager darauf einstellen, daß Horowitz ausschließlich an Sonntagen um vier Uhr nachmittags auftrat; zudem mußte der Konzertsaal schon tags zuvor zur Verfügung stehen, damit Horowitz die Akustik testen, die Scheinwerfer richten lassen und den Flügel richtig positionieren konnte. Klar, daß ein Horowitz-Konzert höchste Anforderungen an den lokalen Manager stellte. Und für ihn war es nicht einmal eine besonders lukrative Angelegenheit, da Horowitz achtzig Prozent der Gesamteinnahmen bekam und auch seine manchmal ungewöhnlich hohen Spesen gedeckt haben wollte. Die Rechnung sah beispielsweise folgendermaßen aus: Ein Konzertsaal mit 3070 Plätzen, dazu noch 150 Zuhörer auf dem Podium, was insgesamt zu 48965 Dollar Bruttoeinnahmen führte. Davon bekam Horowitz 39152 Dollar. Und da ein Lokalmanager für Reklame, Programmhefte etc. insgesamt wohl 7000 Dollar rechnen mußte, blieb ihm als Gewinn praktisch nichts mehr übrig.

Dennoch: Das Prestige, das sich ein Manager mit einem Horowitz-Konzert erwarb, tröstete meistens über den mageren Profit hinweg. Ärger gab es nur, wenn Horowitz Konzerte kurzfristig absagte. Nach wie vor war er unheimlich wetterfühlig, und aus der leichtesten Erkältung konnte sich problemlos eine Bronchitis ergeben. »In körperlicher Hinsicht war er sehr anfällig«, erinnerte sich Hanes, »fast wie ein Barometer. Zudem hatte er stets Probleme mit seiner Verdauung, hatte mit Koliken zu tun, mit seinem Hals, mit seinen Fingern – überhaupt mit allem.« In den siebziger Jahren sagte Horowitz immer mehr Konzerte ab, und die lokalen Manager hatten dann ein ausverkauftes Haus und leere Taschen. Gründe zum Absagen gab es für Horowitz genug: »Manchmal waren es gesundheitliche«, erinnerte sich ein Angestellter von Shaws Konzertagentur. »Manchmal war es wegen des Wetters. Oder wegen Übermüdung. Oder weil das Konzert nicht ausverkauft war. Oder weil er ganz einfach keine Lust hatte, in dieser oder jener Stadt aufzutreten.«

Einmal sagte Horowitz einen Klavierabend in Portland, Oregon, ab; als Lokalmanager war hier sein alter russischer Freund Ariel Rubstein zuständig. Rubstein hatte für die Ankündigung des Klavierabends, für den Druck der Programmhefte usw. bereits 8000 Dollar ausgegeben. »Horowitz sagte ab, weil er Angst hatte, daß das Konzert nicht ausverkauft sei. Er schob eine Erkältung vor, spielte aber schon eine Woche später in Kalifornien«, erinnerte sich Rubstein. Er sandte Shaw dann eine Rechnung über 3000 Dollar für seine Unkosten, doch sie wurde weder bezahlt noch anerkannt. »Als mich später Paul Gregory anrief, der Assistent von Shaw, und ein neues Datum für einen Horowitz-Klavierabend in Portland festlegen wollte, sagte ich ihm klar, was ich von Horowitz hielt. Sicher, er ist ein bedeutender Künstler. Aber kein bedeutender Mensch.«[9]

Horowitz sah die Sache etwas anders: »Wenn ich erkältet bin, so spiele ich nicht. Ich habe kein Recht, vor dem Publikum zu spielen, wenn ich mich nicht wohl fühle. Und ich muß mich hundertprozentig wohl fühlen.« Wanda gab hingegen zu verstehen, daß Horowitz »etwas verwöhnt« sei, und die Presse hatte mehr und mehr Mühe mit dem snobistischen Betragen von Horowitz. Als er vorgeblich wegen einer Darminfektion ein Konzert in Cleveland absagte, meinte ein Kritiker, das heiße nichts anderes, als daß Horowitz eben keinen Magen habe, um nach Cleveland zu kommen. Im April 1977 stellte Horowitz fest, daß er Wasser im Knie habe, und sagte einen Klavierabend in Cincinnati ab. Danny Deeds, der Lokalmanager, war hingegen überzeugt, daß »Horowitz nur deshalb abgesagt hat, weil das Konzert aller Wahrscheinlichkeit nach nicht ausverkauft gewesen« wäre. »Denn schon in der folgenden Woche spielte er in Buffalo. Zudem hatte mir Shaw gesagt, wenn sich unser Kartenverkauf nicht besser anlasse, werde Horowitz schon einen Weg finden, um das Konzert abzusagen. Was er dann auch tat. Ich hatte bereits 7000 Dollar für Inserate usw. ausgegeben und wollte nun das Geld zurück. Doch Shaw wies meine Forderung zurück und verwies auf jenen Paragraphen im Vertrag mit Horowitz, wo es hieß, daß das Management nichts zu bezahlen habe, wenn ein legitimer Grund für die Absage vorliege.«[10] Deeds wollte dann eine außergerichtliche Entscheidung herbeizwingen, machte allerdings Konkurs und mußte sich schließlich mit 3000 Dollar abfinden, die Shaw widerwillig überwies.

Um solchen Problemen nach Möglichkeit aus dem Weg zu gehen, hatte Horowitz eine ganz spezielle Lösung gefunden: Er unterschrieb den Vertrag mit dem

Lokalmanager erst, *nachdem* er das Konzert schon gegeben hatte. Doch 1978 entschloß sich Charles Robb, ein Manager bei Philadelphia Performing Arts, diese weiß Gott unorthodoxe Geschäftspraxis nicht mehr zu dulden. In der Saison 1977/78 hatte Horowitz zwei Konzerte in Philadelphia abgesagt – das erste wegen eines im Nagelfleisch haftenden Nagelsplitters, das andere wegen Schneefalls –, und Robbs Firma verlor dabei insgesamt 12000 Dollar. Am Ostersonntag 1978 spielte Horowitz dann endlich. Doch Robb wollte in Zukunft auf Nummer sicher gehen und verlangte für einen auf 6. November 1978 geplanten Klavierabend in Philadelphia nun einen unterschriebenen Vertrag. Als dieser nicht in nützlicher Frist eintraf, ließ Robb das längstens ausverkaufte Konzert absagen. »Das ist das erste Mal in meinem ganzen Leben, daß mir das ein Manager angetan hat«, sagte Horowitz äußerst beleidigt und verärgert. »Dabei war ich doch bereit, aufzutreten. Mit ihm werde ich auf keinen Fall mehr weiter zusammenarbeiten.« Was Robb folgendermaßen kommentierte: »Es handelte sich schließlich um geschäftliche Dinge, und Horowitz ist kein Gott.«

Ein einziges Mal verlief diese Story gleichsam mit umgekehrten Vorzeichen. Am 25. April 1975 gab Horowitz in Montreal einen Klavierabend, worauf ihm der lokale Manager einen Scheck über 35123 Dollar und 91 Cents überreichte. Als Horowitz wieder in New York war und den Scheck einlösen wollte, stellte sich heraus, daß dieser »geplatzt« war: Der Konzertunternehmer hatte Konkurs gemacht. Man kann sich Horowitz' grenzenlose Wut vorstellen: »Ich werde mein Leben lang nicht mehr nach Kanada gehen!« sagte er Harold Shaw. Aber schon zwei Jahre später hatte er sich besänftigt und nahm eine Offerte aus Toronto an.

Normalerweise sorgte auf den Tourneen Horowitz' *entourage* dafür, daß der sorgsam umhätschelte Pianist keine Kritik zu hören bekam. Alle Ärgerlichkeiten und Dispute mußte Shaw ausfechten. Natürlich war es eine Ehre, Manager von Horowitz zu sein, und so bezog Shaw für diese Arbeit nur eine kleine Kommission. Wobei er jeden Cent mehr als nur verdiente, denn sein Job war nicht nur zeitraubend, sondern letztlich auch frustrierend. Edward Klein, ein Mitarbeiter Shaws, erzählte später: »Es war die entwürdigendste Situation, die man sich überhaupt vorstellen kann. Horowitz bezog achtzig Prozent der Gesamteinnahmen, verlangte von Shaw fast Unmögliches und behandelte ihn nachher wie Dreck, wie einen Diener. Niemand hätte diese Erniedrigung vertragen – es sei denn aus Prestigegründen. Denn es hieß schon etwas, Manager von Horowitz zu sein.«

Wenn beispielsweise ein Konzert nicht restlos ausverkauft war, wenn auf der Reise etwas Unvorhergesehenes dazwischen kam, wenn im Programmheft ein Druckfehler war, wenn die Unterkunft nicht ganz perfekt war, wenn ein Elektriker oder Klavierstimmer nicht auf die Minute genau zur Probe erschien, wenn der Chauffeur nicht ehrerbietig genug war, wenn die Abschrankungen, die Horowitz zwischen den auf dem Podium sitzenden Zuschauern und dem Flügel aufgestellt haben wollte, nicht sofort zur Verfügung standen, wenn, wenn, wenn –

immer war Shaw verantwortlich und mußte Wanda sogleich eine Erklärung liefern. Horowitz meinte einmal, seine Frau habe eben »ein italienisches Temperament«. Wobei ihn Wanda auf der Stelle korrigierte: »Nein, ein italienisches Toscanini-Temperament!« Sämtliche Impresarios fürchteten sich vor ihr, und in der Presse hieß es, daß sie ebenso störrisch und unbeugsam sei wie ihr Vater. Was sie übrigens als Kompliment emfpand. »Eine bemerkenswerte Dame in den Sechzigern, die mit der schieren Unerbittlichkeit eines Dampfschiffes in den Raum kommt und mit ihrer Stimme jeden Sterblichen zu Tränen rührt«, urteilte eine kanadische Zeitschrift.[11] »Ich bin eben eine unabhängige Frau«, erklärte sie einem Journalisten, »bin immer direkt und aufrichtig und kann absolut nicht lügen. Ich sage stets, was ich meine, und selbst wenn ich es nicht sage, merken es die Leute meinem Gesicht an, wenn ich beispielsweise jemanden nicht mag. Aber ich sorge perfekt für meinen Mann.«

Über wenige Dinge konnte sich Wanda derart ärgern wie über leergebliebene Plätze in einem Horowitz-Konzert. Obwohl sie so oder so einen riesigen Profit einstreichen würde, duldete Wanda bei diesem Thema absolut keine Entschuldigungen von seiten des Lokalmanagers. 1979 gab Horowitz in der Constitution Hall in Washington, D.C., einen Klavierabend. Einige wenige Karten waren nicht verkauft worden; immerhin kosteten sie bis zu 35 Dollar, was Theodore Libbey, Musikkritiker beim *Washington Star*, »unerhört und unglaublich« fand. Er erzählte: »Ungefähr sechzig Karten waren noch zu haben, als das Konzert beginnen sollte. Nun kam Wanda wütend an die Abendkasse und zählte diese sechzig Karten mehrmals durch. Natürlich war sie verärgert, weil sie nun soundsoviel Geld verlieren würde, und es war schon unglaublich, ihr beim Zählen dieser Konzertkarten zuzuschauen. Sie wiederholte diese Zählerei auf eine für die Beteiligten entwürdigende Art und Weise.«[12] Horowitz reagierte diesbezüglich kaum anders. Als er in Milwaukee vom Konzertveranstalter am Flughafen abgeholt wurde, begann dieser mit dem üblichen »Wir sind so stolz, Sie bei uns zu haben ...« Worauf ihm Horowitz sofort das Wort abschnitt: »An Ihrer Stelle wäre ich nicht so stolz; ich habe gehört, daß das Konzert nicht ausverkauft sei.«

Natürlich waren das Ausnahmen; meistens spielte Horowitz vor ausverkauften Häusern, und er war von den jeweiligen Einnahmen sehr beeindruckt. »Er war mächtig stolz, daß die Leute soviel Geld ausgaben, um ihn zu hören; das entzückte ihn sehr. Immer wieder erzählte er die Story von einem Hoteljungen in Los Angeles; dieser hatte Horowitz anvertraut, daß er auf dem Schwarzmarkt fünfunddreißig Dollar für eine Konzertkarte bezahlt habe. Ich hätte diesem Jungen allein für seinen Enthusiasmus hundert Dollar spendiert. Aber Horowitz dachte keinen Augenblick daran, diesem Jungen eine Freikarte zu geben.«[13] Aber er gab ihm fünf Dollar Trinkgeld: »Nun hat ihn die Karte nur noch dreißig Dollar gekostet«, sagte er darauf zu einem Journalisten.

An den Pressekonferenzen, die während der Tournee in den einzelnen Staaten stattfanden, zogen Wanda und Horowitz jeweils eine amüsante Show ab. Sie hatten ihre Kommentare derart gut einstudiert, daß Horowitz, als er einmal verspätet zur Pressekonferenz kam, den anwesenden Journalisten sagte: »Auch ohne mich kann sie das perfekt.« Horowitz war bei solchen Gelegenheiten sehr gesprächig und erzählte den Journalisten, was immer ihm gerade in den Sinn kam. Wanda verhielt sich eher abwägend, stand meistens hinter Horowitz und intervenierte, sobald sie das Gefühl hatte, daß Horowitz zu persönlich wurde. 1977, an einer Pressekonferenz in Chicago, hatte sie plötzlich das Verlangen, all den erfolgreichen Musikern Amerikas einen Rat zu geben, und sie bat deshalb die Journalisten, die Tonbandgeräte auszuschalten, damit sie frei sprechen könne. Natürlich folgten einige dieser Aufforderung nicht, und so gibt es von dieser Erklärung Wandas Tonbandaufnahmen. Zuerst hört man Horowitz; er weiß, was seine Frau sagen will, und warnt deshalb: »Sie ist sehr grob, sie ist unerbittlich.« Anschließend folgt Wandas Sermon: »Nein, aber ich bin realistisch. Ich bin ohne Talent auf die Welt gekommen, deshalb habe ich auch nie musiziert. Wenn man Musik studieren will und nicht ein Toptalent hat, dann soll man Kammermusik machen, das ist ja auch richtig. Wenn man aber gar kein Talent hat ... ja, dann rackern sich diese Musiker in einem wahren Existenzkampf ab. Sehen wir die Sache doch klar: Sie verdienen zuwenig Geld und haben zu Hause nichts zu essen. Meiner Meinung nach sollten sie in eine Schule gehen, wo man die Kochkunst oder das Butlerhandwerk lernt. Dann werden sie eine fantastische Karriere machen – und viel Geld: Sie können fünfhundert Dollar pro Woche verdienen.« Darauf hört man Horowitz mit mißbilligender Stimme: »Sie ist eben wie ihr Vater«, was einen Journalisten zum Ausruf veranlaßt: »Aber viel schöner als der Papa!« »Aber sie sieht ihm dennoch ähnlich«, kontert Horowitz naserümpfend, »ich bin da diplomatischer.« Und Wanda entgegnet sofort: »Ich bin überhaupt nicht diplomatisch. Aber ich habe Mitleid mit diesen Musikern.«[14]

Gegen Ende der siebziger Jahre wurde Horowitz ausgesprochen gesellig. »Glücklicherweise bin ich nicht so schüchtern wie Rachmaninow; ich bin mehr extravertiert.« Er stand sehr gern im Rampenlicht und war nun auch mit PR-Aktionen einverstanden, die er früher nie gebilligt hatte. Als RCA beispielsweise die LP »The Horowitz Concerts 1975–76« veröffentlichte, ließ sich Horowitz von Jack Pfeiffer und Peter Gelb zu einer Autogramm-Stunde im *Korvette Department Store* in der Fifth Avenue überreden. Anfänglich war er zwar sichtlich nervös; schließlich waren über Tausend Fans da, und für Fernsehaufnahmen mußte er ins gleißende Scheinwerferlicht. Doch bald fand er Spaß an der Sache, und er brüstete sich noch Wochen später, daß selbst eine Berühmtheit wie Tony Randall für eine Schallplatte samt Autogramm angestanden habe.

Am 31. Dezember 1977 gelang es Peter Gelb sogar, Horowitz, Wanda und Sally Horwich zu einem Besuch der New Yorker Disco *Studio 54* zu überreden. »Dort kam ein schwuler Typ und wollte Horowitz zum Zeichen seiner Verehrung die Füsse küssen«, erinnerte sich Gelb. »Wanda übergoß den Jungen mit einer Flasche Dom Pérignon. Ich fragte sie, weshalb sie das tue. ›Um ihn abzukühlen‹, lautete die Antwort.«[15] Später erzählte Horowitz seinen Freunden, daß er den Abend viel lieber in einer Disco als im Kino oder zu Hause vor dem Fernseher verbringe. »Ich muß mich den ganzen Tag über wahnsinnig konzentrieren«, erläuterte er, »dann bin ich am Abend gerne wie ein Kind. Und kann für drei Stunden in eine Disco gehen, nur um den jungen Leuten beim Tanzen zuzuschauen. Normalerweise trinke ich ja nichts, aber wenn ich für einmal eine Ausnahme mache, dann kann selbst ich tanzen.« In der Tat feierte er einige Monate später seinen fünfundsiebzigsten Geburtstag wiederum im *Studio 54*, und diesmal waren Photographen anwesend, die Bilder vom tanzenden Horowitz samt Wanda schossen. Wanda betonte zwar, daß das *Studio 54* nicht unbedingt ihr Lokal sei: »Aber es war sein Geburtstag, und so erfüllte ich ihm jeden Wunsch.« Mit Watte in den Ohren harrte Horowitz bis morgens um drei Uhr aus und spendierte der »Ehrenbarmaid« Bianca Jagger am Schluß fünfzig Dollar Trinkgeld. Mehr und mehr ging Horowitz nun auch selber in Discos oder Schwulenbars; manchmal begeisterte ihn auch irgendein junger Angestellter aus Shaws Agentur. Je älter er wurde, desto freier schien er zu werden – stets begierig, Männer kennenzulernen und sexuell aktiv zu bleiben. »Das ist nun alles ganz anders als früher«, sagte er einem Journalisten, »all das mit der sexuellen Befreiung. Früher passierte das alles *en cachet*, in totaler Verschwiegenheit. Nun ist alles freier; man ist offener, was auch gesund ist. Jetzt liegt alles gleichsam auf der Hand, und ich möchte gern sehen, wie weit man gehen kann.«[16]

Obwohl Wanda solche Mätzchen von Horowitz mit einer gewissen Resignation tolerierte, gab es doch Momente, wo sie mit ihrer Geduld fast am Ende war. Beispielsweise kam eines Abends Phillip Ramey zu ihnen in die Ninety-fourth Street, und zwar in einem schwarzsamtenen Smoking samt Rüschenhemd. Einige Minuten später erschien Wanda im Wohnzimmer, und zwar in einer hocheleganten Robe. »Wanda, Wanda, schau wie schön«, rief Horowitz und deutete auf Ramey. »Er sieht aus, als wenn Chopin uns besuchen würde.« Mit einem Lächeln zu Ramey hinüber konterte Wanda: »Jawohl, er sieht wirklich gut aus. Und ich ebenfalls. Nur du trägst stets dieselbe Fliege.« Horowitz grinste und zuckte dann mit den Schultern. Kurze Zeit später waren Ramey und Wanda in ihr Lieblingsgespräch vertieft – nämlich über die Haltung der römisch-katholischen Kirche in der Frage der Geburtenkontrolle. Beide waren sich einig, daß die Stellungnahme der Kirche unverantwortlich sei. Horowitz lag in voller Länge ausgestreckt auf dem Sofa; plötzlich meinte er mit dem unschuldigsten Grinsen: »Die Homosexuellen werden die Welt retten.« Wanda tat, als ob sie nichts gehört hätte, und fuhr mit ihren Explikationen fort. Doch Horowitz gab nicht nach, sondern rief, diesmal mit erhobener Stimme: »Die Homosexuellen werden die Welt retten.« Ohne ihren Mann anzublicken, hielt Wanda einen Moment inne; ihre Augenbrauen waren bedrohlich hochgezogen. Doch dann setzte sie das Gespräch mit Ramey fort und erzählte ihm, wie verärgert Toscanini über die kirchliche Stellungnahme zur Geburtenkontrolle gewesen sei. Plötzlich hörte man vom Sofa

Horowitz emphatisch rufen: »Aber ich sag's euch doch – die Homosexuellen werden die Welt retten.« Worauf sich Wanda mit einem Ruck zu ihm drehte und rief: »Halt den Mund!« Erschreckt zuckte Horowitz zusammen, schloß die Augen und sagte während der nächsten Viertelstunde kein Wort mehr.[17]

Wer Wanda und Horowitz kannte, wußte, daß sie es zu Hause nicht leicht hatte. Nach wie vor reagierte Vladimir hypersensibel auf jede Kritik von ihr. Einmal hatte man in Kalifornien Photos von ihm gemacht, um sie dann für Publicity-Zwecke zu verwenden. Horowitz war offensichtlich zufrieden mit den Bildern und zeigte sie Pfeiffer. Auch Wanda warf einen kurzen Blick auf die Photos und meinte dann, er sei zu alt, um überhaupt noch photographiert zu werden. Sofort verweigerte Horowitz die Verwendung dieser Bilder, und man sah sie folglich nie auf einer Schallplattenhülle. Horowitz aber schmollte noch Wochen später. Und obwohl es eigentlich zu den Hauptaufgaben Wandas zählte, jeden Ärger von Horowitz fernzuhalten, konnte sie selbst ihn manchmal arg in Rage bringen. Es schien, daß sie das als ihr persönliches Vorrecht ansah. Beispielsweise bei einer Probe in der Academy of Music in Philadelphia, wo Wanda mit Jack Pfeiffer im Sessel saß; beide diskutierten lautstark miteinander, während sich Horowitz auf der Bühne zu konzentrieren versuchte. »Ruhe, bitte«, rief er schließlich, aber Wanda hörte nicht auf ihn. Noch einige Male bat Horowitz vergeblich, dann hörte er plötzlich auf zu spielen und fragte in den Saal hinunter: »Wanda, Wanda, wie tönt es?« Aber auch jetzt kam keine Antwort, denn Wanda sprach immer noch lautstark auf Pfeiffer ein. Horowitz zuckte schließlich mit den Achseln: »Offensichtlich spricht Wanda heute nicht mit mir«, meinte er traurig und ging dann zum Flügel zurück.[18]

Am Tag eines Konzerts hielt sich aber selbst Wanda strikt an die Weisungen von Horowitz. Normalerweise stand er gegen Mittag auf und wollte dann sein übliches Frühstück haben. An den Flügel ging er an einem Konzerttag nie, sondern saß ausgesprochen ruhig herum und erwartete von den andern dieselbe Zurückhaltung. »Ich habe kein Lampenfieber«, erklärte er in einem Interview, »aber angespannt bin ich schon. Schließlich will ich mein Bestes geben. Ich bin eigentlich nur wegen meinem Konzept nervös – ob ich es so spielen kann, wie ich es im Kopf habe. Ich bin nervös, weil ich noch nicht weiß, ob es überhaupt zum Tragen kommen wird. Wer weiß, vielleicht bin ich dann verkrampft. Denn ich bin ja schließlich auch nur ein Mensch. Das eigentliche Problem besteht darin, daß ich am Sonntagnachmittag just um vier Uhr in Topform sein muß. Und wenn nicht, ja, dann ... Dann habe ich kein Recht, überhaupt aufzutreten. Das ist das Schwierige – daß das alles zeitlich genau festgelegt ist. Und die einzige wirklich unangenehme Minute ist die, wo ich auf der Bühne in der Seitengasse stehe und gerade im Begriff bin, nun aufs Podium rauszugehen.«[19]

Wenn er schließlich auf seiner breiten Klavierbank saß, die er übrigens stets mit auf Tournee nahm, und sein Taschentuch sorgfältig auf dem Flügel deponiert hatte, dann fühlte er sich wiederum frei: Horowitz, der souverän über das

Auditorium gebietet und bereit ist, »dem Publikum seine Botschaft« zu übermitteln. »Ohne falsche Bescheidenheit kann ich sagen, daß ich mich dann wie ein König fühle. Keiner kommt dann an mich heran, zumal ich ja als einziger etwas zu tun habe. Dadurch habe ich meine Integrität. Und ich habe auch meine Pflicht.«

Auf dem Podium konnte sich Horowitz total in die von ihm interpretierte Musik versenken, was beim Publikum eine ähnliche Konzentration auf die Musik bewirkte. »Sobald ich am Flügel sitze, ist es, wie wenn ich mich verwandeln würde. Ich sehe dann den Komponisten vor mir. Ja, ich *bin* dann der Komponist. Die Musik gibt mir dieses Gefühl. Natürlich braucht es eine unheimliche Konzentration, um diesen Zustand zu erreichen. Und meine Botschaft muß dann das Publikum erreichen und es packen. Denn ich will, daß die Leute genau das fühlen, was ich fühle. Wenn ich am Flügel weine oder lache, soll auch das Publikum weinen oder lachen. Aber manchmal merke ich, daß das Publikum nicht mitgeht; dann bin ich unglücklich. Und ich versuche es schrittweise zu verführen. Gelingt es nicht mit dem ersten Werk, so versuche ich es mit dem zweiten, spiele entweder mit einem anderen Klang oder mit besonderer Virtuosität. Dann gehe ich wiederum zurück, wähle irgend etwas Ruhigeres aus, wo man sich konzentrieren muß. So baue ich mir mein Programm auf. Und am Schluß folgt mir das Publikum bedingungslos. Es sei denn, ich fühle mich nicht wohl. Ruhe ist übrigens das Wichtigste. Wenn man in einem Auditorium Ruhe hinkriegt, dann heißt das, daß man erfolgreich ist.«

Nach jedem Horowitz-Konzert versammelten sich die Fans jeweils scharenweise vor der Künstlergarderobe. Aber nur wenige – meistens Musiker oder lokale Größen – wurden zum Maestro vorgelassen, und schon nach ein paar Minuten pflegten Wally, Sally oder Shaw den Wartenden mitzuteilen, daß die Audienz vorüber sei. »Wenn ich ein Konzert hinter mich gebracht habe, möchte ich möglichst schnell nach Hause. Dann gehe ich ins Bett und schlafe vielleicht eine halbe Stunde lang. Anschließend esse ich. Und anschließend fühle ich mich, als hätte ich gar kein Konzert gegeben.«

In der Wintersaison 1976/77 machte Horowitz auf seiner Tournee in insgesamt siebzehn Städten Station. Die einzelnen Auftritte waren bewußt so koordiniert worden, daß er zwischenhinein die kalifornische Wärme genießen konnte. In New York war diesmal kein Auftritt geplant; Horowitz wollte sich das für den Januar 1978 sparen, wo er – zum 50. Jubiläum seines Amerika-Debüts – eine Serie von Festkonzerten plante. Das sollte sein *Golden Jubilee* werden. Sein letzter New Yorker Auftritt war dennoch memorabel; er fand am 18. Mai 1976 statt, und zwar im Rahmen eines großangelegten Kammermusik-Konzerts zur Feier des 85jährigen Bestehens der Carnegie Hall. Isaac Stern und Julius Bloom waren die Initianten dieses Galakonzerts; mit dem Erlös – immerhin 6500000 Dollar – sollte die Grundlage für den *Carnegie Hall National Endowment Fund* gelegt werden. Bloom und Stern gelang es, eine ganze Reihe weltbekannter Künstler für dieses »Concert of the Century« zu gewinnen, darunter Leonhard Bernstein, Dietrich Fischer-Dieskau, Yehudi Menuhin, Mstislaw Rostropowitsch, Martina Arroyo, die Oratorio Society of New York und Mitglieder der New Yorker Philharmonie. Keiner sollte als Solist auftreten, sondern alle sollten sie in den verschiedensten Formationen Kammermusik machen: von der Sonate bis zum Trio, vom Liederzyklus bis zum Doppelkonzert. Und selbstverständlich verzichteten alle Mitwirkenden auf ein Honorar.

Natürlich liebte Horowitz die Carnegie Hall besonders, zumal er hier zahlreiche große Triumphe erlebt hatte. Und auch von der Idee eines Kammermusik-Konzerts war er angetan – besonders von der Aussicht, Dietrich Fischer-Dieskau bei einem Liederzyklus zu begleiten. »Vor Jahren schon hatte mir Horowitz gesagt«, erinnerte sich Bloom, »daß er mir auch einmal einen Gefallen tun werde, weil ich ihn ja 1965 wieder aufs Konzertpodium zurückgebracht habe.«[20] Als dieses »Concert of the Century« erstmals zur Sprache gebracht wurde, war Horowitz von der Idee sehr begeistert – und dennoch zögerte er mit seiner Zusage. Denn er wollte nur ungern – genauer gesagt: überhaupt nicht – mit Isaac Stern zusammen auftreten. Seine Beziehung zu Stern war nie sehr freundschaftlich gewesen, und Horowitz betonte klar, daß er mit ihm zusammen nicht spielen wolle. Er konnte sich für Sterns Persönlichkeit nicht begeistern und meinte jeweils sarkastisch, daß man die Carnegie Hall eigentlich in »Isaac Stern Hall« umbenennen müßte. Denn Horowitz hatte das Gefühl, daß Stern aus seinem Engagement für die Carnegie Hall zuviel Profit für das eigene Image herausschlug. Umgekehrt wollte Stern liebend gern mit Horowitz auftreten, und er wartete sehnlichst auf eine solche Gelegenheit. Schließlich gelang es ihm, Horowitz zu einem gemeinsamen Gespräch zu bewegen, und so fanden sich die Sterns eines Abends in der Ninety-fourth Street ein. Horowitz verhielt sich aber sehr kühl und ablehnend, so daß Stern dann bald ans Telefon ging und Bloom um Hilfe bat.

»Als ich ankam, herrschte eine eisige Atmosphäre«, erzählte Bloom. »Horowitz war jedoch erfreut, mich zu sehen, und spielte mir dann während des ganzen Abends Rachmaninows Cello-Sonate vor, wobei er den Cello-Part vor sich hinquäkte und die Sterns samt dem diffizilen Traktandum des Abends total ignorierte. Denn eigentlich ging es ja um die Frage, ob er mit Stern und Rostropowitsch den ersten Satz des a-moll-Klaviertrios von Tschaikowski spielen würde.« Statt dessen mußte Bloom nun neben Horowitz auf der Klavierbank sitzen und jeweils die Seiten wenden. Dabei flüsterte er dem Pianisten ins Ohr: »Wolodja, du *mußt* mit Stern den Tschaikowski spielen. Sonst ist das Leben ganz einfach nicht mehr zu ertragen.« Und Horowitz zischte zurück: »Er übt doch nicht genug. Ich kann mit einem Menschen wie ihm nicht zusammenspielen.«

Stern, der bis anhin mit Wanda Konversation gemacht hatte, ging nun zum Flügel hinüber, um zu sehen, wie die Sache eigentlich stehe. Bloom erklärte ihm, Horowitz pflege nie vor ein Uhr morgens eine Entscheidung zu fällen; er müsse sich also noch etwas gedulden. »Aber unternehmen Sie doch etwas«, bat Stern. »Wir müssen den Tschaikowski spielen.« Um ein Uhr morgens sagte Horowitz dann, er werde sich bis am folgenden Mittag entscheiden. Bloom merkte, daß das ein Ja bedeutete, wenn auch ein halbherziges. In der Tat erklärte sich Horowitz am folgenden Tag einverstanden, mit Stern gemeinsam aufzutreten, und äußerte nochmals seinen Wunsch, mit Fischer-Dieskau Schumanns *Dichterliebe* aufzuführen. Alles wurde akzeptiert, und Horowitz unterschrieb folglich seinen ersten Kammermusikvertrag seit 1930.

Als Stern und Rostropowitsch wie abgemacht zu Horowitz fuhren, um das Tschaikowski-Trio zu proben, blieben sie im Verkehr stecken und kamen entsprechend zu spät. Horowitz empfing sie im Pyjama und Morgenrock: »Ich habe nur noch eine halbe Stunde Zeit«, sagte er, »nachher muß ich essen.« Bei der Probe ging alles ausgezeichnet; um drei Uhr war sie schon zu Ende, und Rostropowitsch packte sein Cello wiederum ein, um nach Washington, D.C., zurückzufliegen. Beiläufig intonierte Horowitz dann noch einige Phrasen aus Rachmaninows Cello-Sonate, die er schon immer gerne mit Rostropowitsch gespielt hätte. »Alles, was ich noch weiß«, erzählte Stern später, »war, daß Slawa richtiggehend unter den Flügel tauchte, dort sein Cello eilends hervorkramte und zu spielen begann. Wolodja rief seiner Frau, sie solle doch die Noten hervorsuchen, und dann spielten die beiden – zuerst den langsamen Satz, nachher noch den Kopfsatz. Wolodjas Mittagessen, das er angeblich ja nicht verschieben konnte, fand dann genau um fünf Uhr abends statt.«[21]

Am folgenden Tag erhielt Stern einen Anruf von Martina Arroyo: Sie habe sich bei einer *Aida*-Aufführung in Dallas eine Rückenzerrung zugezogen und könne deshalb am »Concert of the Century« nicht mitwirken. Stern fragte dann bei Horowitz und Rostropowitsch an: Ob es möglich wäre, daß sie den zweiten Satz der Rachmaninow-Sonate spielen würde. Allerdings reichte die Zeit nur noch für eine einzige Probe – und zwar am Nachmittag des Konzerts; doch willigten beide sofort ein.

Am Nachmittag des 18. Mai kam Horowitz für diese Probe in die Carnegie Hall, und zwar in einem adretten Aufzug: mit einer braun-weiß-karierten Jacke, rostfarbenen Hosen, einer ebenfalls rostfarbenen Fliege und grauen Wildleder-Handschuhen. Er war recht nervös, weil er nicht gerne am Abend auftrat und überdies seit Jahrzehnten keine Kammermusik mehr gemacht hatte. Aber unter Rostropowitschs beruhigend-gütigem Einfluß löste sich Horowitz zusehends, und das gemeinsame Musizieren machte ihm sichtlich Spaß. »In Rostropowitsch fand Horowitz einen russischen Bruder«, erzählte Bloom später. »Ihre russische Herkunft verband sie, und sie schätzten einander bedingungslos, was sich auch musikalisch auswirkte: Ihre Rachmaninow-Interpretation war zweifellos der Höhepunkt des ganzen Abends.« Derselben Meinung war auch *Rolling Stone*, wo es über das Spiel der beiden Exilrussen hieß: »Hier saßen zwei Söhne von Mutter Rußland zusammen und führten einen derart zarten, derart seelenvollen und derart russischen Dialog miteinander, daß nur ein Nabokov die richtigen Worte gefunden hätte, um die Bittersüße all jener Erinnerungen zu beschreiben, die den beiden Künstlern beim gemeinsamen Musizieren wohl aufgetaucht sind.«[22] Nachdem die beiden ihren Rachmaninow-Satz zu Ende gespielt hatten, umarmte Rostropowitsch seinen Landsmann aufs herzlichste; beide waren den Tränen nahe und verließen dann erregt das Podium.

Die Beziehung zwischen Horowitz und Fischer-Dieskau war kaum weniger intensiv. Während der Probe schaute der Pianist den Sänger mit einem Lächeln an: »Wir harmonieren prima miteinander. Ich fühle es, wenn Sie atmen.« Bevor sie am Abend aufs Podium hinausgingen, hatte Horowitz noch ein kleines Problem: Sie waren beide berühmte Künstler – wer ging also voran? Horowitz schlug vor, sie könnten doch miteinander gehen. Und so kamen sie tatsächlich: Der imposante Fischer-Dieskau Hand in Hand mit dem zierlichen Horowitz. Und Hand in Hand nahmen sie auch den Applaus entgegen, wobei Horowitz lächelte, mit seiner freien Hand gestikulierte und zum Sänger sagte: »Bin ich Ihnen nicht wunderbar gefolgt?«

Eine momentane Verwirrung gab es für Horowitz vor dem Tschaikowski-Trio. Eben hatte er die Begrüßungs-Ovationen des Publikums entgegengenommen und setzte sich nun ans Klavier; im Saal herrschte atemlose Stille, er streckte seinen Rücken, griff mit den Fingern auf die Tasten und schlug probeweise einen C-dur-Akkord an – was beim Publikum Lachen auslöste. Horowitz war für einen Moment irritiert, dann aber gab er Rostropowitsch und Stern mit majestätischer Gebärde das Zeichen zum Einsatz.

Von allen auftretenden Künstlerpersönlichkeiten hinterließ Horowitz den größten Eindruck. »Leonhard Bernstein hüpfte mit viel Gewackel hin und her«, schrieb Harold C. Schonberg, »er schwelgte in den Klängen und genoß es offensichtlich, sein Ego in der Musik zu baden.« Bernstein wurde dann mit dem relativ unbeweglich agierenden Horowitz verglichen: »Von diesem angespannten Körper ging andauernd das Gefühl einer entfesselten Kraft aus, und man hatte den Eindruck, als wäre Horowitz mitsamt dem Flügel und dem Podium eine Einheit, die jederzeit explodieren und das Publikum mitreißen könnte.«[23]

Das memorable Konzert endete mit einer überragenden Interpretation des »Halleluja«-Chors aus Händels *Messias*. Horowitz, Fischer-Dieskau, Rostropowitsch, Stern, Bernstein, Menuhin und Bloom sangen mit vereinten Kräften neben der Oratorio Society mit. »Möge uns Gott vergeben, was wir hier tun«, meinte Stern. »Wenn ich das jetzt singe, wird keiner jemals wieder hierher kommen wollen«, konterte Horowitz. Und zum Amüsement des Publikums machte Horowitz bei der Aufführung mit seiner Rechten jedesmal eine unmißverständliche Geste, wenn ein Ton für ihn zu tief war.

Unter den Briefen, die Horowitz nach dem »Concert of the Century« erhielt, amüsierte ihn einer ganz besonders. Ein junger Sänger schrieb ihm: »Sehr geehrter Mr. Horowitz! Mein Name ist Mr. Katz. Ich lebe in Brooklyn, bin Sänger, singe allerdings in meinen Konzerten ausschließlich Arien. Ich habe eine starke Persönlichkeit und würde sie gern als Begleiter engagieren.« Ernster nahm er hingegen einen anderen Brief: Er kam von der Mezzosopranistin Risë Stevens, einem ehemaligen Met-Star; sie war nun Präsidentin des College of Music in Mannes. Und sie fragte Horowitz, ob er in Mannes nicht unterrichten würde. Man wußte, daß Peter Mennin, Direktor der renommierten Juilliard School, jahrelang vergeblich versucht hatte, Horowitz zum Unterrichten zu bewegen. Um so überraschter war Riesë Stevens und mit ihr die ganze Musikwelt, als Horowitz zusagte. »1978 werden es fünfzig Jahre her sein, seit ich in Amerika debütiert habe«, erklärte Horowitz der Presse, »und ich möchte zu diesem Jubiläum etwas beitragen. Die Schule in Mannes ist wie eine große Familie, die etwas Hilfe braucht. Wenn ich dort unterrichte, wird das der Schule viele junge Talente bringen. Nadia Reisenberg und Claude Frank sind gute Freunde von mir, und sie werden mir eine Liste mit Bewerbern zusammenstellen.«[24]

Horowitz unterschrieb nie einen Vertrag, ohne vorher eine lange Liste mit genau umschriebenen Bedingungen zu stellen. Auch diesmal machte er keine Ausnahme. Beispielsweise forderte er, daß sich seine Schüler vollständig auf ihn einzustellen hatten. Er wollte zudem keine Schüler, die anderweitig schon in Mannes studiert hatten, denn er befürchtete, daß das zu Problemen mit den entsprechenden Lehrern führen könnte. Jeder Schüler mußte zudem über eine überdurchschnittliche Musikalität und eine solide Technik verfügen. Er wollte keine allzu selbstsicheren, aber auch keine besonders schüchternen Schüler, sondern solche mit einer schon bemerkenswert entwickelten Persönlichkeit. »Wenn ich unterrichte, will ich keinem meine eigene Persönlichkeit aufdrängen. Der Schüler muß selber schon eine Persönlichkeit haben.«[25] Natürlich stellte Horowitz noch weitere Bedingungen, aber die blieben geheim. Immerhin: Als sich Horowitz früher einmal überlegt hatte, ob er an der Juilliard School unterrichten solle, sagte er zu Peter Mennin, daß er kein Interesse habe, Frauen und Asiaten zu unterrichten. Frauen wollte Horowitz nicht, »weil sie ohnehin heiraten würden und die ganze Arbeit dann umsonst sei«, erzählte Mennin. »Und die Orientalen hätten keine ausreichende Beziehung zur westlichen Musik; die würden alles nur imitieren.«[26] Solche Bedenken brachte Horowitz nun auch in Mannes an. Der Dekan der Schule erzählte, »daß ein ganz striktes mündliches Abkommen zwischen Horowitz und Risë Stevens bestand. Er hatte ganz einfach kein Interesse an Frauen und Asiaten. Pro Unterrichtsstunde erhielt Horowitz 150 Dollar; auch das wurde tunlichst geheimgehalten, denn es war etwa der dreifache Betrag, den ein gutbezahlter Musikprofessor erhielt.«[27]

Unter den zahlreichen Studenten, die Horowitz in Mannes dann vorspielten, blieben zwei Finalisten: Dean Kramer, ein Schüler von Adele Marcus an der Juilliard School, und Boris Bloch, ein Israeli. Horowitz' Wahl fiel auf den gutaussehenden attraktiven Kramer, obwohl die Juroren mehrheitlich Bloch für den besseren Musiker hielten. Vom April bis November 1977 erhielt Kramer durchschnittlich eine Lektion von Horowitz, aber dieser war bald von den Vorbereitungen für sein *Golden Jubilee* absorbiert. »Ich versuchte immer wieder, Horowitz in jener Zeit, wo er seine Jubiläums-Tournee vorbereitete, zu erreichen«, erinnerte sich Kramer. »Zwei Monate lang, ohne Erfolg. Er hatte die Bedingung gestellt, daß ich in der Zeit, wo er mich unterrichtete, an keinem Wettbewerb teilnehmen oder Konzerte geben durfte. Jetzt fühlte ich mich irgendwie mattgesetzt: Ich bekam zwar keinen Unterricht, durfte aber auch keine Konzerte geben. So ging ich zum Dekan und bat ihn, weitere Schritte zur Klärung dieser Angelegenheit zu unternehmen. Beatrice Stein, die Sekretärin von Horowitz, ließ darauf ausrichten, daß Horowitz vor Herbst 1980 nicht mehr zur Verfügung stehen werde. Damit war die Sache erledigt. Natürlich war ich wahnsinnig enttäuscht, frustriert und verärgert. Adele Marcus hatte mich damals gewarnt; zwei Stunden lang hatte sie Argumente gegen Horowitz und seine Frau vorgebracht. Aber ich wollte mir diese Chance eben nicht entgehen lassen.«[28]

Horowitz hatte sich auf Mannes eingelassen, weil es für ihn eine neue Herausforderung bedeutete. Und weil es ihm Publicity einbrachte. Aber es war offensichtlich, daß er am Unterrichten nicht übermäßig interessiert war. Im Frühjahr 1978 trat Risë Stevens als Präsidentin der Musikschule in Mannes zurück, worauf auch Horowitz sofort ausschied. »Mannes existiert nicht mehr«, erklärte er anschließend. »Ich gab meinen Job dort auf, weil ich Kinder unterrichten mußte. Und mit Kindern habe ich keine Geduld. Drei Stunden habe ich es versucht; dann konnte ich nicht mehr weitermachen. Wenn man Schüler annimmt, die schon über zwanzig sind, dann meinen die, sie wüßten alles besser als der Lehrer. Und man kann sie nicht mehr formen.«

The Golden Jubilee

Ich bin immer noch voll da, bin sehr aktiv und spiele wie ein junger Mann. Und ich liebe die jungen Leute. Wenn ein Künstler älter wird, bemerkt er normalerweise, daß im Publikum mehr und mehr Weißhaarige sitzen. Bei mir jedoch nicht: Je älter ich werde, desto jünger sind meine Zuhörer![1]

»Mit anderen Worten: Sie haben nicht vor, sich – wie man so sagt – zurückzuziehen?« – »Um Gottes willen, nein!«[2]

»Juuuuuchheeeeee!!! Ich bin ja aufgeregt wie ein kleines Kind!« schrieb Carlos Moseley, der Präsident des New York Philharmonic Orchestra, an den Dirigenten Eugene Ormandy. »Ich finde keine Worte, um Ihnen meine unendliche Begeisterung darüber auszudrücken, daß Sie die New Yorker Philharmoniker dirigieren werden und wir Sie mit Horowitz in einem so schönen Programm hören dürfen.«[3]

Moseleys überschäumende Begeisterung war durchaus gerechtfertigt: Wie lange hatte er doch gebraucht, um Horowitz für einen Orchesterauftritt zu überreden! Beinahe während drei Jahren hatte er dem Pianisten immer wieder vorgeschwatzt, daß »ein außergewöhnlich wichtiges Jubiläum bevorstehe« – nämlich der 12. Januar 1978, wo sich Horowitz' Amerika-Debüt, das er unter Sir Thomas Beecham mit den New Yorker Philharmonikern gegeben hatte, zum fünfzigsten Mal jährte. Und Moseley hatte vorgeschlagen, Horowitz sollte dieses Jubiläum doch wieder mit den New Yorker Philharmonikern feiern. Große Pianisten wie Rachmaninow und Hofmann hatten ihre entsprechenden Jubiläen würdevoll gefeiert, und auch Horowitz wollte »etwas Spezielles« unternehmen. Aber dem Vorschlag Moseleys, doch wieder mit einem Orchester zu konzertieren, stand er lange Zeit mit einer gewissen Ambivalenz gegenüber.

Zum letzten Mal war er vor genau fünfundzwanzig Jahren mit einem Orchester aufgetreten: und zwar anläßlich seines *Silver Jubilee*, wo er mit den New Yorker Philharmonikern unter George Szell das Tschaikowski-Konzert gespielt hatte. Demzufolge hatte eine ganze Generation von Konzertbesuchern Horowitz noch nie in einem Klavierkonzert gehört und – wie es Harold Shaw einmal Moseley gegenüber formulierte – würde ihn wohl auch nie hören. Zwei briefliche Anfragen, die Moseley 1975 und 1976 an Horowitz gerichtet hatte, waren unbeantwortet geblieben. Um so größer war dann Moseleys Überraschung, als er Anfang Winter 1977 einen Anruf von Shaw erhielt und dieser ihm mitteilte, daß sich Horowitz sein Angebot ernsthaft überlege. Ohne eine definitive Antwort von Horowitz erhalten zu haben, reservierte Moseley die Carnegie Hall sofort für sämtliche Sonntagnachmittage im Januar 1978. Da es den New Yorker Philharmonikern aus vertraglichen Gründen untersagt war, am Sonntagnachmittag zu konzertieren, arbeitete Moseley mit Albert K. Webster, dem Manager des Orchesters, eine neue Vertragsklausel aus, worin es hieß, daß dem Orchester für spezielle Anläße und für spezielle Künstler eine entsprechende Mitwirkung erlaubt werden könne. Horowitz aber verhielt sich nach wie vor abwartend; erst im März 1977 traf sein definitives Ja ein.

Horowitz zögerte aus einem gewichtigen Grund: Er war nicht sicher, ob er den richtigen Dirigenten finden würde – einer, der sich seinem Interpretationskonzept unterordnen und nicht die Aufmerksamkeit auf sich ziehen würde. Den Showman Leonard Bernstein hatte Horowitz nie ernsthaft in Betracht gezogen: »Sie können nicht begleiten«, hatte er ihm einmal gesagt. »Je prominenter der Solist ist, desto mehr legen Sie es darauf an, ihm die Show zu stehlen. Lenny, behandeln Sie mich nicht wie einen Studenten, dominieren Sie mich bitte nicht!« Bernstein gelobte dann, er werde Horowitz' »musikalischer Sklave« sein, aber der Pianist wollte sich dennoch nicht für ihn entscheiden.[4] In der Folge wurden Georg Solti, Daniel Barenboim, Zubin Mehta, Seiji Ozawa und James Levine in Betracht gezogen, doch in einem Interview mit der *New York Post* wußte Horowitz dann über alle diese Dirigenten etwas Abfälliges zu sagen. Es gebe eben keinen idealen Dirigenten für ihn. Ormandy sei »zu alt«, und die jüngeren seien alle »zu schnell«. Nur zweien erwies Horowitz die Reverenz: Herbert von Karajan, mit dem er gern Brahms' B-dur-Konzert gespielt hätte, und Carlo Maria Giulini. »Aber mit keinem von beiden würde ich russische Musik spielen. Da gibt es einfach keinen, der wirklich gut ist.«

Obwohl Horowitz den gleichaltrigen Ormandy als »zu alt« abgelehnt hatte, stellte es sich dann bald heraus, daß er der einzige Dirigent war, mit dem der Pianist ohne große Schwierigkeiten zurechtkommen würde. Horowitz erinnerte sich daran, daß Ormandy Rachmaninow persönlich begleitet hatte, als dieser seine Klavierkonzerte 1939 in einem Gesamtzyklus für die Schallplatte einspielte. Zudem kannte Horowitz Ormandy gut, bewunderte ihn und vertraute ihm auch, und er war überzeugt, daß Ormandy alles tun werde, um sich seinem Konzept zu unterordnen. So schrieb Moseley an Ormandy, daß ihn Horowitz von Herzen gern als Dirigent haben möchte. »Er weiß, daß Sie ihn und seine musikalische Auffassung voll verstehen und respektieren werden.«[5] Um dieser Bitte Nachdruck zu verleihen, offerierte Horowitz seinerseits, daß er dieses Konzert – falls Ormandy die New Yorker Philharmoniker dirigieren werde – später auch zusammen mit dem Philadelphia Orchestra spielen werde –, und zwar als Benefizveranstaltung.

Diese Offerte sollte Ormandy günstig stimmen, denn seit Jahren bestanden zwischen ihm und den New Yorker Philharmonikern Spannungen. Seit 1947 hatte er dieses Orchester nicht mehr dirigiert, und in New York war er mit ihm in seiner ganzen langen Karriere überhaupt noch nie aufgetreten. Trotzdem erklärte sich der Dirigent letztlich einverstanden, und Horowitz sagte später zu einem Journalisten: »Ich bin so glücklich, daß dieses Konzert Ormandy und die New Yorker Philharmoniker endlich wieder zusammenbringen wird.«

Nun sorgte Horowitz mit seiner charakteristischen Zielstrebigkeit dafür, daß die Dinge ins Rollen kamen. Dank der neuen Vertragsklausel konnten die New Yorker Philharmoniker nun am Sonntagnachmittag um vier Uhr zur Verfügung stehen, üblicherweise spielte das Orchester zwar in der Avery Fisher Hall im Lincoln Center, aber Horowitz hatte kategorisch erklärt, die Akustik sei derart mies, daß er dort niemals auftreten werde. Und es gelang ihm tatsächlich, Moseley und Webster dahinzubringen, daß sie das Konzert in der Carnegie Hall ansetzten. Noch eine weitere Hürde mußte genommen werden: Ormandy und die New York Philharmoniker waren vertraglich mit Columbia Masterworks liiert, und es brauchte eine spezielle Einwilligung von seiten der CBS, daß RCA dieses Konzert mitschneiden und als Schallplatte veröffentlichen durfte.

Das Jubiläum fiel ja eigentlich auf den 12. Januar 1978. Da Horowitz aber ausschließlich an einem Sonntagnachmittag auftrat, fand das Festkonzert schon am 8. Januar statt. Er erklärte dann, eigentlich hätte er als sein Amerika-Debüt stets den 8. Januar 1928 betrachtet und nicht den 12. Denn am 8. habe er im Steinway-Gebäude erstmals Rachmaninow vorgespielt.

1928 hatte er mit dem Tschaikowski-Konzert debütiert, jetzt wollte er Rachmaninows drittes Klavierkonzert spielen. »Ohne falsche Bescheidenheit darf ich sagen, daß ich diesem Werk eigentlich zum Durchbruch verholfen habe. Und zwar überall! Rachmaninow hat mit diesem Konzert nie jenen Erfolg gehabt, den er sich davon erhofft hatte. 1978 jährte sich Rachmaninows Todestag zum 35. Mal; und vor genau fünfzig Jahren hatten sich die beiden Pianisten damals bei Steinway kennengelernt und ihre Freundschaft begründet. So wollte Horowitz dieses Klavierkonzert im Gedenken an Rachmaninow spielen. Zumal er fand, das Tschaikowski-Konzert hätten »andere Pianisten etwas ausrangiert«, und es sei nun wohl »leicht *démodé*. Ich werde es sicher wieder einmal spielen, aber mit dem Rachmaninow-Konzert kann ich viel mehr zeigen. Es ist viel idiomatischer.« Mit seinen vierundsiebzig Jahren wollte Horowitz nicht nur zeigen, daß er immer noch mit einem Orchester zusammen konzertieren konnte, sondern daß er darüber hinaus eines der schwierigsten und anspruchsvollsten Werke der gesamten Konzertliteratur gleichsam mit Jünglingskraft durchzustehen vermöge. »Zwar läßt sich der Lauf der Zeit nicht aufhalten. Aber ich will mir selber beweisen, daß ich das noch kann in meinem Alter – mit dreiundfünfzig!« witzelte er.

Daß Horowitz zusammen mit den New Yorker Philharmonikern aufzutreten gedenke, wurde der musikalischen Öffentlichkeit schon im April 1977 mitgeteilt. Allerdings wies Horowitz darauf hin, daß er vorläufig keine weiteren Orchesterauftritte ins Auge fasse. Seine *Golden-Jubilee*-Saison wollte er hauptsächlich mit

Klavierabenden bestreiten: in Ann Arbor, Toronto, Philadelphia, Chicago, Cleveland, Boston, New York, Washington, D.C., San Francisco und Los Angeles. Hunderte von Journalisten bemühten sich um ein Interview, so daß Wanda, die Horowitz-Sekretärin Beatrice Stein, Harold Shaw und Peter Gelb plötzlich einen riesigen Papierkrieg zu bewältigen hatten. Ralph Hanes, Horowitz' Tournee-Begleiter seit 1974, wollte diesmal nicht mehr mit von der Partie sein; er hatte genug vom Konzert-Business und verließ Shaws Agentur noch in diesem Sommer. Natürlich brauchte man für die bevorstehende Jubiläums-Saison sofort einen Ersatzmann, und Shaw engagierte Giovanni Scimonelli, einen abenteuerlustigen italienischen Reiseagenten – jung, charmant und diplomatisch. Sowie die Anstellung perfekt war, gab ihm Shaw einige wichtige Hinweise. »Er warnte mich«, erzählte Scimonelli später, »ich solle in Horowitz' Gegenwart keinesfalls andere Pianisten erwähnen – jedenfalls keine jungen Pianisten. Denn der Maestro hatte Probleme mit dem Älterwerden. Daß er nunmehr zur alten Garde gehörte, beschäftigte ihn stark.«[6]

Scimonelli erwies sich bald als ein perfekter und fast ständig anwesender Begleiter. Er zog in das Horowitz-Haus, und zwar in das Zimmer von Sonja, und er war für Horowitz eine ideale Stütze, hielt alle öffentlichen Zudringlichkeiten von ihm fern und kam auch mit seinen Launen bestens zu Rande. Mit Horowitz unterhielt er sich gerne französisch, mit Wanda selbstverständlich italienisch, was sie sehr genoß. An den Nachmittagen hörte Scimonelli Horowitz beim Üben zu, und abends spielte er mit Wanda und ihren Gästen Canasta. Zu jedermanns Vergnügen setzte sich Horowitz dann ab und zu an den Flügel, um »Musik zum Kartenspielen« zu machen, wie es Wanda formulierte. »Manchmal war er wirklich sehr nett und machte Background-Musik, aber wenn er plötzlich mit Beethoven, Mozart oder Chopin begann, sagten wir immer, er solle aufhören. Seine Operettenmusik liebten wir dagegen sehr.« Spät in der Nacht konnte es durchaus vorkommen, daß Horowitz von den Operetten zu einer seiner Opern-Transkriptionen überwechselte, erinnerte sich Scimonelli. »Wanda rief dann: ›Genug jetzt! Geh ins Bett!‹ Und Horowitz sprang recht eigentlich vom Flügel auf und die Treppe hinauf in sein Schlafzimmer. Bald merkte ich, daß die beiden sehr verschieden waren. Horowitz konnte beispielsweise sagen: ›Ich hasse das Land‹, und tatsächlich lebte er lieber in New York. Er liebte sein Stadthaus und sein Zimmer, wo er viel Zeit verbrachte. Wanda hingegen war am liebsten in ihrem Haus in New Milford; sie war gern auf dem Land und liebte die Tiere – immerhin hatte sie vier Katzen und einen Hund –, und sie ging gern auf Reisen, auf Shopping-Touren, ins Kino oder auf Partys. Dennoch: In erster Linie widmete sie sich Horowitz, und zwar auf exquisite Weise.«

Scimonelli wurde nun mit den endlosen Detailkrämereien im Zusammenhang mit der Planung von Horowitz' Tournee in der Jubiläums-Saison 1977/78 konfrontiert. »Das war die verrückteste Periode in seiner ganzen Karriere; die Welt lag ihm in der Tat zu Füßen, und er wurde wie ein Filmstar behandelt.« Horowitz war nun gern mit Politikern, mit Größen vom Unterhaltungs-Business oder mit Medienberühmtheiten zusammen: hier ein Diner mit Henry Kissinger, dort ein Besuch bei Danny Kaye oder gemeinsame Abende mit Mike Wallace. Unter den unzähligen Interviews, die im Zusammenhang mit der Jubiläums-Saison gemacht wurden, befand sich auch ein TV-Gespräch mit Mike Wallace in der CBS-*60-Minutes*-Show, dazu umfangreiche Artikel im *New York Times Sunday Magazine* und im *Newsweek*. (Eigentlich sollte Horowitz' Konterfei auf dem Titelblatt der *Newsweek*-Ausgabe vom 23. Januar 1978 prangen, doch wurde er dann im letzten Moment gegen den plötzlich verstorbenen Hubert Humphrey ausgetauscht.) Am meisten gefiel Horowitz zweifellos die *60-Minutes*-TV-Show, die am 26. Dezember 1977 ausgestrahlt und von schätzungsweise 45 Millionen Zuschauern verfolgt wurde. Aber Horowitz' Medienpräsenz sollte noch größer werden: im September 1978 wurde ein Konzert ausgestrahlt, das er zusammen mit dem New York Philharmonic Orechestra gab, und im Februar 1978 bekamen die TV-Zuschauer Gelegenheit, Horowitz' Klavierabend im Weißen Haus mitzuerleben.

David Lowe, der Produzent der *60-Minutes*-Show, erzählte, daß »er sechs oder sieben Abende lang auf Horowitz eingeschwatzt« habe, bis dieser endlich sein Okay gegeben habe. »Wanda dagegen wollte die Sendung von allem Anfang an liebend gern machen; sie war richtig begierig darauf, auf dem Bildschirm zu erscheinen. Um Horowitz von unserem Projekt zu überzeugen, lenkten wir das Gespräch auf seine Katzen, auf die Kunstgegenstände in seinem Wohnzimmer, auf das Wetter – auf alles, was ihn irgendwie hätte gütlich stimmen können. Aber er gab sich geziert, sagte beispielsweise, daß er nicht wolle, daß ihn die Leute nach so einer Fernsehsendung dann überall auf der Straße erkennen würden. Wobei wir natürlich wußten, daß er diese Popularität im Gegenteil sehr schätzte. Daß Wanda und Vladimir letztlich doch noch ihre Einwilligung zur TV-Show gaben, war zum großen Teil Mike Wallace zu verdanken. Wanda und Vladimir waren beide auf Berühmtheiten versessen und hätten Wallace liebend gern in ihrem Bekanntenkreis gehabt. Horowitz hatte große Ehrfurcht vor Wallace, und dieser übrigens auch vor dem Pianisten, und die beiden wurden dann schnell Freunde.«[7] Lowe erinnerte sich auch, wie Wanda während der TV-Aufnahmen wahnsinnig nervös gewesen war. Stets war sie sprungbereit: entweder, um das Gespräch an sich zu reißen, oder, um Horowitz zu zensurieren oder ihn aber zu ermutigen und vor den eindringlichen Fragen zu schützen, die Wallace stellte. Was waren die wirklichen Gründe, fragte dieser beispielsweise, um zwölf Jahre lang vom öffentlichen Konzertleben fernzubleiben. War er in der Tat so launisch und unmöglich, wie die Presse immer wieder behauptete? Horowitz antwortete ausweichend, aber mit dem üblichen Charme. »Ich glaube an die Astrologie, und ich bin ja im Zeichen der Waage geboren. Es heißt, daß die Waage-Menschen ein bißchen narzißtisch sind. So haben sie Komplimente sehr gern. Doch glaube ich, daß im Grunde genommen jeder Künstler Komplimente gern hat. Natürlich will ich nicht sagen, ich sei ein Engel. Ich habe zweifellos meine Schwächen. Aber ich weiß eigentlich nicht, wo diese sind. Meine Schwäche ist vielleicht, daß ich darüber nicht sprechen kann.« Lowe erzählte später: »Er war ein perfekter Showman, aber ganz in seiner eigenen Welt. Er sagte gar (und diese Stelle mußte dann aus dem Interview herausgeschnitten werden): ›Nein, ich hatte keine Tochter. Wir haben keine Kinder‹, wobei ihn Wanda korrigierte: ›Wir hatten ein Kind.‹ Horowitz war bei den Aufnahmen wie ein kleiner Junge.«

Siebeneinhalb Stunden Filmmaterial wurde in Horowitz' Wohnzimmer abgedreht und daraus ein sechzehnminütiges Interview zusammengebastelt. Horowitz hatte darauf beharrt, daß er keinesfalls etwas vorspielen wolle. Doch Wallace gelang es trotzdem, den Pianisten ans Klavier zu katapultieren, wo er Teile aus seiner neuen Transkription von *The Stars and Stripes Forever* spielte. Vorgängig hatte sich Horowitz dagegen gewehrt: Er habe die Musik nicht mehr präsent und könne deshalb auch nicht spielen. Doch dann stand er plötzlich auf, ging zum Klavier und begann – vor den laufenden Filmkameras – zu spielen. Natürlich spielte er eine brillante Passage und lachte am Schluß dann ausgelassen. Während des ganzen Interviews verbreitete er einen kindlichen Charme; mutwillig spielte das Kind, während sich Wanda eher wie eine zurückhaltend-ernste Mutter gab. Wer sich Horowitz bis anhin als ernsthaften, scheuen und zurückhaltenden Pianisten vorgestellt hatte, konnte hier einen Mann kennenlernen, der manchmal auch zu Streichen aufgelegt war – indem er seiner Frau oder seinem Assistenten Haarbürsten und Aschenbecher im Bett versteckte und sich mit solchen Scherzen das langweilige Hotelleben während der Tourneen etwas unterhaltsamer gestaltete.

Im November 1977 gab Horowitz ein ganz anderes Interview, konzentriert auf ein einziges Thema: auf die Musik Rachmaninows. Die Idee dazu hatte Phillip Ramey; er hatte den Pianisten vor sechs Jahren schon einmal interviewt, und zwar für einen Schallplattenhüllentext, den er damals verfassen mußte. 1972 hatte er ein virtuoses Klavierstück komponiert mit dem Titel *Leningrad Rag*; es wurde zwei Jahre später – mit einer Widmung an Horowitz – veröffentlicht. Horowitz spielte das Werk öfter zu Hause und erzählte Francis Robinson von der Met: »Das Stück ist sehr wirkungsvoll. Ich werde es einmal als Encore im Konzert spielen.« Horowitz und Ramey sahen sich in dieser Zeit häufig und wurden bald Freunde.

Auf die Saison 1977/78 wurde Ramey für die Programmheftgestaltung beim New York Philharmonic Orchestra verantwortlich. Gleich nachdem er seinen Job angetreten hatte, schlug er vor, für das *Golden-Jubilee*-Programmheft ein Interview mit Horowitz zu machen. Da Horowitz wußte, daß Ramey mehr Musiker als Musikjournalist war, gab er seine Einwilligung, und so kam Ramey am 29. November in die Ninety-fourth Street zu Horowitz – beladen mit einem Tonbandgerät und einer langen Liste von sorgfältig zusammengestellten Fragen. Horowitz war in Gegenwart dieses jungen Mannes immer recht entspannt und gesprächig, so daß Wanda für einmal nicht wie ein an allem herumnörgelnder Hausdrache dabeisaß, sondern die beiden für gut zwei Stunden allein ließ. Als Ergebnis konnte Ramey dann eines der intelligentesten und unvoreingenommensten Interviews heimtragen, welche Horowitz je gegeben hatte.

Während der beiden folgenden Wochen transkribierte Ramey das Interview und fügte es zu einem sinnvollen Text zusammen. Dabei dachte er kaum an den großen Arbeitsaufwand, sondern einzig daran, daß dieses Interview im Programmheft dem ganzen Konzert noch einen zusätzlichen festlichen Anstrich verleihen würde. »Ich hatte es längst satt, in der Presse unsinniges Geschreibe über Horowitz zu lesen«, meinte er. »Daß er in den Discos über die Stränge schlug und so. Und auch die blöden Zitate, die man von ihm nach einer Pressekonferenz jeweils in den Zeitungen zu lesen bekam, waren mir ein Graus. Die wollten aus ihm ja partout einen Idioten machen – wie auch die paar Musikstudenten, die nur wenige Zeit mit Horowitz verbracht hatten und nachher überall Storys über den ›alten Trottel‹ herumboten. Ein seriöses Interview, so hoffte ich, würde diese Dinge wieder einmal ins Lot bringen.«[8]

Plötzlich entschied RCA dann, ein eigenes Programmheft zu drucken; man würde es am Eingang der Carnegie Hall verteilen, und selbstverständlich sollte darin auch auf die geplante Schallplattenveröffentlichung dieses Konzerts hingewiesen werden. Ramey wurde angefragt, ob er sein Interview hierfür zur Verfügung stellen würde. Ramey mußte zuerst bei den New Yorker Philharmonikern anfragen und gab anschließend dann seine Einwilligung; allerdings wollte er von RCA ein entsprechendes Honorar. »Schließlich hatte ich viel Effort in diese Arbeit gesteckt. Für die New Yorker Philharmoniker hätte ich dies selbstverständlich gratis getan, aber nicht für ein kommerzielles Unternehmen wie die RCA.« Bei der RCA zeigte man sich hingegen ziemlich empört über die Summe, die Ramey verlangte, und so kürzte dieser den Betrag um die Hälfte. Das Interview wurde dann Horowitz zugeschickt, damit er nach Belieben Änderungen und Striche vornehmen konnte, und einige Tage später kam es wiederum zurück mit dem Okay von Horowitz und Wanda. Horowitz hatte nur ein paar geringfügige Änderungen verlangt: Beispielsweise wollte er, daß man jenen Passus streiche, wo er Rachmaninows eigene Schallplattenversion der *Rhapsodie über ein Thema von Paganini* kritisierte. Auch die Formulierung, daß Egon Petri »ein trockener und akademischer« Pianist gewesen sei, wollte er nicht stehenlassen.

Am folgenden Tag erhielt Ramey von RCA die Mitteilung, daß das Interview nun doch nicht veröffentlicht werden dürfe – Wanda habe Protest eingelegt. Es schien, daß sie Ramey nicht für würdig genug befand, um ihren Gatten zu interviewen; zudem ärgerte sie sich, daß das Interview mit einer Frage Rameys begann und demnach der Name Ramey im Text *vor* dem Namen Horowitz genannt wurde. »Ich sagte dann zu Pfeiffer«, erzählte Ramey, »daß es Madame Horowitz womöglich lieber gehabt hätte, wenn Horowitz *mich* über seine Karriere und über seine Meinung bezüglich Rachmaninow befragt hätte. Jack schaute aber gequält drein und lachte nicht einmal. Vielmehr sagte er mir, daß Wanda wieder einmal einen ihrer berühmten Anfälle gehabt habe: daß sie praktisch alles im Zusammenhang mit der geplanten LP unmöglich finde und just heute einen zweiten Vorschlag, den man ihr für die Hüllengestaltung vorgelegt hatte, abgelehnt habe. Er könne absolut nichts für mich tun.« Ramey räumte später dann ein, daß »Wanda an der Seite von Horowitz zweifellos ein schweres Los« gehabt habe. Dennoch: »Samuel Barber, der die beiden seit bald einem halben Jahrhundert kannte, sagte mir einmal, Wanda habe sich immer schon daneben benommen. Schon als junge Frau habe sie mit viel Vergnügen Szenen gemacht. Somit sei das womöglich vererbt.«

In der *Golden-Jubilee*-Saison war das öffentliche Interesse für Wanda viel größer als früher, und sie mußte deshalb zahlreiche Interview über ihre eigene Person geben. »Wir sind nicht wie Lenny Bernstein«, fauchte sie beispielsweise einen Journalisten an. »Wir sind kein Thema für Boulevard-Zeitungen.«[9] Solche Interviews erledigte sie jeweils pünktlich um neun Uhr dreißig im Wohnzimmer ihres Hauses. Und sie erwartete, daß alle Journalisten, die zu dieser Audienz mit Horowitz oder mit ihr allein geladen waren, in Kleidung antraten, die dem Anlaß entsprach. Als Dean Kramer, der ehemalige Schüler von Horowitz, eines Tages ohne Krawatte zum Unterricht gekommen war, hatte ihn Wanda mit einem unmißverständlichen Blick gemaßregelt. Wenn Horowitz bei einer solchen Pressekonferenz anwesend war, mußten die Herren jedenfalls im Blazer und mit Krawatte erscheinen; sie kannte absolut kein Pardon, wenn es um Fragen des Respekts bezüglich ihres Gatten ging. Diese Interviews boten Wanda Gelegenheit, alles genau zu kontrollieren; zudem fand sie hier ein Forum, um ihre Rolle als Gattin sowie all die mühseligen Zerreißproben in ihrer Ehe zu preisen. »Sie wissen ja, wie die Leute sind«, sagte sie einmal. »Sie gaben unserer Ehe nicht drei Wochen, und nun sind wir schon fünfundvierzig Jahre beisammen ... Er ist nicht schwieriger als andere Ehemänner.«[10]

Obwohl sie den Ruf einer gestrengen Zuchtmeisterin hatte, zeigte sich Wanda in einem Interview, das sie 1978 gab, ausnahmsweise auch einmal von der privaten und das heißt: von der empfindsameren Seite. So erzählte sie einem Journalisten: »Wir haben ein Landhaus. Ich bin gern dort. Ich sorge dann für die Blumen und den Garten. Wir haben dort vier Katzen und einen Hund. Leider kann ich keine Kühe und Pferde halten, aber manchmal denke ich, daß ich besser einen Farmer geheiratet hätte. Ich liebe die Natur sehr.« Wanda war stets eine Tierliebhaberin gewesen; beispielsweise stellte sie einen Teil ihres Grundstücks in New Milford für ein Vogelschutzgebiet zur Verfügung. Drei ihrer Katzen waren – wie sie es formulierte – »Connecticut girls«, will sagen: aus den Wäldern zugelaufen. Wobei diese drei zugelaufenen Katzen natürlich von der Horowitz-Hauskatze dominiert wurden ... Wanda erzählte auch, daß Horowitz eigentlich nie viel von Katzen gehalten habe. Bis dann eines Nachts ein hellfarbenes Tierchen auf dem Balkon vor seinem Schlafzimmer hin- und hergewandert sei. »Da es schon spät war, sagte ich, daß wir die Katze wohl besser draußen ließen. Am folgenden Morgen fand ich sie dann im Bett meines Gatten, schön am Fußende. Und sie wurde dann zur wichtigsten Person im ganzen Haus.« Horowitz hatte sie gern, sorgte sich um sie, kaufte Katzenstreu und Dosen mit Katzenfutter und nannte sie »Fuusi«. Als ein Journalist, der mit Horowitz' russischem Akzent nicht zurechtkam, fragte: »Fuusi? Fuusi?«, gab Horowitz zur Antwort: »Weil sie fuusi [fussy] ist.«

Wanda interessierte sich dermaßen für Tiere und besonders für Katzen, daß sie sogar in Bill Haywards Buch *Cat People* vorkam. Und für das Frühjahr 1978 plante sie ernsthaft eine Afrika-Safari, um dort Tiere zu beobachten. Scimonelli erinnerte sich, daß sie begeistert von diesem Plan gesprochen, ihn dann aber aufgegeben habe, um Horowitz' letztes Konzert in seiner *Jubilee*-Saison zu hören. Scimonelli versuchte sich zwar davon zu überzeugen, daß es Horowitz gut gehe und daß er, zusammen mit Pfeiffer, Sally Horwich und einem Dienstmädchen, bestens für das Wohlergehen von Horowitz sorgen würde. Doch Wanda war dagegen: »Was ist, wenn irgend etwas passiert?« und sie ließ ihre Safari-Pläne fallen. »Sie wollte ihn auf keinen Fall allein lassen«, sagte Scimonelli. »Was denn, wenn er beispielsweise auf seinem Hemd eine Falte gefunden und das Konzert dann abgesagt hätte?«

Gleich zu Beginn seiner Jubiläums-Saison mußte Horowitz von den insgesamt sieben Klavierabenden, die er zwischen Oktober und Dezember 1977 geben sollte, drei absagen: den ersten wegen eines im Nagelfleisch haftenden Nagelsplitters, den zweiten wegen einer Darmgrippe und den dritten wegen einer Erkältung. Horowitz war sehr vorsichtig, denn er wollte für seinen Orchesterauftritt am 8. Januar in Topform sein. Anschließend sollten noch drei weitere Auftritte mit Orchester folgen: am 2. Februar mit dem Los Angeles Philharmonic unter Zubin Mehta und am 16. April mit dem Philadelphia Orchestra unter Eugene Ormandy, wobei dieses Konzert am 30. April in Ann Arbor wiederholt werden sollte. Horowitz hatte derart Bedenken, wiederum mit einem Orchester aufzutreten, daß Harold Shaw im Herbst 1977 die Carnegie Hall mietete für einen Probelauf mit dem Philadelphia Orchestra unter Ormandy. Und dies unter strengster Verschwiegenheit; selbst die Orchestermitglieder erfuhren erst im allerletzten Moment, worum es da eigentlich ging. Sie versammelten sich in der Carnegie Hall in der Meinung, es handle sich um eine Probe des Verdi-*Requiems*. Dann entdeckten sie, daß auf ihren Notenständern Rachmaninows drittes Klavierkonzert bereitlag, und kaum eine Minute später erschien Horowitz mit breitem Grinsen auf dem Podium.

Die Probe wurde ein einhelliger Erfolg für Horowitz. Er hatte sich derart minuziös vorbereitet, wie ein Sportler für die Olympischen Wettkämpfe trainiert. »Zuerst spielte ich mich wieder einmal durch sämtliche großen russischen Opern wie *Sadko, Mazeppa, Schneeflöckchen, Yolanta, Pique Dame*. Ich mußte wieder das richtige Gefühl für diese Musik bekommen, mußte wiederum singen können.« Dann nahm sich Horowitz das Klavierkonzert vor, und zwar benutzte er eine alte Ausgabe mit eigenhändigen Bleistiftnotizen des Komponisten. Ganze Abende diskutierte er mit Pfeiffer, bevor er sich dann entschied, das Konzert ungekürzt zu spielen – mit Ausnahme der ersten beiden Takte in der Solokadenz, die Horowitz für »musikalisch absolut unmöglich« hielt. Von den zwei Kadenzen, die Rachmaninow geschrieben hatte, wählte Horowitz die kleinere, leichtere – und zwar aus legitimen Gründen: »Die große Kadenz ist wie ein Abschluß in sich. Aber es ist nicht gut, etwas Abschließendes zu spielen, lange bevor das Konzert zu Ende ist. Rachmaninow war ein unheimlich virtuoser Pianist, und seine große Kadenz ist zweifellos sehr gut. Als er sie aber im Zusammenhang mit dem ganzen Konzert beurteilte, merkte er, daß sie irgendwie nicht paßte. Er hat sie auch nie gespielt, und darum werde ich sie auch nicht spielen.«[11] Obwohl Horowitz in früheren Aufführungen des Werks die dritte der vier Variationen im Finale jeweils weggelassen hatte, entschied er sich, diesmal auch den Schlußsatz ungekürzt zu spielen.

Später, bei der Probe mit den New Yorker Philharmonikern unter Ormandy, wies Horowitz stolz darauf hin, daß er nicht nur den Klavierpart, sondern jede Instrumentenstimme genauestens studiert habe. »Anders wäre es gar nicht gegangen«, meinte er. »Die Philharmoniker waren natürlich überrascht, daß ich nicht nur meinen Part beherrschte, sondern auch wußte, was sie zu spielen hatten. Ich wollte eben den Komponisten fühlen, mußte demnach das ganze Werk und nicht nur meinen Part genau kennen.«[12] So sang Horowitz die Orchestermelodien jeweils mit, stoppte Ormandy von Zeit zu Zeit, um mit ihm Fragen des Tempos und der Dynamik zu besprechen, ermunterte die Streicher mit einer leichten Handbewegung und spielte die Flöten- und Oboenpassagen auf dem Flügel mit. Eigentlich leitete er die ganze Einstudierung. Ormandy erwies sich als ein perfekter Begleiter, der in jeder Weise auf Horowitz einging, obwohl der Pianist manchmal sehr freizügig mit der Partitur umsprang. Ein Beobachter notierte später, Horowitz habe »dynamische Vorschriften geradezu in ihr Gegenteil verkehrt und gewisse Tempi fast ins Unmögliche zerdehnt. Manchmal verlangsamte er das halsbrecherische Tempo derart stark, daß zwar gewaltige Spannungsmomente entstanden, aber die musikalische Linie endgültig auseinanderzubrechen drohte.«[13] Als man ihn diesbezüglich um eine Stellungnahme bat, erklärte er: »Ich spiele frei, mit großflächiger Geste. Und die New Yorker Philharmoniker sind mit diesem Stil nicht so recht vertraut. Ich bin ein Romantiker aus dem neunzehnten Jahrhundert. Und ich bin der letzte Romantiker. Ich gehe viele Risiken ein. Und weil ich sehr klar spiele, hört man auch jeden kleinsten Fehler. Aber die Partitur ist keine Bibel, und man darf da schon etwas wagen. Zudem steht die Musik ja *hinter* den Noten. Man muß sie suchen, und genau das ist es, was ich unter großflächigem Spiel verstehe. Ich spiele sozusagen von der hinteren Seite der Noten und schaue zurück.«

Horowitz' psychologische Motivation für diesen Orchesterauftritt wirkte sich nicht unbedingt vorteilhaft aus. Primär nämlich wollte Horowitz seinem Publikum und wahrscheinlich auch sich selbst beweisen, daß er immer noch wie ein junger Mann spielen könne, ja daß er seine legendären Rachmaninow-Interpretationen von 1930 und 1951 gar zu übertreffen imstande sei. Er ließ sich gleichsam auf einen Wettbewerb mit seinem Selbst von anno dazumal ein, ohne die altersbedingte Abnahme seiner physischen Kräfte miteinzuberechnen. Klar, daß er sich dadurch einem unheimlichen Druck aussetzte: zudem fürchtete er sich, daß er während der Aufführung plötzlich eine Gedächtnislücke haben könnte. Als Phillip Ramey ihn in einem Interview fragte, ob er diese Möglichkeit auch beim Rachmaninow-Konzert miteinberechne, schrie Horowitz förmlich auf: »Nein! Nie! Und doch, jetzt bin ich älter! Mein Gott, machen Sie mich jetzt nicht wahnsinnig! Vielleicht vergesse ich das eine und andere. Das kann passieren. Zum Glück weiß man das nie von vornherein. Es sind ja so viele Töne, und einige von ihnen sind auch unnötig. Rachmaninow hat das übrigens zugegeben.«

Mehr und mehr wurde Horowitz in den siebziger Jahren auch abergläubisch. Er erklärte einmal, wenn ihm an einem Sonntagnachmittag um vier Uhr die Götter günstig gesinnt seien, wenn zudem seine Emotionen, sein Intellekt sowie seine handwerklichen Fähigkeiten in perfekter Harmonie stünden, wenn das Publikum sich ruhig und der Dirigent aufmerksam und entgegenkommend verhalte – dann werde er gut spielen. »Ich hoffe, daß ich mich körperlich wohl fühle, daß sich bei mir alles in bester Harmonie befindet und ich über alles Kontrolle habe.« Dennoch: Bis zum allerletzten Moment wußte Horowitz nicht, ob er mit den New Yorker Philharmonikern nun tatsächlich auftreten werde. Wenige Tage vor dem Konzert streckte er während eines Gesprächs mit dem Pianistenkollegen Tedd Joselson plötzlich seinen kleinen Finger vor und fragte: »Sehen Sie den kleinen Schnitt?« Joselson sah absolut nichts, doch Horowitz bestand darauf: »Doch, doch, da ist ein Schnitt. Und für den Rachmaninow brauche ich wirklich eine kräftige Pranke. Sie möchten meinen Rachmaninow wohl hören, nicht wahr? Nun, ich werde nicht spielen. ›Horowitz hat einen Schnitt, Jubiläums-Konzert abgesagt‹ – Sie werden es in den Zeitungen lesen.«[14]

Eigentlich war vorgesehen, daß der *Public Broadcasting Service* das Konzert fürs Fernsehen aufzeichnen werde. Doch eine Woche vor dem Konzert wurde dieser Plan verworfen: Horowitz hatte Angst, daß ihn der Erwartungsdruck des Publikums samt den RCA-Mikrophonen und den TV-Kameras zu stark irritieren würde. Zudem war schon zu Hause genug Betrieb: Die eintreffenden Anfragen für Konzertkarten hatten Horowitz' Haus in ein eigentliches Schlachtfeld verwandelt. Auf neuntausend Anfragen mußte abschlägiger Bescheid gegeben werden, und Horowitz orakelte stolz, daß die New Yorker Philharmoniker »riesig viel Geld« verdienen würden. Was auch abzusehen war: Die Kartenpreise für dieses Benefizkonzert betrugen zwischen zehn und zweihundertfünfzig Dollar, so daß letztlich 168000 Dollar dem Pensionskassenfonds des Orchesters überwiesen werden konnte. Am 8. Januar traf man dann eine halbe Stunde vor Beginn des

Konzerts Schwarzmarkthändler, die Karten für 1000 Dollar das Stück offerierten.

An diesem Nachmittag war Horowitz begreiflicherweise äußerst nervös; da er sich gesundheitlich aber wohl fühlte, wollte er die Herausforderung wagen. Einst hatte es sich Präsident Franklin Delano Roosevelt nicht nehmen lassen, dem legendären Josef Hofmann zu seinem *Golden Jubilee* zu gratulieren. Eine ähnliche Gratulationsbotschaft wurde jetzt vor dem Horowitz-Auftritt dem Publikum vorgelesen; sie stammte vom Horowitz-Fan Jimmy Carter. Wie der Pianist dann auf das Podium kam, wurde er mit tumultuösem Beifall begrüßt. Hingegen wurde seine Interpretation des Rachmaninow-Konzerts eher mit gemischten Gefühlen aufgenommen. Das Orchester hatte einige Mühe, dem Pianisten zu folgen, und ein Kritiker schrieb nachher, daß diese Interpretation – jedenfalls was ihre Differenzierung anbelangte – »keinesfalls mustergültig« gewesen sei. Leidenschaftlichkeit und dramatische Intensität waren zwar vorhanden, auch Horowitz' singuläre Klangraffinesse; zudem spielte der Pianist mit einem so unnachahmlichen Drive, daß selbst einige nervenbedingte Pannen und Fehlgriffe kaum störten. »Nur Rachmaninow selber spielte mit vergleichbarer rhythmischer Intensität und mit jenem stahlharten Anschlag, wo jede Note klar umrissen tönte«, schrieb Harold C. Schonberg.[15] Wobei Horowitz mit diesem Vergleich kaum einverstanden gewesen sein dürfte. Denn 1977 sagte Horowitz in einem Interview zu Phillip Ramey, daß Rachmaninows Schallplattenaufnahme seines dritten Klavierkonzerts »etwas gemütlich und allzu gelassen« sei – »furchtbar, eine seiner schlechtesten Schallplattenaufnahmen. Auf Platte spielt er das erste Konzert sehr schön, das zweite nicht schlecht (aber live, im Konzertsaal, war es viel eindrücklicher), aber das dritte ist *schrecklich*. Das rührte daher, daß er wegen dieses Konzerts absolut frustriert war – weil er mit ihm einfach keinen Erfolg hatte. Er gab es dann mir. ›Es gehört Gorovitz‹, pflegt er zu sagen.«

Die beiden früheren Schallplatteneinspielungen dieses Werks sind in jeder Beziehung bis ins letzte Detail ausgearbeitet, mit einheitlicher Phrasierung und straff durchgehaltenen Tempi. Am 8. Januar 1978 hingegen spielte Horowitz rhythmisch wesentlich freier, legte größeres Gewicht auf die harmonischen Rükkungen, indem er immer wieder Binnenstimmen hervorhob und auch mit der Dynamik stärker variierte. Dennoch werteten viele Kritiker dieses großflächige Klavierspiel als übertrieben und manieriert – wie eine groteske Parodie der aus früheren Jahrzehnten nur allzu bekannten Horowitz-Mätzchen. »Horowitz pflegte die Phrasen jeweils zu beschleunigen, um am Ende regelrecht abzubeißen«, konnte man beispielsweise in der *Stereo Review* vom Mai 1978 lesen. »Jede Phrase wurde in der Mitte leicht retardiert, Akzente wurden beliebig verschoben, und grundsätzlich stürmte er unnachsichtig seinem eigenen Weg entlang, während das Orchester pflichtschuldigst die eigenen Noten spielte, ihm zu folgen versuchte und ihm dennoch nicht in die Quere kommen wollte ... Das Werk zerfiel solcherart in einzelne Teile; es fehlte an der Koordination zwischen Soloinstrument und Orchester ... Erregung, Erregung über alles hieß die Devise; alles andere wurde ihr geopfert. Kurz, das war einer der großen Ego-Trips unserer Tage.« Selbst Horowitz' alter Freund Nathan Milstein war enttäuscht: »Die Aufführung war schlecht«, gab er offen zu. »Sein Feuer brennt nicht mehr wie früher. Die Phrasierung war schlecht, zudem war in seinen physischen Gesten viel Prahlerisches. Immerzu versucht er, etwas mit der Musik zu machen, statt sie ganz simpel aus sich selbst heraus wirken zu lassen.«[16]

Mit sichtlich hochgezogenen Schultern hatte sich Horowitz durch einige besonders intrikate Passagen hindurchgequält, vor allem durch die beiden *più mosso*-Teile des Finales und durch die Toccata-ähnliche Coda, wo über längere Strecken Klavier und Orchester nicht zusammen waren und es deshalb zu einigen auffälligen Dissonanzen kam. Am Schluß war Horowitz schweißgebadet. Langanhaltende Ovationen folgten, und Horowitz nahm den Applaus Hand in Hand mit Eugene Ormandy entgegen – mit einem glücklichen und triumphierenden Blick.

Nach Auskunft des Cheftechnikers, Edwin Begley, waren auf dem Konzertpodium insgesamt sechzehn Mikrophone sorgfältig plaziert worden. Dennoch stellte es sich beim Abhören dann heraus, daß das Klavier zu vordergründig klang, daß es den Orchesterklang überdeckte und daß zudem die Abmischung der Orchesterinstrumente untereinander nicht befriedigte. »Wir hatten einfach zuwenig Zeit gehabt, um die Mikrophon-Positionen zu justieren und genügend Tontests zu machen«, meinte Begley später. Zudem sei Horowitz' Flügel derart hoch, will sagen: auf Brillanz gestimmt gewesen, daß er zeitweilig »wie ein Rock-Klavier« getönt habe. Horowitz' Klavierklang schien auch spröder geworden zu sein. »Der junge Horowitz war ein regelrechter Maler, der uns mit seinem breiten Klangfarben- und Dynamikspektrum immer wieder verblüfft hatte. Der Horowitz von heute hingegen scheint seinen Pinsel mit einem Holzhammer vertauscht zu haben.«[17] Dennoch brachte RCA den Live-Mitschnitt möglichst schnell auf Schallplatte heraus, um aus diesem sensationellen *evènement* möglichst noch Kapital zu schlagen. Tatsächlich waren die Vorbestellungen, die für Horowitz' erste Konzertaufnahme seit siebenundzwanzig Jahren einliefen, »schlicht und einfach sensationell«, wie Irwin Katz, Marketing-Direktor bei RCA, mitteilte. Man hoffte gar, daß diese neue Horowitz-LP selbst Van Cliburns rekordträchtige, legendäre Aufnahme des Tschaikowski-Konzerts übertreffen würde, die bis anhin die höchsten Klassik-LP-Verkaufsraten erreicht hatte. Horowitz wollte seinen Teil beitragen und willigte zu einer Autogrammstunde in Sam Goodys Schallplattengeschäft in Manhattan ein, wo er immerhin zweihundert LPs signierte. Doch die Begeisterung der Fans konnte nicht darüber hinwegtäuschen, daß die neue Horowitz-LP in der Musikwelt insgesamt recht viel Enttäuschung auslöste. Viele konnten nicht verstehen, weshalb die RCA eine aufnahmetechnisch derart mißlungene und zudem mit recht vielen Fehlern gespickte Interpretation veröffentlichte. Zumal Horowitz das Rachmaninow-Konzert ja in derselben

Saison nochmals spielte. Produzent Jack Pfeiffer gab denn auch zu, daß die Aufführung unter Zubin Mehta, die einige Monate später in Los Angeles stattfand, wesentlich entspannter ausgefallen sei. Aber RCA habe sich eben verpflichtet gefühlt, jene »authentische Live-Aufführung« zu veröffentlichen, die das 50-Jahr-Jubiläum von Horowitz markierte.

RCA hatte unmittelbar nach dem Konzert eine Korrektursitzung mit Horowitz und den New Yorker Philharmonikern anberaumt, um einige klangtechnisch unakzeptable Passagen nochmals aufzunehmen. Zumindest hieß so der offizielle Wortlaut. Die Wirklichkeit hingegen erinnerte eher an den 1965er Carnegie-Hall-Mitschnitt: Damals wie jetzt waren Korrekturaufnahmen nötig, um einige interpretatorisch besonders mißlungene Stellen auszubessern. Phillip Ramey, der bekanntlich einen Artikel im Programmheft beigesteuert hatte und das Werk bestens kannte, war am Konzert auch unter den Zuhörern. Zudem hatte er sich später Piratenaufnahmen von der Konzertaufführung angehört. Und er meinte schließlich, es sei völlig irreführend, wenn RCA auf der LP-Hülle in Kleinstbuchstaben darauf hinweise, daß »einige Passagen dieser Schallplatte aus klangtechnischen Gründen im nachhinein« nochmals aufgenommen worden seien. »Ich sagte das auch Jack Pfeiffer, und er gab mir zur Antwort, daß Horowitz und Wanda es so verlangt hätten. Dabei ist vieles von dem, was man auf der Schallplatte hört, absolut nicht das, was man im Konzert gehört hat. Was da in Korrektursitzungen im nachhinein alles zusammengeflickt worden ist, hat mit klangtechnischen Aspekten kaum viel zu tun. Vielmehr sollten die zahlreichen Fehler und falschen Töne verschwinden – vor allem im Finale, übrigens wurde auch die marschähnliche Episode am Anfang des Finales korrigiert, wobei Horowitz bei der Korrekturaufnahme etwas völlig Ungewöhnliches macht, das auf keiner seiner früheren Aufnahme – und auch nicht im Konzert am 8. Januar – zu hören war. Und selbst als er mir das Konzert vor einigen Monaten zu Hause vorspielte, war dieser interpretatorische Schnörkel nicht drin – ich meine die Begleitfiguren in der Linken, die Horowitz derart stark artikuliert, daß die Melodie in der Rechten überdeckt wird. Das Resultat tönt allerdings irrsinnig gut.«

Noch ein weiteres anspruchsvolles Werk nahm Horowitz in das Programm seiner Jubiläums-Saison auf: Liszts intrikate h-moll-Sonate. »Natürlich kann ich die spielen«, sagte Horowitz einem Journalisten. »Vielleicht nehme ich die Oktaven nun etwas langsamer, aber dies ist ja beileibe kein Werk, um mit Oktaven die eigene Fingerfertigkeit zu demonstrieren.« Dennoch wurde seine Interpretation mit harschen Tönen kritisiert: sie sei exzentrisch, übertrieben und manieriert. Zudem zerfalle das Werk in einzelne Segmente. Auch die Schallplattenaufnahme, die bald bei RCA erschien, erhielt abfällige Kommentare. »Es überrascht doch«, konnte man im *High Fidelity* lesen, »daß Horowitz sein Okay gab zu einer derart unbeweglichen und durch Detailaufmerksamkeit manchmal fast zum Stocken gebrachten Interpretation, die überdies von falschen und fehlenden Tönen nur so strotzt.«[18] Noch schlimmer war die Tatsache, daß die RCA-Techniker den Klavierklang von Horowitz verfälscht zu haben schienen: »*Fortissimos* haben einen widerlich-scharfen Klang, wogegen die delikaten Filigran-Passagen, die im Konzert wunderbar einschmeichelnd tönen, hier wie Glockenspielereien klingen.« Nach dieser Liszt- und der vorangegangenen Rachmaninow-LP schrieb derselbe Kritiker: »RCA sollte sich ernsthaft überlegen, ob sie mit solchen Veröffentlichungen dem Künstler einen Dienst erweist. Jedenfalls wäre es eine Schande, wenn die späten Jahre von Horowitz' Karriere der Nachwelt ausschließlich mit diesen zwei dubiosen Platten dokumentiert würden.« Pfeiffers Job war in der Tat nicht beneidenswert: Er mußte Horowitz in den siebziger Jahren immer wieder zu neuen Schallplattenaufnahmen überreden, und da der Pianist keinen Schritt in ein Aufnahmestudio machen wollte, blieb dem Produzenten nichts anderes übrig, als diese Schallplatten aus den diversen Klavierabenden zusammenzuschnipseln. Klar, daß sie nicht so akribisch ausgearbeitet sein konnten wie die berühmten CBS-Schallplatten aus der Zeit vor 1965.

Nach Klavierabenden in San Francisco und Los Angeles im Februar 1978 reiste Horowitz wiederum in Richtung Osten – einem weiteren Höhepunkt seiner Jubliläums-Saison entgegen: seinem ersten Auftritt im Weißen Haus seit 1931, als er einmal für Präsident Hoover gespielt hatte. Schon zahlreiche Einladungen waren aus dem Weißen Haus gekommen: von den Präsidenten Eisenhower, Kennedy, Johnson, Nixon und Ford; aber Horowitz hatte stets abgelehnt. Dann kam eine Einladung von Präsident Carter, »und ich sagte Mr. Shaw, er solle ausrichten, daß ich annehme und sie ein gewöhnliches Konzert vorbereiten sollen – wie damals, als Casals kam und für die Kennedys spielte. Präsident Carter soll drei- bis vierhundert Bekannte einladen, die Musik lieben, aber keine Fachleute. Und ich wollte keine Politiker – keine Leute, die stets auf die Uhr schauen, sich zu Tode langweilen und immer nur das eine überlegen: Wann macht der wohl endlich Schluß?«

Präsident Carter liebte klassische Musik und hörte sich in seinem *Oval Office* oft Horowitz-Schallplatten an. Er hatte dem Pianisten versichert, daß es sich um einen ganz gewöhnlichen Klavierabend handeln werde, der weder mit dem Staatsbesuch einer politischen Größe verbunden noch in ein üppiges *after-dinner entertainment* münden werde. So gab Horowitz dann seine Zustimmung. Am 25. Februar nahm er im Weißen Haus einen Augenschein vor, zusammen mit Wanda, Pfeiffer, Mohr und Scimonelli. Zuerst wurden sie in den *Winston Churchill Room* geführt, wo sie auf den Präsidenten warten mußten. Dieser kam bald – und zwar in einer wollenen Strickjacke und in Wildlederschuhen. Scimonelli fand das sehr amüsant, Wanda hingegen ganz und gar nicht, zumal sie zu Hause Herren ohne Schlips oder Krawatte absolut nicht duldete. Der Präsident fragte Horowitz, ob er gern die privaten Wohnräume sehen möchte. »Nein, lieber den Flügel«, antwortete der Pianist. Es stellte sich dann heraus, daß der *East Room*, wo Horowitz spielen sollte, zuviel Hall hatte, und der Pianist wies folglich den Präsidenten an, Teppiche auf dem Boden auszulegen, damit diese den Hall schlucken würden. Mrs. Carter erinnerte sich, daß in irgendwelchen oberen Räumen kleine Orientteppiche gelagert seien, und so stieg die Belegschaft des Weißen Hauses mit dem Präsidenten und seiner Gattin treppaufwärts, um diese Teppiche zu suchen. Eine Viertelstunde später kamen sie wiederum zurück; Horowitz zeigte, wo die Teppiche hinkommen sollten, und der Präsident und seine Angestellten schoben und zogen sie dann herum. »Mr. Carter hätte nicht liebenswürdiger und menschlicher sein können«, erzählte Scimonelli später. »Er blieb während der ersten Hälfte der Probe anwesend und entschuldigte sich dann: Er müsse nun wieder zur Arbeit zurück.« Auch Wanda war nach dem Konzert des Lobes voll: »Nachdem mein Gatte die Chopin-Sonate beendet hatte, stand Präsident Carter von seinem Stuhl auf, kam zur mir und küßte mich. Wenn ich mich richtig erinnere, hat er mich an diesem Abend viermal geküßt!«

Der Klavierabend im Weißen Haus fand am 26. Februar 1978, einem Sonntagnachmittag, statt und wurde für Horowitz ein großer Erfolg. Im Publikum saßen vereinzelte Politiker, hauptsächlich aber waren Musiker und Berühmtheiten aus der Kulturszene geladen – unter ihnen Eugene Ormandy, Isaac Stern, Mstislaw Rostropowitsch, Samuel Barber, Byron Janis, Kitty Carlisle Hart, Avery Fisher und Alice Tully. Bevor Horowitz begann, begrüßte Präsident Carter das Auditorium; er sprach von seiner eigenen Zeit als Marineleutnant an der U.S. Naval Academy, wo er sich jeweils mühsam Geld zusammengespart habe, um klassische Schallplatten zu kaufen. So habe er dann Horowitz entdeckt. »Damals merkte ich, was ein brillantes Klavierspiel ist und was es heißt, seine Gefühle vollumfänglich mit ins Spiel zu bringen.« Carter beendete seinen kleinen Speech, indem er Horowitz als »Vermächtnis der Nation« bezeichnete. Horowitz war etwas verwirrt, setzte ein verlegenes Lächeln auf und schritt dann aufs Podium.

Auf dem Programm standen Werke von Chopin (b-moll-Sonate, zwei Walzer sowie die As-dur-Polonaise), Schumann *(Träumerei)*, Rachmaninow *(Polka de W.R.)* sowie seine neu revidierte *Carmen*-Fantasie. Seit 1968 hatte er sie nicht mehr öffentlich gespielt; während der Jubiläums-Saison setzte er das Werk nun bei jedem Klavierabend aufs Programm. »Das war meine eigene Idee«, sagte er in einem Interview. »Ich hör' mir meine eigenen Schallplatten ja nie an, deshalb weiß ich gar nicht, wie ich das Stück vor fünfzig Jahren gespielt habe. Aber ich weiß, daß ich *Carmen* immer wieder anders spiele. Keine Interpretation ist wie die andere.«

Daß er im Weißen Haus vor dem amerikanischen Präsidenten auftreten sollte, machte Horowitz nicht speziell nervös. Wesentlich mehr beschäftigte ihn die Tatsache, daß dieser Klavierabend vom Fernsehen aufgenommen und schon zwei Stunden später in ganz Amerika und rund um die Welt ausgestrahlt werden sollte. Kirk Browning, der Aufnahmeleiter, hatte die Anweisung erhalten, die TV-Kameras in respektvoller Distanz zu positionieren. »Horowitz wollte nicht, daß sein Gesicht zu oft im Bild erschien«, erinnerte sich Browning. »Zudem fand er, wenn man sein Gesicht von gewissen Punkten aus filme, drücke es gar nicht das aus, was er im Moment fühle. Dabei war es ein faszinierendes Gesicht, obwohl es während des Klavierspielens nicht soviel ausdrückte, wie das bei anderen Künstlern der Fall ist.«[19] Sofort nach Beendigung des Konzerts eilten Horowitz, Pfeiffer, der RCA-Tontechniker Begley, Scimonelli, Browning und einige Freunde ins Watergate Hotel, um sich die TV-Übertragung anzusehen. »Der Klang war sehr schlecht«, erinnerte sich Begley. »Die Fernsehtechniker hatten den RCA-Sound übernommen und ihn mit einem Kompressor oder so was ähnlichem behandelt. Horowitz ärgerte sich wahnsinnig; doch später, als das Programm in Europa ausgestrahlt wurde, war auch der Klang besser.« Erstmals seit Jahrzehnten konnten die europäischen Musikfreunde Horowitz sehen, wenn auch nur am TV-Bildschirm; dennoch wirkte sich das auf die Verkaufszahlen seiner Schallplatten in Europa erheblich aus.

Für die ausländischen Senderechte kassierte Horowitz stolze 193964 Dollar. Was die Leute im Weißen Haus, aber auch die Sponsoren bei WETA sowie die Verantwortlichen beim PBS-Fernsehen überraschte und verärgerte. Denn offiziell hieß es, daß Horowitz für diesen Klavierabend auf ein Honorar verzichten werde; zudem gab es ein ungeschriebenes Gesetz, wonach Konzerte im Weißen Haus nicht für kommerzielle Zwecke – sei es für Schallplattenaufnahmen oder Fernsehsendungen – benutzt werden sollten. Wie sich später dann herausstellte, hatte Horowitz sogar damit gerechnet, daß RCA eine Schallplattenaufnahme von diesem Konzert veröffentlichen werde. Doch das Weiße Haus verweigerte die Einwilligung. Als es sich im Weißen Haus dann herumzusprechen begann, daß Horowitz mit seinem Konzertauftritt eine Menge Geld verdient hatte – nicht eigentlich auf illegale, aber immerhin auf eine ethisch anfechtbare Weise –, ließ man den nächsten vier Künstlern, die im Weißen Haus konzertieren sollten, klar mitteilen, daß sie keine ausländischen Senderechte vergeben dürften. Die Administration des Weißen Hauses wollte nicht, daß jemand aus seiner Funktion im Weißen Haus Profit schlage und solches dann an die Öffentlichkeit komme.

Horowitz fühlte sich in keiner Weise zu einer Entschuldigung verpflichtet. Und wenn in dieser Jubiläums-Saison die künstlerische Bilanz seiner Klavierabende auch nicht durchweg positiv zu Buche schlug – die finanzielle überstieg zweifellos alles je Dagewesene. Nach dem immensen Publicity-Rummel, der durch die *60-Minutes*-Sendung und den *Newsweek*-Artikel entstanden war, fand Wanda, daß man ab sofort die Eintrittspreise für Horowitz-Konzerte erhöhen müsse. Und dies selbst für Konzerte, die schon ausverkauft waren. James Robb, der die Horowitz-Konzerte in Philadelphia arrangierte, weigerte sich, auf solche Geschäftspraktiken einzugehen. Umgehend erhielt er einen Telefonanruf von Wanda. »Sie war wahnsinnig erbost, doch schließlich ließ sie sich auf einen Kompromiß ein«, erzählte er. »Die vorderen Parkettreihen und die Logen waren schon ausverkauft; so hoben wir die Preise nur bei den anderen Plätzen an, die noch nicht verkauft waren. Und zwar wollte Wanda happige Preiserhöhungen: beispielsweise statt sieben nun fünfzehn Dollar.«[20] Pro Klavierabend konnte

Horowitz in dieser Saison 40000 Dollar einstreichen (was ein Jahrestotal von 440000 Dollar ausmacht); hinzu kamen 350000 Dollar für die TV-Übertragung vom Konzert, das Horowitz mit den New Yorker Philharmonikern unter Zubin Mehta gegeben hatte, so daß die Jahresbilanz ungefähr die Ein-Millionen-Dollar-Grenze erreichte. Wobei die 200000 Dollar, die Horowitz mit seinem Auftritt im Weißen Haus verdiente, nicht miteinbezogen sind. Daß er derart hoch im Kurs stand, schien in ihm manchmal zwiespältige Gefühle auszulösen. »Die können zahlen«, hieß einerseits seine Devise. Doch dann machte er auch Einschränkungen, beispielsweise in seinem *60-Minutes*-Interview mit Mike Wallace: »Ich bin gar nicht sonderlich stolz darauf, aber es ist nun einmal so. Und man darf nicht vergessen, daß es nicht mein ganzes Leben lang so war. Ich habe diesen finanziellen Standard erst nach fünfzig Jahren erreicht.«

Karten für ein Horowitz-Konzert zu kriegen war stets eine fast aussichtslose Sache gewesen. Diesmal sollte es gar zu einem Skandal kommen, so daß sich Horowitz schließlich schwor, nie mehr in der Carnegie Hall aufzutreten. Dabei hatte alles ganz harmlos angefangen: Im Rahmen seiner *Golden-Jubilee*-Saison sollte Horowitz am 12. und 19. März 1978 je einen Klavierabend in der Carnegie Hall bestreiten. Wie üblich kampierten zahlreiche Fans wiederum eine ganze Nacht vor der Kartenkasse. Am 17. Januar wurde sie am Morgen geöffnet, und in kürzester Zeit wurden 3444 Karten verkauft – und zwar von insgesamt 861 Personen, die je vier Karten (mehr wurden pro Person nicht abgegeben) erstanden. Weitere Karten standen nicht zur Verfügung – was nichts anderes heißt, als daß 1000 Karten irgendwie verschwunden sein mußten. Natürlich folgten bitterböse Briefe und Telefonanrufe von enttäuschten Fans: Was mit diesen Karten los sei? Schließlich mußten behördlicherseits, nämlich vom New York Deputy Attorney General, Schritte zur Aufklärung der Angelegenheit unternommen werden. Man überprüfte, wieviele Karten Horowitz selber beansprucht hatte; doch als man die dann in Abzug brachte, fehlten immer noch 300 Karten. Schließlich kam man der Sache auf die Spur: Diese Karten waren einem Schwarzmarkthändler in New Jersey zugeschoben worden, der sie anschließend zu immens hohen Preisen verkaufte! Aber noch nicht genug damit: Auch Isaac Sterns Gattin Vera hatte sich unerlaubterweise ein Kartenkontingent gesichert – und zwar für betuchte Geldgeber der Carnegie Hall, die selber nicht für Karten anstehen wollten. Daraufhin trat der Chefbeamte des Kartenvorverkaufs zurück, und Isaac Stern, damals Präsident der Carnegie Hall Corporation, war mehr als verlegen wegen dieser peinlichen Angelegenheit. Ein Beamter der Carnegie Hall erzählte: »Als Wanda hörte, daß selbst Vera Stern Karten beiseite geschafft und an ihre Freunde weitergegeben hatte, wurde sie rasend vor Wut. Klar, daß sie Mrs. Stern nun über alles haßte, so wie Horowitz mit Isaac Stern ja auch nicht auf bestem Fuße stand. Und Horowitz schwor, daß er in der Carnegie Hall nicht mehr auftreten werde, solange Stern ihr Präsident sei. Natürlich bat man Horowitz, er solle sich die Sache überdenken. Doch er blieb hart.«

Der letzte Auftritt von Horowitz in der Carnegie Hall sollte am 7. Mai 1978 stattfinden – zu einer Zeit, wo der Billettskandal noch nicht vollständig aufgedeckt und geklärt war. Seit längerer Zeit schon wurde Horowitz mit Einladungen aus Europa und Asien überhäuft. Aber er wollte keine davon annehmen, weil er sich vor dem langen Flug und der Zeitverschiebung fürchtete. So kam man auf die Idee eines »internationalen Konzerts« – übrigens eine alte Idee von Shaw, die ihm beim Anblick von hundert japanischen Zuhörern bei einem Horowitz-Klavierabend in Seattle plötzlich aufgetaucht war. Warum nicht einen Spezial-Klavierabend in der Carnegie Hall veranstalten, exklusiv für Ausländer aus Übersee, die zusammen mit der Konzertkarte ein ganzes Package buchten: mit Hotel, Stadtrundfahrten, Ausflügen und einem vollgespickten Kulturprogramm. Horowitz stellte einen Chopin-Abend zusammen: »Ich dachte mir, die Beschränkung auf einen einzigen Komponisten sei am attraktivsten, und Chopin lieben die Leute doch in der ganzen Welt. Generell würde ich das sonst nicht machen. Aber in diesem speziellen Fall muß man Rücksicht nehmen auf Leute, die Tausende von Kilometern zurücklegen, nur um mich hören zu können. Ich kann denen kein gemischtes Programm vorsetzen. So was wäre kaum zu verkaufen.«[21] Es trafen in der Folge Reservationen von insgesamt 1200 Leuten aus vierzehn verschiedenen Ländern ein – darunter waren auch 140 Japaner, die pro Person immerhin 1740 Dollar bezahlen mußten.

Der letzte wichtige Auftritt innerhalb dieser Jubiläums-Saison fand im Rahmen eines Fernsehkonzerts statt, wo Horowitz mit den New Yorker Philharmonikern unter Zubin Mehta noch einmal Rachmaninows drittes Klavierkonzert spielte. Das Konzert wurde vom NBC-Sender, einer Tochterfirma der RCA, am 24. September, einem Sonntagnachmittag, direkt übertragen. Als Sponsor konnte man die American Telephone und Telegraph Corporation gewinnen. Ein halbes Jahr später, am 11. März 1979, wurde das Konzert ein zweites Mal ausgestrahlt. Horowitz trat bei dieser Gelegenheit übrigens zum ersten Mal in der New Yorker Avery Fisher Hall auf, wo er nun – anstelle der Carnegie Hall – künftig auch seine Klavierabende zu geben plante. Während des Konzerts schien er sichtlich nervös, und seine Hände zitterten, doch entstand insgesamt eine wesentlich entspanntere Aufführung als vordem unter Eugene Ormandy. Die *New York Times* schrieb am 26. September 1979, daß Mehta seinen Solisten »mit jenem feinen Instinkt, über den ein guter Begleiter verfügen sollte, zu Höchstleistungen animiert« habe. »Es war ein gewisses konkurrenzierendes Element zu spüren, vergleichbar mit jener Spannung, wie sie in den alten Horowitz-Aufnahmen unter Toscanini zu fühlen ist ... In früheren Jahrzehnten ging Horowitz dieses Konzert viel direkter an, mit außergewöhnlichem Drive und entsprechender Kraft. Nun aber spielt er wesentlich manierierter, manchmal fast etwas bequem und zügellos. Jedenfalls erlaubt er sich alle nur erdenklichen rhythmischen Freizügigkeiten, setzt viel mehr Akzente und unterbricht auch melodische Linien, wenn das die Expressivität erhöht. Das kann manchmal fast vulgär tönen

– aber es ist immer noch Vladimir Horowitz, der am Flügel sitzt: Horowitz mit dem gewaltigen, unverwechselbaren Sound, mit der nach wie vor beeindruckenden (wenn auch nicht mehr restlos verläßlichen) Technik, die für musikalische Hochspannung sorgt.«

Wer Bilanz zieht von diesem Jubiläumsjahr, wird auf Präsident Carters Formulierung zurückgreifen: daß Horowitz ein »Vermächtnis der Nation« sei. Tatsächlich war er das. Dennoch: ein halbes Jahrhundert ist eine große Zeitspanne, und obwohl Horowitz wiederholt versicherte, daß er immer noch wie ein junger Mann spiele, verriet seine Technik mehr und mehr, daß das Alter nun seinen Tribut forderte. Zweifellos spielte Horowitz nicht mehr mit der legendären Akkuratesse und unverwüstlichen Ausdauer; dafür konnte er die Musik wie kein anderer inszenieren und zu größtmöglicher Wirkung bringen. Nach wie vor war er mit seinem Klavierspiel mehr als nur zufrieden und reagierte entsprechend verächtlich, wenn ihn jemand auf die altersbedingten Unzulänglichkeiten hinwies. »Sicher habe ich nicht die beste Technik auf dieser Welt«, sagte er zu Phillip Ramey. »Aber ich habe sie auch früher nie gehabt. Es gibt Pianisten, die sind technisch besser als ich. Aber sie beeindrucken trotzdem nicht, weil ihrem Spiel die Klangfarben fehlen. Darin bin ich einzig. Im *Klang* meines Klaviers – *staccato, legato, portamento, pianissimo, piano, mezzo-forte, fortissimo* – fünfundzwanzig oder gar dreißig Klangfarben nebeneinander zur Verfügung zu haben. Darin bin ich einzig; das ist Technik!«

Das Jubiläumsjahr mit seinen Feiern und Triumphen hatte ihm neuen Auftrieb gegeben. Horowitz gab nicht nach: Er wollte weitermachen. Einmal sagte er mit einer sonst ungewohnten Aufrichtigkeit: »Ja, ich bin zu jung« und versank dann in grüblerisches Nachdenken. »Aber ich tue mir selber leid. Leid, weil ich merke, daß ich unausweichlich älter werde. Ich weiß auch, daß ich eines Tages aufhören muß. Das sagen mir die Leute ziemlich direkt. Aber ich will davon nichts hören, weil ich mich stets noch sehr jung fühle ... Wenn ich merke, daß ich niemandem mehr Vergnügen bereite, ich meine ein ästhetisches Vergnügen, ja, dann werde ich aufhören. Das kann morgen sein, das kann in einem Jahr sein, wer weiß. Sicher werde ich das merken. Und dann höre ich auf.«

Daß Horowitz so zäh an seiner Karriere festhielt, mochte nicht zuletzt mit seinem rundweg enttäuschenden Privatleben zusammenhängen. Nie bemühte er sich um Freunde, nie pflegte er seinen Bekanntenkreis; er hatte kaum Energien für sein Privatleben übrig, sondern steckte sie alle in seine Karriere, sorgte für seinen Ruhm und pflegte mit großem Aufwand seinen Ruf als der große Exzentriker am Klavier. Horowitz war in der Tat soweit, daß er selber an seine Legende glaubte. Und in gewisser Weise war er gar ihr Opfer geworden. Viele Zeitgenossen hatte er brüsk von sich weggestoßen; von andern hatte er sich bedenkenlos getrennt. Nun lebte er ein ödes Leben. Mehr und mehr sah man ihn in Schwulenbars, oft zusammen mit Shaw oder Paul Gregory – er sah sich die jungen Leute an, tanzte oder scherzte mit seinen verdutzten Bewunderern (für die er manchmal eine Autobiographie zu schreiben erwog) und ließ sich zuweilen gar auf einen Ringkampf ein. »Ich bin auch jung!« – jeder sollte das wissen: vom Barman bis zum Journalisten. In der Folge lebte Wanda mehr und mehr ihr eigenes Leben und ließ Horowitz auch genügend Freiraum für seine Männerbekanntschaften. Über das Wochenende fuhr sie oft in ihr Haus in Connecticut, während Horowitz in der Alltagsroutine der Ninety-fourth Street verharrte, umsorgt und behütet von einem Dienstmädchen, einem Koch und irgendeinem Kollegen – meistens Paul Gregory.

Mochte sich Horowitz mit all seinen Kapriolen auch noch jung fühlen – er war dennoch ein einsamer Mann. Ein Bekannter erzählte, daß Horowitz praktisch keine Freunde gehabt habe – außer Pfeiffer, Gitta Gradova, Sally Horwich und der Sekretärin Beatrice Stein. »Es war traurig, mitansehen zu müssen, wie die Leute ebensoschnell in Horowitz' Leben eintraten, wie sie dann wieder daraus verschwanden. Keiner hielt es dort für längere Zeit aus.«[22]

Jahrelang hatte er Konzerte abgesagt, hatte einen Manager gegen den anderen ausgespielt, hatte die Schallplatten-Firmen zur Raserei gebracht und Freunde und Bekannte mit anmaßender Rücksichtslosigkeit behandelt. Nun schien alles auf ihn zurückzufallen. Kaum ein Mensch in der ganzen Musikwelt, der noch ein gutes Wort für ihn einlegen wollte. Viele, die mit ihm zusammengearbeitet hatten, wollten seine unberechenbaren Temperamentsausbrüche, seine Selbstsucht und schrankenlose Egozentrik nicht länger mehr ertragen.

Selbst Jack Pfeiffer, der für RCA nach wie vor aus Konzertmitschnitten unspektakuläre, ja glanzlose Schallplatten zusammenschnipselte, begann sich nun zunehmend von Horowitz zu distanzieren. Er könne den Pianisten kaum mehr zu etwas Neuem bewegen; zudem behindere ihn Wanda wie stets. Natürlich war sie Horowitz' wichtigste Stütze – eine Frau, die er zweifellos oft zurückgestoßen hatte, von der er aber auch zutiefst abhängig war. »Wanda hielt wie ein wunderbarer Freund zu ihm«, erzählte ein Bekannter. »Ihr gemeinsames Leben verlief sehr unstet, und sie mußte mit ihm in der Tat durch tiefste Tiefen gehen. Dennoch: Ihre Treue war bewundernswert. Um 1978 zeigte er ihr gegenüber viel Dankbarkeit, ja sogar charmante Ritterlichkeit. Er war dankbar, daß sie an seiner Seite geblieben war und ihn stets geschützt hatte.«[23]

Da Horowitz darauf beharrte, daß er noch lange weiterspielen und auftreten könne, kam es zwischen ihm und Wanda in diesen späten Jahren oft zu Zwistigkeiten. Wanda spottete jeweils und versuchte, ihn auf das Unvermeidliche vorzubereiten. Machte Pläne und witzelte über ihre gemeinsame Zukunft: »In fünf oder in zehn Jahren werde ich ein kleines Restaurant aufmachen«, sagte sie beispielsweise zu Mike Wallace, »wo ich Kuchen und Kaffee serviere, während er Klavier spielt. Wir werden auch einen Super-Hamburger im Angebot haben, für fünfundzwanzig Dollar das Stück, eine Tasse Kaffee inbegriffen. Und dazu dezente Klaviermusik.«

Doch neben solchen Humorigkeiten bekam Horowitz von Wanda auch harschere Töne zu hören: daß er erstens nicht mehr jung aussehe und zweitens nicht mehr so gut spiele wie früher. »Ich bin ein alter Schausteller«, entgegnete er dann stolz. Das Gefühl, immer noch jung zu sein, wuchs sich zu einer eigentlichen Obsession aus. Zudem faszinierte es ihn, daß er für seine Auftritte nach wie vor Unsummen verlangen konnte. Und so kam er auf die verrücktesten Einfälle – wenn sie nur ein neues Publikum anzogen. Beispielsweise ließ er ohne irgendwelche Hemmungen verlauten, daß es hauptsächlich vom Scheck abhänge, ob er auftrete oder nicht. Während Wanda sorgfältig die Eingänge aus den immer spärlicher ausfallenden Konzertsaisons zusammenstellte.

Selbst in diese glorreiche Karriere, die zu allen nur erdenklichen Erfolgen und Auszeichnungen geführt hatte, konnte man nochmals neues Leben bringen: indem man den *modus operandi* änderte. Genau das tat Horowitz 1981, als er sich von Shaws Konzertagentur trennte. Seit 1974 hatte es zwischen ihm und seinem Manager Spannungen gegeben – vielleicht, weil sich Shaw ausgenützt vorkam und verhältnismäßig ein lächerlich kleines Gehalt erhielt für den riesigen Arbeitsaufwand, den er leistete. In der Saison 1980/81 (der letzten unter Shaw) sagte der Pianist einen Großteil seiner Konzertverpflichtungen ab. Laut Jack Pfeiffer war er »in einer Baisse«. Zudem lief der Vertrag mit RCA aus und sollte erneuert werden. Horowitz war auch deprimiert über die schlechten Kritiken, die er in der vorangegangenen Saison erhalten hatte. Und wieder einmal litt er an einer Bronchialinfektion. So erstaunt es kaum, wenn Pfeiffer Freunden gegenüber sagte, daß es sehr unsicher sei, ob Horowitz je noch einmal auftreten oder eine Schallplatte machen werde.

Doch die Situation änderte sich schlagartig, als Horowitz sich im Herbst 1981 von Shaw trennte. Ein neuer Manager, so überlegte er, sei genau das, was ihm wieder auf die Beine helfen könnte. Seine Wahl fiel auf Peter Gelb, der 1974 die ganze Publicity für sein Comeback inszeniert hatte. Nachdem Gelb sich damals von Gurtman und Murtha getrennt hatte, arbeitete er für das Boston Symphony Orchestra und wurde nun von Columbia Artists als Vizepräsident engagiert mit der Aufgabe, ausschließlich Horowitz zu betreuen. So kehrte Horowitz nach achtunddreißig Jahren wiederum zu Columbia Artists zurück, was Shaw mit einem knappen Pressekommentar quittierte: »Wie man weiß, stellt Horowitz Anforderungen, die weit über das hinausgehen, was andere Künstler für gewöhnlich fordern. Ich denke, daß ich nach zehn Jahren meine Pflicht dem Publikum gegenüber nun erfüllt habe. Und ich finde es absolut fair, daß nun eine andere Konzertagentur diese Verantwortung übernimmt.« Horowitz meinte dazu: »Wir hatten keinen Streit, hegten auch keinen Groll. Er hat für mich stets sehr hart gearbeitet. Ich bin auch zufrieden gewesen ... Aber irgendwie hatte ich doch das Gefühl, daß eine Änderung gut täte. Das ist alles. Manchmal tut eine Änderung gut.«[24]

Am 1. November 1981 gab Horowitz wiederum einen Klavierabend in der Met. Anschließend lud er zu einer Pressekonferenz, wo er bekanntgab, daß er im kommenden Frühjahr eine Europa-Tournee plane. Seine erste Überseereise seit einunddreißig Jahren: 1951 hatte er zum letztenmal in England und Frankreich gespielt. »Wer weiß, am Ende werde ich alles tun«, verkündete er.

Ursprünglich plante Horowitz Konzerte in London, Paris, Amsterdam und Mailand. Doch er beschränkte sich schließlich auf London, wo er am 22. und 29. Mai je einen Klavierabend in der Royal Festival Hall gab – einen davon als Wohltätigkeitskonzert für die Royal Opera, Covent Garden, und zwar »auf persönliche Einladung von Prinz Charles«, wie er stolz bemerkte. Das erste Konzert wurde weltweit im Fernsehen übertragen; wiederum hatte sich Horowitz einen lukrativen Vertrag aushandeln können, hatte sich damit nicht zuletzt einer neuen Anforderung gestellt und der Welt zudem ein weiteres Beweisstück seines unermüdlich-quirligen Genius geliefert.

Es schien nun, als könnte ihn nichts mehr zurückhalten. »Er kann alles Unglück und alle Konflikte aus seinem Leben entfernen«, meinte Gitta Gradova, »und er kann immer noch Klavier spielen. Das ist bemerkenswert, ist ein Zeichen seines unerschütterlichen Willens und seiner Konzentrationsfähigkeit.« In Pressekonferenzen betonte der nunmehr neunundsiebzigjährige Horowitz immer und immer wieder: »Ich habe einen irrsinnig starken Willen!« Und mit dem Blick in die Zukunft gerichtet verkündete er, daß er sich noch jahrelang nicht zurückziehen werde. Er wolle weitermachen, erklärte er. Weiterspielen, solange er »den Teufel und den Engel« in seinem Innern fühle.

Nachwort des Autors

Wenn Horowitz auf dem Konzertpodium erscheint, trägt er stets einen Frack samt schwarzer Hose mit hellen Nadelstreifen, dazu ein Gilet und eine seidene Fliege – »eine Uniform«, wie er selber lächelnd meint, die an die kunstvoll elaborierte Gehrock-Mode aus dem neunzehnten Jahrhundert erinnert. Das ist kein Zufall: Horowitz fühlt sich dem vergangenen Jahrhundert näher verbunden als der heutigen Zeit. Er hat nichts übrig für die heutzutage auch im Musikleben verbindliche computermäßige Perfektion oder für pedantische Partiturtreue. So bezeichnet er sich selbst als den letzten Pianisten »der großen alten Schule«, der stets auch nach dem »geistigen Horizont« hinter den Noten sucht und seine eigene Persönlichkeit mit ins Spiel bringt. Er will sein Publikum verführen und packen – und zwar mit jener beinahe infernalischen Energie, wie man sie einst Niccolò Paganini und Franz Liszt attestiert hat.

Bevor Horowitz in die Tasten greift, spürt er schon eine immense Spannung, die sich dann am Flügel als »Dämon« äußert: in wild-ekstatischen Klangkaskaden und einer wohl unerreichten Fülle von Klangfarben- und Dynamikkontrasten. Horowitz kann seine Zuhörer in Bann schlagen, kann Begeisterung entfachen, die zu lärmenden und manchmal fast an Hysterie grenzenden Ovationen führt. Horowitz hat sich mit seiner klavieristischen Virtuosität und seiner Gefühlsintensität in der Tat als ein moderner Liszt erwiesen, dessen Klavierspiel zudem eine mystische Aura hat, wie man sie heutzutage sonst nicht mehr erlebt.

Obwohl Horowitz unter den Pianisten des zwanzigsten Jahrhunderts eine Vorrangstellung einnimmt, existiert bis heute keine umfassende Biographie. Einzelne Autoren haben sich zwar mit seinen Interpretationen auseinandergesetzt (darunter Harold C. Schonberg, *The Great Pianists*, 1963, und Joachim Kaiser, *Große Pianisten in unserer Zeit*, 1972), zudem haben ihn einige seiner Musikerkollegen, unter ihnen Arthur Rubinstein und Gregor Piatigorsky, in ihren Memoiren erwähnt. Trotzdem überrascht es mich, wie viele wichtige Fakten in Horowitz' Leben bis heute unbeachtet geblieben sind. Weder existiert eine detaillierte Auflistung all seiner zahlreichen Aktivitäten, noch gibt es eine umfassende Darstellung seiner Persönlichkeit und seiner Beziehungen zur Familie und zum Freundeskreis. Auch fehlt eine systematische Analyse seines Repertoires, seiner Technik, seines musikalischen Stils und seines Einflußes, den er auf die junge Pianistengeneration ausgeübt hat. Daß man sich nie detailliert um die Lebensumstände von Horowitz gekümmert hat, überrascht um so mehr, als der Pianist sich ja dreimal vom Konzertleben zurückgezogen hat und insgesamt zweiundzwanzig Jahre dem Konzertpodium ferngeblieben ist. Aus den Zeitungen hat man nie Details darüber erfahren können – nicht zuletzt deshalb, weil Horowitz seinen »Einsiedler-Status« selber kultivierte und einmal stolz darauf hinwies, daß ihn ein Kritiker als Greta Garbo des Klaviers bezeichnet habe. Doch wer sich für den Künstler Horowitz interessiert und den ganzen Menschen mitsamt seiner ganzen Kunst kennenlernen will, dem genügen die paar guteinstudierten Anekdoten und seine sorgfältig zusammengestellten Lebensabrisse nicht – so kommt man Horowitz' »Dämon« nicht auf die Spur. Spätestens im Jahre 1978, anläßlich seines *Golden Jubilee*, war eine detaillierte Horowitz-Biographie überfällig.

Für mein Buch wollte ich möglichst all die eigenen persönlichen Erinnerungen von Horowitz verwenden und suchte zu diesem Zweck insgesamt fünfunddreißig bis anhin nicht veröffentlichte Interviews zusammen, die der Pianist einigen Freunden und Journalisten gewährt hat. Viele dieser Interviews stammen aus wichtigen Etappen im Leben von Horowitz: Das ausführliche Gespräch mit seinem Freund Abram Chasins fand anläßlich seines Comebacks im Jahr 1965 statt; das Interview mit der Canadian Broadcasting Corporation wurde 1976 aufgezeichnet, als erneut ein Comeback bevorstand, und mit dem Programmheft-Verantwortlichen des New York Philharmonic Orchestra, Phillip Ramey, sprach Horowitz anläßlich seiner *Golden-Jubilee*-Konzerte.

Diese Gespräche fanden jeweils in Horowitz' Wohnzimmer statt, wo er sich entspannt und ebenso spontan auf ausführliche Diskussionen einließ. Er bot seine Lieblingsanekdoten zum Besten, sprach über seine tägliche Routine und äußerte sich auch über seine Freundschaft zu Berühmtheiten wie Rachmaninow und Toscanini. Zwischenhinein ging er zum Flügel, um aus seinen liebsten Scarlatti- und Clementi-Sonaten vorzuspielen oder schwärmerisch neue Repertoire-Stücke zu demonstrieren. Alle diese Interviews – samt weiteren unveröffentlichten Tonbandaufnahmen von Pressekonferenzen und Radiogesprächen – waren für mich von unschätzbarem Wert; nicht nur wegen ihres Inhalts, sondern weil sie den unverwechselbaren Horowitz-Humor und die spezifische Ironie des Pianisten getreu wiedergaben.

Trotz aller Gesprächsbereitschaft und Spontaneität vergaß Horowitz jedoch nie, daß er vor Mikrophonen sprach – ein Grund, weshalb sich diese Interviews mit ihren unbarmherzig wiederholten, immergleichen Statements, Erinnerungen und Kommentaren alle ähneln. Zwar erzählte er andeutungsweise von seiner Kindheit und seinem Klavierunterricht in Rußland, sprach über die Russische

Revolution und ihre verheerenden Auswirkungen auf die Familie und hielt zeitweise auch nicht mit seinen Ansichten über die Musik und über Musiker zurück. Andere kritischere Themen brachte er jedoch kaum zur Sprache. Kaum je hat er beispielsweise über seine längerwährende Krankheit in den dreißiger Jahren gesprochen, die ihn letztlich zu einem ersten Abschied vom Konzertpodium gezwungen hat. Ebensowenig wollte er sich über seine Rolle als Vater und Gatte auslassen oder über seine körperlichen Schwierigkeiten, die ihm das Konzertieren mehr und mehr zur Qual machten. Umgekehrt ist alles, was Horowitz der Öffentlichkeit über sich und sein Leben mitteilen wollte, in diesen Interviews enthalten. Wenn ich den Zugang zu diesen Interviews habe, so dachte ich, dann wird es mir möglich sein, in diesem Buch etwas von Horowitz' Persönlichkeit aufleben zu lassen.

In der Tat dienten mir diese Interviews zur Rekonstruktion von einigen bedeutsamen Ereignissen im Leben von Horowitz. Dennoch handelt es sich hierbei keineswegs um die primären, will sagen: um die verläßlichsten und vertrauenswürdigsten Informationsquellen. Mit der Mitarbeit meines Assistenten, Paul Genega, konnte ich zusätzlich Tausende von Zeitungsinterviews, Konzert- und Schallplattenkritiken zusammentragen, die zwischen 1921 und 1982 in Rußland, in Amerika und in Europa veröffentlicht wurden. Hinzu kamen Konzertprogramme, Photographien, Vertragsabschlüsse mit Schallplattenfirmen und Managern sowie eine weitläufige Korrespondenz, die wir aus Bibliotheken, aus privaten Sammlungen sowie aus den Archiven von Steinway & Sons, RCA Victor, Columbia Masterworks und den New Yorker Philharmonikern zusammentrugen. Selbstverständlich widmete ich mich auch sämtlichen Schallplattenaufnahmen von Horowitz samt den Piratenaufnahmen, studierte seine Transkriptionen und sah mir Videotapes an (darunter ein bis anhin unbekannter Zeitlupenstreifen, der Horowitz beim Spielen von Chopin-Etüden in der Pariser Oper im Jahre 1928 zeigt).

Die weitaus informativsten Angaben erhielt ich schließlich anhand von Interviews mit annähernd 650 Personen, die sämtliche zum Freundes- oder Bekanntenkreis von Horowitz gehören. Darunter befanden sich Freunde aus Horowitz' Kinderjahren und seiner Konservatoriumszeit in Kiew sowie Kollegen, die Horowitz' erste Europa-Auftritte miterlebt hatten; dann sprach ich mit einigen besonders vertrauten Horowitz-Freunden, die ihm während seiner Nervenzusammenbrüche beigestanden hatten, führte natürlich auch mit Pianisten ausführliche Gespräche sowie mit jenen Leuten, die Horowitz während seiner Konzerttourneen täglich umsorgt hatten. Einige dieser Gespräche waren derart ergiebig, daß sie eine besondere Erwähnung verdienen: Ich meine die ausgedehnten Unterhaltungen, die ich mit Arthur Rubinstein und Alexander Steinert geführt habe, wobei mir Steinert etliches aus seinem Tagebuch vorlas, das er in den zwanziger und dreißiger Jahren in Paris geführt hatte. Nicht zu vergessen die Gespräche mit Rudolf Serkin und Nathan Milstein sowie eine ausgiebige Unterhaltung über

Horowitz' Kindheit und Familie, die ich mit seiner Cousine Natascha Saitzoff führte, der einzigen in den Staaten lebenden Verwandten des Pianisten. Hinzu kommen umfangreiche Interviews mit allen sechs ehemaligen Horowitz-Schülern: Gary Graffman, Byron Janis, Ivan Davis, Ronald Turini, Coleman Blumfield und Alexander Fiorillo. Unzählige Gespräche führte ich zudem mit Lowell Benedict, dem Reisebegleiter von Horowitz in den vierziger Jahren, der mir freundlicherweise seine Tagebuchaufzeichnungen und Korrespondenz aus jenen Jahren zur Verfügung stellte. Dann die zahlreichen Interviews, die ich mit Personen aus dem engsten Bekanntenkreis von Horowitz machte und die aus verständlichen Gründen um Anonymität gebeten hatten. Auch mit Musikkritikern habe ich gesprochen, mit Konzertmanagern, Schallplattenproduzenten und Tontechnikern, mit Vertretern von Steinway & Sons, von RCA Victor und Columbia Masterworks.

Alle diese Informationen sowie Hinweise, die mir gleichsam von dritter Hand zukamen, habe ich, soweit das irgendwie möglich war, überprüft; folglich ist alles, was in diesem Buch an eigenen Ansichten und Spekulationen vorkommt, auch als solches erkennbar. Wenn man die mündlich eingeholten Informationen mit den schriftlichen Dokumenten oder gar mit Horowitz' eigenen Statements vergleicht, so fällt auf, daß in diesen Interviews andere Aspekte im Zentrum stehen: beispielsweise Horowitz' schwierige, konfliktreiche Beziehungen zu RCA Victor und zu Columbia Masterworks, dann seine schwankende Einstellung dem Impresario Arthur Judson sowie auch anderen Managern gegenüber, dazu seine intensiven Rivalitätsgefühle, die er Arthur Rubinstein gegenüber hegte, sowie seine Freundschaft mit Sergej Rachmaninow. Zentral sind auch die verwandtschaftlichen Beziehungen in der Toscanini-Horowitz-Familie, Horowitz' schwierige Beziehung zu seiner Frau und seiner Tochter, sowie – und das ist möglicherweise das überraschendste – der große Unterschied, welcher zwischen dem vor Temperament beinahe überschäumenden »öffentlichen« Horowitz und dem »privaten«, zurückgezogen-ängstlichen und unsicheren Horowitz besteht. Ziel dieses Buches war es, das Leben des Pianisten in möglichst klaren Konturen nachzuzeichnen und die Entwicklung seiner Karriere schrittweise zu schildern. Ich hoffe, daß ich dieses Ziel einigermaßen erreicht habe.

Während ich dies schreibe, spielt Horowitz unermüdlich weiter – und dies mit dem Enthusiasmus eines jungen Mannes, der stets neues Repertoire und ein noch größeres Publikum erobern will. Auch über sein achtzigstes Lebensjahr hinaus ist er geistig beweglich geblieben und freut sich – wie er selber sagt – »auf neue Herausforderungen«.

Seine Lebensgeschichte ist so vielschichtig, reichhaltig und provokativ wie sein Klavierspiel. Einiges davon habe ich in dieser ersten Horowitz-Biographie darzustellen versucht – nicht zuletzt in der Absicht, ein möglichst breites und umfassendes Verständnis für diesen Künstler zu erwirken, der zu den größten Persönlichkeiten in unserem Musikleben zählt.

Anhang

Anmerkungen

EINFÜHRUNG: *Der letzte Romantiker kehrt zurück*

1 Horowitz im Interview mit Edward Greenfield, in: »Horowitz Plays Mozart«, Begleitheft zur DG-Schallplatte 423287.
2 FAZ, 13. Mai 1986.
3 *Hamburger Abendblatt*, 12. Mai 1986.
4 *Die Zeit*, 16. Mai 1986.
5 »Horowitz in Moscow«, Begleitheft zur DG-Schallplatte 419499.
6 *Morgenpost*, 25. Mai 1986.
7 *Bild* (Berlin), 17. Mai 1986.
8 *Morgenpost*, 25. Mai 1986.
9 »Horowitz Plays Mozart«, Begleitheft zur DG-Schallplatte 423287.

ERSTER TEIL: 1904–1925

ERSTES KAPITEL: *In der Musik-Gasse*

1 Horowitz im Interview mit Abram Chasins, National Public Radio, New York, 27. Februar 1976.
2 Die genaue Transkription von Horowitz' russischem Namen ins Deutsche ist Wladimir Samoilowitsch Gorowitz; anläßlich seines Berliner Debüts entschied er sich für den Namen Vladimir Horowitz.
Die Transkription der anderen russischen Namen wurde nach Duden vorgenommen (z.B. Prokofjew, Rimski-Korsakow). Bei russischen Personen, die den größten Teil ihres Lebens in den USA verbrachten, wurde die englische Schreibweise belassen, da sie als die offizielle angenommen werden kann (z.B. Saitzoff, Piatigorsky).
3 Harold C. Schonberg: *The Great Pianists*. New York 1963.
4 Vladimir Horowitz' Geburtsjahr sowie sein Geburtsort sind unklar. Nach seiner Ausreise aus der Sowjetunion im Jahre 1925 gaben Horowitz und alle seine Manager immer den gleichen Standardtext bekannt: »Vladimir Horowitz wurde am 1. Oktober 1904 in Kiew geboren« (Concert Management Arthur Judson, 1928).
Paul Kogan, Horowitz' erster Manager in der Sowjetunion, gibt in seinen Erinnerungen *Together with Musicians* die Stadt Berditschew als Geburtsort an. Trotz Horowitz' Behauptung, er sei in Kiew geboren, vermerken sowohl Nicolas Slonimsky *(Baker's Biographical Dictionary of Musicians)* als auch Izrail Yampolsky *(Great Soviet Encyclopedia of Music)* Berditschew als Horowitz' Geburtsort. In einem Brief an den Autor vom 16. August 1981 führte Nicolas Slonimsky aus: »(Horowitz') Geburtsort Berditschew findet sich auf einem von einem Rabbiner beglaubigten Dokument in hebräischer Sprache ... und diese Unterschrift läßt an seiner Echtheit nicht zweifeln. Das Dokument wurde von Michael Goldstein entdeckt, der jetzt in Hamburg lebt und es Yampolsky, dem Herausgeber der *Great Soviet Encyclopedia of Music*, weitergab.«
Weshalb beharrt Horowitz auf Kiew als seinem Geburtsort? Hier spielen vielleicht russische

Geschichte und Psychologie eine Rolle. Die Situation der Juden in Rußland war meist prekär – es kam immer wieder zu Vertreibungen von Juden aus den großen Städten wie Kiew und zu Zwangsumsiedlungen in kleinere, weniger attraktive Städte wie Berditschew. Wegen dieser starken antisemitischen Tendenzen vor der Revolution hütete sich Horowitz möglicherweise zu Beginn seiner Karriere im Westen, Berditschew als seinen Geburtsort anzugeben. Wie Slonimsky dem Autor in seinem Brief mitteilte: »Ein in Berditschew Geborener wäre möglicherweise als einer der untersten in der sozialen Skala eingestuft worden. Es war nicht ungewöhnlich für ukrainische Juden, ihren wirklichen Geburtsort zu verheimlichen und statt dessen das kulturelle und kommerzielle Zentrum Kiew anzugeben.«
Unklar bleibt Vladimir Horowitz' Geburtsjahr, das von den meisten Quellen mit 1904 angegeben wird. Der *Who's Who in Music* von 1937 führt das Jahr 1900 an. Natasha Saitzoff, Horowitz' Cousine, erklärte in einem Interview mit dem Autor, Horowitz' Vater habe das Geburtsjahr seines Sohnes auf 1904 geändert, damit ihn die bolschewistische Regierung nicht für den Militärdienst einziehen konnte. Nur eine Geburtsurkunde kann dieses Dilemma lösen, aber verschiedene Hinweise in Briefwechseln lassen 1903 als das wahrscheinlichere Geburtsjahr vermuten. In einem Radiointerview mit der Canadian Broadcasting Corporation ließ Horowitz selbst die Bemerkung fallen: »Ich hatte die Erlaubnis, in Europa zu studieren, und ich fälschte mein Alter ein bißchen ...«
5 Natasha Saitzoff in einem Interview mit Glenn Plaskin, Washington D.C., 8. Oktober 1979.

ZWEITES KAPITEL: *Lehrjahre*

1 Vladimir Horowitz in einem Interview mit Digby Peers und Don Newlands, Canadian Broadcasting Corporation, New York, 17. Februar 1976.
2 Natasha Saitzoff in einem Interview mit Glenn Plaskin, Washington D.C., 8. Oktober 1979.
3 »Ein Gespräch mit Vladimir Horowitz«, *Neue Freie Presse* (Wien), 21. Februar 1929.
4 Ariel Rubstein im Interview mit Glenn Plaskin, Portland, Oregon, 28. November 1979.
5 Pressemitteilung für Vladimir Horowitz, Concert Management Arthur Judson, Inc., 1940.
6 Vladimir Horowitz im Interview mit Evans Mirageas, Radio WUOM, Ann Arbor, Michigan, 19. April 1975, 8. Oktober 1977.
7 Sergei Tarnowski im Interview mit Caine Alder, Los Angeles, 1. November 1969.
8 Vladimir Horowitz im Interview mit Abram Chasins, National Public Radio, New York, 27. Februar 1976.
9 Anatole Kitain im Interview mit Glenn Plaskin, Orange, New Jersey, 27. Mai 1980.
10 Interview Rubstein-Plaskin.

DRITTES KAPITEL: *Die Revolution*

1 Vladimir Horowitz im Interview mit David Dubal, Radio WNCN, New York, Februar 1980.
2 Sergei Tarnowski im Interview mit Caine Alder, Los Angeles, 1. November 1969.
3 Ariel Rubstein im Interview mit Glenn Plaskin, Portland, Oregon, 28. November 1979.
4 Florence Leonard, »Technique – the Outgrowth of Musical Thought: An Education Conference with Vladimir Horowitz«, *The Etude*, März 1932.
5 Vladimir Horowitz im Interview mit Phillip Ramey, New Milford, Conn., 21. Juli 1971.
6 Heinrich Neuhaus: *The Art of Piano Playing*. New York 1973, S. 222.
7 Vladimir Horowitz im Interview mit Helen Epstein, *New York Times Sunday Magazine*, 8. Januar 1978.
8 Sergei Bertensson and Jay Leyda: *Sergei Rachmaninow: A Lifetime in Music*. New York 1956, S. 229 (Brief von Felix Blumenfeld an Sergej Rachmaninow, 1. Januar 1922).
9 Interview Horowitz-Epstein.
10 Interview Horowitz-Epstein.

VIERTES KAPITEL: *»Dieser Pianist schlägt wie ein Blitz ein«*

1 Vladimir Horowitz im Interview mit Helen Epstein, erschienen im *New York Sunday Times Magazine*, 8. Januar 1978.
2 Elyse Mach: *Great Pianists Speak for Themselves*. New York 1980.
3 Hubert Saal: »Lord of the Piano«, *Newsweek*, 23. Januar 1978.
4 Heinrich Neuhaus: *The Art of Piano Playing*. New York 1973, S. 91.
5 Raya Garbousova im Interview mit Glenn Plaskin, Hartford, Conn., 5. Dezember 1979.
6 Paul Kogan: »First Steps«, *Together with Musicians*. Moskau 1964.
7 Natasha Saitzoff im Interview mit Glenn Plaskin, Washington D.C., 8. Oktober 1979.
8 David Rabinovich: »Vladimir Horowitz and the Russian Piano Tradition«, *Soviet Music Magazine* (Moskau) 1965.
9 Ebda.
10 Arthur Schnabel: *My Life & Music*. London 1961, S. 189.
11 Lydia Zhukova im Interview mit Glenn Plaskin, New York, 10. November und 8. Dezember 1980.
12 Alexander Eydelmann im Interview mit Glenn Plaskin, New York, 24. Juni 1979.
13 Rabinovich, a.a.O.
14 Anatole Kitain im Interview mit Glenn Plaskin, Orange, New Jersey, 27. Mai 1980.
15 Kogan, a.a.O.
16 Vladimir Horowitz im Interview mit Phillip Ramey, New York, 29. November 1977.
17 Kogan, a.a.O.
18 David Thorstad und John Lauritsen: *The Early Homosexual Rights Movement (1864–1935)*. New York 1974.
19 Alexander Merowitsch, unveröffentlichte Tagebücher, ca. 1948.
20 *Musical America*, Juli 1974.
21 Kogan, a.a.O.
22 Interview Steinert-Plaskin. Maria Merowitsch im Interview mit Glenn Plaskin, Fort Lauderdale, Fla., 8. November 1980.
Michel Michelet (eigentlich Levin) im Interview mit Glenn Plaskin, Los Angeles, 24. Januar 1980. (»Ich war ein junger Professor am Konservatorium von Kiew«, erinnerte sich Michelet, »und ich werde nie vergessen, daß Horowitz' Bruder Georg 1925 im Alter von 23 Jahren Selbstmord beging. Meine Kollegen und die Freunde der Familie Horowitz waren erschüttert, als wir dies in den Lokalzeitungen lasen.«)
23 Nathan Milstein im Interview mit Glenn Plaskin, London, 16. Februar 1980.
24 Pressemitteilung für Vladimir Horowitz, Arthur Judson Concert Bureau, ca. 1928.

ZWEITER TEIL: 1926–1939

FÜNFTES KAPITEL: *Der entfesselte Tornado der Steppe*

1 Abram Chasins: *Speaking of Pianists*. New York 1958, S. 139.
2 Peter Gay: *Weimar Culture*. New York 1970, S. 130.
3 Carl Zuckmayer: *Als wär's ein Stück von mir*. Frankfurt 1966, S. 325f.
4 Harold C. Schonberg: *The Great Pianists*. New York 1963, S. 419.
5 Peter Gay, a.a.O., S. 129.
6 *Chicago Tribune*, 24. November 1928.
7 Interview Horowitz-Epstein.
8 Vladimir Horowitz im Interview mit Winthrop Sargeant, New York, 1978.
9 Interview Horowitz-Sargeant.
10 Interview Horowitz-Epstein.
11 Ebda.

12 Alexander Merowitsch, unveröffentlichte Tagebücher, ca. 1948.
13 Interview Horowitz-Dubal.
14 *Allgemeine Musikzeitung* (Berlin), 15. Januar 1926.
15 Interview Horowitz-Epstein.
16 *Deutsche Zeitung* (Berlin), 28. Januar 1926.
17 Gregor Piatigorsky: *Cellist*. New York 1965, S. 51.
18 Ebda. S. 163.
19 *Hamburger Fremdenblatt*, 20. Januar 1926.
20 Chasins, a.a.O., S. 138.
21 Caine Alder: »The Recordings of Vladimir Horowitz«, *High Fidelity*, Juli 1973.
22 Nathan Milstein im Interview mit Glenn Plaskin, London, 18. Februar 1980.
23 Piatigorsky, a.a.O., S. 164

SECHSTES KAPITEL: *Rue Kléber*

1 Abram Chasins, a.a.O., S. 140.
2 Hubert Saal, a.a.O.
3 Henri Prunières, in: *La Revue Musicale* (Paris), April 1926.
4 Arthur Judson: »The Making of a Name«, *The Etude*, Juni 1940.
5 Piatigorsky, a.a.O., S. 130.
6 Gitta Gradova im Interview mit Glenn Plaskin, Chicago, 11. November 1979.
7 Anatole Kitain im Interview mit Glenn Plaskin, Orange, New Jersey, 27. Mai 1980.
8 Peter Gay: *Weimar Culture*, a.a.O., S. 129–30.
9 Vladimir Horowitz im Interview mit Evans Mirageas, Radio WUOM, Ann Arbor, 19. April 1975 und 8. Oktober 1977.
10 Nathan Milstein im Interview mit Glenn Plaskin, London, 18. Februar 1980.
11 *Hamburger Fremdenblatt*, 13. November 1926.
12 *Schlesische Zeitung*, 28. November 1926.
13 *Berliner Tageblatt*, 12. November 1927.
14 *Breslauer Zeitung*, 10. November 1926.
15 *Berliner Tageblatt*, 5. Februar 1927.
16 *Breslauer Zeitung*, 19. Februar 1927.
17 Rudolf Serkin im Interview mit Glenn Plaskin, Brattleboro, Vt., 24. Januar 1980.
18 *The Times*, 18. April 1927.
19 Vladimir Horowitz im Interview mit Phillip Ramey, New York, 29. November 1977.
20 *Hamburger Nachrichten*, 10. Oktober 1927.
21 *Vossische Zeitung* (Berlin), 27. November 1927.
22 *Vossische Zeitung* (Berlin), 13. April 1927.
23 *Allgemeine Musikzeitung* (Berlin), 2. Dezember 1927.

SIEBTES KAPITEL: *Das Amerika-Debüt*

1 Vladimir Horowitz im Interview mit Phillip Ramey, New York, 29. November 1977.
2 *The Gramophone*, Juni 1931, S. 11–12.
3 Linton Martin im *Philadelphia Inquirer*, 11. Februar 1928.
4 Abram Chasins: *Speaking of Pianists*, a.a.O., S. 137.
5 Pitts Sanborn im *New York Telegram*, 13. Januar 1928.
6 Harold C. Schonberg: *The Great Conductors*. New York 1970, S. 293.
7 Olin Downes in der *New York Times*, 13. Januar 1928.
8 Olin Downes in der *New York Times*, 15. Januar 1928.
9 Henrietta Straus in *The Nation*, 7. März 1928.
10 Pitts Sanborn in *New York Telegram*, 13. Januar 1928.
11 *New York Evening World*, 13. Januar 1928.

12 Olin Downes in der *New York Times*, 21. Februar 1928.
13 *The Nation*, 7. März 1928.
14 Olin Downes in der *New York Times*, 21. Februar 1928.
15 *Musical America*, 3. März 1928.
16 Olin Downes in der *New York Times*, 21. Februar 1928.
17 Ebda.
18 Pitts Sanborn im *New York Telegram*, 21. Februar 1928.
19 *Musical America*, 3. März 1928.
20 *Boston Herald American*, 19. März 1928.
21 *Boston Globe*, 19. März 1928.
22 Ebda.

ACHTES KAPITEL: *Steinert, Rubinstein und Cortot*

1 Alexander Steinert im Interview mit Glenn Plaskin, New York, 9. Juni 1980.
2 Arthur Rubinstein im Interview mit Glenn Plaskin, New York, 30. Juni 1980.
3 Thomas Manshardt im Interview mit Glenn Plaskin, Montreal, 28. Januar 1981.
4 *La Semaine à Paris*, 5. Juni 1928.
5 Brief von Vladimir Horowitz an Alexander Greiner vom 8. September 1928. Archiv Steinway & Sons.
6 Interview Steinert-Plaskin.
7 Interview Steinert-Plaskin.
8 Harold C. Schonberg: *The Great Pianists*, a.a.O., S. 416.
9 Ebda., S. 413.
10 Ebda., S. 414.
11 Arthur Rubinstein: *My Many Years*. New York 1980, S. 251. (deutsch: *Mein glückliches Leben*. Frankfurt 1980).
12 Alyesa Forsee: *Arthur Rubinstein, King of the Keyboard*. New York 1980.
13 Rubinstein, a.a.O., S. 255.
14 Interview Rubinstein-Plaskin. Rubinstein, a.a.O., S. 256.
15 Rubinstein, a.a.O., S. 258.
16 Rubinstein, a.a.O., S. 289–90.
17 Interview Manshardt-Plaskin.
18 *Hamburger Fremdenblatt*, 27. September 1928.
19 *Breslauer Nachrichten*, 23. Februar 1929.

NEUNTES KAPITEL: *Der größte Pianist aller Zeiten*

1 Samuel Chotzinoff: *A Little Night Music*. London 1964, S. 47.
2 Pitts Sanborn im *New York Telegram*, 3. November 1928.
3 Olin Downes in der *New York Times*, 3. November 1928.
4 *New York American*, 3. November 1928.
5 Gregor Piatigorsky: *Cellist*, a.a.O., S. 167.
6 Ebda., S. 175.
7 *New York Times*, 27. Dezember 1929.
8 Rom Landau: *Ignace Paderewski*. New York 1934, S. 283.
9 Glenn Dillard Gunn, in: *Chicago Herald and Examiner*, 11. April 1931.
10 Piatigorsky, a.a.O., S. 198.
11 Brief von Alexander Merowitsch an Alexander Greiner, 9. September 1931. Archiv Steinway & Sons.
12 Vladimir Horowitz im Interview mit Phillip Ramey, New York, 29. November 1977.
13 Piatigorsky, a.a.O., S. 171.
14 *Neue Freie Presse*, 11. November 1933.

15 *Musical Courier*, 23. Mai 1931.
16 *New York Times*, 31. März 1932.
17 *The Times*, 13. April 1932.
18 *The Times*, 11. November 1932.
19 *Milwaukee Journal*, 18. April 1933.

ZEHNTES KAPITEL: *Die Toscaninis*

1 Samuel Chotzinoff: *A Little Night Music*. London 1964, S. 18. Vladimir Horowitz im Interview mit Digby Peers und Don Newlands, Canadian Broadcasting Corporation, New York, 17. Februar 1976.
2 Vladimir Horowitz und Wanda Toscanini Horowitz im Interview mit Mike Wallace, »60 Minutes« (CBS), 26. Dezember 1977.
3 Wanda Toscanini Horowitz im Interview mit Mary Rousculp, Radio WOSU, Columbia, Ohio, 17. Mai 1975.
4 Harvey Sachs: *Toscanini*. New York 1978, S. 92.
5 Interview Wanda Toscanini-Rousculp.
6 Neville Cardus im *Manchester Guardian*, 8. Mai 1933.
7 Vladimir Horowitz und Wanda Toscanini Horowitz im Interview mit Edward Greenfield, 10. Mai 1978.
8 Yehudi Menuhin: *Unfinished Journey*. London 1976, S. 108.
9 *New York Herald Tribune*, 11. Januar 1928.
10 Interview mit anonymer Person, Tagebuchaufzeichnungen ca. 1933.
11 Ebda.
12 Ebda.
13 Ebda.
14 David Diamond im Interview mit Glenn Plaskin, 2. Februar 1980.
15 Nathan Milstein im Interview mit Glenn Plaskin, 23. Januar 1980.
16 Arthur Rubinstein in einem Interview mit Glenn Plaskin, 30. Juni 1980.
17 *Chicago Tribune Press Service* (Paris), 6. Oktober 1933.
18 Interview mit anonymer Person.
19 Alexander Steinert im Interview mit Glenn Plaskin, New York, 9. Juni 1980.
20 *The Times*, 6. November 1933.
21 Interview Rubinstein-Plaskin.
22 Pitts Sanborn im *New York Telegram*, 31. Januar 1934.

ELFTES KAPITEL: *Die erste Pause: Abgeschiedenheit*

1 Vladimir Horowitz im Interview mit Abram Chasins, New York, Juni 1965.
2 Charles Cooke: »Maestro's Son-in-Law«, *Esquire*, April 1935.
3 Nathan Milstein im Interview mit Glenn Plaskin, New York, 8. Oktober 1980.
4 Ella Brailowsky im Interview mit Glenn Plaskin, New York, 27. November 1980.
5 Maria Merowitsch im Interview mit Glenn Plaskin, Fort Lauderdale, Fla., 14. Juli 1980.
6 Interview Rubinstein-Plaskin.
7 Ebda.
8 Natasha Saitzoff im Interview mit Glenn Plaskin, Washington, D.C., 8. Oktober 1979. (Das Todesdatum von Simeon Horowitz ist unbekannt.)
9 Berthe Malko im Interview mit Glenn Plaskin, New York, 23. Januar 1980.
10 Interview Malko-Plaskin.
11 Ted Joselson in einem Interview mit Glenn Plaskin, New York, 11. März 1980.
12 John Frieman im Interview mit Glenn Plaskin, New York, 23. Januar 1981.
13 Samuel Chotzinoff, a.a.O., S. 48.
14 *Le Soir* (Brüssel), 1. Dezember 1934.

15 *The Times*, 18. Januar 1934.
16 Leonard Liebling im *New York American*, 14. April 1935.
17 Sammlung von Artikeln über Vladimir Horowitz im Lincoln Center Library of the Performing Arts (Martin Cookes, London, April 1936).
18 *The Times*, 26. Februar 1936.
19 Kurt Blaukopf: *Les Grands Virtuoses*. Paris 1955.
20 Interview Steinert-Plaskin.
21 Brief von Wanda Horowitz an Sergej Rachmaninow, 3. Juli 1937, Archiv Steinway & Sons.
22 Brief von Sergej Rachmaninow an Vladimir Robertovitch Wilshau, 3. August 1935. Aus dem Besitz von Francis Joseph Crociata.
23 Vladimir Horowitz im Interview mit David Dubal, Radio WNCN, New York, Februar 1980.
24 Rudolf Serkin im Interview mit Glenn Plaskin, Brattleboro Vt., 24. Januar 1980.
25 Vladimir Horowitz im Interview mit Phillip Ramey, New York, 29. November 1977.
26 Interview Horowitz-Ramey.
27 *Le Figaro*, 17. Juli 1938.
28 *Le Figaro*, 19. Juli 1938.
29 Brief von Vladimir Horowitz an Alexander Greiner, 18. November 1938. Archiv Steinway & Sons.
30 Ebda.
31 Undatierter Brief von Vladimir Horowitz an Sergej Rachmaninow. Archiv Steinway & Sons.
32 Undatierter Brief von Vladimir Horowitz an Alexander Greiner. Archiv Steinway & Sons.
33 Blaukopf, a.a.O., S. 125.
34 *De Telegraaf* (Amsterdam), 30. November 1938.
35 *Nieuwe Rotterdamse Courant*, 12. März 1939.
36 *The Times*, 22. März 1939.
37 *New York Times*, 5. März 1939.
38 Brief von Vladimir Horowitz an Alexander Greiner, Den Haag, 18. November 1938. Archiv Steinway & Sons.
39 Ebda.
40 *Atlanta Journal*, 8. Oktober 1939.

DRITTER TEIL: 1940–1952

ZWÖLFTES KAPITEL: *Auf Tournee mit der »Super Chief«*

1 Vladimir Horowitz im Interview mit Helen Epstein im *New York Times Sunday Magazine*, 8. Januar 1978.
2 Milton Katims im Interview mit Glenn Plaskin, Houston, 23. März 1980.
3 Pressemitteilung für Vladimir Horowitz, Concert Management Arthur Judson, Inc., New York, 1940.
4 *New York Times*, 13. Januar 1940.
5 *Boston Herald*, 12. Februar 1940.
6 *New York Times*, 24. Dezember 1939.
7 *New York Herald Tribune*, 1. Februar 1940.
8 *New York Times*, 16. Februar 1940.
9 *New York Times*, 7. Mai 1940.
10 Vladimir Horowitz in einem Interview mit Digby Peers und Don Newlands, Canadian Broadcasting Corporation, New York, 17. Februar 1976.
11 Edwin Bachmann im Interview mit Glenn Plaskin, New York, 9. März 1980.

12 *New York Times*, 7. Mai 1940.
13 Entwurf eines undatierten Briefes von Alexander Merowitsch an Ernesto de Quesada. University of Oregon Library.
14 Brief von Alexander Merowitsch an Ernesto de Quesada, 5. April 1948. University of Oregon Library.
15 Lowell Benedict im Interview mit Glenn Plaskin, Lambertville, N.J., 15. Juli 1981. Dazu Telefoninterviews am 27. Mai, 9. Juni, 26. Juni 1980; 14. Juli 1981.
16 Brief von Vladimir Horowitz an Arthur Judson, 27. Januar 1941. University of Oregon Library.
17 *New York Times*, 20. März 1941.
18 *New York Times*, 20. April 1941.
19 Charles O'Connell: *The Other Side of the Record*. New York 1947, S. 242.
20 Arthur Rubinstein: *My Many Years*, a.a.O., S. 468.
21 Lehman Engel im Interview mit Glenn Plaskin, New York, 10. April 1980.
22 Brief von Wanda Toscanini an Sergej Rachmaninow, 20. November 1941. Library of Congress Archive.
23 Interview Engel-Plaskin.
24 Interview Benedict-Plaskin.

DREIZEHNTES KAPITEL: *Kriegsjahre*

1 Vladimir Horowitz: »Why I Transcribed *The Stars and Stripes Forever*«, in: Pressemitteilung für Vladimir Horowitz, Concert Management Arthur Judson, Inc., New York, 1940.
2 Lowell Benedict im Interview mit Glenn Plaskin, Lambertville, N.J., 15. Juli 1981.
3 Wanda Toscanini Horowitz im Interview mit Edward Greenfield, New York, 10. Mai 1978.
4 Henry Simon, 7. März 1942.
5 Brief von Vladimir Horowitz an Arthur Judson, 7. März 1942. Im Besitz von Lowell Benedict.
6 Brief von Calvin Franklin an Vladimir Horowitz, 13. März 1942. University of Oregon Library.
7 Brief von Vladimir Horowitz an V. Bezikin, 1942. Im Besitz von Lowell Benedict.
8 Virgil Thomson in der *New York Herald Tribune*, 7. März 1942.
9 Sergei Bertensson und Jan Leyda: *Sergei Rachmaninow*. New York 1956, S. 376.
10 Ebda., S. 371f.
11 Vladimir Horowitz im Interview mit Phillip Ramey, New York, 29. November 1977.
12 *New York Herald Tribune*, 26. April 1943.
13 Lehman Engel im Interview mit Glenn Plaskin, New York, 10. April 1980.
14 *New York Herald Tribune*, 15. März 1944.
15 Guy Maier: »The Pianist's Page«, *Etude*, Juni 1948.
16 Olin Downes in der *New York Times*, 24. Januar 1980.
17 *Chicago Tribune*, 13. Februar 1945.
18 *Denver Post*, 27. Januar 1949.

VIERZEHNTES KAPITEL: *Professor Horowitz*

1 Vladimir Horowitz im Interview mit Helen Epstein, *New York Times Sunday Magazine*, 8. Januar 1978.
2 Byron Janis im Interview mit Glenn Plaskin, New York, 11. März 1980.
3 Adele Marcus im Interview mit Glenn Plaskin, New York, 11. März 1980; 12. April 1980.
4 Ebda.
5 Vladimir Horowitz: »Students Must Help Themselves«, *Etude*, September 1951.
6 Ebda.

7 Interview Janis-Plaskin.
8 Brief von Wanda Toscanini Horowitz an Alexander Merowitsch, 8. August 1944. University of Oregon Library.
9 Interview Janis-Plaskin.
10 Ebda.
11 *New York Times*, 31. Oktober 1948.
12 Nelly Walter im Interview mit Glenn Plaskin, New York, 11. März 1980.
13 Interview Marcus-Plaskin.
14 Byron Janis im Interview mit Gregor Benko, New York, 23. März 1980.

FÜNFZEHNTES KAPITEL: *Klavier-Akrobatik*

1 Vladimir Horowitz im Interview mit Abram Chasins, New York, Juni 1965.
2 Vladimir Horowitz im Interview mit Digby Peers und Don Newlands, Canadian Broadcasting Corporation, New York, 17. Februar 1976.
3 Irving Kolodin in der *New York Sun*, 4. Februar 1947.
4 *The Nation*, 7. Juli 1945.
5 *New York Sun*, 18. Januar 1949.
6 Arthur McKenzie im Interview mit Glenn Plaskin, Boston, 11. Juni 1980.
7 Irving Kolodin: »The Music Box«, *New York Sun*, 10. Februar 1952.
8 *New York Sun*, 29. März 1947.
9 *New York Times*, 28. November 1948.
10 *Musical America*, Volume 73, 1953.

SECHZEHNTES KAPITEL: *Ein getrübtes Jubiläum*

1 Vladimir Horowitz im Interview mit Evans Mirageas, Radio WUOM, Ann Arbor, 19. April 1975; 8. Oktober 1977.
2 Oscar Levant: *The Unimportance of Being Oscar*. New York 1968, S. 144.
3 Oscar Levant: *The Memoirs of an Amnesiac*. New York 1965, S. 217.
4 Brief von Wanda Toscanini Horowitz an Alexander Merowitsch, 22. Juli 1947. University of Oregon Library.
5 Alexander Steinert im Interview mit Glenn Plaskin, New York, 6. Juni 1980.
6 Lowell Benedict im Interview mit Glenn Plaskin, Lambertville, N. J., 15. Juli 1981.
7 Royal Marks im Interview mit Glenn Plaskin, New York, 27. März 1980.
8 Lowell Benedict im Interview mit Glenn Plaskin, New York, 6. Juni 1980.
9 Edwin Bachmann im Interview mit Glenn Plaskin, New York, 9. März 1980.
10 Gitta Gradova im Interview mit Glenn Plaskin, Chicago, 10. März 1980.
11 Interview Steinert-Plaskin.
12 Brief von Vladimir Horowitz an Alexander Greiner, 10. September 1949. Archiv Steinway & Sons.
13 Kenneth Leedom im Interview mit Glenn Plaskin, New York, 12. November 1981.
14 Vladimir Horowitz in einem Radiointerview mit Abram Chasins für National Public Radio, 29. Februar 1976.
15 *Musical Opinion*, Dezember 1951.
16 *The Times*, 9. Oktober 1951.
17 Brief von Wanda Toscanini Horowitz an Alexander Greiner, 9. Oktober 1951. Archiv Steinway & Sons.
18 *Musical Times*, Dezember 1951.
19 Brief von Wanda Toscanini Horowitz an Alexander Greiner, 9. Oktober 1951. Archiv Steinway & Sons.
20 *New York Herald Tribune*, 11. Januar 1953.

21 *New Orleans Times Picayune*, 30. November 1949.
22 *New York Times*, 13. Januar 1953.

VIERTER TEIL: 1953–1964

SIEBZEHNTES KAPITEL: *Horowitz zieht sich zum zweiten Mal zurück*

1 Vladimir Horowitz im Interview mit Abram Chasins für National Public Radio, New York, 27. Februar 1976.
2 Harold C. Schonberg: *The Great Pianists*. New York 1963, S. 412.
3 Lowell Benedict im Interview mit Glenn Plaskin, Lambertville, N.J., 27. Mai 1980.
4 Fritz Steinway im Interview mit Glenn Plaskin, Amherst, Massachusetts, 28. November 1979.
5 George Marek im Interview mit Glenn Plaskin, New York, 28. Oktober 1980.
6 Interview Rubinstein-Plaskin.
7 Interview mit anonymer Person.
8 Horowitz' Bemerkungen zu Clementi stammen aus folgenden Interviews: Horowitz-Peers, Horowitz-Mirageas, Horowitz-Ramey.

ACHTZEHNTES KAPITEL: *Friedlich und ruhig*

1 Vladimir Horowitz im Interview mit John Gruen, New York, 9. November 1975.
2 John Pfeiffer: »Manhattan Holiday«, *High Fidelity*, Oktober 1957.
3 Irving Kolodin in der *Saturday Review*, 26. November 1955.
4 Pfeiffer, a.a.O.
5 *Saturday Review*, April 1956.
6 Interview Horowitz-Chasins.
7 Abram Chasins: *Speaking of Pianists*. New York 1958, S. 142.
8 Robert Marsh in *Record Reviews*, 28. April 1957.
9 Pfeiffer, a.a.O.
10 Harvey Sachs: *Toscanini*. New York 1978.
11 Harvey Sachs: *Virtuoso*. London 1982.
12 George Marek im Interview mit Glenn Plaskin, New York, 28. Oktober 1979.

NEUNZEHNTES KAPITEL: *Das Konservatorium in der Ninety-fourth Street*

Wenn nichts anderes vermerkt, stammen alle Zitate in diesem Kapitel aus einem der folgenden Interviews:
Coleman Blumfield mit Glenn Plaskin, New York, 7. Oktober 1979.
Alexander Fiorillo mit Glenn Plaskin, Philadelphia, 7. Dezember 1979.
Ivan Davis mit Glenn Plaskin, New York, 15. September 1979.
Ronald Turini mit Glenn Plaskin, London, Ontario, 9. Januar 1980.
Byron Janis mit Glenn Plaskin, New York, 14. April 1980.
Gary Graffman mit Glenn Plaskin, New York, 12. Dezember 1979.

1 Vladimir Horowitz im Interview mit Abram Chasins, New York, Juni 1965.
2 Vladimir Horowitz im Interview mit Evans Mirageas, Radio WUOM, Ann Arbor, 19. April 1975; 8. Oktober 1977.
3 Gary Graffman: *I Really Should Be Practicing*. New York 1981, S. 139.
4 Arthur McKenzie im Interview mit Glenn Plaskin, Boston, 25. Juni 1980.
5 Interview Horowitz-Chasins.
6 Gitta Gradova im Interview mit Glenn Plaskin, Chicago, 10. März 1980.

7 Vladimir Horowitz im Interview mit Digby Peers und Don Newlands, Canadian Broadcasting Corporation, New York, 17. Februar 1976.

ZWANZIGSTES KAPITEL: *»Good-bye, Mr. RCA«*

1 Vladimir Horowitz im Interview mit John Gruen, New York, 9. November 1975.
2 Robert C. Marsh in *High Fidelity*, April 1960.
3 George Marek im Interview mit Glenn Plaskin, New York, 28. Oktober 1980.
4 Alan Kayes im Interview mit Glenn Plaskin, New York, 27. Oktober 1981.
5 Interview Marek-Plaskin.
6 Schuyler Chapin: *Musical Chairs*. New York 1977, S. 152.
7 Interview Marek-Plaskin.
8 Raymond Ericson: »Horowitz Records May Herald the Pianist's Return to Stage«, *New York Times*, 11. März 1962.
9 Thomas Frost: »Horowitz on Music: His Reflections and Impressions«, Begleittext zur Schallplatte Columbia Record VH Stereo KS 6371.
10 Thomas Frost im Interview mit Glenn Plaskin, New York, 5. Oktober 1979.
11 *New York Times*, 11. März 1962.
12 Fred Plaut im Interview mit Glenn Plaskin, New York, 19. November 1979.
13 Interview Frost-Plaskin.
14 *High Fidelity*, Oktober 1962.

EINUNDZWANZIGSTES KAPITEL: *Wiedergeburt*

1 Roland Gelatt: »Music Makers«, *High Fidelity*, Oktober 1962.
2 *Musical America*, Oktober 1962.
3 Andrew Kazdin im Interview mit Glenn Plaskin, New York, 2. Dezember 1979.
4 *New York Herald Tribune*, 1. März 1964.
5 *Hi-Fi Stereo Review*, Mai 1964.
6 Ebda.
7 Vladimir Horowitz im Interview mit David Dubal, Radio WNCN, New York, Februar 1980.
8 Ralph Kirkpatrick im Interview mit Glenn Plaskin, Princeton, N.J., 19. November 1979.
9 Interview Kazdin-Plaskin.
10 Paul Myers im Interview mit Glenn Plaskin, New York, 2. Dezember 1979.
11 Charles Rosen im Interview mit Glenn Plaskin, New York, 7. Dezember 1979.
12 Interview Myers-Plaskin.
13 Elsa Maxwell in *New York Journal American*, 22. Februar 1961.
14 Arthur Rubinstein im Interview mit Glenn Plaskin, New York, 30. Juni 1980.

FÜNFTER TEIL: 1965–1982

ZWEIUNDZWANZIGSTES KAPITEL:
Proben in der Carnegie Hall: »Wie schön ist es, ein Virtuose zu sein.«

1 Vladimir Horowitz im Interview mit Mike Wallace, »60 Minutes« (CBS), New York, 26. Dezember 1977.
2 Ralph Kirkpatrick im Interview mit Glenn Plaskin, Princeton, N.J., 19. November 1979.
3 Julius Bloom im Interview mit Glenn Plaskin, New York, 26. September 1979.
4 *New York Times*, 17. März 1965.
5 *New York Times*, 22. April 1965.

6 *Variety*, 24. März 1965.
7 *New York Times Sunday Magazine*, 9. Mai 1965.

DREIUNDZWANZIGSTES KAPITEL: *Eine historische Rückkehr*

1 *New York Times*, 17. März 1965.
2 *New York Post*, 26. April 1965.
3 *New York Post*, 2. Mai 1965.
4 Schuyler Chapin: *Musical Chairs*. New York 1977, S. 162. Wo nichts anderes angegeben, stammen sämtliche Chapin-Zitate in Kapitel 23 aus dieser Quelle, S. 162–170.
5 *New York Times*, 11. Mai 1965.
6 Schuyler Chapin im Interview mit Glenn Plaskin, New York, 3. Oktober 1979.
7 Interview Chapin-Plaskin.
8 *New York Times*, 10. Mai 1965.
9 Ebda.
10 Wanda Toscanini Horowitz im Interview mit Mike Wallace, »60 Minutes« (CBS), New York, 26. Dezember 1977.
11 *Life*, 21. Mai 1965.
12 *New York Times*, 6. Juni 1965.
13 *New York Times*, 23. April 1967.
14. *Look*, 8. Februar 1966.

VIERUNDZWANZIGSTES KAPITEL: *»Was ist letztlich der Gewinn?«*

1 *New York Times*, 28. Oktober 1965.
2 Ebda.
3 *New York Times*, 22. März 1966.
4 Harold C. Schonberg in der *New York Times*, 18. April 1966.
5 *New York Times*, 28. November 1966.
6 Albert Lotto im Interview mit Glenn Plaskin, New York, 21. April 1980.
7 *New York Times*, 27. November 1967.

FÜNFUNDZWANZIGSTES KAPITEL: *Projekt X*

1 *Detroit News*, 22. September 1968.
2 Andrew Kazdin im Interview mit Glenn Plaskin, New York, 2. Dezember 1979.
3 Sheldon Skolnik im Interview mit Glenn Plaskin, Chicago, 10. Mai 1982.
4 Interview Skolnik-Plaskin.
5 Roger Englander im Interview mit Glenn Plaskin, New York, 17. Dezember 1979.
6 Paul Myers im Interview mit Glenn Plaskin, 29. November 1979.
7 Interview Myers-Plaskin.
8 *New York Times*, 6. Oktober 1968.
9 *Washington Star*, 23. September 1968.
10 *New York Times*, 6. Oktober 1968.
11 Ebda.

SECHSUNDZWANZIGSTES KAPITEL: *Der dritte Rückzug*

1 Phillip Ramey im Interview mit Glenn Plaskin, New York, 15. Mai 1982.
2 Paul Myers im Interview mit Glenn Plaskin, New York, 29. November 1979.
3 Thomas Frost im Interview mit Glenn Plaskin, New York, 14. März 1980.
4 *New York Times*, 25. November 1968.

5 *Saturday Review*, 31. Juli 1968.
6 *New York Times*, 25. November 1968.
7 Julius Bloom im Interview mit Glenn Plaskin, New York, 2. Dezember 1981.
8 Interview Bloom-Plaskin.
9 Naomi Graffman im Interview mit Glenn Plaskin, New York, 12. Dezember 1979.
10 Interview Bloom-Plaskin.
11 Raymond Moore im Interview mit Glenn Plaskin, New York, 14. Januar 1980.
12 *New York Post*, 15. Oktober 1974.
13 Interview Myers-Plaskin.
14 Vladimir Horowitz im Interview mit Phillip Ramey, New York, 29. November 1977.
15 *Chicago Tribune*, 20. Oktober 1974.

SIEBENUNDZWANZIGSTES KAPITEL: *Verjüngung*

1 *Houston Chronicle*, 29. März 1975.
2 *New York Times*, 10. Mai 1974.
3 *Washington Star*, 1. Juni 1974.
4 Michael Maxwell im Interview mit Glenn Plaskin, New York, 27. März 1980.
5 *Chicago Tribune*, 28. Oktober 1974.
6 Peter Gelb im Interview mit Glenn Plaskin, New York, 13. Dezember 1979.
7 Schuyler Chapin: *Musical Chairs*. New York 1977, S. 384.
8 *New York Times*, 4. Oktober 1974.
9 *Cleveland Plain Dealer*, 23. November 1975.
10 Vladimir Horowitz an einer Pressekonferenz in Chicago, 25. Oktober 1974.
11 *New York Times*, 18. November 1974.
12 *New York Times*, 11. Januar 1975.
13 Wanda Toscanini Horowitz im Interview mit Mary Rousculp, Radio WOSU, University of Ohio, Columbus, 17. Mai 1975.
14 *Newsweek*, 23. Januar 1978.
15 Interview Wanda Horowitz-Rousculp.
16 Phillip Ramey im Interview mit Glenn Plaskin, New York, 15. Mai 1982.
17 *Chicago Sun Times*, 9. November 1975.
18 Ebda.
19 *Boston Herald*, 15. März 1976.
20 *Boston Globe*, 15. März 1976.
21 Ebda.
22 *New York Times*, 17. November 1975.
23 Kenneth Glancey im Interview mit Glenn Plaskin, New York, 3. März 1980.

ACHTUNDZWANZIGSTES KAPITEL: *Wiederum auf Tournee*

1 Vladimir Horowitz im Interview mit Helen Epstein, *New York Sunday Magazine*, 8. Januar 1978.
2 Ralph Hanes im Interview mit Glenn Plaskin, New York, 20. Juni 1979.
3 *Piano Quarterly*, Volume 23, 1975.
4 Ebda.
5 *Sunday Oregonian*, 8. Januar 1978.
6 *Toronto Star*, 7. Mai 1976.
7 *New York Post*, 28. März 1978.
8 Wanda Toscanini Horowitz im Interview mit Edward Greenfield, New York, 10. Mai 1978.
9 Ariel Rubstein im Interview mit Glenn Plaskin, Portland, Oregon, 28. November 1979, 14. Januar 1980.

10 Danny Deeds im Interview mit Glenn Plaskin, Cincinnati, 17. April 1977. *Cincinnati Post*, 17. April 1977.
11 »Horowitz on the Road«, *Canadian Magazine*, 10. Juli 1976.
12 Theodore W. Libbey im Interview mit Glenn Plaskin, Washington, D.C., 9. Oktober 1979.
13 Giovanni Scimonelli im Interview mit Glenn Plaskin, Hudson, N.Y., 20. August 1980.
14 Vladimir Horowitz und Wanda Toscanini Horowitz an einer Pressekonferenz in Chicago, 8. November 1977.
15 Peter Gelb im Interview mit Glenn Plaskin, New York, 13. Dezember 1979.
16 *Chicago Tribune*, 15. April 1979.
17 Phillip Ramey im Interview mit Glenn Plaskin, New York, 15. Mai 1982.
18 Paul Myers im Interview mit Glenn Plaskin, 29. November 1979.
19 Interview Horowitz-Epstein.
20 Julius Bloom im Interview mit Glenn Plaskin, New York, 2. Dezember 1981.
21 Stern in einem Interview mit dem *New Yorker*, 7. Juni 1976.
22 *Rolling Stone*, 15. Juli 1976.
23 *New York Times*, 30. Mai 1976.
24 *New York Times*, 26. Juli 1976.
25 Ebda.
26 Peter Mennin im Interview mit Glenn Plaskin, New York, 11. Dezember 1979.
27 David Tsimpidis im Interview mit Glenn Plaskin, New York, 15. Dezember 1979.
28 Dean Kramer im Interview mit Glenn Plaskin, New York, 5. Dezember 1979.

NEUNUNDZWANZIGSTES KAPITEL: *The Golden Jubilee*

1 Vladimir Horowitz im Interview mit Evans Mirageas, Radio WUOM, Ann Arbor, 19. April 1975; 8. Oktober 1977.
2 Vladimir Horowitz im Interview mit Mike Wallace, »60 Minutes« (CBS), New York, 26. Dezember 1977.
3 Brief von Carlos Moseley an Eugene Ormandy, 10. März 1977. New Philharmonic Archive.
4 Leonard Bernstein im Interview mit Glenn Plaskin, New York, 16. Februar 1981.
5 Brief von Carlos Moseley an Eugene Ormandy, a.a.O.
6 Giovanni Scimonelli im Interview mit Glenn Plaskin, Hudson, N.Y., 20. August 1980.
7 David Lowe im Interview mit Glenn Plaskin, New York, 20. November 1979.
8 Phillip Ramey im Interview mit Glenn Plaskin, New York, 15. Mai 1982.
9 Wanda Toscanini Horowitz im Interview mit Helen Epstein, *New York Times Sunday Magazine*, 8. Januar 1978.
10 *New York Post*, 28. März 1978.
11 Vladimir Horowitz im Interview mit Phillip Ramey, New York, 29. November 1977.
12 *Los Angeles Times*, 12. Februar 1978.
13 Hubert Saal: »Lord of the Piano«, *Newsweek*, 23. Januar 1978.
14 Ted Joselson im Interview mit Glenn Plaskin, New York, 11. März 1980.
15 Harold C. Schonberg in der *New York Times*, 9. Januar 1978.
16 Nathan Milstein im Interview mit Glenn Plaskin, London, 16. Februar 1980.
17 *Dallas Morning News*, 17. Februar 1978.
18 *High Fidelity*, Juni 1978.
19 Kirk Browning im Interview mit Glenn Plaskin, New York, 16. Februar 1981.
20 James Robb im Interview mit Glenn Plaskin, New York, 16. Oktober 1979.
21 *Phoenix Gazette*, 18. April 1978.
22 Interview Scimonelli-Plaskin.
23 Alexander Steinert im Interview mit Glenn Plaskin, New York, 9. Juni 1980.
24 *New York Times*, 13. August 1981.

Diskographie Vladimir Horowitz

Diese Liste enthält nur die gegenwärtig lieferbaren Schallplatten. Die komplette Diskographie findet sich in der amerikanischen Originalausgabe, S. 503–568.

1. Columbia Masterworks CBS

Beethoven
Sonaten Nr. 14 (Mondschein); Nr. 8 (Pathétique); Nr. 23 (Waldstein).
34509 (1 CD)

Horowitz-Chopin
Polonaise-Fantaisie; Polonaisen op. 53, op. 44, op. 40/1; Mazurken op. 17/4, op. 59/3, op. 30/3, op. 7/3, op. 41/1, op. 33/2; Etuden op. 10/3–5 & 12; Walzer op. 43/2 & 64/2; Prélude op. 28/2; Sonate Nr. 2; Ballade Nr. 1; Nocturne op. 55/1; Introduction & Rondo op. 16.
79340 (3 LP-Box)

Vladimir Horowitz – »New Recordings«
Mazurken op. 59/3, op. 50/3, op. 30/3, op. 7/3, op. 41/2; op. 33/2; Etüden op. 10/3, 4 & 10; Prélude op. 28/6; Walzer op. 64/2; Polonaise op. 40/1.
76307 (1 LP)

Favorite Chopin
Polonaise op. 53 & op. 40/1; Mazurken op. 33/2, op. 17/4, op. 59/3, op. 30/3, op. 7/3, op. 41/2; Walzer op. 64/2 & op. 34/2; Etüden op. 10/3–5 & 12; Prélude op. 28/6, Ballade Nr. 1; Nocturne op. 55/1; Scherzo Nr. 1.
42306 (1 CD)

Favorite Chopin II
Sonate Nr. 2; Polonaise-Fantaisie; Polonaise op. 44; Mazurken op. 50/3 & 33/4; Etüde op. 25/7; Nocturne op. 72/1.
42412 (1 CD)

Rachmaninow
3 Etudes-Tableaux op. 33; Sonate Nr. 2; Prélude op. 32/12; Moment Musical op. 16/3.
39757 (1 LP)

Scarlatti
Sonaten L. 241, L. 118, L. 465, L. 203; L. 164, L. 391, L. 483, L. 424, L. 188, L. 349, L. 21, L. 22, L. 187.
39762 (1 LP)
42410 (1 CD; inkl. Scarlatti, Sonaten L. 430, L. 209, L. 23.)

Skrjabin
Feuillet d'album op. 45/1, Etüden op. 8/1, 2, 8, 10–12 & op. 42/3–5; Poem op. 32/1, Sonaten Nr. 9 & 10, Vers la flamme op. 72.
42411 (1 CD)

Horowitz at Carnegie Hall II
(Live-Mitschnitte aus dem Jahre 1966)
Haydn/Chopin/Schumann/Liszt/Debussy/Mozart/Skrjabin.
77204 (2 LP)

The Horowitz Years – 80th Birthday
Chopin/Skrjabin/Schumann/Liszt/Moszkowski/Horowitz/Rachmaninow.
37895 (1 LP)

Favorite Encores
Chopin/Debussy/Mozart/Rachmaninow/Scarlatti/Schumann/Skrjabin.
42305 (1 CD)

Horowitz – Live at Carnegie Hall
(Konzertmitschnitte 1965, 1966 & 1968).
44681 (3 CD-Box in Vorbereitung)

2. Deutsche Grammophon

Vladimir Horowitz – The Last Romantic
Bach/Busoni: Nun komm, der Heiden Heiland; Mozart: Sonate KV 330; Chopin: Mazurka op. 17/4; Scherzo Nr. 1; Schubert: Impromptu D. 889/4; Liszt: Consolation Nr. 3; Schumann: Novelette op. 21 Nr. 1; Rachmaninow: Prélude op. 32/12; Skrjabin: Etüde op. 2/1; Chopin: Polonaise op. 53; Moszkowski: Etüde op. 72/6.
419045–1 (1 LP) 419045–2 (1 CD) 419045–4 (1 MC)

The Studio Recordings New York 1985
Schumann: Kreisleriana; Scarlatti: Sonaten L. 33 & L. 224; Liszt: Impromptu (1872); Valse oubliée Nr. 1; Skrjabin: Etüde op. 8/12; Schubert: Impromptu D. 935/3; Schubert/Tausig: Militärmarsch.
419217-1 (1 LP) 419217-2 (1 CD) 419217-4 (1 MC)

Horowitz in Moskau
Scarlatti: Sonate L. 23; Mozart: Sonate KV 330; Rachmaninow: Préludes op. 32/5 & 12; Skrjabin: Etüden op. 2/1 & op. 8/12; Liszt/Tausig: Soirées de Vienne: Valse-Caprice Nr. 6; Chopin: Mazurken op. 30/4 & op. 7/3; Schumann: Träumerei; Moszkowski: Etincelles op. 36/6; Rachmaninow: Polka de V.R.
419499-1 (1 LP) 419499-2 (1 CD) 419499-4 (1 MC)

Horowitz Plays Mozart
Klavierkonzert Nr. 23 KV 488; Sonate KV 333. Orchestra del Teatro alla Scala; Dirigent: Carlo Maria Giulini.
423287-1 (1 LP) 423287-2 (1 CD) 423287-4 (1 MC)

3. EMI His Master's Voice

Rachmaninow
Klavierkonzert Nr. 3. London Symphony Orchestra; Dirigent: Albert Coates.
1436761 (1 LP)

Vladimir Horowitz – Rezital
Chopin: Etüden op. 10/4, 5 & 8; op. 25/3; Mazurken op. 41/2 & op. 50/3; Scherzo Nr. 4;

Beethoven: 32 Variationen c-moll; Haydn: Sonate Nr. 52; Bach/Busoni: Nun freut euch, liebe Christen; Scarlatti: Sonaten L. 33, L. 487, L. 239, L. 483, Rimski-Korsakow/Rachmaninow: Hummelflug; Strawinski: Danse russe aus Petrouchka; Debussy: Etüde Nr. 11; Poulenc: Pastourelle, Toccata.
2908321 (1 LP)

Liszt/Schumann
Liszt: Sonate h-moll; Funérailles; Schumann: Toccata; Arabesque; Traumeswirren op. 12/7; Presto passionato op. 22.
1001001 (1 LP/1 MC)

4. RCA

Vladimir Horowitz spielt Chopin
Sonate Nr. 2 b-moll; Nocturnes op. 9/2 & 3, op. 15/1 & 2, op. 27/1, op. 55/1, op. 72/1; Etüden op. 10/3 & 4; Impromptu Nr. 1; Polonaisen op. 53 & 61; Balladen Nr. 1, 3, 4; Mazurken op. 24/4 & op. 30/4; Scherzi Nr. 1–3; Walzer op. 34/2 & op. 62/2; 7; Barcarolle: Andante spianato und Grande Polonaise.
VL 42710 (4 LP)

Horowitz at the Met
Scarlatti: Sonaten L. 186, L. 118, L. 189, L. 494, L. 33, L. 224; Chopin: Ballade Nr. 4; Walzer op. 69/1; Liszt: Ballade Nr. 2; Rachmaninow: Prélude op. 23/5.
RL 14260 (1 LP) RCD 14585 (1 CD)

Beethoven
Klavierkonzert Nr. 5; Klaviersonaten Nr. 14 (Mondschein) und Nr. 21 (Waldstein). RCA Victor Symphony Orchestra; Dirigent: Fritz Reiner.
VL 89875 (2 LP) VK 89875 (2 MC)

Horowitz Plays Liszt
Sonate h-moll; Ballade Nr. 2; Consolation Nr. 3; Les funérailles; Mephisto-Walzer.
RD 85935 (1 CD)

Vladimir Horowitz Golden Jubilee 1978
Rachmaninow: Klavierkonzert Nr. 3. New York Philharmonic Orchestra; Dirigent: Eugene Ormandy.
RL 82633 (1 LP) RD 82633 (1 CD) RK 12633 (1 MC)

Rachmaninow
Klavierkonzert Nr. 3. RCA Symphony Orchestra; Dirigent: Fritz Reiner.
GL 85262 (1 LP) GK 85262 (1 MC)

Horowitz on Tour 1979/80
Chopin: Barcarolle; Etüden op. 10/5 & 25/7; Clementi: Sonata quasi concerto; Rachmaninow: Prélude op. 32/5; Moment musical op. 16/2; Polka de V.R.
RL 14322 (1 LP)

Horowitz in London
God Save The Queen; Chopin: Polonaise op. 61; Ballade Nr. 1; Schumann: Kinderszenen; Skrjabin: Etüde op. 8/12.
RL 14572 (1 LP) RCD 84572 (1 CD)

Die Horowitz-Konzerte 1978/79
Liszt: Consolation Nr. 3; Mephisto-Walzer; Schumann: Humoreske; Rachmaninow: Barcarolle; Humoreske Nr. 3 und 5.
RL 13433 (1 LP)

VLADIMIR HOROWITZ COLLECTION

Nr. 2: *Chopin I*
Sonate b-moll; Nocturnes op. 9/2 & op. 55/1; Impromptu Nr. 1; Etüden op. 10/3 & 4.
26.41040 (1 LP)

Nr. 5: *Alexander Skrjabin*
Sonate Nr. 3; 16 Préludes.
26.41043 (1 LP)

Nr. 6: *Franz Liszt*
Les funérailles; Au bord d'une source; Valse oubliée Nr. 1; Rakoczy-Marsch; Ungarische Rhapsodien Nr. 2 und 6; Petrarca-Sonett Nr. 104.
26.41044 (1 LP)

Nr. 10: *Haydn & Mussorgsky*
Haydn: Sonate Hob. XVI; 52; Mussorgsky: Bilder einer Ausstellung.
26.41048 (1 LP)

Nr. 13: *Horowitz Concert Favourites*
Czerny: Variationen »La Ricordanza«; D. Scarlatti: Sonate E-dur; Mozart: Sonate KV 332; Clementi: Rondo; Mendelssohn: Variations sérieuses; Schumann: Variationen über ein Thema von Clara Wieck.
26.41335 (1 LP)

Nr. 15: *Peter Tschaikowski*
Klavierkonzert Nr. 1 NBC Symphony Orchestra; Dirigent: Arturo Toscanini.
26.41337 (1 LP)

Nr. 17: *Brahms & Mussorgsky*
Brahms: Violinsonate Nr. 3; Intermezzo op. 117/2; Walzer op. 39/15; Mussorgsky: Bilder einer Ausstellung. Mit Nathan Milstein (Violine).
26.41339 (1 LP)

Nr. 18: *Schubert & Schumann*
Schubert: Sonate D. 960; Schumann: Kinderszenen.
26.41338 (1 LP)

Nr. 19: *Johannes Brahms*
Klavierkonzert Nr. 2. NBC Symphony Orchestra; Dirigent: Arturo Toscanini.
26.41341 (1 LP)

Nr. 20: *Horowitz Encores*
Bizet/Horowitz: Carmen-Fantasie; Mussorgsky/Horowitz: Auf dem Flusse; Bach/Busoni: Nun komm, der Heiden Heiland; Saint-Saëns/Liszt/Horowitz: Danse macabre; Mozart: Türkischer Marsch; Prokofjew: Toccata; Mendelssohn/Liszt/Horowitz: Hochzeitsmarsch + Variationen über ein Thema von Liszt; Mendelssohn: 3 Lieder ohne Worte; Debussy: Serenade For The Doll.
26.41342 (1 LP)

Register

Bildnachweis

Die Veröffentlichung der Abbildungen erfolgt mit freundlicher Genehmigung folgender Personen, Firmen und Institutionen:

Coleman Blumfield: Abb. 33
Carter White House, Office Collection: Abb. 59
Columbia Masterworks: Abb. 43
Ivan Davis: Abb. 36
James Dick: Abb. 7
Carl Erpf, jr.: Abb. 24
Alexander Fiorillo: Abb. 34
Kenneth Glancey: Abb. 38
Gary Graffman: Abb. 32
Byron Janis: Abb. 31
Tedd Joselson: Abb. 53
KeyColor: Abb. Schutzumschlag
Berthe Malko: Abb. 11
Marylin Meyer (Cosmo-Sileo Co.): Abb. 12, 14
Werner Neumeister: Abb. 61
New York Times: Abb. 22, 28, 39, 41, 44, 46
Fred Plant: Abb. 45
Bill Ray: Abb. 56
Harvey Sachs: Abb. 18
Steinway & Sons: Abb. 1, 2, 3, 4, 5, 6, 9, 10, 16, 23, 26, 27, 37, 40, 47
Ronald Turini: Abb. 35
Union Publishing Co.: Abb. 60
United Press International Photo: Abb. 8, 13, 15, 19, 25, 48, 50, 51, 52a, 54, 55, 58
Walt Disney Productions: Abb. 21
Wide World Photos: Abb. 17, 20, 29, 30, 42, 49, 52, 57

Faszination der Musik - Faszination des Wissens

BROCKHAUS RIEMANN MUSIKLEXIKON

Das Standardwerk als aktualisierte Taschenbuch-Ausgabe

Durch Ergänzungsband A-Z aktualisiert

Das »Brockhaus Riemann Musiklexikon« steht in der Tradition des großen Riemann Musiklexikons, das seit mehr als 100 Jahren (1882) das international anerkannte Standardwerk der Musikliteratur ist.
Das nach wissenschaftlichen Kriterien erarbeitete Grundlagenmaterial wurde mit der Erfahrung beider Verlage in der Lexikonarbeit für eine breite Leserschaft neu gefaßt, ergänzt und für diese Taschenbuch-Ausgabe mit einem nochmals aktualisierenden Ergänzungsband versehen.
Das »Brockhaus Riemann Musiklexikon« bringt alles Wissenswerte über: Komponisten/Komponistinnen • Interpreten • Musik in Geschichte und Gegenwart bis zur Elektronischen- und Computermusik • Musikalische Gattungen und Instrumentenkunde • Hinweise auf weiterführende Literatur und Notenausgaben • Musikverlage u.v.a.

4 Bände A-Z

mit über 7000 Stichwörtern (Personen- und Sachartikel), zahlreichen Abbildungen und Notenbeispielen auf 1447 Seiten

+ 1 Ergänzungsband A-Z

mit 1167 Stichwörtern (1087 Personen- und 80 Sachartikel) auf 128 Seiten

Fünfbändige Taschenbuch-Ausgabe in Kassette
Best.-Nr. SP 8300 (ISBN 3-7957-8300-3)

Preis: nur DM 98,-

SERIE MUSIK - PIPER - SCHOTT

SCHOTT

SCHOTT Monographien
Gebundene Ausgaben

In jeder Monographie wird neben dem biographischen Teil in einem Sonderabschnitt das Werk in Analyse und Interpretation beschrieben. Einen großen Raum nimmt die Dokumentation ein – Aufzeichnungen, Briefe, Kritiken, Selbstdarstellungen usw. Eine Zeittafel, Abbildungen, Literaturhinweise sowie ein Register ergänzen den Inhalt.

Dieter Rexroth
BEETHOVEN

Bestell-Nr. ED 7191, 559 Seiten, gebunden, DM 26,–
Beschreiten die herkömmlichen Biographien einen Weg, der die Grenzen der Schilderung von Leben und Werk offen hält, so geht der Autor in diesem Buch von einem gänzlich anderen Ansatz aus. Er grenzt, soweit das überhaupt möglich ist, Beethovens Leben und sein Schaffen voneinander ab, breitet in der biographischen Darstellung die psychologische Lebenssituation dieses Komponisten aus und beschäftigt sich in einem gesonderten Teil anhand ausgewählter Werke mit Einzelaspekten seines individuellen Kompositionsstils. Die beiden großformatigen Teile schließen als zentralen Abschnitt eine Vielzahl von Dokumenten über Beethoven und sein Schaffen ein. Diese werk- und biographiebezogenen Dokumente wollen den Weg Beethovens als Künstler, seinen stetig wachsenden Ruhm und seine Bedeutung für die bürgerliche Öffentlichkeit nachvollziehbar machen, sie zeigen daneben aber auch, wie sehr nach 1800 die Privatsphäre einer Künstlerexistenz an Wichtigkeit gewonnen hat – ein Ausgangspunkt, der bis in die heutige Zeit hinein zunehmend Aufmerksamkeit findet.

Wolfgang Burde
STRAWINSKY

Bestell-Nr. ED 7192, 444 Seiten, gebunden, DM 19,80
St. Petersburg – Paris – Schweizer Exil – Frankreich – USA, dies sind die Stationen eines langen Komponistenlebens, das die Musikgeschichte um eine Vielzahl von Werken unterschiedlichster Stilistik bereichert hat. Igor Strawinskys weltmännisches Œuvre hat die Palette nahezu aller Gattungen bereichert: von der Sonate bis zum Solokonzert, vom Lied bis zur Oper, von der Ballettmusik bis zur Sinfonie... Ebenso facettenreich fällt die Aufzählung der unterschiedlichen kompositorischen Schreibarten aus, die Strawinsky im Laufe seines Schaffens beherrscht hat: vom durch seinen Lehrer Rimskij-Korsakow beeinflußten Stil der ersten Jahre zur „kubistischen" Komposition beispielsweise des skandalumwitterten *Sacre du printemps*, vom Neoklassizismus der *Pulcinella* bis zu den zwölftönig komponierten *Movements* – bis hin zu den Ausflügen in den Jazz. Orientierungslosigkeit bzw. stilistische Uneinheitlichkeit gehörten denn auch zu den Vorurteilen, denen sich Strawinsky gegenübergestellt sah. Solchen Vorurteilen tritt Wolfgang Burde in diesem Buch entgegen und verdeutlicht, daß der Komponist niemals „à la mode" oder „à la manière de" geschrieben hat, sondern die Neuentdeckung kompositorischer Verfahrensweisen oder auch bestimmter Form-Modelle stets in den Zusammenhang seiner persönlichen Denkweise integriert. Hier wird deutlich, warum Strawinsky, wie Wolfgang Burde schreibt, *neben Claude Debussy und Schönberg zu den bedeutendsten Komponisten der europäischen Avantgarde* gehörte.

Wolfgang Marggraf
GIUSEPPE VERDI
Leben und Werk
424 Seiten, gebunden
Best.-Nr. ED 7397 (ISBN 3-7957-2303-5)
DM 28,–

Wolfgang Marggraf hat seit Jahren die italienische Oper zu seinem Thema gemacht; das jüngste Ergebnis seiner auf profunde Kenntnisse des Italienischen gestützten Forschungen ist die vorliegende Verdi-Biographie.

SCHOTT

Das weltweit einzigartige Nachschlagewerk über Oper, Operette, Musical und Ballett

Pipers Enzyklopädie des Musiktheaters

Oper – Operette – Musical – Ballett
Herausgegeben von Carl Dahlhaus und dem Forschungsinstitut für Musiktheater der Universität Bayreuth unter der Leitung von Sieghart Döhring

Der Aufbau des Gesamtwerks:

Ein Werkteil (Band 1–5) mit ca. 3000 Werken, ein Registerband (mit Nachträgen zum Werkteil; Band 6) und ein Sachteil (Band 7–8) mit allen themenbezogenen Begriffsdarstellungen.
Jeder Band mit ca. 800 Seiten, zweispaltig, mit insgesamt ca. 1300 Abbildungen, davon ca. 200 in Farbe. Lexikonformat, Cabraleder. Erscheinungsweise jährlich.

Band 1
Werke Abbatini – Donizetti

Band 2
Donizetti bis Henze

Band 3
Henze – Méhul

»Liebhaber werden gerne darin lesen, Wissenschaftler brauchen es einfach.«
Hans Joachim Kreutzer, FAZ

»Ein langersehnter Wunsch aller Musikinteressierten, der nun endlich seine Erfüllung gefunden hat.«
Herbert von Karajan

»Wir ›vom Bau‹ begrüßen diese Enzyklopädie besonders. Die Herausgeberschaft durch Carl Dahlhaus und das Forschungsinstitut für Musiktheater bürgt für die adäquate Vorbereitung und Qualität.«
August Everding

Ausführliches Informationsmaterial und die Subskriptionsbedingungen erhalten Sie in Ihrer Buchhandlung oder beim Verlag:
Piper Verlag, Georgenstraße 4, 8000 München 40

Piper 30/2aa

PIPER

Musikliteratur bei Piper – eine Auswahl

Ernest Ansermet
Die Grundlagen der Musik im menschlichen Bewußtsein
847 Seiten mit 230 Notenbeispielen und 32 Diagrammen. Serie Piper 388

Claudio Arrau
Leben mit der Musik
Aufgezeichnet von Joseph Horowitz. Aus dem Engl. von Rudolf Hermstein.
320 Seiten mit 56 Notenbeispielen. Serie Piper 597

Glenn Gould
Von Bach bis Boulez
Schriften zur Musik I
Herausgegeben und eingeleitet von Tim Page.
Aus dem Amerik. von Hans-Joachim Metzger.
358 Seiten mit zahlreichen Notenbeispielen. Leinen

Glenn Gould
Vom Konzertsaal zum Tonstudio
Schriften zur Musik II
Herausgegeben und eingeleitet von Tim Page. Aus dem Amerik. von Hans-Joachim Metzger.
321 Seiten. Leinen

Joachim Kaiser
Große Pianisten in unserer Zeit
292 Seiten mit 25 Notenbeispielen und 27 Fotos. Kt.

Lust an der Musik
Ein Lesebuch. Herausgegeben von Klaus Stadler. 436 Seiten. Serie Piper 350

Gustav Mahler/Richard Strauß
Briefwechsel 1888–1911
Herausgegeben und mit einem musikhistorischen Essay versehen von Herta Blaukopf.
240 Seiten und 14 Abbildungen auf Tafeln. Serie Piper 767

Albrecht Roeseler
Große Geiger unseres Jahrhunderts
397 Seiten mit 70 Abbildungen. Leinen

Franco Zeffirelli
Zeffirelli
Autobiographie.
Aus dem Engl. von Inge Leipold. 545 Seiten mit 53 Abbildungen. Leinen

PIPER

Von und über Richard Wagner

Carl Dahlhaus
Richard Wagners Musikdramen
165 Seiten. Serie Piper 752

Martin Gregor-Dellin
Richard Wagner
Sein Leben – Sein Werk – Sein Jahrhundert. 930 Seiten. Leinen

Martin Gregor-Dellin
Richard Wagner
Eine Biographie in Bildern. 220 Seiten mit 325 farbigen und schwarzweißen Abbildungen. Leinen

Cosima Wagner
Die Tagebücher
Herausgegeben von der Stadt Bayreuth. Ediert und kommentiert von Martin Gregor Dellin und Dietrich Mack.
Band I: 1869–1872. 1982. 624 Seiten. Serie Piper 251
Band II: 1873–1877. 1982. 688 Seiten. Serie Piper 252
Band III: 1878–1880. 1982. 656 Seiten. Serie Piper 253
Band IV: 1881–1883. 1982. 688 Seiten. Serie Piper 254

Cosima Wagner
Das zweite Leben
Briefe und Aufzeichnungen. 1883–1930. Herausgegeben von Dietrich Mack.
899 Seiten und 36 Abbildungen auf Tafeln. Leinen

Richard Wagner
Briefe
Ausgewählt und kommentiert von Hanjo Kesting.
679 Seiten. Leinen

Richard Wagner
Mein Denken
Eine Auswahl der Schriften. Herausgegeben und eingeleitet von Martin Gregor-Dellin.
416 Seiten. Serie Piper 264

PIPER

Glenn Gould

Von Bach bis Boulez

Schriften zur Musik I
Herausgegeben und eingeleitet von Tim Page.
Aus dem Englischen von Hans-Joachim Metzger.
360 Seiten mit zahlreichen Notenbeispielen. Leinen.

»Wer die Schriften Glenn Goulds in die Hand nimmt, legt sie so schnell nicht mehr beiseite; denn hier doziert nicht jemand über den Köpfen hinweg, sondern er steht mit seiner ganzen schillernden Person hinter jedem Wort, das er sagt. Und der schnell süchtig werdende Leser bekommt mit den Texten immer auch eine Auseinandersetzung zwischen den Phänomenen einerseits und Goulds Subjektivität (einschließlich seiner Idiosynkrasien) andererseits, mitgeliefert: Insgesamt ein außerordentlich spannend zu besichtigendes Schlachtfeld.

Süddeutsche Zeitung

Der Musikwissenschaftler Karl Schumann nach Lektüre des Buches: »Glenn Gould hat mir eine schlaflose Nacht bereitet. Ich bin sogleich ans Lesen gegangen, fühlte mich bald angezogen, bald abgestoßen, genoß die herrlich saloppe deutsche Übersetzung und bemühte mich, den mitunter recht wunderlichen Gedanken Goulds gerecht zu werden. Vorab erscheint Gould als ein umfassender Geist. Was der alles über die Musik unseres Jahrhunderts weiß! Einiges ist wohl absichtsvolle Provokation, und das Ganze hat einen hinreißend lebendigen Rhythmus, überfällt einen Satz für Satz, knallt einem bald verstiegenste Subjektivität und bald einschüchterndes Wertgefühl um die Ohren. Alleine, was er über Beethoven sagt! . . . Nach geraumer Zeit wieder ein Buch, das aufregender war als ein guter Krimi!«

Band 2:

Vom Konzertsaal zum Tonstudio

Schriften zur Musik II
Herausgegeben von Tim Page. Aus dem Englischen von Hans-Joachim Metzger.
321 Seiten. Leinen.

PIPER

Sie gehen gern ins Konzert oder in die Oper.

Sie hören gern klassische Musik auf Schallplatte, Cassette oder im Rundfunk und Fernsehen.
Sie lieben Musik und hören sich viele Werke immer wieder an.

Über Musik in allen ihren Kontrasten und Erscheinungsformen orientiert

NZ Neue Zeitschrift für Musik

Die älteste allgemeine Musikzeitschrift gegründet von Robert Schumann

- NZ erscheint monatlich
- NZ ist eine wichtige Stimme im internationalen Musikbetrieb
- NZ berichtet zuverlässig über aktuelle Trends im Musikleben
- In jeder Ausgabe der NZ finden Sie einen aktuellen Kalender mit speziellen Veranstaltungstips und Premierendaten
- NZ Serie: Im Konzertsaal gehört. Bekannte Werke aus öffentlichen Konzerten werden vorgestellt und erläutert
- Gewinnen Sie die Platte des Monats! In jedem Heft werden neue Schallplatten rezensiert und unter den Lesern verlost
- NZ diskutiert schwerpunktmäßig aktuelle Themen der Musik, stellt Fragen – das willkommene Forum für moderne Leute

Zum Kennenlernen fordern Sie bitte ein Probeheft an.
Jahresabonnement: DM 52,– zuzüglich Versandkosten.
SCHOTT · Postfach 3640 · D-6500 Mainz 1

UNSERE MUSIKINSTRUMENTE

Eine sorgfältig edierte Reihe über die einzelnen Musikinstrumente, ihren Bau, ihre Geschichte, ihre Hauptvertreter sowie die Entwicklung ihrer Spieltechnik. Alle Bände stammen aus der Feder führender Musikologen und Interpreten. Alle Bände im Format 18,5 × 21, mit farbigem, laminiertem Überzug.

Klaus Wolters

Das Klavier

Einführung in Bau und Geschichte des Instruments und in die Geschichte des Klavierspiels.
91 Seiten mit 8 farbigen und 16 sw-Bildtafeln sowie zahlreichen Abbildungen im Text.
Best.-Nr. ED 8872 (ISBN 3-7957-2351-5), geb. DM 24,80

Friedrich Jakob

Die Orgel

Orgelbau und Orgelspiel von der Antike bis zur Gegenwart.
96 Seiten mit 8 farbigen und 16 sw-Bildtafeln sowie zahlreichen Abbildungen im Text.
Best.-Nr. ED 8863 (ISBN 3-7957-2342-6), geb. DM 28,-

Eduard Melkus

Die Violine

Einführung in die Geschichte der Violine und des Violinspiels.
124 Seiten mit 8 farbigen und 16 sw-Bildtafeln sowie zahlreichen Abbildungen im Text.
Best.-Nr. ED 8867 (ISBN 3-7957-2346-9), geb. DM 28,-

Raymond Meylan

Die Flöte

Ihre Entwicklung in Vergangenheit und Gegenwart.
115 Seiten mit 8 farbigen und 16 sw-Bildtafeln sowie zahlreichen Abbildungen im Text und 1 Schallplatte als Beilage.
Best.-Nr. ED 8868 (ISBN 3-7957-2347-7), geb. DM 29,80

Gunther Joppig

Oboe & Fagott

Ihre Geschichte, ihre Nebeninstrumente und ihre Musik.
196 Seiten mit 27 farbigen und 219 sw-Abbildungen, 56 Notenbeispiele.
Best.-Nr. ED 8866 (ISBN 3-7957-2345-0), geb. DM 38,-

Kurt Janetzky/Bernhard Brüchle

Das Horn

Eine kleine Chronik seines Werdens und Wirkens.
112 Seiten mit 10 farbigen und 56 sw-Abbildungen und 28 Zeichnungen.
Best.-Nr. ED 8865 (ISBN 3-7957-2344-2), geb. DM 28,-

Edward Tarr

Die Trompete

Geschichte und Spieltechnik von der Antike bis zur Gegenwart.
143 Seiten mit 8 farbigen und 16 sw-Bildtafeln sowie zahlreichen Abbildungen im Text und 1 Schallplatte als Beilage.
Best.-Nr. ED 8871 (ISBN 3-7957-2353-1), geb. DM 29,80

Peter Päffgen

Die Gitarre

Grundzüge ihrer Entwicklung
228 Seiten mit 12 Farbtafeln und zahlreichen sw-Abbildungen im Text.
Best.-Nr. ED 8874 (ISBN 3-7957-2355-8) geb. DM 38,–

Friedrich Jakob

Schlagzeug

Über 100 Schlaginstrumente, Konstruktion, Akustik, Verwendung.
108 Seiten mit 8 farbigen und 20 sw-Bildtafeln sowie zahlreichen Illustrationen im Text.
Best.-Nr. ED 8864 (ISBN 3-7957-2343-4), geb. DM 28,-

Ernst Haefliger

Die Singstimme

Inhalt: Die menschliche Stimme im Wandel der Geschichte, Das Instrument Stimme, Betrachtungen zur Gesangausbildung.
184 Seiten mit zahlreichen teils farbigen Abbildungen, Notenbeispielen und 1 Schallplatte als Beilage.
Best.-Nr. ED 8862 (ISBN 3-7957-2341-8), geb. DM 38,-

Heinz Schaub/Hans Baumann

Die Instrumente im Sinfonieorchester

Ein ganz neuer, lebendiger Einblick in die Welt des Orchesters. Die Spieler kommen selbst zu Wort und berichten über ihre Instrumente und ihre Aufgaben. Mit eigens hierfür aufgenommenen Meisterfotos.
112 Kunstdruckseiten mit 109 Fotos.
Best.-Nr. ED 8869 (ISBN 3-7957-2348-5), geb. DM 38,-

SCHOTT

Der Brockhaus für alle Freunde der Musik

Der Musik-Brockhaus enthält mit über 11000 Stichwörtern von A–Z eine Fülle von Namen, Daten und Begriffen. So sind Komponisten der ernsten und der unterhaltenden Musik mit biographischen Angaben und kurzer Charakterisierung ihres musikalischen Schaffens ebenso vertreten wie die Interpreten aus Oper und Konzert, aus Operette, Musical und Ballett, aus Jazz-, Pop- und Rockmusik. Begriffe aus der Musikpraxis, der Musikerziehung, der Musikwissenschaft, der Musikgeschichte werden prägnant und allgemeinverständlich erläutert, viele auch historische und exotische Musikinstrumente in Wort und Bild dargestellt. Der Musik-Brockhaus gibt Informationen über Musikverlage und Instrumentenbauer, über die Techniken der Musikaufnahme und der Musikwiedergabe. Übersichten, z.B. über Opern, Operetten und Musicals, über Orchester, Opernhäuser, Konservatorien und über Musikpreise erleichtern das Auffinden von Namen unter den einzelnen Stichwörtern. Der Band ist ausgestattet mit über 1000 ein- und mehrfarbigen Abbildungen, zahlreichen Notenbeispielen und vielen Übersichten.
ISBN 3-7653-0338-0. 686 Seiten, Ganzleinen DM 79,–.

F. A. Brockhaus · B. Schott's Söhne